国家社会科学基金项目"中国新文学作家与侠文化研究"（批准号：10CZW051）最终结项成果

山东师范大学文学院中国语言文学"山东省高水平学科·优势特色学科"建设经费资助

边缘的激情

中国新文学作家与侠文化研究

陈夫龙 著

中国社会科学出版社

图书在版编目（CIP）数据

边缘的激情：中国新文学作家与侠文化研究 / 陈夫龙著. -- 北京：中国社会科学出版社，2024.8.
ISBN 978-7-5227-3950-2

Ⅰ．K825.6；I207.42

中国国家版本馆 CIP 数据核字第 20246S7L85 号

出 版 人	赵剑英
责任编辑	郭晓鸿
特约编辑	杜若佳
责任校对	师敏革
责任印制	戴　宽

出　　版	中国社会科学出版社
社　　址	北京鼓楼西大街甲 158 号
邮　　编	100720
网　　址	http://www.csspw.cn
发 行 部	010-84083685
门 市 部	010-84029450
经　　销	新华书店及其他书店

印　　刷	北京明恒达印务有限公司
装　　订	廊坊市广阳区广增装订厂
版　　次	2024 年 8 月第 1 版
印　　次	2024 年 8 月第 1 次印刷

开　　本	710×1000　1/16
印　　张	40
插　　页	2
字　　数	599 千字
定　　价	199.00 元

凡购买中国社会科学出版社图书，如有质量问题请与本社营销中心联系调换
电话：010-84083683
版权所有　侵权必究

目　　录

序　侠气豪情：中国新文学作家的另一面 …………………（1）

绪论　文学与侠文化：古老而常新的文化因缘 ……………（1）
　　第一节　研究目的和意义 ………………………………（4）
　　第二节　研究历史、现状与反思 ………………………（11）
　　第三节　研究方法、思路与创新点 ……………………（36）

上编　中国新文学作家与侠文化的历史性关系

第一章　侠文化：理论方法与思想资源 ……………………（45）
　　第一节　侠的起源：诸学说批判与"综合说"提出 ……（47）
　　第二节　侠的历史诠释与当下定位 ……………………（65）
　　第三节　侠文化的思想资源 ……………………………（88）
　　第四节　侠文化精神的内涵 …………………………（105）

第二章　中国新文学作家的侠文化渊源 …………………（129）
　　第一节　晚清尚武任侠思潮的影响 …………………（130）
　　第二节　家学背景与生活环境的濡染 ………………（141）
　　第三节　地域民风及其文化精神的浸润 ……………（147）
　　第四节　个性气质和现代性体验的激发 ……………（171）

第三章　中国新文学作家的侠性心态及其时代特征 ……（178）
　　第一节　崇侠情结：侠性心态的集中体现 …………（180）

目 录

  第二节 文化碰撞与价值耦合 ……………………………………（190）
  第三节 侠性与人性的融汇：人格建构的现代思路 …………（211）
  第四节 大、小传统的沟通：文化建构的价值探寻 ……………（218）

下编 中国新文学作家与侠文化的精神相遇

第四章 批判中建构：人格建构和文化建构 ……………………（231）
  第一节 鲁迅：举起投枪的精神界斗士 …………………………（232）
  第二节 老舍：激扬剑胆铸民魂的现代文侠 ……………………（294）
  第三节 沈从文：湘西游侠精神的歌者与行者 …………………（336）

第五章 认同与张扬：复仇精神和反抗意志 ……………………（362）
  第一节 郭沫若：鸣奏侠文化精神的现代神曲 …………………（362）
  第二节 蒋光慈：高举复仇利刃的革命侠僧 ……………………（401）
  第三节 萧军：擎起民族复仇精神和反抗意志的火炬 …………（435）

第六章 反思中否定：精神鸦片和迷魂汤 ………………………（470）
  第一节 茅盾：武侠小说是小市民的"迷魂汤" …………………（471）
  第二节 郑振铎：武侠小说的流行"关系我们民族的运命" ……（480）
  第三节 瞿秋白：呼唤"中国的西万谛斯" ………………………（488）
  第四节 革命者立场上的"否定"之反思 …………………………（509）

第七章 自由与逍遥：原始正义和生命激情 ……………………（520）
  第一节 刘绍棠：构建慷慨悲歌、侠骨柔肠的江湖世界 ………（520）
  第二节 莫言：重铸自由正义、雄强任侠的生存空间 …………（549）
  第三节 贾平凹：再造侠匪乌托邦的想象 ………………………（576）

结语 侠文化：灵魂召唤与价值期待 ……………………………（601）

主要参考文献 …………………………………………………………（612）

后 记 ……………………………………………………………（627）

序　侠气豪情：中国新文学作家的另一面

　　侠文化是中国的文化传统。似乎每个中国人都传承着侠文化的基因，以至于"中国功夫"成了中国人的一种鲜明而独特的标识。然而，究竟什么是侠文化，却一直语焉不详。有人说侠文化就是扶弱济贫；有人说侠文化就是路见不平一声吼，该出手时就出手；有人说侠文化就是身心修炼的文化；更有人说侠文化就是教人怎样练成一套上乘武功的方法。如此众说纷纭，其原因是中国侠文化缺少一套具有逻辑性的理论体系。自《史记》《汉书》比较完整地论及侠文化之后，侠文化的史传传统也就中断了，文学成为中国侠文化阐释和传播的主要载体。以文代史之后，中国侠文化的想象空间无限扩大，而理论思维却逐渐淡化。更深层次的原因则是侠文化与中国传统主流文化的相悖。中国传统主流文化以儒家思想为主干，而儒家文化则以道德规范的设置而彰显。侠以武犯禁，犯的就是以儒家文化为主干的主流文化的价值体系及各种禁区。如此，侠文化只能处于中国文化的边缘一隅。人人都能感受到侠文化，人人都能对侠文化说上几句，但似乎谁也说不清楚，感觉化大于理论化是侠文化的基本状态。当然，也可以这么说，正由于侠文化的内涵有很大的阐释空间，反而给每个人带来了侠文化自我阐释的可能，使每个人心中都有了自己的侠。

　　究竟什么是侠文化，我认为侠文化是一种精神。这种精神有三个内核：悲悯、出手和奉献。悲悯是对天下不平事感同身受，源自伟大的同情心；出手是挺身而出，危难时刻显真情；奉献是不计私利，事成之后隐身而退。这种精神自成体系，与中国以儒释道为主体的传统主流文化有相同之处，源于中国，又与人类的善良精神相通，普惠世界。更为重要的是，作为一种人格力量和社会价值，它具有强大的生命力，贯穿古今，惠泽当下，传递未来。

在认知中国侠文化是一种精神之后，我们就能深切感受到陈夫龙专著《边缘的激情——中国新文学作家与侠文化研究》（以下简称《边缘的激情》）之贡献及其独到的学术价值了。20世纪以来，中国文学大致可分为两大系列，一是主要接受西方文化和文学影响的新文学，二是主要传承中国传统文化和文学的通俗文学。讲到侠文化，基本上都与通俗文学相关，很少与新文学有联系。陈夫龙的这部专著专论中国新文学作家与侠文化的关系，并根据史料和作品对中国百年来的重要新文学作家的侠性心态及侠文化精神进行了深入分析，让人耳目一新。该著提示我们新文学作家虽然接受了很多西方文化观念和美学表现方式，但其根还是深植在中国的文化土壤里，他们的文学作品是中国传统文化和传统文学在新的特定时代的一种新变及呈现。这样的提示，对于我们认知中国新文学的性质和判断中国新文学的价值均具有重要意义。

然而，新文学作家毕竟不同于通俗文学作家，他们对侠文化的接受更多的是在传承中创新，并作出具有现代意义的阐发和张扬。这种文化现象是专著《边缘的激情》立论的重要前提。在侠文化理论视域及其现代性流变历程中考察中国新文学作家与侠文化的历史性关系，探讨他们与侠文化发生精神相遇的表现形态和深层意涵，以此管窥他们对传统侠文化进行现代性改造、创造性转化和创新性发展的堂奥，这正是《边缘的激情》力图完成的学术目标。陈夫龙有着丰厚的侠文化理论储备，深谙新文学作家与侠文化的精神关联，在具体研究中，不仅从整体上勘察了新文学作家的侠文化渊源，探讨他们侠性心态的生成、嬗变及时代特征和现代内涵，而且对代表性作家的理论文本、创作文本和传记性资料进行了深入发掘和具体解读，辨析他们对待侠文化的态度、价值立场及其背后的深层动因，有条不紊，层层推进，完成得相当出色，此为该著的一大亮点。

新文学作家侠性心态的生成与嬗变，涉及新文学作家的侠文化精神如何形成的问题。在陈夫龙看来，家学背景、地域民风及其文化精神、个性气质与现代性体验构成了新文学作家侠性心态或侠文化人格的成因要素，而特定时代的中国语境，尤其是晚清以来尚武任侠的时代精神促成了新文学作家接受和发扬侠文化的必然选择。这确实是个重要的问题，他试图说明无论持有什么样的文化观念，有什么样的家庭背景和学术修养，只要是生长于中国大地上的人，都不可避免地被打上地域文化和民族文化的烙印。同时，这也说明新文学作家与侠文化的关联既出于历史的积淀，也是时代的需求，更是个人的主体选择。

对新文学作家侠性心态特征的阐释分析颇为精彩，系关新文学作家表现出什么样的侠文化观念。陈夫龙认为，新文学作家侠性心态包含两大要素，体现为两大特征：一是侠性与人性的融汇，彰显出现代人格，这是新文学作家侠性心态构成的内涵；二是大、小传统的沟通，体现出现代变革，这是新文学作家侠性心态构成的路径。关于侠性和人性的关系，陈夫龙有这样的表述："他们充分认识到高居于庙堂的儒家文化的长期统治和专制政治灵魂的精神奴役，给国人带来的是病态的人格和太多的精神创伤，不利于人性的健康发展与人格的自我完善，甚至会成为社会发展的羁绊和思想进步的牢笼；而潜隐于民间的侠文化却能够给国人带来新鲜的精神空气，在国人的人格结构中注入侠性质素，有利于被压抑的人性得到有效释放，从而在侠性与人性的交融互动中获得人格矫正，实现人性解放。这是新文学作家对于国人人格建构的现代思路，呈现出鲜明的时代特征，体现了他们在现代自我主体人格建构之路上的积极探索精神。"追求和实现现代人性或建构现代人格是新文学作家之所以为"新"的价值判断标准，但究竟什么是现代人性或现代人格则有各种不同的表述。陈夫龙认为，新文学作家所建构的现代人性或现代人格并不仅仅基于西方的人道主义，还有很多中华优秀传统文化的继承和发扬，潜行于民间的侠文化，充满了生机与活力，以侠性融入人性，能够获得人格矫正，得到现代自我主体人格的实现，这是新文学作家以侠文化为精神资源来建构现代人格及用侠性来彰显理想人性的根本原因。这样的分析和判断相当准确。陈夫龙论及的"大传统"与"小传统"借鉴了美国学者罗伯特·雷德菲尔德《农民社会与文化》一书中的概念。所谓"大传统"基本上是指中国学术话语中的上层文化、精英文化或雅文化；所谓"小传统"基本上是指中国学术话语中的下层文化、大众文化或俗文化。对此，陈夫龙表述道："从整体的建构思路和价值探寻来看，新文学作家的价值立场和真正目的在于：立足现代知识分子的精英立场，深入开掘民间社会文化精神的积极因子，遵照大众通俗文化自身发展规律并结合现代意识，对之进行现代性改造和创造性转化，使之与改革发展了的上层文化精神一起，经过有机交汇熔铸，共同构成崭新的现代民族文化精神，从而为建构民族的新文化提供丰富的精神资源和深刻的思想根基。"这一表述，揭示的是新文学作家怎样将侠文化有机融入现代人格和现代文化建构的路径问题。那就是立足精英立场，对侠文化进行改造和转化，达到建构现代人格和现代文化的目标。不是单纯地张扬侠文化，而是将侠文化的积极因子融入现代人格和现代文化建构之中；不是站在大众文化的立场将侠文化带入现代中国，而是立足精英文化的立场，将传统侠文化改造转化成现代人格和现代文化建构所亟需的精神资源。这就是陈夫龙所指出的现代中国语境下新文学作家积极建构现代人格和现代文化的价值理路。这样的阐释和分析明确指出了什么是新文学作家的侠文化观念，同时也与中国现代通俗文学作家的侠文化观念作出了一定的区隔。

　　新文学作家与侠文化发生精神相遇，存在着多种价值形态和现代意涵，也体现出不同的侠文化面相。在该著中，陈夫龙将鲁迅、老舍、沈从文、郭沫若、蒋光慈、萧军、茅盾、郑振铎、瞿秋白、刘绍棠、莫言、贾平凹等代表性新文学作家置于侠文化视野，从现实行为、文学文本和理论话语等三个层面进行了具体的个案解读和深入的理性分析，使他对新文学作家的侠文化观照及其价值评判具有了很强的说服力。在这些新文学作家个案分析中，最值得称道的是他对不同作家的侠文化态度及其精神面相的分析。根据对待侠文化的态度、立场及其表现，陈夫龙将新文学作家与侠文化发生精神相遇的形态分为"价值耦合"与"价值冲突"，具体呈现为四种类型："批判中建构""认同与张扬""自由与逍遥""反思中否定"。前三种的共同特点是"基于人格建构、文化建构和社会改造、民族革命的价值理念,结合特定语境和时代精神,深入发掘和提炼侠文化中的积极因子,在与侠文化发生价值耦合的过程中,继承和张扬了侠文化精神";最后一种的特点是"过分强调文学的社会作用和教诲功能,在与侠文化的精神相遇中发生了强烈的价值冲突,他们抱持着系关民族命运和国家前途的价值理念,对侠文化的思想倾向给予了不遗余力的猛烈批判与彻底否定,在质疑、批判和否定侠文化和侠文化精神的思想价值与存在意义的过程中,实现自我精神突围"。实际上,"价值耦合"与"价值冲突"这两种形态体现了两大类作家的两种不同的文化改造思路,但著者并未将它们对立起来,而是深入历史语境探幽析微,发现了这两种文化改造思路的共性,并作出了独到的评判:"从对待侠文化的态度、评价和策略上来看,这两大类作家尽管走的是不同的路径,但从人格建构和文化建构的意义上讲,他们的终极目的具有契合点与一致性,那就是都着眼于国民性思考、社会改造和民族国家新生的文化构想。基于此,可以说前三种异曲同工的思路和后一种思路之间形成了一个相反相成且相得益彰的巨大张力结构,为我们客观、全面地认识和理性具体地分析侠文化在现代中国语境中的作用与影响提供了非常重要的理论依据和价值参照。"其中第六章《反思中否定:精神鸦片和迷魂汤》是很值得关注的。这一章分析的是茅盾、郑振铎和瞿秋白的侠文化观念。正如陈夫龙所指出的那样,这三位是新文学作家中对武侠小说和侠文化批判力度最大的作家,属于"反武侠"的群体。既然研究新文学作家与侠文化的关系,那么无论是"褒武侠"还是"贬武侠""反武侠",都应该直面。在具体探讨了茅盾、郑振铎和瞿秋白的侠文化批评话语之后,陈夫龙还专门列了一节"革命者立场上的'否定'之反思"展开了分析。这一节的分析既有历史的现场感,也有历史的纵深感。武侠小说与侠文化的关联、侠文化与大众文化的关系、武侠小说阶级分析的得失、侠文化与社会各阶层的关系等,从陈夫龙的分析中产生了很多值得思考的问题。

  对中国侠文化做出科学的分析,对新文学作家与侠文化关系作出合理的阐释,必然要求研究者对侠文化有着深刻的认知和判断。陈夫

◆◇◆ 序 侠气豪情:中国新文学作家的另一面

龙在中国新文学作家与侠文化研究方面有自己独到的发现、新颖的观点和令人信服的结论,这应该得益于他自觉的侠文化理论建构。在这部专著中,陈夫龙对侠的起源问题作了深入细致的考辨,对七种起源说逐一进行辨识与合乎逻辑的阐释,提出了"综合说"的观点。在此基础上,对侠的历史诠释与当下定位、侠文化的思想资源、侠文化精神的内涵等问题,均进行了有理有据的探讨、分析和评价。不仅对侠、侠文化和侠文化精神作出了合理的界定,而且在研究新文学作家的侠文化观念的同时,也从通俗文学角度分析侠文化,使雅俗观念互相印证,还在论述侠文化的历史意义中强调侠文化的当代价值。从中可以看出陈夫龙试图将侠文化由文化现象、文学形象提升到理论方法高度的良苦用心,也着实体现了他尝试以中国本土理论资源和方法来阐释中国文学,进而建构一种独特的理论范式和话语方式的学术抱负。研究思维的纵深性、开放性和科学性,使这部专著的学术贡献不仅增强了新文学研究之薄弱环节,而且在如何加强现当代文学整个学科体系的完整性、科学性研究方面作出了颇有启发性的学术先导。

齐鲁大地本多侠客义士、英雄豪杰,作为一名齐鲁学者,陈夫龙研究中国侠文化,是对齐鲁之风的传承和张扬。他的论述话语既彰显出儒者风雅,又挥洒着侠气豪情。而"侠气豪情",也正是其研究对象——那些与侠文化发生精神相遇的中国新文学作家的另一面。这就使《边缘的激情》在众多中国现当代文学研究著作中别具一格,值得点赞!

是为序。

汤哲声

2023 年疫后于苏州运河畔

绪论　文学与侠文化：古老而常新的文化因缘

侠，是中国历史文化的独特产物，自诞生之日起就多行不轨，不太符合传统中国人所奉行并恪守的伦理原则、价值观念和行为规范。历史上的侠"因不被习俗认可而经常背负道德的恶名，又因不被体制认可而倍受官府的打击"[1]，于是自《汉书》以后，侠的活动和事迹不再被记载于历代正史。尽管如此，但"作为一种特殊人群，侠以自己独特的行为方式和道德视境，在很大程度上影响了中国历史发展的进程，参与了传统道德规范和理想人格的塑型与建成"[2]。正是这种强大的生命力使得侠在漫长的中国历史上从没有缺席，以其对抗专制皇权的反抗精神和卓然挺拔的伟岸人格，呈现为一种颇具人格魅力和行为世范的文化形态，侠及侠文化为历代文人所关注、吟诵、描述，成为一洗儒生之酸的精神动力和行为楷模。

作为历史实存的侠不为统治者所容，但并不意味着侠的缺席和侠文化的磨灭。相反，侠以文学的形式鲜活地存在于汉朝以后历代文学作品之中，侠的艺术形象及侠文化精神在魏晋小说、唐传奇、宋代话本和拟话本小说、元代杂剧、明清侠义小说中大放异彩。其实，武侠文学的滥觞，早在先秦时期的史书《左传》《国语》《战国策》中已初露端倪，孟尝君门下弹铗而歌的冯谖，不辱使命敢于挑战秦王的唐雎，

---

[1] 汪涌豪、陈广宏：《侠的人格与世界》，复旦大学出版社2005年版，第374页。
[2] 汪涌豪、陈广宏：《侠的人格与世界》，复旦大学出版社2005年版，第375页。

绪论 文学与侠文化:古老而常新的文化因缘

慷慨赴难酬知己的聂政、荆轲,这些义勇之士都是后世文学中侠形象的先驱。但真正使文学与侠文化结缘的,应是西汉司马迁"无韵之离骚"的《史记》,其中的"游侠列传"和"刺客列传"记载了游侠朱家、郭解、田仲、剧孟与刺客曹沫、专诸、豫让、聂政、荆轲等侠义人物的事迹,这些侠客形象成为后世武侠文学学习和效仿的典范。这种古老的文化因缘历经两千多年的历史发展,到了晚清民初则掀起了一股尚武任侠思潮,梁启超、谭嗣同和章太炎等有关侠的论述体现了近代国人对国民性的思考及对中国未来出路的探寻。具体到文学领域,20世纪20—40年代,民国武侠小说的横空出世和繁荣现象将中国侠文学、侠文化的发展推到了时代巅峰,即使不从事武侠小说写作的现代作家,如通俗文学作家张恨水和新文学作家鲁迅、郭沫若、巴金、老舍、沈从文、蒋光慈、萧军、萧红、丁玲等,也都不同程度地受到了侠文化的影响和侠文化精神的浸润,在作品文本中或隐或显地书写和张扬着侠文化精神,充满了对侠文化的理性审视和现代性思考。20世纪50年代以来港台新武侠小说的繁荣发展书写了中国侠文学和侠文化的辉煌篇章,以武侠小说的方式使港澳同胞和台湾同胞甚至海外侨胞在隔绝的政治环境中获得了想象性认同。20世纪50—70年代的中国大陆虽因政治的和意识形态的原因,武侠小说创作出现了人为割裂中断的现象,但其间出现的革命英雄传奇小说无不沉潜着侠的影子和侠文化的影响。随着"文革"结束,中国逐渐进入了改革开放的新时期。20世纪80年代出现的武侠文化热和20世纪90年代出现的武侠文学、武侠文化研究热,为新时期以来的作家提供了别样的写作视角和丰富的精神资源,刘绍棠、莫言和贾平凹的小说中无不呈现出侠文化的影响,甚至有些寻根小说和军旅小说中也都闪耀着侠文化的精神光辉。进入21世纪以来,以步非烟、沧月、凤歌、小椴为代表的大陆新武侠作家也在不断求新求变,书写着自己心中的江湖世界,显示出不菲的创作实绩。这些中国文学史上的事件充分说明文学与侠文化结缘是亘古常新的一段文化因缘。也就是说,自从有了侠,中国传统文化结构中也就开始有了侠文化,随着侠的形象逐渐进入文人的价值视野和书写范围,文学与侠文化结缘也就成了无法拒绝也不能否认的历史事实。

　　文学与侠文化之间这种古老而常新的文化因缘为研究者对侠文化的界定提供了重要参照。在曹正文看来，"侠文化，就是以侠客义士为主角，以歌颂侠义精神为主旨的文学作品。它包括传记、诗歌、戏剧、小说和论述武侠的评论小品"[①]。他的界定虽然存在以偏概全之嫌，但却深刻揭示了文学与侠文化之间的密切关系。因此，侠文化作为一种研究视角进入研究者的理论视域，实属必然和应有之义。许多古代、现代和当代以侠义为题材、以侠客义士为主人公的文学作品积淀和承载着丰富而深刻的侠文化内容，在侠文化理论视野下，以侠文化为视角来研究侠义题材的文学作品，或者通过侠义题材的文学作品来透视侠文化的发展流变，成为一种研究的理论思路，并且已经取得了丰硕的研究成果，但是，这些研究成果主要集中于古代和现当代通俗文学，主要是武侠小说领域，无法全面观照侠文化广泛而深远的影响及其价值意义，未免美中不足。[②] 在侠文化和侠文学研究领域，因长期以来形成的思维定式和惯性思路，把侠文化研究的对象仅仅局限于侠义题材的作品或者通俗文学中的武侠小说，而对非侠义题材的纯文学作品和深受侠文化影响的新文学作家却关注不够。深入考察中国新文学作家的内心世界和文学文本，不难发现，许多新文学作家，如鲁迅、郭沫若、老舍、李劼人、艾芜、沈从文、蒋光慈、萧军、刘绍棠、莫言、贾平凹等，都深受侠文化影响，与侠文化有着或隐或显的联系，作为他们的人格精神、文化心理和思想情感载体的纯文学作品，或多或少地充溢着侠文化精神的光辉，其中的人物形象有着侠客义士的精神特征和行为模式。这应该成为当下中国侠文化研究领域值得关注的重点。

　　我认为透过侠文化来观照新文学作家及其作品，是一个很好的视角。一方面可以拓宽侠文化的研究范围，扩大研究对象，丰富研究内

---

① 曹正文：《中国侠文化史》，上海文艺出版社1994年版，第1页。
② 参见罗立群《中国武侠小说史》，辽宁人民出版社1990年版，第376—381页；曹正文《中国侠文化史》，上海文艺出版社1994年版，第289—299页；王立《武侠文化通论》，人民出版社2005年版，第338—356页。

涵，揭示侠文化作为一种通俗文化或传统文化结构中不受重视的支流文化对新文学作家及其纯文学作品的精神影响力，为雅俗互动共荣提供有力论证；一方面通过梳理侠文化自进入现代以来的发展流变历程，深入开掘新文学作家丰富复杂的精神情感世界，勘探侠文化作为一种思想资源对各个时代的影响，以此揭示侠文化和侠文化精神强大的思想穿透力与影响深远的价值意义。

第一节 研究目的和意义

晚清以降，吏治腐败，民生凋敝。随着西方殖民势力的侵入，古老的中国遭遇了空前的劫难，陷入了严重的社会危机。在西风东渐的历史背景下，欧风美雨的强势入侵使中国传统文化备受冲击，惨遭无情解构。传统政治秩序和文化秩序整合下形成的精神信仰与价值观念，在残酷的现实面前不断受到质疑和挑战，传统的宇宙观、政治观、价值观与伦理观在西方文化的价值观念挑衅下哑然失语，继而失序、崩溃，中国的现代知识分子陷入价值失据而无所适从的尴尬境遇，中华民族出现了亘古未有的生存危机、精神危机和文化危机。这三千年未有之大变局造成的亡国灭种、危机四伏的特定时代氛围，再一次将侠和侠义精神推向了中国社会的潮头风口。面对国运飘摇、风雨如晦的危机时局，一大批救亡图存的仁人志士迅速崛起。"这一代充满担当精神与悲剧意识的仁人志士，颇多以游侠许人或自许的诗文，而其生存方式与行为准则也有古侠遗风"[①]。他们以历史上的侠义之士和侠义精神为精神力量与思想资源，对积贫积弱的社会现实和蒙昧愚弱的国民性进行理性反思，试图为民族国家的前途命运和社会文化的未来发展探寻新的出路。在西方文化的强势压力下，如何借助西学激活传统因子，对传统文化内部诸要素进行重新梳理和再度发掘，在新的历史文化语境下实现其创造性转化和创新性发展，成为近代以来有识之士

---

① 陈平原：《中国现代学术之建立——以章太炎、胡适之为中心》，北京大学出版社1998年版，第211页。

的文化改造思路和摆脱危机的方式。侠文化作为传统文化结构中不可或缺的组成部分，以其反抗、复仇、正义等价值支点进入近现代知识分子的文化视野。在晚清民初这个特定的历史语境下，中国的思想界兴起了一股规模宏大、影响深远的尚武任侠思潮。从侠文化中汲取符合时代要求的质素作为精神资源，以此展开对传统文化的反思和对国民性的审视，并从中发掘可以转化为社会改良和政治革命力量的复仇精神与反抗意志，这是在近代尚武任侠思潮中出现的实现新民强国之梦的现实思路。梁启超作《中国积弱溯源论》呼唤尚武精神之"中国魂"，继而作《中国之武士道》提倡尚武精神，再作《新民说》旨在新民强国，可谓清末尚武任侠思潮的集大成者。梁启超的尚武任侠主张和新民学说，直接开启了中国新文学作家从侠文化中汲取精神资源进行国民理想人格建构和现代民族文化建构的先河。这对以鲁迅为代表的中国新文学作家的确产生了重要影响。作为研究者，我们必须正视和高度重视侠文化作为一种思想资源，在历史积淀和现代承传过程中，对近现代以来的社会发展、思想文化和知识分子的侠性心态所产生的影响，深入考察侠文化在现代中国语境下的发展、流变及其时代特征，并从中汲取积极合理的精神资源，为当前社会的人格建构和文化建构提供重要的价值参照。

众所周知，五四新文化运动在重估一切价值的时代思潮中对传统文化及其价值观进行了批判和颠覆，其锋芒直指作为中国传统文化主流的儒家文化。同样作为传统文化结构有机组成部分的侠文化在五四时期并没有像儒家文化那样面临灭顶之灾，反而获得了一定的生存空间，在武侠小说创作甚至在新文学作家的理论视野和纯文学创作中都获得了一定的肯定。在现代中国语境下，侠文化作为传统文化结构中的边缘文化或支流文化甚至异端因素，或在批判中成为激活传统、改造社会的思想武器，如鲁迅、老舍和沈从文等；或在民生凋敝、民族危亡的时代成为人们寻求反抗和救赎之路的强大精神资源，如郭沫若、艾芜、蒋光慈和萧军等；或在文化多元化和社会转型的年代成为人们守望原始正义和渴盼生命激情的精神寄托与灵魂家园，如刘绍棠、莫言和贾平凹等。当然也有20世纪30年代视侠文化为洪水猛兽甚至

绪论 文学与侠文化：古老而常新的文化因缘

"精神鸦片"的批判性论调和否定性声音，如茅盾、郑振铎和瞿秋白等。这所有种种对待侠文化的不同态度，构成了侠文化在现代中国命运遭际的多重面影。

在蔡翔看来，侠和江湖成为中国知识分子的意识缠绕对象，知识分子有一种江湖情结，它包括"趋人之急"与知识分子的渴望拯救、公道与正义的理性要求、"酬知己"与知识分子的"明主"情结、生命方式的美的发现；知识分子也对侠进行着"误读与改造"，其中包括正义化的侠、伦理化的侠、山林化的侠、文人化的侠。[①] 在现代中国语境下，居于社会边缘，追求自由、平等、正义和公道的新文学作家，在以笔为剑书写正义之音、伸张社会正义的过程中，不断地焕发出生命的激情，逐渐成长为具有侠性气质的"正义化的侠"和"文人化的侠"。

中国新文学作家对待侠文化的态度是颇为复杂的，但正义、自由是一以贯之的价值追求。在启蒙语境、革命语境、救亡语境、翻身解放语境、阶级斗争语境、改革开放语境下，新文学作家对待侠文化的态度留给后人的印象被历史地单一化为"批判"，如果不客观、辩证地发掘新文学作家对侠文化分析评价中"建构"的一面，显然有失公允。现代中国文学史上确实有些新文学作家以知识精英的话语姿态，站在革命政治的价值立场上，抱持着侠文化的发展泛滥关乎民族国家前途命运的高度警觉来反思、批判乃至全盘否定侠文化和武侠小说，如茅盾、郑振铎和瞿秋白等。究其实质，在于这些新文学作家混淆了官方侠文化观、民间侠文化观和知识精英侠文化观三者之间的本质区别，忽略了甚至无视侠文化中对于现代中国社会积极有益的成分，以致他们不经意间成为政治权力的同谋。针对这种五四以来的反传统倾向，有论者认为："新文化运动对传统采取猛烈攻击的态度，一时来不及分析传统文化（包括儒家学说）中合理的可供现代转化运用的成分，其目的主要是为了冲破旧垒，开拓新路，显示价值观念

---

① 蔡翔：《侠与义——武侠小说与中国文化》，北京十月文艺出版社1993年版，第282—317页。

的根本转变。"① 这种评判是非常客观的,新文学作家对传统文化的批判和否定,还有对西方文化的颂扬与借鉴,使得现代中国文化和文学以一种"偏激"和"片面"的方式,迅速摆脱了几千年传统文化和文学的束缚,不断与世界文化和文学交流、碰撞、融会,为完成中国文化和文学从古典向现代的历史性转换做出了巨大的历史贡献。就新文学作家而言,他们把思想启蒙作为自己的神圣使命,在其价值视域中,只有不断地改造国民性,争得国民精神的普遍解放,重铸民族精神,才能拯救当时的中国社会,才能建设崭新的民族文化。在与传统文化争夺话语权甚至文化领导权的过程中,他们不可避免地采取了"偏激"和"片面"的方式,对传统文化的负面作用进行了不遗余力的批判乃至全盘否定,而忽略了传统文化可资借鉴的正面价值;在激烈的"全面反传统""以西方的民主与科学来建设中国新文化"等思想主张的引导下,抹杀了侠文化的正面精神价值与侠文化的官方话语立场的本质区别。但以文化改造和国民性改造为己任的新文学作家并没有忽略甚至遗忘侠文化这一传统文化结构中的边缘角落,"鲁迅一代承担了侠义式批判的任务,并成为侠义公案精神的不可思议的继承者。……中国现代文学的主流少见侠士角色,这并非偶然,因为这一角色留给了作家。那些现代的男女'文侠'们,誓以笔墨之力,洗雪谬误,惩戒不公"②。可以说,侠文化已经与整个文化传统一起作为一种集体无意识积淀于他们的人格结构和文化心理深处,影响和制约着他们的思想行为、审美选择和价值取向。从某种意义上讲,"越是具有文化反思意识,以文化改造为己任的人,越是倾向于自觉吸收这些处于边缘地带的文化因素来补主流文化之失,而侠文化因其特有的自由叛逆的品质吸引了大批的有识之士"③。这些被侠文化吸引的有识之士和前述对侠文化持批

---

① 钱理群、温儒敏、吴福辉:《中国现代文学三十年》(修订本),北京大学出版社1998年版,第6页。

② [美]王德威:《被压抑的现代性——晚清小说新论》,宋伟杰译,北京大学出版社2005年版,第174页。

③ 凌云岚:《现代文学中的侠文化——现代文人的文化改造思路》,《中国文学研究》2002年第4期。

绪论　文学与侠文化：古老而常新的文化因缘

判乃至否定态度者都是本书所要研究的对象。

在肯定激进主义的历史贡献的前提下，我也指出了其在新文化建设方案上的缺陷，这并不意味着走向另一个极端，那就是认同主张新文化建设必须建立在儒家传统基础上的保守主义。同时，我指出了有些新文学作家对侠文化评判的不足，也不是借此为曾被他们视为"精神鸦片"的武侠小说和侠文化做翻案文章。在如何对待传统的态度上，我想以下论述或许更有启示意义：

> "破坏"传统的方式以及反传统思想的种类很多，在抨击传统中有害的因素时，并无需将传统和现代置于对立的地位；铲除传统中不合时宜及有害的成分，并不一定非完全否定传统不可。一个传统若有很大的转变潜能，在有利的历史适然条件之下，传统的符号及价值系统经过重新的解释与建构，会成为有利于变迁的"种子"，同时在变迁的过程中仍可维持文化的认同。在这种情形下，文化传统中的某些成分不但无损于创建一个富有活力的现代社会，反而对这种现代社会的创建提供有利的条件。[①]

这对我们重新审视和思考五四以来对待传统的态度与新文化的建设思路无疑是一个很好的理论预设和评判前提。无论是"激进主义"还是"保守主义"，对待传统文化的态度虽然不同，文化建设思路尽管有异，最终的价值指向却是为危机中的中国建构一种新的民族文化，正所谓"同归"，只不过"殊途"。其实关于新文化建设的历史现状不是一种简单的面向，所谓"激进主义"和"保守主义"这种二元对立的划分，实际上也并不符合当时的真实状况。这种命名存在价值观和认识论方面的历史局限性，并不能真实地反映当时错综复杂的历史真相。

本书所关注的，就是在现代中国这一特定的传统文化发生巨大变革的历史时空，侠文化作为传统文化结构中的一种边缘文化及蕴含其

---

① 林毓生：《中国传统的创造性转化》，生活·读书·新知三联书店1988年版，第165—166页。

绪论　文学与侠文化:古老而常新的文化因缘

中的文化因子,在全面反传统的文化思潮中引起了新文学作家这些现代知识分子怎样的关注。为此,以中国新文学作家与侠文化的关系为切入点,在侠文化理论视野的观照下,考察在中西文化交流碰撞的各个历史阶段侠文化与西方近现代文化思潮相遇时发生价值耦合的状况,以深入探究新文学作家侠性心态的生成、嬗变及其时代特征和现代内涵,并根据对待侠文化的态度立场,对鲁迅、郭沫若、老舍、沈从文、蒋光慈、萧军、刘绍棠、莫言、贾平凹等新文学作家及其作品文本分类进行整体观照和具体解读。目的在于重点考察在中国传统文化出现危机并发生巨大变革的历史时期,侠文化作为一种边缘文化资源对新文学作家产生了怎样的影响,特定的时代气候和独特的人生经历及于传统和现代夹缝中生存的生命体验怎样激活了他们潜意识中的侠文化精神,在新文学作家与侠文化的互动关系中,从侠文化精神在不同时期不同创作主体身上的具体体现及其作品文本中的艺术呈现挖掘出应有的价值,探讨他们对理想人格的建构思路、对文化建构的价值理念及其对传统文化的现实改造思路。同时,对茅盾、郑振铎和瞿秋白的侠文化批评话语进行客观的分析与评价,揭示其话语背后的本质蕴含。以重返当时历史语境的价值立场和追问历史真相的理论勇气,揭示新文学作家对待传统文化结构中边缘文化资源的真实态度及背后的深层原因,进而探讨侠文化对中国新文学的贡献及其当代价值。

王德威认为:"从文学革命到革命文学,侠义作为一种比喻符号而流通不辍,仍是有待我们探索的论题。当启蒙作家自膺为新一代的良心,明察秋毫,谴责不公时,或者更激进的,当他们成为今之侠者,为求正义而不惜背离法律时,他们以最尖锐的方式,质疑并另行打造社会正义的功用。为了践行他们的使命感,这些集文人与侠士于一身的作家以笔代剑,挑战威权。他们所显现的无私、叛逆、勇气、自我牺牲的行动,并不全都得归因于西洋文化的影响;它们也可以是传统侠义行为改头换面的作风。"[①] 同时指出,五四文学革命之后的新文学

---

① [美]王德威:《被压抑的现代性——晚清小说新论》,宋伟杰译,北京大学出版社2005年版,第143页。

◆◇◆ 绪论 文学与侠文化:古老而常新的文化因缘

作家选择了笔与剑相结合的途径,"在'为革命而文学'的名义下,这些作家自身与笔下人物所扮演的形象,如果不是真的战士,至少也是新型的'文侠',他们试图在自己构造的理想平面上,上演正义伸张的好戏"①。

我认为,王德威的论述深刻揭示了新文学作家本身独有的现代文侠特质和义勇行为,至少给予我们如下启示:第一,作为中华民族的集体无意识,侠文化与侠文化精神已经深深积淀于新文学作家的人格结构和文化心理之中,并在现代文化语境下得以承传和延续,成为正义的象征和人格精神的理想追求。第二,新文学作家精神结构中积淀的侠义质素和感时忧国情怀在西方个性解放、自由主义等启蒙文化思潮的刺激下,于特定的历史境遇中被激活并焕发为反叛传统、追求独立自由和维护社会正义的热情。可以说,传统文化是近现代知识分子接受并汲取西方文化的现实土壤,使传统的思想、价值与西方的思想、价值在中西文化碰撞交流中产生整合的可能性。第三,尽管有些启蒙作家以激进主义的态度和价值立场,主张全面打击以儒家文化价值观为主流的传统文化,采用西方的民主与科学来建设中国新文化,但由于几千年来传统文化(当然包括侠文化)强大的历史惯性和积淀与承传的历史现实,早已使之内化为他们感知世界、体验人生的思维方式和阐释方法以及精神结构中的有机质素,无法从根本上割断与传统文化之间的精神联系。从新文学作家对待传统文化的态度,可以发现他们将传统侠文化创造性地转化为文学革命和政治革命的现代符码时所产生的重要作用及应有的积极意义。以此审视关于五四新文化运动和文学革命造成了传统文化与文学断裂及"全盘西化""彻底反传统"等论调,很显然,这都是站不住脚的。

因此,本书成果既具有重要的文学史价值,也具有深刻的思想史、文化史意义,同时对于当下文化建设具有现实借鉴作用。一方面,以侠文化的视角来研究深受侠文化影响的新文学作家,或者通过研究深

---

① [美]王德威:《被压抑的现代性——晚清小说新论》,宋伟杰译,北京大学出版社2005年版,第373页。

受侠文化影响的新文学作家及其创作来审视侠文化在现代中国语境下的发展与流变,并探讨侠文化的当代价值,不仅有利于拓展新文学研究的思路,而且能够有效地丰富侠文化研究的内涵;既可在新文学作家及其纯文学作品与侠文化之间显隐互见的影响研究中发现新的学术增长点,也有利于寻绎侠文化作为一种通俗文化在作为知识精英的新文学作家笔下发生创造性转化并获得现代承传与精神体认的价值置换理路。另一方面通过考察新文学作家与侠文化的历史渊源,探讨新文学作家侠性心态的生成、嬗变及其时代特征、现代内涵,可以对现代中国的社会思潮、知识分子的精神特征及其个人主义的启蒙话语、集体主义的革命话语、民族主义的救亡话语、民主主义的翻身解放话语之间发展、嬗变及置换的轨迹作出全面勘探,以进一步加深对现代中国社会思想文化变迁的认识和理解。从这种意义上讲,本书成果不仅有利于拓宽侠文化的研究范围,丰富中国新文学研究的视角,而且还能对中国新文学的生成和现代中国思想文化的变迁作出更为生动、更有意味的阐释。

第二节 研究历史、现状与反思

20世纪80年代以来,随着思想的解放和研究视域的拓展,港台新武侠小说逐渐传入大陆,武侠文学和侠文化也逐渐进入研究者的价值视野,并随着文化热的兴起,于20世纪90年代在中国大陆兴起了一股侠文化研究热潮。在探究传统文化对现代中国影响的过程中,如何实现传统文化的创造性转化和创新性发展,作为一个重要课题摆在研究者面前。特别是五四新文化运动,由于其给20世纪中国思想、文化、文学甚至历史发展带来的深远影响,历来备受学界高度关注。不同时期、不同学术倾向和不同价值立场的学者对其进行过反复的研究和论争,每一次论争都深化了对五四新文化运动的认识。20世纪90年代以来,在新的历史语境下,国内外学界对它又展开了新的反思与重估,并引发了新的论争。这些论争涉及启蒙与救亡、西学与中学、激进与保守、传统与现代、"五四"与"文革"甚至文言与白话等一

◆◇◆ 绪论　文学与侠文化:古老而常新的文化因缘

系列重要而深入的问题。其中关于五四新文化运动是否"全盘西化"和"彻底反传统"的问题，也就是所谓"西方话语"与"中国文化"及"激进"与"保守"等关系问题，再次引起学界的关注。针对许多学者对"五四文化"的共同装饰的误读，朱德发认为，"五四文化"作为特定历史范畴的文本，从本质上说，既没有"全盘西化"也没有"整体反传统"。① 在这种学术文化语境下，中国新文学作家与侠文化的关系之探讨作为一个典型的研究个案逐渐进入研究者的价值视野。

以中国新文学作家与侠文化的关系为切入点，以侠文化为研究视角，将中国新文学作家及其作品文本置于侠文化理论视野下进行整体观照和具体解读，深入考察它们之间于特定时代的复杂关系并发掘其深层意蕴，探讨新文学作家的人格建构诉求和文化建构理念，以此透视他们对传统文化的真正态度和实现创造性转化的现实改造思路，这是非常有意义的课题。以这样的研究思路走下去，应该会很好地回应那些误读五四的论调。但长期以来，由于政治的、意识形态的或学术立场的原因，这类研究并没有得到学界足够的重视。只是随着20世纪90年代大陆侠文化研究热潮的兴起，加上学界对五四新文化运动的反思，一向被视为"反传统"的新文学作家与不受学界重视的侠文化取得了价值的契合点，新文学作家与侠文化的关系才作为一个重要课题受到人们的关注，并且已经取得了许多研究成果，其中既有显著而突出的成就，也存在显而易见的不足。

一　新文学作家与侠文化研究的历史与现状

首先，我们对国内外有关中国新文学作家与侠文化研究的历史和现状进行深入细致的梳理、分析与评价。

（一）鲁迅与侠文化

韩云波的论文《论鲁迅与中国侠文化的改造——兼谈〈故事新

---

① 朱德发：《五四文化的误读》，《中外文化与文论》第 6 辑，四川教育出版社 1999 年版，第 20—25 页。

编〉中的三篇小说》①虽不是该课题研究领域的发轫之作，但在深入探究新文学作家对侠文化的现代性改造的理性思考方面却有拓荒之功。作者开篇指出："春秋时代，儒墨并称显学，其后韩非以儒侠对举，在中国历史上，墨、侠及其文化传统作为儒的对立面之一，植根人心，形成国民性中的'侠性'心态，到近现代愈益复杂。"同时强调："作为新文化运动的组成部分，鲁迅对侠文化传统作了深刻的改造，至今犹有重要的现实借鉴意义。"在此理论前提下，作者分析了鲁迅对侠的宏观理性认识，并深入小说集《故事新编》考察了鲁迅对侠文化精神的融汇与改造。作者通过具体分析鲁迅关乎侠文化传统的古今融通的文学形象系列及其在现代文化中扬弃超越的典型过程，揭示了鲁迅对侠文化批判和扬弃的必然性。可贵的是，作者把鲁迅对侠文化传统的改造和扬弃纳入新文化运动的整体格局，指出对传统的一般拒绝只是手段，目的在于找出新的文化元素，鲁迅的终极目的在于国民性的根本改造。该论文的闪光点体现为发现了以鲁迅为代表的新文学作家与侠文化之间存在着一种深刻的精神联系，那就是新文学作家在对侠文化进行批判性改造的同时，汲取了侠文化中积极的建设性素质作为国民性改造的精神资源，这种辩证扬弃的拿来主义态度是难能可贵的，纠正了以往"五四以来新文学作家对侠文化持批判或否定态度"之论调的偏颇，这是该论文的创新之处。

汤晨光的论文《鲁迅与墨侠精神》②重点阐述了墨侠精神在鲁迅个性气质、日常生活和小说杂文等著作文本中的积淀、传承与具体体现，同时指出鲁迅对侠文化的批判倒是对侠义的坚持，不失真知灼见。

袁良骏的论文《鲁迅与"侠"文化》③认为，鲁迅以发展的眼光看待侠文化，反对"三国气"和"水浒气"，但对侠义小说的写作艺术有褒有贬，而贬大于褒。论文最后指出"剑侠小说"无异于误人子弟的鸦片烟，这显然有失公允。

---

① 韩云波：《论鲁迅与中国侠文化的改造——兼谈〈故事新编〉中的三篇小说》，《鲁迅研究月刊》1992年第1期。
② 汤晨光：《鲁迅与墨侠精神》，《鲁迅研究月刊》1997年第1期。
③ 袁良骏：《鲁迅与"侠"文化》，《中国社会科学院研究生院学报》2002年第3期。

绪论　文学与侠文化:古老而常新的文化因缘

陈江华的硕士学位论文《侠之狂者——论鲁迅的侠义精神》[①] 立足心理学和地缘学的角度,在对"侠义"作了界定的基础上,深入探讨了鲁迅与传统侠义精神的关系,主要对鲁迅在现实世界中的侠骨柔情、对待侠文化的态度及其文本世界中的侠义观照进行了全面考察,同时对鲁迅的侠义精神的渊源进行了探究。

陈夫龙的论文《批判中建构:论鲁迅与侠文化精神》[②] 重点结合对鲁迅作品文本的解读,重新探讨了鲁迅与侠文化精神的关系及其对当前文化建设的启示,作者认为:"鲁迅对侠文化的改造只是其思想启蒙的一种策略、手段,经由对侠文化的批判性改造深入到对国民性的根本性改造,其真正目的在于新的文化精神和国民理想人格的双重建构,最终建立理想的人国,而这又同近代以来中国知识分子对于建立现代民族国家的历史目标的整体探索相一致。"研究层次较前有所深入。

焦仕刚的论文《"现代性"烛照下鲁迅的侠骨柔情》[③] 从现代性理论角度重新审视鲁迅和传统侠文化的关系,主要从现代性概念的三个价值基点出发,围绕鲁迅对待侠文化的态度、鲁迅如何呼唤"精神界之战士"并启蒙民众提出现代文化建设战略构想、让文化的"复仇"成为批判国民性的武器三个方面展开论述,不乏新见。

焦振文、韩燕的论文《论鲁迅思想中的儒侠色彩》[④] 认为,鲁迅的思想是以儒兼侠,他对于传统的儒学有着不自觉的承袭,而侠则是其儒学思想的行为外化,并非单纯来自墨侠思想。

严家炎在其专著《金庸小说论稿》中探讨了中国新文学作家与侠文化的关系,论及鲁迅时,他指出,在中国新文学作家中,与侠文化有关系的"我以我血荐轩辕"的鲁迅很值得研究。他认为,鲁迅于1926年写的《铸剑》是一篇现代武侠小说,主人公黑色人就是一位侠

---

① 陈江华:《侠之狂者——论鲁迅的侠义精神》,硕士学位论文,东北师范大学,2006年。
② 陈夫龙:《批判中建构:论鲁迅与侠文化精神》,《西南师范大学学报》(人文社会科学版)2006年第4期。
③ 焦仕刚:《"现代性"烛照下鲁迅的侠骨柔情》,《河南理工大学学报》(社会科学版)2009年第1期。
④ 焦振文、韩燕:《论鲁迅思想中的儒侠色彩》,《保定学院学报》2013年第1期。

士，结合对鲁迅作品的解读指出鲁迅对墨侠精神的肯定及对侠之变质、堕落的警惕。同时针对有人根据《流氓的变迁》一文断章取义，竟然说鲁迅视侠士为流氓，对侠文化和武侠小说完全否定，严家炎认为，这是一种莫大的误解或曲解。① 值得肯定的是，严家炎从新文学作家身上发现了其对中国传统文化体系中居于边缘地位的侠文化的精神认同和现代承传。在多元文化价值并存的世纪之交，严家炎以精英文学研究者的身份在新文学作家与侠文化之间找到了一种价值支点，这对于现代文学研究思想的解放、研究领域的拓展、研究思维的突破以及新的学术生长点的发掘而言，功莫大焉，是值得学习和借鉴的。

总起来看，关于鲁迅与侠文化研究，前两篇论文和严家炎的专著出现于20世纪90年代，其余各篇发表于21世纪以来，这些论文和著作将侠文化视角引入鲁迅研究领域，开阔了鲁迅研究的视野，拓展了鲁迅研究的范围，取得了可喜成绩，具有较高的学术价值和现实意义。但不足之处在于，这些论著没有通过探讨鲁迅与侠文化之间的互动关系来揭示五四时期侠文化作为一种思想资源的启蒙意义，也没有以现代性理论很好地探究鲁迅致力于理想人格建构和新文化建构的实际问题，即使有所涉及，也稍欠深入。

（二）郭沫若与侠文化

在郭沫若与侠文化研究方面，20世纪90年代西南师范大学（现西南大学）的韩云波和王本朝用力最多，其中韩云波发表了四篇论文，王本朝发表了三篇论文，成果颇丰。他们立足郭沫若与传统文化特别是侠文化之间的复杂关系，分别从不同的角度，以独到的见解、睿智的论述和严密的逻辑揭示了郭沫若与侠文化之间深刻的精神联系，大大推动了中国新文学作家与侠文化研究的学术发展。

首先分析韩云波的论文，《郭沫若历史文学与士文化传统——初论郭沫若的儒侠统一观》② 从郭沫若的历史文学特别是抗战史剧出发，

---

① 严家炎：《金庸小说论稿》，北京大学出版社1999年版，第24—25页。
② 韩云波：《郭沫若历史文学与士文化传统——初论郭沫若的儒侠统一观》，《郭沫若学刊》1992年第4期。

◆◇◆ 绪论 文学与侠文化:古老而常新的文化因缘

结合他的历史研究,深入探讨了郭沫若的儒侠统一观,进而得出"郭沫若的士文化观是文武不分的儒侠统一的士文化观"之结论;《论郭沫若抗战史剧的侠文化内涵》① 以郭沫若的六大抗战史剧为研究对象,深入探究了他高倡侠义的原因,并重点分析了抗战史剧的侠文化内涵;《郭沫若与中国侠文化》② 从个性气质、历史研究和创作文本几个层面深入探讨了郭沫若侠义个性和侠义文化品格的成因及其对侠义内涵的融入、运用和理解,指出郭沫若提倡侠文化的目的在于"托古改制"地借古代躯壳来表达现实功利价值,在郭沫若的价值视域中,侠文化以其充分的现代性表现出历史的独特性,体现为一种工具价值;《郭沫若历史剧与士文化品格的现代转换》③ 从郭沫若的历史剧创作出发,深入探讨了其中所表现的士文化品格及其现代转换,指出:"他的侠是儒家化的侠,儒又是人道主义和阶级革命化的儒,最终形成郭沫若独特的理想个性。可以说,他的士文化品格也就正是建立在这个基础之上的。"体现了一种以侠兼儒的特点。可以说,韩云波的这四篇论文用力颇深,见解独树一帜,主要立足传统侠文化的历史积淀和现代承传,将郭沫若纳入宏阔的传统与现代交织的文化语境下进行学理考察和现代阐释,充分肯定了郭沫若对传统侠文化资源积极意义的发掘与张扬,并认可了其超越时俗、古为今用的价值立场。

接着来看王本朝的论文,《郭沫若与侠义精神》④ 考察了侠义精神对郭沫若侠性人格、侠义观念形成的影响及其在六大抗战史剧中的体现,并指出郭沫若对侠文化精神内涵的发掘与肯定是在传统内涵基础上进行的现代性阐释;《郭沫若与侠文化》⑤ 探讨了郭沫若侠文化观的形成、现代价值内涵及其在创作文本、精神结构和情感世界中的体现,指出这显示了郭沫若对中国传统文化的创造性承传和改造;《论郭沫

---

① 韩云波:《论郭沫若抗战史剧的侠文化内涵》,《贵州大学学报》(社会科学版)1993年第2期。
② 韩云波:《郭沫若与中国侠文化》,《郭沫若学刊》1993年第3期。
③ 韩云波:《郭沫若历史剧与士文化品格的现代转换》,《郭沫若学刊》1994年第2期。
④ 王本朝:《郭沫若与侠义精神》,《文史杂志》1992年第6期。
⑤ 王本朝:《郭沫若与侠文化》,《贵州社会科学》1993年第3期。

若历史剧与侠文化的现代改造》① 通过对郭沫若历史剧特别是抗战历史剧的分析，认为这显示出郭沫若侠文化意识的自觉，也标识着郭沫若对传统侠文化的现代阐释和改造，表现出丰富复杂的现代侠文化思想，肯定了郭沫若任侠淑世、以暴抗暴主张的特定时代意义。通过分析发现，王本朝的三篇力作能够在侠文化的宏阔视野中，以知人论世的方法，坚持理论与作品实际相结合，深入考察了郭沫若的侠性气概的形成及影响，具体阐述了郭沫若对侠文化进行现代性改造的目的和价值理念。

进入 21 世纪以来，关于郭沫若与侠文化研究方面的代表性论文有两篇，分别为廖传江的《郭沫若与中国侠文化》② 和陈夫龙的《郭沫若的创作与侠文化精神》③。廖文从郭沫若与中国传统侠文化的联系中探讨了侠文化对他的人格、心理乃至文学创作的深远影响，指出青年时代的郭沫若是一位站在时代潮流前端的顶天立地的儒侠形象。陈文对郭沫若的创作和侠文化精神的内在联系加以探究，以此勘探他对侠文化内涵的理解、改造、转化和运用，以及侠文化精神给予一个时代的价值意义。

从整体上看，韩、王、廖、陈的论文观点鲜明，论述深入，具有较高的学术价值。但是，研究方法上需要进一步改进，特别是如何在传统与现代之间重新衡估侠文化对郭沫若精神个性及其创作的影响及价值意义，仍需要研究者继续探究，还有郭沫若对侠文化进行现代性改造时的价值立场与当时社会主流意识形态之间的矛盾纠葛及其社会影响，也有待深入开掘。

（三）老舍与侠文化

在老舍与侠文化研究方面，汤晨光的论文《老舍与侠文化》④ 是

---

① 王本朝：《论郭沫若历史剧与侠文化的现代改造》，《求索》1995 年第 5 期。
② 廖传江：《郭沫若与中国侠文化》，《乐山师范学院学报》2000 年第 4 期。
③ 陈夫龙：《郭沫若的创作与侠文化精神》，《山东师范大学学报》（人文社会科学版）2010 年第 4 期。
④ 汤晨光：《老舍与侠文化》，《齐鲁学刊》1996 年第 5 期。

目前国内发现的较早的研究成果，主要探讨了侠文化及其精神价值在老舍的个性气质和作品文本中的具体体现，指出老舍的描写具有倡导和号召的意义，是改造国民性格的一种努力，他用侠的精神的表现满足了时代的要求，完成了时代赋予一个作家的使命。

何云贵的论文《武侠文化的挽歌——〈断魂枪〉主题新论》[①]认为老舍的创作意图并非对所谓"保守"思想的批判，指出《断魂枪》实际上是一曲对没落武侠文化的深情挽歌。他的另一篇论文《老舍与中国武侠文化》[②]主要从思想层面的复仇精神和侠义精神及叙事艺术层面的侠义叙事全面探讨了侠文化对老舍复杂而深刻的影响，指出弘扬武侠文化的积极因子，用之于改造国民性和建设现代新文化是老舍对待武侠文化的基本态度。

王卫东的论文《老舍小说侠义情结探源》[③]从叙述者自小深受侠文化影响、叙述者的小人物立场和叙述者对革命大潮的疏离等方面深入考究了老舍小说侠义情结形成的根源，指出叙述者的小人物立场成就了小说中的侠义大观，叙述者与革命大潮的疏离使得小说中的革命者形象更接近侠客。

禹明华的论文《老舍小说与墨侠精神》[④]通过对老舍小说的思想主题和人物形象的分析，指出老舍小说蕴含了鲜明的墨侠精神。

王文涛的硕士学位论文《老舍与中国侠文化》[⑤]在对侠文化的发展历程和侠文化精神作了一定梳理的基础上，分析了侠文化对老舍的成长生活和性格气质、人物形象塑造和叙述艺术等方面的影响，最后探讨了老舍对侠文化的现代性审视以及他运用侠文化改造国民性、建立理想国民人格的尝试。

陈夫龙的论文《转化与再造：老舍对侠文化的改造思路》[⑥]指出：

---

① 何云贵：《武侠文化的挽歌——〈断魂枪〉主题新论》，《重庆师专学报》2000年第4期。
② 何云贵：《老舍与中国武侠文化》，《江西社会科学》2003年第9期。
③ 王卫东：《老舍小说侠义情结探源》，《北京联合大学学报》（人文社会科学版）2005年第1期。
④ 禹明华：《老舍小说与墨侠精神》，《中国文学研究》2007年第3期。
⑤ 王文涛：《老舍与中国侠文化》，硕士学位论文，郑州大学，2007年。
⑥ 陈夫龙：《转化与再造：老舍对侠文化的改造思路》，《宁夏社会科学》2007年第4期。

"老舍对侠文化的接受与思考，主要立足民间立场，以现代意识对侠文化进行了现代性转化和主体性再造，在文化反思和国民性改造的整体文学格局中，继承和发扬了侠文化精神，致力于独立人格的全新建构、社会理想的探寻和民族新生的文化构想。"

王玉宝的论文《想象父亲的方式——老舍小说的侠崇拜心态》[①]从老舍早期小说的基本叙事模式中的重要因素——现代意义上的侠客义士现象出发，探究了他的侠崇拜心态的生成、文本呈现及其价值意义。

王学振的论文《"武"的退隐和"侠"的张扬：论老舍与侠文化》[②]探讨了老舍对待侠文化辩证的理性反思态度，指出侠义精神是他改造国民性的重要资源之一，并得出《断魂枪》等文本是百年"反武侠"历程的先声。

严家炎在其专著《金庸小说论稿》中认为，老舍"是一位童年就从传统曲艺和小说作品中深受侠文化影响的作家"[③]，进而指出："老舍小说决不是廉价的'革命文学'，但书中那种凛然正气，侠义情怀，无疑曾激励旧时代广大读者走上同情革命的道路。"[④]

徐德明在其专著《中国现代小说雅俗流变与整合》中，从雅俗整合的角度，对老舍的小说《断魂枪》《上任》等进行了个案分析。他认为短篇小说《断魂枪》是一个武侠长篇的压缩版，《上任》是武侠小说的变种——帮会小说，指出："《断魂枪》联系着中国武侠及其艺术表现的两千多年历史，它是在新的历史环境中，以现实的态度确定武侠在社会转型期的处境、地位与存在价值。"[⑤]通过分析发现，老舍将传统诗学文化中的世俗题材在现代意识指导下获得了提升，达到了雅俗整合，实现了现代化转型。

总体上看，老舍与侠文化研究的成果，20世纪90年代有论文一

---

① 王玉宝：《想象父亲的方式——老舍小说的侠崇拜心态》，《湖南科技学院学报》2008年第5期。
② 王学振：《"武"的退隐和"侠"的张扬：论老舍与侠文化》，《西南大学学报》（社会科学版）2009年第6期。
③ 严家炎：《金庸小说论稿》，北京大学出版社1999年版，第25页。
④ 严家炎：《金庸小说论稿》，北京大学出版社1999年版，第26页。
⑤ 徐德明：《中国现代小说雅俗流变与整合》，社会科学文献出版社2000年版，第275页。

篇,零星论述散见于严家炎的《金庸小说论稿》;21世纪以来密集出现了八篇论文,徐德明的专著也从雅俗整合的角度对老舍的《断魂枪》等小说作了分析;研究水准呈现出一种逐步深入提高的态势。这些论文和严家炎、徐德明的有关论述,分别从不同角度考察了老舍与侠文化的精神联系,有独到的见解和较高的学术价值,特别是徐德明的论述,有利于在雅俗整合的诗学维度拓展研究思路。但同时也存在不足:忽略了老舍的现代性体验尤其是旅英期间形成的中国与西方、传统与现代二元并存的价值视野与他对侠文化的接受和改造之间错综复杂的联系;他对侠文化的现实改造思路如何?最初他以现代理性意识审视封建文化传统、批判国民劣根性,而抗战期间却极力推崇与歌颂民族精神(包括侠文化精神)和优秀传统文化(包括侠文化),其间转化的内在机制如何?这种转化有何时代意义?他的文化立场怎样?都没有加以深入探究。

(四) 沈从文与侠文化

李辉的《湘西原本多侠气——沈从文的〈记胡也频〉与〈记丁玲〉》[①]是目前发现的国内第一篇关于新文学作家与侠文化研究的论文,该论文以沈从文最早的两部长篇纪实性传记作品《记胡也频》和《记丁玲》为研究对象,深入考察了这两部作品创作、发表及出版期间的遭遇。沈从文因帮助营救胡也频和护送丁玲回常德而失去武汉大学教职,"文革"时期解囊相助湘西老乡而自己却辛苦度日,这种舍己为人的精神让人肃然起敬。因此,作者指出沈从文身上具有难得的侠气,这种侠气源自友情,源自作者的人生观念中对正义和友情的态度,也源于家乡湘西崇侠尚武传统的熏陶。但作者并没有深入探讨沈从文对待侠文化的态度和理性思考,在学理层面上,李辉的论文更像学术随笔,与韩云波的论文《论鲁迅与中国侠文化的改造——兼谈〈故事新编〉中的三篇小说》相比,缺乏更为深刻的理性思考。

---

① 李辉:《湘西原本多侠气——沈从文的〈记胡也频〉与〈记丁玲〉》,《读书》1990年第10期。

郑英杰的论文《沈从文与湘西游侠精神》①分析了湘西游侠精神的特点和成因及其在沈从文身上的体现。何圣伦、何开丽的论文《苗族生命伦理观与沈从文的侠义叙事》②深入考察了沈从文侠义精神的多元文化背景，从作家的民族身份角度探讨其文化认同与文化传统的差异性，指出沈从文的苗族文化与汉族文化的复合组构，造就了他的侠义叙事的生命血性冲动和苦难悲悯情怀的丰富性与复杂性。

总起来看，关于沈从文的这三篇论文，李辉的论文有较高的学术价值，为我们揭示了沈从文阳刚的一面，对于进一步全面认识沈从文其人其文开拓了新的思路，但学术随笔的写法使其无法在沈从文与侠文化之间作出更加深入的理性审视；郑英杰的论文在湘西游侠精神的特点和成因上分析得比较透彻，但在论述沈从文身上湘西游侠精神的具体体现方面却有欠深入，显得有些单薄；何圣伦、何开丽的论文以苗族生命伦理观的价值立场寻绎出沈从文笔下的侠客义士在价值追求和理性原则上不同于传统侠文化的血性冲动特征，颇有新意，开阔了研究视野，但对这种血性冲动的湘西游侠精神的优劣及其对于民族精神再造的价值缺乏理性分析和现代性审视。

（五）蒋光慈与侠文化

周惠、杨茹的论文《反抗的执着与自由的偏至——论蒋光慈的"英雄情结"》③避开政治角度，以分析心理学为视角，以英雄情结为主线，以作家的创作和人生历程为依据，深入探讨了蒋光慈内心世界的别种样态，认为侠文化是构成蒋光慈英雄情结的重要因素，指出他的英雄情结归根结底是一种中国式的侠义精神。该论文视角独特，有一定深度，但英雄情结和侠文化之间的有机联系与复杂纠葛未能很好地厘清。

---

① 郑英杰：《沈从文与湘西游侠精神》，《船山学刊》2000 年第 4 期。
② 何圣伦、何开丽：《苗族生命伦理观与沈从文的侠义叙事》，《西南大学学报》（社会科学版）2011 年第 4 期。
③ 周惠、杨茹：《反抗的执着与自由的偏至——论蒋光慈的"英雄情结"》，《安阳师范学院学报》2007 年第 1 期。

陈夫龙的论文《游走于暴力和正义之间——论蒋光慈的革命侠义情结》[①] 探讨了蒋光慈的革命侠义情结，认为蒋光慈的革命侠义情结不仅体现了他的人格建构理想，而且表达了他对无产阶级文化建构的追求，呈现出革命与侠义结合、人性与侠性交融的特点，使暴力和正义二者在革命话语中达成有机统一，从而在现实革命斗争中起到呼唤民众觉醒、砥砺人民斗志的积极作用。该论文比较深入地揭示了侠文化对蒋光慈的深刻影响，颇有创见，但当侠义与革命发生冲突时，对蒋光慈的现实表现背后的深层原因发掘得不够。

　　陈永万、龙学家的论文《论蒋光慈小说中革命者的侠义精神》[②] 从强烈的复仇观念、暴力精神和侠骨柔情的浪漫与悲壮三个方面论述了蒋光慈小说中革命者的侠义精神，但流于现象描述，理论深度不够。

　　这三篇论文都出现于21世纪，有一定的学术价值。虽然出版于1986年的杨义的《中国现代小说史》第二卷第二章有关蒋光慈的论述中指出蒋光慈追慕拜伦的"千古的侠魂"，笔下人物融合了古代侠客、拜伦式英雄、高尔基早期作品中"流浪汉"的多种素质，但由于其论述重点不在于蒋光慈与侠文化的关系，所以只是提及而没有专门研究。因此，有关蒋光慈与侠文化的研究成果真正出现于21世纪。

（六）萧军与侠文化

　　富治平的硕士学位论文《侠文化与萧军小说研究》[③] 以侠文化为研究视角，主要通过对萧军的生平、小说文本、叙述模式所进行的考察，探寻他对侠文化精神的独特体验，同时对萧军个性化的侠文化精神的成因、表现以及他对传统侠文化的继承与发展进行了梳理，以此勘探侠文化对萧军及其创作的影响。该论文理论架构比较清晰，观点鲜明，论证充分，有一定的学术价值和启示意义。

---

　　① 陈夫龙：《游走于暴力和正义之间——论蒋光慈的革命侠义情结》，《重庆文理学院学报》（社会科学版）2010年第3期。
　　② 陈永万、龙学家：《论蒋光慈小说中革命者的侠义精神》，《剑南文学》（经典教苑）2011年第7期。
　　③ 富治平：《侠文化与萧军小说研究》，硕士学位论文，西南师范大学，2005年。

绪论　文学与侠文化：古老而常新的文化因缘　◆◇◆

　　陈娟的论文《萧军的小说与侠文化精神》① 主要论述了萧军的小说《八月的乡村》和《第三代》所体现的对侠文化精神的体认与发展，并揭示萧军所受的侠文化影响既得益于时代和地域民风，也与其自身的性格、经历密切相关，指出小说人物胡子——抗日英雄及其表现的侠义精神对民族意识的觉醒和激发人民抗日救亡的战斗激情有着不可低估的作用。该论文有一定的学术价值，但因篇幅所限，未能对萧军侠性人格的生成作出深入探究。

　　于宁志的论文《侠文化与萧军》② 考察了萧军接受侠文化的两种途径，并从性格气质和小说创作两个方面探究了侠文化给予萧军的影响，指出侠文化既培养了萧军尚武、好勇、尚力的精神，也影响了其小说创作的美学风格。该论文论述比较全面，但关于侠文化对萧军的深层影响阐释得不够充分。

　　李环宇的硕士学位论文《江湖文化视野中的萧军创作研究》③ 从江湖文化这一视角切入，通过对作家生平、小说文本、叙述模式、审美趣味等方面的考察，探寻萧军与江湖文化之间的内在精神契合，并挖掘这种"江湖气"在萧军从事左翼文学与延安文学创作过程中对自身的影响与建构。同时，考察了江湖文化对萧军在文学史上命运沉浮的影响及其与主流文化复杂的互动关系。该论文视角新颖，论述深刻。江湖文化与侠文化存在同质关系，论文对萧军的侠气和笔下具有侠义精神的胡子形象、侠女形象作了深入的分析探究。但对于江湖文化与侠文化之间的联系和区别未能深入揭示。

　　陈夫龙的论文《民族复仇精神和反抗意志的抒写者——萧军与侠文化精神》④ 探讨了侠文化对萧军的现实行为、人格精神和小说创作的深刻影响，指出萧军在现代革命意识指导下，结合伟大的民族解放战争，对侠文化进行了现代性改造和创造性转化，从侠文化中提炼出

---

① 陈娟：《萧军的小说与侠文化精神》，《北京大学学报》（哲学社会科学版）2005 年第 4 期。
② 于宁志：《侠文化与萧军》，《太原师范学院学报》（社会科学版）2007 年第 6 期。
③ 李环宇：《江湖文化视野中的萧军创作研究》，硕士学位论文，四川外语学院，2010 年。
④ 陈夫龙：《民族复仇精神和反抗意志的抒写者——萧军与侠文化精神》，《山东师范大学学报》（人文社会科学版）2011 年第 1 期。

复仇精神和反抗意志,以唤醒民众的爱国救亡热情,体现了萧军的个人英雄主义人格追求和自由主义文化理想。该论文论述深刻,颇有新意,但对于萧军由行走江湖的个人主义步入延安时期集体主义道路过程中侠义与革命之间的复杂纠葛未能深入探究。

关于萧军与侠文化研究的五篇论文,均出现于21世纪,大都能比较深入而全面地探讨萧军独具个性的侠文化精神的成因及其在日常生活和文本中的表现。但从整体上看,没能结合研究对象的人格心理和文化理想进行深入开掘,未免美中不足。

(七) 刘绍棠、莫言、贾平凹与侠文化

邓寒梅、罗燕敏的论文《论刘绍棠新时期小说中女性人物的侠义精神》[①] 认为,当代作家刘绍棠在小说创作中改变了传统的女侠形象,形象地诠释了现代女性的侠义精神,在论述中,作者将刘绍棠笔下的女侠形象分为"情侠"和"义侠"两大类,指出这些女侠形象投射出刘绍棠对女性的关爱,她们所阐发的民族传统的侠义精神应该被继承和发扬光大。崔志远的论文《燕赵的豪侠——刘绍棠"运河文学"形象与京剧行当》[②] 通过对"运河文学"形象的归类整理及对其京剧行当的原型分析,指出刘绍棠构建的"大运河乡土文学体系"着意书写运河滩粗犷豪放的男子和多情重义的女子,发掘了勇武任侠、感慨悲歌的燕赵风骨精神,形成了汪洋恣肆的豪放风格。

王琼曼的论文《士与侠的消隐——对〈檀香刑〉中文化符号意义的解读》[③] 从文化符号学的角度切入,将小说看作一则寓言,指出小说中的人与物都具有文化符号意义,且意义之间相互交织与自相消解,体现了作家对传统士文化与侠文化的反思,最终指向的是作家对人性

---

① 邓寒梅、罗燕敏:《论刘绍棠新时期小说中女性人物的侠义精神》,《中国文学研究》2007年第1期。

② 崔志远:《燕赵的豪侠——刘绍棠"运河文学"形象与京剧行当》,《文艺理论与批评》2012年第5期。

③ 王琼曼:《士与侠的消隐——对〈檀香刑〉中文化符号意义的解读》,《太原城市职业技术学院学报》2010年第6期。

绪论　文学与侠文化:古老而常新的文化因缘

的追问与思考。

戴云的论文《论贾平凹小说中的男性形象》① 通过分析贾平凹小说中的男性形象，认为贾平凹继承了"儒"与"侠"两种传统文化资源，其笔下男性形象具有侠气。

这四篇论文说明进入 21 世纪以来新时期的新文学作家与侠文化的关系已经引起了研究者的关注，它们有的视角独特，有新意；有的分析有欠深入，论述不够深刻。新时期的新文学作家与侠文化关系中"雅"与"俗"这两大因素之间双向互动的审美张力结构，还需要进一步深入探究。

（八）新文学作家与侠文化关系的比较研究

在新文学作家与侠文化研究领域中，王骏骥的论文《鲁迅郭沫若侠义观比较论》② 是目前发现的第一篇使用比较研究方法的成果。该论文从鲁迅的历史小说《铸剑》和郭沫若的历史剧《棠棣之花》说起，经过比较分析，作者发现"同样是不畏牺牲、舍生取义的侠义题材，经过鲁迅与郭沫若的铺排改造，在他们的小说与剧本中表现了截然相反和（此处'和'应为'的'——引者注）两种精神和意旨"。那就是《棠棣之花》充分肯定了传统侠义精神的正义性内涵，并赋予其充溢着时代特征的崇高精神，郭沫若对聂政的侠义精神在原有史料基础上作了有意拔高；而《铸剑》则从根本上否定了主人公黑衣宴之敖者刺杀大王慷慨赴死的"侠义"含义。接着作者结合鲁迅和郭沫若在侠的起源问题及对待侠文化的态度方面分析了他们形成不同侠义观背后的深层原因，即鲁迅着眼于鞭挞国民性和改革国民精神；郭沫若注重从传统文化中寻找民族精神建构的积极因素。正是由于思想立场和文化视角不同，在"不畏死"这个侠的基本精神的认识上，鲁迅和郭沫若也存在不同差异，作者认为，这种差异表现了他们两种不同的牺牲观和人生观。经过各方面的比较分析，作者的结论是鲁迅对待传

---

① 戴云:《论贾平凹小说中的男性形象》,《包头职业技术学院学报》2010 年第 2 期。
② 王骏骥:《鲁迅郭沫若侠义观比较论》,《鲁迅研究月刊》1993 年第 9 期。

绪论 文学与侠文化：古老而常新的文化因缘

统侠义精神持批判态度，而郭沫若则持弘扬态度。最后在此基础上，作者论述了鲁迅和郭沫若在传统文化基础上建构中华民族现代新文化的不同路径选择。

该论文立足现代民族新文化建构的高度，以比较研究的方法，分别选取鲁迅和郭沫若各一篇代表性侠义题材作品为切入点，深入比较分析了他们不同的侠义观，并探究了他们侠义观完全不同背后的深层原因，从而梳理和勘探他们在中华民族现代新文化建构方面的不同思路。作者的研究视角新颖，论述深刻，在方法论上具有启示和借鉴意义。但是，在论述鲁迅的侠义观时，看到了他对侠文化批判和否定的一面，而对鲁迅价值视野中所蕴含的侠文化对民族现代新文化新生和建构的一面却没有重视。同时，对于郭沫若弘扬侠义精神并赋予其时代内涵背后的深层原因发掘得不够深入。这是该论文美中不足之处，应引起研究者的高度关注和深入探究。

周葱秀的论文《瞿秋白鲁迅论侠文化》[①]指出，瞿秋白和鲁迅都是为了革命来研究侠文化的，都达到了相当的深度，但研究角度有所不同，瞿秋白主要持政治革命的角度，更多地从侠的阶级基础来剖析其本质，目的在于揭示武侠作品在政治上的危害性；而鲁迅则主要从思想革命的角度，通过剖析侠的历史演变来揭示其本质，目的在于研究国民性及其病根所在。通过分析论证，作者认为："瞿秋白与鲁迅对武侠作品也并非全盘否定。他们对其思想倾向，基本上是持否定态度，而对其艺术形式则有所肯定。"在此理论前提下，作者指出，他们有关侠文化的论述也存在局限，进一步辩证分析了瞿秋白和鲁迅忽略武侠作品思想内容上的积极因素的时代原因。该论文客观公正，论证合理，体现了作者鲜明的历史唯物主义态度，有较高的学术价值和启示意义。但在鲁迅对侠文化积极因素的肯定方面论述不足。

这两篇比较研究的论文深化了新文学作家与侠文化关系的研究，带来了方法论意义上的变革和研究水平的提升。但进入 21 世纪以来，以比较研究的视角探讨新文学作家与侠文化的关系并未得到足够重视，

---

① 周葱秀：《瞿秋白鲁迅论侠文化》，《鲁迅研究月刊》1995 年第 4 期。

未免使人遗憾。

（九）新文学作家与侠文化关系的综合研究

20世纪90年代开始出现新文学作家与侠文化关系的综合研究。陈山在其专著《中国武侠史》的有关章节里，探讨了中国文化精神中的侠义传统在现代中国的承传及其对新文学作家的文化心理和文学创作的深刻影响，[1]资料翔实，见解独到，学理性较强。但该书的论述重点在于中国武侠的历史发展演变，作者对新文学作家与侠文化关系的论述是为了证明中国侠义传统的现代影响，以服务于《中国武侠史》的理论体系建构，仅侧重影响层面。因此，论述的深度不够。

随着新文学作家与侠文化研究的深入，21世纪以来关于它们之间关系的综合研究越来越受到研究者的关注。杨经建在这方面成就显著，他的系列论文《崇侠意识：20世纪小说的一种文化心理取向——侠文化价值观与20世纪中国文学》[2]《侠文化与20世纪中国小说》[3]《"江湖文化"与20世纪中国小说创作——侠文化价值观与20世纪中国文学论之三》[4]《侠义精神与20世纪小说创作》[5]，都有对新文学作家与侠文化关系的考察。另外，杨经建为罗成琰的专著《百年文学与传统文化》撰写的第五章《侠文化价值观与20世纪中国文学》[6]与其论文《侠文化与20世纪中国小说》相比较，内容大致相同。杨经建在具体论述中提到了鲁迅、老舍、李劼人、艾芜、萧军、刘绍棠、莫言、汪曾祺等新文学作家，肯定了他们的创作与侠文化的内在关联，探讨了他们在侠文化意识和侠义精神的激励下通过小说文本传达出的复仇精神、反抗意志、原始正义和生命情怀。由于作者致力于探讨

---

[1] 陈山：《中国武侠史》，上海三联书店1992年版，第271—297、311—313页。
[2] 杨经建：《崇侠意识：20世纪小说的一种文化心理取向——侠文化价值观与20世纪中国文学》，《学海》2003年第1期。
[3] 杨经建：《侠文化与20世纪中国小说》，《文史哲》2003年第4期。
[4] 杨经建：《"江湖文化"与20世纪中国小说创作——侠文化价值观与20世纪中国文学论之三》，《天津社会科学》2003年第4期。
[5] 杨经建：《侠义精神与20世纪小说创作》，《云南社会科学》2004年第1期。
[6] 罗成琰：《百年文学与传统文化》，湖南教育出版社2002年版，第252—311页。

◆◇◆ 绪论　文学与侠文化：古老而常新的文化因缘

侠文化对整个 20 世纪中国小说乃至中国文学的影响，其中不乏对武侠小说和通俗性革命英雄传奇小说的具体论述，所以尚未充分剖析新文学作家与侠文化之间错综复杂的纠葛及其价值意义。但总起来看，作者的视野宏阔，论述精到，学术含量较大，学术价值较高。

凌云岚的论文《现代文学中的侠文化——现代文人的文化改造思路》[1] 以侠文化为切口，探讨了现代文人如鲁迅、老舍、沈从文、萧军、艾芜、茅盾、郑振铎和瞿秋白等的文化改造思路，认为现代文人的文化改造思路可分为三种不同类型：建构型、提炼型、反思型。该论文视角独特，论述深入，虽然关注了传统文化发生大变革的特定时期近现代知识分子对待侠文化的态度，但在学理上未能深入探究侠文化作为一种精神资源给他们带来了怎样的思想嬗变和精神突围。

李兆虹的论文《侠匪文化与当代陕西创作》[2] 在对侠文化、匪文化和侠匪精神深入考察的基础上，将贾平凹的"土匪"系列小说、陈忠实的《白鹿原》、高建群的《最后一个匈奴》和影视作品《关中刀客》《英雄》《关中匪事》等当代陕西作家的创作纳入侠匪文化视野，探讨其文化意义和丰富内涵。

朱文清的硕士学位论文《倚天仗剑何处去——试析新文学作家对侠客形象的改写》[3] 从传统侠文化与中国现代化进程的冲突入手，选取鲁迅、老舍、知侠作为启蒙作家、市民诗人、革命作家的代表，以他们为个例，探究侠与时代主题启蒙、市民社会、革命之间的冲突，以及这种冲突造成的传统侠客形象的改变，从而对传统侠文化与中国现代化进程之间的碰撞和新文学作家笔下的侠客形象作整体观照。该论文视角独特，颇有新意，但在探究新文学作家对侠客形象的改写原因方面稍欠深入。

---

[1]　凌云岚：《现代文学中的侠文化——现代文人的文化改造思路》，《中国文学研究》2002 年第 4 期。
[2]　李兆虹：《侠匪文化与当代陕西创作》，《唐都学刊》2004 年第 4 期。
[3]　朱文清：《倚天仗剑何处去——试析新文学作家对侠客形象的改写》，硕士学位论文，广西师范大学，2007 年。

陈夫龙的论文《新文学作家侠性心态的基本特征》①探讨了新文学作家的侠性心态问题，揭示了新文学作家侠性心态的两大鲜明特色：一是以侠性和人性交融为特征的人格建构思路；二是以大小传统沟通为潜在意旨的文化建构理念。该论文颇有新意，但对新文学作家侠性心态的生成机制问题缺乏足够的关注。陈夫龙的论文《革命者立场上的反思与批判——茅盾、郑振铎和瞿秋白的侠文化批评话语再审视》②对茅盾、郑振铎和瞿秋白的侠文化批评话语进行了全面、客观的分析评价，认为他们出于现实斗争的需要，在思想倾向上对侠文化进行了彻底批判乃至全盘否定，这是革命者立场上的反思与批判，指出这种批评话语有历史的合理性和时代的进步意义，但对其局限性必须保持清醒的认识。该论文的观点客观、公允，论述辩证深刻，但对他们的侠文化批评话语生成的历史文化语境的剖析不够深入。

石志敏的论文《20世纪80年代"匪性文学"与侠文化》③指出，侠文化以"潜文本"的方式存在于当代文学的某些纯文学文本中，存在于某些作家的性格气质中，主要以尤凤伟的《石门夜话》、莫言的《红高粱家族》和贾平凹的"土匪"系列小说为个案，探究了"匪性文学"与侠文化的关系，认为"侠"和"匪"都体现了创作主体与创作文本主体的理想主义倾向。这篇论文将土匪题材作品或匪性文学作为研究对象来考察侠文化的深远影响，立意较新，颇有深度，但对这些新文学作家的侠文化心理的挖掘不够深入。

这些综合研究虽然取得了不菲的成就，但都缺乏一个相对完备的侠文化理论体系来对新文学作家群体作整体观照和具体解析。

（十）国外有关新文学作家与侠文化研究

国外有关新文学与侠文化研究的成果，就笔者而言，目前发现美籍华人学者王德威对此有所论述。王德威在其专著《被压抑的现代性——

---

① 陈夫龙：《新文学作家侠性心态的基本特征》，《内蒙古社会科学》（汉文版）2009年第3期。
② 陈夫龙：《革命者立场上的反思与批判——茅盾、郑振铎和瞿秋白的侠文化批评话语再审视》，《山东师范大学学报》（人文社会科学版）2009年第5期。
③ 石志敏：《20世纪80年代"匪性文学"与侠文化》，《中国文学研究》2011年第2期。

绪论 文学与侠文化:古老而常新的文化因缘

晚清小说新论》中对新文学作家与侠文化的关系有独到而精彩的论述:"从文学革命到革命文学,侠义作为一种比喻符号而流通不辍,仍是有待我们探索的论题。当启蒙作家自膺为新一代的良心,明察秋毫,谴责不公时,或者更激进的,当他们成为今之侠者,为求正义而不惜背离法律时,他们以最尖锐的方式,质疑并另行打造社会正义的功用。为了践行他们的使命感,这些集文人与侠士于一身的作家以笔代剑,挑战威权。他们所显现的无私、叛逆、勇气、自我牺牲的行动,并不全都得归因于西洋文化的影响;它们也可以是传统侠义行为改头换面的作风。"① 揭示了传统侠文化在现代的积淀与承传及其对新文学作家的深刻影响。同时,王德威指出:"在中国现代小说与现实中,有多少叛逆的'新青年'曾以激进的个人主义起家,却臣服于集体乌托邦的号召下。他们奉献一己的资质勇气,以赢得民族和政党的胜利,这些倾向,其实与晚清男女侠客向(君主)极权顶礼膜拜的趋向,有了诡谲的照映。这些'新青年'所经历的驯化过程,不禁令人想起晚清男女群侠相似的命运。"② 这揭示了新文学作家借小说来呈现甚至实践正义过程中由个性话语到集体使命发生价值转换时所必然面临的尴尬处境和吊诡式宿命,这就是写作行为与执行正义之间的现实矛盾。王德威还发现,五四以降的作家往往乞灵文学表述来伸张正义,选择了结合笔与剑的途径,试图在自己构造的理想平面上,上演正义伸张的好戏,五四之后年轻的革命作家笔下的利他主义、叛逆精神、弟兄义气、自我牺牲,甚至禁欲主义等概念,不仅仅是外来影响的产物,也是侠义公案小说中尽人皆知的流风余绪。③ 王德威的研究视角和有关论述能够给我们提供方法论意义上的启示和借鉴,但因其关注点不在新文学作家与侠文化关系研究上,所以缺乏理论的架构和论

---

① [美]王德威:《被压抑的现代性——晚清小说新论》,宋伟杰译,北京大学出版社2005年版,第143页。
② [美]王德威:《被压抑的现代性——晚清小说新论》,宋伟杰译,北京大学出版社2005年版,第144页。
③ [美]王德威:《被压抑的现代性——晚清小说新论》,宋伟杰译,北京大学出版社2005年版,第372—374页。

述的深入。

通过分析可知,该课题的相关研究成果可分为两个阶段,第一阶段是 20 世纪 90 年代的开端期,主要集中于单个作家研究,还有作家之间的比较研究,并开始出现了作家群体的综合研究,而综合研究只是散见于有关武侠史著作的某些章节;第二阶段是 21 世纪以来的深入发展期,除了单个作家的研究之外,集约式地出现了作家群体综合研究的成果,个别新文学作家与侠文化关系开始进入了研究生学位论文的选题范围,同时研究领域也拓展到了新时期作家及其作品。可以说,学术界在中国新文学作家与侠文化研究方面,取得了值得肯定的显著成就,但问题正如述评中所一一指出的那样确实不少。概括而言,20 世纪 90 年代关于新文学作家与侠文化关系的研究成果主要集中在鲁迅、郭沫若和老舍身上。这与该年代特定的思想文化背景的激发是分不开的。但进入 21 世纪以来,20 世纪 90 年代的研究者如韩云波、王本朝、汤晨光等并未在该课题研究道路上继续前行,这一学术文化现象耐人寻味,值得反思。同时,21 世纪以来公开发表的许多论文仍拘囿于以往的研究思路,在研究方法和理论视野上较前并未实现新的实质性突破,甚至存在重复他人、重复自己的现象。显而易见,21 世纪以来的中国新文学作家与侠文化研究成果在数量上已经超过了 20 世纪 90 年代,但质量上却尚未实现真正的超越。海外汉学家尽管有相关论述,但其本意并不在此,因此缺乏系统性,论述也不够深入。

二 存在的问题及其原因

通过对中国新文学作家与侠文化研究这一课题的研究历史、现状的梳理和评述,我们发现已有的研究成果大都为单篇论文,缺乏整体宏观的审美观照,没有切实把具有侠气的中国新文学作家作为一个群体来考察他们和侠文化之间错综复杂的关系。尽管出现了综合研究的成果,论者把作家纳入侠文化视野加以审美观照,但由于篇幅限制或论述重点不同,没能将新文学作家的侠性心态的生成与侠文化的历史流变、作家的侠性心态的嬗变与时代思潮变迁之间的复杂纠葛结合起

◆◇◆　绪论　文学与侠文化：古老而常新的文化因缘

来考察。同时，并未把新文学作家以笔为剑游走于诗学正义和社会正义之间的选择与困惑、挣扎与奋斗、绝望与救赎等复杂的现代性体验纳入侠文化理论视域加以理性审视。虽然我曾出版过一部相关专著（在博士学位论文①基础上精心修改而成），但这部专著重在考察现代文学史上的新文学作家与侠文化之间的关系，而对当代文学史上与侠文化关系密切的新文学作家及其作品却未能系统论述。② 因此，迄今尚未发现有将现代和当代文学史上与侠文化关系密切的中国新文学作家作为一个整合的群体进行全面、系统、深入研究的专著问世。更重要的问题是这些成果缺乏一个客观、公允、合理的侠文化理论体系作为研究的价值支撑，亟须建构一个侠文化理论体系。这些都需要进一步深化研究，这正是本书成果的学术增长点之所在。

在中国新文学作家与侠文化研究领域，20世纪90年代和21世纪以来的研究成果存在许多问题的原因，我认为，主要在于以下几个方面。

第一，就研究主体而言，某些研究者对待侠文化和侠文学仍然存在偏见，没有真正地处理好现代中国语境下雅俗对峙与对话之间的辩证关系。

在有些研究者的价值视域中，侠文化和武侠小说不值一哂，它们的"立足点和基本精神，和宣扬好皇帝和清官一样，是制造一种抚慰旧时代无告的苦难庶民的幻想，希望有本领超凡的侠士来除暴安良，打尽天下不平，纾解处于奴隶地位的人民的冤屈和愤懑；不但和'从来就没有救世主，……全靠自己救自己'的理想精神背驰，也和冲破神权和封建枷锁的近世人文主义的否定神、肯定人，呼唤人的独立，宏扬人格尊严的精神殊途"③。客观地讲，这种观点放在特定时代语境下是有其道理的，但很显然，论者只是片面地强调了侠文化和武侠小说的负面作用而忽视了它们的正面价值。仔细辨析，这种论调跟20世纪30年代茅盾、郑振铎和瞿秋白站在革命者立场上对侠文化和武侠小说从"左"的方面进行严厉批判和彻底否定是一脉相承的。对于茅

---

① 陈夫龙：《中国新文学作家与侠文化》，博士学位论文，四川大学，2008年。
② 参见陈夫龙《侠文化视野下的中国现代新文学作家》，人民出版社2019年版。
③ 何满子：《破"新武侠小说"之新》，《中华读书报》1999年12月1日。

盾、郑振铎和瞿秋白的侠文化批评话语,陈平原早就作出了客观的评价:"茅盾、郑振铎、瞿秋白的这些批评,大体上是中肯的。可过分强调小说的教诲功能而完全否认其娱乐色彩,并进而从思想倾向上全盘否定武侠小说,则又未必恰当。……指责作家有意毒害青少年,或者赞扬其弘扬爱国精神,其实都不得要领。"[①] 在革命语境下,这种论调有其历史合理性,但在世纪之交的多元文化语境下,继续以"左"的面目来对待侠文化,不仅不合时宜,而且不利于文化的健康发展和文学的生态平衡。究其原因,根本在于该论者没有处理好雅俗关系,硬是以精英文学的标准来要求作为通俗文化的武侠文学,陷入了"异元批评"的误区,这种批评标准的错位必然会导致偏见的发生。严家炎指出:"文学历来是在高雅和通俗两部分相互对峙中向前发展的。高雅和通俗两部分既相互冲击,又相互推动,既相互制约,又相互影响,构成了文学发展的内在动力。"[②] 雅俗对峙与对话构成文学发展的内在动力,这是学界的共识。雅和俗都是历史的概念,不同时代的人们会有不同的观点和看法,并且随着时代的发展,雅和俗都会被赋予不同的新的内涵,在一定条件下可以互相转化、互为补充,呈现出一种互动互融的关系。综观整个文学发展史,文学生态总是在雅俗对峙与对话的整体格局中,以不平衡—平衡—新的不平衡—新的平衡或渐变或激变或和谐发展的轨迹不断向前推进的。大家知道,侠文化属于通俗文化的范畴,而新文学作家是高雅文化和高雅文学的生产者与传播者,在外来文化(主要是西方文化)和传统文化的价值坐标中,有些新文学作家在横向移植和纵向继承的价值选择中,对侠文化的选择和承传成为衡量其人格结构与文化心理深层重要的维度之一。在现代中国语境下,要探讨新文学作家与侠文化之间的关系,就必须在中国与西方、传统与现代错综交织的复杂状态下处理好雅俗对峙与对话之间的辩证关系。否则,就无法将侠文化的历史发展和现代流变同新文学作家心态的嬗变、特定时代精神的演变、国民性改造、民族文化建

---

① 陈平原:《千古文人侠客梦——武侠小说类型研究》,人民文学出版社1992年版,第66页。

② 严家炎:《金庸小说论稿》,北京大学出版社1999年版,第195—196页。

设的现代性构想等有机联系，以揭示新文学作家的精英意识和人道情怀与侠文化之间在现代中国文学发生、发展过程中的复杂关系，勘探新文学作家——秉持精英立场的诗学正义书写者在争取民族解放、国家独立和人民大众自由幸福的过程中，为伸张社会正义而慷慨悲歌、视死如归的侠义气概和人本意识。

第二，就研究对象来讲，新文学作家毕竟从事雅文学或纯文学创作，他们关于侠文化的论述和侠文学的创作相对不多，研究资料的搜集整理存在困难。

在这种情况下，只有从深受侠文化影响的新文学作家的传记资料、对侠或与侠有关的论述、文学创作等方面入手，切实掌握一手资料，做到论有所据。我们知道，新文学作家主要从事纯文学创作，在启蒙、革命、救亡、翻身解放等具有鲜明时代特色的历史语境下，面临"三座大山"的压抑和压迫，虽然属于弱势群体，但他们始终代表社会的良知，以笔为剑，向一切社会不公、一切强权势力、一切黑暗腐朽挑战，所表现出来的反叛、正义、无私、无畏、自我牺牲等精神品格和干云豪气——这些传统侠义精神的现代承传，都沉潜于他们的理论文本和创作文本深处，而他们的现实行为无不是传统侠义精神的现代呈现。即使在改革开放的新时期文化语境下，新文学作家在创作中通过人物描写和颇具江湖意味的空间建构，也能尽显反抗、复仇的侠义冲动和自由逍遥的生命情怀。这些现代中国文学史上的侠义体现，归因于新文学作家以现代意识对侠文化进行了现代性改造和创造性转化，继承和发扬了侠文化精神，致力于理想人格和民族文化的全新建构。作为知识精英的新文学作家改造着侠文化，而侠文化作为一种民间文化精神也在影响和塑造着新文学作家。因此，尽管存在研究资料不足的现实困难，但只要善于从新文学作家的理论文本和创作文本及其现实行为入手，认真考察新文学作家与侠文化之间的互动关系，就应该能够发掘出丰富的资料，开掘出深刻的精神资源。

第三，中国新文学作家与侠文化研究尚未真正受到学界充分关注和足够重视。

20 世纪 90 年代，该课题受到韩云波、王本朝和汤晨光等学者关注并取得了不菲的成果,但进入21世纪以来,他们并未继续深入研究下去。当时大陆唯一的通俗文学研究专业刊物《通俗文学评论》,在中国通俗文学研究特别是侠文化和侠文学研究方面取得了辉煌的业绩,但仅仅走完1992年—1998年这短暂而光辉的历程便宣告终结,并未完成它应有的使命,其中在中国新文学作家与侠文化研究方面的成果数量几乎为零。韩云波在《西南师范大学学报》(哲学社会科学版)1993年第1期开设了"中国侠文化研究"专栏,大大推进了侠文化的研究,有开创之功,但该专栏并没有长期坚持下去,并且编发的都是古代文学领域的论文。在沉寂了几年之后,从2004年第4期开始,《西南师范大学学报》(人文社会科学版)与《今古传奇》(武侠版)联合开办了"21世纪中国侠文化"专栏,由韩云波继续主持。该栏目接续了1993年开始点燃的侠文化研究的学术薪火,真正成为国内侠文化研究的重镇。自开办以来,该专栏发表了不少颇具创见的论文,但关于中国新文学作家与侠文化研究的成果却相对匮乏。

2006年第4期"21世纪中国侠文化"专栏编发了陈夫龙的论文《批判中建构:论鲁迅与侠文化精神》[①],这是该专栏自1993年开办以来刊发的第一篇关于新文学作家与侠文化研究的论文。更值得一提的是,2010年陈夫龙申报的"中国新文学作家与侠文化研究"课题和2011年韩云波申报的"中国现代武侠文学发生期研究(1900—1949)"课题先后荣获国家社会科学基金立项资助,这表明一向不被重视且饱受争议的侠文化研究得到了国家体制层面的肯定与认可。这些信息至少向学界发出了警醒的信号:中国新文学作家与侠文化研究这一课题仍然具有鲜活的学术生命力,侠文化研究理应受到学界甚至全社会的关注和重视。

通过分析既有研究成果存在的问题及其原因,我们发现,中国新文学作家与侠文化研究这一课题仍然具有学术生机,还有更广阔的新的学术空间等待着研究者去开掘。

---

① 陈夫龙:《批判中建构:论鲁迅与侠文化精神》,《西南师范大学学报》(人文社会科学版)2006年第4期。

绪论　文学与侠文化:古老而常新的文化因缘

第三节　研究方法、思路与创新点

中国新文学作家与侠文化研究有三十多年的历史,已经取得了很多有价值的成果。时至今日,再来审视这个课题,我认为仍然存在可以进一步开拓的学术空间,仍然具有价值和意义。关键在于研究方法的创新和研究思路的拓展。

本书所要考察的对象中国新文学作家主要是指五四时期到中华人民共和国成立前的现代新文学作家和改革开放后当代新时期的新文学作家,其间当代"十七年时期"许多革命英雄传奇或者革命历史小说,尽管里面潜藏着不少侠文化的因素,但因其特殊的政治意识形态内容、通俗文学形式以及国家意志规训等特殊性,将把十七年作家及其作品设专题专门研究,故不在本书论述之列。在行文过程中,根据论述需要,会适当论及十七年作家及其作品。从五四文学革命到中华人民共和国成立之前的三十年间,至少崛起过三代新文学作家,尽管他们的年龄、学养、性情、审美观、价值观各不相同,所走过的道路各异,但生存于中西文化、传统与现代思想冲突尤其激烈的时代使他们不得不面临一个同样的问题,那就是如何在中西文化、传统与现代思想的冲突纠葛中整合自我人格,平衡自我心态,寻求自我价值实现的有效途径。这些新文学作家大都从小接受过传统教育,有的甚至青年时代到国外留学,长期漂泊浸润于西方异质的文化环境之中。不论是留学海外还是留守本土,都不可避免地经受着自我文化人格形成过程中本土文化和异质文化、传统思想与现代观念相互冲突所带来的焦灼感和压迫感。改革开放后的新时期特别是 20 世纪八九十年代处于社会转型时期,传统的价值观念和文化心理同样受到现代思想观念甚至金钱意识、市场经济的冲击与挑战,同样面临着相似的时代命题,国学热的兴起使新时期的新文学作家在现代化的进程中不断地回眸审视传统文化,企图寻求正义的张扬和生命的激情。从五四启蒙话语到革命话语到救亡话语到翻身解放话语再到新时期的改革开放话语,在新文学不断发生话语嬗变和价值转换的过程中,当那些寻求自我心灵对话和文化人格整合的新文学作家在西方文化和现代思想的压迫下反观东方传统文化时，侠文化以其自由、正义、反叛的价值内涵和野性、豪迈、放浪的生命激情自然会进入新文学作家的审美视野，成为激活其心理结构和生命精神的重要因子。同时，在中西文化、文学碰撞交流过程中，中国传统文化当然包括侠文化也必然会在新的时代被加以现代性改造，实现创造性转化，以一种新质适应不断变化的社会。在社会、思想、文化、价值观念由传统向现代发生转型的时代，中国新文学作家与侠文化的关系必然也会出现新的形态，呈现出新的特征。

每位新文学作家都是一个独特丰富的创作个体，他们各自的家庭出身、生活阅历、教育背景和性情气质都存有差异，他们对侠文化的认识和态度既有相似之处，也会各具特色，甚至完全不同。本书的主要任务在于考察和探究新文学作家与侠文化之间的新型关系、时代特征及其现代内涵。仅限于单个作家的分别研究和那种将作家所受侠文化的影响具体指出来然后加以简单评判的模式，显然无法满足研究的需要。如果继续如此，势必出现"只见树木，不见森林"的研究短板。在研究中，我将借鉴文化基因论的方法，在肯定文学与侠文化结缘的前提下，考察中国新文学作家与侠文化的历史性关系，首先厘清侠文化作为一种理论方法和思想资源在现代中国语境下的价值与地位，明确侠的起源和界定问题，揭示侠的精神资源和侠文化精神的本质内涵，梳理和分析侠文化在现代中国文学语境下与各个时代思潮的价值耦合及其现代内涵。根据论述的需要，建构一个客观、公允、合理的侠文化理论体系。接着在侠文化理论指导下，以宏观视角，将新文学作家纳入侠文化的理论视域及其现代性流变历程，从整体上考察新文学作家的侠文化渊源，结合历史研究方法和新的时代特征，同时借鉴地域文化学理论，来探究新文学作家侠性心态的生成和嬗变的原因及其时代特征。然后在此基础上，以文本细读和心理分析相结合的方法，充分发掘和掌握研究资料，注重知人论世、实证分析和比较研究，以代表性的新文学作家为个案，根据他们对侠文化的认知和态度作出分类，对他们的理论文本、创作文本和传记性资料进行深入挖掘和细致解读，考察和分析他们与侠文化发生精神相遇的具体状况与形态特征，从而探讨他们对待侠文化的真实态度及背后的深层原因。最后分析侠文化给中国新文学带来的新气象，总结侠文化对新文学的贡献及其当代价值。

本书在具体论述过程中，力争有所创新，创新点如下。

（一）研究视角创新

立足中国新文学作家与侠文化的互动关系，以侠文化为视角来探讨深受侠文化影响的新文学作家及其纯文学作品，揭示侠文化作为一种通俗文化或传统文化结构中的边缘文化对新文学作家及其纯文学作品的精神影响力，丰富了新文学的研究视角，拓宽了侠文化的研究领域，扩大了侠文化的研究对象，丰富了侠文化的研究内涵，为现代中国雅俗对峙与对话、互动共荣的文学格局提供了有力的论证。同时，通过探讨新文学作家及其纯文学作品所受到的侠文化影响，可以透视侠文化在现代中国文学与文化语境下发展、流变的历程及其特征，揭示侠文化作为一种思想资源对各个时代的影响，有利于加深人们对现代中国思想文化变迁的认识与理解。

（二）理论观点创新

在侠文化理论体系的建构中，提出侠的起源的"综合说"；比较系统深入地提出侠的概念的三种表现形态——历史实存侠、文学形象侠、思想观念侠，以及侠文化的三个层面——行为文化、精神文化、观念文化；提出侠文化观的三种话语模式——官方侠文化观、民间侠文化观、知识精英侠文化观，并指出它们之间的本质区别；总结归纳出侠文化精神的八大实质内涵——以正义和公道为终极追求的社会理想、以侠义为价值核心的思想观念、以尚武为行为动力的精神特征、以叛逆和复仇为基点的反抗意志、以重诺守信和谦逊大度为特色的人格精神、以民族大义为高标的脊梁精神、以悲悯和拯救为特质的侠义情怀、以自由与逍遥为旨归的生命意识。力图为侠文化研究提供新的理论镜鉴，并为本书研究的开展奠定坚实的理论基础。

(三) 研究内容创新

在考察新文学作家的侠性心态生成及其对待侠文化的态度时，注重发掘特定时代社会思潮、作家现代性体验与侠文化之间的深层关系及其精神内涵。提出新文学作家侠性心态、革命侠义情结、侠性体验等概念；揭示五四时期侠文化作为一种本土性启蒙文化资源和启蒙思想之维的潜在价值及文学史意义；揭示新文学作家游走于诗学正义书写与社会正义伸张之间的心理内涵；指出新文学作家对侠文化的改造思路和创造性转化给予当代文化建设和人格建构的价值意义与深远影响。通过对新文学作家与侠文化互动关系的考察研究，不仅颠覆了那些关于五四新文化运动"全盘西化"和"彻底反传统"等虚妄的论调，而且打破了在中国/西方、传统/现代等二元对立的研究框架中，寻找作家与西方或传统某一思想学说、创作方法简单对应的影响研究的局限，力图还原历史真相，揭示新文学作家的思想和创作在由纵向继承和横向借鉴所构建的价值坐标中理应呈现的错综复杂性。

上　编

中国新文学作家与侠文化的历史性关系

中国传统文化是由儒、释、道、墨等各家构成的一个博大精深的体系，侠文化是这个主体结构中不可或缺的重要一维。侠孕育于春秋时代，正式出现于春秋战国之交奴隶社会向封建社会急剧转型期，虽然不是诸子百家之一，缺乏独立的思想体系、理论纲领和行动指南，但它早就以文化基因的方式潜隐于先秦诸子百家的思想理论之中，以儒、墨、道为载体，参与着中国本土文化主体格局的建构和中国人理想人格的形塑。而侠文化作为一种集体无意识，通过与文学的结缘及其在民间社会的广泛影响，已经深深地积淀于中国人的文化人格和精神结构之中，形成历久弥新的侠义人格和侠文化心理。

中国新文学作家作为中国历史上一种独特的存在，从出生那一刻起就处于中国传统文化各要素构成的强大的文化磁场当中，同时生存、生活于中西文化碰撞交流的时代，既接受过传统文化教育，又受到西方文化思潮的影响和冲击。在这种独特的生存境遇中，不可避免地受到侠文化的影响和侠文化精神的浸润。当然这种影响和浸润不是简单的，也不是一蹴而就的，而是一个长期的、复杂的过程，有着深远的历史渊源和独特的历史性关系。

其实，"与儒、道、佛文化相比，侠文化是一种缺乏精确的话语外延及严格的语义规范的文化构成类型，以致在传统文化结构中长期处于若即若离、若隐若现、乃至有形无相的状态"[1]。也就是说，作为一种观念形态，侠文化"不是一个历史上客观存在的、可用三言两语描述的实体，而是一种历史记载与文学想象的融合、社会规定与心理需求的融合，以及当代视界与文类特征的融合"[2]。这对于我们理解侠文化作为一种理论方法和思想资源及其对新文学作家的影响非常重要。文学与侠文化结缘而成为中国文学文化的有机构成，也成为中国人人格心理和精神结构的重要因素，以侠文化作为理论方法研究中国文学文化乃至探讨中国人的文化心理和精神嬗变成为应有之义。作为思想

---

[1] 杨经建：《侠文化与20世纪中国小说》，《文史哲》2003年第4期。
[2] 陈平原：《千古文人侠客梦——武侠小说类型研究》，人民文学出版社1992年版，第2页。

资源，侠文化零散存在于史书传记、诸子百家言论和文学作品之中。从这个意义上讲，侠文化不属于一家一派，而是中国文化共同影响和作用下的综合产物。儒、墨、道、纵横等本土文化共同构成了侠文化的文化基因，其影响遍及整个中国侠文化的历史发展与现代体验。正是在中国传统文化结构的合力作用下，侠、侠文化才逐渐呈现出自己独特的面貌，并形成了综合各家思想理论精义的侠文化精神。

新文学作家与侠文化发生深刻的精神联系，有着深厚的侠文化渊源。近代尚武任侠思潮的影响，对梁启超和章太炎等武侠精神倡导者的直接或间接师承，传统文化教育背景和生活环境的濡染，地域文化精神的浸润，新文学作家独特的个性气质及现代性生命体验，都是侠文化渊源的具体构成或体现，这些渊源因素在新文学作家成长过程中发挥着潜移默化的作用，无形中影响和制约着他们的性格、心理、人格、性情的形成与发展。可以说，生活于一个有着几千年侠文化传统和侠客崇拜心理的国度，深厚的侠文化渊源是与生俱来的精神财富。

新文学作家与侠文化之间这种深厚的思想渊源促进了他们侠性心态的生成，影响和制约着他们个性气质的形成与现实道路的选择，侠文化学养成为他们人格结构和文化心理的重要构成因素。从新文学作家侠性心态的生成过程及其与侠文化的渊源中可以看出，新文学作家与侠文化的关系确实不是出于偶然。在现代中国语境下，在中西文化交流碰撞的过程中，侠文化同五四时期启蒙话语、革命话语、救亡话语、翻身解放话语、阶级斗争话语和改革开放话语发生了历史性的价值耦合，并在特定时代气候下，被赋予新的精神内涵。这是新文学作家与侠文化发生精神相遇的历史境遇和文化机缘。五四时期的新文学作家虽然猛烈地"反传统"，但他们斗争的锋芒主要指向中国传统文化的主流——主宰和统治中国人意识形态长达数千年之久的儒家文化。"同样作为传统文化价值观有机组成部分的道家、佛家和侠文化价值观在当时却没有像儒家那样面临着灭顶之灾。它们或是作为传统文化的非主流部分甚至异端部分，成为新文化运动倡导者们反儒反孔的思想武器；或是用来附会西方的某种学说被进行了现代阐释和现代包装；或是在王纲解纽、天崩地裂的时代成为人们精神的寄托和灵魂的家园；

或是以潜行隐构的形态在民间悄然生存、悄然生长"①。也就是说，他们一方面反传统，一方面有着深厚的传统文化素养，这种传统文化素养当然包括侠文化。

在启蒙语境下，以鲁迅为代表的五四一代新文学作家，善于借助传统文化中的异端质素（如侠文化）来反对正统部分，对儒家思想很反感，但对率性自然、放荡不羁、反抗世俗的魏晋风度和富有反抗复仇精神的浙东先贤们却给予高度评价。他们对晚清民初尚武思潮倡导者有着直接或间接的师承关系，面对黑暗的闸门、窒息的铁屋子和无所不在的无物之阵，毅然决然地举起了投枪，并以笔为剑，直指一切社会不公和非人道事件，从而表现出对自由、平等和社会正义的价值诉求。在革命语境下，新文学作家极力张扬革命尚武精神；在救亡语境下，新文学作家注重对民族复仇精神的发掘和对反抗意志的砥砺；在翻身解放语境下，新文学作家表现出对翻身解放、自掌命运的热切追求；在阶级斗争语境下，新文学作家以满腔激情执着于对革命侠义精神的再造；在改革开放语境下，新文学作家注重开掘原始正义和生命激情，体现出对生命自由境界的追寻。所有这些，都是新文学作家在传统与现代构成的文化张力结构中，以现代意识赋予侠义传统新的时代内涵的思想和审美的结晶。新文学作家在接受侠文化影响的过程中，结合特定时代氛围和现代生命体验，为了现实的需要，不断赋予侠文化新的时代内涵和精神特征。一方面对传统侠义人格无限崇拜景仰，另一方面根据时代需要不断地加以现代性改造。在诗学正义的书写中，不断将侠文化精神内涵积极合理的因素注入理想人格建构和新文化建设，以此诉诸社会正义的实现和文化使命的完成。

在上编中，我将主要从"侠文化：理论方法与思想资源""中国新文学作家的侠文化渊源""中国新文学作家的侠性心态及其时代特征"三个方面来整体探讨中国新文学作家与侠文化的历史性关系，以此揭示侠文化在现代中国语境下的发展、流变历程及其对新文学作家的精神影响。

---

① 罗成琰：《百年文学与传统文化》，湖南教育出版社2002年版，第3页。

第一章　侠文化：理论方法与思想资源

　　侠原本是历史上真实的存在，活跃于中国的历史舞台。但自《汉书》以后，侠的活动和事迹便从正史上消失。顾颉刚认为："儒侠对立，若分泾渭，自战国以迄西汉殆历五百年。……范晔作史，不传游侠，知东汉而后遂无闻矣。"[①] 孙铁刚也如是说："二十五史中，只有《史记》与《汉书》有游侠传，自《后汉书》迄《明史》都无游侠列传，这正可看出自东汉以后游侠已经没落，不再为史家所重视。"[②] 侠不见容于正史，却以文学形象的方式存活于历代人们的心中。于是，人们关于侠的认识和观念大都源于侠的历史记载与文学想象。从某种意义上讲，自从侠的形象活跃于文学作品，或者说自从文学作品中出现了侠的形象，也就带来了侠这一历史文化本体存在的扑朔迷离之相。从此，侠作为历史上曾经的真实，呈现出行为存在、精神存在和观念存在三个层次结构并存的现象；而作为一种文化形态，侠文化也出现了行为文化（史书传记与诸子百家记载之侠事迹）、精神文化（文学作品塑造之侠形象）和观念文化（历代人们思想意识中的侠观念）三种形态的区分。由于史料记载的局限性、侠自身存在的复杂性和研究者的主观性，在侠文化研究中，容易将侠的行为存在、精神存在和观念存在混淆，更容易把侠文化的三种形态混为一谈，从而在侠的起源、界定和性质等问题上各执一词，褒贬不一。

---

① 顾颉刚：《武士与文士之转换》，《责善半月刊》1940年第1卷第7期。
② 孙铁刚：《秦汉时代士和侠的式微》，《国立台湾大学历史学系学报》1975年第2期。

上编　中国新文学作家与侠文化的历史性关系

毋庸置疑，作为历史上真实存在的侠已经离我们远去，消逝于历史的深处，他们的真正面目也越来越模糊，无法彻底真实地还原。现代人关于侠的理解、感受和认识大都依赖于文学作品中的侠形象及其所传达的思想观念。每每谈到侠，人们总会津津乐道于侠的扶危济困、见义勇为、重义轻利、快意恩仇等精神内涵和浪迹天涯、逍遥自在的生命样态。这实际上是想象中的理想化的人格精神和行为观念，表达了劳动人民真诚的生活愿望，反映了底层人民朴素的精神追求。这虽然揭示了历史上侠的某些本质内涵，但不过只是对侠的理想化建构和想象性认同。如果要揭示侠的本真面目，就必须深入历史典籍中去阐幽发微。我认为，中国之侠在历史发展过程中，呈现为互为关联的三种表现形态：历史实存侠、文学形象侠、思想观念侠。相应地，侠文化呈现为包容共存的三个层面，也就是前面所提到的行为文化、精神文化、观念文化。这里的历史实存侠，是指史书传记和诸子百家所记载的历史生活中实际存在的侠，对应着行为文化；文学形象侠，是指历代文人根据历史实存侠的具体存在和活动事迹，结合传统文化观念和时代需要，通过想象和虚构所塑造出来的具有侠义精神和正义力量的人物形象，对应着精神文化；思想观念侠，是指历史实存侠和文学形象侠有机结合而生成的思想意识，其中凝聚了历史存在和文学形象的正面价值与积极意义，是内化为人们意识深处的一种人格精神、思想观念和行为规范，并作为一种文化精神载入民族文化的价值体系，从而成为正义、公道、良知和英雄的象征，对应着观念文化。

在侠和侠文化研究中，必须认清侠和侠文化的多层结构形态现象，否则就会陷入理论误区和以偏概全的意图迷误。只有认清了这种现象，并把这个理论问题解决了，才能为侠的起源、侠的历史诠释与当下定位、侠文化的思想资源、侠文化精神的内涵等问题的探讨，进而为中国新文学作家与侠文化研究课题的理论思路的展开，为客观、公允、合理的侠文化理论体系的建构，做好铺垫。同时，在侠文化的发展过程中，历代人们结合个人体验和时代需要，改造侠文化，不断为之注入新的时代内涵，从而使侠文化保持强旺的生命力，始终参与着中国的文化建构和国人的人格形塑。因此，在研究中有必要根据时代特征和社会

第一章 侠文化：理论方法与思想资源

思潮对侠文化与侠文化精神作出实事求是的阐释和分析。

第一节　侠的起源：诸学说批判与"综合说"提出

　　研究侠文化，尤其是研究文学与侠文化的关系，首先必须解决好的一个问题就是侠的起源问题，这是展开具体论述的一个历史的、逻辑的起点。只有这个问题解决好了，才能为探讨文学与侠文化之间错综复杂的关系奠定坚实的理论基础。但由于特定时代的功利性和研究者的主观性，在这个问题的解决上，很容易混淆历史实存侠、文学形象侠和思想观念侠三者之间的区别，甚至人为割裂它们之间的有机联系，无法从根本上揭示侠文化的本质内涵和价值取向，从而陷入因预设前提而推导出符合自己现实目的和论述需要的结论的理论误区与意图迷误。这正是近代以来在侠的起源问题上见仁见智、众说纷纭而难以达成一致意见的主要原因。学术问题从本质上讲允许百家争鸣，无论结论如何不同，但总有一个理论的支点或隐或显地影响和制约着每一个试图对侠文化起源问题作出客观判断与合理解决的研究者，使他们不至于偏离甚至脱离这个理论支点规约下的轨道而盲目立论或妄下结论。我想，只要研究者能够尊重历史事实，从历史文献出发，深入历代文学作品勘察其话语精义，在历史与文学的张力结构中考察侠文化观念的形成和演变，在侠的三个层次和侠文化的三种形态复杂交织的现实中把握其本质，应该可以得出相对客观合理的结论。从某种意义上讲，只有把侠的起源问题解决了，才能对侠的当下文化定位作出稳妥界定，揭示侠的精神资源和侠文化精神的实质内涵，探讨现代中国语境下侠文化与特定时代思潮发生价值耦合的具体状况，从而为中国新文学作家与侠文化研究的进一步展开理出一个比较清晰的思路。

一　侠的起源诸学说批判

　　在侠的起源问题上，如前所述，近代以来学者们众说纷纭，言人人殊。直至目前，总起来看，大致有七种说法：侠起源于士说、侠起源于诸子说、侠起源于原始氏族遗风说、侠起源于民间说、侠起源于神话原型说、侠起源于精神气质说、侠起源于刺客说。① 这七种学说各有其道理，但它们各自的偏颇与不足也是显而易见的。毕竟历史实存侠已经消逝于过去的时空，无法还原其真实的面目。在侠的起源问题上，只要研究者以一种睿智的史识，以重返"原点"的理论勇气，在历史文献的蛛丝马迹中认真爬梳侠的历史踪迹，同时对文学典籍中有关侠的资料进行认真考察、辨析，对思想观念方面有关侠的意识加以客观辩证地清理溯源，就能够从中寻绎出侠的生命轨迹，发现符合历史本质和社会发展规律的要素。

现在对这七种起源说逐一加以考辨、评析，并在此基础上得出自己的结论。

（一）侠起源于士说

该学说认为，侠起源于春秋战国时期文武分途之后的武士阶层，代表人物为冯友兰、顾颉刚、陈山、李浩等。

冯友兰深受傅斯年"诸子不同，由于他们的职业不同"说法的影响和启发，在《原儒墨》和《原儒墨补》②二文中指出，随着贵族政治的崩坏，下层贵族流入民间，逐渐成为以卖技艺为生的士阶层，士又一分为二：一是知识礼乐之专家，也称文专家或文士，儒士；一是打仗之专家，也称武专家或武士，侠士。在他看来，侠就是由士演变而来的，具体讲侠源自武士。同时，冯友兰认为，墨家出自侠，这就

---

① 关于侠的起源说，刘若愚在《中国之侠》中总结了三种，并倾向于日本学者增渊龙夫的侠客气质说；参见［美］刘若愚《中国之侠》，周清霖、唐发铙译，上海三联书店1991年版，第2—4页。崔奉源在《中国古典短篇侠义小说研究》中总结了八种，比较认可刘若愚的观点，认为侠的主要成分是气质和果敢的行动；参见崔奉源《中国古典短篇侠义小说研究》，联经出版事业公司1986年版，第30—39页。罗立群在《中国武侠小说史》中总结了六种，比较赞同刘若愚的个人气质说；参见罗立群《中国武侠小说史》，辽宁人民出版社1990年版，第2—10页。汪聚应在《唐代侠风与文学》中总结了五种，并在对这五种观点分析的基础上提出了"刺客说"；参见汪聚应《唐代侠风与文学》，博士学位论文，陕西师范大学，2002年；又见汪聚应《中国侠起源问题的再考索》，《兰州大学学报》（社会科学版）2009年第2期。在此基础上，我对这些总结及其观点进行了归类整理，重新归纳为七种说法，并提出了侠的起源的"综合说"。

② 冯友兰：《原儒墨》，《清华学报》1935年第2期；《原儒墨补》，《清华学报》1935年第4期。

与后面要讲的诸子说中侠出于墨的观点截然相反了。顾颉刚认为,古代的士本来文武兼修,到了春秋战国之际却一分为二:"惮用力者归儒,好用力者为侠。"① 侠起源于士的学说,一直为大多数人所认同,其观点也被后人不断借鉴、引用。陈山也认为,侠起源于士,他在《中国武侠史》中直接借鉴了这一观点,并作了更为深入详尽的论述:"在先秦的社会结构中,'士'阶层处于一个十分特殊的位置。它是贵族与平民之间的过渡层,是上层社会与平民社会上下流动的汇合之处,因此其成员不断地处于分化组合的过程中。……而'士'阶层中未分化出去的一批武士,仍保持着朴素的源于史前时期远祖的尚武传统和强悍的民族特质,并不断汲取民间社会的文化营养向前发展,这便是萌芽状态的'侠士'。"② 同时,他强调指出:"儒从'士'阶层分化出去后,'士'阶层中的武士便在新的历史条件下开始转化为侠。"③ 李浩在论文《原侠》④ 中也认为侠源于士。

毋庸置疑,侠起源于士说有一定的合理性和学理根据,它在偏尚用武的层面上揭示了侠的本质内涵,为我们揭开侠的历史面目提供了一种思路,值得肯定。但深入历史实际,我们发现,先秦之侠,无论王公贵族还是凡夫平民,各阶级、各阶层都有侠的存在。士是介于贵族和平民之间的阶层,虽然文武分途后偏尚用武的一类成为侠士,但我们不能因此否认贵族和平民中也有侠,司马迁《史记·游侠列传》中便有卿相之侠、布衣之侠、闾巷之侠、暴豪之徒等区分。从尊重历史事实出发,倘若沿着侠起源于士的思维逻辑,也可以得出"侠起源于贵族说""侠起源于平民说"等诸多类似结论,这也从另一方面告诉我们侠不局限于某一个社会阶层,各个阶层都有侠的存在。陈平原认为:"关于'侠'的起源,近代以来众说纷纭,冯、顾之说也算自成体系。只是将其引入武侠小说研究则颇成问题。不论哪一家,探讨武侠文学发展都不能不溯源于《史记》,因为韩非虽有'儒以文乱法,

---

① 顾颉刚:《武士与文士之转换》,《责善半月刊》1940年第1卷第7期。
② 陈山:《中国武侠史》,上海三联书店1992年版,第13页。
③ 陈山:《中国武侠史》,上海三联书店1992年版,第14页。
④ 李浩:《原侠》,《西北大学学报》(哲学社会科学版)1996年第1期。

而侠以武犯禁'(《韩非子·五蠹》)之说,可语焉不详;只有到司马迁为游侠作传,才为古侠勾勒出一个较为清晰的形象。"① 以陈平原的论述来观照侠起源于士说,发现该学说的致命缺陷在于只注重了侠的"武"的一面,混淆了历史实存侠和文学形象侠的区别。我们知道,武侠文学中塑造的侠大都身怀绝技,武功高强,使人们形成一种印象,那就是"凡侠者必有武功"。倘若以此追溯侠的起源问题,那就很容易陷入偏尚用武一面的思考。但历史上实际存在的侠义之士却又未必都有武功,文学作品中有武侠,现实生活中没有武功者,倘若义薄云天、勇于担当,也完全可以因仗义行侠而成为侠。这样看来,侠起源于士说存在局限性。

(二) 侠起源于诸子说

诸子说认为,侠起源于诸子百家中的某一学派,其人格、思想、行为等各方面都受到某一学派的影响。根据具体情况,该学说又可以分为四种观点:墨家说、儒家说、道家说、纵横家说。

谭嗣同、梁启超、鲁迅、闻一多、侯外庐等持墨家说,认为侠来自墨家。谭嗣同公开提倡游侠之风,将侠归于墨家,"墨有两派:一曰'任侠',吾所谓仁也"②,同时认为侠与儒对立,儒是千百年来民气不振、社会衰败的罪魁祸首。③ 梁启超在《论中国学术思想变迁之大势》中,将孔、老、墨称为"三宗",又把墨家分为三派:兼爱一派、游侠一派、名理一派。对于游侠一派,他认为:"自战国以至汉初,此派极盛。朱家、郭解之流,实皆墨徒也。"④ 鲁迅认为:"孔子之徒为儒,墨子之徒为侠。"⑤ 在闻一多看来,"墨家失败了,一气愤,

---

① 陈平原:《千古文人侠客梦——武侠小说类型研究》,人民文学出版社1992年版,第84页。
② 谭嗣同:《仁学·自叙》,《谭嗣同全集》(增订本)下册,中华书局1981年版,第289页。
③ 谭嗣同:《仁学》,《谭嗣同全集》(增订本)下册,中华书局1981年版,第344页。
④ 梁启超:《梁启超全集》第二册,北京出版社1999年版,第572页。
⑤ 鲁迅:《三闲集·流氓的变迁》,《鲁迅全集》第四卷,人民文学出版社2005年版,第159页。

自由行动起来，产生所谓游侠了"①，他将侠视为墨家在行动上的延续者和体现者。侯外庐认为，在墨子学派的后期发展中，"一派变为社会运动的游侠"②。

章太炎、梁启超等持儒家说，认为侠起源于儒家。在章太炎看来，侠出于儒，侠儒相通，他说："漆雕氏之儒废，而闾里有游侠。……然天下有亟事，非侠士无足属。……世有大儒，固举侠士而并包之。"③梁启超举孔子为天下第一大勇，认为中国之武士道起于孔子而讫于郭解，"《论语》《中庸》多以知、仁、勇三达德并举，孔子之所以提倡尚武精神者至矣"④。他指出："《韩非子·显学篇》称，孔子卒后，儒分为八。漆雕氏之儒不色挠，不目逃，行曲则违于臧获，行直则怒于诸侯。按此正后世游侠之祖也。孔门必有此一派，然后漆雕氏乃得衍其传。"⑤可见，梁启超和章太炎一样，都认为侠出于漆雕氏之儒。

劳干持道家说，认为侠出于道家。在他看来，游侠的行为不需要任何学术基础，他们的"任情任性"与道家相同。⑥

熊宪光持纵横家说，认为侠起源于纵横家。在他看来，纵横家在后世发生了流变，主要分化为谋士、文士、侠士三支，"随着纵横家的衰落，以鲁连为旗帜的这一支策士也发生演变。其主要趋向是流为侠士，退出政坛而散入民间"。实际上，流为侠士的一支是以鲁连为代表的具有所谓"高行义节"的那一品类人物的流变。⑦

总起来看，把侠的起源归于墨、儒、道、纵横等各家的观点，基本立足历史文化的角度，探讨侠文化作为一种观念形态的文化基因，侧重于侠的思想观念层面的探源，揭示了各家思想对侠的人格精神、

---

① 闻一多：《关于儒·道·土匪》，《闻一多全集》第三册，生活·读书·新知三联书店1982年版，第471页。
② 侯外庐、赵纪彬、杜国庠：《中国思想通史》，人民出版社1957年版，第197页。
③ 章太炎：《訄书初刻本·儒侠第五》，《章太炎全集》（三），上海人民出版社1984年版，第11—12页。
④ 梁启超：《中国之武士道》，《梁启超全集》第三册，北京出版社1999年版，第1388页。
⑤ 梁启超：《中国之武士道》，《梁启超全集》第三册，北京出版社1999年版，第1388页。
⑥ 劳干：《论汉代游侠》，《文史哲学报》1950年第1期。
⑦ 熊宪光：《"纵横"流为侠士说》，《西南师范大学学报》（哲学社会科学版）1997年第4期。

上编　中国新文学作家与侠文化的历史性关系

思想观念和行为规范的深远影响。这些学说观点分别从不同侧面为我们打开了侠的文化基因通道，丰富了侠文化的本质蕴含，这是非常值得肯定的。但却不能因为某一学派在思想言论或行为举止方面具有侠的特征而推导出侠起源于该学派的结论，这未免有些草率或简单。其实从侠起源于众多学派本身，可以发现它们都只是从观念层面解释了侠的起源的某一方面的合理性。在这种情况下，也就出现了中和儒墨二家的学说，那就是钱穆认为"侠出于儒墨则可"的儒墨说。[①] 因此我认为，侠起源于某一学派的观点是偏颇的，并且各派说法也有自相矛盾的地方，典型的如梁启超认为侠出于儒，侠也出于墨。郭沫若指出："侠者不怕死，只有这一点和原始墨家相类，但我们不要以为凡是不怕死的都是墨家呀。须要知道儒家也有漆雕氏的一派……假使儒家也要认任侠为其嫡裔，难道又说不过去吗？然而儒墨自儒墨，任侠自任侠，古人并不曾混同，我们也不好任意混同的。大抵在儒墨之中均曾有任侠者流参加，倒是实在的情形。"[②] 从郭沫若的话语中可以发现，诸子说中各派观点的致命缺陷在于混淆了历史实存侠和思想观念侠。当然，把侠的起源归于某一学派的背后潜藏着时代的功利目的和研究者的主观意愿。

（三）侠起源于原始氏族遗风说

该学说认为，侠起源于原始氏族的遗风，代表人物为郑春元。

郑春元认为："侠起源于原始氏族的遗风。原始氏族的风俗是，氏族成员之间都平等互助，人人勇于担负起为氏族成员复仇的使命，好勇轻死，勇于捍卫氏族的利益。……到春秋时，氏族公社已经解体，进入了奴隶社会及封建社会。……社会上的人全力追求自身的利益，求富求贵，以利相交，损人利己。在这种社会条件下，这种社会风气中，一些人仍坚持原始遗风来行事，维护正义，舍己助人，勇于复仇，这在当时社会中就是非常行为，因而被人们所推崇，这种人被称为侠。

[①] 钱穆：《释侠》，《中国学术思想史论丛》（二），东大图书公司1980年版，第289页。
[②] 郭沫若：《青铜时代·墨子的思想》，《郭沫若全集》历史编第一卷，人民出版社1982年版，第484—485页。

这是侠的真正起源。"①

该学说问世之后，评价者褒贬不一。在王立看来，"这一观点真是发前人之所未发，契合侠的下层文化特质，可谓找到了侠起源的真正的源头"②。这是肯定的态度。而汪聚应却认为："将侠的起源归之遥远缥缈的原始氏族遗风，事实上是抹杀了侠的人格精神，缺乏逻辑联系。"③ 在我看来，从文化基因的积淀与承传的角度来讲，原始氏族遗风说可谓发前人所未发，颇有创见，它不仅揭示了侠的精神气质、思想观念和行为特征方面某些原初本质，还为侠的起源问题作出了有益探讨，提供了很好的理论借鉴。但是，我们知道，侠是一定社会历史文化发展到一定程度的产物，产生于存在阶级的社会，经过政治专制制度的压制、规训，经过官方意识形态和诸子思想的浸润、改造和利用，侠的人格精神、思想观念和行为规范已经同原始社会时期的互助遗风、复仇意识和正义观念不一样了，在不同的社会历史语境下发生了实实在在的质的变化。可以认为，原始氏族遗风为侠的人格精神、思想观念和行为规范的形成和发展奠定了文化基因，但因此将侠的起源归于这种原始社会的遗风，显然有悖于中国侠产生的历史实际。

（四） 侠起源于民间说

民间说认为，侠起源于民间。该学说根据具体情况，可以分为三类：一是以劳干、杨联升为代表的平民说；④ 二是以陶希圣为代表的游民说；⑤ 三是以郭沫若为代表的商贾说。

前两类认为，侠起源于某一社会阶层，即平民或游民。第三类认为，侠出自商贾，"所谓任侠之士，大抵是出身于商贾。商贾而唯利是图的便成为市侩奸猾，商贾而富有正义感的便成为任侠"⑥。同时，郭沫若又指

---

① 郑春元：《侠客史》，上海文艺出版社1999年版，第2页。
② 王立：《武侠文化通论》，人民出版社2005年版，第354页。
③ 汪聚应：《唐代侠风与文学》，博士学位论文，陕西师范大学，2002年。
④ 参见［美］刘若愚《中国之侠》，周清霖、唐发铙译，上海三联书店1991年版，第2页。
⑤ 陶希圣编：《辩士与游侠》，商务印书馆1931年版，第74页。
⑥ 郭沫若：《十批判书·古代研究的自我批判》，《郭沫若全集》历史编第二卷，人民出版社1982年版，第72页。

出，商贾在后来不再以士视之，但在古代依然是士的一部分。虽然他主张侠出自商贾，但依照商贾出于士的逻辑则又导向了侠出于士的结论。

从民间说来看，无论侠出于平民、游民，还是商贾，都属于古代社会的某个阶层或某一群体，这三种观点各有史料依据，各有其道理。先秦时期，随着社会和经济结构的剧烈变动，社会成员的地位也在发生改变，那些丧失了优越地位的贵族沦落民间成为平民百姓，社会上出现了从奴隶阶级上升而来的小地主、小工商业者，这些新的社会群体再加上民间社会所谓的鸡鸣狗盗之徒，他们在乱世纷纷起而行侠，倒也是历史事实。至于游民，从历史上看，是随着周王室的衰微、井田制的瓦解和社会的动荡不安，旧有的贵族分子、自由民和手工业者等"大批社会成员从传统的社会结构中游离出来，从而形成一个庞大而分散的不工、不农、不商、不士的独立于'四民'之外的社会群体"①。这种社会群体就是游手好闲、不事恒产、居无定所的游民群体。他们失去了原先的职守和固定的生活来源，活动于城市，寄居游食于市井，其中的一部分游民为了生存需要拉帮结伙，起而行侠，历史上也确有其事。但以此推出侠出于平民或游民的结论，则未免片面狭隘。如果认为侠尽出于平民，那就无法解释司马迁《史记·游侠列传》中关于布衣之侠、卿相之侠、暴豪之徒的区分。再看游民，由于社会结构的变动和生产关系的变化，原先的贵族分子、自由民和手工业者被抛离了既有的社会秩序，又为城市商品经济所不容，成为市井民间的游民。为了生存，他们要么投靠权贵，要么依靠官府赈济，要么欺凌弱小，当然其中不乏起而行侠仗义勇为者。如果说游民中存在侠义之士，尚可理解；但倘若说游侠尽出于游民，则未免不客观，显得以偏概全了。再说"商贾说"，商为古代的"四民"之末，先秦时期重农抑商，商人的社会地位先天性不高。那些背井离乡、游走于市井江湖、谋生于都市民间的商贾，为了生存立足，必然会本着"在家靠父母，出外靠朋友"的江湖规则，广交朋友，互帮互助，仗义行侠，以求危急之际互相照应，他们当中出现侠义之士实乃生存竞争和

---

① 陈宝良：《中国流氓史》，中国社会科学出版社1993年版，第21页。

第一章 侠文化:理论方法与思想资源

社会发展的必然结果。

无论平民、游民还是商贾,都是民间社会的生存群体,民间社会有侠存在,侠也会促进民间社会的形成和发展。他们之间呈现为一种互动关系。民间说指出,民间社会是侠滋生、发展的土壤,侠承载着民间社会的文化精神,这与底层民众的侠崇拜心理相适应,更与侠的思想观念相符合。从某种意义上讲,民间说揭示了侠的起源的部分真实,值得肯定,但不能因民间存在侠且侠的观念意识具有民间文化精神的质素而得出侠起源于民间的结论。有论者认为:"游侠首先是一种心态,一种生活追求,他们不是由于经济或社会的原因所造成的有共同社会要求的群体,因此他们不能称为一个阶层。"① 也有论者指出:"游侠虽不构成一个特殊的社会阶层,但就其出身而言,他们却分别从属于贵族和平民集团,同样可以找到他们的终极归宿。"② 这给予我们深刻的启示,侠不是一个特殊的社会阶层,却并未游离于各阶级、阶层之外。也就是说,社会上的每个阶级、阶层都有可能存在侠赖以产生的土壤,侠的产生、侠的精神特征和思想观念不可能仅仅受到民间的单向度影响。

从侠的历史发展来看,其人格精神、思想观念和行为规范是在民间文化、诸子精英文化和官方文化三者共同影响与浸润之下逐渐形成的。侠的人格精神、思想观念和行为规范形成之后,在其发展、流变过程中,反过来对民间文化精神、知识分子精英意识和官方意识形态也会产生广泛而深远的影响。从这个意义上讲,无论是民间社会的平民或游民还是商贾,都有可能产生侠,但不能由此逆推出侠起源于平民、游民或商贾的结论。

(五) 侠起源于神话原型说

该学说认为,侠起源于神话原型,代表人物为李欧、陈双阳。

李欧认为:"'侠'就是中国人的一种'原型意象'。"③ 他从观

---

① 王学泰:《游民文化与中国社会》,学苑出版社1999年版,第92页。
② 陈宝良:《中国流氓史》,中国社会科学出版社1993年版,第48页。
③ 李欧:《论原型意象——"侠"的三层面》,《四川师范学院学报》(哲学社会科学版)1994年第4期。

念、实存和文学三个层面对侠这一原型意象进行了比较深入的学理分析，为澄清有关"侠"的一些理论问题找到了一条清晰可辨的思路。陈双阳认为，中国侠文化经历了神话原型、历史实存与文人"幻设"三个发展阶段，在这一过程中逐渐形成了"侠性"的三大"板块"（即"神性""人性""魔性"），"当我们追踪'侠'的源头时，显然无法避免上溯到神话这块'圣地'"；侠的最初模板，正是神话中的英雄原型。①

神话原型说推出侠起源于一种人格形象，特别是将文化人类学和神话学方法引入侠文化研究，开阔了研究视野，丰富了研究内涵，对于进一步揭示侠的原初本质和原始内涵具有启发性与借鉴意义。但将侠与神话原型相联系，视侠为神话的原型，违背了中国侠产生的历史事实，存在以预设理论前提推导出结论的嫌疑，其缺陷在于模糊了历史实存侠与思想观念侠的界限，将其混为一谈。

（六）侠起源于精神气质说

这种观点认为，侠没有固定的来源，不局限于某个特殊的阶级、阶层，也不属于某个特定的学派，只要具有某种道德理想、精神气质和行为准则，就可以称之为侠。换句话说，侠就是一群具有特殊精神气质的人，他们喜欢行侠，乐意受侠义精神的驱使，去做自己认为合理且应该做的事情。代表人物为刘若愚、徐斯年、汪涌豪和陈广宏。

美籍华人学者刘若愚认为，游侠为人大多数是气质问题，不是社会出身使然，游侠是一种习性，不是一种职业。② 他指出，侠是"具有强烈个性、为了某些信念而实施某些行为的一群人"③。徐斯年从"原生态"的侠即"原侠"入手，对侠的起源问题进行了探讨，他认为："'侠'作为一种具有特别气质的人，起源甚早，见诸典籍，至少春秋时即已不乏典型。"④ 汪涌豪和陈广宏认为，侠"作为中国社会富

---

① 陈双阳：《中国侠文化流变试探》，《中山大学学报》（社会科学版）1996年第4期。
② ［美］刘若愚：《中国之侠》，周清霖、唐发铙译，上海三联书店1991年版，第3页。
③ ［美］刘若愚：《中国之侠》，周清霖、唐发铙译，上海三联书店1991年版，第4页。
④ 徐斯年：《侠的踪迹——中国武侠小说史论》，人民文学出版社1995年版，第4页。

第一章 侠文化:理论方法与思想资源

有侠义精神的特殊人群,受大无畏英雄精神的感召,他们彼此吸引,相互信任,成员间靠感情投入自发地产生,形成后又依约定俗成的规范控制自己的行为,且在生活目标、行为模式和价值取向等方面,与主潮文化关系较疏远,而与社会副文化构成密切的关联,实在具备了社会学意义上的'非正式群体'特征。他们性格坚定,行为果毅,能够把注意力集中在自身之外的地方,同时又能牺牲为常人关注的生存和安全需要,最终达到自我实现的需要。就人格特征而言,凝聚了智慧力量、道德力量和意志力量,特别是张扬了意志力量中的独立性、果毅性、坚定性和自制性一面,真正凸现了英雄主义精神"[1]。由此可见,在他们看来,侠不是一种专门的职业,也不是一个比较稳定的社会集团,社会上不同的阶级与阶层都有侠的身影,他们行侠并非为了谋生,而是因为他们喜欢行侠仗义、浪迹江湖的生存方式,乐意接受侠义精神的驱使,凭着一腔热血和正义良知,去做该做之事,行正义之举。

　　该学说揭示了侠的人格精神内涵,符合人民大众的心理期待和主观想象,因为这种特殊的精神气质可以贯穿于各个阶级、阶层、学派。其实,从司马迁对游侠的描述性评价中可以见到精神气质说的最初端倪:"今游侠,其行虽不轨于正义,然其言必信,其行必果,已诺必诚,不爱其躯,赴士之厄困。既已存亡死生矣,而不矜其能,羞伐其德,盖亦有足多者焉。"[2] 按照司马迁的评判,只要符合重然诺、轻生死、扶危济困、不矜其能、羞伐其德之精神气质和行为特征,都可以称誉其为侠客。近代以来的精神气质说,可以说是司马迁观点的承传,值得肯定。但该学说并未深入探究这种精神气质背后的深层根源,容易造成从侠的正义人格方面单独立论的印象,陷入以偏概全的误区。也就是说,精神气质说过多考虑了侠的观念层面,而对侠的历史实存层面考虑不足。

---

[1] 汪涌豪、陈广宏:《引言》,《侠的人格与世界》,复旦大学出版社2005年版,第9页。
[2] 司马迁:《史记卷一百二十四·游侠列传第六十四》,《史记》,岳麓书社1988年版,第896页。

（七）侠起源于刺客说

刺客说的代表人物是汪聚应，他认为，侠起源于刺客。"刺客说"是汪聚应在其博士学位论文《唐代侠风与文学》（陕西师范大学，2002年）中提出来的，后来他又在论文《中国侠起源问题的再考索》[①]中进一步提出并论证该说。

汪聚应主要从社会历史文化的角度，经过考察而得出结论：严格意义上的侠实源于刺客，刺客是侠的直接源头和雏形。在论述中，他先通过联系先秦的社会现实，再具体分析韩非子、司马迁、班固等人有关侠的论断，把侠产生的时间定为战国中晚期。他认为，春秋战国时期，随着社会的变革，许多失去土地的贫民、破落的贵族、武士和工商业者，都沦落为游民中的分子，作为游民中的一部分，而以行刺为职业的游士发展成为依附于权贵的政治斗争的工具。战国后期，养士之风逐渐衰落，这些养于公室、私门的刺客型游士即刺客纷纷流落民间，再一次成为游民。新的社会形势使他们开始面向中下层民众，其人格、思想和行为也发生了重要变化。他们自觉汲取墨、儒、道、纵横各家思想中的有益成分，凝聚为自己的人格、思想和行为构成的要素，并承传原始氏族遗风中"任"的行为观念，再加上民间精神的熏陶，逐渐形成了侠义人格和行为观念，于是产生了中国历史文化中最早的侠。

可以说，"刺客说"既考虑到侠作为一种历史实存的特点，也注意了侠由史家和文人共同建构这一独特的历史文化现象；既注重宏观历史文化变迁的考察，又重视时代特征的微观解析，对侠的起源问题作出了较为合理的诠释。但如果深入辨析，便会发现刺客说最终也将陷入士源说和游民说的迷误。从根本上论，刺客这类以行刺为职业的游士毕竟终归属于游民阶层，也可以归属于士阶层中的武士，武士中的国士失位沦落为游民中的游士——刺客型游士，在社会环境变化之下游士再次沦为游民，最后演变为游侠，按照汪论得出了这样一个循

[①] 汪聚应：《中国侠起源问题的再考索》，《兰州大学学报》（社会科学版）2009年第2期。

第一章 侠文化:理论方法与思想资源

环往复的演变过程。在这个演变过程的具体论述中,尽管看起来逻辑严密,客观合理,似乎无懈可击,但无法消除人们理解上的偏差和歧义。

陈山和王立虽然没有正式提出"刺客说",但他们早在 20 世纪 90 年代发表或出版的有关论著中就已经蕴含了"刺客说"的意味。陈山是赞同侠起源于士说的,在他看来,"国士"和"游士"是侠的初始形态,"国士"群体的出现是"武士"向"侠士"演变的一个中间环节。春秋战国时期,"国士"失位成为"游士"的一个重要成分,身为"游士"的武士,看重超越实用功利的个人荣誉和气节,在列国间与同类交游,并通过"游侠"的方式为人解难济困,从而成为活跃于民间社会的豪士,这就是初始形态的侠。[①] 同时,他还认为春秋末期中国历史上第一次出现了由处于"游士"状态的"国士"蜕变而成的新型武士阶层即专门刺客,他们以自由交往的方式为知遇者轻生相报,并以追求某种独特的精神价值为人生目标,虽殒身而不恤,这一社会现象表明:武侠作为中国所独有的社会群体真正诞生了。[②] 在王立看来,刺客大多是"一类特殊的人才与侠士","活跃在史家、文学家笔端的刺客,罕有冷血杀手而多染侠气和人伦情味",这些独特的侠义豪杰成为侠文化的组成部分;他认为:"将先秦刺客作为古代侠之雏形、先驱,是符合侠文化发展内在流程之客观实际的。"[③] 通过比较分析可知,汪聚应的"刺客说"实则为陈山和王立观点的进一步深化与拓展。

通过对侠的起源诸学说的批判性考辨分析可知,这些观点从不同角度和不同侧面为我们还原了侠的真实面目,揭示了侠的某些本质特征,这对于进一步探讨提供了有益的参考价值和积极的借鉴意义。但侠作为中国历史上独特的社会文化现象,以形象的方式存在于历史文献典籍记载和文学作品的想象性建构之中,以观念形态存在于历代人们对正义、公道、自由的精神追求和意识建构之中,历史实存侠的面

[①] 陈山:《中国武侠史》,上海三联书店 1992 年版,第 14—16 页。
[②] 陈山:《中国武侠史》,上海三联书店 1992 年版,第 27—28 页。
[③] 王立:《敢说杀手有侠心——刺客与古代侠文学主题》,《通俗文学评论》1995 年第 4 期。

目究竟如何，只有在形象和观念的错综交织中去勾勒，方可深察其详。因此，在探讨侠的起源问题时，研究者大都难以超越时代的现实功利需要和个体的史识主观性的双重制约，所得结论的主观性、片面性也就不可避免了。侠作为中国历史上一种复杂的存在，要想还原其本来面目，要想探究其由来渊源，不仅要考虑其独特性特征，还要关注史家和文人共同建构这一历史文化现象，只有在中国之侠的历史文化变迁中才能把握其来龙去脉和本质蕴含。以这种理论视域来审视各家起源学说，它们的不尽如人意之处显而易见。总而言之，判断一个人可否成为侠，不是单方面因素，如果单纯以武士、诸子、平民、游民、原始氏族遗风、神话原型、精神气质或刺客为标准来寻找答案，其论述的罅漏和自相矛盾的尴尬是无法避免的，最终陷入不得要领、以偏概全的理论误区。

二　"综合说"的提出

在侠的起源问题上，我主张"综合说"。侠是中国历史上独有的社会文化现象，作为一种历史实存客体，侠产生并活动于古老中国的历史时空，它的出现有着复杂的社会、文化、心理的因素，要探究其起源问题，必须重返当时的时空隧道，尽可能真实而全面地还原侠的本真面目。

（一）在时间上，侠起源于春秋战国时期

清代学者龚自珍在侠的前身和诞生年代方面的论述值得关注：

> 任也者，侠之先声也。古亦谓之任侠，侠起先秦间，任则三代有之。侠尚意气，恩怨太明，儒者或不肯为；任则周公与曾子之道也。[①]

龚自珍在此把"任"作为侠的原始形态或源头活水，按照他的理

[①] 龚自珍：《尊任》，《龚自珍全集》上册，中华书局1959年版，第86页。

解，"任"是夏商周时代就有的一种社会成员之间平等互助、为集体勇于战斗和牺牲的行为特征。"任"为"侠"的诞生奠定了文化基因和行为基础，到了先秦时期，"任"就演变为"侠"，被称为"任侠"。可以说，春秋战国之前是侠的孕育期，侠诞生于春秋战国时代，这种观点为历代学者所认同，是毫无疑义的。

中华民族的远祖好勇强悍，平等互助，勇于复仇，如梁启超所言："中国民族之武，其最初之天性也。"[1] 强悍勇武的初民，在漫长的史前时代为浓重的习武风气所熏陶，在民族性格中形成一种尚武传统。这种尚武传统虽受到继起的夏商周三代礼乐王官文化的冲击，但在先秦社会却始终有着巨大的影响。先秦好剑之风的文化氛围使得对武艺和勇力的推崇成为社会上的一种价值取向。这些社会存在，"为侠的产生提供了深厚的文化根基"[2]。春秋时期"天子微弱，诸侯力政"[3]，旧的社会秩序和道德观念土崩瓦解，原有的社会结构和经济关系分崩离析，士的文武分途，游民、游士、专门刺客的出现，贵族的养士之风兴起，组成了这个动荡乱世的斑驳图景，加上旧的政治制度崩坏而新的政治制度尚未形成，法网疏漏，正义缺失，所有这一切，为正统社会体制边缘或民间社会产生侠这一社会角色提供了社会环境、构成基础和赖以生活的土壤。春秋末期，中国历史上第一次出现了新型的武士阶层，"他们以自由交往的方式为知遇者轻生相报，并以追求某种独特的精神价值为人生目标，虽殒身而不恤"[4]。这表明侠已经在中国独有的社会土壤中诞生了。战国时期，列国纷争更加激烈，社会更加动荡，群雄并峙，百家争鸣，城市兴起，养士之风兴盛，早已崩坏失序的奴隶制向大一统的封建制急剧转型，这一切为刚刚诞生不久的侠的成长与发展提供了阔大的时代背景和社会舞台。侠作为一种独立的社会力量逐渐为人们所认可，其标志就是"侠"这一称谓的出现。

---

[1] 梁启超：《中国之武士道·自叙》，《梁启超全集》第三册，北京出版社1999年版，第1383页。
[2] 陈山：《中国武侠史》，上海三联书店1992年版，第5页。
[3] 董仲舒：《春秋繁露》，中华书局1975年版，第124页。
[4] 陈山：《中国武侠史》，上海三联书店1992年版，第28页。

战国晚期典籍中已正式出现了"侠"字,《韩非子》一书"侠"字的出现比较集中,在《五蠹》《显学》《八说》等篇中,不仅对"侠"重点论述,还将"侠"与"儒"列为同等重要的社会力量来看待。"侠"的名称的出现,标志着侠已经成为中国历史舞台上一个独立的社会群体并受到社会的广泛关注。学术界一般把"侠"观念出现的源头追溯到《韩非子》,从此"侠"也开始由一种历史实存的社会身份进入特定的话语体系而获得社会意义。

(二)对侠最初的身份、观念意识、精神特征和社会行为的来源性质综合考量

对于侠最初的身份、观念意识、精神特征和社会行为的来源性质,我认为必须加以综合考量,偏执于任何一个方面,都将徒劳无功。第一,社会转型期动荡变革,人间邪恶丛生,正义缺失,尚武崇侠的社会风俗推动,养士之风兴起,这是侠赖以产生的现实生活土壤和存在的社会基础,属于外因。第二,社会上存在一些有良知、血性和正义感,面对社会不公敢于挺身而出、见义勇为的人,这种原初之侠的独特的精神气质是一种阳刚血性的侠性基因,这是侠得以产生的内因。第三,诸子思想浸润、史家立传和文人塑型,体现为理论阐释、历史记载和文学想象的合力建构,赋予侠的意识、精神和行为以理性质素与恒久动力,为侠的人格精神、思想观念和行为规范的形成与确立奠定了坚实的文化基因。

就其本质而言,侠是一种有良知、血性和正义感的舍己为人、激扬生命的精神气质,这种精神气质唯侠独有,是人之为侠的本质特征,其中的义是侠的伦理观念和道德准则的价值核心。这种侠义的精神气质可以远溯到原始氏族的互助遗风、尚武习俗、好勇行为、复仇精神和正义观念。原始社会的氏族成员为了生存和安全的需要,按照原始遗风来行事做人,他们之间互相帮助、舍己为人、好勇轻死、维护正义、同仇敌忾、不畏强敌,为了捍卫氏族的集体利益和个人尊严挺身而出,勇于复仇。先秦时期,民风剽悍,中国大地上许多地区尚存原始遗风,如史所载,"种、代,石北也,地边胡,数被寇,人民矜懻

第一章 侠文化:理论方法与思想资源

忮,好气,任侠为奸,不事农商"①;"郑、卫俗与赵相类,然近梁、鲁,微重而矜节。濮上之邑徙野王,野王好气任侠,卫之风也"②。这些强悍好勇的地域民风正是原始氏族遗风不同程度的再现,而这种原始遗风本来就具有任侠特质。原始氏族的这种纯朴的精神质素到了先秦时期则逐渐演化为任侠风俗,这种任侠风俗在漫长的历史发展过程中不断积淀于人们的精神结构和文化心理之中,最终内化为一种稳定而持久的原型意象,并代代承传,从而成为民族性中的重要构成因素,这就是侠性观念或侠文化心理,呈现为一种侠义的精神气质。原型意象是一种人类远古的深层集体无意识的象征意象,它是一种"联想群"(associative cluster),在不同的语境下又有种种变形,即所谓"英雄千面"。③ 生活在产生原型意象的文化圈里的人,无论其身份、地位、职业、文化水平如何不同,都能对它产生认同感。"如果在某个时代,大众对文化规范产生了动摇感,或者普遍的精神状态出现了某种危机,'原型意象'就会被密集地召唤出来,疏导混乱的意识,恢复社会的心理平衡,进行一种'集体心理治疗'"④。侠文化心理这种独特的精神气质逐渐成为一种亘古绵延、四处渗透、无所不在的人类精神本体,这种原型意象在特定时代气候的刺激下,会被密集地召唤出来,从特定时代的人的潜意识中浮现出来,焕发为时代的激情和正义的力量。

春秋战国时期,纲纪废弛,暴虐横行,社会动荡,民不聊生。这种时代气候造成人间苦难、社会不公,社会各个阶层和社会结构发生了巨大的变化与错位,在社会集团的分化和结构重组与社会利益的再分配过程中,旧有的阶级、阶层及其内部成员构成都将发生深层次变化。此时,任何一个阶级、阶层或社会集团,不论持何种思想主张,

---

① 司马迁:《史记卷一百二十九·货殖列传第六十九》,《史记》,岳麓书社1988年版,第934页。
② 司马迁:《史记卷一百二十九·货殖列传第六十九》,《史记》,岳麓书社1988年版,第935页。
③ 叶舒宪选编:《神话——原型批评》,陕西师范大学出版社1987年版,第155页。
④ 李欧:《论原型意象——"侠"的三层面》,《四川师范学院学报》(哲学社会科学版)1994年第4期。

凡是具有这种独特的精神气质的人都有可能会在这种社会的巨变中谨遵内心的召唤而成为一个侠者。同时，尚武崇侠风俗的助推和养士之风的兴起与盛行，既为侠的生存和发展提供了有利的社会条件，也为侠的自我价值实现提供了空前广阔的历史空间。

侠作为一种独立的社会力量，主要体现为一种行为，而不是一个学派，它没有独立的思想观念、理论体系和行动纲领。在侠产生和发展的过程中，诸子百家的思想观念、文化精神和自由争鸣的学术环境，为侠的人格精神、思想观念和行为规范的形成与确立提供了丰富的精神资源，奠定了扎实的学理基础，赋予侠的行为伦理以深厚而独特的传统文化底蕴和正义人格力量。"儒的影响在于中国侠文化之伦理价值体系的文化基因（观念体系），道是亚文化社会生活态度上的文化基因（生活体系），墨则是在体制层面上对中国侠文化产生了重要的影响（制度体系）"[1]。正是在诸子百家思想的影响和浸润下，侠在漫长的历史长河中才逐渐形成了自己的文化轨迹和观念文化。侠，作为历史上的实际存在，其行侠的目的在于以急公好义、舍己为人的实践行为和精神魅力来彰显正义的力量，从而获得社会认同。侠以其勇毅果敢的意志力和泛爱崇义的胸怀进入史家视野，侠的活动事迹见载于史书，以行为文化的魅力鼓舞人们的斗志。不为正史记载后，侠被历代文人塑型，以鲜活的文学形象活跃于文学作品中，形成介于想象和现实之间的精神文化。在史家和文人共同的文化建构中，侠及侠义精神成为民族文化的一支血脉而千古流传。实存侠在历史发展过程中因其不服从官方正统道德秩序和社会规约而不为统治者所容，甚至遭到正统史家和正统文人的扭曲、排斥，逐渐转向民间社会，其人格精神、思想意识和行为观念在社会底层播散开来，最终内化为民间社会的一种文化精神，呈现出百折不挠、生生不息的气象。正是在诸子思想浸润、史家记载和文人想象三重合力作用下，侠逐渐形成了自己独有的行为文化、精神文化和观念文化三位一体的文化形态。这种文化作为支流文化与主流文化相对，作为理想形态与社会生活现实形态相对，

---

[1] 韩云波：《中国侠文化：积淀与承传》，重庆出版社2004年版，第5页。

作为社会文化的不安定因素与要求稳定与和谐的历史文化惯性相对，作为大众世俗文化与精英文化相对，从而形成性质复杂唯中国而独有的侠文化。①

在侠的起源问题上，"必须将侠的最初来源与侠大量出现后的行为表现大致区别开"②。因为历史上的侠之末流玷污了侠的名誉，损毁了侠的形象，而正是这些侠之末流的负面影响模糊了侠的真正面目，也成为历代正统史家和文人过分凸显侠的消极意义并对之口诛笔伐的借口。只有区别开来，我们才能够拨开历史的迷雾，以冷静的理性和严密的逻辑作出符合历史事实的客观公正的价值判断，才能更深刻地认识到这样的真理：历史上的侠虽然遭到了历代统治阶级残酷的肉体摧残和猛烈的精神打压，但其正面价值和正义人格已经深入人心，其光辉形象受到世人的景仰，并以其独特的文化形态影响着中国人的人格建构和文化建设。这就是我在探讨侠的起源问题上，主张"综合说"的原因和价值所在。

第二节　侠的历史诠释与当下定位

侠，作为唯中国独有的历史文化现象，究竟是什么？这本身就是一个见仁见智、言人人殊的问题。历史上对侠的理解和诠释是有差距的，之所以这样，"则是因为历史的诠释，本来即因每个人存在的理解和感受并不相同，对价值与意义的抉择和认知若有了差异，当然也会在历史诠释中表现出来"③。也就是说，每个人对侠的诠释都不是纯粹客观的，或多或少都带有自己主观的理解和意义判断以及所处时代的局限。大家知道，历史是经过诠释才能存在的，历史的面貌也因不同的诠释和诠释者而迥然相异。如何才能厘清侠的真实面影并作出符合历史真相和时代特征的当下文化定位？我想，只有深入历史文化深层，以重返历史现场的求真态度和科学方法，从历史上对侠的不同诠释中认

---

① 参见韩云波《自序》，《中国侠文化：积淀与承传》，重庆出版社2004年版，第1—2页。
② 李欧：《中国侠文艺史》，人民出版社2012年版，第11页。
③ 龚鹏程：《侠的精神文化史论》，山东画报出版社2008年版，第16页。

真鉴别、仔细分析，或许能够对侠作出比较客观的界定或文化定位。

一　侠的历史诠释

侠大概出现于春秋战国之交，自从历史上有了侠，也就有了人们对侠的认识和评价。对于侠的诠释，自古以来见仁见智，众说纷纭，从古代、近现代直到当代，大致经历了一个动态的历史文化变迁的过程，呈现出从否定到肯定再到否定再到否定之否定这样一个曲折前行的历史进程和演变规律。

（一）古代对侠的诠释和评价

在先秦诸子中，对武侠现象观察最细致、评述最详尽，在著作中最早提到"侠"并将"侠"作为正式书面语大量使用的，当数韩非。作为先秦法家的代表人物，韩非观察到了"群侠以私剑养"[1] 这样一种社会现象，认为武侠是"不使之民"[2]，他站在封建统治者的官方立场，明确指出："儒以文乱法，侠以武犯禁。而人主兼礼之，此所以乱也。"[3] 很显然，韩非将侠视为社会的不安定因素之一，认为他们目无法纪、犯上作乱甚至为所欲为，是正统社会的叛逆分子，侠与儒一样，都是"邦之蠹"[4]，主张坚决将其镇压剪除。韩非以其特有的政治敏感，给侠作了界定："弃官宠交，谓之有侠"[5]；"人臣肆意陈欲曰侠"[6]。在韩非的价值视域中，现实中的侠是"以武犯禁""弃官宠

---

[1] 王先慎：《韩非子集解卷十九·五蠹第四十九》，《诸子集成》第五册，中华书局2006年版，第344页。

[2] 王先慎：《韩非子集解卷十九·显学第五十》，《诸子集成》第五册，中华书局2006年版，第354页。

[3] 王先慎：《韩非子集解卷十九·五蠹第四十九》，《诸子集成》第五册，中华书局2006年版，第344页。

[4] 王先慎：《韩非子集解卷十九·五蠹第四十九》，《诸子集成》第五册，中华书局2006年版，第350页。

[5] 王先慎：《韩非子集解卷十八·八说第四十七》，《诸子集成》第五册，中华书局2006年版，第324页。

[6] 王先慎：《韩非子集解卷十八·八说第四十七》，《诸子集成》第五册，中华书局2006年版，第330页。

第一章 侠文化：理论方法与思想资源

交""肆意陈欲"的人。这里面的偏见是很明显的，他对社会上的武侠现象进行的是一种政治批判，对侠持的是批判和否定的态度。虽然侠以其行而"犯五官之禁"①，但持官方立场的韩非还是从理论上对实存侠的精神特征和行为特征作了许多精辟的概括与评述。他指出侠"聚徒属，立节操，以显其名"②的侠行侠节所彰显的独特的精神特征，概括了侠"以私剑养"的尚武精神和"弃官宠交"的价值取向。同时，韩非对侠的社会影响也做了客观评述："行剑攻杀，暴憿之民也，而世尊之曰磏勇之士；活贼匿奸，当死之民也，而世尊之曰任誉之士。"③可见，尽管侠目无法纪、聚众藏奸、好武扬名、擅长暗杀，并因此遭到统治阶级和世俗舆论的仇视、镇压甚至歪曲丑化，但韩非不得不承认侠以其侠行侠节在民间还是被广泛的认可与褒扬，那就是世人尊侠为"磏勇之士"和"任誉之士"，这是不容抹杀的。

韩非指出了侠具有不符合封建正统统治秩序的"以武犯禁"的叛逆特征，并在尊重历史真实的评述中概括了侠为社会所称道的某些精神特质和行为特征，但限于阶级立场的狭隘与偏见，并未真正揭示出侠的本质内涵。如曹正文所言："韩非对'侠'下的定义并不公正，他片面地概括了侠的某些特征，夸大了侠的某些弱点。也可以这样说，他没有真正认识中国之侠的全部面目，因此得出了一个迎合统治阶级立场的结论。"④作为封建专制制度的理论家，韩非的立论站在官方立场，得出的结论完全是为了维护封建专制制度和封建意识形态的需要。我把韩非有关侠的诠释和评价称为"官方侠文化观"。

历史上最早提出"侠客"⑤一词，第一个为侠正名，并且第一次

---

① 王先慎：《韩非子集解卷十九·五蠹第四十九》，《诸子集成》第五册，中华书局2006年版，第350页。
② 王先慎：《韩非子集解卷十九·五蠹第四十九》，《诸子集成》第五册，中华书局2006年版，第350页。
③ 王先慎：《韩非子集解卷十八·六反第四十六》，《诸子集成》第五册，中华书局2006年版，第318页。
④ 曹正文：《中国侠文化史》，上海文艺出版社1994年版，第8页。
⑤ 司马迁：《史记卷一百二十四·游侠列传第六十四》，《史记》，岳麓书社1988年版，第897页。

上编　中国新文学作家与侠文化的历史性关系

真正揭示了侠的本质内涵者，非司马迁莫属。司马迁主要立足民间立场，以民间的伦理准则和道德观念为价值尺度对侠作出了较为客观、公正的诠释和评判。

首先，司马迁给侠作了界定："今游侠，其行虽不轨于正义，然其言必信，其行必果，已诺必诚，不爱其躯，赴士之厄困。既已存亡死生矣，而不矜其能，羞伐其德，盖亦有足多者焉。"① 同时他认为布衣之侠"设取予然诺，千里颂义，为死不顾世"，"要以功见言信，侠客之义又曷可少哉"②！在这个定义和相关评述中，司马迁指出，游侠的行为不符合封建社会正统的统治秩序和道德规范，但是，他们具有"言必信""行必果""已诺必诚"的重诺守信的人格；具有"不爱其躯，赴士之厄困"的自我牺牲精神；具有"不矜其能，羞伐其德"的谦虚品质；具有胸怀大义的道德情操。这四大本质特征加上"不轨于正义"的叛逆性，就构成了司马迁眼中侠的精神内涵。换句话说，具备这五大特征的人就可以被称为侠。在这里，司马迁明确了侠的本质在于舍己为人，并肯定了侠的大义伟岸风格。

其次，司马迁提出了布衣之侠、乡曲之侠、闾巷之侠、匹夫之侠、卿相之侠等几个不同的概念，并在布衣（乡曲、闾巷、匹夫）之侠与暴豪之徒、卿相之侠、士人君子的对比或比较中，凸显出侠的本质特征和精神内涵。司马迁认识到侠的行为方式"不轨于正义"，不符合上层社会的道德规范，侠的事迹为历代史官所不屑于记载，连"儒、墨皆排摈不载"③，以致无法流传于世，所以他指出："古布衣之侠，靡得而闻已。"④ 并对此深表愤慨："自秦以前，匹夫之侠，湮灭不见，余甚恨之。"⑤ 正因如

---

① 司马迁：《史记卷一百二十四·游侠列传第六十四》，《史记》，岳麓书社 1988 年版，第 896 页。
② 司马迁：《史记卷一百二十四·游侠列传第六十四》，《史记》，岳麓书社 1988 年版，第 897 页。
③ 司马迁：《史记卷一百二十四·游侠列传第六十四》，《史记》，岳麓书社 1988 年版，第 897 页。
④ 司马迁：《史记卷一百二十四·游侠列传第六十四》，《史记》，岳麓书社 1988 年版，第 897 页。
⑤ 司马迁：《史记卷一百二十四·游侠列传第六十四》，《史记》，岳麓书社 1988 年版，第 897 页。

此，司马迁专门作《游侠列传》为侠正名，在《史记·太史公自序》中阐明作《游侠列传》的目的是"救人于厄，振人不赡，仁者有乎；不既信，不倍言，义者有取焉"①。同时，高度赞赏《刺客列传》中记载的曹沫、专诸、豫让、聂政和荆轲等侠士"立意较然，不欺其志，名垂后世"②的价值取向。这体现了司马迁不同凡俗的史学观念和求真务实的史学精神。在此史识指导下，司马迁发现了为侠者中存在鱼龙混杂的现象：

> 至如朋党宗强比周，设财役贫，豪暴侵凌孤弱，恣欲自快，游侠亦丑之。余悲世俗不察其意，而猥以朱家、郭解等令与暴豪之徒同类而共笑之也。③
>
> 然关中长安樊仲子，槐里赵王孙，长陵高公子，西河郭公仲，太原卤公孺，临淮兒长卿，东阳田君孺，虽为侠而逡逡有退让君子之风。至若北道姚氏，西道诸杜，南道仇景，东道赵他、羽公子、南阳赵调之徒，此盗跖居民间者耳，曷足道哉！此乃乡者朱家之羞也。④

在这两段论述中，司马迁对布衣（乡曲、闾巷、匹夫）之侠与暴豪之徒作了明确的本质区分。他对先秦游侠，尤其是散居民间社会的"闾巷之侠"赞赏有加，认为："闾巷之侠，修行砥名，声施于天下，莫不称贤，是为难耳。"⑤ 但对西汉出现的豪侠势力特别是那些以行侠作掩护的暴豪之徒特别反感，认为他们是侠中的败类，如果说长安樊

---

① 司马迁：《史记卷一百三十·太史公自序第七十》，《史记》，岳麓书社1988年版，第955页。
② 司马迁：《史记卷八十六·刺客列传第二十六》，《史记》，岳麓书社1988年版，第645页。
③ 司马迁：《史记卷一百二十四·游侠列传第六十四》，《史记》，岳麓书社1988年版，第897页。
④ 司马迁：《史记卷一百二十四·游侠列传第六十四》，《史记》，岳麓书社1988年版，第899页。
⑤ 司马迁：《史记卷一百二十四·游侠列传第六十四》，《史记》，岳麓书社1988年版，第897页。

仲子等尚存"退让君子之风"的话，那么四道之徒则不过是"盗跖居民间者"，不能同朱家、郭解这类游侠相提并论甚至混淆黑白。司马迁对侠的这种本质区分，实际上对后人将暴豪之徒视为侠的做法提出了一个超前警惕，但也预示从西汉开始，游侠已经发生了变质。

　　战国四公子有养士之风，使得游侠有了集结场所和用武之地，对侠的发展起到了推波助澜的作用，他们也因此赢得侠名，见闻于诸侯，可谓卿相之侠。对此司马迁论道："近世延陵、孟尝、春申、平原、信陵之徒，皆因王者亲属，藉于有土卿相之富厚，招天下贤者，显名诸侯，不可谓不贤者矣。比如顺风而呼，声非加疾，其势激也。至如闾巷之侠，修行砥名，声施于天下，莫不称贤，是为难耳。"① 在这里，司马迁把民间的闾巷之侠与身为权贵的卿相之侠相提并论，并作以比较，指出二者扬名于世的途径不同：后者靠权贵的身份地位和财富笼络有识之士而显名诸侯，属于上层贵族行为；前者凭修行砥名而扬威天下，属于下层民间举动。

　　在乡曲之侠与士人君子的比较中，司马迁论述道："今拘学或抱咫尺之义，久孤于世，岂若卑论侪俗，与世沉浮而取荣名哉！而布衣之徒，设取予然诺，千里诵义，为死不顾世，此亦有所长，非苟而已也。故士穷窘而得委命，此岂非人之所谓贤豪间者邪？诚使乡曲之侠，予季次、原宪比权量力，效功于当世，不同日而论矣。要以功见言信，侠客之义又曷可少哉！"② 游侠因其行而遭到官方仇视和某些士人君子的鄙薄，但他们却义薄云天，"为死而不顾世"，这样的大义高蹈行为值得世人景仰歆羡。某些士人君子站在官方立场斥责游侠的行为，但当他们深陷困境之时却总是渴望游侠的保护或拯救。相比之下，季次和原宪等儒家弟子对现实社会的贡献与意义与游侠是不能同日而语的。

　　最后，司马迁在肯定游侠的同时，对其负面影响也提出了批评，并对侠的蜕变有着深刻的隐忧。他对汉初尚保留淳朴的先秦游侠之风

---

① 司马迁：《史记卷一百二十四·游侠列传第六十四》，《史记》，岳麓书社1988年版，第897页。
② 司马迁：《史记卷一百二十四·游侠列传第六十四》，《史记》，岳麓书社1988年版，第897页。

第一章 侠文化：理论方法与思想资源

的朱家、田仲、王公、剧孟、郭解等人是认可的，称赞他们"私义廉洁退让，有足称者"[①]；肯定了他们"专趋人之急，甚己之私"[②]的高贵品格及"言侠者皆引以为名"[③]的广泛声誉；但对汉初游侠"任侠行权，以睚眦杀人"[④]的豪强恶霸行径也提出了批评。既写郭解年长时以德报怨、厚施薄望的侠义之风，也如实揭示其年少时阴险嗜杀、铸钱掘冢的恶劣行径。这里预示着西汉游侠逐渐变质的危险。如前所述，暴豪之徒的出现，标志着西汉豪侠势力的兴起，在司马迁看来，这是商业发展失控，社会心理好贾逐利的恶果。这些在城市里为非作歹、作奸犯科的豪侠势力，他们之所以"攻剽椎埋，劫人作奸，掘冢铸币，任侠并兼，借交报仇，篡逐幽隐，不避法禁，走死地如鹜者"，"其实皆为财用耳"[⑤]。司马迁为侠的变质而深表遗憾和忧虑，"侠的豪强化，有可能发展成为社会生活正常秩序和整个社会文明的破坏力量，……司马迁的观念虽代表了一种乡土社会朴素的文化意识，但他清醒地觉察到武侠群体在都市商业社会环境中存在另一种恶性发展的潜在可能性，他的预见不幸为近代以后绿林社会和秘密社会的发展歧途所证实"[⑥]。由此可见，司马迁对侠的诠释和评价是客观的、辩证的，对侠的发展现状和前景有远见与忧患意识。

通过分析司马迁对侠的记载和论述，我们知道，他是站在民间立场来观察侠和侠的行为，在尊重历史事实的基础上融入了他作为知识精英的忧患意识和作为史家的历史精神。我把司马迁对侠的诠释和评价称为"民间侠文化观"，这种侠文化观蕴含着民间的道德理想、伦

[①] 司马迁：《史记卷一百二十四·游侠列传第六十四》，《史记》，岳麓书社1988年版，第897页。
[②] 司马迁：《史记卷一百二十四·游侠列传第六十四》，《史记》，岳麓书社1988年版，第897页。
[③] 司马迁：《史记卷一百二十四·游侠列传第六十四》，《史记》，岳麓书社1988年版，第899页。
[④] 司马迁：《史记卷一百二十四·游侠列传第六十四》，《史记》，岳麓书社1988年版，第899页。
[⑤] 司马迁：《史记卷一百二十九·货殖列传第六十九》，《史记》，岳麓书社1988年版，第937页。
[⑥] 陈山：《中国武侠史》，上海三联书店1992年版，第239页。

理原则以及知识精英的忧患意识和社会责任感。

  韩非和司马迁因各自所持的价值立场不同,他们给予侠的界定和价值判断也就不尽一致,甚至完全相反,以致形成迥然相异的侠文化观。在有关侠的诠释和界定上,这是中国历史上存在的两种典型的截然对立的观点。而这两种观点作为不同的文化基因为后人所承传,影响着他们对侠的诠释和评价。

  东汉光武中兴之后,史学家们都自觉尊奉儒家文化为正统经典,写史载道,言必轨于正义,他们在著述中公开反对侠义传统,将武侠视为异端和社会的祸根。典型者如班固,他承传了韩非的思维及思想,立足官方立场,在政治上将侠视为破坏等级社会秩序的异端力量予以激烈批判甚至全盘否定。首先班固在史学观念上对司马迁为游侠作传这一行为给以斥责:"序游侠则退处士而进奸雄,……此其所蔽也。"[①]为此,班固在汉代侠者极众的历史事实中刻意选择与达官显贵或宦官外戚相善勾结的萬章、陈遵、楼护、原涉为传主,以此证明所有武侠都是"权行州域,力折公侯"[②]的豪侠,从而达到解构侠的目的。其实司马迁在《游侠列传》中早就对西汉时期侠的豪强化或蜕化变质提出了警示,蜕变为暴豪之徒者就不是真正的侠了。很显然,班固在肆意违背甚至扭曲司马迁为游侠作传的原意。有论者指出:"班固所续的《游侠传》,实际上应该称作《豪侠传》。"[③] 可谓一语中的,揭示了班固的别有用心。正是在这种否定性理论预设之下,班固认为,像郭解之类游侠其行为"不入于道德,苟放纵于末流,杀身亡宗,非不幸也"[④],他们"以匹夫之细,窃杀生之权,其罪已不容于诛矣"[⑤]。从班固对司马迁的态度和对游侠的评价来看,完全是从维护封建统治秩序出发的,带有浓重的政治意识形态色彩。不管史家如何对侠口诛笔

---

  ① 班固:《汉书卷六十二·司马迁传第三十二》,《汉书》,中华书局2007年版,第622页。
  ② 班固:《汉书卷九十二·游侠传第六十二》,《汉书》,中华书局2007年版,第905页。
  ③ 陈山:《中国武侠史》,上海三联书店1992年版,第241页。
  ④ 班固:《汉书卷九十二·游侠传第六十二》,《汉书》,中华书局2007年版,第905页。
  ⑤ 班固:《汉书卷九十二·游侠传第六十二》,《汉书》,中华书局2007年版,第905页。

第一章 侠文化：理论方法与思想资源

伐，都无法否认"自哀、平间，郡国处处有豪杰"①的历史事实，更无法抹杀侠"温良泛爱，振穷周急，谦退不伐，亦皆有绝异之姿"②的优秀品格和大义行为。

东汉末史学家荀悦更是站在官方立场对侠极端仇视，全盘否定侠的行为，将对豪侠的理论概括作为对整个侠的界定依据。他把"游侠""游说""游行"并提为世上"德之贼"的"三游"，在他看来，游侠"立气势，作威福，结私交以立强于世"③。很显然，荀悦偷换了概念，以部分代替了整体。他将横行霸道、作威作福、仗势欺人的人界定为侠，这种人实属于司马迁所记载的暴豪之徒，实为蜕变后的侠之末流，已经丧失了侠的本质，他们往往以侠之名行非法之事，几近于强盗、土匪，但绝不能以豪侠来指称侠。

东汉语言学家许慎在《说文解字》中最早从训诂角度，主要从两个方面来界定侠：一是"侠"通于"俜"，所谓"三辅谓轻财者"；二是"侠"通于"挟"，所谓"持也"。在许慎看来，所谓"侠"就是指那些轻财好义、以强力雄霸一方的一种行为特征，而具有这种特征的人，即为"侠"。《史记·季布栾布列传》集解引三国时魏人如淳曰："相与信为任，同是非为侠。所谓权行州里，力折公侯者也。"《史记集解序》引唐初司马贞"索隐"称："游侠，谓轻死重气，如荆轲、豫让之辈也。游，从也，行也。侠，挟也，持也。言能相从游行挟持之事。"《汉书·季布传》唐人颜师古注言："侠之言挟也，以权力侠辅人也。"④从整体上看，许慎、司马贞、颜师古等人的观点虽然揭示了侠"轻财好义""轻死重气"等本质特征，但最终都没有脱离荀悦偷换概念、以偏概全思维的影响。

侠不符合封建社会的社会秩序和道德规范，被统治者和正统文人视为异己势力而遭剿灭镇压或批判否定。但东汉以后史家除了从政治

---

① 班固：《汉书卷九十二·游侠传第六十二》，《汉书》，中华书局2007年版，第912页。
② 班固：《汉书卷九十二·游侠传第六十二》，《汉书》，中华书局2007年版，第905页。
③ 荀悦：《前汉纪卷十·孝武一》，景印文渊阁《四库全书》（史部六一编年类）第三〇三册，台北商务印书馆1986年版，第290页。
④ 参见韩云波《中国侠文化：积淀与承传》，重庆出版社2004年版，第31—32页。

上延续这种思维之外，在道德领域，他们想方设法将无法漠视或抹杀的侠的优秀品质纳入儒家伦理道德轨道。曹魏时代史学家鱼豢在史书《魏略》中打破陈规，设"游侠传"专栏，就是按照传主的学行品格进行分类的。虽然《魏略》客观上打破了汉以后的史书不再为游侠作传的禁区，但鱼豢在《勇侠传赞》中将汉魏之交品格高贵的侠士按照儒家的伦理准则和道德规范进行了改造，视其为"勇而有仁者"。这说明有关侠的事迹只有符合封建政治大一统的需要且被纳入儒家伦理规范才有存在的缝隙。

魏晋以降，实存侠复归民间，日趋世俗化。宋代以后，特别是明清以来，中国古代士农工商的四民社会结构发生了大的变动，社会形态也逐渐近代化、商品化，加速了侠的世俗化进程。就史家而言，自《汉书》以后，不再为游侠作传。虽然侠沉入民间逐渐世俗化，也不再进入史家的书写视野，但这并不等于侠在社会上已经消失。恰恰相反，史家不载诗家幸。历代文人根据历史记载，结合自己的生命体验，充分发挥想象力，借侠以言志抒情，在他们的思想和艺术的结晶——魏晋六朝以来的咏侠诗、唐传奇、宋元话本、元明清戏曲、明清小说中，继续以文学的方式为侠塑像绘魂。在为侠树碑立传的过程中，"每代作家都依据自己所处的历史背景及生活感受，调整'侠'的观念，但又都喜欢在前人记录或创作的朱家、郭解等历史人物及黄衫客、古押衙等小说形象上，寄托自己关于'侠'的理想"①。于是，随着历史实存侠消逝于官家正史，作为一种精神文化象征的形象侠逐渐进入了文人的想象和创作文本。当然，文人对侠的想象性理解和诠释是离不开史家记载的实存侠事迹的。随着侠逐渐成为一种创作素材和艺术形象并通过创作行为进入社会文化领域，文学作品也就开始作为塑造侠的正面形象和弘扬侠的正义人格力量、独立自由精神的艺术载体，使得侠文化和侠文化精神的承传比史书记载的游侠事迹更加生动活泼，亲切感人，富有强烈的艺术感染力量和积极的现实教育意义。艺术的力量是巨大的，侠客形象代表了底层平民百姓要求自由平等和社会公

---

① 陈平原：《千古文人侠客梦——武侠小说类型研究》，人民文学出版社1992年版，第6页。

第一章　侠文化:理论方法与思想资源

道的强烈愿望,不论社会形态如何变化,也不论朝代怎样更替,其精神魅力永远对人们构成一种价值期待和正义诉求,这种侠义传统也逐渐成为千古国人的侠客之梦。

历史实存侠是客观存在的客体,随着社会的发展变化,当记载和表现历史实存侠的任务由史家之笔转移到诗人、小说家和戏剧家之手的时候,侠的形象的主观色彩更加强化或浓厚了。"随着时代的推移,'侠'的观念越来越脱离其初创阶段的历史具体性,而演变成一种精神、气质,比如'侠骨'、'侠情'、'侠节'、'侠气'、'侠烈'、'侠行'等等。……是一种富有魅力的精神风度及行为方式。"[①] 随着侠与侠文化不断向文学领域渗透,文学与侠文化结缘也就成了历史事实。在文学与侠文化的双向互动中,侠为文学创作提供了别样丰富的素材和飞扬凌厉的生命激情,文学创作也不断赋予侠正义、公道和血性良知等精神品格。在这种复杂互动的文化因缘中,侠不断地脱离历史实存形态向文学形象形态转化。漫长的历史记载和丰富的文学想象相结合,使侠逐渐演变为一种思想观念形态,成为社会正义力量、精神人格和行为规范的象征。这些理性因素也逐渐深入人心,积淀于人们的人格结构和文化心理之中。我把历代文人作家对侠的诠释和评价称为"知识精英侠文化观",这种侠文化观寄寓着文人作家的理想精神建构意识。

在侠的表现形态由历史实存、文学形象向思想观念转变过程中,历代史家和文人作家的侠文化观呈现出三种话语模式:官方侠文化观、民间侠文化观、知识精英侠文化观。侠的三种表现形态和侠文化观的三种话语模式并非一一对应的关系,它们之间互相交融、错综复杂。侠文化观的三种话语模式有机联系、密切结合,相互提供理论资源和思想借鉴,呈现出一种动态的结构关系。

在动态发展的张力结构中,这三种话语模式分别从不同的立场和角度丰富着侠文化观的内容,影响着人们对侠的价值判断,为人们更加客观合理地理解、认识和诠释、评价侠与侠文化提供有益的借鉴和指导。当然,它们之间有着本质区别。官方侠文化观代表统治阶级利

[①] 陈平原:《千古文人侠客梦——武侠小说类型研究》,人民文学出版社1992年版,第6页。

益，是为维护封建社会统治秩序和统治思想服务的，站在官方立场从政治和意识形态的角度对侠作出批判乃至全盘否定的价值判断。这种侠文化观的形成除了维护统治阶级利益的驱使，还与社会上侠的堕落变质造成伪侠大量出现密切相关。如前所述，司马迁早已就暴豪之徒的出现警惕过世人，发人深省。而社会上却仍有很多人将真侠与伪侠即堕落之侠混为一谈。特别是东汉以后的史家故意以偏概全甚至偷换概念，专门记载有劣迹的豪侠，以此混淆视听，玷污真侠的传世英名。将伪侠称为侠的原因大致有四：一是历史上许多暴豪之徒、地痞恶棍以侠名行非法事，给自己贴上侠的标签到处为非作歹，使人对侠真假难辨，以致人们将那些胡作非为、欺压良善之徒当作侠；二是历史上一些实存侠的负面行为违背了侠义道，逞强称霸，作威作福，造成人们对侠整体上的误解；三是一些正统史家对侠抱有偏见，将暴豪之徒、纨绔恶少冠以侠名，记载他们的劣迹嫁祸于侠，以此扭曲丑化真侠的形象；四是一些侠确实蜕化变质了，不断走向堕落，或成为恶棍流氓，或成为强盗土匪，或成为地痞无赖，却仍以侠名存于世，隐蔽性更强，危害性更大，更易混淆视听，使人对侠更加难辨真假。伪侠不具备侠的本质特征，蜕化堕落的侠已失去侠的本质，都不是侠了，他们与真侠不能相提并论。对此必须保持清醒的头脑，如果凭借伪侠或堕落之侠的劣迹行径来掩饰侠的光辉形象进而对侠大加斥责甚至批判否定，无异于进入了历史的迷误，不经意间充当了政治权力的无意识同谋。

民间侠文化观代表底层弱势群体利益，立足民间立场和朴素的人道情怀，对侠的人格精神、道义行为和诚信品格给予肯定和褒扬，在社会主流价值观和主流文化边缘以世俗理想的价值期待表达了对自由、平等、正义、公道和血性良知的诉求。

知识精英侠文化观立足文人知识分子的精英立场，传达的是一种精英意识。以侠作为理想价值建构的文化符号，以文学作品为载体，以侠的形象寄托理想与愿望，表达意志与情思，无论对于春风得意的文人还是身陷囹圄的智者来讲，都不失为一种有益的现实选择和积极的价值取向。当文人知识分子仕途如意，事业一帆风顺的时候，再来点侠的干云豪气、担当精神和激扬情绪，则如雄鹰背上平添秋风，儒侠互补的理想人格和人生状态是他们现实追求的高标。当他们在精神追求和现实选择之间犹疑徘徊，陷入生存困境之时，急公好义、豪迈不羁、自由洒脱的侠自然会进入他们的期待视野，或在渴望拯救中获得精神的超脱，或以侠义精神洗尽儒生之酸，在独善其身的现实境遇下，借侠来浇"兼济天下"而不得的内心苦闷之块垒。

古代对侠的诠释和评价过程中形成的三种侠文化观及其话语模式，影响和制约着后世对侠的诠释和评价。只有明确了这三者之间的联系和区别，才能更好地理解和分析近现代和当代文人知识分子对侠的态度和思考。

（二）近现代对侠的诠释和评价

在对侠的诠释和评价上，每代人都会以自己独特的期待视野并结合时代特征来作出理性分析和思考，从而呈现出不同的价值取向，得出不同的结论。近现代以来，文人知识分子坚持以正义为核心的价值标准，紧密结合时代特征，在事关民族生死存亡和国家命运前途的特定时代境遇下，赋予侠担当精神和忧患意识，使之成为拯救危亡的英雄形象、精神象征和道德力量，体现出鲜明而强烈的时代功利性和革命意识形态色彩。同时他们以现代意识重新观照侠形象和侠义精神，以司马迁诠释的原侠精神为基础，融会韩非、班固等史家对侠的评价，汲取文学形象侠的人格精神质素，结合自己的生命体验和理想诉求，对侠作出了既符合时代精神又具有民族特色和个性意识的诠释与评价。

近代以来，清廷无能，国势衰颓，民气不振。许多仁人志士鼓吹尚武任侠，希望能够从传统侠文化中发掘出反抗强权、抵御外侮、拯救民族国家的精神资源。他们将侠文化提升到现代意义上的爱国主义和民族大义的高度，将侠的地位大大提高，为传统侠义精神注入新的时代质素，并以侠文化精神相号召，以此唤醒国民起来革命。

姜泣群在《重订虞初广志》中，将"振兴武侠"作为该书的宗旨，目的在于"挽末世之浇风，召垂丧之英魂"[①]。

[①] 姜泣群：《凡例》，《重订虞初广志》，上海书店1986年版，第3—4页。

马叙伦在《原侠》中首先翻译了日本人田中智学子的《江户侠之恢复论》一文，田中智学子大力褒扬侠义，将侠义称为"吾国第一美风善俗"①。马叙伦也高度认可侠义，在此基础上，他分别从地势、政治、教育和风俗四个方面对侠的"四原"进行了考证，目的在于说明侠是我国的传统文化精神，从而为实践侠义精神提供了理论支撑。马叙伦指出侠的派别众多，各行各业都有侠存在，诸如政治家之侠、法律家之侠、宗教家之侠、教育家之侠、农学家之侠、工学家之侠、商学家之侠、兵学家之侠、刺客家之侠等。马叙伦的观点大大拓展了侠的出身来源，揭示了侠不属于固定的阶级、阶层，各个阶层、各种职业都有侠存在这一社会本质特征，体现了他对全体国民不论身份职业都要起来积极投身于救亡图存大业的深切希望和满腹热忱。

汤增璧在《崇侠篇》中不仅揭示了侠义观念"作匹夫之武德"的实质，而且对侠义精神作了重新诠释。在他看来，"投之艰巨，不懈其仔肩，是之谓任；白刃可蹈，而坚持正义，弗丝毫贬损，又平均之象，隐兆魄而弗见，则起而桀之，是之谓侠"。同时他还尖锐指出儒家文化与侠文化数千年来尖锐对立的历史现象："侠之不作，皆儒之为梗"；"儒为专制所深资，侠则专制之劲敌。舍儒而崇侠，清明宁一之风，刚健中正之德，乃有所属，而民以兴起"②。有论者将汤增璧的《崇侠篇》赞为"近世文人志士评估武侠现象的集大成之作"，并认为他的观点"反映了孙中山、陶成章等辛亥革命一代志士对武侠群体的评估"③，是有道理的。

章太炎作为资产阶级革命家，提倡"儒侠"并举，"世有大儒，固举侠士而并包之"④，并一针见血地指出："天下有亟事，非侠士无足属。"⑤ 他认为侠的精神特质在于"感慨奋厉，矜一节以自雄"，所

---

① 马叙伦：《原侠》，《新世界学报》1902 年第 6 期。
② 揆郑（汤增璧）：《崇侠篇》，《民报》1908 年 8 月第 23 号。
③ 陈山：《中国武侠史》，上海三联书店 1992 年版，第 244 页。
④ 章太炎：《訄书初刻本·儒侠第五》，《章太炎全集》（三），上海人民出版社 1984 年版，第 12 页。
⑤ 章太炎：《訄书初刻本·儒侠第五》，《章太炎全集》（三），上海人民出版社 1984 年版，第 11 页。

以"其称名有异于儒焉耳"①,儒与侠二者的文化精神是不同的。但在章太炎看来,侠士杀身成仁、为国除害的宗旨与儒家之义之用相类相通,他强调侠"当乱世则辅民,当治世则辅法"②的社会作用,从而提高了侠的地位。章太炎"儒侠"并举的观点及其对侠的诠释迎合了革命的需要,充满鲜明的时代精神和革命意志。

作为近代尚武思潮的集大成者,梁启超认为:"我民族武德之斫丧,则自统一专制政体之行始矣。"③他论中国之武士道,提倡尚武精神,从历史实存侠中寻找民族赖力自强的文化基因,他搜集了起于孔子而讫于郭解的侠之事迹,希望能够"贻最名誉之模范于我子孙者,叙述始末,而加以论评,……以补精神教育之一缺点云尔"④,希望以此提振民气,鼓舞民族精神,一雪不武民族之耻辱。

黄侃专作《释侠》篇,深入诠释了"以夹辅群生为志"的侠义精神的内涵,揭示了"穷陋不变其救天下之心"的侠义品格,并对侠寄予厚望:"世宙晦塞,民生多艰,……其谁拯之?时维侠乎?"⑤作者以侠寄托忧国忧民之思和慷慨救世之志的目的昭然可见。总之,他们都把侠提升到了民族大义和国家命运的高度,表达了对为国为民的"侠之大者"之迫切期待和深情召唤。

关于晚清尚武思潮,陈平原指出这"或许是大侠永远隐入历史深处前的回光返照",同时认为:"现代人不只失落了借以行侠的宝剑,连游侠诗歌也吟不成篇,唯一剩下的,是近乎'过屠门而大嚼'的武侠小说。"⑥对此我不敢完全苟同。在我看来,历史实存侠确实已沉没

---

① 章太炎:《訄书初刻本·儒侠第五》,《章太炎全集》(三),上海人民出版社1984年版,第12页。
② 章太炎:《訄书重订本·儒侠第六》,《章太炎全集》(三),上海人民出版社1984年版,第141页。
③ 梁启超:《中国之武士道·自叙》,《梁启超全集》第三册,北京出版社1999年版,第1385页。
④ 梁启超:《中国之武士道·自叙》,《梁启超全集》第三册,北京出版社1999年版,第1386页。
⑤ 运甓(黄侃):《释侠》,《民报》1907年12月第18号。
⑥ 陈平原:《中国现代学术之建立——以章太炎、胡适之为中心》,北京大学出版社1998年版,第238页。

上编　中国新文学作家与侠文化的历史性关系

于历史深处，现代人也只剩下了武侠小说，但大侠精神作为一种思想观念和文化基因，却并未被历史尘封，也并没有自行消失，现代人的人格精神和行为特征仍然积淀着侠文化精神的积极因子。现代文人知识分子尤其是新文学作家与晚清志士产生了强烈的共鸣，直接师承了晚清志士的尚武任侠精神。与晚清志士的激进情绪和时代功利色彩不同的是，现代文人对侠的诠释和评价更加理性并充满了鲜明的现代意识。

鲁迅认为，侠出于墨，"墨子之徒为侠"[1]，他在《流氓的变迁》中，通过对侠的历史变迁的考察，指出侠蜕变堕落的根本原因是中国封建专制制度的高压统治，关键在于"义"（也就是"侠气"）的削弱和"奴性"的加夺。从而将反封建思想启蒙和国民性批判的时代任务相结合，揭示了建构国民理想人格的艰难。在复杂的历史发展和社会现实中，真正的侠逐渐减少，甚至不复存在。对于侠的蜕变，鲁迅是很痛心的，他的态度是批判的，但他对侠并未从根本上全盘否定。在批判的同时，他也高度赞扬了以墨家为代表的古代侠士："惟侠老实，所以墨者的末流，至于以'死'为终极的目的。"[2] 可见，鲁迅肯定的是先秦意义上的"侠"，是真正的大侠，他对侠的变质的批判，真正目的在于呼唤和建构一种适应现代社会发展的理想人格。

在闻一多看来，"墨家失败了，一气愤，自由行动起来，产生所谓游侠了"[3]。他认为，侠是墨家失败后的产物，是社会的不稳定因素，后来演变为土匪。他对侠的诠释和评价侧重于文化批判和对国民劣根性根源的挖掘与否定。

冯友兰认为，在贵族政治崩溃之前，没有"士"的阶级，所谓士的阶级就是一种不治生产而专以卖技艺才能为糊口之资的人，他

---

[1] 鲁迅：《三闲集·流氓的变迁》，《鲁迅全集》第四卷，人民文学出版社 2005 年版，第 159 页。

[2] 鲁迅：《三闲集·流氓的变迁》，《鲁迅全集》第四卷，人民文学出版社 2005 年版，第 159 页。

[3] 闻一多：《关于儒·道·土匪》，《闻一多全集》第三册，生活·读书·新知三联书店 1982 年版，第 471 页。

们早先为贵族所专养专用，都是在官者，故不自为阶级；后来流落民间，以卖技艺为生，其中的文专家为儒，武专家为侠，而墨家则出自侠。他在深入考察中国古代社会发展状况的基础上，将侠归纳为由士演化而来，侠就是靠武技才能帮人打仗谋生存的武士或武专家。他对侠的诠释主要侧重于历史实存侠的出身、发展状况及其与儒墨的关系。①

钱穆认为，"谓侠出于儒墨则可"，不然"皆不得社会曾流品之真相者也"，同时指出，"侠乃养私剑者，而以私剑见养者非侠"。② 他调和了侠的起源之儒墨二说，重在对侠的出身和类型作了确认：侠是养私剑的头领，而非私剑。按照司马迁对卿相之侠和布衣之侠的区分，钱穆眼中的侠当属前者，显然他关于侠与非侠的判断是不严谨的。

与侠出于儒、墨抑或出于儒墨各执一词不同，在郭沫若看来，"儒墨之中均曾有任侠者流参加"③。这是很客观辩证的。郭沫若对侠的诠释和评价是肯定的，他认为："所谓任侠之士，大抵是出身于商贾。……商贾而富有正义感的便成为任侠。"④ 虽然商贾这类人在古代仍为士的一部分，郭沫若的结论最终不免陷入"士源说"的逻辑窠臼，但无论其思路还是史识都是独到的、有创见的。他坚持了正义的评判标准，目的在于深入发掘传统文化中侠的正义基因，以作为民族精神建构的积极质素。

现代文人学者特别是新文学作家对侠的诠释和评价代表了一种新的价值取向，那就是在现代性语境下重新审视这一古老的文化传统，结合新的时代特征深入挖掘其适应现代社会发展的思想资源，为现代国人的人格建构和民族的文化建构提供恒久弥新的源头活水与强大的精神动力。

---

① 冯友兰：《原儒墨》，《清华学报》1935 年第 2 期；《原儒墨补》，《清华学报》1935 年第 4 期。
② 钱穆：《释侠》，《学思》1942 年第 1 卷第 3 期。
③ 郭沫若：《青铜时代·墨子的思想》，《郭沫若全集》历史编第一卷，人民出版社 1982 年版，第 485 页。
④ 郭沫若：《十批判书·古代研究的自我批判》，《郭沫若全集》历史编第二卷，人民出版社 1982 年版，第 72 页。

(三) 当代对侠的诠释和评价

如果说晚清民国社会上还活跃着霍元甲、大刀王五、杜心武等侠客义士的话，那么到了当代社会便再也找不到作为历史实存形态的侠之存在了。随着侠这一武士群体在历史上消失，以及侠义类作品特别是晚清民初以来武侠小说等大众文化产品的日益发展与广泛流通，侠已经逐渐成为一种纯粹的精神现象而渗透于当代民间社会之中，呈现为一种民间文化精神。"在民间社会的现实生活中，侠的存在虽已成为过去，但侠所体现的一种独特的文化精神，却时时在平民百姓的日常言行、人际关系、乃至价值观念中表现出来。"① 作为一种民间文化精神和思想观念，侠对当代社会影响深远，或隐或显地影响和制约着当代文人学者对侠的诠释和评价。当代文人学者对侠的认识和理解、诠释与评价，是在古代和近现代文人知识分子研究成果基础上的进一步深化与拓展，但也有自己的独到之处。

在侠的身份勘定上，美籍华人学者刘若愚认为，游侠"是一些意志坚强、恪守信义、愿为自己的信念而出生入死的人"②，他们"直接地将正义付诸行动，只要认为有必要，就不在乎是否合法，就敢于动用武力去纠错济贫扶难。他们的动机往往是利他的，并且勇于为了原则而战死"③。他还列举了侠的八种特征或信念：助人为乐；公正；自由；忠于知己；勇敢；诚实，足以信赖；爱惜名誉；慷慨轻财。④ 可以说，刘若愚忠实于司马迁对侠评价的原意并有所发展提升。

中国台湾学者龚鹏程认为："在一般人的观念里，侠是一个急公好义、勇于牺牲、有原则、有正义感，能替天行道，纾解人间不平的人。他们虽然常与官府为难，但总站在民众这一边，且又不近女色。因此，我们便很难相信侠只是一些喜欢飞鹰走狗的恶少年，只是一些手头阔绰、排场惊人的土豪恶霸，只是一些剽劫杀掠的盗匪，只是一

---

① 陈山：《中国武侠史》，上海三联书店1992年版，第271—272页。
② [美] 刘若愚：《中国之侠》，周清霖、唐发铙译，上海三联书店1991年版，第13页。
③ [美] 刘若愚：《中国之侠》，周清霖、唐发铙译，上海三联书店1991年版，第1页。
④ [美] 刘若愚：《中国之侠》，周清霖、唐发铙译，上海三联书店1991年版，第4—6页。

第一章 侠文化:理论方法与思想资源

些沉溺于性与力,而欺凌善良百姓的市井无赖。"① 同时指出:"侠在历史上确有其人、确有其事,可是后世对侠的意见、诠释崇拜,却是个道道地地的迷思。"② 龚鹏程认可一般人观念中的侠之品质,但却将其视为正义的迷思。我认为,他在对侠的论述中虽然从历史事实出发并结合文人创作作了深入的综合考察,比较准确地揭示了侠的本质特征,但因其没有将史书记载的真侠与伪侠真正区分开来,甚至混为一谈,加上"正义迷思"的理论基点的限制,导致他对侠的正面价值产生了怀疑,偏颇之处在所难免。

中国香港作家金庸认为:"侠的定义可以说是'奋不顾身,拔刀相助'这八个字,侠士主持正义,打抱不平。"③ 揭示了侠的正义品质和乐于助人的行为特征,他从一个作家的角度把侠界定为一种正义的力量。

由于政治和意识形态的原因,与海外和港台学者相比,大陆学者对侠和侠文化的研究起步较晚,但对侠的诠释和评价也取得了不菲的成就。

严家炎于20世纪90年代率先在北京大学开设金庸小说研究课程,指出金庸小说"使近代武侠小说第一次进入文学的宫殿",将其贡献与五四文学革命相提并论,称誉为"另一场文学革命,是一场静悄悄地进行着的革命",并高度肯定了金庸塑造或赞美的萧峰、郭靖、袁崇焕等"中国的脊梁"式的人物。④ 严家炎通过学术实践极大地提高了武侠小说的地位,为武侠小说和侠文化纳入学院派研究体制作出了重要贡献,可谓当代大陆学界为侠和武侠小说正名的先行者。刘若愚曾认为:"西方骑士是封建制度的支柱,中国游侠则是封建社会的破坏力量。"⑤ 针对这一观点,严家炎指出侠客不是真正的"封建社会的

---

① 龚鹏程:《侠的精神文化史论》,山东画报出版社2008年版,第2页。
② 龚鹏程:《侠的精神文化史论》,山东画报出版社2008年版,第31页。
③ 林翠芬记录整理:《金庸谈武侠小说》,《明报月刊》1995年1月号。
④ 严家炎:《一场静悄悄的文学革命——在查良镛获北京大学名誉教授仪式上的贺辞》,《明报月刊》1994年12月号。
⑤ [美]刘若愚:《中国之侠》,周清霖、唐发铙译,上海三联书店1991年版,第193—194页。

破坏力量"，恰恰相反，侠客"以自己的游侠活动伸张正义，铲除强暴，激发人们扶困急难的精神，维护着社会生产秩序的正常运转"①。他认为把侠单纯视为"封建社会的破坏力量"，"实在是长期以来形成的一种误读"②。对于历史实存侠的命运遭际和世人对侠的评价，严家炎指出："在长期封建社会中，侠和侠文化一向受到封建正统势力的压制和打击。大概由于侠士的某种叛逆性，先秦法家人物韩非子就认为：'儒以文乱法，侠以武犯禁。'……自西汉起，'儒'就处于独尊的地位，'侠'则常常被看作封建统治的直接威胁，遭到武力围剿和镇压。……当今天有人谴责'侠以武犯禁'时，他所站的其实是封建统治者的立场。"③ 由此可见，严家炎对侠的诠释和评价既考虑到历史实存侠的真实境遇，也重视形象侠的精神价值和侠的观念意义。

汪涌豪和陈广宏认为："'侠'的原义，当为挟持大人物并供其役使之人。"④ 同时指出，作为一类特殊人群，侠"性格坚定，行为果毅，能够把注意力集中在自身之外的地方，同时又能牺牲为常人关注的生存和安全需要，最终达到自我实现的需要。就人格特征而言，凝聚了智慧力量、道德力量和意志力量，特别是张扬了意志力量中的独立性、果毅性、坚定性和自制性一面，真正凸现了英雄主义精神"⑤。作者既考察了历史实存侠的原义，又从人格特征的角度来阐释和评价侠的精神气质与文化人格，较有新意，给人启发。

韩云波认为，侠是流氓与英雄的统一，⑥ "是一种讲究意气交合而扬威天下江湖、逞强一方乡里的社会行为以及实施这些行为的人"⑦；同时进一步认为侠并不是单纯的社会身份或社会行为，"'侠'毋宁说是一种社会关系态度。其一，对人，顾朋友私义不顾朝廷公义，'弃

---

① 严家炎：《金庸小说论稿》，北京大学出版社1999年版，第17页。
② 严家炎：《金庸小说论稿》，北京大学出版社1999年版，第17页。
③ 严家炎：《金庸小说论稿》，北京大学出版社1999年版，第15页。
④ 汪涌豪、陈广宏：《侠的人格与世界》，复旦大学出版社2005年版，第2页。
⑤ 汪涌豪、陈广宏：《侠的人格与世界》，复旦大学出版社2005年版，第9页。
⑥ 韩云波：《论侠的流氓特征与侠文化的虚伪——中国侠文化形态论之四》，《社会科学辑刊》1994年第1期。
⑦ 韩云波：《中国侠文化：积淀与承传》，重庆出版社2004年版，第32页。

第一章 侠文化:理论方法与思想资源

官宠交',在野不在朝。其二,对物,轻财而重义,不为物所役,但在具体行为中常持义利统一观。其三,侠义道德讲究义气交合,'同是非','相与信',以然诺诚信、趋人之急为务。其四,侠的欲望中心是'立强于世',有比一般人较强烈的自由意志和支配欲望"①。可见,韩云波对侠的诠释和评价是步步推进的,直逼侠的本质。他主要从人性和社会关系的角度切入侠的精神肌理与文化基因,揭示了历史实存侠的现实复杂性及其人格精神和行为观念的本质特征。

郑春元认为,侠的本质是"利他"性,他在综合历史上各家对"侠"界定的正确意见基础上,作出了一个较为宽泛的定义:"具有急人之难、舍己为人、伸张正义、自我牺牲精神的人就是侠","侠是替下层百姓解救困厄、铲除不平、伸张正义的社会力量"②。很显然,他在观念层面上肯定了侠的积极意义,深刻揭示了侠的本质。

历史实存侠已经消逝于历史的深处,当代人只能凭借史书记载、文学想象和观念承传获得关于侠的文化记忆。不管他们的理论视野是否存在时代局限和功利考虑,他们对于侠的本质的揭示已经无限地靠近原初之侠的本相了。

通过梳理和评述古代—近现代—当代这三大阶段的文人对侠的诠释与评价,我们发现三种侠文化观的话语模式始终或隐或显地影响着人们对侠的道德评价和文化定位。也就是说,在韩非和司马迁互相对立的两大话语模式形成的张力结构中,不断渗入知识精英话语的理想人格精神和新的时代特征。随着侠沉入民间,在文化观念上亲近民俗心理,侠客之义逐渐与民间社会的正义观念、复仇精神、恩报观念和崇侠情结等相互融通,整合成为整个社会所认可的侠义价值观念而流传于社会文化领域,体现为一种鲜明的民间文化精神。历史上对于侠的诠释和评价形成了一条源远流长、生生不息的文化血脉,清晰地见证了历代文人知识分子精神探寻和理想追求的心路历程,凝聚了他们对各自生存境遇的理性思考,寄寓了他们对社会历史的真知灼见和对

---

① 韩云波:《侠的文化内涵与文化模式》,《西南师范大学学报》(哲学社会科学版)1994年第2期。
② 郑春元:《前言》,《侠客史》,上海文艺出版社1999年版,第4、5页。

人生人性的深刻体验。

二 当下定位

梳理和评述历代文人知识分子对侠的诠释和评价，一个显在的目的就是从中寻找侠作为历史实存客体的本质内涵的合理要素。但由于侠已从历史上消失，加上侠发展历史的复杂性和自身的独特性，要想在当前的文化语境下为侠作出客观合理的定位，是很不容易的。

在为侠作出定位之前，先看两段关于"侠"界定的相关论述，或许会给我们有益的启示。

> 试比较秦汉、南北朝、隋唐以及明清、民初各个时期对侠的看法，就可知道，侠并不是个固定的类型或人物。因为侠客崇拜本质上是个迷思，故每个时代都有不同的侠的面貌，这些面貌与性质，虽与侠客起源时的意义有关，却往往随着时代的心理需求而变异。[①]

> 在我看来，武侠小说中"侠"的观念，不是一个历史上客观存在的、可用三言两语描述的实体，而是一种历史记载与文学想象的融合、社会规定与心理需求的融合，以及当代视界与文类特征的融合。关键在于考察这种"融合"的趋势及过程，而不在于给出一个确凿的"定义"。[②]

前者认为，侠不是固定的类型或人物，侠的面貌和性质因时代的心理需求而不同。后者认为，侠的观念是各种因素融合的产物，不在于给出一个明确的界定。两者给我们的启示是，要想给侠下一个确凿无疑的定义太难了，必须从侠的历史文化变迁的动态发展过程中去寻找真义。历代文人知识分子对侠的诠释和评价本身就是一个动态的过程，侠的三种表现形态为我们全面考察和评价侠提供了客观存在的对

[①] 龚鹏程：《侠的精神文化史论》，山东画报出版社2008年版，第32页。
[②] 陈平原：《千古文人侠客梦——武侠小说类型研究》，人民文学出版社1992年版，第2页。

第一章 侠文化:理论方法与思想资源

象,立足不同价值立场的三种侠文化观为侠的定位提供了多层视角和丰富的理论资源。如果仅仅从某一个方面去界定,必然会陷入以偏概全的迷误。这也就告诉了我们一个理论预设,即侠文化本身是一个开放的理论体系和流动的价值体系,要想给侠定位,必须在前人界定的基础上给予侠开放的、流动的精神特质。

在侠的界定问题上,我反对站在官方立场,凸显或片面夸大历史实存侠的负面作用和消极影响而将侠定义为流氓恶棍或国家蠹虫;也反对秉持精英立场,过度拔高文学形象侠的社会作用而将侠提升为救世主的结论。我的价值立场是,以民间侠文化观为立论平台,以侠的"正义"观念为价值核心,既肯定历史实存侠的侠客之义和复仇意识,也认可在历史诠释和文学想象复杂互动的文化变迁中积淀并得以传承的人格精神和血性良知、道德担当等价值观念;同时严格侠与伪侠的区别,注意时代特征和心理需求对侠的界定的影响。只有这样,才能正确认识侠的历史生存状态和行为观念,有助于发现侠的本质特征,揭示侠应有的历史文化意义和当代社会价值。

我们知道,历史实存侠既有大义凛然、慷慨悲歌的壮举,也存在这样那样的缺陷和消极影响,这是毋庸置疑的。然而,更重要的是,侠以其人格精神、思想观念和行为规范在历史上形成了一种源远流长的侠义传统,并已经内化为中华民族共同的价值准则和道德操守,甚至融会成民族精神的重要质素而为世代承传。随着历史的发展,侠义传统中刚健进取、奋发有为、大义担当的积极因子不断影响和塑造着国人的人格心理与民族的文化精神。基于此,在我看来,侠的当下定位应作如是观。

作为历史上复杂的客观存在,侠是由社会存在、文学形象和思想观念有机结合构成的三维文化生命体,内蕴着特殊的精神气质、道德力量和非凡意志,体现为维护正义、视死如归、锄强扶弱、慷慨激昂的实践行为,以正义为价值核心,以自由为终极追求。侠一般有三种表现形态:历史实存侠、文学形象侠、思想观念侠。历史实存侠,是历史上真实存在的侠,具有历史的具体性,大都有迹可循,他们的活动事迹多见于诸子百家和史书传记的记载与评价。文学形象侠,是历代文人作家根据历史实存侠的事迹，结合传统文化观念和特定时代精神及个人生命体验，以文学的语言通过想象和虚构而塑造出来的人物形象，这类形象已经超越了历史实存侠的具体性而被赋予一种理想人格精神和正义道德力量。思想观念侠，是在侠的历史记载和文学想象之间形成的张力结构中凝聚的意识形态，集中了历史实存侠和文学形象侠的正面价值与积极意义，是社会规定和心理需求相融合的产物，是侠义传统长期积淀和承传的结果，已经超越了历史实存侠的具体性和文学形象侠的形象性，内化为人们意识深处的思想观念和行为规范，成为正义、公道和血性良知等价值观念的象征，作为一种不断正义化和伦理化的文化精神逐渐进入民族文化的价值体系。

第三节　侠文化的思想资源

作为诞生于春秋战国之交奴隶社会向封建社会转型期的特殊人群，侠有自己的角色意识。与儒、墨、道、法、纵横等诸子百家不同的是，侠不是一个固定的学派，没有人专门创立关于侠的思想学说或侠义理论，侠主要通过行动来参与社会历史发展进程。侠没有专门的思想理论和行动纲领，不等于说这类特殊人群起而行侠完全出于盲目的情感和本能的冲动。实际上，侠也是在自己的意识观念支配下仗义行侠的。侠自诞生之日起就活动于诸子百家争鸣的时代，各家各派的思想学说都对侠产生了一定的影响，侠从当时诸子百家及其后各家思想中不断汲取思想营养，形成了自己的侠义理论和侠文化，以文化基因的方式潜藏于先秦时期诸子之中，以儒、墨、道为载体，参与着中国本土文化主体格局的建构。在漫长的历史发展过程中，不断被改造或创造性转化，并被赋予特定的时代精神内涵，侠逐渐形成了自己立身处世的侠文化观念体系。也就是说，侠与侠文化不是固定的单个抽象物，而是中国文化共同作用的综合产物，侠文化观念是在诸子百家自由争鸣的社会文化环境中形成的，离不开诸子思想的影响和浸润。百家争鸣时代的诸子思想体现了当时社会主流文化的时代精神，为侠的人格精神、思想观念和行为规范的形成与确立提供了丰富的思想资源，对侠

第一章 侠文化:理论方法与思想资源

文化观念的形成产生了重要影响。

更重要的是,诸子百家中也每每有任侠之士存在。儒家有"好勇"① 的子路,据记载:"子路性鄙,好勇力,志伉直,冠雄鸡,佩猳豚,陵暴孔子。孔子设礼稍诱子路,子路后儒服委质,因门人请为弟子。"② 从子路的服饰和行为来看,与当时的武士无异,而武士恰恰就是游侠产生的社会基础之一。后来子路为救主人慷慨赴死,大有侠士风范。除子路外,儒家还有"不色挠,不目逃,行曲则违于臧获,行直则怒于诸侯"③ 的漆雕氏之儒;有"养勇"④ 的北宫黝;有"养勇""无惧"⑤ 的孟施舍;更有"大勇""守约"⑥ 的曾子。墨家的任侠之士有"好勇"而欲与勇士决死的骆滑厘⑦,墨子本人和田襄子、禽滑厘、孟胜等都是墨家集团的领袖人物,被称为"巨子",他们锄强扶弱,维护正义,大显烈烈侠风。《韩非子》记载有擅长"角力"的少室周、牛子耕,⑧《吕氏春秋》记载了"梁父之大盗"颜涿聚、"齐国之暴者"高何和县子石、"东方之巨狡"索卢参等任侠之士的行迹,指出他们"为天下名士显人以终其寿,王公大人从而礼之"⑨。这些各家各派真实存在的任侠之士,以其思想和行为影响着侠的人格精神与行为特征,为侠文化观念的形成和发展奠定了坚实的实践基础。

---

① 刘宝楠:《论语正义卷六·公冶长第五》,《诸子集成》第一册,中华书局2006年版,第91页。
② 司马迁:《史记卷六十七·仲尼弟子列传第七》,《史记》,岳麓书社1988年版,第511页。
③ 王先慎:《韩非子集解卷十九·显学第五十》,《诸子集成》第五册,中华书局2006年版,第352页。
④ 焦循:《孟子正义卷三·公孙丑章句上》,《诸子集成》第一册,中华书局2006年版,第111页。
⑤ 焦循:《孟子正义卷三·公孙丑章句上》,《诸子集成》第一册,中华书局2006年版,第113页。
⑥ 焦循:《孟子正义卷三·公孙丑章句上》,《诸子集成》第一册,中华书局2006年版,第114页。
⑦ 孙诒让:《墨子间诂卷十一·耕柱第四十六》,《诸子集成》第四册,中华书局2006年版,第264页。
⑧ 王先慎:《韩非子集解卷十二·外储说左下第三十三》,《诸子集成》第五册,中华书局2006年版,第220页。
⑨ 高诱注:《吕氏春秋卷第四·孟夏纪第四·劝学》,《诸子集成》第六册,中华书局2006年版,第38—39页。

一 侠文化与墨家思想

韩非曾多次将孔、墨或儒、侠并提，冯友兰也认为，墨家来自侠；胡秋原在《古代中国文化与中国知识分子》中认为，儒、道、墨分别来自儒士、隐士和侠士，而儒、隐、侠构成中国知识分子的三大性格要素。暂不讨论立论或结论是否合理，但这至少说明在当时人看来，侠与墨有太多的相似之处，以致被混为一谈或被认定为近亲也是在所难免的。其实，在春秋战国时代，墨是一个学术流派和社会团体，而侠是一种行为，二者显然不同。但是，侠的出现与活跃引起了社会的激荡，在包括墨家在内的思想界迅速得到反响。墨家对武侠现象进行了观察与思考，"他们的活动与主张，为侠的诞生和生长起了推波助澜的作用"[1]。墨家内部有严密的组织，墨家成员有的长期行侠，从事扶危济难的救世活动，"墨子服役者百八十人，皆可使赴火蹈刃，死不还踵"[2]。墨家思想继承了原始正义观念，在新的形势下加以丰富和发展并提升到新的境界。侠义观念源于原始正义观念，与墨家思想的观念基础一致。因此，作为一种观念形态，侠文化的理性基因主要来源于墨家思想，墨家的一部分主张代表了侠的意愿。可以说，侠文化观念与墨家思想中一些观点主张是相通的。

（一）墨家提出了完整的"任"的行为观念和理论主张

墨子曰："任，士损己而益所为也。"[3] 注释言："谓任侠；说文云，甹，侠也；三辅谓轻财者为甹，甹与任同。"[4] 这就是"任侠"观念，这是墨子对武侠现象长期观察和研究的结果。墨子不仅指出了侠出身于士阶层，揭示了侠的社会性质，而且概括了任侠精神的实质内

---

[1] 陈山：《中国武侠史》，上海三联书店1992年版，第20页。
[2] 高诱注：《淮南子卷二十·泰族训》，《诸子集成》第七册，中华书局2006年版，第357页。
[3] 孙诒让：《墨子间诂卷十·经上第四十》，《诸子集成》第四册，中华书局2006年版，第192页。
[4] 孙诒让：《墨子间诂卷十·经上第四十》，《诸子集成》第四册，中华书局2006年版，第192页。

第一章　侠文化:理论方法与思想资源

涵——"损己而益所为",就是舍己为人。同时,他对任侠的实践方式也作出了精辟的阐述:"任,为身之所恶,以成人之所急。"① 意谓干自己所厌恶的事情,来解救他人的急难。也就是说,墨家主张要不顾一切地牺牲自我去为他人排忧解难。这种思想主张为侠所信奉和实践,成为侠的行为准则和做事信条。司马迁对侠的行为特征的概括"专趋人之急,甚己之私"②与墨家"任"的实质内涵是一致的,这也说明侠在实践着"任"的主张。可以说,"任"的主张奠定了任侠精神的理性基因,成为侠文化观念的核心要素。

(二) 墨家极力倡导义,提出了"万事莫贵于义"③的观点

墨子认为"义者,正也。……天下有义则治,无义则乱"④,体现出一种忧患意识和救世精神;同时认为:"义,利也。"⑤ 在墨子看来,利国利民利人者方为义,"义,天下之良宝也"⑥,将义视为治世的良方。为了具体实施"义"的主张,墨子提出了"有力者疾以助人,有财者勉以分人,有道者劝以教人"⑦的方略,如果能够做到这些,那么天下将"饥者得食,寒者得衣,乱者得治"⑧。这样就把义提升到了系关国计民生的高度。墨子还提出帮助别人不能沽名钓誉,否则与盗

---

① 孙诒让:《墨子间诂卷十·经说上第四十二》,《诸子集成》第四册,中华书局2006年版,第204页。
② 司马迁:《史记卷一百二十四·游侠列传第六十四》,《史记》,岳麓书社1988年版,第897页。
③ 孙诒让:《墨子间诂卷十二·贵义第四十七》,《诸子集成》第四册,中华书局2006年版,第265页。
④ 孙诒让:《墨子间诂卷七·天志下第二十八》,《诸子集成》第四册,中华书局2006年版,第130页。
⑤ 孙诒让:《墨子间诂卷十·经上第四十》,《诸子集成》第四册,中华书局2006年版,第191页。
⑥ 孙诒让:《墨子间诂卷十一·耕柱第四十六》,《诸子集成》第四册,中华书局2006年版,第259页。
⑦ 孙诒让:《墨子间诂卷二·尚贤下第十》,《诸子集成》第四册,中华书局2006年版,第42页。
⑧ 孙诒让:《墨子间诂卷二·尚贤下第十》,《诸子集成》第四册,中华书局2006年版,第42页。

贼无异。侠也是以义为重，"千里诵义，为死不顾世"①，这种义就是司马迁所说的"侠客之义"②，是支配侠仗义行侠的动力。很多侠客仗义疏财，见义勇为，做了好事不留名，帮助别人不索回报，特别是在社会动荡、民族危难之际，侠义之士或舍生忘死、为民请命，或挺身而出、勇赴国难，他们以实际行动实践着墨家的主张。这种"侠客之义"正是任侠精神的核心，也是侠的道德观念和伦理准则的价值核心。

（三）墨子主张"兼爱""非攻"，反对恃强凌弱

墨子认为"天下兼相爱则治，交相恶则乱"③，希望"国与国不相攻；家与家不相乱；盗贼无有；君臣父子，皆能孝慈"④。因此，他主张"兼相爱，交相利"⑤。同时，墨子主张"非攻"，以此作为"义"与"不义"的区别，⑥反对以大欺小、弱肉强食的侵略战争。在春秋战国乱世，要想实现"非攻"主张，使诸侯国之间停止攻伐战争，只有两种办法：一是助强吞弱，实现天下一统；一是抑强扶弱，换得百姓安宁。墨家选择了后者，墨子为弱国百姓免遭涂炭而止楚伐宋之义举，⑦就充分体现了一种"摩顶放踵利天下为之"⑧的抑强扶弱的义勇精神。这种抑强扶弱的精神成为侠文化重要的文化基因之一，逐渐演

---

① 司马迁：《史记卷一百二十四·游侠列传第六十四》，《史记》，岳麓书社1988年版，第897页。

② 司马迁：《史记卷一百二十四·游侠列传第六十四》，《史记》，岳麓书社1988年版，第897页。

③ 孙诒让：《墨子间诂卷四·兼爱上第十四》，《诸子集成》第四册，中华书局2006年版，第63页。

④ 孙诒让：《墨子间诂卷四·兼爱上第十四》，《诸子集成》第四册，中华书局2006年版，第63页。

⑤ 孙诒让：《墨子间诂卷四·兼爱中第十五》，《诸子集成》第四册，中华书局2006年版，第65页。

⑥ 孙诒让：《墨子间诂卷五·非攻上第十七》，《诸子集成》第四册，中华书局2006年版，第81—82页。

⑦ 孙诒让：《墨子间诂卷十三·公输第五十》，《诸子集成》第四册，中华书局2006年版，第292—296页。

⑧ 焦循：《孟子正义卷十三·尽心章句上》，《诸子集成》第一册，中华书局2006年版，第540页。

第一章 侠文化：理论方法与思想资源

变为侠者锄强扶弱、除暴安良的行为观念。

（四）在做人行事原则上，墨家主张言行一致

墨子曰："言必信，行必果，使言行之合，犹合符节也，无言而不行也"①；要求"口言之，身必行之"②。在这里，墨家把言行一致作为立身处世的行为信条和做人做事的道德准则。"侠客之义"要求任侠者必须"重然诺"，也就是司马迁为侠概括的"其言必信，其行必果，已诺必诚"③ 这三条行为准则。可见，侠的"重然诺"的行为准则与墨家的言行观是相通的，存在着一脉相承的关系。

（五）在行为特征上，墨家尚力尚勇

墨子认为"勇，志之所以敢也。……力，刑之所以奋也"④，同时指出："今人固与禽兽麋鹿、蜚鸟、贞虫异者也。……今人与此异者也，赖其力者生，不赖其力者不生。"⑤ 侠也崇力尚勇，常常以武力来锄强扶弱，维护正义。

（六）在恩报观念上，墨家主张"投我以桃，报之以李"⑥

意思是说，得到了别人的帮助或好处，就要知道感恩和报答。侠在现实生活中深知"受人滴水之恩，当以涌泉相报"的道理，也是知恩图报，甚至为恩人不惜出生入死、肝脑涂地。墨家的恩报观念对侠

---

① 孙诒让：《墨子间诂卷四·兼爱下第十六》，《诸子集成》第四册，中华书局2006年版，第73页。
② 孙诒让：《墨子间诂卷十二·公孟第四十八》，《诸子集成》第四册，中华书局2006年版，第281页。
③ 司马迁：《史记卷一百二十四·游侠列传第六十四》，《史记》，岳麓书社1988年版，第896页。
④ 孙诒让：《墨子间诂卷十·经上第四十》，《诸子集成》第四册，中华书局2006年版，第192—193页。
⑤ 孙诒让：《墨子间诂卷八·非乐上第三十二》，《诸子集成》第四册，中华书局2006年版，第158—159页。
⑥ 孙诒让：《墨子间诂卷四·兼爱下第十六》，《诸子集成》第四册，中华书局2006年版，第78页。

的人生观和价值观的影响是很深的。

当然，侠文化观念与墨家思想也有相异之处。侠对墨家的一些思想观念也是不取的。墨家极力宣扬"兼爱"，提倡无差等的爱，认为"兼爱"是解决世间一切纷争动乱的可行方法，这种愿望是好的，但在当时的社会条件下是无法实现的；侠不赞成这种泛爱，侠爱憎分明，嫉恶如仇，他们同情和爱的是阶级社会中被侮辱、被损害的弱小者和良善之辈。墨家主张"非攻"，反对以武力手段解决社会问题；侠以正义者的身份自掌正义，常常诉诸武力来除暴安良、解决纷争。墨家讲治国之道，有明确的政治主张和完整的治国理论，并以有组织的群体方式实践自己的政治主张；侠讲究义勇之气和扶危济困，有较为系统的侠义道德观念，主要以个体行为伸张正义。

总之，在侠的人格精神、思想观念和行为规范形成与确立过程中，墨家思想起到了至关重要的作用。侠与墨家的关系源远流长，二者在动荡的先秦相伴而生，墨子对侠密切关注，并对任侠精神和任侠行为进行了及时概括和系统阐述；在墨家作为一个社会团体和学派在历史上消亡之后，墨家的思想理论和行为方式，都在侠这里得到了承传和延续。

二 侠文化与儒家思想

韩非曾儒侠并提，并指出："漆雕之议，不色挠，不目逃，行曲则违于臧获，行直则怒于诸侯，世主以为廉而礼之。"[①] 这里的"廉"意谓不受朝廷俸禄，不受人主之赐。在韩非看来，这样的勇士与侠接近。韩非所描述的漆雕氏之儒被认为是儒家一分为八之后沉入民间的最富有侠义精神的一个支派，这被梁启超和章太炎等近代学者所广泛认可并引用阐发。梁启超在《中国之武士道》中举孔子为天下之第一大勇。章太炎作《儒侠》篇主张以儒兼侠，儒侠并举。海外学者夏志清在研究中国古典小说的过程中发现："受天之命起而推翻腐败王朝的义民首领，以寡敌众捍卫边疆而遣诽谤的将军，直言诤诤的忠臣，

---

① 王先慎：《韩非子集解卷十九·显学第五十》，《诸子集成》第五册，中华书局2006年版，第352页。

第一章 侠文化：理论方法与思想资源

判案入神明的法官，以及除暴安良的剑客……都是满怀奉献理想的儒家英雄的典范。"① 可见，夏志清也是儒侠并提，认为儒侠存在同一的精神实质："满怀奉献理想。"通过这些论述可知，尽管侠与儒属于不同的群体，且儒"以学显于当世"②，而侠者无书，"儒、墨皆排摈不载"③；但侠与儒在思想观念方面还是有较多联系的，存在精神的契合点和观念的一致性。特别是儒家的积极入世精神、强烈的社会责任感、历史使命感和救世理想，还有儒家代表人物孔子"知其不可为而为之"的行为理念和实践精神，孟子的"虽千万人吾往矣"的义勇气概，以及子路为主人而不惜生命慷慨赴死的义举，均成为思想之精华、万世之楷模。这些儒家的优秀品质和大义行为给予侠之人格精神、思想观念和行为规范以重要的精神借鉴、思想启迪和行为示范。可以说，侠自诞生以来经过儒家文化兼容并蓄的伦理化改造，逐渐带上了儒侠色彩。"从行为气质上说，儒家的阳刚好勇一派，与侠的人格气质接近。为儒而好武，不接受朝廷俸禄，在身份上是一个自由职业者，处处以自己的原则行事，形成了上古意义上的儒侠"④。因此，侠文化观念与儒家思想的一些观点主张有相通之处。

（一）儒家思想以"仁"为核心，"仁"是儒家最高的道德理想

何谓"仁"？孔子认为："能行五者于天下，为仁矣。"这里的"五者"是指"恭、宽、信、敏、惠"⑤。又提出"仁者爱人"，樊迟问仁，孔子回答："爱人。"⑥ 可见，儒家文化精神的目的是善，"守死

---

① ［美］夏志清：《中国古典小说导论》，胡益民、石晓林、单坤琴译，安徽文艺出版社 1988 年版，第 28 页。
② 司马迁：《史记卷一百二十一·儒林列传第六十一》，《史记》，岳麓书社 1988 年版，第 869 页。
③ 司马迁：《史记卷一百二十四·游侠列传第六十四》，《史记》，岳麓书社 1988 年版，第 897 页。
④ 韩云波：《中国侠文化：积淀与承传》，重庆出版社 2004 年版，第 5 页。
⑤ 刘宝楠：《论语正义卷二十·阳货第十七》，《诸子集成》第一册，中华书局 2006 年版，第 371 页。
⑥ 刘宝楠：《论语正义卷十五·颜渊第十二》，《诸子集成》第一册，中华书局 2006 年版，第 278 页。

善道"① 是也。同时，孔子认为"济"也是"仁"的一个重要方面。当子贡问："如有博施于民，而能济众，何如？可谓仁乎？"孔子回答："何事于仁，必也圣乎？尧舜其犹病诸。夫仁者，己欲立而立人，己欲达而达人，能近取譬，可谓仁之方也已。"② 可见，儒家是推崇"济"的。颜渊问仁，孔子回答："克己复礼，为仁。"③ 这里的"仁"蕴含有一种克己利人的精神。儒家的仁者爱人、济人、恕人、成人以及义、勇、气、信等观念都统一于"仁"的思想体系之中。由此可知，儒家以拯世济民为己任，具有积极入世的精神志向，坚毅果敢，百折不挠。所谓"士不可以不弘毅，任重而道远。仁以为己任，不亦重乎？死而后已，不亦远乎？"④ 表现的正是这种志向的远大。为了实现这一理想，儒家主张"志士仁人，无求生以害人，有杀身以成仁"⑤。儒家"仁"的思想对侠文化的影响很大，侠者积极入世，扶危济困，行侠仗义，急人之难，舍己为人，有"博施于民，而能济众"的仁者风范。因此，司马迁称赞侠"救人于厄，振人不赡，仁者有乎"⑥。把侠提升到仁者的高度，可谓远见卓识，也足见儒家思想对侠的影响之深。

（二）儒家将"义"作为君子的必备品质，提倡重义轻利

可以说，在诸子百家中，孔子最早将"义"视为人立身处世的根本原则，作为处世做人的最高准则。一方面，他提出了"君子义以为质"⑦

---

① 刘宝楠：《论语正义卷九·泰伯第八》，《诸子集成》第一册，中华书局2006年版，第163页。
② 刘宝楠：《论语正义卷七·雍也第六》，《诸子集成》第一册，中华书局2006年版，第133—134页。
③ 刘宝楠：《论语正义卷十五·颜渊第十二》，《诸子集成》第一册，中华书局2006年版，第262页。
④ 刘宝楠：《论语正义卷九·泰伯第八》，《诸子集成》第一册，中华书局2006年版，第159—160页。
⑤ 刘宝楠：《论语正义卷十八·卫灵公第十五》，《诸子集成》第一册，中华书局2006年版，第337页。
⑥ 司马迁：《史记卷一百三十·太史公自序第七十》，《史记》，岳麓书社1988年版，第955页。
⑦ 刘宝楠：《论语正义卷十八·卫灵公第十五》，《诸子集成》第一册，中华书局2006年版，第342页。

和"君子义以为上,君子有勇而无义为乱,小人有勇而无义为盗"①等观点;一方面,他将重义还是重利作为区分君子和小人的标尺,形成了积极的"义利观"。在孔子的价值视野中,"君子喻于义,小人喻于利"②。在处理义和利的关系上,孔子认为"义"更重要,在他看来,"不义而富且贵,于我如浮云"③;主张"见利思义,见危授命"④。孟子更是高度重视"义",他主张"士穷不失义"⑤。可见,"义"在他眼里是至高无上的。他认为,"义"不仅重于利,而且高于一切。君子要重义轻利,更要在义与生命发生冲突时,毫不犹豫地"舍生而取义"⑥。这些观点主张与侠义观念是一致的。"义"是侠文化观念的价值核心,侠的所有行为都是为了维护正义。就侠而言,行侠其实就是行义。真正的侠都是重义轻利的,他们视"义"的价值高于生命,为"义"可以毅然决然地慷慨赴死。侠者接受了"义"的道德律令并以之来约束和规范自己的言行,内化为侠的行为伦理,逐渐形成一种侠义道德。正因为"义"的浸润和渗入,所以侠不仅仅体现为一种行为,更呈现为一种人格精神和思想观念。很显然,侠对"义"的崇尚与践行以及侠与义的结合,与儒家"义利观"的影响和濡染是分不开的。

(三)儒家提倡"勇",将"勇"视为君子的理想人格和必备品格,是仁德的有机组成部分

孔子认为,"仁者必有勇"⑦,进而强调"勇者不惧"⑧。孟子激赏

---

① 刘宝楠:《论语正义卷二十·阳货第十七》,《诸子集成》第一册,中华书局2006年版,第384页。
② 刘宝楠:《论语正义卷五·里仁第四》,《诸子集成》第一册,中华书局2006年版,第82页。
③ 刘宝楠:《论语正义卷八·述而第七》,《诸子集成》第一册,中华书局2006年版,第143页。
④ 刘宝楠:《论语正义卷十七·宪问第十四》,《诸子集成》第一册,中华书局2006年版,第308页。
⑤ 焦循:《孟子正义卷十三·尽心章句上》,《诸子集成》第一册,中华书局2006年版,第525页。
⑥ 焦循:《孟子正义卷十一·告子章句上》,《诸子集成》第一册,中华书局2006年版,第461页。
⑦ 刘宝楠:《论语正义卷十七·宪问第十四》,《诸子集成》第一册,中华书局2006年版,第301页。
⑧ 刘宝楠:《论语正义卷十·子罕第九》,《诸子集成》第一册,中华书局2006年版,第193页。

"虽千万人，吾往矣"①的大勇精神。更重要的是，孔子把"义"和"勇"有机联系起来，指出"勇"就是要对正义之事敢作敢为，"见义不为，无勇也"②，提倡和赞许见义勇为的精神。儒家的这一思想主张被侠者所认同，并付诸实践。无侠不勇，儒家见义勇为的思想为侠者行侠提供了理论依据和行为动力。

（四）儒家推崇气节和大丈夫气概，倡导君子要有崇高的气节和高尚的道德操守

在孔子看来，"君子可逝也，不可陷也，可欺也，不可罔也"。③《礼记·儒行第四十一》强调："儒有可亲而不可劫也，可近而不可迫也，可杀而不可辱也。"④ 孟子提出"我善养吾浩然之气"的主张，⑤并高度赞赏与肯定"富贵不能淫，贫贱不能移，威武不能屈"⑥ 的刚毅凛然之大丈夫气概。他甚至主张："君之视臣如手足，则臣视君如腹心；君之视臣如犬马，则臣视君如国人；君之视臣如土芥，则臣视君如寇仇。"⑦ 这些观点主张本身就具有侠气和侠节等质素，为侠者所崇尚。侠者非常重视气节和操守，甚至为了保全名节而牺牲自我，彰显出顶天立地的大丈夫气概。战国时代刺客之侠豫让伏剑自杀前，在与赵襄子的对话中坦言："范、中行氏皆众人遇我，我故众人报之。至于智伯，国士遇我，我故国士报之。"⑧ 一语道出了孟子关于君臣关系及相互态度的真义。可以说，儒家理想人格的自我设计为侠义人格

---

① 焦循：《孟子正义卷三·公孙丑章句上》，《诸子集成》第一册，中华书局2006年版，第114页。
② 刘宝楠：《论语正义卷二·为政第二》，《诸子集成》第一册，中华书局2006年版，第41页。
③ 刘宝楠：《论语正义卷七·雍也第六》，《诸子集成》第一册，中华书局2006年版，第130页。
④ 阮元校刻：《十三经注疏：附校勘记》下册，中华书局1980年版，第1669页。
⑤ 焦循：《孟子正义卷三·公孙丑章句上》，《诸子集成》第一册，中华书局2006年版，第117页。
⑥ 焦循：《孟子正义卷六·滕文公章句下》，《诸子集成》第一册，中华书局2006年版，第246页。
⑦ 焦循：《孟子正义卷八·离娄章句下》，《诸子集成》第一册，中华书局2006年版，第322页。
⑧ 司马迁：《史记卷八十六·刺客列传第二十六》，《史记》，岳麓书社1988年版，第638页。

的形成奠定了基础。

（五）在做人原则上，儒家主张"言必信，行必果"①

将"信"视为义的一种表现，认为与人交往要讲信用，讲信义，"人而无信，不知其可也"②。因此，孔子主张"老者安之，朋友信之，少者怀之"③。侠者重信守诺，将信义作为重要的行为规范和做人原则，正所谓"不既信，不倍言，义者有取焉"④。由此可知，儒与侠在"信"的观念上是相通的。

（六）儒家主张为亲友复仇

《礼记·曲礼上第一》云："父之雠，弗与共戴天，兄弟之雠不反兵，交游之雠不同国。"⑤ 可见，儒家在宣扬一种复仇精神。就连提倡恕道的孔子，也公开主张为亲人复仇。《礼记·檀弓上第三》载：

> 子夏问于孔子曰："居父母之仇如之何？"夫子曰："寝苦枕干，不仕，弗与共天下也。遇诸市朝，不反兵而斗。"曰："请问居昆弟之仇如之何？"曰："仕弗与共国，衔君命而使，虽遇之不斗。"曰："请问居从父昆弟之仇如之何？"曰："不为魁，主人能，则执兵而陪其后。"⑥

这是宗法制社会建立于血缘人伦关系基础上的家族复仇观念，在此复仇意识支配下，为亲情复仇成为每个家族成员必备的素质和天道

---

① 刘宝楠：《论语正义卷十六·子路第十三》，《诸子集成》第一册，中华书局2006年版，第293页。
② 刘宝楠：《论语正义卷二·为政第二》，《诸子集成》第一册，中华书局2006年版，第37页。
③ 刘宝楠：《论语正义卷六·公冶长第五》，《诸子集成》第一册，中华书局2006年版，第110页。
④ 司马迁：《史记卷一百三十·太史公自序第七十》，《史记》，岳麓书社1988年版，第955页。
⑤ 孟子等：《四书五经》，中华书局2009年版，第297页。
⑥ 孟子等：《四书五经》，中华书局2009年版，第307页。

责任，它以权力的形式表现出来，经过家族成员的确认，复仇逐渐成为社会共同遵守的行为准则和每个家族成员必须恪守的义务。恩格斯指出："同氏族人必须相互援助、保护，特别是在受到外族人伤害时，要帮助复仇。……因而，从氏族的血族关系中便产生了那为易洛魁人所绝对承认的血族复仇的义务。"① 儒家的复仇主张就是从原始氏族的复仇观念演化而来的，这与侠的恩报观念中的复仇意识是一致的。复仇在侠看来是一项崇高而神圣的责任，有仇必报是侠的行事准则。"儒家这种复仇主张，客观上给侠的复仇以舆论上道德上的支持，增强了侠进行复仇的合理性"②。

（七）儒家亚圣孟子提出反暴除恶的思想主张

孟子认为："贼仁者谓之贼，贼义者谓之残。残贼之人，谓之一夫。闻诛一夫纣矣，未闻弑君也。"③ 在孟子看来，像桀纣这样残贼仁义之道的君王，实为匹夫，这样的君主，人人可诛之，表达了一种为民请命、为天下除害的思想。可以说，孟子的"这一反暴除恶的主张，成为后来侠的铲奸除恶观念和行为的先导"④。

无可否认，侠文化与儒家思想也存在不同之处。首先，儒家主张中庸之道，讲恕道；侠则走极端，嫉恶如仇，锄强扶弱，任性而为，豪放不羁。其次，儒家之"义"与"仁""礼"相联系，强调有等级、有秩序的忠、孝、仁、爱，具有浓厚的宗法血缘伦理色彩；侠所维护的"义"是超道德的、具有普遍意义的"正义"，与墨家的"兼爱"相近，这种"义"是无条件的，谨遵内心良知的召唤，"义"是侠至高的行为准则，侠常常为维护正义、为尊奉信义而死。最后，儒家不语"怪、力、乱、神"，不提倡暴力；侠则惯用武力来除暴安良、维护正义。

---

① ［德］恩格斯：《家庭、私有制和国家的起源》，《马克思恩格斯选集》第四卷，人民出版社 1972 年版，第 83 页。
② 郑春元：《侠客史》，上海文艺出版社 1999 年版，第 95 页。
③ 焦循：《孟子正义卷二·梁惠王章句下》，《诸子集成》第一册，中华书局 2006 年版，第 86 页。
④ 郑春元：《侠客史》，上海文艺出版社 1999 年版，第 96 页。

总起来看，侠文化与儒家思想有相通相近之处，从某种意义上讲，"侠的传统，与儒的传统并非对立的，而是本来合一的"①。可以说，儒家思想中积极进取的刚性因子在与侠的交互影响和渗透中已经内化为侠的人格精神与行为规范的有机质素，特别是经过儒家文化的伦理化改造，侠具有了义的品质，成为中国文化中独特的侠义道德范畴；而侠者在具体实践行为中忠诚地遵守着儒家思想的这些观点主张，并逐渐形成自己的侠义观念。

三 侠文化与道家思想

在先秦道家元典中，《庄子·说剑》有关于剑士的记载。它记载赵文王养剑士三千，揭示了先秦民间武侠的群体聚结方式，运用形象的比喻，将剑分为天子之剑、诸侯之剑和庶人之剑三等，剑术和剑客也应作如是观，阐明了民间武侠的根本特征在于内在的精神品格，而不在于外在的行为方式。②除此之外，找不出关于道家与侠之关系的任何蛛丝马迹。道家主要立足宇宙论的框架之下来谈社会人生，主张清静无为，崇尚自然，珍视生命，抱朴守拙。而侠则积极入世，刚猛好争，扶危济困，重义轻生。可见，先秦之侠与道家并没有直接的必然联系，二者在思想观念上的对立也是很明显的。

到了西汉初期，出现了许多有关任侠之风与黄老之学相结合的记载。在《史记》中，司马迁记载张良"居下邳，为任侠"③，他得到过黄石公的指点，受赠《太公兵法》，黄石公是道教中的著名神仙；记载陈平"从少年往事魏王咎于临济"④，并且"少时，本好黄帝、老子之术"⑤。

---

① 何新：《侠与武侠文学源流研究（上篇）——论中国古典武侠文学》，《文艺争鸣》1988年第1期。
② 参见王先谦《庄子集解卷八·说剑第三十》，《诸子集成》第三册，中华书局2006年版，第203—205页。
③ 司马迁：《史记卷五十五·留侯世家第二十五》，《史记》，岳麓书社1988年版，第454页。
④ 司马迁：《史记卷五十六·陈丞相世家第二十六》，《史记》，岳麓书社1988年版，第461页。
⑤ 司马迁：《史记卷五十六·陈丞相世家第二十六》，《史记》，岳麓书社1988年版，第466页。

记载汲黯"好学，游侠，任气节，内行修洁"，并且"学黄老之言，治官理民，好清静"①；郑当时"以任侠自喜，脱张羽于厄，声闻梁、楚之间"，也"好黄老之言"②。在《汉书》中，班固记载田叔"好剑，学黄老术于乐钜公。为人廉直，喜任侠"③。这些人物都是当时崇尚黄老之学的任侠之士，是道家之侠的典型代表。由此可知，道家思想对侠的人格精神、思想观念和行为规范的形成存在着影响，侠文化与道家思想也有相通之处。

（一）道家反对专制强权和残酷暴政，痛恨社会不平，强烈谴责和抨击无道的统治者

面对恃强凌弱、为富不仁的现实社会状况，老子愤慨地指出："天之道，损有余而补不足；人之道则不然，损不足以奉有余。"④ 这与侠痛恨社会不公平的情感是一致的。生逢封建社会乱世的江湖侠士铤而走险，啸聚山林，打着替天行道的旗号唤起民众奋起反抗暴政，要以"损有余而补不足"的"天之道"来取代"损不足以奉有余"的"人之道"。这种侠义观念与老子所抨击的"人之道"观念存在着一定的联系，"老子的这一观念对后来的'替天行道'的侠义观念有一定的启示意义"⑤。

（二）道家反对礼法和一切清规戒律对人性的束缚与压抑，蔑视一切权威和传统，不向权贵摧眉折腰

老子认为："天下多忌讳，而民弥贫；民多利器，国家滋昏；人多伎巧，奇物滋起；法令滋彰，盗贼多有。"⑥ 庄子主张："绝圣弃知，

---

① 司马迁：《史记卷一百二十·汲郑列传第六十》，《史记》，岳麓书社1988年版，第865页。
② 司马迁：《史记卷一百二十·汲郑列传第六十》，《史记》，岳麓书社1988年版，第868页。
③ 班固：《汉书卷三十七·季布栾布田叔传第七》，《汉书》，中华书局2007年版，第410页。
④ 王弼注：《老子道德经下篇·七十七章》，《诸子集成》第三册，中华书局2006年版，第45页。
⑤ 郑春元：《侠客史》，上海文艺出版社1999年版，第98页。
⑥ 王弼注：《老子道德经下篇·五十七章》，《诸子集成》第三册，中华书局2006年版，第35页。

大盗乃止；摘玉毁珠，小盗不起；焚符破玺，而民朴鄙；掊斗折衡，而民不争。"① 都充分体现了一种摆脱外在束缚，反对传统和权威，追求清静无为的思想。侠不受世俗礼法约束，蔑视权威秩序，特立独行，任性而为，不畏强权，勇于挑战和反抗朝廷。这些生活态度和行为观念与道家是相通的。

（三）道家崇尚自然，追求精神自由，尊重人的价值，维护人格尊严

老子和庄子超然物外，都视金钱和权力如粪土，蔑视功名富贵，追求自由自在的生活和逍遥洒脱的人生境界。老子认为："道之尊，德之贵，夫莫之命而常自然。"② 庄子主张"天地与我并生，而万物与我为一"③，执着追求"独与天地精神往来"④ 的自由境界。侠无视金钱和权力，以血性良知自掌人间正义，追求精神自由，维护人的尊严。这些与道家思想相通，足见道家的自由观对侠的人格精神影响之深刻。

由上可知，道家的某些思想观念对侠产生了较大影响，侠也根据实际需要从道家思想中汲取了有益的养分，主要体现在人格精神和个性品质方面，这就是道家思想之于侠文化的价值意义所在。

四 侠文化与纵横家

侠文化与纵横家存在密切的关系。战国时期，纵横家与游侠并非一家，韩非在《五蠹》中将"言谈者"（纵横家）与"带剑者"（游侠）相提并论，抨击他们均为危害国家的蛀虫之一。战国末期，"纵横家因衰落而流变，因流变而分化，其中奉鲁连为精神领袖的一支便

---

① 王先谦：《庄子集解卷三·胠箧第十》，《诸子集成》第三册，中华书局2006年版，第60页。
② 王弼注：《老子道德经下篇·五十一章》，《诸子集成》第三册，中华书局2006年版，第31页。
③ 王先谦：《庄子集解卷一·齐物论第二》，《诸子集成》第三册，中华书局2006年版，第13页。
④ 王先谦：《庄子集解卷八·天下第三十三》，《诸子集成》第三册，中华书局2006年版，第222页。

自然而然流为侠士"①。到了汉代，纵横家与侠士逐渐合流，口舌之辩加上刀剑之功，文武兼备，如虎添翼，重新组合成为一支重要的社会力量——游侠。可见，纵横家与侠颇有渊源。战国时期著名的纵横家鲁连、蔺相如和虞卿等，虽为谋臣策士，但却能临危不惧，镇定自若，勇于赴难，大义凛然，具有侠士的风骨和气度。可以说，以鲁连为代表的先秦纵横家对侠的人格精神和行为观念产生了重要影响。

　　通过深入探讨侠文化与墨、儒、道等各家思想的关系，我们发现，侠虽然不是一个学派，也没有自己独立的理论体系和价值体系，但诸子百家自由争鸣的文化环境为侠提供了一个很好的价值平台和文化磁场。因这个价值平台和文化磁场的存在，侠与先秦诸子百家始终处于一种互动互渗的关系之中，一方面，墨、儒、道等各家思想"共同形成了中国侠文化的文化基因，影响及于整个中国侠文化的历史发展与现代体验"②；一方面，"侠作为一种人的存在，其性格、行为、道德观念及处世方式，在不同程度上或多或少影响到儒、墨的思想学术。在墨，可能直接影响到其行为实践；在儒，可能更多地影响到其个人的人格修养上，诸如'刚毅木讷'，'强哉矫'等等"③。正是在这样的双向互动之中，特别是在各家思想的涵泳氤氲与共同合力作用之下，侠在人格精神、思想观念和行为规范等方面，不断汲取各家思想的精神营养，逐渐形成了一种潜行隐构形态的唯中国独有的侠文化观念。侠文化因中国传统文化基因的渗入而充满了强烈的民族精神，反过来也影响着传统文化的发展，形成儒侠互补、墨侠互补和道侠互补的文化形态与人格模式，极大地厚实着中国传统文化的底蕴，张扬着传统文化的风采。在侠文化的烛照下，侠不再仅仅表现为一种行为方式，更呈现为一种人格精神、道德风范和自由自在的生命样态。

---

　　① 熊宪光：《"纵横"流为侠士说》，《西南师范大学学报》（哲学社会科学版）1997年第4期。
　　② 韩云波：《中国侠文化：积淀与承传》，重庆出版社2004年版，第5页。
　　③ 蔡翔：《侠与义——武侠小说与中国文化》，北京十月文艺出版社1993年版，第286页。

第一章　侠文化:理论方法与思想资源

第四节　侠文化精神的内涵

　　侠者无书,没有独立的思想学说,但自诞生之日起便置身于诸子百家自由争鸣的文化磁场之中,接受着主流文化和各家思想的浸润与改造,同时侠也以自己的行为影响着主流文化和各家思想。正是在这种文化互动的张力结构中,逐渐形成了中国特色的侠文化。随着历史上侠这一群体的消失,以及武侠小说、武侠戏曲等大众文化产品的日益发展和广泛传播,侠已逐渐衍化为一种纯粹的精神现象和思想观念而呈现于现代民间社会之中。侠作为一种文化现象,属于民间文化或民俗文化的基本范畴,一直未能真正进入主流文化或主流意识形态的价值体系。由于侠文化定义的不确定性,在中国文化发展历程中,无论太平盛世还是动荡乱世,它从未缺席过,但又得不到应有的重视,所以,它对中国传统主流文化格局的建构,并没有产生过决定性影响。然而,侠的大胆叛逆、勇于反抗、扶危济困、见义勇为等行为观念也在影响着主流文化,不断进入主流意识形态的价值视野。侠文化作为历史上的客观存在,"任何时代的主流意识形态都必然要按照自己的价值观念对其进行必要的改造或同化,最终达到为我所用的政治目的"[1]。因此,侠文化一方面积淀着传统文化的深厚底蕴,一方面呈现出鲜明而独特的时代特色。在现代民间社会,侠的存在虽然已经成为过去,"但侠所体现的一种独特的文化精神,却时时在平民百姓的日常言行、人际关系、乃至价值观念中表现出来"[2]。这种独特的文化精神就是侠文化精神。侠文化精神是侠文化的价值核心,在几千年的中国历史发展进程中,参与了并继续参与着中国文化格局的建构和国民理想人格的塑型,丰富和厚实着民族精神的底蕴。

　　侠文化精神作为中国民间社会独特的文化精神体系,就其本体意义来讲,我认为,其实质内涵应该包括以下几个方面。

---

[1]　宋剑华:《百年文学与主流意识形态》,湖南教育出版社2002年版,第313页。
[2]　陈山:《中国武侠史》,上海三联书店1992年版,第272页。

一　以正义和公道为终极追求的社会理想

在古代漫长的封建社会，广大平民百姓生活在社会的最底层，在封建专制主义统治和残酷剥削压迫下，人身安全和基本权利无法得到保障。虽然统治阶级为了维护和巩固统治，逐步制定和不断完善律法，希望惩恶扬善，以儆效尤，但现实生活中却往往言行不一，事与愿违。正如《礼记·曲礼上第一》所言："礼不下庶人，刑不上大夫。"① 统治阶级有法不依，为非作歹，作威作福，甚至惨无人道；而平民百姓往往要无条件地接受剥削和压迫，如有半点越轨行为，就要被严加治罪。封建王朝的律法无法真正维护平民的权益，更无法保障百姓的生命财产安全。一般而言，"一个社会，当它不仅旨在推进它的成员的利益，而且也有效地受着一种公共的正义观调节时，它就是一个良序（well—ordered）的社会"②。以此观照封建王朝的统治，无论太平盛世还是乱世之秋，带给百姓平民的总是苦难，那它就无法被称为"一个良序的社会"。在这种不公平的世道，普通平民百姓既无法安居乐业，也不能申诉冤情。在他们的内心深处，充满着对正义和公道的渴求。而当"世无公道"，现实生活境遇无法满足他们这种愿望的实现，且饱受欺压和凌辱时，"民抑无所告诉，乃归之侠也"③。于是，一些侠义之士铤而走险，勇于反抗，起而维护正义，自主命运，成为民间的执法者。他们往往打出替天行道的旗帜，能够代表广大平民的利益，行侠仗义，除暴安良，追求自由平等，维护社会正义和公道，以求建立理想社会，实现真正的公平。在封建时代，面对社会不平，一方面是实践行为上的反抗暴政；一方面在文学领域也出现了侠义题材的作品，以艺术的方式表达一种理想和对社会无道的不满。这些作品通过揭露社会的黑暗现实，歌颂侠客义士，表达了伸张正义的强烈愿望和对理想社会的向往。无论是实践行为上的反抗还是文学创作领域中的

---

① 孟子等：《四书五经》，中华书局2009年版，第297页。
② ［美］约翰·罗尔斯：《正义论》（修订版），何怀宏、何包钢、廖申白译，中国社会科学出版社2009年版，第4页。
③ 江子厚：《陈公义师徒》，冷风编《武侠丛谈》，上海书店1989年版，第185页。

第一章　侠文化：理论方法与思想资源

揭露，其终极目的在于"追求不受王法束缚的法外世界、化外世界，此乃重建中国人古老的'桃源梦'；而欣赏侠客的浪迹天涯独掌正义，则体现了中国人潜在而强烈的自由、平等要求以及寻求精神超越的愿望"①。"哪里有欺凌和压迫，哪里就有可能会涌现出一些激于对社会公正、社会正义朴素愿望挺身而出的英雄好汉。自发性的侠义行为便升华成一种中国民间社会独特的文化精神，一种混合着强烈的社会冲动和朴素的理想精神的'正义'与'公道'的象征"②。这种"中国民间社会独特的文化精神"蕴含着正义和公道等内涵，在漫长的历史发展过程中逐渐形成了观念和行为上的侠义传统。

中国新派武侠小说的开山祖师梁羽生认为："在武侠小说中，'侠'比'武'应该更为重要，'侠'是灵魂，'武'是躯壳。'侠'是目的，'武'是达成'侠'的手段。与其有'武'无'侠'，毋宁有'侠'无'武'。"③ 这里的"侠"应该特指正义和公道。汤增璧在列举"侠之道"——侠文化精神的三个组成部分（包括"坚持正义""投之艰巨""处事爽捷"）时首肯了"坚持正义"的价值意义。④ 可见，对侠的重视已经成为人们的共识，更重要的是，他们将正义和公道这种侠义传统作为侠的灵魂，而这种侠义传统对新文学作家产生了重要影响。新文学作家歆羡游侠的行为方式，认同游侠的人格精神，肯定游侠的思想观念，基于政治策略和文学想象，在他们的人格结构和文化心理种下了自由、正义的种子。左翼革命作家蒋光慈写道："我曾忆起幼时爱读游侠的事迹，／那时我的小心灵中早种下不平的种子。"⑤ 曾在女师大风潮中桀骜不驯，勇于反抗北洋军阀的许广平曾对鲁迅坦言："先人禀性豪直，故学生亦不免粗犷。又好读飞檐走壁，

---

① 陈平原：《千古文人侠客梦——武侠小说类型研究》，人民文学出版社1992年版，第72—73页。
② 陈山：《中国武侠史》，上海三联书店1992年版，第281页。
③ 佟硕之（梁羽生）：《金庸梁羽生合论》，韦清编《梁羽生及其武侠小说》（增订本），香港：伟青书店1980年版，第96页。
④ 揆郑（汤增璧）：《崇侠篇》，《民报》1908年8月第23号。
⑤ 蒋光慈：《鸭绿江上·自序诗》，《蒋光慈文集》第一卷，上海文艺出版社1982年版，第86页。

朱家郭解，扶弱锄强等故事，遂更幻想学得剑术，以除尽天下不平事。"[①] 可以说，游侠事迹和武侠作品在新文学作家心中扎下了根，成为他们要求伸张正义、追求社会公平的重要精神资源，体现了侠义精神的现代承传。

侠者形象"代表了平民百姓要求社会公正平等的强烈愿望，才不会因为朝代的更替或社会形态的转变而失去魅力"[②]。在民间社会这种朴素的社会理想和精神追求背后，实际上深蕴着底层平民百姓要求自掌正义、自主命运的政治倾向。

二 以侠义为价值核心的思想观念

在侠文化的价值体系中，义是侠之为侠的核心要素，侠义则是侠文化内蕴的一种核心精神。唐代李德裕认为："夫侠者，盖非常之人也。虽以然诺许人，必以节义为本。义非侠不立，侠非义不成，难兼之矣。……士之任气而不知义，皆可谓之盗矣。然士无气义者，为臣必不能死难，求道必不能出世。……由是而知士之无气义者，虽为桑门，亦不足观矣。"[③] 他将侠义并提，将重气节和明大义作为人必备的双重品格，只有具备"侠义""侠气"者，才可谓真正的侠士，强调了侠与义、气与义之间相互依存的关系，凸显了侠的根本精神和道德内涵。侠文化就是在与中国传统文化诸要素，特别是在墨家之义和儒家之义的交互影响中形成了以侠义为价值核心的思想观念，亦称侠义精神。

侠义精神具体到社会生活领域，主要体现为路见不平，拔刀相助；见义勇为，扶危济困；恩仇必报，惩恶扬善；慷慨赴难，轻死重气。在民间社会，人们常常以"讲义气"作为朴素的道德规范和伦理准则来为人处世，衡估是非曲直，从而形成淳朴的侠义道德。

---

① 许广平：《两地书·第一集 北京·七》，《鲁迅全集》第十一卷，人民文学出版社2005年版，第28页。
② 陈平原：《千古文人侠客梦——武侠小说类型研究》，人民文学出版社1992年版，第8页。
③ 李德裕：《外集 卷二·豪侠论》，傅璇琮、周建国校笺《李德裕文集校笺》，河北教育出版社2000年版，第660—661页。

第一章　侠文化：理论方法与思想资源

　　见义勇为是侠义道德的根本信条。在别人遭逢不幸而身陷囹圄时，敢于挺身而出救人于厄，牺牲自己成全他人，这是侠者风范。新文学作家廖沫沙出身于一个贫苦农民的家庭，父母双亡，流离漂泊，他非常欣赏侠义小说中那些仗义行侠的英雄，"认为做人应当象侠客们一样，见义勇为"①。这反映了现实生活中普通平民百姓真实的心声，也是他们最朴素的道德信条。新文学作家许地山的小说《春桃》描写在战争中致残的士兵李茂，在流落街头的困境中偶遇失散多年的妻子春桃，当他发现靠捡烂纸艰难生活的春桃已经与别人同居的时候，为了成全他人，他初见春桃的同居者刘向高，便坦率直言，毅然决然地表示牺牲自己。在作者看来，这种"杀自己的身来成就别人"的行为是"侠士的精神"②。连念过几年书的刘向高都没有想到，失去双腿的大兵李茂竟然"有这样的侠气"③。这就是民间社会"讲义气"的典型行为，是见义勇为的真诚体现。《红旗谱》中的河北农民朱老巩代表四十八村人们的愿望，出头拼命，与恶势力抗争，赴汤蹈火，在所不惜，成为乡亲们眼里的英雄。他的儿子朱老忠曾慷慨陈词："朱老忠穷了一辈子是真的，可是志气了一辈子。没有别的，咱为老朋友两肋插刀！"④ 朱家父子是立足民间大地的侠义英雄，为人处世，义字当先，其刚强义气、铁骨铮铮的侠义精神可窥一斑。

　　不求于人而对别人同情是侠义道德的可贵品质。老舍的母亲是一个普通的满族劳动妇女，虽然没有文化，但她勤劳、善良、义气，对老舍的影响很深。老舍坦言："我自幼便是个穷人，在性格上又深受我母亲的影响——她是个楞挨饿也不肯求人的，同时对别人又是很义气的女人。穷，使我好骂世；刚强，使我容易以个人的感情与主张去判断别人；义气，使我对别人有点同情心。"⑤ 老舍的深情话语深刻揭

---

① 陈海云、司徒伟智：《廖沫沙的风雨岁月》（一），《新文学史料》1985年第1期。
② 许地山：《春桃》，《中国现代短篇小说》上册，上海文艺出版社1978年版，第212页。
③ 许地山：《春桃》，《中国现代短篇小说》上册，上海文艺出版社1978年版，第207页。
④ 梁斌：《红旗谱》，中国青年出版社1958年版，第59页。
⑤ 老舍：《我怎样写〈老张的哲学〉》，曾广灿、吴怀斌编《老舍研究资料》（上），北京十月文艺出版社1985年版，第524页。

示了做人要刚强义气的侠义内涵。

恩怨分明、施恩必报是侠义道德的又一个基本信条和行为观念。新文学作家杨振声的小说《报复》描写了北方一座海岛的渔民之间错综复杂的恩怨关系，渔民高二和刘五为了一个叫小翠的女子而持刀相向，势不两立。后来在一次沉船事件中高二无意中救出了刘五，在高二看来："你自己救活的人，你就不忍得再打死他。长虫总够歹毒，它也吞不下自己的蛋！"刘五认为："自从你救过我之后，我也不知道怎么说好啦！我觉得我这条命是你给的。"实际上，作者借人物之口道出了自己的侠义观或恩报观，作者认为："'报仇不忘恩，冤家变成亲！'这是他们粗人的哲学。"① 这朴素的"粗人的哲学"充满了人情味，是一种来自民间的带有自发性特征的道德信条，体现了平民百姓的恩怨观和侠义精神。

"讲义气"是民间社会平民百姓之间互相帮助和团结一致的道德规范与行为准则，为维护社会正义起到了不可低估的作用。但在现实生活中，要将"讲义气"同"哥们儿义气"和"为朋友两肋插刀"等行为观念严格区分开来，必须高度警惕和坚决防止那种将私人情感、个人恩怨凌驾于集体利益之上的无原则的极端行为。否则，极易产生小团体主义、流氓习气和帮会思想，其社会危害性不容忽视。这体现了民间社会朴素的侠义道德意识的局限。

三　以尚武为行为动力的精神特征

侠未必会武，会武者未必是侠，这就是武与侠的辩证关系。在我们的理想意识中，所谓侠者，既有侠义之心，也有行侠仗义的武功或本领，侠风烈烈，风度翩翩。但现实未必如我们所愿，倒是在一些武侠小说中会有这类处于危难中渴望被拯救的平民百姓理想的侠客。在我看来，会不会武功不是为侠者的充要条件。一个人只要具备一副侠义心肠，崇尚武力武德，能够仗义行侠，扶危济困，不计较个人利害

---

① 杨振声：《报复》，吴福辉编选《京派小说选》，人民文学出版社1990年版，第116、119—120页。

得失，不管他会不会武功，那他就足可以被称为侠。因此，尚武是侠之为侠的必要条件。

我们知道，尚武是一个民族的生命根性，史前时代的原始初民为了生存的需要，在长期的氏族部落之间的讨伐征战中逐渐形成了好勇强悍的民族特质，崇尚武力成为他们安身立命的重要习俗和生存发展的行为动力。先秦时期，社会动荡，诸侯争霸，"而其时人士，亦复习于武风，眦睚失欢，挺身而斗，杯酒失意，白刃相仇，借躯报仇，恬不为怪，尚气任侠，糜国不然"①。这种基于民族根性的尚武传统并未因人类已进入文明时代而丧失其血性，而是为侠的孕育和诞生提供了深厚的文化基因。随着侠的横空出世，以尚武为行为动力的精神特征，使尚武传统在漫长的历史发展中逐渐形成了一种尚武精神。尚武是侠仗义行侠的动力，集中体现为英勇无畏、崇尚武德、捍卫正义等行为观念。无论对个人还是国家，都至关重要。在梁启超看来，斯巴达之所以能够雄霸希腊，德意志之所以能够成为"世界唯一之武国"而"伟然雄视于欧洲"，俄罗斯之所以能够"势力日盛"将"代为世界之主人翁"，日本之所以能够打败中国而"屹然雄立于东洋之上"，脱兰士哇尔之所以能够"抗天下莫强之英"，都是因为这些国家及其国民尚武，"无不恃此尚武之精神"②。正所谓"尚武者国民之元气，国家所恃以成立，而文明所赖以维持者也"③。

尚武的表层意思是崇尚武力、武功，而深层意蕴则表现为英勇无畏、崇尚武德和捍卫正义，这就呈现为一种鲜明的尚武精神。武力和武功，既是行侠的基本技能，更是侠者实现价值关怀的有效手段，这就是对自身处境的超越，也是对他人不幸和人类苦难的担当。侠，无论是以个人力量对抗反动统治威权，还是以群体斗争的方式向封建暴

---

① 梁启超：《新民说·第十七节　论尚武》，《梁启超全集》第二册，北京出版社1999年版，第710页。

② 梁启超：《新民说·第十七节　论尚武》，《梁启超全集》第二册，北京出版社1999年版，第709—710页。

③ 梁启超：《新民说·第十七节　论尚武》，《梁启超全集》第二册，北京出版社1999年版，第709页。

政宣战，尚武无疑是凝聚人心的精神力量和铤而走险的动力机制。历代封建社会的农民起义，打着替天行道的旗帜，总是将尚武精神与广大底层民众追求正义、公道的朴素社会理想相联系，以此联络各方力量，走上以暴抗暴的武力反抗之路。晚清尚武思潮的兴起，将尚武精神提升到激奋民心、砥砺民气、改造国民性和抵御外侮、富国强兵的高度。面对民生凋敝、国势衰颓的残酷现实，梁启超一方面深表危机意识："立国者苟无尚武之国民，铁血之主义，则虽有文明，虽有智识，虽有众民，虽有广土，必无以自立于竞争剧烈之舞台。"① 一方面高度强调侠尚武爱国的重要性，指出"今者爱国之士，莫不知奖厉尚武精神之为急务"②。

  在近代以来的民族民主革命时期，面对帝国主义的侵略欺凌，面对封建统治者的剥削压迫，面对新旧军阀的残酷暴虐，革命者总是将尚武精神和以武力推翻反动统治的革命斗争相结合，以此争得民心、鼓舞斗志，号召联络革命群众起来反抗，赋予尚武以时代的阶级的民族的革命内涵，逐渐演变为反帝反封建的革命尚武精神。这种革命尚武精神以民族国家利益为重，将武德、正义和尊严置于首要地位，对内反抗专制强权，对外抵御列强侵侮，维护民族利益，捍卫国家尊严，充满了中华民族的浩然正气。1927年，以蒋介石为首的国民党右派叛变革命，彻底扭曲和违背了革命尚武精神之后，以毛泽东为代表的中国共产党人毅然提出"枪杆子里面出政权"的革命主张，以暴力革命对抗国民党的暴力反革命。这就将尚武精神和革命斗争实践有机结合，在马克思主义革命理论改造下，成为组织民众奋起反抗，进而走上革命道路的精神旗帜。在民族民主革命进程中，无论是北伐战争、土地革命，还是抗日战争、解放战争，革命尚武精神如影随形贯穿始终，从而呈现出鲜明而强烈的反帝反封建反官僚资本主义的革命色彩。

  鲁迅早在青年时代就认识到"武健勇烈，抗拒战斗"的强悍的民

---

  ① 梁启超：《新民说·第十七节　论尚武》，《梁启超全集》第二册，北京出版社1999年版，第709页。

  ② 梁启超：《中国之武士道·自叙》，《梁启超全集》第三册，北京出版社1999年版，第1386页。

族根性随着文明的渐进会"化定俗移,转为新懦"①。因此,他专门译作小说《斯巴达之魂》,意在"借斯巴达的故事,来鼓励我们民族的尚武精神"②。郭沫若号尚武,含有崇尚武功和武力的希冀,他的作品中同样充满了尚力意识,无论《女神》还是抗战史剧,其中气吞山河、排山倒海的气势,狂飙突进、暴风骤雨般的激情,均显示出一种力的美。特别是以《凤凰涅槃》《天狗》为代表的诗歌,那种摧枯拉朽的大胆破坏、勇于创造的气魄,充分体现了渴盼民族文化新生和民族强大的愿景。老舍指出:"粗野是一种力量,而精巧往往是种毛病。小脚是纤巧的美,也是种文化病,有了病的文化才承认这种不自然的现象,而且称之为美。"③ 他们主要立足民族文化反省的高度,认识到尚武精神的重要性。蒋光慈笔下以暴抗暴的暗杀者邢翠英、菊芬、王阿贵,茅盾小说《春蚕》中的多多头,叶紫小说《丰收》中的立秋,萧军笔下的胡子海交、翠屏、铁鹰队长,这些形象虽然因缺乏革命理论指导,行为上有些盲目冲动,但却充满了自发甚至自觉反抗的革命尚武精神。很显然,无论是文学巨匠的文化反思,还是新文学作家笔下尚武形象的书写,都是我们民族尚武这种"集体无意识"积淀和现代承传的结果,更与近代以来民族民主革命时期的革命尚武精神的影响分不开。

四 以叛逆和复仇为基点的反抗意志

对于追求自由、正义的侠者而言,是不会屈从于既定的、不合理的统治秩序和不公平的等级制度,而甘愿做顺民的。面对强大的封建国家的暴力机器和一切封建威权礼法的非人道压迫,侠者敢于以身试法、铤而走险,义无反顾地走上反抗之路,体现出视死如归的大胆叛逆精神。在专制主义时代,当社会出现不平之事,缺乏健全的法律体系来保障人民的生命财产安全,且当权者无法真正维护民众利益又不

---

① 鲁迅:《坟·摩罗诗力说》,《鲁迅全集》第一卷,人民文学出版社2005年版,第68页。
② 许寿裳:《亡友鲁迅印象记》,人民文学出版社1953年版,第14页。
③ 老舍:《老牛破车·我怎样写〈离婚〉》,《老舍全集》第16卷,人民文学出版社2013年版,第190页。

能秉公执法时，实施个人复仇就成为维护正义和求取公道而不得已采取的申冤方式与极端手段。无论盛世还是乱世，只要社会上还有不公平的事情存在，总会有侠者以一种卓绝风姿举起正义之剑，向黑暗的社会，向一切恶势力大胆复仇，实现伸张正义的天道使命。对于侠者而言，叛逆和复仇都是其追求自由、平等、正义和公道所不可或缺的重要手段。叛逆是一种不满社会现实的精神观念，复仇是追求社会公平的一种实践行为，二者互为关联，相辅相成。叛逆是复仇的思想前提，面对黑暗专制的社会，一个侠者连最起码的叛逆认知都没有，他是不会向非人道的社会举起复仇之剑的，也就称不上一个真正的侠。复仇是叛逆的行为结果，当一个侠者真正洞悉了社会的黑暗本质，秉承血性的召唤，血脉偾张的叛逆因子始终鼓荡着他的良知，强烈的叛逆精神会焕发为他向黑暗社会复仇的反抗意志，使他毅然决然地走向反叛。

复仇是人类与生俱来的一种攻击性行为，"复仇之风，初皆起于部落之相报"①。这就是说，自从有了人类历史，也就有了复仇，从而复仇就成为一种社会性行为和一个民族雄强的根性。侠者所崇尚的复仇精神就是中华民族这种强悍的民族根性长期积淀形成的"集体无意识"，鲁迅认为，人类"古性伏中，时复显露，于是有嗜杀戮侵略之事"②。这就是人类的嗜血欲望和复仇观念。复仇有狭义和广义之分。狭义的复仇是指报怨，"私人间互结怨仇，互相争斗杀伤以图报复"。广义的复仇，"从个体上说，它意味着对个人人格尊严的一种维护和伸张方式；从群体上说，它是对危害群体利益、贬损群体信仰的团体或个人实施惩罚的一种社会行为"③。当社会上的复仇行为沉淀于文学作品中的时候，也就有了复仇主题。在中国文学领域，"古代文学中的复仇主题在长期的发展中逐渐形成了自身的稳定模式。就复仇对象而言，无论是血亲、侠义、忠奸还是鬼灵复仇，一般都带有明显的偶

---

① 吕思勉：《吕思勉读书札记》，上海古籍出版社1982年版，第382页。
② 鲁迅：《集外集拾遗补编·破恶声论》，《鲁迅全集》第八卷，人民文学出版社2005年版，第33页。
③ 陈山：《中国武侠史》，上海三联书店1992年版，第73页。

第一章　侠文化:理论方法与思想资源　◆◇◆

然性、随机性与个别性,复仇对象受伦理取向的制约,往往局限为特指的目标,或是社会上行为不轨的恶徒,或是朝廷中排陷忠良的奸臣佞子,抑或是同复仇者亲友恩主有旧仇宿怨的家伙"①。而到了中国现代文学时期,复仇主题的思想蕴含和深层寓意则呈现出全新的面貌。"就复仇对象说,与整个现代文学反帝反封建的目标任务相适应,与黑暗社会现实和急剧变化的时代政治风潮相联系。复仇的对象所指已不再限于具体事件本身、个别恶人及伦理实现,而是整个封建社会、内外反动势力乃至传统文化的弊端"②。

鲁迅的复仇思想深邃独到,1907 年写作《摩罗诗力说》的时候就很成熟了。他善于将异域的爱国志士们为民族复仇的事迹自觉地介绍到国内,希望能引起国民注意,唤醒他们奋起反抗。鲁迅是基于一种民族复仇的情绪和对民族复仇精神的认可来接受与介绍域外爱国志士的。他非常推重密克威支大无畏的反抗意志,激赏他的民族复仇精神。密克威支针对沙皇的血腥暴行,悲愤地、充满激情地写道:"渴血渴血,复仇复仇! 仇吾屠伯! 天意如是,固报矣;即不如是,亦报尔! 报复诗华,盖萃于是,使神不之直,则彼且自报之耳。"③ 充分体现了这位爱国志士不依赖神明,要靠自己的力量向屠杀人民的刽子手复仇的英雄气概。郭沫若感应着五四时代大胆叛逆的时代精神脉搏,创作了话剧《三个叛逆的女性》(包括《卓文君》《王昭君》《聂嫈》),批判的矛头穿过封建王权、父权和夫权的坚硬盾牌,直刺封建文化的精神支柱——封建伦理道德,充斥着酣畅淋漓的复仇快感。巴金的第一部短篇小说集《复仇》充满了一种对不人道的社会制度憎恨和复仇的情绪,其中的《灭亡》写从社会惨剧中惊醒的杜大心为了为民除害,以一种殉道者的狂热冒险刺杀戒严司令,壮烈牺牲。茅盾的小说《参

---

① 王立、贺雪飞:《论现代作家笔下的复仇主题——兼与传统复仇文学主题比较》,《学习与探索》1994 年第 5 期。
② 王立、贺雪飞:《论现代作家笔下的复仇主题——兼与传统复仇文学主题比较》,《学习与探索》1994 年第 5 期。
③ 鲁迅:《坟·摩罗诗力说》,《鲁迅全集》第一卷,人民文学出版社 2005 年版,第 97—98 页。

孙的复仇》借用《圣经》中力士参孙向异族敌人勇敢复仇并与敌人同归于尽的故事，表达了对日本侵略者血腥罪行的强烈控诉，以及誓雪民族之耻、讨还民族血债的复仇精神。在吴伯箫的散文《一坛血》中，对敌人充满了咬牙切齿的痛恨和愤怒燃烧的复仇情绪，以"用右膀子给左膀子报仇"的铮铮誓言，深切表达了中华民族不屈不挠、英勇无畏的现代复仇精神和反抗意志。总之，特定时代的多重走向和新文学作家丰富复杂的叛逆精神与复仇意识，使新文学的复仇主题得以向纵深开掘。

在黑暗的阶级社会，普通平民百姓生活于社会底层，被剥夺了一切反抗的权利和手段，饱受剥削和欺凌。反抗意志和侠的出现，使无力抵抗的平民百姓看到了生活的希望，重新获得了精神的武器和反抗的方式。这种以叛逆和复仇为基点的反抗意志在民间社会深深地扎下了根，对黑暗中生存和绝望中挣扎的底层民众而言，这是一种精神的召唤和希望的力量。"复仇是个体干预社会、凌驾于朝廷官法之上自了仇怨的极端化形式，此与武侠的非正统倾向、与朝廷官法对立的特质颇有相通处"[①]。当然，在具体实践中以个人复仇行为诉求社会正义，不可避免地会出现只顾个人私义甚至不问是非曲直而带来破坏法制、滥杀无辜、危害社会的后果，这对社会的发展和百姓的生活是不利的。也就是说，复仇带有盲目性和一定程度的破坏性。但是，当"个体人的报复天性与血缘伦理情感一旦同侠气血勇结合起来"[②]，复仇者反抗专制强权、铲除社会不公的行为和叛逆精神就会带上侠义本色，不仅增强了其复仇的坚定性，更使其复仇行为具有了历史合理性和社会正义性。这种由叛逆和复仇为基点而构成的反抗意志，成为人们讨回公道、追求正义的精神力量和行为导向。历史上无论是对国内黑暗统治的起而反叛还是对异族侵略的勇敢复仇，无论是个体复仇还是群体反抗，都体现了不屈的人们在专制强权和民族压迫之下对人性解放、个性自由、社会正义和民族平等的执着

---

① 王立：《武侠文化通论》，人民出版社2005年版，第8页。
② 王立：《武侠文化通论》，人民出版社2005年版，第8页。

追求，更体现出坚强的人们对生命尊严、民族尊严和国家利益的维护与捍卫。

五 以重诺守信和谦逊大度为特色的人格精神

侠诞生后，历史上第一次将"侠"作为一类人物正式写入史书且专门作传，并系统地阐述了侠义观念的，当属司马迁。经过司马迁的论述总结，侠义观念得以正式定型，成为侠所遵守的基本行为规范和道德准则。在司马迁看来，侠义观念的最高道德规范和行为准则是"义"，也就是"侠客之义"[①]。"侠客之义"制导和规约下的侠义观念蕴含的主要内容有：第一，侠"其言必信，其行必果，已诺必诚"[②]。就是说侠重然诺，讲诚信，所谓君子一言快马一鞭，一言既出驷马难追。这三条行为准则是侠最根本的做人处世信念，是"侠客之义"的基本内涵，也就是司马迁所说的"以功见言信"[③]。秦汉间大侠季布以"重然诺"闻名天下，当时楚人有谚语说："得黄金百（斤），不如得季布一诺。"[④] 可见，重诺守信非常重要。第二，侠"不爱其躯，赴士之厄困"[⑤]。意谓侠为了助人不惜牺牲个人利益甚至生命，见义勇为，扶危济困。第三，侠"不矜其能，羞伐其德"[⑥]。意思是说，侠谦虚谨慎，心胸开阔，帮助别人不夸耀，做了好事不留名，不居功自傲，不索取回报。这些内容熔铸的侠义观念，是司马迁对侠文化的卓越贡献。其中的第二条涉及以侠义为价值核心的思想观念，在前面已经论述，此处不赘。第一条和第三条主要涉及为侠者的人格或人品问题，我将

[①] 司马迁：《史记卷一百二十四·游侠列传第六十四》，《史记》，岳麓书社1988年版，第897页。
[②] 司马迁：《史记卷一百二十四·游侠列传第六十四》，《史记》，岳麓书社1988年版，第896页。
[③] 司马迁：《史记卷一百二十四·游侠列传第六十四》，《史记》，岳麓书社1988年版，第897页。
[④] 司马迁：《史记卷一百·季布栾布列传第四十》，《史记》，岳麓书社1988年版，第728页。
[⑤] 司马迁：《史记卷一百二十四·游侠列传第六十四》，《史记》，岳麓书社1988年版，第896页。
[⑥] 司马迁：《史记卷一百二十四·游侠列传第六十四》，《史记》，岳麓书社1988年版，第896页。

之归纳为"以重诺守信和谦逊大度为特色的人格精神"。

重诺守信、谦逊大度的人格精神具体表现为：一诺千金，不负于人；一言九鼎，行必有成；谦虚谨慎，表里如一。"这本应是人与人之间基本的人际关系准则，但世间唯有侠能完全彻底地遵从实施这一准则"①。对于侠而言，他不是一般地重诺守信，在行侠过程中，视诺言重于自己的生命，一言既出驷马难追，为了承诺和他人的嘱托，可以赴汤蹈火，万死不辞。孟子认为："大人者，言不必信，行不必果，惟义所在。"②这里的"大人"指的是统治阶级，孟子意在指出，在"言必信，行必果"这个根本点上，儒家的"大人之义"与"侠客之义"是截然不同甚至背道而驰的。这也就恰恰说明，"与上层社会病态的、始终处于焦虑心理中的双重人格的文化精神不同，民间社会'侠义型'的人格模式，体现一种敢说敢为、敢做敢当、表里如一的健康的人格精神"③。这种"侠义型"人格模式的内蕴与重诺守信、谦虚大度的人格精神是一致的，都体现了人在对独立个性和自由意志的执着追寻与自觉实践中所彰显的侠者风范。

新文学作家在这种人格精神的感召下，或于现实生活中受人嘱托，以行践诺，以诚待人，不求回报；或将审美目光投向古代侠风，从传统的侠义道德精神中寻求救世良方。前者如鲁迅，1935年冬天的一个傍晚，鲁迅收到方志敏就义前写给他的亲笔信以及写给党中央的密信和文稿，信中托付鲁迅将密信和文稿转给党中央。他们彼此之间并不认识，但方志敏读过鲁迅的文章，深信鲁迅对革命事业的忠诚，他相信鲁迅是值得托付的。鲁迅不负重托，秉持内心的真诚和对一个真正的共产党人的敬仰与承诺，在白色恐怖弥漫的年代，甘冒生命危险，一直将密信和文稿珍藏着，直到1936年4月，鲁迅逝世前半年，他终于通过一个稳妥的渠道将方志敏用鲜血写就的密信和文稿转给了党中央。鲁迅受人之托、以行践诺的行为，充分体现了一个能以生命相托付的、值得信任的侠者风范。后者如沈从文对湘西游侠精神的发掘，

---

① 郑春元：《侠客史》，上海文艺出版社1999年版，第161页。
② 孟子：《孟子·离娄下》，《四书五经》，中华书局2009年版，第91页。
③ 陈山：《中国武侠史》，上海三联书店1992年版，第284页。

他指出:"游侠者行径在当地也另成一种风格,与国内近代化的青红帮稍稍不同。重在为友报仇,扶弱锄强,挥金如土,有诺必践。尊重读书人,敬事同乡长老。换言之,就是还能保存一点古风。"① 对于湘西人,沈从文评价道:"这些人既重义轻利,又能守信自约,即便是娼妓,也常常较之讲道德知羞耻的城市中绅士还更可信任。"② 无论是评价湘西游侠者还是评价普通湘西人,沈从文都将重诺守信作为他们重要的人格品质。在他看来,湘西人犹存古游侠遗风,守信践诺,重义轻利,而这恰恰是现代文明社会所缺失的人文精神。

重诺守信、谦逊大度是做人至高无上的信条,更是侠者立身行事之本,在以现实行为实践这一信条的过程中,彰显出光明磊落的人格特质,这是人类至为宝贵的精神财富。在日趋物质化、功利化、世俗化的社会语境下,人们渴盼的是清醒而宁静的理性、良知,企求精神价值的重建,从传统侠文化精神中发掘积极有效的因子,让文学参与伦理道德和精神价值的重建,无疑是一条很好的途径。可以说,重诺守信、谦逊大度的人格精神不仅是侠者的优秀品质,更是人类永恒的精神追求。

六 以民族大义为高标的脊梁精神

自历史实存侠不见容于正史以后,文学领域遂成为容纳侠的诗学空间和艺术平台。封建文人运用官方意识形态的话语系统,融入知识分子的精英意识,对民间侠文化进行了精神的和艺术的改造。他们塑造的纵横于江湖中的神勇的武侠,其人格品质被注入救国安邦的社会理想,淡化了自由自在、放荡不羁的浪子形象,不再是一介武夫或绿林草莽,而成为能够被平民百姓接受和认可的、濡染了"忠、孝、节、义"色彩的儒侠形象。他们不仅具有替天行道的侠肝义胆,更有拯世济民的爱国胸怀。经过文人知识分子的改造和诠释,侠被赋予了

---

① 沈从文:《湘西·凤凰》,凌宇编《沈从文散文选》,人民文学出版社1982年版,第281页。
② 沈从文:《边城》,凌宇编《沈从文小说选》第二集,人民文学出版社1982年版,第215页。

民族大义的观念和建功立业、精忠报国的责任与使命。于是，侠逐渐从行为层面的历史实存侠、精神层面的文学形象侠转化为观念层面的思想观念侠。民族大义、建功立业、精忠报国等这些意识形态色彩浓厚的价值理念因侠的介入而彰显出血脉偾张、正气浩然的精神魅力，作为一种集体无意识深深地积淀于国人的人格结构和文化心理之中。

在民族危亡、国家罹难的关键时刻，这种价值理念会在时代精神的强烈刺激下，结合传统文化精神和民族心理特点，毅然焕发为以民族大义为高标的脊梁精神，体现出坚强刚毅的民族气节和捐躯赴难的爱国热情，激励着仁人志士为救亡图存而舍生忘死、英勇无畏。"早在中国古代大量的诗歌当中，我们就可以轻易地看到官方儒侠在国家、民族与人民的命运之间，忙碌穿梭、精忠报国的矫健身影，他们不仅具有着高超的武艺，而且还承载着正统文人的精英意识"[①]。这是文学作品中对古代官方儒侠的描绘，但何尝不是现实中那些投笔从戎、赤心报国的文人义士心迹和壮举之写照？在封建文人笔下，侠不再是单纯的行走江湖、扬名立万的赳赳莽夫，而成为满腹经纶、深明大义、建功立业、精忠报国的民族英雄。当然，这寄托了文人知识分子的一种价值理想。在现实社会发展中，这种价值理想激荡着无数仁人志士扫尽人间不平的斗志和拯世济民的热忱。

近代以来，在救亡图存的时代使命召唤下，许多仁人志士奋起反抗，纷纷效法古代游侠舍生取义的壮举，勇赴国难，寻求救国救民之路，堪称现代侠者。其中，按照古代侠义观念行事者属于传统之侠，如清朝光绪年间，与维新派义士谭嗣同交好，心系天下兴亡的京师大侠大刀王五王正谊；以侠义精神从事维新变法和革命活动者被称为维新派之侠、革命党之侠，属于在遵奉古代侠义观念基础上将之提升到民族大义高度的新质之侠。"传统之侠与新质之侠并存是晚清任侠大潮中所独有的现象。新质之侠具有强烈的爱国主义和民族主义精神，主要致力于救国救民，在侠的历史上是最高境界的侠"[②]。维新派之侠

---

① 宋剑华：《百年文学与主流意识形态》，湖南教育出版社2002年版，第314页。
② 郑春元：《侠客史》，上海文艺出版社1999年版，第56页。

第一章 侠文化:理论方法与思想资源

如谭嗣同,革命党之侠如秋瑾和徐锡麟,他们秉承强烈的古代侠义思想,但超越了古代游侠报个人恩怨和为他人复仇的狭隘观念,剔除了官方儒侠"忠君"的思想,保留了"爱国"的本义,呈现出鲜明的现代性特征。他们以侠义精神和暴力手段来从事维新或革命活动,经过改造和转化,他们的思想渗入了新的侠义观念,那就是将传统的侠义精神升华为现代意义上的民族大义和爱国精神。他们从事维新或革命活动的目的在于唤醒民心,提振民气,革除弊政,推翻专制。他们为了民族尊严和国家命运而不怕牺牲,慷慨赴死,表现出一派视死如归的大侠风范。在国家生死存亡之际,充分体现了中华民族的浩然正气和民族大义。侠义爱国之举离不开民族大义的感召和激励,因此,侠文化精神经过改造和提升而达到民族脊梁精神的高度。脊梁精神是思想观念侠的最高境界,是一个民族无比宝贵的精神财富。鲁迅说:"要论中国人,必须不被搽在表面的自欺欺人的脂粉所诓骗,却看看他的筋骨和脊梁。"[1] 同时他认为:"惟有民魂是值得宝贵的,惟有他发扬起来,中国才有真进步。"[2] 无论"脊梁",还是"民魂",都是一个民族热血沸腾的精气神,更是一个民族傲然立于世界的强大精神支柱。

早在清末,梁启超就将侠义精神视为现代性境遇下中华民族实现伟大复兴的一种有效途径,并成为他新民强国之梦的一个重要组成部分。为此,梁启超提倡尚武任侠精神,力主国民性改造。他认为:"今日所最要者,则制造中国魂是也。中国魂者何?兵魂是也。有有魂之兵,斯为有魂之国。夫所谓爱国心与自爱心者,则兵之魂也。"[3] 在这里,梁启超将爱国心和自爱心作为兵魂、国魂,作为一个民族复兴的脊梁,强调了爱国和自爱的重要性,找到了国魂的栖居之所,体

---

[1] 鲁迅:《且介亭杂文·中国人失掉自信力了吗》,《鲁迅全集》第六卷,人民文学出版社2005年版,第122页。
[2] 鲁迅:《华盖集续编·学界的三魂》,《鲁迅全集》第三卷,人民文学出版社2005年版,第222页。
[3] 梁启超:《自由书·中国魂安在乎》,《梁启超全集》第一册,北京出版社1999年版,第357页。

现了他作为一个启蒙思想家力图提振民气、以侠救国的尝试。

在现代中国民族救亡的时代语境下,深受侠文化影响的新文学作家心怀强烈的爱国热情和对帝国主义的满腔愤怒,以笔为剑,书写着不屈的民族灵魂,以艺术的方式向惨无人道的日本侵略者宣战,鼓舞苦难中的国人起来反抗,捍卫民族的尊严。

以民族大义为高标的脊梁精神,究其实质来讲,就是为了民族国家的利益而赴汤蹈火,死不旋踵,舍生取义,杀身成仁;针对侠而言,就是"侠之大者,为国为民"。这是在中国传统儒家和墨家思想影响下,侠者为追求社会公道和世事公平而英勇无畏的献身精神。

七 以悲悯和拯救为特质的侠义情怀

侠义情怀,究其实质而言,就是一种人文情怀。对生命的悲悯和尊重,对苦难和不幸的勇于担当与拯救,对人性和人类生存状况的普遍关注,都是人文情怀的具体体现。对侠而言,这种人文情怀因侠义因素的渗入而呈现为一种侠义情怀。

对生命的悲悯和尊重,对人性和人的尊严的维护,是一个真正的侠者拯世济民、扶危济困的思想前提和心理基础。而拯救行为则是侠者尊重生命、悲悯生存的体现和结果。一个侠者倘若无视个体生命的存在,缺乏对人性和人的尊严的最起码的敬畏,面对身陷困境中的人,是无法激起他的拯救欲望的,他也无法真正负起担当责任。侠之所以为侠,就是因为他具有一种以悲悯和拯救为特质的侠义情怀。侠义情怀因悲悯和拯救的特质而具有人道主义色彩,体现为人文情怀的普遍性;而这种人文情怀因侠义因素而具有独特性。人道主义是侠的一个重要范畴,"侠的本义是仁,是爱人,是维护正义,因此真正的大侠总是怀着一颗慈悲之心,行道江湖,这就形成侠客的嫉恶如仇的性格"[①]。同时,基于侠对人的慈悲之心,为了拯救他人生命,侠甘愿放弃自己的生存权利;为了使更多无辜生命免遭涂炭,侠勇于挑战自然灾难和非人道的社会体制。因此,侠的悲悯和拯救的动力,侠的这种

---

① 蔡翔:《侠与义——武侠小说与中国文化》,北京十月文艺出版社1993年版,第75页。

第一章　侠文化:理论方法与思想资源

人文情怀的精神支柱，在于侠义，在于维护正义。可以说，侠义是民间大众的共同信念和行为准则，侠在义的伦理原则和维护正义的核心理念指导下去履行拯世济难的责任与使命。在这里，"所谓义的基本实质，在这纷繁复杂的义界中却有某种稳定性，即是为正义、为群体、为群体中的其他个体去主动承担某种责任。主体的行为之所以无愧地被称之为义，不仅是由于其不谋私利，且往往是因为其损己而利他，或者是慷慨地奉献"[①]。而正义是人的一种价值尺度，意味着维护真、善、美、公道、公平、弱小等，将侠视为正义的化身，实际上寄寓着处于弱势或危难中的人们企求自我获得超现实力量保护或拯救的愿望。于是，侠开始走进人们的生活，承担起拯救社会苍生的职能，而正义也就获得了扶弱锄强、对抗强权的意义。正是从这个角度来讲，由于"正义价值的渗入，使侠从纯粹的私人性中渐渐摆脱出来，而成为社会所欢迎的肯定的除暴安良的正义英雄"[②]。而侠，也正是在芸芸众生的渴盼和肯定中被赋予了拯救的社会职能，带有强烈的道德理想主义色彩。

在历史的诠释下，在历代人们的价值视野中，可以肯定，侠本质上是一种入世行为，又是一种个人行为。侠依靠个人的一己之力和是非善恶的判断标准，浪迹江湖，仗义行侠。他们以民间执法者的面目出现，高举正义之旗，秉持悲悯与拯救的侠义情怀，扶弱抑强，扶危济困，对抗社会邪恶势力，铲除人间不平之事。

战国时代的墨子，主张"兼爱""非攻"，以救国救民、替天行道为人生理想，为了消弭各国之间的纷争和战乱，为了使无辜生灵免遭涂炭，奔走救急，哪里有危难就在哪里出现，止楚伐宋是其中典型的例证。墨侠不谋求个人的私利和幸福，全力解救他人的危难，赴汤蹈火，万死不辞，堪称千古侠客之楷模。汉初大侠朱家"专趋人之急，甚己之私"[③]，视别人的危难重于个人私事，因此，"所藏活豪士以百

[①] 王立:《伟大的同情——侠文学的主题史研究》，学林出版社1999年版，第68页。
[②] 蔡翔:《侠与义——武侠小说与中国文化》，北京十月文艺出版社1993年版，第311页。
[③] 司马迁:《史记卷一百二十四·游侠列传第六十四》，《史记》，岳麓书社1988年版，第897页。

数，其余庸人不可胜言"①。其中，他曾甘冒"罪及三族"②的危险收留了被刘邦通缉的要犯季布，不仅予以优待，还不辞辛劳为季布的赦免奔波。在季布脱离险境做了高官之后，朱家"终身不见"③，躲避季布的回报。不仅如此，朱家还能在自己家境尚不宽裕的情况下"振人不赡"④，慷慨地拿出钱财来救助贫苦的平民百姓。朱家舍身救人、自苦济人、不求回报的行为，是一般人难以做到的。无论是墨子还是朱家，他们的行为都达到了一般人无法企及的境界，都体现了一种毫不利己、专门利人的精神。

晚清尚武任侠思潮中的维新志士谭嗣同从小就胸怀天下，有强烈的任侠思想，立志以墨侠为楷模，为他人排忧解难，拯世济民。在民族危亡、国家罹难之际，他在《仁学》中大力提倡任侠精神和尚武习俗，号召全民继承发扬侠义传统和尚武精神，废除君主专制，重振民族雄风。出于对民生和民族的悲悯情怀以及对国家的拯救渴望，谭嗣同誓以鲜血唤醒沉睡的民众，终以身试法，慷慨捐躯。这种侠肝义胆气贯长虹，永垂青史。深受晚清尚武任侠思潮影响的新文学作家，面对灾难深重的民族和生灵涂炭的国家，以悲悯和拯救的情怀关注民众的生存和国家的不幸，以笔为剑，书写着内心的挣扎和愤懑、血泪和苦难，通过文本深处的诗学正义抒发对社会现实的不满和对一切反动势力的对抗，从而使社会正义得以伸张。无论是五四启蒙时代寻求个性解放、反对封建专制的人性呐喊，还是革命语境下反抗阶级压迫、追求社会解放的正义呼声；无论是救亡时代寻求民族解放、反抗异族侵略的民族怒吼，还是翻身解放语境下反对专制强权、追求民主解放的人民义愤，都充分体现了新文学作家书写正义的内心激情，揭示了他们以侠义情怀审视国家苦难、关注民族新生的心路历程。

---

① 司马迁：《史记卷一百二十四·游侠列传第六十四》，《史记》，岳麓书社1988年版，第897页。
② 司马迁：《史记卷一百·季布栾布列传第四十》，《史记》，岳麓书社1988年版，第726页。
③ 司马迁：《史记卷一百二十四·游侠列传第六十四》，《史记》，岳麓书社1988年版，第897页。
④ 司马迁：《史记卷一百二十四·游侠列传第六十四》，《史记》，岳麓书社1988年版，第897页。

正如司马迁所言："救人于厄,振人不赡,仁者有乎。"① 这就将救人助人之举提升到了"仁"的高度。其实,悲悯与拯救本身就是一种"仁",没有对生命的悲悯,没有对人性的关注,没有对人的尊重,是无法生发救赎之心的。以血性、良知善待人世间的真善美,以悲悯和拯救之心去直面世间的苦难与不幸,以鲜血和生命去维护人间的正义,这就是一种侠义情怀。

八 以自由与逍遥为旨归的生命意识

在侠文化的价值视野中,侠义是一种精神,也是一种情怀,是对正义、公道、自由、平等和真情的执着追求。无论是历史实存侠,还是活跃于文学作品中的形象侠,他们的仗义行侠都是在侠义伦理原则指导下的行为自觉,彰显出一种积极入世的生命意识。他们的共同特征是蔑视正统的社会规范和封建礼法,同情弱势群体,敢于挑战专制强权和邪恶势力,以个人力量或者群体武力来拯世济难、扶危济困,作为一种正义的力量给困境中的人们带来生命的温暖和生存的希望。这是困顿中的人们和文人将惩恶扬善的希望寄托于人间侠客身上,且侠为世人所景仰崇拜的重要原因,更是侠超拔伟岸、卓异脱俗之风范的重要体现。更重要的是,积极入世的背后,侠无心贪恋世间的功名富贵,更不愿依附权势充当他人利用的工具,为了避免陷入永无止息的江湖争斗,侠之大者最终选择退隐江湖,远离恩怨。对于侠而言,无论是仗剑行侠、快意恩仇还是浪迹天涯、笑傲江湖,其最终的价值指向不是封妻荫子、显亲扬名,也不是高官厚禄、荣华富贵,而是一种自由、平等、快乐、逍遥的境界,这就是侠之大者以自由与逍遥为旨归的生命意识。

侠不愿受世俗和礼教的束缚,敢于对抗封建威权和邪恶势力,追求自由、平等、快乐、逍遥的生活。这一点与道家有相通之处,只不过道家追求的自由是精神上的逍遥游;侠则希求在现实社会生活中通

---

① 司马迁:《史记卷一百三十·太史公自序第七十》,《史记》,岳麓书社1988年版,第955页。

过抗争摆脱一切束缚，争得自由平等的社会地位。后来，随着侠逐渐进入文学领域，经过文人知识分子的文学想象和理性阐释，侠不断被赋予道家的精神逍遥的意蕴，其生命意识直抵自由逍遥之境。一般来讲，江湖是武侠小说必不可少的构成因素，江湖作为侠客的世外桃源，是侠客的活动场所，是一个仗义行侠、替天行道、自由自在的世界。在这个江湖世界，"同是八方游荡四海为家，游侠不同于求职谋生的浪子游士，其漫游并非出于形而下的生活需求，而是追求人类平等这一崇高而渺茫的理想；其行为即使如唐吉诃德斗风车般虚妄，也仍值得充分理解和尊重"[1]。因此，无论是现实中实际存在的人间江湖，还是武侠小说中虚拟的江湖世界，作为侠的置身和活动场所，均寄托着芸芸众生对自由、平等、快乐、逍遥的渴望和希冀。然而，江湖风波恶，武林恩怨多，无论是现实的还是艺术虚构的江湖，都充满了刀光剑影、血雨腥风，危机处处，险象环生。在金庸笔下，江湖世界不再是世外桃源，也不再是正义家园，而成了世俗社会的翻版，其实就是典型的世俗社会的缩影和象征。置身于这样的江湖世界，侠客们只有选择退隐才能找到生存的感觉和存在的意义，才能真正体验到做人的尊严。因此，侠之大者最终选择了退出江湖、归隐山林。袁承志在治国平天下的远大志向幻灭后远离故国家园，飘然出海；杨过和小龙女在历经劫难和血雨腥风的江湖争斗之后归隐终南山；令狐冲和任盈盈在经历了江湖险恶和爱恨情仇之后双双携手归隐；石破天不知所终；曲洋和刘正风想金盆洗手、归隐林泉而身不由己，付出了生命的代价。这些都体现了金庸对江湖理想和诗意的无情解构，对江湖黑暗的深刻批判，直逼人性和社会的本质；同时也体现了作者"对世俗人生，对朝廷王法，乃至对江湖规则的理解与超越"[2]。这对于我们理解和审视侠的自由与逍遥的生命意识至关重要，不仅寄寓着独立不羁的人格追求，更重要的是"这种天马行空独往独来、傲视千古纵横六合的自由

---

[1] 陈平原：《千古文人侠客梦——武侠小说类型研究》，人民文学出版社1992年版，第165页。

[2] 陈平原：《千古文人侠客梦——武侠小说类型研究》，人民文学出版社1992年版，第173页。

境界，才是大侠精神的精髓"①。这种"大侠精神的精髓"，其实就是自由逍遥的生命意识，侠文化精神也因此被赋予一种真正的哲学意蕴。

这种自由逍遥的生命意识在新文学作家的创作中有明显的体现，汪曾祺就是其中的代表。他善于运用"世外桃源"的符码来建构他的"苏北小镇"和"高邮故乡"的意义，在这里，人们遵从自然本性生活，原始纯朴，自由自在，爽朗豁达，率性而为，不受任何清规戒律的约束；同时，人们古道热肠，重义轻利，扶危济困，急公好义，濡染侠义之风。《岁寒三友》中的王瘦吾、陶虎臣、靳彝甫患难与共，相濡以沫，在王、陶两家的生活濒临绝境时，靳彝甫毅然决然地将自己珍爱如命的田黄石卖掉帮助他们渡过难关。《故乡人》中以行医为生的王淡人，给穷苦的乡人治病不收钱，家乡发生了水灾后，他不顾个人安危，冒着生命危险救治罹难的乡人。无论是这些侠义人物，还是拈花惹草的大兵、打家劫舍的土匪，都被作者融进精心构造的自然祥和、自由自在的化外之境中，并被赋予鲜明的江湖色彩。在这个江湖世界，人们不受封建传统陈规陋习的束缚，庙里的和尚可以娶妻、找情人，可以杀猪吃肉，年轻的媳妇跟人私奔也是习以为常的事情，一切都显得那么自然，那么不足为奇，"人们在'义气用事'和'意气用事'的自然法则中组成了洋溢着生之快乐的生存空间———一种焕发着浓郁的江湖意味的乌托邦之境"②。莫言笔下的"高密东北乡"也是一个弥漫着自然野性、充满江湖气息的法外之境，特别是东北乡的红高粱地更是充盈着原始正义和生命激情的所在，在这里，既活跃着杀人越货的土匪，也驰骋着精忠报国的英雄。与汪曾祺建构的怡然祥和的化外之境相比，莫言笔下的尚武任侠、荒蛮狂野的江湖多了些暴力野性和强悍民风。然而，在他们的价值视域中，追求自由逍遥的生活则是相同的。在自由自在的民间江湖世界，鲜活的自然生命力和难以摧毁的生命意志熔铸成一种精神图腾，彰显出一种坚强的生命力量。可

---

① 陈平原：《千古文人侠客梦——武侠小说类型研究》，人民文学出版社1992年版，第173页。
② 杨经建：《"江湖文化"与20世纪中国小说创作——侠文化价值观与20世纪中国文学论之三》，《天津社会科学》2003年第4期。

以说，这是侠文化精神中自由逍遥的生命意识的自然流露和形象呈现。

总之，侠文化在漫长的历史发展进程中，接受着传统文化原典和武侠文学经典的互动阐释、影响、浸润，同时不断结合新的时代需要改造、更新和丰富着自己的精神内涵与价值理念，呈现为开放的理论体系和流动的价值体系——侠文化精神。可以说，侠文化精神是侠文化的内核与底蕴，是侠文化历久弥新的动力之源和魅力风骨，贯穿其中的以正义和公道为终极追求的社会理想、以侠义为价值核心的思想观念、以尚武为行为动力的精神特征、以叛逆和复仇为基点的反抗意志、以重诺守信和谦逊大度为特色的人格精神、以民族大义为高标的脊梁精神、以悲悯和拯救为特质的侠义情怀、以自由与逍遥为旨归的生命意识，构成了侠文化精神的本质意蕴，丰富了中华传统文化的精神内涵，充实了民族精神的底蕴，以其优秀品质和正义价值，成为中国独有的精神图腾。

第二章　中国新文学作家的侠文化渊源

1915年9月，上海《青年杂志》创刊，揭开了五四新文化运动的序幕，古老中国的大地上掀起了一场轰轰烈烈的思想启蒙运动。1916年9月，随着《青年杂志》编辑部北迁并更名为《新青年》，这场思想革命继续深入，引领着当时中国的时代航标。以1917年1月胡适的《文学改良刍议》发表为标志，中国文学界发生了一场以"反对文言文、提倡白话文，反对旧文学、提倡新文学"为主要内容的革命，史称"文学革命"。这是一次深刻而伟大的革命，通过文学革命，白话新文学逐渐取代了文言旧文学而成为现代中国文学的正宗文体，更重要的是，它使自由、平等、民主、科学等西方近代人文主义思想观念深入人心，成为时代文学的最强音。从此，中国文学、中国思想和中国精神真正走上了现代性之旅。五四文学革命实践的成功将20世纪初指点江山、叱咤风云的一代大师们如梁启超、章太炎等推到时代幕后，以陈独秀、胡适、鲁迅、周作人、郭沫若、巴金、郁达夫等为代表的新文学作家于五四启蒙文化语境下迅速崛起。他们大都留学海外，直接接受过西方近代人文主义、无政府主义、个性主义等思想观念的影响和浸润。在新文学作家的理论视域中，这些西方近代思想观念成为他们批判传统思想文化堡垒的重要力量。"五四运动中崛起的这一代新文学家之所以能使新文学革命得以成功，而他们自己也或者成就为20世纪文学的大师、或者成就为当时的著名作家，就因为他们虽在猛烈地反传统文化，但他们自己对于传统文化却具有相当深厚的素养与功力"①。这种传统文化素养和功力不仅有儒、释、道等主流文化因素,当然也包括侠文化在内。从梁启超、章太炎等仁人志士提倡尚武任侠以新民强国,到新文学作家高举民主、科学的旗帜为国人的自由、平等和国家的强盛复兴而不懈努力、执着追求,在这个过程中,时代已经发生了巨变,时代主题也各不相同。当自由、平等、民主、科学、民族、革命、个性、爱情等现代人学观念成为中国现代文化思想的关键词而日益影响着现代中国人的思想和生活的时候,如果继续再提"侠义救国",似乎不合时宜。但不容忽视的是,侠文化以其强大的思想穿透力和巨大的精神影响力,在现代中国语境下依然保持着强旺坚韧的生命力。晚清民初尚武思潮背景下掀起的侠文化与文学之间相互联系的强劲势头到了五四时期虽然有所减弱,但侠文化的影响是无处不在的。在现代中国启蒙、革命、救亡、翻身解放、阶级斗争、改革开放等文化语境的交替转换中,侠文化呈现出不同的精神特征和时代内涵,这是深受侠文化影响的新文学作家结合时代精神对侠文化进行现代性改造和创造性转化的结果。这就使近代政治改良和文学改良运动中开启的侠文化与20世纪中国文学的关系随着时代主题的嬗变,不断以新的形态和新的时代精神获得延续与发展。而这种新的形态和新的时代精神,是侠文化与新文学作家之间关系互动的结果。研究这种关系的新形态、新内涵和新发展,是本书的中心主题。在进入这个中心主题之前,探讨新文学作家的侠文化修养和侠义人格是如何形成的及有着怎样的思想渊源,也就是探究新文学作家侠性心态的生成要素,是非常必要的。从新文学作家侠性心态的生成过程和思想渊源中可以发现,新文学作家与侠文化之间关系的存在并非出于偶然。

第一节 晚清尚武任侠思潮的影响

尚武传统的存在为侠的产生提供了深厚的文化根基,任侠意识的

---

① 谭桂林:《20世纪中国文学与佛学》,安徽教育出版社1999年版,第47—48页。

生成促进了尚武传统的承传与延续。在尚武传统的发展过程中，因侠的产生和任侠意识的生成，而不断更新着其具体内涵，逐渐形成了一种独特的尚武任侠精神。尚武是一个民族的好勇根性和刚健进取的价值取向；任侠体现了一个民族追求自由和维护正义的文化心理；尚武任侠精神作为侠文化的重要精神内涵，充分体现了一个民族在生存和发展历程中积极进取、伸张正义、维护民族利益、捍卫国家尊严的精神气度。时至近代，尚武任侠的集体无意识积淀和承传，在"老大中国"衰败落伍的屈辱境遇和民气不振的惨淡现实的强大刺激下，晚清民初兴起了一股尚武任侠思潮。这一时期的尚武任侠思潮承载着民族救亡和新民强国的时代使命，意在探究古老中国积贫积弱的病因，寻求民族的复兴和国家的强盛。屈辱的历史境遇和自强的时代使命，使一批感时忧国的仁人志士"由国势衰微而招国魂、呼唤尚武精神；因求尚武而追忆、发掘早就隐入历史深处的游侠儿"①。近代以来的一系列挫败和亡国灭种的生存危机，使他们急切地深入传统文化深层结构去寻找足以自立自强的精神资源，以寻求挽救民族国家的救世良方。尚武任侠精神的重新发现、深入发掘和阐释、倡导，充分体现了国人奋起反抗外侮、争取民族解放和捍卫国家尊严的自强精神。亡国灭种的生存危机和救亡图存的历史使命鞭策、警醒着每一个有良知的国人，一时间，尚武爱国成为时代的强音。

  晚清尚武任侠思潮，存在着墨侠和儒侠两大支流，其中梁启超和谭嗣同主张墨侠，章太炎主张儒侠，后来梁启超或许深受章太炎儒侠观的影响，逐渐改变了侠出于墨的观点，他在《中国之武士道》中将孔子列为天下第一大勇，认同并坚持漆雕氏之儒是后世游侠之祖的结论。②梁启超认识到："今者爱国之士，莫不知奖厉尚武精神之为急务。"③

---

  ① 陈平原：《中国现代学术之建立——以章太炎、胡适之为中心》，北京大学出版社1998年版，第220页。

  ② 梁启超：《中国之武士道》，《梁启超全集》第三册，北京出版社1999年版，第1387—1388页。

  ③ 梁启超：《中国之武士道·自叙》，《梁启超全集》第三册，北京出版社1999年版，第1386页。

他在为《意大利兴国侠士传》写的序言中认为"雪大耻，复大雠，起毁家，兴士国，非侠者莫属"①，可以说，将侠提到了为国为民的高度。1902年梁启超作《论中国学术思想变迁之大势》，将墨家分为兼爱、游侠和名理三派，对于游侠一派，他认为："自战国以至汉初，此派极盛，朱家、郭解之流，实皆墨徒也。"② 梁启超大力倡导墨家学说和墨侠精神，自号"任公"，认为要挽救民族危亡，"厥惟墨学"③。1904年作《中国之武士道》，采集了春秋战国以迄汉初"先民之武德足为子孙模范者"共七十位"好气任侠"之士的事迹，希望能作为教科书使用，"欲使全国尚武精神，养之于豫而得普及"，以培育养成国民的任侠精神，④ 体现了非常明显的现实功利目的。谭嗣同少年时代喜欢读《史记·游侠列传》，游侠的人格精神和侠义行为激起了他的强烈共鸣："拔剑欲高歌，有几根侠骨，禁得揉搓？"⑤ 谭嗣同少年时期就以侠士自许，在《仁学》中公开提倡游侠之风，推崇"任侠"，在他看来，侠"足以伸民气，倡勇敢之风，是亦拨乱之具也"⑥。谭嗣同认为侠出自墨家，"墨有两派：一曰任侠，吾所谓仁也"⑦，并且认为侠与儒是对立的，儒是千百年来社会衰颓、民气不振的罪魁祸首。⑧ 梁启超和谭嗣同都认为侠出于墨家，这种观点在晚清相当流行。蒋智由虽然没有谈及侠是否出于墨，但他指出墨子"重茧救宋"，"其道在重于赴公义"，强调大侠小侠、公武私武的区分。在他看来，朱家郭解为"借交报仇之人"，而非"国家之大侠"，不及"墨家者流，欲以任侠敢死，变厉国风，而以此为救天下之一道也"。因此，蒋智由以"侠之至大，纯而无私，公而不偏"作为标尺，认为墨子"可为千古

---

① 梁启超：《〈饮冰室合集〉集外文》上册，北京大学出版社2005年版，第14页。
② 梁启超：《梁启超全集》第二册，北京出版社1999年版，第572页。
③ 梁启超：《梁启超全集》第六册，北京出版社1999年版，第3158页。
④ 梁启超：《中国之武士道·凡例》，《梁启超全集》第三册，北京出版社1999年版，第1386页。
⑤ 谭嗣同：《谭嗣同全集》（增订本）下册，中华书局1981年版，第150页。
⑥ 谭嗣同：《谭嗣同全集》（增订本）下册，中华书局1981年版，第344页。
⑦ 谭嗣同：《谭嗣同全集》（增订本）下册，中华书局1981年版，第289页。
⑧ 谭嗣同：《谭嗣同全集》（增订本）下册，中华书局1981年版，第344页。

任侠者之模范"①。从 1900 年到 1915 年十几年间,章太炎三作《儒侠》篇,将侠与墨、道、兵、法等各家学说并列论述,以儒兼侠,儒侠并举,给予侠崇高的评价,大力鼓吹侠风,积极倡导急公好义的大侠精神。他认为"天下有亟事,非侠士无足属。"在章太炎看来,侠来源于儒,"漆雕氏之儒废,而闾里有游侠",侠就是儒的一种,侠与儒是相通的。②黄侃追随乃师章太炎,持儒侠观,他认为"侠之名,在昔恒与儒儳。《儒行》所言,固侠之模略",同时指出"古之圣哲,悲世之沉沦,哀烝民之失职,穷阨不变其救天下之心,此侠之操也"。③可以看出,黄侃一方面认同侠源于儒,一方面将拯世济民作为侠的独特操守和神圣使命。

通过分析,我们发现,不论是儒侠观还是墨侠论,都反映出晚清时代的一个既定事实,那就是以儒家学说为主体的主流文化在走向衰落。虽然作为主流意识形态的儒家文化一直居于庙堂之高,但面对复杂的国际形势和深重的民族危机,却无法给国人提供救世良方和生存的强大精神支撑。面对国势衰颓和民气不振的时局,知识精英们只有将目光投向民间处于江湖之远的"侠",为民族的生存和国家的复兴寻求精神资源和思想武器。作为一种民间文化精神,"侠无书,不得附九流,岂惟儒家摈之,八家亦并摈之"④。也就是说,历史上侠并不为上层社会所接纳,侠主要为下层社会所接受和崇拜,而在晚清却深受广大知识精英的推崇和景仰,并被视为社会改造和国家复兴的重要力量,这本身就是一种奇特的文化现象。有学者认为:"对'游侠'的重新解读,得益于晚清诸子学与佛学的复兴。"⑤这一方面揭示了晚

---

① 蒋智由:《中国之武士道·蒋序》,《梁启超全集》第三册,北京出版社 1999 年版,第 1377 页。
② 章太炎:《訄书初刻本·儒侠第五》,《章太炎全集》(三),上海人民出版社 1984 年版,第 11—12 页。
③ 运甓(黄侃):《释侠》,《民报》1907 年 12 月第 18 号。
④ 章太炎:《訄书初刻本·儒侠第五》,《章太炎全集》(三),上海人民出版社 1984 年版,第 11 页。
⑤ 陈平原:《中国现代学术之建立——以章太炎、胡适之为中心》,北京大学出版社 1998 年版,第 221 页。

清尚武任侠思潮发生的深厚的历史文化背景,另一方面充分说明儒家文化在走向衰落,侠文化受到社会的关注。难能可贵的是,晚清志士不仅从历史文化深处重新发现了尘封几千年的"游侠儿",大力倡导尚武任侠精神,而且结合当时的历史境遇和救亡图存的时代使命,对侠进行了重新阐释和现代性改造与利用,丰富和发展了侠文化内涵。

大家知道,侠的人格非常复杂,可以说崇高、伟岸、好勇和凶悍错综交织,他们扶危济困、仗义勇为、除暴安良、主持正义,但也可能违法乱纪,违反道德规范和传统礼节。梁启超、章太炎等对侠进行重新诠释,为侠正名,剔除其可能有的一切负面因素和消极影响。至于侠出于儒还是出于墨,对于时人而言,似乎无关紧要,在侠的起源问题上梁启超由墨转儒的嬗变就充分体现了社会现实利益需要的驱动,这种学术论争的背后其实蕴含着同样的现实功利考虑,那就是"想以墨家的'摩顶放踵以利天下'或者儒家的'杀身成仁'来规范游侠狂荡不羁的生命活力,将其改造成利国利民而不是报恩报怨的理想的'大侠'"①。也就是说,他们意在以儒家和墨家的思想精义重新解释侠并赋予侠忧国忧民的内涵,将侠改造成为拯世济难的民族英雄,使危难中的国人相信侠能够担当起救亡图存的历史重任,可谓用心良苦。因此,梁启超、章太炎和谭嗣同等对侠作出了符合时代需要的重新诠释,体现出鲜明而强烈的现实功利目的,而他们尚武任侠的背后,又存在着不同的价值取向。梁启超作《中国之武士道》时对史书记载的游侠进行了有意的取舍,他在《中国之武士道·凡例》中称:"本编去取微有权衡。如专诸与荆、聂同类,以其为一私人野心之奴隶,非有所不得已,且无与全国大计,故黜之。如季布与朱、郭齐名,以其亡命龌龊,且贵后无所建白,而以暮气损民族对外之雄心,故黜之。又如鲁仲连,一文弱书生,未尝有决死犯难之举动,然其理想实当时武士道之代表,故列焉。"② 由此可知,梁启超的取舍原则或者出于政治目的,或者出于道德眼光,重在突出侠的"利天下"和"杀身成

---

① 陈平原:《中国现代学术之建立——以章太炎、胡适之为中心》,北京大学出版社1998年版,第222页。

② 梁启超:《梁启超全集》第三册,北京出版社1999年版,第1387页。

仁"，符合墨家或儒家的正义原则和社会理想，意在洗掉侠的历史污点，刷新这一古老的历史形象，彰显侠为国为民的一面，以更好地为现实服务。作为晚清尚武任侠思潮的集大成者，梁启超写下了《中国之武士道》《新民说》《祈战死》《中国魂安在乎》《记东侠》等一系列情理交融、气势磅礴的文章，在中外文化比较中突出传统文化在现代世界文明中落后的现实，充满了深刻的自我批判精神和民族文化内省意识，明确指出近代中国国势衰颓、民气不振的病根在于"怯懦""右文"[1]；同时充分认识到，要想重扬国威，提振民气，使中国自立于20世纪世界竞争之舞台，必须提倡尚武任侠精神，改造国民性，"速拔文弱之恶根，一雪不武之积耻"[2]，切实培养国民的尚武任侠精神，塑造真正的"中国魂"[3]。其目的在于呼唤国民尚武任侠，自立自强，以侠义人格来塑造国民灵魂、重铸民族精神，提振民气，激励民心，重振中华国威，最终实现新民强国之梦。谭嗣同尚武任侠，主要着眼于墨侠"摩顶放踵以利天下"的实践精神和为"兴天下之利，除天下之害"而死不旋踵的自我牺牲精神，他以任侠自许，胸怀天下，积极提倡并勇于实践墨侠精神，义无反顾地投身于维新变法运动之中，最终慷慨赴死，英勇就义，成为"中国为国流血第一烈士"[4]，以鲜血与生命践履了墨侠的殉道精神，以自我牺牲的义举警醒国人不要再对反动当局存有任何幻想，开启了资产阶级革命派武力推翻满清王朝反动统治的舆论先声和行为示范。章太炎将深受世人推崇、景仰和效仿的游侠分为四等，第一等为"不世出"的大侠，其次为朱家、剧孟，再次为荆轲、高渐离，最后一等是违法犯禁的郭解、原涉。[5] 在章太

---

[1] 梁启超：《中国积弱溯源论·第二节 积弱之源于风俗者》，《梁启超全集》第一册，北京出版社1999年版，第418页。

[2] 梁启超：《新民说·第十七节 论尚武》，《梁启超全集》第二册，北京出版社1999年版，第712页。

[3] 梁启超：《自由书·中国魂安在乎》，《梁启超全集》第一册，北京出版社1999年版，第357页。

[4] 梁启超：《〈仁学〉序》，《梁启超全集》第一册，北京出版社1999年版，第170页。

[5] 章太炎：《訄书初刻本·儒侠第五》，《章太炎全集》（三），上海人民出版社1984年版，第12页。

炎的价值视野中,"不世出"的大侠实为为国为民的大侠,他们能够安邦定国,为民造福,也就是前述蒋智由眼中"赴公义"的"国家之大侠"。章太炎高扬侠风,提倡任侠精神的主要目的在于以此作为反清救国的思想武器,以侠义精神相号召,呼唤国民起来反抗,激励时人的斗志和勇气,积极为革命奋斗献身。晚清志士仁人经过一番意味深长的精心选择和现代性改造,以及身体力行、忠实践履古侠之精神意志,"大侠作为圣洁的殉道者与拯世济难的英雄,重新出现在世人面前"[①]。

晚清尚武任侠思潮的发生与日本在近代的迅速崛起带给晚清志士的强烈刺激也有很大关系。从遭受西方列强侵辱到明治维新成功,短短数十年,日本迅速崛起,先后打败中国和俄罗斯,成为亚洲第一强国,跻身世界强国之列。这个历史事实给予中国人极大震惊。梁启超大发感慨:"吾闻日本人有所谓日本魂者,谓尚武之精神是也。呜呼!吾国民果何时始有此精神乎?吾中国魂果安在乎?"[②] 对于日本迅速崛起的原因,蒋智由分析道:"彼日本崛起于数十年之间,今且战胜世界一强国之俄罗斯,为全球人所注目。而欧洲人考其所以强盛之原因,咸曰由于其向所固有之武士道。而日本亦自解释其性质刚强之元素,曰武士道。……虽然,此武士道者宁于东洋为日本所专有之一物哉!吾中国者特有之,而不知尊重以至于销灭而已。"[③] 话语间充满了强烈的民族内省和文化反思。不可否认,日本的迅速崛起与其对武士道精神的鼓吹和倡导密不可分。甲午海战中国惨败和日本崛起之间的强烈反差,刺激着有责任感的中国人探究其中奥秘,对于留日中国学生和旅居日本的中国人而言,日本武士道精神无疑是一个极大的诱惑,对他们的影响很大。落后就要挨打的生存法则、民族国家之间竞争日趋激烈的世界形势和祖国衰败不堪的残酷现实,不断冲击着每一个爱国

---

① 陈平原:《中国现代学术之建立——以章太炎、胡适之为中心》,北京大学出版社1998年版,第222页。
② 梁启超:《中国积弱溯源论》,《梁启超全集》第一册,北京出版社1999年版,第419页。
③ 蒋智由:《中国之武士道·蒋序》,《梁启超全集》第三册,北京出版社1999年版,第1376页。

第二章　中国新文学作家的侠文化渊源

留日学生的良知。特别是在日本学习了加藤弘之有关社会达尔文主义的著译后，社会进化论思想和民族国家竞争的丛林法则进一步增强了他们的生存危机意识，同时也不断激发他们于生存压抑中苦苦探寻民族新生和国家复兴的方法与道路。1903年5月11日，中国留日学生在东京秘密成立了军国民教育会。军国民教育会是近代史上一个著名的反清革命组织，《军国民教育会公约》明确该会的宗旨为"养成尚武精神，实行爱国主义"，并决定通过三种方式开展革命活动，"一曰鼓吹，二曰起义，三曰暗杀"[①]。该组织成立后，许多成员和激进分子分批回国，积极宣传革命思想，建立革命组织，进行尚武实践。他们主要通过联络会党、策反新军、暴力暗杀、武装起义等斗争方式，给反动、腐朽的清王朝统治以沉重打击，推动了革命形势的发展。1905年，兴中会、华兴会、光复会等革命组织在东京集会成立了中国同盟会，成立后的第一件大事就是回国积极准备和发动武装起义，将暴力推翻满清统治的革命武装斗争提上重要日程。这样，尚武任侠精神从理论倡导真正走上了大规模的现实实践之路。鉴湖女侠秋瑾，别署"汉侠女儿"，尚气任侠，拔剑高歌，为革命出生入死，无怨无悔。在绍兴起义中，她临危不惧，舍生取义，献出了年轻的生命，是一位可歌可泣的革命女侠。还有徐锡麟、黄花岗七十二烈士等，都视死如归，气贯长虹。这些革命党人通过革命活动在实践中为全民尚武精神的养成、国民雄强人格的塑造，起到了行为示范和价值引领作用，体现了具有现代意义的革命尚武精神。

梁启超、谭嗣同和章太炎等知识精英将目光投向《汉书》以后不为正史所载的古代游侠，并对其精神、行为进行重新诠释和大力倡扬，革命党人慷慨赴难、杀身成仁的尚武实践，在近代救亡图存的背景下掀起的这股尚武任侠思潮，终于使"游侠儿在被正统士大夫抛弃了近两千年后，再次浮出历史地表，迎接欧风美雨的严峻挑战"[②]。在中西方文化的不断交流和激烈碰撞中，以儒道为代表的传统文化令奋起寻

---

① 冯自由：《革命逸史》初集，中华书局1981年版，第112页。
② 陈平原：《中国现代学术之建立——以章太炎、胡适之为中心》，北京大学出版社1998年版，第220页。

找民族出路的志士仁人极度失望，他们曾将目光转向异域的文化思潮，无论是进化论还是唯意志论，都确实给他们的精神带来强烈的刺激和震撼。但他们是强烈的爱国者，"在服膺异域文化的同时，不忍尽弃也不可能尽弃滋育他们的本民族悠久传统，于是，在会同新知又不弃传统的原则下，传统中久已沦为价值边缘的墨学和游侠精神，因在尚力自救这一点上与时代需求相契合，终于被人重新发现"[1]，而走向衰落的儒家文化传统中"那份执着的社会情怀和勇于担当的拯世意识"[2]同样被重新发现，这些被重新发现的因素在他们获得的现代性视野中被大大激活，成为"迎接欧风美雨的严峻挑战"的重要思想武器和救亡图存、新民强国迫切需要的精神资源。梁启超、谭嗣同、章太炎、秋瑾等不仅提倡尚武任侠，而且付诸现实实践，将传统墨家思想和儒家思想的精义真正化解到侠的强力意志之中，既使侠的人格体现出一种更为动人的魅力，他们自身也彰显出一股侠气，这种侠气内里实际上蕴含着追求人格独立和个性解放的现代因子，这对以后的思想启蒙运动和个性解放思潮无疑是一个重要的精神昭示和思想启迪。

　　尚武任侠不仅包含物质层面的强身健体，而且包括文化精神层面的自立自强，后者更为重要。尚武任侠精神的提倡，重在培养一种民族精神、民族气节和民族凝聚力。一个民族的强大和一个国家的复兴，国民的体格健壮固然重要，但如果缺乏强大民族精神的支撑，不能团结一致，没有民族气节，那这个民族只是一群乌合之众，迟早要被世界淘汰。一个民族的衰败，一个国家的落后，根本原因不在于其国民体格的孱弱不武，而在于国民精神的麻木不仁、愚昧无知、自私自利、不思进取，丧失了刚健进取、积极向上的尚武任侠精神和与世界强国竞争的昂扬斗志与民族自信。因此，尚武任侠非常重要，但缺乏精神的支撑就不足取了。

　　晚清尚武任侠思潮的出现是近代以来中国人饱受外侮、力图自立自强以拯救民族危亡的时代精神症候，一方面是奋发图强的雄伟抱负，

---

[1]　汪涌豪、陈广宏：《侠的人格与世界》，复旦大学出版社2005年版，第240页。
[2]　汪涌豪、陈广宏：《侠的人格与世界》，复旦大学出版社2005年版，第251页。

第二章　中国新文学作家的侠文化渊源

一方面是民族内省的自我认知，最终指向新民强国的伟大复兴之路，这给处于时代焦虑中的国人带来了新的希望和民族自信。这股思潮对诞生于晚清甚至民初的中国新文学作家产生了广泛而深远的精神浸润和思想影响，并且对新文学作家侠性心态的生成具有重要作用。郭沫若曾深情坦言："我们崇拜十九岁在上海入西牢而瘐死了的邹容，我们崇拜徐锡麟、秋瑾，我们崇拜温生材，我们崇拜黄花岗的七十二烈士。一切生存着的当时有名的革命党人不用说，就是不甚轰烈的马君武，有一时传说要到成都来主办工业学校，那可是怎样地激起了我们的一种不可言状的憧憬！"[1] 无论是邹容、徐锡麟、秋瑾，还是温生材、黄花岗七十二烈士、马君武，他们都是侠肝义胆的革命先行者，都具有舍生取义、杀身成仁的侠义气概和为正义事业勇于自我牺牲的革命精神。从这段话中可以看出，他们对郭沫若产生了深刻的影响，不仅对其侠性心态的生成起到了萌蘖作用，而且对郭沫若以后革命道路的选择产生了深远影响。

作为五四新文化运动的精神领袖和总司令，陈独秀颇具时代闯将的侠义风范，他在《新青年》创刊号上就毅然决然地声明"辅导青年"为"本志之天职"，通过文化启蒙和思想革命，呼唤青年觉醒进步，切实行动起来，目的在于培养具有现代意识的"人"，希望他们能够大胆冲破思想的牢笼，实现自我解放，以"直接行动"担负起历史重任，以大无畏的"牺牲的精神"完成救亡图存的时代使命。[2] 这是陈独秀寄予青年的真诚厚望和由衷夙愿。1915 年 11 月 15 日，他又在《抵抗力》一文中表明了自己的价值取向："幸福事功，莫由幸致。世界一战场，人生一恶斗。一息尚存，决无逃遁苟安之余地。"[3] 从这种参透世事、掷地有声的话语以及于"战场"中"恶斗"而绝不逃避的人生姿态中，可以发现尚武精神的遗风。针对国民孱弱不武和国势衰颓的现状，陈独秀提倡"兽性主义"教育方针，与梁启超论述民气

---

[1] 郭沫若：《少年时代·反正前后》，《郭沫若全集》文学编第十一卷，人民文学出版社 1992 年版，第 203—204 页。
[2] 陈独秀：《陈独秀文章选编》（上），生活·读书·新知三联书店 1984 年版，第 518 页。
[3] 陈独秀：《陈独秀文章选编》（上），生活·读书·新知三联书店 1984 年版，第 94 页。

不振的现象以及"尚武者国民之元气,国家所恃以成立,而文明所赖以维持者也"①,有异曲同工之妙,目的都在于新民强国,在世界舞台上争取一席之地。

鲁迅是章太炎的学生、秋瑾的老乡,曾赴日本留学,既深受晚清尚武任侠思潮的影响,又受到日本武士道精神的熏染。梁启超倡导尚武任侠以改造国民性、重铸国魂和民族精神等主张给予鲁迅的心态与思想以重要启示和深刻影响;徐锡麟和秋瑾等革命先行者身先士卒、热血救国的革命侠义壮举与舍生取义精神对于鲁迅思想的形成和精神的建构而言,更是一种宝贵的财富;日本武士道精神的优长也加深了鲁迅对民族的内省和对传统文化的反思。在思想上,鲁迅一直深切关注国民性问题,他立足世界化视野,对侠文化进行了深度开掘和现代性改造,主张个性解放和人格独立,呼唤尚武爱国的斯巴达之魂,积极地为民族救亡和祖国新生探寻出路。"寄意寒星荃不察,我以我血荐轩辕"②,这种生命激扬的风采显然浸润着晚清尚武任侠思潮的精神余韵。在行动上,鲁迅曾在日本加入主张暴力革命和暗杀的光复会,但并没有沉浸于尚武任侠和暴力暗杀的盲目乐观中无法自拔,可贵的是,他能够以清醒的现代理性意识审视尚武任侠思潮和暴力暗杀行为背后的深层面相。也就是说,鲁迅曾为这种思潮和行为欢欣鼓舞过,但并未局限于武力冲动和精神鼓动的诱惑,他保持了一种理性的自觉。鲁迅曾以弟弟还小、自己死后无人照顾母亲为由婉拒了回国暗杀晚清大员的革命任务。从传统孝道的角度或许可以理解他拒绝执行暗杀任务的理由,但不足以阐释鲁迅拒绝的深层精神根源。我认为,在鲁迅的理性自觉中,这类尚武任侠思潮影响下的革命暗杀恐怖行为虽然可以唤醒国人的反抗意识,破坏晚清的社会秩序,但无法从根本上动摇和推翻晚清的统治基础,无法真正助推革命事业和民族复兴大业的进展,结果必然会造成革命精英的无谓牺牲和无辜群众的不幸,增强朝

---

① 梁启超:《新民说·第十七节 论尚武》,《梁启超全集》第二册,北京出版社1999年版,第709页。
② 鲁迅:《集外集拾遗·自题小像》,《鲁迅全集》第七卷,人民文学出版社2005年版,第447页。

廷的警惕和血腥镇压的疯狂。很显然，鲁迅从尚武任侠思潮和暴力暗杀行为的狂热中看到了盲动的"武愚"的可怕。处于高压统治下却又无法唤醒的族群，无论体格如何健壮，都无法真正地对抗外敌入侵。倘若不从精神上唤醒沉睡的国民，纵使有起来反抗者，最多不过是武夫，而不是真正的战士。可以说，这才是鲁迅拒绝回国执行暗杀任务的深层原因，也是他在幻灯片事件之后毅然弃医从文的根本原因。从鲁迅的人生道路选择来看，他从尚武思潮走向尚文之路，并未违背晚清以来新民强国和救亡图存的历史使命与时代精神，他主要着眼于从文化精神层面上开启民智，呼唤国民觉醒，祛除国民的奴性意识，塑造国民的现代意识，把国民性改造和个性意识觉醒相结合，把个性解放和社会解放、民族解放联系起来，最终指向民族新生和国家复兴的光辉前景。

第二节　家学背景与生活环境的濡染

在一个人的成长过程中，时代、环境、地域三要素对其人格塑造和精神完型至关重要，特别是每一个独立个体置身于其中的家庭教育和生活环境，不仅会奠定其人格特质和文化心理的基础，而且会在以后的成长和发展中起着或隐或显的影响与制约作用。对于新文学作家而言，他们一般幼年时期就在家里开始了自己的启蒙教育和文化记忆，除了正统的子曰诗云和治国平天下的儒学经典、历史文学，那些不登大雅之堂和不符合传统教育规范的武侠小说、野史杂传中的武侠事迹以及评书演义等自然也会进入他们的阅读视野。在儒家学说中心地位逐渐衰落的时代，这些小传统文化思想作为支撑新文学作家敢于向传统思想威权宣战的精神力量而呈现出异样的风采，它们对新文学作家构成的精神诱惑和激发的价值趣味甚至远远超过新文学作家对传统儒家经典的热爱。因此，新文学作家的人格结构和文化心理中不仅积淀着传统主流文化的基因，而且跃动着侠文化精神的影响因子。同时，现实生活和周边环境中的侠义人物、侠义行为和侠义事件所构造的一种侠义氛围也会对成长中的新文学作家产生潜移默化的影响。这一切使新文学作家与侠文化产生了深厚的文化渊源,为新文学作家侠性心态的生成奠定了初步的良好基础。

幼年郭沫若生活于一个侠文化氛围颇为浓厚的环境中,乳名文豹,含有文雅、勇武之寓意;号尚武,体现出崇尚武功的价值取向。家庭中给孩子起名或作号,一方面寄寓着父母与家族的愿望,一方面集中反映了一个时代的文化精神和人们的文化心理。就文豹和尚武而言,无论是家族长辈还是郭沫若个人,都希望他能够成为一个文武兼备、智勇双全的人。综览郭沫若的一生,可以发现,这种由个体名号所呈现出的微言大义不仅是侠文化氛围浓厚的生活环境赋予郭沫若的外在规范,更是郭沫若的人格追求和价值选择。郭沫若的祖先家境贫困,背井离乡移民到四川。祖辈们作为流民,长途跋涉的艰辛历程、行走江湖的冒险经历、艰苦创业的自强精神和好侠尚义的人格风范使郭沫若的敬意和自豪之感油然而生。祖父郭明德与叔祖父共同执掌过沙湾码头,奔走江湖,侠肝义胆、为人爽直、豪气干云,闻名于铜、雅、府三河一带,江湖人称"金脸大王"。郭沫若的父亲郭朝沛少时辍学经商,奔波于铜、雅、府三河之间,讲究信与义,曾与江湖匪盗结下不解之缘。郭沫若五岁时跟父亲走亲戚,归途路遇盗匪,匪首竟然向父亲跪谢当年救命之恩。郭父与匪盗相交且对为匪做盗者深表理解和同情,他告诫子辈,为匪做盗者不全是凶暴卑劣之徒,大多因失业或被逼才落草为匪盗的。幼年时代的郭沫若受母亲杜邀贞的影响最深,母亲出身于官宦人家,其父杜琢璋为清朝二甲进士,曾任职贵州黄平州州官,当年苗人造反攻破了黄平州,杜琢璋因城池失守不甘受辱,慷慨赴难,以身殉节。为免妻女受辱,他手刃了一个四岁的女儿,另一个六岁的女儿也跟着其妻谢氏跳池自尽了。杜邀贞当时刚一周岁,被奶妈刘氏仗义救下,历尽艰难,两年后逃回了四川。当杜邀贞向儿女们讲述这段家族悲难时,郭氏兄妹都感到很光荣。从郭沫若祖先、祖辈和父辈行走江湖、好义任侠,到外祖父慷慨就义不愿受辱的精神和刘氏舍生取义的义举,这些家族事迹和侠义教育无形中在郭沫若幼小的心灵中扎下了根,留下了不可磨灭的印象,这为郭沫若后来钟情于侠文化奠定了深厚的心理和情感基础。

第二章　中国新文学作家的侠文化渊源

　　曾与郭沫若同过学的李劼人，出身于贫寒知识分子之家，从小随父奔走人间江湖，过早接触社会，深谙人间不平和社会黑暗。父亲客死他乡的凄惨境况和孤独飘零的惨淡身世，使李劼人深感世态炎凉，饱尝人情冷暖。八国联军侵略祖国的暴行和义和团反帝爱国的英勇事迹，在他幼小的心灵中埋下了不平和反抗的火种。这些困难和不幸在李劼人的心中蕴蓄着不满现实的叛逆精神、反抗意志和反帝爱国的现代意识。中学时代的李劼人，在成都与郭沫若一起参加了"四川保路同志会"成立大会，积极投身于保路运动，参与组织罢课、罢市，以实际行动反抗清政府的腐朽统治。四川保路运动后来转变为武装斗争，成为辛亥革命的导火索。面对暴风骤雨般的革命形势，李劼人毅然决然地剪掉了象征屈辱的辫子，积极加入这场革命运动。他一方面以实际行动走上革命的叛逆道路，一方面大量阅读《三国演义》《水浒传》《七侠五义》等古典小说及华盛顿·欧文的《旅行述异》、司各特的《艾凡赫》（旧译《撒克逊劫后英雄略》）等翻译小说，对其中的侠义人物和侠义事迹有了更为深刻的认识，积蓄了勇于反抗的力量。[①] 从李劼人的家学背景和生活环境及其被赋予的叛逆精神与反抗意志来看，他的精神结构和文化心理深处跃动着侠文化精神的辉光。

　　作为现代文坛独行侠的萧军，身世凄惨，出生不足七个月母亲就吞鸦片自杀了，他是在祖父母和姑姑们的关爱与照料下长大的。在萧军幼小的心灵中，祖母善良、勇敢、嫉恶如仇、大义凛然，俨然一位大英雄形象，他极为钦佩仰慕祖母的性格与为人。祖母给他讲述各种民间传说和历史故事，《薛家将》《杨家将》《呼家将》都来自祖母的口述。这些对少年萧军影响颇深，"他觉得所有的皇帝全是狼心狗肺，忘恩负义，翻脸无情的东西，他们连对待开国功臣都是那样凶狠残暴，只要触犯了他们，便前功尽弃，全家抄斩、祸灭九族。同时，对于那些不怕权势，敢于反抗，勇于复仇的人物，以及绿林的英雄，响马，侠客……都寄以无限的尊敬和同情。并且自己也想成为他们那

[①] 李劼人研究学会编：《李劼人研究》，四川大学出版社1996年版，第278—279页。

样的人物"。① 祖母教会了他辨别忠奸、明确爱憎，祖母勇于担当的大义之举和为人处世的人格风范都对他影响深远。在萧军眼里，祖母仗义、勇武，家里遭遇重大变故和严重危机时，她勇于挺身而出，独立支撑。除了祖母之外，对萧军影响很大的还有二叔和五姑。二叔外柔内刚，极富反抗精神，他和同村的杨正是好朋友，两人一起上山入伙，当了"马鞑子"，带领一伙人马，杀富济贫，跟官府作对。他们敢于冒险、不畏权势，让官军和财主们闻风丧胆。十三个人个个都是神枪手，侠肝义胆、威名赫赫，人称"十三太保"。后来他们大都战死，但萧军对这些绿林好汉由衷敬佩，尤其对他们那种不畏权势反抗官府的勇敢精神激赏不已。萧军在长篇小说《第三代》（后改名为《过去的年代》）中，以饱满的激情塑造了海交、刘元、杨三等侠义胡子形象，从他们身上可以看到当年"十三太保"的影子。在几个姑母中，只有五姑最受萧军崇敬和依恋。萧军最畏惧她，她比祖母更具有权威性。祖母对待孩子相当严厉，而五姑则以温和的说教和严正的申斥使孩子们内心感到羞愧和折服。五姑刚强自尊，多才多艺，具有亲和感和人格魅力，为萧军的人格结构和文化心理注入了不少的侠骨柔情。毫无疑问，在这样的家学背景和生活环境濡染之下，萧军与侠文化结缘，他的心态必然会植入侠文化精神的积极质素，其侠性心态的生成也成为一种必然结果。

　　侠文化在对中国人的人格精神和深层文化心理的影响过程中，读书是必不可少的重要传播途径和接受方式。中国新文学作家对传统文化的接受，一方面通过学习儒家经典，一方面通过涉猎儒家经典之外的史书杂著、评书和武侠小说，特别对史书杂著、评书和武侠小说中记载的武侠事迹、塑造的武侠形象产生更为浓厚的兴趣。有关资料表明，不少新文学作家的文化启蒙和个性独立意识的萌蘖或发展都与史书杂著、评书和武侠小说紧密相关，这对他们的人格塑型和文化心理构成具有重要意义。鲁迅十多岁时就已经接触了《剑侠传图》和充满侠义故事与复仇内容的汉代野史《吴越春秋》《越绝书》等，早年曾

---

① 张毓茂：《萧军传》，重庆出版社1992年版，第5页。

第二章　中国新文学作家的侠文化渊源

自号"戛剑生"和"戎马书生",好打抱不平。长大后歆羡故乡先贤的侠气,曾编辑过《会稽郡古书杂集》,表达对故乡侠义之士的敬慕和赞赏。他对"鉴湖女侠"秋瑾这样的侠义烈士,尤为钦佩。在《中国地质略论》中,鲁迅积极肯定豪侠之士,视其为爱国主义者,他慷慨陈词:"吾知豪侠之士,必有悢悢以思,奋袂而起者矣。"① 郭沫若曾在1906年利用整个年假将《史记》熟读了一遍,他说:"那时候我很喜欢太史公的笔调,《史记》中的《项羽本纪》《伯夷列传》《屈原列传》《廉颇蔺相如列传》《信陵君列传》《刺客列传》等等,是我最喜欢读的文章。这些古人的生活同时也引起了我无上的同情。"② 足见这些侠义古人对少年郭沫若的深刻影响。少年时代的茅盾"也读《七侠五义》一类的书。对于侠客们所使用的'袖箭',了不得的佩服"③。他回忆说:"我家有一箱子的旧小说,祖父时传下,不许子弟们偷看,可是我都偷看了。"④ 周作人小时候也爱读武侠小说,曾经买过小说《七剑十三侠》,"凡六本。阅一过,颇新奇可喜"⑤。他爱读武侠小说,深受侠文化的影响和浸润,曾与秘密社会的"破脚骨"相来往,对他们崇尚义勇的侠义精神充满了仰慕之情。老舍幼年时期生活于北京市民社会的大杂院里,"十二三岁时读《三侠剑》与《绿牡丹》那样的起劲入神"⑥,并且经常在下午放学后和小伙伴们一起到茶馆去听评讲《小五义》或《施公案》,还喜欢听评书《五女七贞》等。在家里,母亲和大姐经常给他讲民间小故事;在外面,他看过不少旗人表演的曲艺节目。在那些民间故事和曲艺节目中,包含着必不可少的侠义内容。⑦ 少年蒋光慈钟爱那些替天行道、劫富济贫的游侠小说,经常把

---

① 鲁迅:《集外集拾遗补编·中国地质略论》,《鲁迅全集》第八卷,人民文学出版社2005年版,第20页。
② 郭沫若:《少年时代·我的童年》,《郭沫若全集》文学编第十一卷,人民文学出版社1992年版,第92页。
③ 茅盾:《谈我的研究》,《茅盾论创作》,上海文艺出版社1980年版,第23页。
④ 茅盾:《我阅读的中外文学作品》,《中国现代文学研究丛刊》1982年第1期。
⑤ 周作人:《知堂回想录》,香港:三育图书有限公司1980年版,第57页。
⑥ 老舍:《写与读》,《文哨》(重庆)1945年第1卷第2期。
⑦ 胡絜青、舒乙:《散记老舍》,北京十月文艺出版社1986年版,第12页。

小说中的侠客英雄作为学习和效法的榜样。出生于四川乡村耕读人家的艾芜，从小就喜欢听祖母梁氏给他背诵白居易的《长恨歌》，更喜欢听祖母讲的民间故事和传说。他十岁上私塾，曾在一年内读完四书五经，同时开始读《七剑十三侠》和《三国演义》等小说，兴趣极浓，爱不释手。他在空闲时常常默想书中的侠义英雄故事，甚至把自己想象为侠义英雄中的一员。① 1915年时的丁玲极爱读中国古典小说《水浒传》《七侠五义》等。② 钱钟书七岁时就"津津有味地大看伯父租来的《说唐》、《济公传》和《七侠五义》等。由于贪看小说，眼睛开始近视"③。少年师陀（芦焚）总喜欢去城隍庙听说书，他听过《水浒》《封神榜》《七侠五义》《小五义》《施公案》等评话，他曾坦言："认真说，我接触文学作品是从听评话开始的。"④ 陈白尘八岁时买来《七侠五义》《施公案》《彭公案》等侠义公案小说读。⑤ 唐弢幼年时爱读《七侠五义》之类古典通俗小说，还读过当时青浦陆士谔和蛟川庄病骸写的武侠小说。⑥《青春之歌》的作者杨沫年轻的时候"成天让武侠小说迷瞪着，满脑子的劫富济贫，打抱不平，一心想练几手蹿房越脊、身轻如燕的真传"，并且在30年代的北平参加了一个叫"四民武术社"的团体，跟着师傅练太极、练八卦、练行侠。她坦言1931年之所以单身离家出走以至于走上革命道路，与那个时候读武侠小说关系非常密切："你想啊，惜老怜贫，除暴安良的动机和救民水火的革命思想本来就是吻合的么！"这是1995年3月24日《光明日报》第6版报道杨沫这位老革命时她的现身说法，也是她的生命经验的真切表达。侠文化精神中除暴安良、主持正义的积极质素恰恰与救民于水火、为民造福的革命思想在现代性语境下深度契合，才激发追求正义和真

---

① 胡德培编：《艾芜》，人民文学出版社1986年版，第261—262页。
② 袁良骏编：《丁玲研究资料》，天津人民出版社1982年版，第10页。
③ 田蕙兰、马光裕、陈珂玉选编：《钱钟书杨绛研究资料集》，华中师范大学出版社1997年版，第7页。
④ 刘增杰编：《师陀研究资料》，北京出版社1984年版，第3页。
⑤ 陈虹、陈晶：《陈白尘年谱》，《新文学史料》1989年第1期。
⑥ 包子衍、许豪炯、袁绍发整理：《浮生自述——唐弢谈他的生平经历和文学生涯》，《新文学史料》1986年第4期。

理的人们走上了革命之途。

　　侠文化就是这样通过史书杂著、评书和武侠小说等大众传播媒介对新文学作家产生影响的,这种影响使他们与侠文化之间存在着一种渊源,对他们的人格和文化心理特别是侠性心态的生成至关重要。可以说,史书杂著、评书和武侠小说中所体现的侠义精神与天马行空的想象力,对于那些被传统儒家文化严重束缚身心的少年儿童来说,无异于心理宣泄的重要通道和精神解放的巨大冲击力量。

　　通过分析可知,在家学背景和生活环境的濡染之下,许多新文学作家的心态从幼年开始就萌生了侠性质素,以至于影响他们以后的人生道路与价值选择,特别是文学创作中对侠文化的发掘和对侠文化精神的张扬。

第三节　地域民风及其文化精神的浸润

　　人类创造了文化,文化作为人类智慧的结晶反过来影响着人类,对于人的人格塑型和文化心理形成起着极为重要的作用。作为人类社会历史的产物,文化总是在特定的时间和空间中产生、发展和演变,具有时代性和地域性。就中国传统文化而言,因地域或地缘不同,大致可以划分为齐鲁文化、三秦文化、燕赵文化、吴越文化、巴蜀文化、三晋文化、楚文化、关东文化、岭南文化、客家文化、闽台文化等地域文化形态。这些地域文化是传统文化在不同地域的分支和表现形态,既有中国传统文化的共性,又有鲜明独特的地域个性。来自不同地域的作家,与他们置身其中的独具特色的自然社会人文环境有着天然的紧密联系。与一般人相比,作家的个性(包括创作个性)和文化心态的形成,离不开他们的童年甚至青少年时期所生活地域的文化背景和精神氛围的影响与浸润。有些作家很小就漂泊远行,他们对于故乡的民情风俗和山水田园的各种感受、印象以及童年经验早已随着岁月的磨砺,特别是经过成年经验的理性选择、过滤和重构而渐行渐远,甚至日益模糊,但是无法割断他们与故乡地域文化的血脉相连。故乡的文化母体孕育着作家的个体生命,故乡的文化血脉滋养着作家的个性精神，每一个作家从出生那一刻起就被深深打上了故乡地域文化的烙印，故乡的文化精神传统也会依靠这些作家个体而代代相传。在中国传统文化结构中，侠文化虽然不是主流文化，其影响却弥漫渗透于传统文化体系的各个角落，特别是在和不同地域民风逐渐结合的过程中，不断显示出强旺刚健的生命力，从而使不同的地域文化均蕴含着侠文化精神的质素。新文学作家来自中国不同的地域，自呱呱坠地开始就要接受其所处地域民风及其文化精神的影响和世态人情的濡染。如鲁迅之于越文化，郭沫若、李劼人、艾芜之于袍哥文化（巴蜀文化的民间表现形态），老舍、刘绍棠等之于燕赵文化，沈从文、蒋光慈等之于楚文化，萧军、萧红之于关东文化，杨振声、莫言之于齐鲁文化，贾平凹、红柯之于三秦文化，等等。地域文化中所蕴含的侠文化精神因子，使新文学作家与侠文化结下了不解之缘，对他们侠性心态的生成有着非常重要的意义。

　　美国学者露丝·本尼迪克特认为："个体生活的历史中，首要的就是对他所属的那个社群传统上手把手传下来的那些模式和准则的适应。落地伊始，社群的习俗便开始塑造他的经验和行为。到咿呀学语时，他已是所属文化的造物，而到他长大成人并能参加该文化的活动时，社群的习惯便已是他的习惯，社群的信仰便已是他的信仰，社群的戒律亦已是他的戒律。"[1] 可以说，一个人的成长离不开他所属社群经验和所处地域文化的影响，个体的人格心理、精神气质和行为习惯就是这样逐渐形成的，既来自个体对文化环境和族群经验的学习、模仿与传承，也离不开个体生命体验的积极参与。可见，童年时期的文化环境对一个人的一生发展至关重要，个体在其所处的地域文化环境中所获得的童年经验和生命体验，常常会为他的整个人生定下基调，并影响和规范他以后的发展方向和程度。特别是地域文化精神及其基本价值取向，会作为一种集体无意识积淀于他的人格结构和文化心理深层，并成为其重要构成因素。鲁迅的硬骨头精神、韧性战斗精神和

---

[1] ［美］露丝·本尼迪克特：《文化模式》，王炜等译，社会科学文献出版社2009年版，第2页。

第二章　中国新文学作家的侠文化渊源

英勇无畏的侠义气概，郭沫若、老舍、沈从文、蒋光慈、萧军、艾芜、莫言、贾平凹、刘绍棠等各具特色的侠性气质，都与他们故乡的地域民风及其文化精神一脉相承。尽管这些新文学作家的侠性气质及其作品文本中呈现和张扬的侠文化精神，已不再单纯是童年时期无意识接受地域民风及其文化精神的结果，其中包含着他们成年后现代生命体验的激发与理性选择，但是，他们童年时期的感性认知和地域民风及其文化精神的无意识积淀奠定了其创作意向结构的基础，这对于他们的精神个性、思维方式、价值选择和审美趣味等的形成与发展具有决定性作用，或隐或显地影响和规约着他们作品的美学格调与精神走向。

一　鲁迅与越文化

鲁迅的家乡绍兴地处浙东，属于古越大地，有禹墨遗风。禹和墨子在精神层面上存在着深刻的师承渊源关系："禹大圣也，而形劳天下也如此，使后世之墨者，多以裘褐为衣，以跂蹻为服，日夜不休，以自苦为极。曰，不能如此，非禹之道也，不足谓墨。"[①] 越人奉大禹为祖先，过着一种"安贫贱，敝衣恶食，终岁勤劳""食贫""习苦"[②]的生活，可谓"以自苦为极"，的确具有禹墨遗风。作为民间文化精神的侠文化与墨家渊源颇深，二者结合形成墨侠精神，"其实质是中国古代小生产者和农民的社会理想的一种概括"，"这种精神最早的原型可上溯到氏族社会的夏禹这位民间尊崇的理想人格"[③]。鲁迅置身于绍兴水乡，濡染浸润于古越大地尚气任侠的禹墨遗风。浙东民风强悍刚硬，山岳之气中兼具硬气和匪气。鲁迅不仅认同浙东民性中的山岳之气，更独钟于古越大地的复仇精神传统。

历史上的浙东属于越地，绍兴为古越国都城，越王勾践"卧薪尝胆"，带领古越百姓忍辱负重，励精图治，最终雪耻复国。复仇雪耻

[①] 郭庆藩：《庄子集释·杂篇·天下第三十三》，《诸子集成》第三册，中华书局2006年版，第466—467页。

[②] 周作人：《苋莱梗》，张明高、范桥编《周作人散文》第一集，中国广播电视出版社1992年版，第375—376页。

[③] 张未民：《侠与中国文化的民间精神》，《文艺争鸣》1988年第4期。

的精神从此在古越大地薪火相传、生生不息。"越王勾践,其先禹之苗裔,而夏后帝少康之庶子也"①。这充分说明大禹、勾践之间血脉相通,精神相连。而这种苦行为公、复仇为国的精神浸透于古越大地,内化为越文化中坚韧刚硬的品质,对鲁迅精神气质的构塑和形成至为重要。尚气任侠的禹墨遗风和复仇雪耻的反抗精神构成了鲁迅文化心理和人格结构的重要质素。"夫越乃报仇雪耻之国,非藏垢纳污之地也"②,明末王思任的这句名言高度概括了古越大地先贤报仇雪恨的人文精神传统。鲁迅对这句名言推崇备至,激赏有加,一生中引用过多次,1936年曾接连三次在文章和通信中提到"会稽乃报仇雪耻之乡"③。我认为,鲁迅反复借用王思任的话,实际上是在表明自己爱憎分明的人生姿态和韧性战斗精神,以及对于真正的敌人,"让他们怨恨去,我也一个都不宽恕"④ 的决绝态度和复仇意志。从早年高举"其民复存大禹卓苦勤劳之风,同勾践坚确慷慨之志"的古越大地的人文精神大旗,告诫军人务必继承发扬古越"卧薪尝胆,枕戈待旦"的精神遗风,⑤ 到晚年反复申明"身为越人,未忘斯义"⑥ 的深长意味,这充分表明了鲁迅将越王勾践以来越地不畏强权、不屈不挠的反抗意志和复仇雪耻精神视为先人遗训,他的文化血脉中跃动和张扬着这种勇于反叛、大胆复仇的人文精神传统。以越王勾践为先导的越文化的反抗意志和复仇精神为后人所承传和发扬,如明朝的方孝儒、王思任、张煌言等,或隐居山林,或牺牲生命,但绝不向强权和暴敌屈

---

① 司马迁:《史记卷四十一·越王勾践世家第十一》,《史记》,岳麓书社1988年版,第345页。

② 参见王思任骂明朝宰相马士英的信,转引自鲁迅《且介亭杂文末编·女吊》文后注解[2],《鲁迅全集》第六卷,人民文学出版社2005年版,第642页。

③ 参见(1)鲁迅《且介亭杂文末编·女吊》,《鲁迅全集》第六卷,人民文学出版社2005年版,第637页;(2)鲁迅《集外集拾遗补编·关于许绍棣叶溯中黄萍荪》,《鲁迅全集》第八卷,人民文学出版社2005年版,第450页;(3)鲁迅《书信·360210致黄苹荪》,《鲁迅全集》第十四卷,人民文学出版社2005年版,第24页。

④ 鲁迅:《且介亭杂文末编·死》,《鲁迅全集》第六卷,人民文学出版社2005年版,第635页。

⑤ 鲁迅:《军界痛言》,刘运峰编《鲁迅佚文全集》(下),群言出版社2001年版,第810页。

⑥ 鲁迅:《书信·360210致黄苹荪》,《鲁迅全集》第十四卷,人民文学出版社2005年版,第24页。

服；如舍生赴义刺杀安徽巡抚的晚清革命党人徐锡麟；如为反清革命慷慨赴难从容就义的鉴湖女侠秋瑾。这些古越大地的英雄儿女都是侠肝义胆、铁骨铮铮的义士，他们刚勇豪侠的大义之举和为国为民的英勇事迹为后世所讴歌礼赞。这种复仇雪耻的人文精神体现在绍兴民间地方戏剧中，就是目连戏"女吊"悲慨刚勇的复仇形象的塑造和复仇意志的张扬，也是越文化的民间表现形态之一。

　　作为诞生并成长于古越大地这样的历史文化环境中的新文学作家，鲁迅必然深受古越地域民风及其文化精神的影响和浸润。根据鲁迅留日期间的同学回忆，他"平日顽强苦学，毅力惊人"，"因志在光复"，"志向从不动摇。同学们笑着说：'斯诚越人也，有卧薪尝胆之遗风。'"①。可见，故乡复仇雪耻的人文精神传统对鲁迅的影响极深。鲁迅自孩提时代就喜欢看目连戏，"女吊"在他幼小的心灵中留下了不可磨灭的印象。直到晚年，他仍对"女吊"演出念念不忘。在《女吊》一文中，鲁迅描述道，"女吊"穿着"大红衫子，黑色长背心，长发蓬松，颈挂两条纸锭"出场，"穿红"是"因为她投缳之际，准备作厉鬼以复仇，红色较有阳气，易于和生人相接近"；"女吊"衔冤悲泣，缓缓唱道："奴奴本是杨家女，呵呀，苦呀，天哪！……"在悲凉冤屈的愤慨中满含着复仇的渴望，同时表达了复仇的无助和渺茫。"越地历史上一切因反叛而遭横死的孤魂厉鬼的冤屈，都定格在'女吊'悲凉的形象上"②。在鲁迅眼中，"女吊"是"一个带复仇性的，比别的一切鬼魂更美，更强的鬼魂"③。这里其实寄寓着他对"女吊"复仇精神和反抗意志的理解与同情、肯定与赞美。

　　越文化中尚气任侠的禹墨遗风、复仇雪耻的反抗精神和"女吊"含冤复仇的坚韧意志，给幼年鲁迅的文化心理和人格精神以深刻的影响与滋养。鲁迅说："不知道我的性质特别坏，还是脱不出往昔的环

---

① 沈瓞民：《回忆鲁迅早年在弘文学院的片断》，《鲁迅回忆录》（散篇）上册，北京出版社1999年版，第45—46页。
② 倪婷婷：《"五四"作家的文化心理》，南京大学出版社2005年版，第272页。
③ 鲁迅：《且介亭杂文末编·女吊》，《鲁迅全集》第六卷，人民文学出版社2005年版，第637页。

境的影响之故，我总觉得复仇是不足为奇的。"① 因此，"鲁迅对越地复仇传统的继承弘扬，彰显了他顽强的意志和反抗的精神，同时也昭示了他思想性格中不调和、不妥协的彻底和深刻"②。故乡人文传统中的尚武任侠之风、复仇精神和反抗意志经过长期积淀并逐渐内化为强悍刚毅、慷慨赴难、坚忍不拔、嫉恶如仇的精神品质，构成了鲁迅人格结构和文化心理深层的积极因子，并伴随和影响了他的一生。

二 郭沫若、李劼人、艾芜与袍哥文化

巴蜀文化由巴文化和蜀文化构成，为中华文化多元结构中的重要组成部分，主要生成和活跃于巴蜀大地，也就是四川和重庆地区。巴蜀大地是中华民族的摇篮之一，是人类文明的发祥地之一。因地理环境阻隔远离中原地区和盆地天府自给自足优势而形成的"戎狄之长"意识，使巴蜀文化长期以边缘话语与中央封建王朝正统权威和正统文化相悖。无论是华夏民族初始年代，还是中国封建思想文化体系完型时期，巴蜀大地的人文生态和文化精神总是独树一帜，个性张扬，"道家学说、易学卜筮、巫术墨侠等非正统思想一直是巴蜀文化的基本核心"③。在漫长的历史发展进程中，逐渐形成了大胆狂野、放荡不羁、自由任性、粗犷豪放、勇于反叛和重义好侠的地域文化特征与文化精神。生活在巴蜀大地上的人们特别是历代社会精英人物，他们作为巴蜀文化的创造者和传承者，一方面创造了这种独特的地域文化，一方面也被这种地域文化所塑造，同时他们又以自己的文化再创造不断丰富和发展着这种地域文化，惠及当时，泽被后世。无论是在古代中国，还是在现代中国，巴蜀文化对巴蜀地区乃至中国的社会人生都产生了巨大而深远的影响。

袍哥文化为巴蜀文化的民间表现形态，以江湖文化的形式体现着巴蜀文化自由、叛逆、狂放、任侠的特质。袍哥文化发源于晚清，盛行于民国，其组织形式为袍哥会。袍哥会是以武力为后盾和行为特征

---

① 鲁迅：《坟·杂忆》，《鲁迅全集》第一卷，人民文学出版社2005年版，第236页。
② 倪婷婷：《"五四"作家的文化心理》，南京大学出版社2005年版，第274页。
③ 邓经武：《巴金与巴蜀文化》，《绵阳师专学报》（哲学社会科学版）1998年第2期。

的民间团体，与青帮、洪门并立为当时民间社会的三大帮会门派或秘密社会组织。袍哥会成员以游民为主，以江湖义气为标榜，以锄强扶弱相号召，由于"长期在社会上处于受歧视、压迫、打击的地位，因此在政治思想上通常对现实统治秩序有对抗的情绪"①。也就是说，袍哥会是一个以义气为重、具有叛逆精神和反抗意志的天然的民间组织。在清代的四川地区，袍哥会只不过是一小部分人的秘密团体，辛亥革命后，便成为四川地区大部分成年男性均可以直接参加或间接受其控制的公开性组织。"四川袍哥人数之多，分布之广，势力之大，是外省所不能比的。与一般的土匪不同，四川袍哥的最大特点是它与世俗社会融为一体，力量渗透到了包括官、兵、绅、商在内的各种'体面'阶层，甚至知识分子。在更多的时候，它是以公开半公开的方式直接参与社会事务而无须啸聚绿林。求取袍哥组织的接纳和保护与投靠某个军阀同样重要，甚至更实在，这就形成了四川所特有的浓厚的'袍哥文化'基础"②。就四川地区而言，袍哥会和袍哥文化在社会生活各个方面都具有重要影响。袍哥会也称哥老会，四川的哥老会成员也被称为袍哥。袍哥会成员复杂，良莠不齐。其中有对抗强权，劫富济贫，行侠仗义者；也有贪图安逸，横行乡里，为非作歹者。在官方和正统文人看来，袍哥就是土匪。他们的命运要么是被官方剿灭，要么是被官方招安，成为助纣为虐的官府鹰犬。但从袍哥对抗强权、除暴安良、仗义行侠、追求自由等价值取向来看，他们代表社会底层民众利益，具有民间侠客的性质，在近代资产阶级革命时期，能够响应革命党的号召，接受他们的联络和领导，为反清革命冲锋陷阵，有一定的革命性。因此，从某种意义上讲，袍哥会具有一定的正义性和革命性，袍哥文化蕴含着侠文化的精神质素，继承和张扬着侠义精神。

  四川籍的新文学作家大都深受袍哥文化的影响和浸润，如吴虞的舅舅刘藜然，沙汀的舅舅郑慕周、岳父李丰庭，都是袍哥会的龙头大爷，他们在成长过程中遭遇不幸和困顿的时候，是袍哥向他们施以援

---

① 邵雍：《秘密社会与中国革命》，商务印书馆2010年版，第4页。
② 李怡：《盆地文明·天府文明·内陆腹地文明——论现代四川文学的文化背景》，《社会科学研究》1996年第2期。

手，使他们转危为安，化险为夷，从而摆脱困境。康白情的父亲曾加入袍哥会，受父亲的影响，康白情年仅九岁就操了袍哥，"和气味相近的大小同学结过两次金兰，大约前后和二三十人换帖"①，后来康白情还成了"吉"字义安公社社长，俨然一派侠者风范。

郭沫若的家乡铜河沙湾，是一个典型的土匪巢穴。他说："就在那样土匪的巢穴里面，一八九二年的秋天生出了我。这是甲午中东之战的三年前，戊戌政变的七年前，庚子八国联军入京的九年前。在我的童年时代不消说就是大中华老大帝国的最背时的时候。"② 对于自己出生的故土，郭沫若毫不讳言。他的家乡是土匪丛生的地方，当时嘉定的土匪大都出自铜河，也就是大渡河，铜河的土匪头领大多出自沙湾，徐大汉子、王二狗儿、杨三和尚、徐三和尚、杨三花脸等土匪头子，都是沙湾一带的人，比郭沫若不过年长六七岁，甚至有的还是他儿时的好友。在杨三和尚遭到官差搜捕时，幼年郭沫若和五哥一起挺身而出，掩护杨三和尚躲过了一劫。在郭沫若看来，"小时候总觉得杨三和尚是一位好朋友，他就好象《三国志》或者《水浒》里面的人物一样"③。杨三和尚十几岁就做了土匪，惨遭官府迫害之后就完全成了秘密社会的成员。在世俗眼光看来，袍哥就是土匪，居于社会和文化的边缘一隅，被视为作奸犯科、大逆不道的一类，在历史上产生过消极影响和破坏作用。但毋庸置疑，袍哥中也有侠义之士，这些侠义土匪劫富济贫、仗义疏财、扶危济困、重义轻生、诚信守诺，对历史的发展确实起过积极的作用，产生过重要的历史影响。土匪的负面作用和消极影响遮蔽不了他们的正面作用与积极影响，这才是对待历史上土匪问题的辩证态度。郭沫若幼年生活于老大帝国最背时的时候，对弱势群体有一种出于本能的同情和理解，与土匪好友的相处使他接触到仗义行侠、我行我素的袍哥文化，在他幼小的心灵中不可避免地

---

① 丘立才、陈杰君：《矛盾而复杂的五四诗人康白情》，《新文学史料》1990年第2期。
② 郭沫若：《少年时代·我的童年》，《郭沫若全集》文学编第十一卷，人民文学出版社1992年版，第17页。
③ 郭沫若：《少年时代·我的童年》，《郭沫若全集》文学编第十一卷，人民文学出版社1992年版，第16页。

第二章 中国新文学作家的侠文化渊源

濡染和浸润着侠文化精神的积极因子。这对他成年后的创作和思想影响颇深。成年后的郭沫若曾著有《匪徒颂》，诗中高度赞美讴歌人类历史上的真正"匪徒"，如克伦威尔、华盛顿、马克思等。这些最初不为人所理解甚至惨遭污蔑迫害的"匪徒"，最终对人类社会的发展和进步作出了巨大贡献，他们身上所体现出来的叛逆精神和反抗意志使郭沫若为之欢呼礼赞，这是推动人类社会历史不断前进的巨大力量。郭沫若的创作特别是抗战史剧中对侠义题材的开掘，都离不开巴蜀大地袍哥文化对他的影响。从某种意义上说，这些创作成就，得益于他对袍哥文化中仗义行侠、反抗复仇、自由意志等积极的侠义质素的改造、提炼和张扬。

李劼人为人仗义豪爽，曾与一个袍哥大爷结为干亲家，这位袍哥大爷绰号邝瞎子，在一个宪兵司令的部下做谍查，行走江湖，义薄云天，曾将李劼人被绑架的儿子从票匪手中成功赎回，李劼人的小说《死水微澜》中的男主角罗歪嘴形象就是以邝瞎子为原型塑造出来的。在与袍哥大爷相交相知的过程中，李劼人充分了解和深入体味到袍哥的为人处世和生活态度以及他们的精神心理、个性气质，这对他的侠性心态的萌蘖是一种真切丰富的体验和促进，而侠性心态的形成，使李劼人的创作呈现出一种不同凡俗的风貌。这主要体现在他善于从袍哥文化中提炼出粗犷豪放的民风、强悍刚勇的反叛精神，将其植入小说创作的生命土壤，构建出一种充盈着侠义情怀和江湖气息的叙事空间与特立独行的精神氛围。从地域文化的角度审视，袍哥文化当属传统侠文化在巴蜀地区的地方变体，积淀着丰厚的侠义精神和江湖习气，袍哥奉行"路见不平拔刀相助"和"有福同享有难同当"的道德准则与行为方式，在侠义观念的指导下立身处世，扬名立万。

袍哥组织的江湖义气和侠义观念自近代以来逐渐发生堕落甚至变质，但袍哥的侠义气概、叛逆精神和自由平等的诉求，仍然对在黑暗中苦苦挣扎的芸芸众生构成一种生存希冀和精神召唤。小说《死水微澜》中以邝瞎子为原型的罗歪嘴，就是一个道道地地的袍哥，人物生存与活动的场景"天回镇"实乃一个典型的以袍哥罗歪嘴为主导的江湖。在这个民风剽悍、险象环生的江湖中，上一代袍哥首领是余树南，其为人处世风格大类及时雨宋江，是一位仗义疏财、古风犹存的民间豪侠。到了罗歪嘴一代统领江湖时，袍哥组织正在走向下坡路，蜕化堕落在所难免，侠义精神也在沦丧。小说写道，罗歪嘴通过不良方式搞钱，占有了表弟的妻子蔡大嫂，这表明袍哥正在蜕化变质。深入文本，我们可以发现，罗歪嘴的这种行为确实有着现实的合理依据与值得理解和同情之处。一个游离于主流社会之外的地下社会组织或者成员出于生存需要以极端手段捞钱，只要不欺压百姓，不恃强凌弱，应该可以得到一种历史的理解。占有他人妻子，确实属于不道德行为。但罗歪嘴与蔡大嫂之间的关系，除双方性的需求之外，更重要的是他们之间存在心灵的相吸和两情相悦。不甘寂寞、追求自由安逸的蔡大嫂，为罗歪嘴不受约束的自由个性、大胆叛逆精神和仗义行侠胸怀所深深吸引；而粗犷放任、敢作敢为的罗歪嘴也发现了蔡大嫂身上大胆泼辣的野性力量。他们之间的惺惺相惜、相互垂怜，在"天回镇"这个江湖成就了一番自由的爱情。虽然袍哥组织及其成员在走向堕落之途，但李劼人还是让人们在这个"死水"一样的世界看到反抗的"微澜"和生存的希望。罗歪嘴作为袍哥头领，还是一个正派的侠义之士，不论是义救佃户的行为，还是反抗洋人和朝廷的壮举，作者赋予他的是一种来自民间的正义性和一种地地道道的侠义精神。而这些无不得益于李劼人对巴蜀大地袍哥文化真义的理解、阐发和推重。

艾芜从小深受袍哥文化的濡染和浸润，侠义精神滋养着他的人格心理。漂泊异域、行走江湖的人生经历，使他倍感侠义情怀的温馨和力量；小人物的悲惨命运和社会不公，激发了他对自由与平等的热烈追求；江湖险恶的考验与磨难，培养了他顽强坚韧、不屈不挠的生命意志和反抗精神。无论是幼年的生活经验，还是成年后的人生历练，特定的地域文化精神和独特的生命之旅，均奠定了艾芜侠义情怀的生命底色。这些宝贵的生活经验和精神财富，养成了艾芜追求自由正义、勇于反抗、能够承受和超越生命苦难的文化人格。作为一个具有游侠气质的新文学作家，艾芜"在风华正茂的岁月，含辛茹苦地领略了所谓'化外'边陲和华缅杂居的异邦的风光习俗、人情世态，这种奇异独特的人生阅历和作家在'五四'时期就开始获得、并在'左联'时期继续补充的现代意识相撞击,便迸射出璀璨的艺术灵感的火花,从而写成了使他一举成名的短篇集《南行记》"①。《南行记》寄寓着艾芜的游侠情结和生命哲学,他以"游"的姿态领略了人间的苦难与不幸,以一种不屈不挠的顽强生命力和超越苦难的侠义情怀去审视与观照滇缅边地的人生百态和荒蛮狂野的异域风光。在艾芜的生命意识烛照下,流浪者、强盗、滑竿夫、商贾、马哥头、走私犯等这些社会边缘人物,虽然野蛮斗狠、桀骜不驯,但他们也有自己可贵的生命尊严和保持底线的生存法则。他们生存于社会底层,蔑视一切世俗成规和政治法律秩序,虽然没有多少人生壮举,但行走江湖的苦难经历和险恶密布的生存环境磨砺与铸就了他们强悍的生命意志与朴素的自由精神。这种强悍的生命意志和对自由的崇尚追求成为这些边缘人物在冷酷无情的丛林法则下得以保全性命与张扬生命激情的生存智慧和精神力量。而这,恰恰又是艾芜游走人生江湖的生命历程中经验和智慧的总结,袍哥文化给予他的精神滋养成为其人格构成中重要的质素。

三 老舍、刘绍棠等与燕赵文化

燕赵地区位于塞外与中原大地的缓冲地带,为游牧文明和农耕文明的分界区域,历来就是兵家必争之地。原始社会末期,炎帝部落和黄帝部落在河北涿鹿一带发生了多次大规模的战争,这实际上是农耕文明和游牧文明之间的争夺,战争的结果就是促进了炎黄两大部落之间的融合与统一。春秋战国时代,诸侯争霸,战乱频仍,燕赵地区也是烽火不断,遍地狼烟。燕赵地区人民在战火中经历了血与火的考验和磨炼,逐渐铸成了英勇无畏、顽强不屈的反抗精神和重义轻生、视死如归的侠义气概。特别是战国后期,涌现出了以易水壮别、舍生刺秦的荆轲为代表的许多侠义之士。几千年来,燕赵地区由于其独特的战略地位,不断遭受外族入侵,无数燕赵儿女为了抵御外侮,为了民族解放的正义事业而捐躯赴难,英勇无畏。漫长的历史积淀和文化承传,使燕赵大地形成了一种尚武任侠、慷慨悲歌的文化精神。就文化

---

① 杨义:《中国现代小说史》第二卷,人民文学出版社1986年版,第464页。

渊源来讲,"燕赵文化主要由侠文化与儒文化构成。从先秦到唐代,燕赵文化精神的内涵,是在不断扩大着的,在继承传统的同时纳进了新的东西。它应该包括以下四点:任侠使气,慷慨悲歌,崇儒尚雅,敦厚务实"[①]。可以说,侠文化参与了燕赵文化的形成和建构,并成为其有机构成要素,在漫长的历史发展过程中,以其尚武、任侠、慷慨、悲壮的积极因子内化于燕赵文化的精神血脉之中,而不断彰显其动人的魅力。

北京作为千年古都和战略要地,位于燕赵大地的核心地带。老舍出生于北京,并于北京长大成人,不可避免地接受燕赵文化潜移默化的濡染和浸润,尚武任侠、慷慨悲歌的文化精神对于他的文化心理和人格精神的形成与塑造至关重要。老舍小时候非常喜欢当时流行的侠义公案小说,并崇拜小说中的侠客,还对说唱文学和曲艺节目中的侠义英雄情有独钟,这是他接受侠文化影响的基础。几千年来燕赵大地上尚武任侠的英雄及其慷慨悲歌的事迹借助这些艺术形式无声无息地滋润着他幼小的心灵。生活于燕赵大地上的老舍,他的人格精神和文化心理在耳濡目染当中被无形地注入燕赵文化的底蕴。这使老舍对仗义行侠之士及其侠义精神和干云豪气由衷赞佩且心向往之,也奠定了他一生钟情于侠文化的情感基调。老舍的许多小说和话剧虽然不是以塑造侠客形象为主,但就某些人物的言行而论,大类侠客义士,如小说《老张的哲学》中的王德、李应、李老人、孙守备,小说《赵子曰》中的李景纯,小说《离婚》中的丁二爷,小说《牛天赐传》中的虎爷、王宝斋,小说《猫城记》中的大鹰,小说《四世同堂》中的钱默吟,话剧《茶馆》中的常四爷,话剧《五虎断魂枪》中的王大成、宋民良,等等。这些作品充满了大义凛然之气、悲天悯人意识和民间侠义情怀,这些人物也都任侠尚武,多燕赵慷慨悲歌之气。这当然与老舍的侠文化观照及其侠性心态在文本中的情感沉潜和精神投射是分不开的。

[①] 韩成武、赵林涛、韩梦泽:《燕赵文化精神与唐代燕赵诗人、唐诗风骨》,《河北师范大学学报》(哲学社会科学版)2006年第6期。

第二章 中国新文学作家的侠文化渊源

新文学作家如孙犁、孔厥和袁静等，由于地缘关系，均受到燕赵文化精神的影响和滋养。他们在抗战烽火中书写着燕赵儿女不怕牺牲、英勇杀敌的英雄事迹，字里行间浸润和流淌着燕赵文化尚武任侠、慷慨悲壮的精神血脉，文本深层充溢着大义凛然的民族正气和激昂慷慨的燕赵文化精神。孙犁在小说《荷花淀》中精心塑造了以水生嫂为代表的农村普通劳动妇女，这些看似平凡实则伟大的年轻女性英雄形象。她们是生长在燕赵大地上的精灵，在民族危亡的紧急关头，能够识大局、顾大体，毅然支持丈夫奔赴抗日前线奋勇杀敌。孙犁在另一篇小说《芦花荡》中塑造了一位机智勇敢的复仇老人，他利用自己熟悉的地形将日本鬼子引诱到芦苇荡深处，然后用撑船的竹竿像敲西瓜一样把十二个鬼子的脑袋一个一个地敲开。这些人物都是抗战背景下涌现出的平民英雄，都是普通的平民百姓，体现了燕赵儿女深明大义、不怕牺牲、任劳任怨、英勇杀敌的生命风骨。孔厥和袁静的小说《新儿女英雄传》采用传统章回体小说的艺术形式，塑造了以牛大水为代表的抗日英雄形象。牛大水有燕赵侠士勇武任侠、慷慨悲壮的气度，但没有被塑造成一个江湖侠客形象。在小说中，他的活动场所不是江湖，而是抗日战场；他的行侠目的不是快意恩仇、除暴安良，而是抵御外侮、为国为民。牛大水不再是一个简单的江湖侠客，而是一位最终走上革命道路的真正的抗日英雄。当然，这是作者在现代革命思想指导下，对侠文化精神进行改造的结果。

新文学作家刘绍棠的故乡通州，坐落于京东北运河畔。这里是京杭大运河的北段起点，更是燕赵文化的腹地。正是这种独特的地理位置和文化环境，造就了北运河人仗义豪爽、机敏灵活、敢作敢为、勇于担当的文化性格。生活在这片热土上的乡亲大都侠义慷慨，乐于助人，这是典型的北运河人的性格。这种豪放仗义、勇武任侠的文化精神和个性气质不仅在日常生活中，而且还通过戏曲、评书和民间故事等艺术方式，对幼年刘绍棠产生潜移默化的影响，这对于他侠性心态的生成无疑是一种无声的滋养。刘绍棠喝着北运河的水长大，从小深受燕赵文化的熏陶和浸润。燕赵文化中不畏强权、不怕牺牲的反抗精神，挺身而出、伸张正义的侠义气概，坦荡无私、不媚流俗的豪爽情怀，一直影响着刘绍棠的为人与为文。他作品中的许多人物形象，特别是女性形象，虽然性格各异，但大都慷慨豪爽、仗义疏财、勇于牺牲、舍己为人，充分体现出了燕赵侠士的风范，彰显了一种古道热肠、慷慨悲壮的美好品德。

四 沈从文、蒋光慈等与楚文化

楚文化是指以先秦时期楚国的物质文化和精神文化为渊源发展演变而来的一种地域文化，是中华文化的重要组成部分。楚地幅员辽阔，楚文化的区域范围几经变迁，早期楚文化的中心地区为湖北大部、河南西南部；湖南、江西是春秋中期以后楚文化的中心地区；晚期楚文化的中心地区为河南东南部、江苏、浙江和安徽的北部、山东南部。另外，云南、贵州和广东等地的部分地区也受到楚文化影响。沈从文的家乡是湘西凤凰县，蒋光慈的家乡位于大别山区安徽霍邱县，这两个地方都属于古代楚国的领地，均为多省交界的边地，天高皇帝远，统治阶级的控制力量相对薄弱，再加上高山大川、森林密布，地势险要、交通不便，这种自然环境，容易滋生匪盗，出现匪患。对于下层民众而言，面对天灾人祸和暴虐统治，在衣食无着、官逼民反、走投无路的绝境下，铤而走险、啸聚山林、打家劫舍、扶危济困成为他们最终的选择，从而毅然决然地走上反抗道路。楚虽三户，亡秦必楚。在漫长的历史演进中，逐渐形成雄武强悍、好勇斗狠的民性和尚武任侠、刚健进取的楚地风骨。

沈从文和蒋光慈都来自楚地的边缘一隅，他们在青少年时期都或多或少地受到了楚文化精神的滋养和浸润。刚勇尚武和崇神信巫构成了楚文化的两大基本特色，民风剽悍和任侠使气作为一种集体无意识积淀和流淌于楚人的血脉之中，形成血性冲动和崇尚正义的文化精神。可以说，作为中国传统文化的一个地域分支，楚文化刚勇尚武的特色，一方面是剽悍的民风使然，一方面与传统侠文化的影响密不可分，其任侠使气的特质蕴含着侠文化中尚武、任侠的精神底蕴。沈从文和蒋光慈出生并成长于古楚大山腹地，在他们的精神血脉中跃动和流淌着楚文化刚勇尚武的精神因子。沈从文的嫡祖母出身苗族，一生命运悲惨，这使沈从文始终以苗族后裔自居，"沈从文与苗族的血缘联系，决定了他的创作在骨子里所烙上的中国南方楚文化的印记"①。湘西大山和苗族血统赋予沈从文的是一种生命冲动制导下的血性正义和自由意志，那种"潜在的力量一旦爆发，往往有一种不可抑止的原始野性"②。大别山的独特地势和风俗民情赋予蒋光慈一种倔强、果敢、不畏权势、勇于反抗的大山性格，内心蓄积着一种不满现状、一触即发的反叛力量。他从小爱读古代游侠的事迹，在他幼小的心灵中"早种下不平的种子"③。由此可见，沈从文和蒋光慈侠性心态的形成及其与侠文化的渊源关系，与楚文化精神的影响和浸润是分不开的。无论是沈从文笔下的湘西游侠世界，还是蒋光慈的革命侠义情结，都是他们侠性心态的真实流露和侠文化精神的艺术呈现。

在严家炎看来，义侠精神像一道光柱，把一些新文学作家的作品连同灵魂，照得通体透明。他以新文学作家安徽霍邱人台静农为例，论述了他与侠文化的渊源关系及其对侠文化精神的承传与发扬。台静农与鲁迅交往颇深，著有《地之子》和《建塔者》两部短篇小说集，前者是乡土小说，后者呈现出思想进步的革命者风姿。为何会出现这种转变呢？直到读了叶嘉莹的《〈台静农先生诗稿〉序言》后，才解其中奥秘。原来台静农在抗战时期曾写过慷慨激昂的旧体诗，如《沪事》一首谓"他年倘续荆高传，不使渊明笑剑疏"，《谁使》一首谓"要拼玉碎争全局，淝水功收属上游"等，由此得知，台静农青年时代深受荆轲、高渐离等古代侠客义士的影响，胸怀报国杀敌之志。如此看来，台静农同情革命、走向革命绝非偶然，他的一生证明：侠肝义胆确实和革命相通。④ 来自湘楚大地的新文学作家黎锦明，他的小说《复仇》描述了一出反抗强权势力的侠义复仇壮举，充满了鲜明的复仇意识和强烈的反抗精神。在小说结尾，那伙为民除害的侠义强盗

---

① 凌宇：《从苗汉文化和中西文化的撞击看沈从文》，《文艺研究》1986年第2期。
② 刘祖春：《忧伤的遐思——怀念沈从文》，《新文学史料》1991年第1期。
③ 蒋光慈：《鸭绿江上·自序诗》，《蒋光慈文集》第一卷，上海文艺出版社1982年版，第86页。
④ 严家炎：《金庸小说论稿》，北京大学出版社1999年版，第26页。

唱出了反帝、反统治者的歌曲,作者的这种艺术处理暗示了他们复仇之后会走上革命道路,不仅消解了复仇者的嗜血性和盲目性,而且赋予他们的复仇行为社会正义的精神内涵。黎锦明的另一篇小说《高霸王》塑造了一个颇有蛮力的农民,他被收税索捐的官兵打伤,为了复仇而上山习武。二十年后,他返回家乡,打起"替天行道"的大旗,率众起事,屡挫官军,占领县城,但不幸的是最后在进攻邻县时全军覆灭。黎锦明的作品笔力刚健,气势雄强,壮写了草莽英雄的赫赫声威,饱含慷慨激昂之气,渗透着近代农民反抗压迫、勇于复仇的坚强意志。同样来自湘楚大地的丁玲,她的小说《一颗未出膛的枪弹》也呈现出一种革命侠义风范,主人公是一个年仅十三岁的英雄"小八路",掉队后被敌人活捉,在即将被敌人枪决的时刻,以大义凛然的精神和一身正气的风骨,最终感化了在场的所有东北军官兵。少年英雄侠风烈烈,铁骨铮铮。通过分析,可以发现,台静农、黎锦明和丁玲都有着深厚的楚文化地域背景,浸润于楚文化精神之中,其文化心理和人格精神中满蓄着侠性质素,流露于作品文本中的,自然是任侠使气、蛮悍勇武的楚地风骨。

五 萧军、萧红与关东文化

明朝初年建山海关之后,关外的东北地区被赋予了一个独特的地理概念,那就是"关东"。明清以来在东北地区逐渐形成了一种区域文化,即"关东文化"。所谓关东文化,主要是指山海关以东地区,基本上包括辽宁、吉林、黑龙江东北三省全境和内蒙古部分地区在内的地域文化圈,亦有"黑土地文化""辽海文化""北大荒文化"等称谓,尤以"关东文化"被人们所广泛接受和认可。千百年来,东北大地地处关外,远离中央政权的控制和王官文化的礼乐教化,形成了一个多民族杂居融合的独特的生存区域和多民族文化交融的文化圈。天寒地冻的生存环境,民族争斗的酷烈频繁,各个时期大量移民的不断涌入,赋予这片土地不惧死亡的冒险精神和坚韧顽强的生存意志,逐渐形成了以粗犷豪放、厚重质朴、放达包容而绝少排他性为鲜明特征的关东人的群体性格,铸就了以强悍刚勇、尚武使气、慷慨助人、旷

第二章 中国新文学作家的侠文化渊源

达豪迈为特质的地域民风。以这种群体性格和地域民风为构成要素的关东文化来自白山黑水的濡染、多民族的融合和汉族移民带来的儒家文化的影响,以及民间侠文化的浸润,体现了一种多元碰撞、兼容并蓄的文化特征,成为中华文化多元一体格局中的重要组成部分。"从远古到近代,在东北这块神奇的土地上,那种追求自由与漂泊的鸟图腾文化精神,那种在渔猎牧狩的生存方式中养成的并在一次次民族迁徙中被不断强化和扩大的流动不羁的天性,那种在闯关东的移民潮流中凝聚出的开拓冒险精神,在东北特定的自然、历史和人文环境中,在时间的长河中,它们相互激荡与融合,有机地构成为以漂泊流荡为特征、以崇尚自由奔放为实质的地域文化精神"[①]。这种地域文化精神就是关东文化精神,这是从黑土地里自然生长出来的坚韧顽强、不屈不挠、任侠使气、豪迈放达的人文精神。作为一种集体无意识,关东文化精神滋养着繁衍生息于黑土地上的人们,对他们的性格、心态、生存方式和价值观念产生着潜移默化的影响,不断塑造着他们的精神气质和人格心理。

萧军的家乡位于辽宁西部山区,是一个叫作下碾盘沟的山村。这个小山村是一个偏僻闭塞、蒙昧落后、贫穷荒凉的穷山沟,居住在这里的人们大都是来自关内山东、河南和河北一带逃荒的移民,以及被发配于此的罪犯们的后人。萧军的祖先由山东迁徙来此,已有十三、四代历史了。下碾盘沟一带怪石嶙峋,沟壑纵横,地势险峻,贫瘠荒寒,不宜人居,但"恶劣的自然条件磨练出他们吃苦耐劳、坚毅勇敢的精神,这在萧军的性格上似乎也留下了明显的烙印"[②]。这种险要的地势滋生了与怪石、草莽为伍的打家劫舍、杀人越货的盗匪,当地人称"马鞑子""红胡子"。这些盗匪的成分很复杂,其中的一些野心家与统治阶级相勾结,狼狈为奸,横行乡里,但大多数人是为生活所迫,为了争得生存权利,铤而走险、奋起抗争的贫困破产的农民和手工业者。他们善良正直,勇敢奋斗,在没有先进思想指引和先进阶级领导

[①] 逢增玉:《黑土地文化与东北作家群》,湖南教育出版社1995年版,第53页。
[②] 张毓茂:《萧军传》,重庆出版社1992年版,第3页。

的情况下，找不到正确的奋斗出路，最后的结局，或者被官军镇压剿灭，或者成为某些野心家换取金钱权力的工具而被官府招安收编。这些绿林好汉、草莽英雄的结局虽然多以失败告终，但他们的武装活动和反抗精神，在当地产生了巨大的社会影响，以致当地民风剽悍，任侠尚武。萧军的亲戚和邻居中就出了不少侠肝义胆的胡子，童年时代的萧军非常崇拜这些绿林英雄，但"作为孩子，萧军当时还不可能懂得他心目中的那些'英雄'，全是被抛出了正常生活轨道的亡命之徒，他们在黑暗中摸索徘徊，狼奔豕突，……然后一个一个被黑暗吞噬了"①。可以说，萧军的童年是与"火光、枪声、呐喊、深深的苦难……"②联系在一起的。正是在关东文化精神的滋养和浸润下，小萧军的幼小心灵中早早就埋下了反抗、奋争、不平、勇毅、尚武、任侠的种子，逐渐形成了独特的桀骜不驯、复仇反抗、崇尚自由、追求正义的侠性心态和文化品格。

诞生并成长于呼兰河畔小城的萧红，曾与萧军一起驰名于20世纪30年代的左翼文坛。她没有东北大汉强悍的体魄和勇武的外表，但关东文化精神的滋养使她的精神血脉鼓动着侠义豪迈的气质，童年时代的不幸和苦难在她的内心深处埋下了反抗的种子。萧红从小就惨遭家庭暴力，缺少亲情温暖，内心深处充满了对自由人生和美好人性的渴望与追求，不愿成为专制家庭的牺牲品和旧社会旧制度的殉葬品。当冷酷无情且蛮横专制的父亲为了攀附权贵将包办婚姻的枷锁强加给萧红时，她断然拒绝，在父亲的威逼下也没有屈服，表现出毅然决然的抗争精神和不屈不挠的反抗意志。正是这种强烈的反抗意志和渴望自由人生的生命激情，燃起了萧红对生活的希望，使一个黑暗中踽踽独行的弱女子在绝望之际焕发出英勇无畏的生命力量和顽强不屈的生存意志。面对人生的不幸和生活的坎坷，萧红没有屈服，而是果敢地冲破了那个封建家庭的牢笼，走上抗争之路，开始了人生江湖的漂泊动荡生涯。在身陷囹圄、深感绝望之际，萧军对她施以援手，大义相救，

---

① 张毓茂：《萧军传》，重庆出版社1992年版，第3页。
② 张毓茂：《跋涉者——萧军》，辽宁人民出版社2000年版，第4页。

从不向命运低头的萧红重新燃起了生命的火焰,与萧军这个侠肝义胆的拼命三郎作为同路人,一起跋涉在人生江湖和文学人生的道路上。萧红的小说《王阿嫂的死》《生死场》《呼兰河传》《旷野的呼唤》,都是饱蘸血泪的力作,文本深层蕴含着强烈的反抗精神、顽强的生存意志和原始强悍的生命力。这些血泪熔铸的人性辉光,是萧红不让须眉的侠义雄迈气质和崇尚自由人生的生命激情在文本中的交融与折射。

六 杨振声、莫言与齐鲁文化

齐鲁文化由齐文化和鲁文化构成,是指先秦时期齐国和鲁国以东夷文化和周文化为渊源而逐渐发展演变而来的一种地域文化,主要集中于山东地区。几千年来,齐鲁文化沿着"区域文化——儒家文化——民族传统文化"的路径演变,逐渐形成了自己的特质和品格,"这就是它的非官方的正统性质、'崇德尚仁'的伦理特色和'士志于道'的古典人文精神。这一方面是其区域文化的本质特征,另一方面也是它转化为民族传统文化的内在根柢"[①]。齐文化与鲁文化之间存在诸多对立因素,在交流融合的过程中也不断地互相补充。"在政治方面,齐文化尚霸道,鲁文化尚仁道;在经济方面,齐文化讲求农、工、渔、商共同发展,鲁文化讲求以农为本而抑商;在法律方面,齐文化重'刑政',鲁文化重'德政';在外交方面,齐文化主张力兴霸业、一匡天下,鲁文化主张弘扬王道、平治天下"[②]。从整体上看,齐文化自由开放、放达包容,鲁文化温柔敦厚、内敛含蓄,使整合后的齐鲁文化具有极强的张力和巨大的涵盖力。

在齐鲁文化的滋养和浸润之下,齐鲁儿女重义轻利、敢作敢为、不畏权势、勇于反抗。墨子生于鲁国,坚毅隐忍,苦行为志,以其言行为侠文化的形成和发展奠定了基础,使侠文化与墨家思想渊源颇深,铸就了一种墨侠精神。秦汉时期,墨家式微,由显学沦为游侠之类,但墨家的兼爱、贵义、共济、互助、守诺、尚同等思想主张实际上逐

[①] 魏建、贾振勇:《导语》,《齐鲁文化与山东新文学》,湖南教育出版社1995年版,第2页。
[②] 魏建、贾振勇:《齐鲁文化与山东新文学》,湖南教育出版社1995年版,第17—18页。

渐成为游侠处世做人的信条。汉代游侠朱家，生于鲁地，与汉高祖生活于同一时代，虽然鲁地奉行礼乐教化，但朱家以"侠"名闻天下，扶危济困，仗义行侠。历代农民起义和革命战争在齐鲁大地风起云涌，许多替天行道、为国为民的英雄好汉脱颖而出。这种侠文化传统经过代代相传，深深植根于山东人的文化心理和精神个性之中，使山东这块热土自古以来一直响彻着反抗和斗争的英雄乐章。特别是以北宋末年山东农民起义为素材创作的《水浒传》，其中塑造的"梁山好汉"形象更是妇孺皆知。"以梁山好汉为原型塑造的文学形象，便成为他者想象山东人的'共同审美经验'，成为齐鲁文化形象建构和身份认同的重要媒介"①。齐鲁文化作为中国传统文化的主体构成要素，其侠义、抗争的精神因子或隐或显地浸染着每一个生于斯长于斯的生命个体，不仅决定着他们的话语方式、行为模式，而且浸润着他们的思想意识、价值观念、审美情趣和文化心理，甚至影响着他们的价值判断和人生选择。

蓬莱人杨振声是五四时期最早登上新文化运动舞台的山东籍新文学作家之一，他与聊城人傅斯年，成为五四青年中激进主义分子的代表。他们均来自孔孟之乡，自幼接受齐鲁文化的浸润和熏陶，其人格精神和文化心理无形中积淀着任侠反叛的因子。在新文化运动中，杨振声和傅斯年、罗家伦等人组建了"新潮社"，创办了《新潮》月刊，以笔为剑，向新文化的大敌孔孟之道宣战。五四运动爆发时，杨振声作为当时的学生领袖之一，身先士卒，不怕牺牲，因火烧赵家楼而被北洋军阀政府逮捕，充分体现了一个坚强斗士的侠义风范。虽然他们批判儒家思想和孔孟之道的理论武器是西方反封建的启蒙主义思想，但齐鲁文化中侠义、抗争的精神资源也不容忽视。侠义抗争精神和孔孟之道是齐鲁文化的两个面相，一个指向大地民间，一个指向官方庙堂。可以说，杨振声是在以齐鲁文化中侠义抗争的精神之剑，来反叛作为专制政治之灵魂的孔孟之道。杨振声对孔孟之道的批判本身就包含着对家乡本土文化的叛逆，"表面来看是叛逆以孔孟之道为代表的中国传统文化，

---

① 房福贤等：《齐鲁文化形象与百年山东叙事》，山东画报出版社2009年版，第25页。

第二章 中国新文学作家的侠文化渊源

然而这只是他们的手段,其目的是变革我们民族丧权辱国、民生凋敝的现实生活"①。在激烈反传统的背后,深蕴着杨振声感时忧国的现代人文情怀,而这正是关注国事民瘼的儒家人文传统的现代传承。

杨振声不仅现实行为表现出侠义抗争的精神,而且创作中也体现出一种侠义道德风范。侠义道德的一个重要体现是恩怨分明、施恩必报。杨振声的小说《报复》描写了渔民之间的恩怨关系,渔民高二和刘五为了小翠这个女子而持刀相向,势同水火。在一次沉船事件中,高二救了刘五。高二认为:"你自己救活的人,你就不忍得再打死他。长虫总够歹毒,它也吞不下自己的蛋!"在刘五看来:"自从你救过我之后,我也不知道怎么说好啦!我觉得我这条命是你给的。"言语之间自然彰显出底层民众心存良善、急人之难和知恩图报的优秀品质。作者写道:"'报仇不忘恩,冤家变成亲!'这是他们粗人的哲学。"②这种"粗人的哲学"充满了接地气的人情味,是一种生长于民间的具有自发性特征的生存信念和道德信条,在日常生活中体现为底层平民的恩怨观和侠义观。渔民高二仗义直爽,"本是个外面粗硬、心里细软的汉子,他不怕硬只怕软。一句好话会使他像绵羊的驯柔。可是你若撞翻了他的脾气,他就不同你客气。那怕你是块石头,他也拿头撞你个粉碎"③。这是侠义型人格的典型特征,这种"'硬中软'的心肠"④,富有同情心和人情味,正是底层社会人们的真正品格,更是山东人侠骨柔情的真实写照。

莫言出生于山东高密,这里自古就属于齐地,"其俗宽缓阔达,而足智,好议论,地重,难动摇,怯于众斗,勇于持刺,故多劫人者,大国之风也,其中具五民"⑤。可见,齐地民风剽悍,尚武使气。在春秋五霸和战国七雄并峙时期,齐国都是不可或缺的重要一极。可以说,

---

① 魏建、贾振勇:《齐鲁文化与山东新文学》,湖南教育出版社1995年版,第81页。
② 杨振声:《报复》,吴福辉编选《京派小说选》,人民文学出版社1990年版,第116、119—120页。
③ 杨振声:《报复》,吴福辉编选《京派小说选》,人民文学出版社1990年版,第111页。
④ 萧乾:《邓山东》,吴福辉编选《京派小说选》,人民文学出版社1990年版,第290页。
⑤ 司马迁:《史记卷一百二十九·货殖列传第六十九》,《史记》,岳麓书社1988年版,第935页。

自古以来这里就是一片雄强勇武的土地。在莫言笔下，于此繁衍生息的人们"杀人越货，精忠报国，他们演出过一幕幕英勇悲壮的舞剧"①。浸润于这样的文化语境下，莫言的幼小心灵中不可避免地埋下了任侠使气、无拘无束的高粱种子，遇到适宜的精神气候，就会倔强地、疯狂地生长出火红的高粱精魂，在高密东北乡这片盛产英雄的土地上，塑造出最英雄好汉、最王八蛋的民间豪侠形象。他的《红高粱家族》是一部自《水浒传》问世以来极为罕见的侠义题材的民间英雄传奇，通篇充盈着热烈的侠义情怀和浓厚的民间气息。这是自《游侠列传》、宋元侠义题材话本、明清侠义小说之后，在当代社会真正继承和发扬了中国民间文化中世俗的墨侠精神表现传统的伟大作品。余占鳌是一个活跃于民间的土匪头子，侠肝义胆、视死如归、不畏强权、抗日报国；戴凤莲一个民间弱女子，却敢爱敢恨、反叛礼俗、大胆泼辣、敢于斗争。他们的行动大多率性而为、任侠使气、自由自在、快意恩仇，在东北乡这个江湖自由驰骋，张扬个性。他们的结合是遵循自然人性、秉承天地之气的世俗风流之爱，在这种野合之爱中尽情挥洒着生命的自由狂热、美轮美奂。这类民间的精魂和这种民间的风流，"一反《水浒传》等传统武侠小说鄙视女性，以及不食人间烟火的仙风道骨等种种非生命的表现，而将古老的墨侠精神从浮表的义利友爱之情挪移建立在生命本能的不尽伟力的创造之中"；"极大地改变了自古以来民间的墨侠精神根源于自身的软弱，表现了中国现代民间灵魂和人性的伟大转变和升华"②。这是莫言在齐鲁文化的氤氲中天马行空的独特创造，以致他的小说张扬着野蛮却强悍、卑微却真挚的原始生命力和刚健质朴的民间侠义情怀。

七 贾平凹、红柯与三秦文化

秦朝灭亡后，项羽将秦地一分为三，故称三秦。时至近代，三秦泛指陕西所辖的关中、陕北、陕南地区。在这个地域中产生的文化被

---

① 莫言：《红高粱家族》，作家出版社2012年版，第4页。
② 张未民：《侠与中国文化的民间精神》，《文艺争鸣》1988年第4期。

第二章　中国新文学作家的侠文化渊源

称为三秦文化。三秦文化博大精深，是中华文化的重要组成部分。北宋以前，三秦地区一直是中原政权和游牧民族必争之地，民风质朴耿直、粗犷豪放、尚武任侠；北宋以后，随着中央政权东移，三秦地区逐渐陷入封闭、保守、落后状态。尽管如此，三秦民风仍以勃郁强旺的生命力传承至今。三秦大地民风强悍尚武，历史悠久厚重，人民质朴豁达，侠文化源远流长，最早的"侠"字发音就是从陕西的方言俗语转化而来的。许慎《说文解字》云："俜，侠也。从人，甹声。"再云："侠，俜也。从人，夹声。"①　又云："甹，侠也。三辅谓轻财者为甹。"②　在这里，"甹"与"俜"音义相同。轻财者即重义者，侠就是轻财重义、轻生好施之士，而"三辅"指的就是陕西关中一带。陕西是中华文明的发祥地之一，中国历史上先后有十四个王朝建都于此，其中周、秦、汉、唐四个朝代都崇尚武力，任侠好义，统治期间中华文明最为灿烂辉煌。明清时期，关中出现了不少刀客，他们尚武任侠，重义使气，使宋以来逐渐消失的侠客再次重出江湖，侠义精神再次得到传承和张扬，颇有汉代游侠遗风和唐代五陵少年余韵。辛亥革命前夕，关中刀客已经形成一种敢同清王朝对抗的重要力量。秦人饱经沧桑忧患，秦地饱受匪患困扰。三秦土匪亦称"北胡子"，他们既有凶暴、贪婪、打家劫舍的破坏性，又有劫富济贫、重义守诺的侠义性。匪与侠都具有顽强的原始生命强力，匪中重义者为侠。作为草莽侠匪，他们离经叛道，锄强扶弱，仗义行侠，这与民间造反精神息息相通，与传统侠文化一脉相承，形成了三秦大地独特的侠匪文化和侠匪精神。几千年来，侠匪、义士的行为风范在三秦大地逐渐成为一种深厚的历史积淀，形成了陕西人仗义任侠的古道热肠和粗犷豪放、勇武旷达的性格特征。三秦文化滋养着黄土地上的人们，对他们的人格精神和文化心理的形成起着非常重要的作用，影响和制约着他们的人生选择、生活道路和价值观念。

---

①　许慎撰，段玉裁注，许惟贤整理：《说文解字第八篇上》，《说文解字注》上册，凤凰出版社2015年版，第654页。

②　许慎撰，段玉裁注，许惟贤整理：《说文解字第五篇上》，《说文解字注》上册，凤凰出版社2015年版，第361页。

贾平凹出生并成长于陕西商洛，濡染着三秦大地的风骨，幼小的心灵无形中受到三秦大地尚武使气、重义旷达的民风和民间草莽文化的熏陶，这使他能够将审美触角伸向民间社会，以融入民间的姿态书写侠匪的生活，以侠匪构筑的世界来折射和表现地域民情风俗与文化精神风貌。在他的作品中，商州一直是他魂牵梦萦的故乡，是他的精神家园和灵魂栖息之地。商州位于陕南，为陕西、湖北和河南三省交界之处，地处陕西，却属于长江流域，秦岭横穿，大江纵横，为黄河流域向长江流域过渡的交错地区，更是三秦文化和楚文化交汇融合地带，有秦地的雄强之伟和楚地的奇秀之美。客观上地域民风及其文化精神的浸染，特别是尚武重义传统的积淀与承传，以及作家主体方面的艺术才情，形成了贾平凹创作上的秦风和楚骨。他的侠匪题材作品如《烟》《美穴地》《白朗》《五魁》《晚雨》等，都重点描写了侠匪的仗义行侠、敢作敢为，他们身上充满了西部汉子的阳刚雄强和血性正义，又不失有情有义的人格魅力。这种侠匪精神，实际上是几千年来积淀于秦人灵魂深处的原始正义的生命意识和勇武叛逆的抗争精神的现代承传。

出生于陕西岐山的西部作家红柯，从小就受到三秦文化的熏染和浸润，他的心态中积淀着侠文化的因子，其创作中也涌动着尚武任侠的精神辉光。在小说《西去的骑手》中，作者将时代背景定格于20世纪二三十年代，塑造了一个年仅十七岁的热血少年马仲英，他不堪忍受家族势力和反动军阀的压迫，揭竿举义，人称"尕司令"。马仲英是一个天生的马背上的骑手，他雄武、刚勇、剽悍，以重义轻生、坚忍不拔、不畏权势、不为利诱的侠义人格征服了整个马家军和广袤的西北大地，因此他和他的军队一呼百应，所向无敌，就连不可一世的哥萨克骑兵也闻风丧胆，被打得落荒而逃，乃至全军覆没。马仲英的多次化险为夷和绝处逢生，与他这种闪耀着生命力光辉的英勇无畏的精神人格的感召是分不开的。虽然马仲英最后在军阀盛世才和苏军联手密谋策划和进攻下失去生命，但其威武不屈、任侠使气、重义轻生的侠义精神在人们的传说中永世长存。这是一部有关英雄豪杰血性正义的史诗性巨著，在金戈铁马和碧血黄沙交织的血色浪漫中呈现出一派秦汉风骨和侠义气魄。这无疑是红柯侠性心态的有力折射与自然流露。

第四节 个性气质和现代性体验的激发

在新文学作家侠性心态生成和侠义人格形成过程中,其个性气质和现代性体验是不可忽视的重要因素。独特的个性气质和特定时代精神感召下的现代性体验使他们与侠文化产生了千丝万缕的联系,尤其是他们独特的丰富而深刻的现代性体验,随着时代的变迁而呈现出不同的特点,其侠性心态也随之发生嬗变,并被不断赋予鲜明的时代内涵和精神特征。

晚清以来近代中国积贫积弱的社会现实和国人奋力自强的时代心声,促成了中国近代史上的尚武任侠思潮,这是"乱世天教重侠游"的历史性书写和生动再现。生逢乱世,面临生存危机的国人在没有找到救国救民真理的黎明前的黑暗时期,不得不于传统文化的土壤中寻求抗敌御侮和渴望新生的种子,他们从张扬独立个性、追求自由正义、敢于反抗强权和压迫的古代游侠身上找到了思想资源与精神力量。这一时期对侠文化的张扬有着鲜明而强烈的现实功利目的,并基本形成了两条思路。第一就是以梁启超、章太炎为代表的近代思想文化的先驱者,他们通过对尚武任侠精神的倡导,展开对传统文化的反思和改造及对国民性的审视,以一种急难救世的悲悯情怀深入挖掘侠文化中的积极因子,强调侠义精神中能够转化为现实政治改良甚至革命力量的反抗精神和自由意志,该思路最终的价值指向是实现新民强国之梦。第二是同无政府主义思潮于乱世背景下西风东渐的历史机遇中无形的遇合与沟通。在亡国灭种的生存危机和奋力自强的时代际遇中,"鼓吹'傲帝制,蔑王侯,平尊卑,轻名节'的游侠精神,只能产生于西风东渐、民主思潮逐步高涨的辛亥革命前后"[①],而这种不同文化背景

---

① 陈平原:《千古文人侠客梦——武侠小说类型研究》,人民文学出版社1992年版,第111页。

下的东西方思潮的价值耦合更多地体现在社会政治理想的价值旨归及通往这一理想彼岸的斗争手段上。俄国人克鲁泡特金的无政府主义思想对中国知识分子的影响巨大，他的理论核心是互助论，"其精神实质和思想底蕴都与侠文化的'兼相爱，交相利'的价值精神指向，与以赖力自强、互助共济、持诚守义乃至用损有余益不足的方式来达到经济上平等、政治上自由、人生上的自我保障的所谓'四海之内皆兄弟也'的'大同'世界的社会理想，存在着无可置疑的同源性"[①]。无政府主义者的最终社会理想是建立没有阶级、没有国家和政府的绝对自由与平等的社会。为了实现这种社会理想，无政府主义者如巴枯宁鼓吹以暗杀、暴动等极端手段推翻政府的统治；克鲁泡特金强调个人的绝对自由，反对各种束缚，宣扬恐怖主义。而这与侠文化中侠者无视权力和法律，以一己之力和杀伐手段对抗强权、铲除邪恶，追求独立个性和自由精神等是相通的。无政府主义思潮的西风东渐很快在中国的文化土壤中获得了共鸣和响应，当然中国人文化心理结构中的侠文化质素是重要的引信，一旦无政府主义思想激活了他们内心的侠义质素，便会焕发为反抗强权压迫、追求自由正义的力量。

20世纪上半叶的中国一方面面临国土沦丧、民族存亡的种族危机，一方面陷入战乱频仍、民生凋敝的生存困境。落后就要挨打的时代焦虑和改造国民性的迫切要求，促使国人以西方现代人文精神为价值参照，追求人格独立、个性解放、民主自由和民族自强，在具体的艺术实践中，伴随着社会矛盾、阶级矛盾和民族矛盾相继出现与日益加深，逐渐演变为以社会解放、阶级解放和民族解放为价值目标的文学思潮与文学运动，积极参与着现代民族国家的解放运动进程。

这是近代历史为中国提供的真实的生存图景和复杂的文化语境，新文学作家就生活于这种压抑中生存、生存中焦虑、焦虑中自救、自救中才能获得生存希望和发展前景的时代，他们的个性气质在其中形成，他们的现代性体验也离不开这个巨大的生存磁场。与侠文化发生渊源关系，或者说借助对侠文化精神的发掘与张扬来探求个性解放和

[①] 杨经建：《侠文化与20世纪中国小说》，《文史哲》2003年第4期。

第二章　中国新文学作家的侠文化渊源

民族新生之路以实现自我拯救和民族复兴的梦想，实际上成为时代的呼声和历史的必然。在近代以来由救亡图存和民族复兴互动构成的巨大生存场域与现代中国由启蒙、革命、救亡、翻身解放、阶级斗争、改革开放等重大社会主题构筑的历史进程中，新文学作家感受着时代的脉搏，以一种诗学正义诉求社会的正义和公道，以笔为剑，书写着反抗专制压迫、追求自由解放的豪情。

五四新文化运动的总司令，高举文学革命大旗的陈独秀，个性刚烈狂狷，做事雷厉风行、无所顾忌，并且精力充沛、情感丰富、意志刚强，兼具多血质和胆汁质两种气质类型的特征。他是一个天不怕地不怕的叛逆者和坚忍不拔、勇往直前的革命家。早在童年时期，陈独秀就不怕妖魔鬼怪，不服管教，不安分守己，性格暴躁粗犷、桀骜不驯，体现出强烈的叛逆个性和狂躁情绪。他幼年丧父，很早就养成了独立意识和自由放任的个性。他是在祖父的严格管教之下成长的，虽然祖父的性格暴烈，但丝毫没有压制住小独秀叛逆个性的发展，反而助长了他的反抗意志和叛逆精神的潜滋暗长，且愈演愈烈。在祖父的眼中，"这个小东西长大成人，必定是一个杀人不眨眼的凶恶强盗，真是家门不幸"[①]。就陈独秀的个性气质而言，无论是叛逆和反抗，都具有侠的精神特征。在他以第一名的优异成绩考中秀才后，家人希望他继续参加科举考试，走中国传统文人"学而优则仕"的正统仕途之路。但青年陈独秀在清末康梁变法维新思想的影响之下，毅然决然地放弃了科举仕途之路，开始走上为救国救民而上下求索的革命道路。他先是积极参加和从事反清革命活动，为推翻清政府统治而奔走呼号；接着创办《青年杂志》，发起新文化运动，高擎文学革命军的旗帜，在黑暗如磐的中国，掀起了一场可与西方文艺复兴和启蒙运动相媲美的轰轰烈烈的思想解放运动。陈独秀和李大钊等同道者以重估一切价值和破旧立新的勇气，在反对读经尊孔和"打孔家店"的时代浪潮中，以笔为剑，直刺孔子这一"历代君主所雕塑之偶象的权威"，掊

[①] 唐宝林、林茂生：《陈独秀年谱》，上海人民出版社1988年版，第5页。

击这个"专制政治之灵魂"①,积极引进和介绍西方的民主、科学、自由、平等精神,追求个性解放和人格独立,希望颠覆专制主义制度及其思想统治,改造国民性,争取国民精神解放和社会解放。在五四运动中,陈独秀不顾个人安危,勇敢走上街头散发传单,面对军警特务的恐吓与搜捕毫不畏惧,大义凛然。在革命生涯中,他曾多次遭到反动政府的通缉而被捕入狱,但他不屈不挠,视死如归,以一种坚强的革命意志、英勇无畏的叛逆精神和乐观旷达的豪侠气度走上了无产阶级革命道路,书写着自己的革命春秋。

作为现代中国的民族魂,鲁迅从小因家庭变故陷入困顿而过早感受炎凉世态和冷暖人情,置身铁屋子般的中国和拯救无望的旷野,获得的是黑暗与虚无。虽身陷无物之阵,他却毅然举起投枪,偏要向这些作绝望的抗战。这种现代性生存体验,使鲁迅对周围的环境和人极其敏感。他一方面深沉忧郁,孤独傲岸;一方面刚烈决绝,意志坚强。可以说他的个性是复杂的,具有胆汁质和抑郁质两种气质类型的特质,对敌人横眉冷对,对人民悲悯爱怜,天性中蕴含着一种坚决的反叛精神和深沉的悲悯与忧患情怀。鲁迅是在一个封建大家庭中长大成人的,祖父周介孚为晚清翰林,满腹经纶,但性格暴躁,怪癖清高;父亲周伯宜曾多次参加科考,但只捐了个秀才,虽然开明通达,但脾气也颇为暴躁。他们都希望后代走科举仕途之路,对待子孙相当苛刻严厉。这种专制压抑的家庭生活必然会在他幼小的心灵中激起反叛的涟漪,埋下不平的种子。尤其是在祖父因科考案下狱,父亲因病早逝,家境败落后,使鲁迅骤然陷入困境,过早地体验了家庭的困顿和生活的不幸,逐渐看清了社会和世人的真面目以及人间的善恶美丑,这些都更加激起了他对现实社会和专制制度的仇恨与不满、反抗与怨怼。鲁迅在青少年时期,曾自号"戛剑生""戎马书生",还刻了一枚"文章误我"的印章,体现了鲜明的尚武意识和强烈的反抗精神,表现出他对侠文化精神的向往与迷恋之情。其实,这寄寓着鲁迅拔剑高歌欲与旧社会旧制度、旧文化、旧习俗彻底决裂并决战到底的义勇气魄和雄强

---

① 李大钊:《自然的伦理观与孔子》,《李大钊选集》,人民出版社1959年版,第80页。

精神。"这样的心态,自然易容纳新知,不拘旧习,有不俗之气。鲁迅后来的不卑不亢,从这里已可见其一二了"[1]。这使鲁迅在青年时期就立下以满腔热血荐祭轩辕的凌云壮志和爱国豪情,他接受新学,东渡扶桑,寻求救国救民和民族新生之路。在鲁迅早期创作的《文化偏至论》《摩罗诗力说》《中国地质略论》《斯巴达之魂》等作品及其后的杂文与《故事新编》中,无不涌动着一种慷慨激昂、任侠使气和悲壮忧愤、豪气干云的英雄主义精神与悲悯拯救情怀。

郭沫若出生并成长于巴蜀大地,巴蜀文化雄阔开放、自由旷达、好义任侠、粗犷豪放的民情风俗滋养着他的精神世界和个性气质。这就是少年郭沫若虽然生活于一个物质富裕、精神优越的家庭环境,但较少受到封建礼教束缚,形成了自由任性、天马行空、放浪形骸、蔑视威权的冲动性和叛逆性的个性特征和人格范型的重要原因之一。他的气质偏向于多血质类型,情绪多变,极易激动、亢奋甚至冲动、狂妄,敢于反叛,大胆无畏。在西方个性主义思想的刺激下,沉潜跃动于郭沫若人格心理中的侠性质素被激活唤醒,在五四时代的精神磁场中,遽然焕发为反抗封建压迫、追求个性解放的精神力量和思想武器。于是,鲁迅所深情呼唤的东方摩罗诗人终于浮出历史的地表而闪耀于 20 世纪中国诗歌的璀璨星空。

巴金也是从小濡染于巴蜀文化自由开放的氛围之中,向往自由平等和没有压迫剥削的生活。他在一个封建专制的大家庭里出生和成长,目睹了许多罪恶与不幸。他幼小的心灵中早就埋下了不平的种子,燃起了对旧社会、旧制度、旧家庭、旧礼教的怒火。巴金的气质属于多血质,天性中具有一种反抗精神和悲悯情怀,内心充满了对自由平等和正义公道的执着追求与深情期待。

老舍出生于 19 世纪末一个贫困的旗人家庭,从小生活于北京底层社会,幼年失怙,靠母亲含辛茹苦地将其拉扯长大成人。个人的不幸遭遇、贫穷的家庭环境和 19 世纪末的特定时代氛围,共同塑造了老舍刚烈坚强的个性和抑郁孤高的气质,可以说他的气质属于抑郁质和胆

---

[1] 孙郁:《鲁迅与周作人》,辽宁人民出版社 2007 年版,第 30 页。

汁质兼具的类型。老舍的个性气质决定了他的善良本性和悲悯与拯救情怀,"他是以自主选择的'孤高'来抵挡生存境遇处处加于他的戕害,为的是不丧失自己独立的人格"①,大有士可杀而不可辱、誓死捍卫生命尊严的侠者气度。这就使他在创作中能够通过塑造侠义人物来表达同情弱小、扶危济困、打抱不平的思想,特别是在民族危亡之际,他能够深入民族文化的肌理,发掘拯救国家、促进民族新生的精神矿藏,高扬民族精神,书写中华民族不屈不挠的反抗意志和复仇精神。

萧军这个来自东北黑土地的关东大汉,不幸的童年和恶劣的生活环境以及盗匪丛生的社会氛围,锻造了他刚烈不挠、桀骜不驯、打抱不平、仗义执言的个性和冲动暴躁的胆汁质型气质。这种个性气质有古代游侠的风范,生活于乱世的生命体验激起了他对不人道、不公平社会及其制度的极度憎恨与反抗,使他能够在素昧平生的萧红求救时慷慨赴义、施以援手,更使他在国破家亡的危急时刻挺身而出、勇赴国难,以刚健之笔为复仇之剑,任凭愤怒的情绪驰骋于白山黑水之间,以对日本侵略者的无比愤恨和对美丽家园的眷恋,尽情抒写着民族的复仇精神和反抗意志。

还有新文学作家唐弢和陈企霞,他们在幼年时代都喜读侠义小说,性格刚烈,意志坚强,不满现实、勇于反抗的现代生命体验促使他们一步步走上革命道路,追求自由正义的实现。

唐弢幼年时,喜欢读《七侠五义》等古典侠义小说,父亲希望他长大后做一个正派的人,他在培玉小学读五年级时,在黄寄凡老师的影响下,接受了新文艺思潮。五卅运动时,他参与罢课,出演宣传朝鲜人民爱国斗争的话剧《安重根》,将多次演出募来的一大笔钱汇到上海支持"三罢"斗争。暑假期间,他和同学们一起乘着一条航船,像草台班一样,跑码头、走江湖,在外边化装演戏,宣传爱国主义。六年级上学期结束,在善于拨弄是非的"矮子周"的嫉妒挑唆之下,程庚白老师被迫离开培玉小学。程老师和黄老师一样,都深受学生欢

---

① 吴小美、古世仓:《老舍个性气质论——纪念老舍诞辰百周年》,《文学评论》1999年第1期。

第二章　中国新文学作家的侠文化渊源

迎，都很看重并且有心栽培唐弢。作为学生自治会会长的唐弢号召同学们下学期不再到校上课，为程老师打抱不平，维护老师的利益和尊严。①

1925 年，在宁波甲种商业学校读书的陈企霞年仅 12 岁，本想把书读完早日谋个职业，但此时革命风暴席卷全国，革命形势如火如荼，江浙一带反帝反封建的示威游行不断发生，学潮风起云涌，学校在革命风潮中无法正常上课，在校读书不久，陈企霞便失学，从此踏上了艰苦的人生之路。社会上此起彼伏声势浩大的革命运动深深震撼着他幼小的心灵，目睹了宁波共产党人王鱼昆、杨眉山等在刑场上大义凛然、视死如归而从容就义的感人场景，听到了《国际歌》悲壮的旋律。少年时代的陈企霞对革命志士为美好的明天甘愿抛头颅、洒热血而义无反顾的精神行为油然而生向往之情，却又找不到答案，百思不得其解之际，他只有拼命读书，其中"武侠公案"和"言情打斗"也进入了他的涉猎范围。他把读书当作了探求人生出路的工具。在流浪生活中，他常把蒋光慈的《少年飘泊者》、安徒生的《丑小鸭》和都德的《小物件》带在身边，获得了不少生活、斗争和前进的勇气。他虽然历尽艰辛，饱受屈辱，却从不屈服于命运的安排，敢于挺身而出，同恶势力抗争。在艰难的底层流浪生活和险恶的社会斗争中，他形成了勇于反抗、不屈不挠的性格，"也使他认识到只有靠自己的机智勇敢，靠天不怕地不怕的气势，才能在社会上立住脚。这也是他后半生历尽坎坷和屈辱，坚信正义和公道，顽强和命运搏斗的力量源泉"②。

从整体上来看，个性气质使新文学作家与侠文化结缘，这不仅为他们侠性心态的生成提供了契机，而且奠定了初步的精神基础，并且在特定的时代精神气候下，新文学作家的侠性心态将因现代性体验的激发而在现代中国的文化土壤中日益彰显其神奇的魅力。

---

① 包子衍、许豪炯、袁绍发整理：《浮生自述——唐弢谈他的生平经历和文学生涯》，《新文学史料》1986 年第 4 期。
② 陈恭怀：《陈企霞传略》，《新文学史料》1989 年第 3 期。

第三章　中国新文学作家的侠性心态及其时代特征

如前所述，中国新文学作家与侠文化之间存在着深刻的渊源性关系。无论是晚清尚武任侠思潮的影响、家学背景与生活环境的濡染，还是地域民风及其文化精神的浸润、个性气质和现代性体验的激发，都是揭示新文学作家的侠文化渊源的必不可少的重要因素。这些主客观要素不仅促成了新文学作家与侠文化的亲和与结缘，而且使侠文化基因不断植入新文学作家的人格结构和文化心理深处，并随着时代发展和新文学作家的精神成长而日益凝结为一种稳定而持久的心理状态，这就是侠性心态。

这里提到了作家心态问题，特别是中国新文学作家侠性心态问题，就有必要厘清这两个概念。有论者指出："作家心态，是指作家在某一时期，或创作某一作品时的心理状态，是作家的人生观、创作动机、审美理想、艺术追求等多种心理因素交汇融合的产物，是由客观的生存环境与主体生理机制等多方面因素综合作用的结果。"[①] 该界定不仅指出作家心态是多种心理因素交融的产物，而且重点强调了"客观的生存环境"和"主体生理机制"对作家心态生成的综合作用，可谓切中肯綮，颇有道理。在这里，客观生存环境主要包括自然环境、社会环境和人文环境，甚至还包括生命个体的具体生活环境；主体生理机制主要包括个体的气质类型、体质强弱及体征、血型等。这些主客观

[①] 杨守森主编：《绪论》，《二十世纪中国作家心态史》，中央编译出版社1998年版，第2页。

第三章　中国新文学作家的侠性心态及其时代特征

因素对于作家心态的生成具有直接影响和决定性作用。在现实社会生活中，每一个生命个体的出生和成长都离不开特定的客观生存环境的滋养，个性气质、体质状况、人格精神和文化心理的形成与发展，更离不开特定的客观生存环境的影响和锻造。特定的客观生存环境和独特的主体生理机制，能够直接影响甚至决定一个作家的世界观、人生观和价值观的形塑，并进而影响和制导其创作动机、创作个性、艺术风格、审美理想和艺术追求等心理因素的构成。毋庸置疑，中国新文学作家侠性心态作为一种作家心态，也是"作家的人生观、创作动机、审美理想、艺术追求等多种心理因素交汇融合的产物"，其生成也离不开"客观的生存环境与主体生理机制等多方面因素综合作用"。与众不同的是，侠性心态属于作家心态中的一种特殊形态，不仅具有作家心态的普遍性特征，还有自己的特殊性，即深受侠文化的影响和侠文化精神的浸润；同时，随着侠性心态的生成和深化发展，在新文学作家的内心深处逐渐形成一种复杂的情结，这就是崇侠情结，主要体现为对侠客的崇拜和对自由正义的追求，以及对侠义人格的推崇与向往。侠性心态和崇侠情结对于新文学作家的侠义人格的形塑至为重要。

这种侠性心态是传统侠文化在漫长的历史积淀和现代承传过程中作用于人们的行为、心理和观念的结果。侠文化不仅以行为文化的方式影响和制约着人们的日常行为规范，而且以精神文化的方式滋养和浸润着人们的人格心理与价值观念，在长期的发展演变过程中，作为一种文化基因，逐渐内化为人们文化心理结构中的有机质素，成为民族性或国民性的重要组成部分，呈现为一种观念形态，即侠性心态。这种侠性心态究其实质，乃是一种侠文化心理，亦称侠文化价值观。在现代中国文学史上，许多新文学作家都有侠的精神气质，其中鲁迅、郭沫若、老舍、李劼人、艾芜、沈从文、蒋光慈、萧军、刘绍棠、莫言、贾平凹等是突出的代表。他们的侠性心态，无论对其人生道路，还是对其文学创作，都具有重要的作用和意义。对于新文学作家而言，侠的精神气质不是天生的，它有赖于新文学作家侠性心态的生成，在侠性心态的氤氲中，侠的精神气质才可慢慢养成。我认为，新文学作家作家侠性心态的生成，从根本上讲，是传统侠文化长期无意识积淀和现代承传的必然产物。具体而言，新文学作家侠性心态的生成离不开晚清尚武任侠思潮的影响、家学背景与生活环境的濡染、地域民风及其文化精神的浸润、个性气质和现代性体验的激发等这些主客观要素的合力作用。

在现代中国语境下，新文学作家侠性心态的生成与这些主客观要素密不可分。在传统侠文化无意识积淀这个巨大的磁场中，新文学作家沐浴着西风东渐的阳光雨露，在西方近现代文化思潮的刺激之下，沉潜于他们内心深处的传统文化因子包括侠文化基因骤然被激活，与西方文化思潮取得了共鸣，发生了价值耦合。正是在中外文化的交流与碰撞之中，新文学作家侠性心态得以自由舒展。出于对特定时代精神召唤的积极回应和对民族新生历史使命的郑重遵从，新文学作家紧跟时代的脚步而上下求索，他们的侠性心态随着现代中国社会时代主题从启蒙到革命到救亡到翻身解放到阶级斗争到改革开放的逐渐演进和变化，发生着新的嬗变，不断被赋予新的精神内涵和时代特征。对于新文学作家而言，其侠性心态呈现为两大时代特征：一是侠性与人性的融汇，主要体现为一种人格建构的现代思路；二是大小传统的沟通，主要体现为文化建构路径方面的价值探寻。在新文学作家侠性心态的生成和嬗变过程中，这些主客观要素不是孤立的，而是一种错综交织的复杂存在。正是在这些要素的综合作用下，新文学作家侠性心态的精神内涵才能不断丰富深刻，时代特征才能日益彰显。

第一节　崇侠情结：侠性心态的集中体现

崇侠情结，亦称侠崇拜意识，是伴随着春秋战国时代游侠诞生和侠崇拜现象出现而产生的一种稳定恒久的文化心理。侠作为中国社会历史上的一类独特人物或人群，他们仗义行侠、敢作敢为、不畏权势、视死如归，极具影响力、感召力和震撼力，对人们构成强大的精神魅力、价值期待和心灵召唤。从某种意义上讲，崇侠情结是侠性心态或侠文化心理的集中体现。

我们知道，游侠没有固定的职业，居无定所，为了某一目的而背井离乡、四处游荡,"时捍当世之文罔"①,其特点是流动自由、无拘无束,不愿接受社会正统统治秩序的规范和束缚。对于此,有论者指出:"从社会秩序中游离出去的自由分子无论如何总是一股离心的力量,这和代表'法律与秩序'的政治权威多少是处在相对立的位置。"② 这就意味着侠有可能扰乱稳定的社会秩序,打破原有的政治格局。这为大一统的政权所不容,视之为潜在的不稳定因素,必除之而后快。侠虽然长期以来遭受封建统治者的残酷镇压和剿杀,受到站在官方立场的正统文人的口诛笔伐,但以顽强的生命力和坚忍不拔的精神流传久远,生生不息,深受社会历史上无数人的推崇和景仰,成为当时和后世人们崇拜、效仿和讴歌的对象。游侠精神在现代社会的失落,让有识之士伤感和悲叹。林语堂叹息中国人只会"鬼脉阴阴病质奄奄卧在床上读《水浒》,赞李逵"③,这是现代社会游侠精神失落的重要表现之一,但现实中的人们"在武侠小说中重求顺民社会中所不易见之仗义豪杰,于想象中觅现实生活所看不到之豪情慷慨"④。这也就意味着尽管侠从历史舞台上销声匿迹,杳无声息,但侠文化和侠文化精神却以各种方式存续下来,甚至凝聚成为千古国人的侠客之梦,崇侠的风尚和心理仍然余音绕梁,绵延不绝。千百年来,无数仁人志士和平民百姓在身陷困境或国族危难之际,自然会将救人济难、超凡绝俗的侠纳入价值视野,对侠义人格充满了推崇和向往,对侠的刚烈勇武气质、仗义疏财品格、自我牺牲精神、大义凛然气节、威武不屈气概深怀追慕和景仰之情,希望能够获得拯救和自救的力量。于是,对侠的崇拜与向往构成了一种社会崇拜和精神图腾,内化为一种民族文化心理和文化精神。

崇侠情结或侠崇拜意识,实质上是一种英雄崇拜,在古代社会与天子崇拜和清官崇拜是同时存在的。只不过天子崇拜和清官崇拜是正

---

① 司马迁:《史记卷一百二十四·游侠列传第六十四》,《史记》,岳麓书社1988年版,第897页。
② 余英时:《士与中国文化》,上海人民出版社2013年版,第53页。
③ 林语堂:《狂论》,《论语》1934年第50期。
④ 林语堂:《狂论》,《论语》1934年第50期。

统的庙堂英雄崇拜,而侠崇拜是一种民间英雄崇拜,二者的性质完全不同。主要体现在两个方面:一是崇拜的方式有别。正统的庙堂英雄崇拜是由统治者所倡导的,强迫和愚弄平民百姓接受的一种个人崇拜;侠崇拜则是普通民众出于对侠除暴安良、扶危济困的侠行义举无限景仰和歆羡而从内心生发出来的一种自发甚至主动自觉的英雄崇拜。二是崇拜的心态相异。封建统治者居于朝廷庙堂,手握生杀大权,民众与天子和清官之间存在一条不可逾越的鸿沟,天子崇拜和清官崇拜一般带有宗教般的敬畏感和神秘性;侠处身乡野民间,为平民百姓抱打不平、伸张正义,有的侠本身就是民众中的一员,民众与侠之间不存在不可超越的距离,民众对侠有一种与生俱来的亲近感与亲和性,以致崇拜侠的普通民众常常以侠自许,甚至自身也成了见义勇为的侠客。因此,侠崇拜与正统的庙堂英雄崇拜是互相对立的。居于乡野民间的民众所崇拜的侠,要么是不畏权势、见义勇为、铲除人间不平的勇士,要么是揭竿而起、劫富济贫、敢于反抗封建统治秩序的英雄。侠崇拜本身,其实意味着人们对正统的统治秩序不满甚至对贪赃枉法、腐败堕落的官僚体系失去了信任和认同,充满了对封建统治者的愤懑和蔑视情绪,进而将铲除人间不平和重整乾坤的希望寄托在民间侠义英雄身上,深刻表达了普通民众的人性觉醒和对自由幸福的追求。从某种意义上讲,民间的侠崇拜反映了广大民众对社会公平正义、生活安定祥和的渴望以及自掌人生命运的价值诉求。

  民众对侠的崇拜不仅会增强侠的威势和影响力,而且还会以正能量的方式植入中华民族伦理道德的血肉之中,焕发为一种积极的精神力量和进步的舆论导向,使侠义观念、侠义道德原则、侠义人格、侠义伦理准则、侠义精神等深入人心,作为集体无意识积淀于国人的人格结构和文化心理深处,生根发芽、开花结果、代代承传,滋养中国人的做人处世准则和人格精神,成为中华民族传统美德的重要组成部分。当然,侠崇拜中力避盲目性和狂热性,保持冷静的理性,只有这样,才能避免其负面作用的消极影响。与其坐而论剑,不如起而行侠。如果缺乏直面现实和斗争邪恶的勇气,只是一味地希望侠横空出世来拯救自己、主持公道、纾解人间苦难,那就无异于坐以待毙,会失去

第三章　中国新文学作家的侠性心态及其时代特征

拯救自我及拯救他人的大好机遇。

　　崇侠情结或侠崇拜意识作为一种社会文化心理，侠崇拜作为一种社会崇拜现象，存在于社会的各个阶层。崇侠者不仅包括官员、文人，还包括下层民众。下层民众是侠崇拜的主体，无论是城市平民，还是乡村百姓，他们对于扶危济困、惩恶扬善或路见不平拔刀相助的侠义之举非常赞佩，对那些侠肝义胆之士犹为钦敬。张恨水认为："中国下层社会，对于章回小说，能感到兴趣的，第一是武侠小说。第二是神怪小说。第三是历史小说，……所以概括的说，中国下层社会里的人物，他们的思想，始终有着模糊的英雄主义的色彩，那完全是武侠故事所教训的。"在他看来，这种教训有极大的缺憾，那就是："第一，封建思想太浓，往往让英雄变为奴才式的。第二，完全是幻想，不切实际。第三，告诉人的斗争方法，也有许多错误。"当然，这主要是针对侠义公案小说的缺陷和负面影响而言的。虽然张恨水的结论是"武侠小说，除了一部分暴露的尚有可取而外。对于观众是有毒害的"，但还是肯定了武侠小说的积极意义，他认为："武侠小说，会教读者反抗暴力，反抗贪污，并告诉被压迫者联合一致，牺牲小我。"[①]这就深刻揭示了武侠小说深受下层社会广大民众欢迎的原因和底层百姓崇侠的事实。一方面，阶级社会中饱受压迫和欺凌的底层民众在无处申冤的情况下寄托于武侠小说，来缓解胸中的苦闷，获得心灵的慰藉；一方面，仗义行侠、主持公道的侠客对底层民众构成了一种期盼、想象和行为示范，从而激起他们反抗压迫、争取自由的热情和动力。可见，张恨水对武侠小说甚至侠文化有着独到的辩证的理性认识。不仅如此，他还亲自创作了两部非常地道的武侠小说——《剑胆琴心》和《中原豪侠传》。即使不是武侠小说的《秦淮世家》《丹凤街》《啼笑因缘》，其中的侠义色彩也颇为浓重，特别是《啼笑因缘》塑造了关寿峰和关秀姑两个侠客形象。无论是张恨水的武侠小说，还是侠义色彩很浓的非武侠小说，都重侠和义，不重武，并且带有朴素的平民意识和人道主义思想，而这恰恰是张恨水与纯文学契合的地方。很显

[①]　张恨水：《武侠小说在下层社会》，《前线周刊》1945 年第 4 期。

然，他以对侠文化和武侠小说的现代性改造来达到社会救赎和人性启蒙的目的，虽然立足民间立场，采用通俗文学的形式，但表达的却是现代知识分子的精英意识，具有鲜明而强烈的时代特征。我们一般将张恨水视为通俗文学大家，他的创作也充满了言情抑或武侠的结构模式和情节设置，但他何尝没有现代知识分子的精英意识，他的创作本身又何尝没有纯文学因素呢？这或许是张恨水小说在当时深受欢迎、颇为流行的重要原因之一。不论张恨水如何指出了武侠小说和侠文化的缺憾与毒害，但从他的自身创作和言论本身而言，还是能够发现他对侠文化精神钟爱并对侠抱有好感的真实面影。这正是张恨水作为一个现代文人甚至通俗文学大家崇侠情结的体现。

美国学者费正清认为："在我们所理解的中国农民的传统中，……充斥了大量的江湖义气，秘密组织和毁灭性的盲信与狂热。"[1] 自古以来，中国就是一个农业大国，农民历来就是中国人口结构中占比最大且最重要的组成部分。从某种意义上讲，中国农民的传统也可以代表中国人的传统，特别是中国下层民众的传统，而江湖义气则代表一种侠文化的内涵。我们从费正清的论断中可以发现，中国社会特别是下层社会江湖义气很浓厚，也就是说，崇侠或侠崇拜是中国下层民众甚至中国人由来已久的普遍的文化心理。作为通俗文学大家的张恨水不可避免地受到中国农民传统的影响和熏陶，他的人格心理深处与文本结构之中沉潜着或隐或显的侠崇拜意识。而对于新文学作家这些来自城市抑或出身于乡村的现代文人来讲，崇侠情结或侠崇拜意识同样存在于他们的人格结构和文化心理以及作品文本之中。这主要体现在两个方面：一是出于对侠的崇拜和对侠义民俗的偏好，一些新文学作家在现实生活中效仿歃血为盟、桃园结义这种民间社会现象来结交朋友，维系关系。现代著名古诗词作家柳亚子曾与师弟费织云结为兄弟，"订兰谱"[2]。少年时代的郭沫若在乐山高等小学堂读书时，结拜的风气很盛行，他和张伯安、吴尚之三人义结金兰。其中，张伯安的父亲

---

[1] ［美］费正清：《费正清对华回忆录》，陆惠勤、陈祖怀、陈维益、宋瑜译，知识出版社1991年版，第552页。

[2] 柳无忌编：《柳亚子年谱》，中国社会科学出版社1983年版，第9页。

和伯父都是江湖上掌管码头的大爷，能够号令一两万人。郭沫若说："我们的结义愈添愈多，由三人添成五人，由五人添成七人，在中学堂的时候竟添到二三十人。"① 刘祖尧就是他在嘉定中学堂读书时的换帖兄弟之一。刘祖尧因监学丁平子作梗而无辜被学堂斥退，郭沫若挺身而出，仗义执言，为他打抱不平，酒后醉骂丁平子，自己险些被开除。现代著名诗人康白情深受秘密社会拜盟结义的影响，曾经"和气味相近的大小同学结过两次金兰，大约前后和二三十人换帖"②。现代新文学作家、革命家瞿秋白少年时期曾与同学杨福利、姑表兄金庆咸效仿《三国演义》中的"桃园三结义"，各自取一个别名，结为兄弟。杨福利居长，号"霁松"；金庆咸次之，号"晴竹"；秋白最小，号"铁梅"（后又号涤梅）。③ 二是出于对侠的景仰和爱慕，许多新文学作家或以"侠"字命名，或以"侠"字自号，或以"侠"字赋予小说人物。这是中国社会一个独特的现象，体现了侠文化精神对于中国人深层文化心理的强力渗透。特别是近代以来，随着尚武任侠思潮的兴起和发展，社会改革和民气发扬已成为普遍的社会思潮并深入人心，社会各个阶层的人物甚至上层社会的女性，都纷纷以"侠"字来命名或自号。中国近代史上的侠义英雄秋瑾，是一位革命家兼著名诗人，她自称"鉴湖女侠"，俨然一派巾帼不让须眉的侠女风范。少年时代的鲁迅曾效仿武侠小说《七剑十三侠》中"十三侠"的名称，自号"戛剑生"，充满了对侠和侠义精神的羡慕与向往，颇有仗剑行侠的豪气。南社为现代中国文学史上著名的社团，其成员有不少就是以"侠"字命名的："南社社友：彭侠公、冯心侠、杨弢侠、周渔侠、周侠飞、徐侠儿、沈希侠，以武犯禁之侠，抑何其多耶！"④ 现代左翼革命作家蒋光慈曾自号"侠生"，又改名"侠僧"，他的小说《野祭》中有个人物就叫"陈季侠"。老舍的小说《杀狗》里面有个小知识分子名叫

---

① 郭沫若：《少年时代·我的童年》，《郭沫若全集》文学编第十一卷，人民文学出版社1992年版，第85页。
② 丘立才、陈杰君：《矛盾而复杂的五四诗人——康白情》，《新文学史料》1990年第2期。
③ 张晓萃：《瞿秋白少年时代生活侧记》，《新文学史料》1985年第2期。
④ 郑逸梅：《艺林散叶》，中华书局2005年版，第58页。

上编　中国新文学作家与侠文化的历史性关系

"徐明侠"。当代革命侠义小说《铁道游击队》的作者名字叫刘知侠。除了壮怀激烈的近代革命志士、新文学作家以及新文学作家作品中的人物之外，即便是社会各个阶层中的一般人士，以"侠"字命名的也大有人在。作家阿垅有个朋友叫"周人侠"①；瞿秋白出身于官宦世家，其"细姑母"名"庄侠隐"②；柳亚子的次妹字"侠侬"，柳亚子少年时代有个同学叫"陈侠孟"③。一个时代的人们的名字或别号、绰号、诨号等，实际上寄寓着一定的文化内涵和生活希冀，集中反映了这个时代的文化精神与人们的深层文化心理。通过对这两个方面的分析，我们至少可以看出侠文化精神对中国人文化心理的影响之深，同时也揭开了国人崇侠情结或侠崇拜意识的冰山一角。

　　有论者指出："对于武侠一类民间英雄的崇拜和渴望，大半不是出于宗教式的敬畏心理，而是被束缚的人性的释放。"④可谓真知灼见。崇侠或侠崇拜带给新文学作家的不仅是对侠的行为的效仿，更重要的是一种精神的浸润和行为的规范。出于对侠的崇拜和敬慕，朱湘十二岁进高小一年级的时候，就与同学商量，要写一部《彭公案》式的侠义小说。⑤廖沫沙读小学时，就已经看过《水浒传》《三国演义》《七侠五义》《七剑十三侠》等小说，他非常羡慕和激赏行侠仗义的英雄，"认为做人应当象侠客们一样，见义勇为，保护弱者，扶弱锄强"⑥。现代作家于逢回忆他阅读《水浒传》等小说时的心态说："我的思想又回到古老的英雄世界里去了。我自小体弱多病，个子细小，性格内向，要强而又执着：这些超人的英雄正是我所异常羡慕的。"⑦由此可见侠文化精神的影响之深，也足以发现他们张扬个性、渴求自由的冲动。几千年来，在占统治地位的传统儒家文化的长期浸润下，国人被形塑为一种体质文弱、性格内敛的人格模式，而侠义英雄崇拜

---

① 晓风辑注：《胡风、阿垅来往书信选》，《新文学史料》1991年第1期。
② 张晓苹：《瞿秋白少年时代生活侧记》，《新文学史料》1985年第2期。
③ 柳无忌编：《柳亚子年谱》，中国社会科学出版社1983年版，第8页。
④ 陈山：《中国武侠史》，上海三联书店1992年版，第292页。
⑤ 赵景深：《朱湘传略》，《新文学史料》1982年第3期。
⑥ 陈海云、司徒伟智：《廖沫沙的风雨岁月》（一），《新文学史料》1985年第1期。
⑦ 于逢：《我的生活创作道路》，《新文学史料》1989年第2期。

第三章　中国新文学作家的侠性心态及其时代特征

则构成了对这一人格模式的反叛，只有在武侠小说的英雄世界里，作家才能实现对久被束缚的身心的超越，从而获得心理的慰藉和精神的提升。

同时，旧中国的女性身心遭受着极为严酷的禁锢，她们的内心深处存在渴盼人性复归的心理冲动，现实的禁忌使她们常常通过英雄崇拜来得以宣泄。现代作家苏青以"爱的饥渴"为标题回忆了她少女时代的一段刻骨铭心的心路历程：

> 对于"春"的幻想，我本来很模糊，只记得在十五岁那年的春天，庙里有菩萨开光，我跟着云姑姑去看开光戏，台上做的刚巧是"龙凤配"，乃刘备娶孙夫人的故事，不知怎的，我当时对刘备却一些也不注意，注意的倒是粉面朱唇，白缎盔甲，背上插着许多绣花三角旗的赵云。他的眉毛又粗又黑，斜挂在额上，宛如两把乌金宝刀。这真是够英雄的，……
> 从此我便"爱"上了"赵云"，白天黑夜都做着梦。①

通俗戏曲中的"赵云"虽不是侠客，但他以义勇之士的身份所体现出来的，是与上层社会白面书生这一主流文化所型构的男性形象截然不同的血性男儿的英雄气概，这一点与铁骨铮铮的侠义精神是息息相通的。在这种文化境遇中，"赵云"作为通俗戏曲中青年英雄的典型形象，为久被禁锢于深闺大院中的少女带来了情感的慰藉和精神的寄托。苏青所青睐于"赵云"的，恰恰就是这种阳刚勇武、英姿飒爽的侠义豪气。英雄崇拜因此成为普通男女青年宣泄内心情感和寄托精神需求的一种有效的心理机制，这种英雄崇拜实质上是侠崇拜的泛化形态，为崇侠情结的具体体现，是中国社会文化背景下一种独特的文化心态和精神范式。

先秦时期，侠不是一个学派，侠者无书，没有自己的思想学说和理论体系，侠文化的思想观念和理论资源大都是在与儒、墨、道、纵

---

① 苏青：《结婚十年》，江苏文艺出版社 2009 年版，第 19 页。

横等诸子百家发生行为与精神联系并深受其影响的情况下潜滋暗长形成和发展来的,体现为一种潜行隐构的价值形态。比较而言,侠文化的理性基因和思想理论资源与墨家学说关系最为密切。墨家学说中"任"的观念奠定了任侠观念的理论基础,其赖力自强、仗义勇为、自我牺牲精神、诚信守诺等思想观念体现了一种义无反顾、勇往直前的大丈夫英雄气概,其摩顶放踵以利天下呈现出一派英雄大侠之风范。自秦始皇"焚书坑儒"、汉武帝"罢黜百家,独尊儒术"以后,墨学逐渐成为绝学。

在中国文化发展史上,"儒家文化的正统性地位的日益强固,一方面使侠文化隐身于江湖市井之中,以反正统的形态在民间社会求得自我发展,虽然不再有大规模的侠客义士出现,但侠文化所内蕴的侠义精神作为一种文化心理积淀却获得了更广泛的存在领域;另一方面,由于侠文化其本身个性特征的灵活性和开放性或无定型性,因而既不像儒家文化那样矜持于正统满足于自我'完善',也不似佛、道文化那样类似于宗教般的清高自许,而是在持守'义非侠不立,侠非义不成'(语出唐人李德裕的《豪侠论》)的终极信念和拯世济难的基本文化功能前提下任'意'采纳,仗'义'兼容,使侠文化越来越具有儒家式的伦理化倾向和道家、佛家般的理想化、神秘化色彩,这实际上正好符合侠文化的那种适性自恣狂放不羁的精神气质"[①]。这种侠文化的理性基因和侠文化精神作为中华民族的集体无意识逐渐积淀于人们的人格结构与文化心理之中,长期以来形成一种崇侠情结,其具体表现之一就是对侠义人格的推崇与向往。侠文化精神长期影响并作用于作家主体的人格心理,崇侠情结便日益凝结为他们人格结构中的重要精神因子,而侠义人格也会对他们构成一种价值期待,使他们自身在日常生活中会无形中平添几许侠气,以侠性心态面对现实做人处世,同时在具体创作中这种积淀会物化为带有英雄传奇色彩的侠义文本。崇侠情结及其物化后的侠义文本既彰显出侠文化观念适应民间思维特征的英雄气度,又符合民间的"侠骨""侠情""侠行""侠气""侠

[①] 罗成琰:《百年文学与传统文化》,湖南教育出版社2002年版,第259—260页。

胆""侠肠"等精神气质，更传达出粗犷、豪放、雄奇、旷达、尚武、勇敢的侠义英雄精神。这在古代侠义文本中得到了充分的展现和张扬。

在现代中国语境下，这种源于侠文化的侠义英雄理念和崇侠情结与现代中国社会各个阶段的时代主题相结合，与每个时代的精神气候和英雄理念在某种程度上发生契合，并获得现代性改造和创造性转化，从而呈现出异彩纷呈的侠义世界。一方面，现代通俗武侠小说，无论是民国武侠小说，还是港台新武侠小说，抑或大陆武侠小说和大陆新武侠小说，都直接承传了古代侠义英雄叙事文本的主题内涵和艺术特征。从平江不肖生的《江湖奇侠传》、文公直的《碧血丹心大侠传》、王度庐的《卧虎藏龙》、张恨水的《剑胆琴心》，到梁羽生的《七剑下天山》、金庸的《射雕英雄传》，再到冯骥才的《神鞭》、柳溪的《大盗"燕子"李三传奇》、步非烟的《剑侠情缘》、沧月的《血薇》、小椴的《长安古意》，都体现出侠义英雄理念的原则性、丰富性、复杂性、变异性、开放性和包容性。另一方面，现代新文学作品特别是新小说的英雄叙事所表达的主题内涵及所塑造的英雄形象，大都以改造和转化的方式承传着侠文化的精神血脉。在现代中国文学语境下，新文学作家承担了侠义式批判的时代任务和历史使命，成为侠文化精神的不可思议却毋庸置疑的继承者和发扬者。现代中国文学的主流作品中侠士的角色不多见，并非偶然，因为这一角色留给了作家本身。那些现代中国社会的男女"文侠"们，以笔为剑，刺向一切社会不平，惩恶扬善、激扬侠胆、伸张正义，维护个体生命和民族国家的尊严。新文学作家一方面在现实世界中扮演着侠义英雄人物的社会角色，一方面在自己的作品中鸣奏着诗学正义的铿锵之音。鲁迅的《铸剑》、郭沫若的抗战史剧、李劼人的《死水微澜》、老舍的《断魂枪》、沈从文的湘西游侠叙事、萧军的《八月的乡村》、艾芜的《南行记》等小说文本深处都流贯着赖力自强、敢于反抗、义无反顾、视死如归、豪放旷达、慷慨悲歌的江湖侠客精神和不畏强权、拯世济难、急公好义、锄强扶弱、打抱不平、为朋友两肋插刀的侠义英雄气魄。即便是那些在国家意志规训下的革命英雄传奇小说，也掩抑不住血脉偾张的侠义豪情，文本里总是闪耀着一些侠客的影子，颇有古代游侠遗风。如

《铁道游击队》《敌后武工队》《红旗谱》《林海雪原》《野火春风斗古城》《烈火金刚》等把传统侠文化主题的一般性与特定时代国家意识形态的特殊性进行有机整合，对古代侠客形象加以革命性改造和现代性改写，于泛政治化叙事中潜隐着以暴抗暴、匡扶正义、重整乾坤、正气浩然的革命尚武精神和锄强扶弱、为天下人谋福利而不怕流血牺牲的战斗激情，文本肌理隐含着侠义英雄崇拜的大众审美情趣和追求自由正义的民间思维特质。还有新时期以来的一些小说，如刘绍棠的《蒲柳人家》、莫言的《红高粱家族》、贾平凹的《白朗》、张承志的《心灵史》、红柯的《西去的骑手》等，都呈现出另一番江湖世界，无不承传和张扬着侠文化精神。

第二节　文化碰撞与价值耦合

在现代中国语境下，随着启蒙主义思潮、无政府主义思潮、社会主义思潮、马克思主义阶级斗争学说、西方现代主义和后现代主义思潮等外来文化的东渐和影响的深入，传统文化与这些外来文化思潮不断发生交流、碰撞，中国社会时代主题发生着从启蒙、革命、救亡、翻身解放、阶级斗争到改革开放的层递性嬗变和发展。在每一个重大而统一的时代主题发生和发展过程中，逐渐形成一种时代共名，在时代共名的感召和影响下，新文学作家文化心理结构中的侠文化积极因子不断被这些西方文化思潮所激活，焕发为现实的积极的精神力量。于是，生成于中国本土文化土壤中的侠文化与这些形成于异质文化土壤中的文化思潮取得了跨越时空的精神联系，在中国社会时代主题的巨大场域中发生了程度不同的价值耦合。

在现代中国文学发生和发展的各个历史阶段，具有反叛个性和家国情怀的新文学作家总是引领着时代的主潮，他们感受着时代精神的脉搏，以满腔热血、正义良知和作为精英知识分子的人文情怀，时刻回应着时代共名与民族新生的召唤，积极投身于以个性解放、社会解放、阶级解放、民族解放、人民幸福和国家富强为价值目标的革命、建设和改革事业。特定时代主题构成的语境及其精神气候赋予新文学

第三章 中国新文学作家的侠性心态及其时代特征

作家丰富而深刻的现代性体验，这种现代性体验因时代不同而呈现出不同的面相。对新文学作家侠性心态的生成来说，现代性体验的激发无疑是一个非常重要的触媒，并且会极大地促使他们的侠性心态随着时代的发展而发生嬗变。新文学作家侠性心态在这种发展嬗变中，不断被赋予新的时代精神内涵。

一 启蒙语境与社会正义的诉求

由于晚清民初尚武任侠思潮的影响，直到五四前夕，尚武思潮一度成为社会的主导思想，"无人不尚武，无人不当兵，男子有男子军，女子有妇女军"[①] 这种尚武思潮与五四时期东渐的个性主义和启蒙主义文化思潮在历史的交合中风云激荡，激活了新文学作家侠性心态中自由正义的因子和拯世济民的热情。近代以降，任侠救国和启蒙救世都曾是晚清文人企图挽救民族危亡、实现新民强国之梦的重要思路。到了五四时期，在启蒙语境下，以五四新文学作家为代表的启蒙思想家在对旧民主主义革命进行了经验教训总结和深刻反思的基础上，对这两种思路进行了深度整合。具体来讲，就是他们抱持着任侠的姿态，以笔为剑，对"吃人"的封建政治制度和封建礼教及其思想文化体系进行了全面的抨击与涤荡，特别是对被封建威权扭曲异化了的严重阻碍人性自由健康发展的儒家伦理道德及其思想规范猛烈开火，深入批判，颇有现代文侠风范。更重要的是，他们以现代知识分子的精英立场，立足现代民族国家建设和现代文化人格建构的高度，针对社会弊病、文化糟粕和民族劣根性，勇于批判，深入反思，在全社会进行思想启蒙，以唤起民众觉醒，打破铁屋子，争取新的天地。为此，他们以道德文章和满腔热情积极改造国民性，大胆追求个性解放和人格独立，为实现社会的正义公道和民族国家的解放独立而奋斗不息，充分体现了五四新文学作家人性的觉醒和大义凛然、忧国忧民的社会责任感与历史使命感。正如王德威所言："正义的蕴涵一直是中国现代文学最重要的主题之一。而借小说来呈现甚至实践正义，更常被视为作

---

① 公言：《黄金时代之望》，《民吁日报》1909年11月6日。

家的使命。有鉴于各种层面的社会混乱与政治骚动,'五四'以降的作家往往乞灵文学表述来伸张正义。"[1] 很显然,中国传统文化中"先天下之忧而忧,后天下之乐而乐"的积极入世思想和忧患意识以及舍生取义精神,在新文学作家身上,因侠文化的无意识积淀和现代承传,以及西方启蒙主义思潮影响,而转换为救亡图存的现代启蒙理念和人文忧思。

在救国的价值基点上,任侠和启蒙取得了深度整合与意义统一,使新文学作家无论在现实行动还是在启蒙的理论倡导中,均不乏侠义风范。可以说,五四新文化运动的精神领袖和新文学作家的思想中闪耀着尚武任侠的光辉,他们在寻求个性解放和社会解放的道路以及挽救民族危亡的大业中高度重视武力和侠义的作用。由于精神领袖和文化先驱们的倡导,大批知识分子积极响应,使五四新文化运动被打上了尚武任侠思想的烙印。随着五四运动的爆发,这种尚武任侠思潮以直接的革命行动参与着历史的进程,许多民主斗士在这个历史进程中尽显救国救民的侠义英雄本色。李大钊参加了五四游行,陈独秀亲自上街散发传单并被捕,他们是青年学生的精神领袖,这种不畏强权、重义轻生的侠义英雄精神不啻于黑暗中的闪电,照亮了正在摸索前行的五四青年前进的道路。傅斯年和杨振声都是五四反帝爱国学生运动的主要组织者,为了内惩国贼外争国权,他们亲自指挥学生集会和示威游行,火烧赵家楼,点燃了新民主主义革命反抗和复仇的火焰。毛泽东作为湖南青年学生领袖,以"问苍茫大地,谁主沉浮"的天问气魄和"粪土当年万户侯"的蔑视权贵的侠义豪情,在长沙积极组织和领导学生罢课游行,声援和支持源于北京的五四爱国运动。这就意味着以思想启蒙为目标、以批判传统旧文化和建设现代新文化为特色的五四新文化运动,在特定时代条件下与批判旧政权旧制度的政治运动相遇时,极易发生价值耦合和时代共鸣,彼此互为支援,共同推动时代向前发展。

---

[1] [美]王德威:《被压抑的现代性——晚清小说新论》,宋伟杰译,北京大学出版社 2005 年版,第 372 页。

第三章 中国新文学作家的侠性心态及其时代特征

具体到文学创作领域，无论是鲁迅的《狂人日记》和《孔乙己》、郁达夫的《沉沦》，还是郭沫若的《女神》、闻一多的《死水》，都充分体现了五四新文学作家借助于文学创作向旧社会旧制度旧思想旧文化乃至向帝国主义猛烈开火的战斗激情，以及追求个性解放、伸张社会正义的大无畏精神。甚至郁达夫通过《沉沦》中的"他"——这个饱受欺凌和歧视的弱国子民之口呐喊出深刻的复仇意识："狗才！俗物！你们都敢来欺侮我么？复仇复仇，我总要复你们的仇。"[①] 这表明，在西方个性主义和启蒙主义思想的影响与刺激下，五四新文学作家侠性心态中的侠义质素浮出了意识层面，在个性解放和社会解放的时代精神感召下，焕发为反对封建威权和专制主义统治、追求人格独立和个性解放以实现社会正义公道的精神力量与现实诉求。

在个性解放和启蒙思潮影响下，许多新文学作家背叛了自己出身的阶级，纷纷脱离家族势力的羁绊，走出家庭，走向社会，去追寻人间的正义和自由自在的生命形态。近代以来，西方殖民主义入侵和国内资本主义发展给中国社会结构与经济结构带来强烈的冲击和严重的破坏。日益市场化和社会化的商品经济形态打破了中国固有的自给自足的自然经济形态，以个体家庭或家族为单位的小农经济逐渐走向衰颓，加上现代城市的兴起和发展，导致广大农村败落和广大农民破产。所有这些政治的、经济的因素都加速了中国传统家庭结构或家族结构的日益解体。五四新文化运动主张打倒封建偶像权威和专制主义制度，提倡个性解放、人格独立，倡导自由平等和民主科学。要实现这些，首先必须反对根深蒂固的封建家族制度和专制政治的灵魂——孔孟之道。在这种情况下，以伦理中心和家国同构为基本特征的中国传统文化与家族制度受到颠覆和解构。在个性解放和启蒙主义思潮的冲击下，家族制度和家族本位主义走向衰落，传统的家族和家庭关系也在发生着变化，传统的家族和家庭在正义的声讨中逐渐失去了昔日威权的神圣光环，不再值得留恋，那种尊卑秩序和等级观念也逐渐丧失了存在的理论基础与现实依据。时代的浪潮将五四新文学作家无情地抛在现

---

① 郁达夫：《郁达夫小说集》上册，浙江人民出版社1982年版，第46页。

代家庭意识和现代民族国家观念的滩头。在时代精神的召唤下，不论是出身于农村、小镇还是城市，新文学作家都毅然决然地挣脱了传统家族势力的束缚与羁绊，走出家庭的牢笼，义无反顾地走进现代城市这个足以自由表达意志的公共空间。然而，由于商品经济的极不发达和市场机制的极不完善，处于传统向现代转型初期的中国并未给新文学作家这些现代知识分子创造一个完善健全的现代市民社会，也没有给他们提供一个足够的可以自由发展的生存空间。于是，他们既无法再回到传统家族中去重温个人小家庭的旧梦，又难以找到固定的职业和岗位在市民社会中立足。即使拥有了一份职业，往往也会因天性中的叛逆精神和血性正义促动而走上反对专制统治的道路，最终的结果不是被招安规训，就是失去安身立命之本。在个体生存危机和政治体制压迫之下，这些追求个性解放和社会正义的现代文侠经常沦为城市游民而在江湖上漂泊、游走。五四时代赋予新文学作家侠性心态以人格独立、个性解放、反对专制、追求社会正义和自由平等等精神内涵，他们的现实遭遇和不满现实的义愤成为其不断开掘与张扬侠文化精神以书写诗学正义并诉求社会正义实现的强大动力。

二　革命语境与革命尚武精神的张扬

五四以后，随着北伐战争和土地革命波澜壮阔地展开，全国上下进入阶级革命的高潮。新文学作家在革命激情的鼓舞下，紧跟时代步伐，积极投身于现代革命的洪流。在革命语境下，他们将文学创作的实践行为和公道正义的理想精神追求紧密结合，以笔为剑，大胆地向帝国主义、封建主义和官僚资本主义挑战。"在'为革命而文学'的名义下，这些作家自身与笔下人物所扮演的形象，如果不是真的战士，至少也是新型的'文侠'，他们试图在自己构造的理想平面上，上演正义伸张的好戏"[①]。新文学作家的革命侠义本色也在这场规模宏大的"正义伸张的好戏"中得以集中体现，并定格为革命年代的

---

① [美]王德威：《被压抑的现代性——晚清小说新论》，宋伟杰译，北京大学出版社2005年版，第373页。

第三章　中国新文学作家的侠性心态及其时代特征

壮丽风骨。

　　1927年蒋介石发动了"四·一二"反革命政变，随后又接连发生了"七·一五"反革命政变和马日事变，国民党右翼势力叛变了革命，彻底暴露了其丑恶狰狞的反革命面目，向中国共产党和革命人民举起了屠刀，国共两党合作的革命统一战线彻底破裂，轰轰烈烈的大革命宣告失败。面对国民党反动派的血腥屠杀和恐怖统治，中国共产党人领导发动了南昌起义，打响了武装反抗国民党反动派的第一枪，开始走上以革命暴力对抗反革命暴力统治、武装夺取政权的革命道路。无论是在政治领域、思想领域还是在文学创作领域，革命尚武精神逐渐成为时代的潮流。早在大革命时期，毛泽东就于革命的实践中发现了游民无产者身上的革命性力量，从实际出发，积极探寻适合基本国情的中国特色革命道路。对于游民无产者，毛泽东曾作过深入分析："此外，还有数量不小的游民无产者，为失了土地的农民和失了工作机会的手工业工人。他们是人类生活中最不安定者。他们在各地都有秘密组织，如闽粤的'三合会'，湘鄂黔蜀的'哥老会'，皖豫鲁等省的'大刀会'，直隶及东三省的'在理会'，上海等处的'青帮'，都曾经是他们的政治和经济斗争的互助团体。处置这一批人，是中国的困难的问题之一。这一批人很能勇敢奋斗，但有破坏性，如引导得法，可以变成一种革命力量。"[①] 这是毛泽东作为一个无产阶级革命家秉着实事求是的态度，立足当时中国社会实际，从革命现实利益出发而作出的光辉论断。在这个论断中，难能可贵的是，他发现了游民无产者的力量，认识到了改造游民无产者的重要性。一般来讲，在旧中国，游民无产者及其所属的秘密组织或秘密社会具有破坏性，但他们当中不乏讲义气、重然诺的人，这些人有古代游侠遗风，也"很能勇敢奋斗"，并且其秘密组织"都曾经是他们的政治和经济斗争的互助团体"。也就是说游民无产者具有很强的可改造性。在毛泽东看来，如果能够以无产阶级革命思想对他们进行政治教育和革命性改造，引导

[①] 毛泽东：《中国社会各阶级的分析》，《毛泽东选集》第一卷，人民出版社1991年版，第8—9页。

得法，量才使用，那么，完全可以把这些江湖草莽或底层游民转变为一种有生的革命力量，这样的话，也就会使他们逐渐剔除身上的封建义气，而将义气转化为革命尚武精神。当然，这种改造之路不是意气用事，也不能一蹴而就，这需要长期的革命思想教育和民族大义精神的影响，更需要革命实践的生死考验。中国共产党在探索中国特色革命道路的过程中，注重从社会各阶级中发掘革命性力量，不仅包括工人、农民、知识分子，还包括剥削阶级阵营中一切可以团结和利用的力量，甚至也包括社会边缘群体如游民无产者、土匪、山贼、路霸等。只要以无产阶级革命思想和集体主义精神对他们进行教育与改造、引导和领导，就能将散布于民间的江湖义气和朴素的血性正义转化为革命尚武精神与现代性的社会正义思想，从而不断扩大革命阵营、增强革命力量，使现代中国新民主主义革命的形势从星星之火逐渐形成燎原之势。

这种革命尚武精神对于新文学作家而言，一方面体现在他们不怕牺牲，投身于反帝反封建反国民党新军阀的现实斗争中，积极探索中国革命的道路；一方面体现在他们以笔为剑，通过文学创作揭露和批判现存体制的弊病与社会的黑暗，在恐怖统治的压迫下发出无畏的抗争的呐喊。面对国内外强大的敌人，在没有找到正确的革命道路之前，新文学作家极易和西方的无政府主义思想发生价值耦合。一是因为无政府主义者特别是俄国的虚无党人以暗杀方式对抗专制强权的主张及其行为，跟中国古代侠客行刺专制暴君、暗杀贪官污吏和恶霸豪强的侠义之举相类相通，来自无政府主义思想的反抗暗杀主张及其行为很容易激活新文学作家文化心理结构中的侠意识积淀；二是因为西方无政府主义思想和中国传统侠文化之间有一种异质同构的关系，在社会政治理想上存在着价值耦合与精神沟通，"对中国无政府主义思潮影响最大的是俄国人克鲁泡特金，克氏的无政府主义理论核心是'互助论'，其精神实质和思想底蕴都与侠文化的'兼相爱，交相利'的价值精神指向，与以赖力自强、互助共济、持诚守义乃至用损有余益不足的方式来达到经济上平等、政治上自由、人生上的自我保障的所谓'四海之内皆兄弟也'的'大同'世界的社会理想，存在着无可

第三章　中国新文学作家的侠性心态及其时代特征

置疑的同源性"[1]。这些情况反映在文学创作上,就是新文学作家塑造了许多致力于个人复仇和恐怖暗杀的无政府主义者或具有无政府主义倾向的革命者形象。如蒋光慈小说《短裤党》中的邢翠英、《最后的微笑》中的王阿贵、《野祭》中的章淑君;巴金小说《灭亡》中的杜大心、《新生》中的李冷、《雾》中的陈真、《雨》中的吴仁民和李佩珠。蒋光慈和巴金都是接受过无政府主义思想影响的左翼革命作家或倾向于革命的民主主义作家,无论是他们自己还是其作品中的主人公,都不可避免地被打上了无政府主义的烙印。但当我们深入这些看起来带有无政府主义色彩的小说文本的深层肌理进行仔细勘察时,可以发现里面积淀的精神底色仍是传统侠文化的质素,彰显的是现代性的革命尚武精神。毋庸置疑的是,西方的无政府主义反对专制强权、推翻一切不合理的制度、追求绝端的自由等革命思想激活了新文学作家内心的侠性质素,点燃了他们血气方刚、英勇无畏的革命激情,而这些在文本结构中得以折射和体现。

最初接受过无政府主义思想影响的蒋光慈后来受到了社会主义思潮的影响,最终选择和接受了马克思主义并将其作为思想指导与行动指南,从而走上了无产阶级革命道路。社会主义关于无产阶级革命的思想和马克思主义阶级斗争学说主张反抗压迫和剥削,追求社会公道正义和人民自由幸福,以及以革命暴力对抗反动势力,这与侠文化中不畏强权、追求自由正义及以暴制暴是相通的。左翼新文学作家的作品,如阳翰生的《地泉》三部曲、洪灵菲的《流亡》、蒋光慈的《咆哮了的土地》和丁玲的《水》等都有着鲜明的侠义复仇观念和革命尚武精神。成仿吾非常重视革命勇气和复仇精神,他说:"对于时代的虚伪与它的罪孽,我们要不惜加以猛烈的炮火。我们要是真与善的勇士……打破这现状是新文学家的天职。"[2] 作为一个具有使命感的左翼新文学作家,成仿吾还通过挖掘传统的士气来反抗与颠覆不合理的现实社会制度。可以说,传统侠文化与无政府主义思想、社会主义思想

---

[1] 杨经建:《侠文化与20世纪中国小说》,《文史哲》2003年第4期。
[2] 成仿吾:《新文学之使命》,《创造周报》1923年第2期。

和马克思主义阶级斗争学说之间存在着价值耦合的空间,极易得到革命性改造和现代性转化。经过这种思想文化的结合与锻造,在现实的革命斗争中,新文学作家会焕发出强大的精神力量和行为动力,成为向黑暗社会和不合理的制度复仇的叛逆猛士,把无政府主义思想、社会主义关于无产阶级革命的思想熔铸于新民主主义革命的时代思潮之中,以革命复仇意识和反抗精神向一切不合理的现存制度与阶级敌人猛烈开火。阶级革命的时代激活并点燃了新文学作家复仇的火种,赋予他们的侠性心态以反抗专制强权、追求阶级解放、张扬革命尚武精神等精神内涵。

三 救亡语境与民族反抗意志的砥砺

1931年,日本帝国主义悍然发动"九·一八"事变,侵占了我国东北三省的大好河山,使中国现代历史发生了重大转折。在阶级革命的话语中,又平添了救亡图存的时代最强音。一切富有民族正义感和历史使命感的新文学作家挺身而出,投笔从戎,以手中之笔,凭文弱身躯,大胆揭露和批判日本法西斯的残酷暴虐与罪恶本质,内心燃烧起民族复仇的火焰,以真实的行动和文学作品鼓舞全国人民起来反抗,同仇敌忾,与民族敌人作殊死搏斗,以萧军《八月的乡村》和萧红《生死场》为代表的民族复仇精神与义愤填膺的怒吼,对于唤起民众觉醒、激励全国人民的抗战斗志、坚定抗战必胜的信念,具有不可低估的价值,发挥了巨大的历史作用。

自东北沦陷以来,尽管国内阶级矛盾仍然尖锐且错综复杂,但随着中日民族矛盾的日益激化,抗日救亡逐渐成为压倒一切的时代主题。1937年卢沟桥事变爆发,日本开始全面侵华,中华民族处于生死存亡的紧急关头,中日民族矛盾全面升级为当时中国社会的主要矛盾,一切国内的阶级矛盾都要服从于民族矛盾的大局,全民族抗战也正式拉开帷幕。在民族救亡语境下,胸怀报国之志和血性良知的新文学作家纷纷走出书斋与亭子间,毅然决然地走上战场,慷慨激昂地奔赴国难,为民族解放和国家独立而不惜抛头颅洒热血,舍生忘死,重义轻生。在创作上,他们以爱国热情和民族大义为精神旗帜,高扬本土文化,发掘民族精神，揭露和控诉日寇暴行，弘扬民族正气和抗争精神。这充分体现了中国知识分子天下兴亡、匹夫有责的天道责任和爱国情怀。郭沫若以满腔的民族义愤，从日本毅然回国，积极投身于民族救亡大业。他一方面从事实际的抗战工作，一方面在繁忙的工作之余，先后创作了六部抗战史剧：《棠棣之花》《屈原》《虎符》《高渐离》《孔雀胆》《南冠草》。在这些反帝爱国的史剧中，郭沫若根据抗战的实际需要和时代特征，深入地发掘和提炼传统侠文化中不畏强权、敢于反抗、舍生取义、杀身成仁、伸张正义、捍卫生命尊严等精神资源，并对之进行革命性改造和现代性转化，从而赋予剧中人物崇高的民族气节和高贵的爱国情操。通过讴歌礼赞历史上反侵略、反投降、反分裂的民族英雄和志士仁人，极大地鼓舞了抗战军民的爱国热情和反抗精神。为了民族的抗战大业，老舍毅然放弃了齐鲁大学的教授职位，忍痛走出家庭，义无反顾地奔赴国难。他一方面主持中华全国文艺界抗敌协会的日常工作，为民族救亡大业奔走呼号，呕心沥血；一方面通过文学作品积极进行抗战宣传，鼓舞人民的抗战斗志。老舍在《四世同堂》中对民族传统文化进行了深入的审视和反省，不仅揭示和批判了国民劣根性，更重要的是，他通过对颇具儒侠气质的诗人钱默吟和走出家庭奔赴国难的祁瑞全等抗日志士形象的塑造，发掘和张扬了传统文化中的侠骨、侠节、侠气，找到了民族传统文化能够积极建设的一面，以此呼唤民众觉醒，探索民族新生之路，从而极大地鼓舞了国人团结御侮、抗战救国的反抗意志和现代国家复仇意识。

在抗日战争时期，刘永济认为："末世儒家之弊则文弱浮伪，道家之弊则颓废放浪，法家之弊则繁苛冷酷。游侠皆与之相反。而极端相反者，则为乡愿。孔子以乡愿为德之贼，孟子弟子曾以问孟子，孟子释孔子之意，谓乡愿之人，言不顾行，行不顾言，与游侠之言必信行必果正相反。孟子谓乡愿阉然媚于世，非之无举也，刺之无刺也，同乎流俗，合乎污世，与游侠之时捍当世之文罔，为死不顾世，亦夫不同。盖乡愿行伪善，人不易识，其害中于人心至深。游侠任天真，每与世法抵触，然其仗义敢为，实于世俗有振衰起弊之功。"① 这里把游侠的"任天真"和"仗义敢为"提升到以道义相期许的世俗风气的高度,肯定了侠文化精神具有"振衰起弊"的社会功能。这种与时俱进的理论话语与抗战现实的严峻思考相结合,不断引起新文学作家对民族传统文化和民间文化精神的思考与发掘。端木蕻良在小说《科尔沁旗草原》和《遥远的风砂》中为我们塑造了个性鲜明的侠义胡子形象。前者中的老北风在东北沦陷、民族危亡之际,不愿俯首为奴,主动扛起了义勇军大旗,揭竿而起,奋起反抗。后者中的双尾蝎富有正义感和坚韧顽强的生命力,而煤黑子这个曾经作恶多端的土匪队伍的"二当家"也赢得了英雄的桂冠,因为他是为保护抗日战士而死的。作者刻画的煤黑子这个侠义胡子形象,虽然心狠手辣,奇丑无比,在面对共同的民族敌人时却能够摒弃前嫌、勇赴大义,表现出一种侠义英雄气概。当然,在救亡语境下,煤黑子这个特殊形象的意义,一方面说明人性的复杂性,一方面体现了抗日意识的重要性。在作者看来,这些铤而走险的胡子身上"蕴含着人类的最强悍的反抗的精神"②。实际上作者借助这个侠义胡子形象来阐明一切事情都将服从于抗日大局的需要,文本深层涌动着一种同仇敌忾的悲壮精神。茅盾的抗战小说《第一阶段的故事》充满了慷慨激昂的"民气"和"侠骨",里面的主要人物何家庆、何家祥、何家祺、仲文等,大都为青年学生和知识分子,他们虽然出身于优越的家庭,但在抗日救亡的时代使命感召下,纷纷投笔从戎,积极地投入了抗日救亡运动,体现了强烈的反抗意志,表现出崇高的爱国热情和民族气节。艾芜的小说《咆哮的许家屯》描写了我国东北小镇许家屯在日寇统治的恐怖氛围下反抗复仇的故事。日本士兵横行霸道,不仅公开强抢财物,还明目张胆地强奸妇女,这激起了镇民们的极大愤怒,英勇的镇民奋起反抗,夺取了日军的枪支,在黑夜中与日本士兵展开激烈的巷战,并放火焚烧了日军驻扎的关帝庙和汉奸的冯公馆。虽然艾芜没有亲历东北抗战生活的生命体验,该作品也不过是借助编织故事来表达民族义

---

① 刘永济:《论古代任侠之风》,《思想与时代》1942 年第 12 期。
② 端木蕻良:《科尔沁旗草原·初版后记》,《端木蕻良文集》第一卷,北京出版社 1998 年版,第 412 页。

愤和复仇情绪，但作者在救亡话语中对生的觉醒和死的挣扎之表现以及对极限情境下反抗意志的发掘与张扬，是非常可贵的。

民族救亡的时代给新文学作家带来从未有过的生存体验和更加深入的生命思考，他们的侠性心态也因此而注入爱国热情和民族气节、民族反抗意志和国家复仇意识等精神内涵。这些精神内涵在他们的作品中也得以彰显和体现，不仅鼓舞了广大抗战军民的民族士气和斗争精神，而且砥砺了国人的反抗意志和国家复仇意识。

四　翻身解放语境与自我命运的执掌

抗战的胜利并没有给中国人民带来盼望已久的独立自由和幸福安康，由于国民党反动派的专制独裁和背信弃义，内战的阴云开始弥漫中国的晴空，中国大地重新陷入战争的旋涡。民族国家的前途命运再次被置于十字路口，中国向何处去这一重大而严峻的问题再次摆在国人面前。为了民族的未来和国家的命运，为了彻底推翻压在中国人民头上的"三座大山"的统治，以最终实现最广大人民群众翻身解放当家做主，许多新文学作家以感时忧国的情怀、勇于反抗的气魄和不怕牺牲的精神，积极投身于解放战争的时代洪流。

在翻身解放语境下，他们心系民族国家命运，不顾个人安危，抱持对自由民主和正义公道的执着追求，挺身而出，与国民党反动派展开新的较量和生死搏斗。面对国民党反动派的倒行逆施和惨无人道的统治，郭沫若义愤填膺，多次在民间集会甚至在国民政府组织的政治协商会议上仗义执言，严厉指责美帝国主义干涉中国内政的无耻行径，无情批判和大胆揭露蒋介石集团发动内战祸国殃民的罪恶阴谋。郭沫若的侠义爱国之举引起了反动派的注意和震怒，在一次民主集会上，他遭到了国民党特务的毒打。在生死考验面前，郭沫若视死如归，大义凛然。他慷慨陈词："自己只受了一点轻伤，算不了什么，实现民主才是重要的事情。我身上还有许多血，我是准备第二次、三次再去流血的！"[①]俨然一派不怕流血、慷慨赴死的侠义豪情，体现了郭沫若

[①] 龚济民、方仁念：《郭沫若传》，北京十月文艺出版社1988年版，第353页。

上编　中国新文学作家与侠文化的历史性关系

为争取自由民主、实现社会正义公道而奋不顾身、血战到底的坚定信念。在光明与黑暗、民主与专制、自由与压迫激烈交锋的时代浪潮中,李公仆、闻一多、朱自清等爱国民主人士和新文学作家早已置个人生死于度外,纷纷走出书斋,投身于人民解放的斗争。"这些人多是身兼教授、学者的诗人,他们同样在经历思想上一个'变'的过程,变得由内向外,变得由冥思苦想到干预生活,残酷而严峻的形势甚至逼迫他们把没有用笔来完成的使命,用鲜血和生命完成了"①。李公仆以鲜血浇灌了民主之花,以生命捍卫了人的尊严和自由权利;闻一多拍案而起,横眉怒对国民党反动派的枪口和淫威。他们都成了英勇无畏的民主斗士的表率。在身患严重胃病,物价飞涨、生活日益艰难的困境下,朱自清仍以高昂坚定的斗志,毅然拒绝美国援助的面粉,宁可饿死,也不吃嗟来之食,以死捍卫高贵的民族气节。

　　在翻身解放语境下,新文学作家一方面以现实的斗争争取自由民主权利,捍卫生命的尊严,一方面通过文学创作书写诗学正义以示对旧政权和旧制度的义愤与反抗。周立波的《暴风骤雨》描写解放战争时期萧祥带领土改工作队进驻松江省元茂屯领导土地改革,给这个偏僻的乡村带来了暴风骤雨般的社会制度和阶级关系的深刻变化,塑造了一个侠义农民形象——赵玉林。赵玉林外号"赵光腚",祖籍山东,逃荒关外,深受地主韩老六的欺凌和压迫。但他穷且志坚,颇有骨气,忍辱负重,嫉恶如仇,对地主老财充满了刻骨仇恨。他当了农会主任之后,联络一帮穷哥们三斗韩老六,最终枪毙了这个作恶多端、罪大恶极的恶霸地主。在党的领导下,翻身农民获得了解放和自掌命运的权利,但赵玉林这个苦大仇深的农民在寻求翻身解放的道路上,并没有阿Q造反的报复和发财的投机心理。在分地主财务时,赵玉林本来名列一等一级,但他却主动要求列入三等三级。最后,赵玉林在狙击土匪的战斗中英勇牺牲。赵玉林身上闪耀着解放区翻身农民高风亮节、克己奉公的人性光辉,这个形象也由民间草莽升华为侠义革命英雄。

---

① 杨守森主编:《二十世纪中国作家心态史》,中央编译出版社1998年版,第313页。

还有丁玲的《太阳照在桑干河上》、赵树理的《李有才板话》、欧阳山的《高干大》、柳青的《种谷记》等，这些作品推崇革命的英雄主义，塑造了典型的侠义革命英雄形象。作者善于从亲见亲闻的现实生活入手，努力发掘普通人物身上存在的可贵的侠义品格和英雄素质。无论是张裕民、程仁、老杨同志，还是高生亮、王加扶，再加上《暴风骤雨》中的郭全海，他们都是贫农出身，饱受地主的压迫和凌辱，身世凄惨，苦大仇深，对黑暗社会和地主老财充满了阶级仇恨和满腔愤懑。他们参加革命后，接受了党的教育，提高了阶级觉悟，忠诚于党的革命事业，积极投身于翻身解放的革命工作和现实斗争。在革命的危急关头或任何困难面前，他们总是能够以坚忍不拔的精神和不屈不挠的意志去积极应对，为翻身解放获得自主命运的权利而带领人民群众力挽狂澜，走向胜利。很显然，这是以无产阶级革命思想武装起来的侠义英雄，在党的光辉照耀下，这些农民逐渐褪去了原初的草莽气甚至江湖气，而被赋予了神圣的革命光环。不难发现，新文学作家侠性心态在翻身解放的时代主题感召和浸润下，获得了反抗专制强权、追求自由民主、捍卫人格尊严、维护正义公道等精神内涵。

五 阶级斗争语境与革命侠义精神的再造

中华人民共和国成立之初，为了维护和巩固新生政权，与国内外敌人继续进行艰苦卓绝的斗争。在政治上，开展了一系列运动，诸如镇压反革命、"三反"和"五反"、抗美援朝等；在文学创作上，沿着工农兵文学的方向继续前进，一再强调文学为政治服务的创作原则。全国处于高度政治化的时代氛围中，阶级斗争开始成为当时社会的时代主题。随着社会主义改造的基本完成，我国开始进入社会主义初级阶段，全面建设社会主义的十年（1956—1966）正式拉开帷幕。1956年中共八大对社会主义建设道路进行了积极的现实构想，明确了当时党和全国人民的主要任务是集中力量发展生产力，尽快把我国从落后的农业国家建设成先进的工业国家，发起了探索社会主义建设道路的先声。但十年期间，由于"左"倾错误的影响，造成了反右扩大化、反右倾斗争等政治运动。1963年初，毛泽东提出"阶级斗争，一抓就灵";在当年中共中央制定的关于农村社会主义教育运动的文件中明确提出了"以阶级斗争为纲"的方针。1965年初,在毛泽东主持下,中共中央制定了《农村社会主义教育运动中目前提出的一些问题》,简称"廿三条",更尖锐地提出运动的重点"是整党内那些走资本主义道路的当权派",这就把斗争的矛头集中指向了党的各级领导人,从而把阶级斗争扩大化的"左"倾错误推到一个更加严重的阶段。[①]随着"左"倾错误愈演愈烈,阶级斗争不断扩大化,终于压倒了正确的发展方向,导致"文化大革命"全面爆发,社会主义建设遭受了严重挫折。由此可见,十七年时期和"文革"时期中国社会的时代主题被笼罩在阶级斗争的阴霾中,一切文化活动和文学创作都处于阶级斗争的政治文化语境下。虽然其间曾有过百花时代的辉煌,但暴风骤雨般的阶级斗争使它遭受摧折,成为瞬间闪现的昙花。

在阶级斗争语境下,由于政治的意识形态的原因,以武侠和言情为代表的通俗文学创作受到压制,不允许创作、发表与出版,造成了大陆通俗文学创作长达三十年的断层。虽然通俗文学创作因备受压制而无法浮出历史的地表,但当时的主流文学作品文本深层还是始终跃动着武侠和言情的元素,或者说武侠和言情以变体的方式存在于主流文学作品的话语蕴藉之中。比如杨沫的《青春之歌》、欧阳山的《三家巷》和高云览的《小城春秋》之于言情;梁斌的《红旗谱》、曲波的《林海雪原》、刘知侠的《铁道游击队》、冯志的《敌后武工队》、刘流的《烈火金刚》、李英儒的《野火春风斗古城》、李晓明和韩安庆的《平原枪声》、郭澄清的《大刀记》、雪克的《战斗的青春》之于武侠;甚至这些作品中的武侠和言情元素相互交融而呈现出一种现代革命版的侠骨柔情模态。这足以说明通俗文学元素对正统主流文学作品的强大渗透力,尤其是武侠元素的出现,使这些革命历史叙事文本充盈着一种侠义革命英雄精神和雄浑阳刚的美学风骨。当然,这些武侠和言情的元素在阶级斗争语境下得到政治话语的改造、转化与利用,将锄强扶弱、个人复仇的侠客义士改造转化为匡扶正义、向共同的阶

---

① 国家教委社科司组编:《中国革命史》(试用本),高等教育出版社1993年版,第376页。

第三章　中国新文学作家的侠性心态及其时代特征

级敌人和民族敌人进行集体复仇的革命战士；将江湖世界改造转化为硝烟弥漫的战场或与敌周旋的场所；将快意恩仇、正义伸张的行侠主题改造提升为阶级解放、民族解放等内涵。这些作品在无产阶级革命话语的氤氲中，张扬着主流意识形态决定和规约的思想内涵，这是其显形文本结构所彰显的价值形态。在革命英雄叙事的话语符码中，也时刻涌动着国家意志规训下的激情，而这种激情的获得则来自民间文化的影响和规定，主要体现为侠文化和民间英雄传奇对小说文本建构的积极参与，这些民间形态的文化元素构成了这些作品的隐形文本结构。正是在这种显形文本结构和隐形文本结构构筑的话语形态中，革命叙事讲述着中国现代革命历史的来龙去脉，张扬着革命者的英雄主义精神和具有传奇色彩的革命侠义豪情。

　　这种革命历史叙事和革命英雄传奇其实早在20世纪40年代的解放文学中就已经出现。为了更好地遵从和体现文学为政治服务、首先为工农兵服务的政治方向与创作原则，解放区作家群体走向了革命英雄传奇的创作实践。他们对民间文化特别是民间英雄传奇中的"侠"的原初内涵进行了成功的改造，将以武仗剑行侠的侠客转化为手持刀枪奋勇杀敌的革命英雄，从而实现了民间英雄传奇和革命英雄传奇的有效对接。无论是柯蓝的《洋铁桶的故事》、孙犁的《风云初记》、刘白羽的《无敌三勇士》，还是马烽和西戎的《吕梁英雄传》、袁静和孔厥的《新儿女英雄传》，描写的都是革命英雄的传奇故事，在金戈铁马中穿插着儿女情长，充满了英雄主义精神和浪漫主义情怀。可见，这些深受侠文化影响的解放区作家"借助于民间英雄传奇这一古老的艺术表现形式，弘扬了无产阶级的政治革命理想与英雄主义气势；而民间英雄传奇这一古老的艺术表现形式，也因全新价值理念的注入而在中国现代文学史上重新获得了新生"[①]。解放区作家所开创的"革命英雄传奇"的小说模式，将民间英雄传奇的艺术表现形式和无产阶级革命理想、现代英雄主义精神、革命侠义豪情熔铸在一起，成为解放

[①] 宋剑华：《变体与整合：论民间英雄传奇的现代文学演绎形式》，《文学评论》2002年第6期。

区文学乃至新中国文学的主要艺术审美范式，对十七年时期的革命历史叙事和革命英雄形象塑造有着直接的影响，并因此形成一种强劲的文学潮流和创作传统。从这个意义上，可以说十七年革命历史小说或革命英雄传奇的集结式出现，充分体现了新中国作家在阶级斗争语境下对革命侠义精神的再造与重铸。

不可否认，在阶级斗争语境下，十七年革命历史小说或革命英雄传奇的创作必然受到主流意识形态的规约和影响，同时也离不开作者自身经历和所受文化教育的影响。这些作者大都出身于工农兵，如曲波只读过小学，少年时代爱读《说岳全传》《水浒传》《三国演义》等传统民间英雄传奇，15岁就参加了八路军，曾率领一支小分队在牡丹江一带的深山老林中参加剿匪斗争。雪克只读过小学，在社会底层艰难度日，做过学徒和工人，18岁开始从事抗日活动，担任过青年抗日救国会主任、县公安局长，后来从事过文教和新闻工作。知侠从小在铁路边长大，20岁进入延安抗日军政大学学习，有过与铁道游击队队员们一起生活和战斗的经历，还做过随军记者。刘流23岁就投身于抗日战争，做过侦察科长、司令部参谋和军事教官。这些工农兵作家出身社会底层，有着丰富的底层生活经验，他们早年接受的大都是民间文化的教育和影响，特别是民间侠文化的浸润与熏陶。因此，他们的文化心理结构中存在着侠性心态的层面，在阶级斗争语境下被赋予阶级复仇和民族复仇以及对无产阶级革命及其领袖充满感激与缅怀之情等精神内涵，使他们嫉恶如仇、同情弱小、渴求正义、向往光明。所有这些在他们的作品中都有不同程度的反映和折射。革命的胜利和新政权的建立激起了他们对新生活的热情和对以毛泽东为代表的中国共产党人的感戴，他们自身经历过革命战争的峥嵘岁月，无数革命先烈视死如归、捐躯赴难的英勇事迹和侠义英雄气概激活了他们内心深处的侠性因子，燃起了他们再造和重铸革命侠义精神的万丈豪情。在他们精心营构的革命英雄叙事文本中，其显形结构力图适应阶级斗争的时代主题，深情叙述革命历史和革命战争的进程，大力表现革命者的英雄主义精神，符合主流意识形态的需要；其隐形结构迎合大众审美趣味，借鉴汲取侠文化和民间英雄传奇的积极要素，并对之进行了符合政治革命和阶级斗争话语需要的改造、转化、利用，使之成为文本肌理的有机质素。这就使革命英雄叙事文本因双重结构的相得益彰而充溢着革命侠义豪情和浪漫传奇色彩，从而呈现出独特的艺术魅力和审美风貌。

六 改革开放语境与生命自由境界的追寻

1978年12月，中国共产党十一届三中全会在北京召开，会议提出了新的历史时期以经济建设为中心的改革开放总路线，确定把党的工作重点转移到社会主义现代化建设上来，果断决定停止使用"以阶级斗争为纲"和"无产阶级专政下继续革命"等口号。这次会议揭开了中国社会主义现代化建设事业的新篇章，中国社会的时代主题实现了由阶级斗争到改革开放的全新转换。在20世纪七八十年代之交中国又一次思想解放运动来临之际，主流意识形态和思想文化界对"阶级斗争"学说进行了深入的批判和反思，改革开放话语逐渐成为新时期中国的主流话语，中国当代文学开始进入改革开放的新时期。

新时期作家逐渐挣脱一体化文学体制的束缚，争取精神自由，在对社会公共事务的参与中，以个性话语积极参与公共话语的建构，体现了作为精英知识分子的一种英雄情怀和天道责任。孟繁华在描述1978年代的文学时说："文学作为这一时代的表意形式，最为有效和准确地表达了这一时段民族的精神形态和主流意识形态意图。它以传统的英雄情怀和启蒙话语参与了动员民众、决裂旧的意识形态和共同创造未来、走向彼岸的意志。"[①] 在他看来，1978年代的文学"既表达了意识形态的意图，同时也满足了作家的内心需要"[②]。当新时期作家满怀重建希望的激情和对民族国家未来的憧憬，积极投身于改革开放和社会主义现代化建设事业时，勇于担当的责任意识和舍我其谁的献身精神充盈着他们的内心，形成一种悲壮的侠义英雄救世情怀。英雄文化是中国传统文化的重要一脉，"从远古神话中的英雄崇拜到现、

[①] 孟繁华：《1978：激情岁月》，山东教育出版社1998年版，第1页。
[②] 孟繁华：《1978：激情岁月》，山东教育出版社1998年版，第2页。

当代文学中的以文入世的忧患与使命,都体现了英雄文化在中国的绵绵不绝"①。这种英雄文化与自由、正义、反叛等侠文化特质相结合,呈现出鲜明而强烈的侠义英雄色彩和悲壮的救世情怀。"文化英雄的重要特征就是悲壮的救世情怀和勇于献身的精神。他们对胸怀、抱负、胆识、气节等格外地看重。近百年来的中国作家在文学上的表达不仅承袭着'言志'的传统,同时更渗入了现代知识分子的批判精神。他们以人民代言人的身份,在正义感和艺术良知的驱动下,在七八十年代之交思想解放运动的文化背景下,重整了几近萎缩的批判意识,再度焕发出了英雄的救世情怀,以英武的姿态企图再度实现对生活的'干预'"②。作为新时期的文化英雄,抱持救世情怀的新文学作家对生活的干预本身,其实意味着一种入世精神和担当意识,以及对邪恶的揭露与批判、对正义的捍卫与坚守。

　　正义的精神蕴含是现代中国文学最重要的一以贯之的主题之一,借助于文学这一艺术形式来呈现甚至实践正义,常常是作家们真心推崇并身体力行的社会责任和神圣使命。由于社会动荡、政治黑暗和法制不公,五四以来的新文学作家往往通过文学表述来伸张正义。内忧外患的现实困境激活并引发了他们感时忧国的现代情怀,这成为新文学作家主要的情感方式。从鲁迅、郭沫若、巴金、老舍、李劼人、艾芜、沈从文、蒋光慈、萧军、萧红、丁玲等作家的经典作品中均可看到,他们一直关注着重大的社会问题,以笔为剑,针砭时弊,书写着反抗强权和社会不公、追求自由平等和正义公道的篇章,具有强烈的批判精神和现实参与意识。这一优秀传统被"文革"后的作家所承传。在改革开放语境下,"面对社会的种种问题他们不能置若罔闻,松动的政治环境激活了曾备受压抑的英雄情怀,直面现实的政治批判便在1979年形成了一股有声有色的文学潮流"③。1979年思想解放运动的潮流在乍暖还寒的政治气候中隐隐涌动,到20世纪80年代掀起了一股声势浩大的反思历史、关注现实的新启蒙思潮。开始于1979年

---

① 孟繁华:《1978:激情岁月》,山东教育出版社1998年版,第131页。
② 孟繁华:《1978:激情岁月》,山东教育出版社1998年版,第131页。
③ 孟繁华:《1978:激情岁月》,山东教育出版社1998年版,第133页。

第三章　中国新文学作家的侠性心态及其时代特征

直面现实的政治批判的文学潮流，随着改革开放的深入发展，形成了批判与反思交织、改革与内省交融、针砭时弊和弘扬正气并存的鲜明特征。无论是伤痕文学对文革的揭露、批判和控诉还是反思文学对中华人民共和国成立以来一系列政治运动和社会问题的深入反思，无论是刘克《飞天》、王靖《在社会的档案里》、沙叶新《假如我是真的》等作品对封建特权和官僚主义的批判还是叶文福《将军，不能这样做》、骆耕野《不满》、熊召政《请举起森林一般的手，制止！》等作品直面现实弊端置身于批判前沿，无论是《乔厂长上任记》中的乔光朴、《三千万》中的丁猛、《祸起萧墙》中的傅连山等改革英雄的横空出世、大义凛然还是《西线轶事》中的刘毛妹、《高山下的花环》中的梁三喜等新时期军人英雄的舍生忘死、血染战场，都体现了新文学作家以凌云剑笔诉诸社会正义和民族正气的侠者风范，针砭时弊和弘扬正气的双重变奏回旋于作家的审美视野与价值境域。他们以文学的方式求得想象的正义，以诗学正义的伸张来争取社会正义的实现。

正义的诉求与实现是为了对生命尊严的捍卫和对生命自由境界的追寻。针砭时弊和弘扬正气的作品都是改革开放语境下关于现代性追求的集体话语的重要组成部分，"尽管不乏对压抑性机制的揭示，但其总体目标的关怀仍设定于民族国家的叙事之中"[1]，并在对拨乱反正和改革开放的时代主旋律回应的话语铺设中彰显其维护生命尊严、追求自由幸福等精神内涵。在西方现代主义思潮影响下，如果说20世纪80年代的新文学作品已经表明"经过那场史无前例的混沌与骚乱后，有限的正义至少可以在诗学层面得以恢复"[2]的话，那么，随着后现代主义思潮的涌入，20世纪90年代以来的作品告诉我们一个不争的事实和新的教训，那就是诗学正义只有加以解构，才能显示历史的不义，话语背后隐含着对历史不义的不满无奈以及对社会正义的执着坚守。叶兆言的小说《殇逝的英雄》和王安忆的小说《叔叔的故事》都在提醒并告知我们英雄主义的式微和销蚀，他们的小说"都是对一种

---

[1] 孟繁华：《1978：激情岁月》，山东教育出版社1998年版，第157页。
[2] ［美］王德威：《被压抑的现代性——晚清小说新论》，宋伟杰译，北京大学出版社2005年版，第374页。

(传统)英雄主义迟来的批判。这些作家笔下的人物曾为巨大的国家宣传机器服务。他们为国为民而战,也效忠他们其实无法理解的终极意识形态。一旦这些当务之急烟消云散,而意识形态也丧失其神秘性之际,这些英雄便陷入沉重的失落感"[1]。可以说,叶兆言和王安忆们是在对传统英雄主义的批判与反思中彰显其对侠义英雄的缅怀。到了莫言和刘绍棠笔下,则以民间立场和精英话语的错综交织实现对侠义精神的凸显与张扬。莫言《红高粱家族》中的人物既不是革命者,也不是好武之徒,而是一群地地道道的出身于乡野民间的强悍农民。他们在自然灾害、国家内战、外族入侵等灾难或厄运中不屈不挠,如一株株倔强坚挺的红高粱毅然矗立在高密东北乡这片热土之上。他们或铤而走险、落草为寇,或苟且偷生、存于乱世。他们在艰难的乱世不仅存活了下来,而且活得洒脱任性、放荡不羁。他们有自己的生存法则和道德律令,并誓死捍卫生命的尊严。这是一群生逢乱世、自由自在的活跃于民间大地的侠义英雄,以自己的法则和律令追求生命的自由境界。作者以粗砺的笔触描摹了一幅充满原始正义感和生命激情的狂野剽悍的民间江湖浮世绘,以人性的真实和情感的真挚还原了江湖的本色。刘绍棠的乡土侠义叙事话语在对京东运河沿岸的民情风俗和人生世态的倾情描绘中,讲述了一个个鲜活的重义轻生、一诺千金的民间侠义故事,塑造了许多古道热肠、侠肝义胆的民间侠义之士,从而建构了一个以"通州"为主体叙事空间,既充满慷慨悲歌之气,又颇具侠骨柔情之魅的乡土江湖。在莫言和刘绍棠们的以乡土本色熔铸精英意识的侠义叙事中,我们看到的是来自乡野民间的不屈精魂自掌正义、自主命运的价值诉求,以及对自由自在生命境界的理想探寻。

通过分析可知,改革开放的时代主题不仅带来了新时期文学生产力的解放,而且为新文学作家的侠性心态增添了崭新的精神内涵,即英雄救世情怀的张扬、对正义的捍卫与坚守、对生命自由境界的探寻,

---

[1] [美]王德威:《被压抑的现代性——晚清小说新论》,宋伟杰译,北京大学出版社2005年版,第375页。

而对生命自由境界的探寻则道出了这些新文学作家忠实本色的人文思考和生命至上的哲学意识。

第三节　侠性与人性的融汇：人格建构的现代思路

自西汉武帝采纳董仲舒"罢黜百家，独尊儒术"的建议后，儒家文化开始成为官方意识形态的代表。随着朝廷的统治思想从黄老之学向独尊儒术转换，武帝对游侠也开始大开杀戒。从此，统治阶级对游侠势力高度警惕，必除之而后快。其实，有汉一代，早在文帝和景帝时期就已经对侠实施镇压和剿灭行动了。除了官方对游侠的生命摧残之外，正统文人也对之口诛笔伐，以致《汉书》以后的历代正史不再为游侠专门作传。于是，中国侠文化传统开始移位于民间。几千年来，在中国传统文化体系中，儒家文化一直作为占统治地位的主流文化，对人们实行温柔敦厚的礼乐教化，而侠文化只能居于边缘地位，不为统治阶级和主流意识形态所容。在历代封建王朝专制主义统治和高压政策之下，人们接受的主要是儒家文化的规训和教化。由于国人长期浸淫于儒家的礼乐教化，逐渐形成了一种体质文弱、性格内敛、奴性和依附性异常鲜明的柔性传统人格模式，再加上对侠文化的拒斥和打压，使这种人格模式缺乏好勇剽悍、雄强进取、豪迈豁达、独立自由等刚性质素。毫无疑问，这种人格模式是很不健全的，国人的文化人格存在着严重的缺失。随着历史的发展和社会的进步，这种柔性人格模式越来越显示出它的弊端，无论是对于中国人的个体成长，还是对于中华民族的发展进步，都逐渐成为一种桎梏。

时至近代，"国力恭（苶）弱，武风不振，民族之体质，日趋轻细。此甚可忧之现象也"[1]。这应该是晚清民初兴起尚武任侠思潮的至为重要的原因。晚清以来，中国国力衰颓，民气不振，国民体质文弱不堪，根本原因在于几千年顺民文化或奴性文化塑造下国民精神意志萎靡堕落，缺乏阳刚雄武、独立进取之风骨和侠气。在近代中国被无情地抛

---

[1]　二十八画生（毛泽东）：《体育之研究》，《新青年》1917年4月1日第3卷第2号。

入世界化格局之后,竞争日益加剧的世界大势、积贫积弱的现实国情和亡国灭种的时代危机,惊醒了沉睡的国人,特别是那些先进的仁人志士。他们在中西对比鲜明的价值平台上深感中国发展的落后,在不断的自我反思和民族内省中寻求拯世济民的良方。提倡尚武任侠以实现新民强国之梦,是晚清志士救国救民道路探索中的重要一途。以梁启超为代表的晚清之士,在对国民性的分析和反省中发现了改造国民性的重要性与迫切性。他们深刻地认识到,坚强的精神意志和强健的体魄是现代人应有的素质,唯有如此,才能开拓进取,富有战斗力,才能以昂扬斗志和不败之势立足竞争日趋激烈的世界舞台。他们选择了侠文化作为改造国民性和新民的重要精神资源,将侠作为人格模式更新的重要参照,原因就在于侠和侠文化能够弥补国人的人格缺陷,激发国人对于血性男儿和英雄好汉的热切向往,并以此作为精神向导和行为楷模。这种思路和思想为五四以来的新文学作家所承传并发扬。

　　五四新文化运动的发生,标志着中国真正进入了自觉追求现代性的历程。引领时代潮流的文化先驱和文学巨匠沿着晚清民初以来的拯世济民之路和改造国民性的思路继续前进,并不断在反思中更新与进步。他们充分认识到高居于庙堂的儒家文化的长期统治和专制政治灵魂的精神奴役,给国人带来的是病态的人格和太多的精神创伤,不利于人性的健康发展与人格的自我完善,甚至会成为社会发展的羁绊和思想进步的牢笼;而潜隐于民间的侠文化却能够给国人带来新鲜的精神空气,在国人的人格结构中注入侠性质素,有利于被压抑的人性得到有效释放,从而在侠性与人性的交融互动中获得人格矫正,实现人性解放。这是新文学作家对于国人的人格建构的现代思路,呈现出鲜明的时代特征,体现了他们在现代自我主体人格建构之路上的积极探索精神。

　　面对近代以来民气不振、国民体质衰弱、国民精神意志萎靡等严峻的现实,陈独秀以重建中国文化为己任,始终关注中国人的身体素质、战斗素质和抵抗能力,对野蛮身体的渴望甚至超过了对文化启蒙的期盼。他对国人病弱的身体素质痛心疾首,对国人偷生苟且的生存状态哀其不幸、怒其不争。在以陈独秀为总司令的五四新文化运动中,

第三章　中国新文学作家的侠性心态及其时代特征

一批五四文化先驱如李大钊、鲁迅、吴虞等以笔为剑，大胆地挑战和批判封建传统文化，同时对西方文化大力推介。这些五四斗士以精神界战士的傲然姿态和大无畏的革命精神，主导并参与着国民性改造和新文化建设。在他们的价值视野中，"东方文化是自然的、安息的、消极的、依赖的、苟安的、因袭的、保守的；西方文化则是人为的、战争的、积极的、突进的、进步的"①。在中西文化的对比与反省中，他们不断思考中国文化的出路和国民性改造的方案。

陈独秀在《今日之教育方针》一文中提出了以"惟民主义"为方针让人民"自觉自重"的教育思想，同时也表达了对国人病弱之躯的深深忧虑："余每见吾国曾受教育之青年，手无缚鸡之力，心无一夫之雄；白面纤腰，妩媚若处子；畏寒怯热，柔弱若病夫。以如此心身薄弱之国民，将何以任重而致远乎？"这是国人无法回避的现实弊病。针对这种病弱的身心，出于强种强国的现实目的，为了迅速彻底改变几千年养成的被动局面，陈独秀主张改革中国现行的教育制度，要效仿西洋，毅然大胆主张推行"兽性主义"教育方针，可谓石破天惊之论、惊世骇俗之举。他指出，"兽性之特长谓何？曰意志顽狠，善斗不屈也；曰体魄强健，力抗自然也；曰信赖本能，不依他为活也；曰顺性率真，不饰伪自文也。晳种之人，殖民事业遍于大地，唯此兽性故；日本称霸亚洲，唯此兽性故"；并且认同"教育儿童，十岁以前，当以兽性主义；十岁以后，方以人性主义"② 这一观点。在这里，陈独秀立足民族现实，在中西文化对比中高度重视"兽性主义"，不乏尚武、尚勇、尚力思想，突出了临危不惧、勇往直前的刚毅果敢的精神品格，这也是陈独秀精神个性的真实写照。毛泽东深受陈独秀《今日之教育方针》的影响，1917 年 4 月 1 日发表《体育之研究》，文章秉承陈独秀"教育方针"的主题内涵，一开始就表达了在"国力恭弱，武风不振"的时代，对"民族之体质，日趋轻细"的深深担忧，提出"欲文明其精神，先自野蛮其体魄；苟野蛮其体魄矣，则文明之

---

① 李大钊：《东西文明之根本异点》，《言治》1918 年第 3 期。
② 陈独秀：《今日之教育方针》，《青年杂志》1915 年 10 月 15 日第 1 卷第 2 号。

精神随之"。行文中认同陈独秀"兽性主义"教育方针的论点，并指出"小学之时，宜专注重于身体之发育，而知识之增进道德之养成次之"①。青年毛泽东在《新青年》上与陈独秀的呼应，充分说明尚武思潮在舆论上已经成为难以遏止的潮流。

近代中国积贫积弱，屡遭侵凌，被西方列强视为东亚病夫，许多仁人志士引以为辱，国难当头而由衷感叹：空有报国志，手无缚鸡力。为了拯世济民和新民强国，尚武被提升为救国救民之道，强健的体魄自然成为新民的重要内容而被大力提倡。尚武精神对身体力量的强调一度成为全社会的共识。晚清政府派遣的第一批官费留学生赴美学习时，医学是其中重要的专业。当时许多文人在寻求救国之路过程中，纷纷选择了学医，立志通过医治国人的病体来改变中国贫弱不堪的现状。鲁迅留学日本选择医学的考虑非常实际，目的也很明确，就是学成回国后救治像他父亲那样被误的病人的疾苦，战争的时候去当军医，继续为国尽力。父亲因病去世带来家境日益困顿使得鲁迅很小就意识到身体的重要性，而战争时去当军医的想法足以说明鲁迅认识到强健的体魄对于国家来说是更为重要的。由此可见晚清尚武健体新民强国之风气对鲁迅的深刻影响。

郭沫若选择学医，是受了时代潮流的影响，他在《我怎样开始了文艺生活》一文中谈道：

> 在我们十岁左右的时候便沸腾着一些空漠的号召：例如"富国强兵"，"实业救国"等等，中国急于需要一些"物质文明"来补救"精神文明"的不足。
>
> 在这样的空气中长成的青少年，凡是有点志趣的人，在当时都是看不起搅文艺和政治的，我的性能虽接近于文艺，而终于选择了医学，也正是时代潮流的影响。②

---

① 二十八画生（毛泽东）：《体育之研究》，《新青年》1917年4月1日第3卷第2号。
② 郭沫若：《我怎样开始了文艺生活》，《文艺生活》（海外版）1948年第6期。

第三章　中国新文学作家的侠性心态及其时代特征

　　郭沫若关于自己选择医学的自白，可谓道出了当时许多文人的心声。但是对于晚清民初留学日本学医的中国留学生而言，无论是鲁迅、郭沫若，还是郁达夫、陶晶孙等，他们最终都选择了弃医从文，先后走上了思想启蒙救国的道路。这是因为他们认识到西方国家和日本之所以污蔑中国人为东亚病夫，不仅仅因为体力和体格的病弱单薄，更重要的原因在于精神的愚昧无知，而文艺恰恰是开启民智、促其觉醒的有效方式，是摧毁封建思想、抗拒帝国主义侵略的犀利武器。其中，鲁迅弃医从文的决定最具有典型性，代表了五四时代文人知识分子的心态。留日期间的幻灯片事件是促使鲁迅改变医学救国思路甚至人生道路的一个重要契机，当然也与他对晚清志士铁血救国暗杀清廷大员的无谓牺牲所做的理性思考是分不开的。鲁迅最初秉承晚清尚武任侠思潮的余绪，崇尚武力，欢呼任侠救国，但可贵的是，他能够在狂热的尚武思潮中保持清醒的理性，认识到"武愚"的可怕。因为在他看来，"凡是愚弱的国民，即使体格如何健全，如何茁壮，也只能做毫无意义的示众的材料和看客，病死多少是不必以为不幸的。所以我们的第一要著，是在改变他们的精神，而善于改变精神的是，我那时以为当然要推文艺，于是想提倡文艺运动了"[①]。这是鲁迅弃医从文的根本原因，更是一代知识分子选择并走上以笔为剑的启蒙救国道路的根本动力，这也体现了新文学作家在现代人格建构思路上的进步。

　　在现代人格建构思路上，鲁迅注重发掘侠文化中的积极因子，警惕侠文化中的消极因素对现代人格的负面影响，并以现代意识审视侠的蜕变和传统文化对侠义型独立人格的侵蚀与破坏，同时揭示国民劣根性，从而将对侠文化的现代性思考与对传统文化的整体性批判和国民性改造密切结合，积极寻求理想的方案。鲁迅之所以早年就呼唤刚健善美、尊侠尚义的摩罗诗人——精神界战士横空出世，原因在于他们"无不刚健不挠，抱诚守真；不取媚于群，以随顺旧俗；发为雄

---

① 鲁迅：《呐喊·自序》，《鲁迅全集》第一卷，人民文学出版社2005年版，第439页。

声，以起其国人之新生，而大其国于天下"①。后来，鲁迅又希望中国人能够挺身而立，成为敢于"站在沙漠上，看看飞沙走石，乐则大笑，悲则大叫，愤则大骂"②的人。摩罗诗人也好，敢于嬉笑怒骂的人也罢，他们身上都寄托着鲁迅对理想人格建构的希望，那就是豪放洒脱、率性而为、刚健不挠、任侠勇武，唯此，才是真正健全的人格。同时，鲁迅又高度警惕这种刚健率真的人格在人类文明进程中的堕落与退化。他指出："特生民之始，既以武健勇烈，抗拒战斗，渐进于文明矣，化定俗移，转为新懦。"③在鲁迅的价值视野中，原初之民本有的侠义型人格，随着社会历史的发展和文明的进步而发生异化，逐渐形成一种新的怯懦型人格。当然，这是人类社会发展所付出的惨重代价。而这也成为鲁迅反思与批判国民性、建构现代型人格的历史基点。他之所以编译历史小说《斯巴达之魂》，目的在于："借斯巴达的故事，来鼓励我们民族的尚武精神。"④可见，鲁迅是在以现代意识审视传统文化所带给我们民族性格和国民人格的缺陷，认识到了尚武精神对于现代民族精神和国民理想人格建构的重要性。

郭沫若从小就表现出桀骜不驯、大胆叛逆的个性和强烈的自我意识，成年后更加认识到传统人格模式的孱弱无力。他注重发掘和提炼侠文化中的反抗精神、自由意志和侠义情怀，以此作为现代人格建构的精神资源。他在《女神》中以天狗、凤凰、匪徒等意象和立在地球边上放号的侠义气魄，生动地勾勒出五四时代独特的蔑视威权、大胆破坏和大胆创造、追求个性解放和精神自由的叛逆者形象，这种形象是现代型刚健人格的象征。在抗战史剧中，郭沫若根据时代需要发掘和改造侠文化的积极质素，提炼出民族大义、民族气节和团结御侮等精神价值，塑造了侠义民族英雄人格。在评价王阳明的时候，郭沫若指出："他三十以前，所谓溺于任侠、溺于骑射、溺于词章的时代，在他的生涯中也决不是全无意义的。他的任侠气概是他淑世精神的根

---

① 鲁迅：《坟·摩罗诗力说》，《鲁迅全集》第一卷，人民文学出版社2005年版，第101页。
② 鲁迅：《华盖集·题记》，《鲁迅全集》第三卷，人民文学出版社2005年版，第4页。
③ 鲁迅：《坟·摩罗诗力说》，《鲁迅全集》第一卷，人民文学出版社2005年版，第68页。
④ 许寿裳：《亡友鲁迅印象记》，人民文学出版社1953年版，第14页。

第三章　中国新文学作家的侠性心态及其时代特征

株，他的骑射、词章是他武功、学业的工具。"① 可以看出郭沫若对王阳明的任侠气概和淑世精神由衷赞佩。一个人安身立命，不仅要有真才实学，更要有"任侠气概"和"淑世精神"。这种文武相济、德才兼备的人格要求，对郭沫若文化人格的形成及其对于理想人格建构的探索具有启示意义。

郁达夫从小体质羸弱、性情羞怯，在他的内心深处存在着自卑、怯懦等人格缺陷，但在他的潜意识中却活跃着雄武强悍的天性。郁达夫曾将一位皮肤黝黑、身体壮硕且充满原始野性的农家子阿千作为一位小英雄来崇拜。他在自传中真实地写出了自己的内心活动：

> 他虽只比我大了一岁，但是跟了他们屋里的大人，茶店酒馆日日去上，婚丧的人家，也老在进出；打起架吵起嘴来，尤其勇猛。我每天见他从我们的门口走过，心里老在羡慕。②

郁达夫之所以会将这个农家子作为英雄来崇拜，一方面源于他自身人格的缺陷，一方面在于他潜意识中的侠性质素被外在的刺激因素——充满原始野性的勇猛的阿千激活。于是，雄武强悍的天性便从郁达夫的潜意识中浮出水面，这对自卑、怯懦的人格缺陷构成了一种有益的补充和精神的诱惑，从而激发他向原初民族性格中雄强勇武的根性复归，不健全的人格因刚健勇武的侠性因子的注入而获得提升，实现侠性与人性的交合融汇。侠狂放不羁、反叛传统、蔑视威权的天性，虽为统治者和正统文人所不容，却是人格结构中激发个性张扬和人性觉醒的积极因子。郁达夫以大胆叛逆和自我暴露著称，一部《沉沦》足以体现他作为人性觉醒者的反叛封建传统、抗议世俗偏见、极力张扬个性的生命勇气和无畏胆识，如枪似剑，直刺那些封建卫道士和假道学的思想要害，在五四文坛骤然掀起了一场轩然大波。郭沫若对此称誉道："他那大胆的自我暴露，对于深藏在千年万年的背甲里

---

① 郭沫若：《史学论集·王阳明礼赞》，《郭沫若全集》历史编第三卷，人民出版社 1984 年版，第 291 页。
② 郁达夫：《我的梦，我的青春——自传之二》，《人间世》1934 年 12 月 20 日第 18 期。

面的士大夫的虚伪,完全是一种暴风雨式的闪击,把一些假道学、假才子们震惊得至于狂怒了。为什么?就因为有这样露骨的真率,使他们感受着作假的困难。"[①] 由此可见,郁达夫反叛传统、张扬个性的现代意识和率直任性、狂放不羁、勇武强悍的侠性心态有机结合所凝聚激发出来的人格力量与战斗精神,给日益腐朽没落的封建伦理道德所带来的惊悸和震撼,给当时的黑暗社会与不合理的社会制度所造成的颠覆性解构,不啻为一次沉重的雷击,具有鲜明而强烈的反封建的进步意义。

总起来看,在由任侠救国到启蒙救国的思路转变和道路选择过程中,新文学作家始终以忧国忧民的责任意识从事拯世济民和国民性改造的革命大业。他们沿着晚清志士仁人新民强国之梦的路径继续前进,在唤起民众觉醒,维护生命尊严,建构国民现代人格方面作出了卓有成效的探索,不仅充分认识到强健的体魄对于一个人、一个民族、一个国家的重要性,而且更加重视现代人格精神和现代民族国家观念的培育与养成,及其对于个性解放、社会解放和民族解放的价值意义。

第四节 大、小传统的沟通:文化建构的价值探寻

西方学术界习惯上将上层文化和下层文化用大传统与小传统来表示,也有用雅文化和俗文化、精英文化与大众文化等概念来区分的。在对大传统小传统的界说方面,美国的罗伯特·雷德菲尔德比较具有代表性。他在出版于1956年的著作《农民社会与文化》中提出了"大传统"和"小传统"的划分,意在说明在复杂的社会中实际上存在着两个不同文化层次的传统。在他看来,"在一个文明中,思辨性的大传统比重少而非思辨性的小传统比重多。大传统完成其教化在学校或寺庙中,而小传统的运作及传承则在其无文的乡村生活中";而且,这"两个传统并非是相互独立的,大传统与小传统一直相互影响

---

① 郭沫若:《论郁达夫》,陈子善、王自立编《回忆郁达夫》,湖南文艺出版社1986年版,第3页。

第三章 中国新文学作家的侠性心态及其时代特征

及连续互动"。① 具体而言，大传统是指以城市为中心，社会上的少数上层人士和精英知识分子代表的文化，占据社会主流地位；小传统则指在农村的广大农民所代表的文化，居于社会边缘地位。这对于我们理解中国传统文化的层级结构具有重要启示。对于中国文化而言，这里的大传统是指以儒家思想为核心而形成的儒释道三位一体的传统文化体系，代表着官方的主流意识形态，亦称正统文化、精英文化；而小传统则主要是指存在于广大乡村的民间理念，亦称民间文化、通俗文化。孔子曾说："惟上知与下愚不移。"② 孔子将现实社会的人群分为"上知"与"下愚"两类，这里的"上知"是指代表官方统治的上层知识分子，而"下愚"则为被统治的下层平民百姓，"不移"则意味着这种二元对立的社会结构永远不变。这两类人所代表的文化分别为上层统治阶级的官方文化和下层被统治阶级的民间文化。在这里，中国古代圣人的"上知"和"下愚"之别与西方学者的大、小传统之分存在异质同构的关系，具有异曲同工之妙。以此为理论基点，并结合新文学作家侠性心态的生成和嬗变的具体情况，可以发现他们侠性心态的时代特征的另一个面相：大小传统的沟通与对话。这个面相的发生与呈现过程，体现了新文学作家在现代中国语境下对于民族文化建构的价值探寻。

在中国传统文化体系中，以儒家文化为核心的儒释道三位一体的主流文化占据着绝对主体的地位，而侠文化则一直以民间形态居于边缘一隅。从一般意义上讲，精英文化和通俗文化，也就是大传统和小传统之间存在着既互相独立、又彼此交流的关系。几千年来，它们在对峙和对话中发展前行，只不过一个呈现为显形结构，一个表现为隐形结构；但它们之间绝对的封闭和绝对的开放都是不可想象的，也不符合中国传统文化发展演变的真实状貌。

---

① Robert Redfield, *Peasant Society and Culture: An Anthropological Approach to Livilization*, Chicago, Vniv of Chivago Press, 1956, pp. 70, 71. 参见张鸣《导言》，《乡土心路八十年——中国近代化过程中农民意识的变迁》，陕西人民出版社 2008 年版，第 8 页。

② 刘宝楠：《论语正义卷二十·阳货第十七》，《诸子集成》第一册，中华书局 2006 年版，第 368 页。

王富仁认为:"中国文化向来不是一个和谐的整体,并且大多数文化品类受到儒家文化的压迫,即使儒家知识分子自己,也在自造的'政治——文化'体制中受到压抑,无法逃脱文字狱的威胁。"[1] 从某种意义上说,自从汉武帝实施"罢黜百家,独尊儒术"的基本国策之后,儒家文化被加以符合官方意识形态的政治改造,并作为主流文化和国家意志的象征,堂而皇之地进入庙堂,成为统治阶级实施政治统治和愚民政策的思想工具。在两千多年的封建社会,儒家文化为了维护皇权正统和统治秩序而不断排斥与压迫其他异己文化品类。当然,没有独立的思想学说且一直居于文化边缘地位的侠文化也列于其中。因为在统治阶级和正统文人看来,侠的现实存在及其呼朋引类或啸聚山林的行为是社会的不稳定因素,对皇权统治秩序构成潜在的威胁,特别是侠的铤而走险、反抗强权、无视法纪、蔑视权威、渴望自由、追求正义等精神号召和行为示范,极易引起统治阶级的高度警惕和恐慌,遭到正统文人的否定和批判。就连王夫之这样胸怀天下大义的大思想家也发出感慨:"有天下而听任侠人,其能不乱者鲜矣!"[2] 正是由于侠和侠文化在历史上处于这样的政治和文化境遇,"故文、景、武三代,以直接间接之力,以明摧之,而暗锄之,以绝其将衰者于现在,而刈其欲萌者于方来。武士道之销亡,夫岂徒哉"[3]!这意味着,封建统治者一方面在文化策略上确立了儒家文化的绝对权威地位,目的在于加强对劳动人民的思想控制;一方面在政治统治上以武力消灭异己思想负载者和行为实施者的肉体存在,以彻底消除叛逆思想和反叛行为的影响,继而通过儒家文化的道德教化,向人们灌输忠、孝、节、义等封建思想,使劳动人民成为甘愿接受封建专制统治的顺民和奴仆。在这种文化土壤中,先秦时期已有的雄武强悍、任侠使气的游侠精神也在漫长的儒家文化的礼乐教化中渐渐失去锋芒底色。随着作为历史上真实存在的游侠在皇权统治下销声匿迹,侠所负载的上古英雄时代的尚武文化和强悍民风,也因儒所负载的庙堂文化的压迫排斥

---

[1] 王富仁:《中国现代文化指掌图》,人民文学出版社2004年版,第91—92页。
[2] 王夫之:《读通鉴论》第一册,中华书局1975年版,第81—82页。
[3] 梁启超:《中国之武士道》,《梁启超全集》第三册,北京出版社1999年版,第1423页。

第三章　中国新文学作家的侠性心态及其时代特征

而逐渐转入民间。

从历史上看,先秦时期、秦朝和西汉武帝之前,大传统和小传统之间的交流和对话较为顺畅。无论是当时的政治统治还是文学创作,都体现了大小传统沟通与对话的鲜活气象。在余英时看来,与其他源远流长的文化相比,"中国大、小传统之间的交流似乎更为畅通,秦汉时代尤其如此"[1];只不过到了"汉代以后,中国大、小传统逐渐趋向分隔"[2]。唐宋以降,尽管有不少卓异的思想家和文学家以自己的骇俗言论与惊世作品来努力沟通大小传统,但作为官方意识形态和主流文化维护者的正统文人,对待小传统的态度基本上是鄙视和排斥的。作为通俗文化之一脉和小传统之一种,侠文化在与上层社会主流意识形态和精英文化的复杂纠葛中,以其流动的观念形态和开放的价值体系,不断调整自己的生存策略,来获得精神突围和价值转换的实现,从而体现出大小传统沟通的趋向和对话的可能。一方面,任何时代的官方意识形态和主流文化都要按照自己的价值观念对侠文化进行必要的改造和同化,赋予其儒家文化的精神要素和道德规范,将侠文化纳入官方意识形态和主流文化的话语系统之中,以实现对民间社会侠文化的改造与转换,最终达到为统治阶级所用的政治功利目的。在这样的改造和同化中,民间侠的形象被赋予了浓厚的官方儒侠色彩,侠文化的精神内涵也被赋予了忠君报国的价值观念和正统文人的精英意识。另一方面,侠文化在接受官方意识形态和主流精英文化改造与同化的同时,也在不断地影响着官方意识形态和主流精英文化的特征与发展,使原先居于边缘地位的非主流非正统的文化思想逐渐向中心位移,进而影响和推动整个社会思潮与文化思潮的激荡。正是在这样的社会文化境遇下,近代中国兴起了精英知识分子提振侠风以新民强国的尚武任侠思潮。晚清民初政局动荡、纲纪失序,一大批志士仁人崛起于民间草莽,作为心系民族国家的精英知识分子,他们在特殊的思想文化背景下,以感时忧国的现代人文情怀坐而论侠并起而行侠,"因其特殊的社会地位

---

[1] 余英时:《士与中国文化》,上海人民出版社2013年版,第119页。
[2] 余英时:《士与中国文化》,上海人民出版社2013年版,第123页。

与斗争策略，大小传统之间的交流较为畅通"①。可以说，晚清志士仁人游侠心态的形成，主要得益于民间文化精神特别是侠文化精神的影响和熏陶。这对于现代中国语境下的新文学作家而言是一个重要启示，并产生了深远影响。师承晚清志士仁人忧国忧民的人文情怀和担当精神的新文学作家，在西方启蒙主义和个性主义思潮的影响下，沉潜于他们人格结构和文化心理深层的侠文化精神质素被大大激活，在内忧外患的时代语境下，焕发出个性解放、社会改造和文化建构的热情。可以说，新文学作家侠性心态的生成，是晚清尚武任侠思潮和侠文化精神的流光余韵在现代中国的雄姿勃发、熠熠生辉。无论是晚清志士仁人还是现代新文学作家，他们侠性心态的形成，都离不开两个重要路径，一是源于政治策略的现实选择，一是基于文学想象的理想建构。而这两者都与晚清和现代中国思想文化界中大小传统的沟通与交流紧密相关。

  作为现代中国知识分子发动起来的一场企求中国现代化的思想启蒙运动，五四新文化运动"和以往历次变革不同，新一代知识精英开始把思想启蒙作为自己的主要使命，他们相信只有国民精神的解放才会有社会的革新进化，而当务之急，要在传统文化的劣根上动手术，打破以'三纲五常'为核心的专制主义文化的束缚。声势浩大而激进的新文化运动就是在这种精神启蒙救国的热望中掀起的"②。新文学作家在这场启蒙救国的运动中横空出世，引领时代风潮，以一种强烈的政治参与意识和积极的现代文化精神投身于思想解放与社会正义的事业。他们力图通过思想启蒙来重塑国民灵魂，重铸民族精神，彻底摧毁一切旧的文化传统和专制主义制度，为现代中国建构一种全新的思想文化体系和先进的社会政治制度。新文学作家大都带有理想主义的激情和现实探索精神，他们一方面在策略上与传统文化和儒家伦理道德断然决裂，在现实实践上以人道主义情怀和平民意识深入底层民间发掘新文化建构所需要的精神资源；一方面通过文学想象书写诗学正

---

① 陈平原：《中国现代学术之建立——以章太炎、胡适之为中心》，北京大学出版社1998年版，第234页。

② 钱理群、温儒敏、吴福辉：《中国现代文学三十年》（修订本），北京大学出版社1998年版，第5页。

第三章　中国新文学作家的侠性心态及其时代特征

义来探寻精神突围和社会正义实现的现实通道。新文学作家身居社会边缘，无力通过权力机制实现自上而下的改革和励精图治，只能通过深入民间社会发掘国民性改造和社会改造的精神资源，采取自下而上的方式唤起民众的觉醒，激励他们的抗争精神。作为唤起民众觉醒的启蒙者和鼓舞人民奋起抗争的社会改造者或革命者，新文学作家与底层社会人民大众之间，并非只是简单的启蒙与被启蒙、改造与被改造的关系，而是一种广泛而深刻的对话关系。新文学作家在以文学创作来从事个性解放、社会改造、阶级革命和民族解放的过程中，不断地与底层社会和民间文化接触与交流，他们代表的"精英文化在改造通俗文化的同时，也被通俗文化所改造"①。随着小传统的价值增值及其向主流意识形态挑战或向精英文化靠拢，新文学作家开始调整甚至改变自己的文化眼光、精神结构和审美趣味，在理论建构和创作实践中认可与选择其价值观念。新文学作家侠性心态的形成和对侠文化精神的发掘与张扬，主要得益于大小传统的沟通。而这种大小传统的沟通既揭示了新文学作家侠性心态的时代特征，又呈现出其侠性心态生成机制的丰富性与生动性。

在寻求中国文化重建的道路上，新文学作家在倡导民主、科学、自由、平等、人权等西方现代人文精神的同时，不断地对中国传统文化进行现代性改造和创造性转化。特别是五四新文化运动以来，旧的思想观念和价值体系、旧的文化模式被摧毁，新的思想观念和价值体系、新的文化模式尚待重建。在这样的历史文化语境下，新文学作家感受着时代精神的脉搏，对民族文化的全新建构之路进行积极的价值探寻。立足传统文化内部的对话，加强对传统文化内部诸要素的重新梳理和再度发掘，是各种文化建构思路中的重要组成部分。当然，传统文化内部的对话，不仅仅限于儒、释、道之间的此消彼长、相互为用，更包括以儒释道为代表的精英文化与民间通俗文化之间的沟通与交流。其中，作为精英知识分子的新文学作家对侠文化的现代性改造

---

① 陈平原：《中国现代学术之建立——以章太炎、胡适之为中心》，北京大学出版社1998年版，第235页。

和创造性转化就是这种建构思路的独具特色的一个重要维度。在这个维度的价值观照下,大小传统实现了现代性沟通。可以说,新文学作家的目的在于希望将从传统侠文化中提炼和汲取的雄强阳刚的精神因子注入千百年来在儒家文化压抑和禁锢下积弊深重的民族文化肌体,使我们的民族在世界化语境下亢奋起来、振作起来,使我们的国民尽快摆脱文化惰性和人性的劣根而真正拥有独立自主的人格精神、个性张扬的自由意识和社会正义的价值观念。一方面,精英知识分子改造着侠文化;一方面,侠文化对主流精英文化也产生着潜移默化的影响。侠文化在与主流精英文化的对话和交流中,不断实现着中国传统文化内部大传统(精英文化)和小传统(通俗文化)之间的沟通。这对于国民理想人格的重塑、民族精神的重铸和民族文化的重建,具有非常重要的价值意义和深远的社会影响。鲁迅认为:"要论中国人,必须不被搽在表面的自欺欺人的脂粉所诓骗,却看看他的筋骨和脊梁。"[1]在《学界的三魂》一文中,鲁迅又指出:"惟有民魂是值得宝贵的,惟有他发扬起来,中国才有真进步。"[2] 这里的"筋骨和脊梁""民魂"指的是一个民族的民族精神,话语之间表现出鲁迅警醒人们要充分认识民族精神对于一个国家发展进步的重要性。因此,他要求"有志于改革者"去"深知民众的心"[3]。同时,鲁迅以知识分子的精英立场审视和发掘侠文化精神的现代价值,以此作为国民人格建构和民族文化建构的精神资源。他在小说《铸剑》中极力塑造了具有战斗精神的复仇游侠形象——宴之敖者,在《补天》《奔月》《理水》《非攻》等小说中大力开掘脊梁精神,在编译小说《斯巴达之魂》中倡导尚武爱国精神,在杂文《流氓的变迁》中以现代意识考察侠文化的起源和蜕变。足以看出,鲁迅在文化建构的价值探寻中,努力实现大小传统

---

[1] 鲁迅:《且介亭杂文·中国人失掉自信力了吗》,《鲁迅全集》第六卷,人民文学出版社2005年版,第122页。

[2] 鲁迅:《华盖集续编·学界的三魂》,《鲁迅全集》第三卷,人民文学出版社2005年版,第222页。

[3] 鲁迅:《二心集·习惯与改革》,《鲁迅全集》第四卷,人民文学出版社2005年版,第228页。

之间的对话与沟通。沈从文在民族文化重建和民族精神重铸的探索中，"提起一个问题，即拟将'过去'和'当前'对照，所谓民族品德的消失与重造，可能从什么方面着手"①。为此，他于 20 世纪 30 年代通过文学创作提出了民间社会的"游侠者精神"，指出游侠者精神是"个人的浪漫情绪与历史的宗教情绪结合为一"②，具体表现为"为友报仇""扶弱锄强""有诺必践""敬事同乡长老"③。很显然，沈从文从民间社会找到了答案，那就是游侠者精神。而这种游侠者精神，正是沈从文从事文学创作、探寻文化建构思路的精神支点。在他看来，要想实现民族的自强，必须立足民间，将强悍勇武的侠文化精神注入已经病弱萎靡的上层主流文化的血液，使其在竞争日趋激烈的世界舞台上焕发出生命的活力，只有这样，方能立于不败之地。

在中国古代文明繁荣发展的过程中，由于专制主义统治的压迫和封建纲常名教的长期禁锢，时至近代，中华民族逐渐丧失了原始先民既有的强悍根性和任侠使气的生命活力，这是一个文明的发展所付出的惨重却必然的代价。面对积贫积弱和民气不振的国情，近代中国掀起了尚武任侠思潮，现代中国语境下的新文学作家接续和传承了这股精神血脉，并在新的历史条件下发扬光大。新文学作家试图在民间文化包括侠文化中寻找积淀于民族文化心理结构中的强悍的民族根性和雄强勇武的人格精神，深入发掘底层社会平民文化性格中的积极因子，以此作为人格更新和文化再造的精神资源，进而营造民族文化重建和民族精神重铸的文化精神基础，在主流精英文化和民间通俗文化互相交错、彼此交融的文化平台上，实现大小传统的对话与沟通，这是新文学作家致力于文化建构思路探寻的价值理念。从整体的建构思路和价值探寻来看，新文学作家的价值立场和真正目的在于：立足现代知

---

① 沈从文：《〈长河〉题记》，刘洪涛编《沈从文批评文集》，珠海出版社 1998 年版，第 250 页。

② 沈从文：《湘西·凤凰》，凌宇编《沈从文散文选》，人民文学出版社 1982 年版，第 273 页。

③ 沈从文：《湘西·凤凰》，凌宇编《沈从文散文选》，人民文学出版社 1982 年版，第 281 页。

◆◇◆ 上编　中国新文学作家与侠文化的历史性关系

识分子的精英立场，深入开掘民间社会文化精神的积极因子，遵照大众通俗文化自身发展规律并结合现代意识，对其进行现代性改造和创造性转化，使其与改革发展了的上层文化精神一起，经过有机交汇熔铸，共同构成崭新的现代民族文化精神，从而为建构民族的新文化提供丰富的精神资源和深刻的思想根基。当然，新文学作家对侠文化这种存在于民间社会的文化传统，有着清醒的现代理性认识，并保持着一定的警惕性。之所以如此，是因为侠文化毕竟属于过去时代的产物，其本身带有很大的自发性、盲动性和一定程度的破坏性。正如沈从文所言："这种游侠精神若用不得其当，自然也可以见出种种短处。"① 这体现了新文学作家在文化建构的价值探寻中所应有的辩证态度。

有论者指出："侠从古典型到近代型（即现代人心目中的侠）的发展轨迹，揭示了中国上层社会的精英文化与民间社会的大众文化之间错综复杂的结构关系。先秦'士'阶层的文武分途、战国民间游侠在上层社会养士风气中的早熟、两汉豪侠中统治阶层的介入和皇权对于豪侠势力的摧残、魏晋至隋唐侠的分流以及宋以后侠的日趋世俗化，都具体而微地演示了总体文化内部两种亚文化的激烈冲突与复杂纠葛。而'侠'所负载的上古'英雄时代'的尚武文化，在先秦社会的主体文化中，被'儒'所负载的三代王官文化挤出和压入民间社会的过程，展现了民族性格的自我设计与文化选择的曲折道路。这一切，都是我们民族已经走过的历史进程。"② 对于中华民族而言，这个历史进程已经走过了，侠文化在中国传统文化体系中的地位也必将掀开崭新的一页。为了彻底打破雅俗对峙的偏见，使大小传统的对话成为中国文化发展的常态，我们必须消泯或清除历史上侠文化遭受主流文化压迫的焦虑，使侠文化中的浩然正气和仗义行侠、扶危济困、拯世济民的文化精神，成为影响和塑造国民理想人格和民族文化品格的重要精神资源与价值参照。

---

①　沈从文：《湘西·凤凰》，凌宇编《沈从文散文选》，人民文学出版社 1982 年版，第 273 页。

②　陈山：《中国武侠史》，上海三联书店 1992 年版，第 271 页。

下 编

中国新文学作家与侠文化的精神相遇

从发生学的意义上讲,精神相遇表现为一种状态和过程,旨在揭示主客体之间的某种关联。简而言之,是指作为主体的人与客体二者之间发生的一种跨越时空、超越历史的精神联系。其价值意义存在于一种关系之中,呈现为人与他者的精神关联。具体表现为两种状态和过程:第一,人与他者之间在相遇过程中发生了情感共鸣和精神沟通,呈现为一种鲜明的价值耦合。在这种关系中,人能真正地敞开自身的情感空间,澄明自己的精神世界,获得心灵净化和精神升华,实现自我超越。第二,人与他者在相遇过程中发生了精神抵牾和情感失调,体现为一种强烈的价值冲突。在这种关系中,人将会以一种质疑和批判的态度审视他者,以自我价值标准否定他者的存在意义,在质疑、批判和否定中确证自己的存在价值,实现自我精神突围。作为具有独立个性和自觉意识的主体人,中国新文学作家在个体成长和精神追寻的过程中与侠文化之间发生了跨越时空、超越历史的精神相遇。他们有的基于人格建构、文化建构和社会改造、民族革命的价值理念,结合特定语境和时代精神,深入发掘和提炼侠文化中的积极因子,在与侠文化发生价值耦合的过程中,继承和张扬了侠文化精神。代表性作家有鲁迅、郭沫若、老舍、沈从文、蒋光慈、萧军、刘绍棠、莫言、贾平凹等。有的过分强调文学的社会作用和教诲功能,在与侠文化的精神相遇中发生了强烈的价值冲突,他们抱持着系关民族命运和国家前途的价值理念,对侠文化的思想倾向给予了不遗余力的猛烈批判与彻底否定,在质疑、批判和否定侠文化和侠文化精神的思想价值与存在意义的过程中,实现自我精神突围。代表性作家有茅盾、郑振铎、瞿秋白等。

  作为中国特色的文化精神,侠文化始终以巨大的思想穿透力和精神影响力参与着民族性格的涵养与民族文化的建构,影响和形塑着国人的人格心理、价值观念与行为特征,对于追求自由、平等、正义和公道的人们构成永恒的价值期待与无穷的话语魅力。鲁迅、郭沫若、老舍、沈从文、蒋光慈、萧军、刘绍棠、莫言、贾平凹等新文学作家在他们的个性生成和精神成长过程中,与侠文化发生了价值耦合。以他们为个案来探究其与侠文化的深层关系,非常具有代表性和典型意义。他们当中有的人在现实生活中一身的侠肝义胆,满腔的侠骨柔肠,他们的文学文本甚至理论文本涵纳着不少侠文化的内容以及对侠文化的现代思考和精神探寻,张扬着侠文化精神。但这并不意味着他们对侠文化全盘接受。对待侠文化,他们有自己的理性选择和价值判断。总体上说,他们立足民间立场,以现代知识分子的精英姿态,在对侠文化中不利于人格养成和文化建构的成分进行理性批判的前提下,在对侠文化认同和张扬的基础上,大胆地发掘、提炼侠文化的积极因子,以此作为反叛、建构、超越生存困境、探求生命自由和精神逍遥之路的思想资源,从而完成对侠文化的接受与改造,体现为批判中建构、认同与张扬和自由与逍遥这三种异曲同工、相辅相成的文化改造思路。茅盾、郑振铎和瞿秋白与侠文化之间价值冲突的发生,基于他们的立论基础,根源于侠文化的负面作用和消极影响。他们的立论基础是思想革命、阶级革命和民族革命的现实利益需要,当他们站在革命者的立场上,同样以现代知识分子的精英意识来审视侠文化的时候,必然关注其负面作用和消极影响等不利于现实革命的方面,过分注重和强调文学的社会作用与教诲功能,也就成为他们批判侠文化的艺术载体——武侠小说的理论预设了。在对侠文化的深入反思中,他们从革命发展和民族命运的高度对侠文化的思想倾向给予猛烈批判乃至彻底否定,体现为反思中否定的文化改造思路。从对待侠文化的态度、评价和策略上来看,这两大类作家尽管走的是不同的路径,但从人格建构和文化建构的意义上讲,他们的终极目的具有契合点与一致性,即都着眼于国民性思考、社会改造和民族国家新生的文化构想。基于此,可以说前三种异曲同工的思路和后一种思路之间形成了一个相反相成且相得益彰的巨大张力结构,为我们客观、全面地认识和理性具体地分析侠文化在现代中国语境中的作用与影响提供了非常重要的理论依据和价值参照。

在下编中,我将通过"批判中建构:人格建构和文化建构""认同与张扬:复仇精神和反抗意志""反思中否定:精神鸦片和迷魂汤"

"自由与逍遥：原始正义和生命激情"四个板块，来探讨新文学作家与侠文化发生精神相遇的具体表现形态和深层意涵。把鲁迅、老舍和沈从文置于"批判中建构"板块，将郭沫若、蒋光慈和萧军纳入"认同与张扬"板块，把刘绍棠、莫言和贾平凹置于"自由与逍遥"板块，将茅盾、郑振铎和瞿秋白纳入"反思中否定"板块。在此论述架构基础上，对以鲁迅、老舍、沈从文、郭沫若、蒋光慈、萧军、刘绍棠、莫言、贾平凹为代表的新文学作家及其作品文本和精神世界进行审美观照与具体解读，通过深入探究他们对侠文化的态度、评价、接受和改造、转化以及对侠文化精神的承传与张扬，考察他们的精英话语和主流意识形态话语、民间话语之间错综复杂的纠葛，揭示侠文化作为通俗文化之一脉对新文学作家和知识精英文学的精神影响力，从而为雅俗互动互渗、并存共荣的文化格局提供有力的论证；同时，通过对茅盾、郑振铎和瞿秋白为代表的新文学作家有关侠文化和武侠小说的批评话语进行客观的分析与评价，对他们革命者立场上的反思、质疑、批判和否定的文化姿态给予省察与理性判断，揭示他们的侠文化批评话语背后的内驱动力和深层意蕴。深入研究的目的在于，重返当时的历史语境，追问和探究新文学作家对待传统文化结构体系中非主流边缘文化资源的真正态度。

第四章 批判中建构：人格建构和文化建构

  以鲁迅、老舍和沈从文为代表的新文学作家在与侠文化精神发生价值耦合的过程中，立足民间立场，以侠文化作为人格建构和文化建构的参照系，从中汲取符合时代要求的积极因子作为传统文化和人格更新的重要资源。鲁迅对侠文化的反思和研究不是孤立进行的，他以侠文化为切口，以小见大、层层深入地展开他的文化批判和国民性批判，不仅张扬一种反叛精神和独立人格，而且对复仇精神作出了现代诠释，并极力开掘脊梁精神为民族新生招魂。鲁迅对侠文化精神的张扬、现代诠释和开掘与他对整个传统文化的批判和国民性改造紧密联系在一起，这与他的启蒙主义观念和思想革命的价值视角是分不开的。老舍对侠文化的思考更多地表现出民间本位的文化立场，他在将侠文化精神作为传统伦理美德和思想价值予以承传与弘扬的同时，也将之纳入现代理性的视野来加以审视，并与国民性的剖析和省思相联系，把对侠文化的现代性改造和对现代民族精神的铸造相结合，不仅注重发掘侠文化精神资源，而且在对"武"的历史命运反思和"侠"的现代出路探寻中获得一种清醒的理性认知，在提振民气和启蒙救国的思路中彰显出独特的思考。沈从文始终把源于湘西的原始游侠精神作为他对侠文化理解和对侠文化精神发扬的精神支点与出发点，一方面在情感上流露出对湘西游侠精神的真诚钟爱和激情礼赞，一方面又以现代理性和批判审视湘西游侠精神的种种短处和不足，既将湘西游侠精神作为国民性改造、人格改造、文化再造和民族精神重铸的重要资源，又以现代意识加强对侠文化的改造与提升。他们对待侠文化的态度、评价、改造呈现出批判中建构的思路，其着眼点在于对侠文化改造、转化和利用的可能性的思考。

第一节 鲁迅：举起投枪的精神界斗士

鲁迅是现代中国的民族魂，"鲁迅精神"作为中华民族灵魂的象征，已越来越为亿万中国人民所认同、继承并发扬光大。这是历史形成的，这一事实本身就铸定了鲁迅与蕴含着民族精神的中国文化的深刻渊源和必然联系。他青少年时生活于晚清社会，较为系统地接受了延续几千年的封建传统教育，从小就深受传统文化和民间文化的熏陶，当然包括侠文化的影响和浸润。他在南京求学（1898—1902）及日本留学（1902—1909）期间，又广泛接触西方文化，受到欧风美雨的濡染。但从根本上讲，他的文化个性的形成是以中华民族传统文化为根基的。尽管鲁迅五四时期基于对传统文化积弊的痛恨而表现为激烈地反传统，但这并不意味着他割断了与民族传统文化的联系。我认为，鲁迅的激烈反传统，实质在于反对旧文化、建设新文化的一种策略上的选择，为了革除旧文化传统的弊病糟粕，建构新的民族文化，必须以一种激进甚至全盘否定的态度，宣告与旧文化彻底决裂，为新文化的发展开辟道路，否则无法取得真正的进步。其实，无论在行为、思想，还是在创作上，鲁迅都始终保持着与中国几千年文化和文学传统的血脉相通，正如人不能拔着自己的头发离开地球一样，在虚无的文化荒漠上也是无法建设新文化的。鲁迅说："因为新的阶级及其文化，并非突然从天而降，大抵是发达于对于旧支配者及其文化的反抗中，亦即发达于和旧者的对立中，所以新文化仍然有所承传，于旧文化也仍然有所择取。"[1] 同时认为"新的艺术，没有一种是无根无蒂，突然发生的，总承受着先前的遗产"[2]。这充分说明，鲁迅的精神、气质、

---

[1] 鲁迅：《集外集拾遗·〈浮士德与城〉后记》，《鲁迅全集》第七卷，人民文学出版社2005年版，第373页。

[2] 鲁迅：《书信·340409 致魏猛克》，《鲁迅全集》第十三卷，人民文学出版社2005年版，第70页。

第四章　批判中建构：人格建构和文化建构

思想、个性、文化人格植根于中国传统文化的深厚土壤中，又接受了欧风美雨的浸润与滋养，经历了转型期中国社会、思想、文化的巨大变迁，在由民族性和现代性构筑的价值坐标中，逐渐从一个传统文人成长为一位自觉把握 20 世纪世界思潮的现代启蒙知识分子。

鲁迅的精神构成要素既有民族传统文化之固有血脉，也有西方文化思潮之精华，他能自觉地把个体生命的存在意识和感时忧国的忧患情怀相结合，密切关注民生疾苦的残酷现实，勇于担当社会责任，在对自我发展前景和民族国家现代化进程的双重思考与道路探寻中，形成了现代型文化人格。鲁迅一生致力于对中国士人文化传统的批判，不愿再按照传统士人的人格模式来规训自己的价值取向。他说："我其实是知识阶级分子中最末的一个，而又是最顽强的。我没有照着同阶层的人们的意志去做，反而时常向他们挑战，所以旧的知识分子如此恨我。"① 这一方面说明鲁迅个性的特立独行，一方面表明他"既是一个从传统中国走出来的最后一代士大夫，又是现代中国新生的一代知识分子"②。从整体上看，鲁迅的文化人格是一个立体复杂的性格系统，既蕴含着民族传统文化精神，也充满了现代意识。其外在特征是敢爱敢恨、超拔豪迈，犹如侠的爱憎分明、嫉恶如仇、豪放不羁；"横眉冷对千夫指，俯首甘为孺子牛"③ 是其形象概括，"无情未必真豪杰，怜子如何不丈夫"④ 是其集中体现，充满了侠骨柔情的精神气度。其内在本质是：大胆叛逆、勇于反抗的硬骨头精神，趋人之急、舍己助人的自我牺牲精神，不畏强权、百折不挠的韧性战斗精神。"我以我血荐轩辕"⑤ 的现代英雄气概和忧国忧民的传统文人气质，构成他文化人格和心理结构中相辅相成的两大核心要素。鲁迅在青少年时期就自号"戎马书生"和"戛剑生"，有过抱打不平、伸张正义的

---

① 许广平：《元旦忆感》，《许广平文集》第二卷，江苏文艺出版社 1998 年版，第 150 页。
② 田刚：《鲁迅与中国士人传统》，中国社会科学出版社 2005 年版，第 87 页。
③ 鲁迅：《集外集·自嘲》，《鲁迅全集》第七卷，人民文学出版社 2005 年版，第 151 页。
④ 鲁迅：《集外集拾遗·答客诮》，《鲁迅全集》第七卷，人民文学出版社 2005 年版，第 464 页。
⑤ 鲁迅：《集外集拾遗·自题小像》，《鲁迅全集》第七卷，人民文学出版社 2005 年版，第 447 页。

侠义之举，为其不凡的一生注入了几多侠骨侠气。

面对黑暗社会、专制强权、民族压迫和民生疾苦，鲁迅义无反顾，勇于正视，不屈不挠，大胆抗争。一方面，他以感时忧国的博大胸怀铁肩担道义，站在千里荒原的文化坟头发出"救救孩子"的呐喊，敢于冲破一切牢笼和锁链，肩住了黑暗的闸门，为实现民族解放和人民幸福而英勇斗争、不怕牺牲；一方面，他以正义人格力量和义勇侠气妙手著文章，蓄足打破铁屋子的能量，直面一切强大的敌人——无物之阵，毅然决然地举起了投枪，自觉担负起启蒙民众、改造国民性的重任，成为举起投枪的精神界斗士。"鲁迅身上的那种'俯首甘为孺子牛'的平民意识和'我以我血荐轩辕'的爱国情怀，那种'横眉冷对千夫指'的反抗精神和'一个都不宽恕'的复仇意识无疑是现代侠义精神的最好注解"[①]。毋庸置疑，鲁迅与传统侠文化有着复杂、深刻的联系，侠文化精神成为他的人格结构和文化心理的重要构成要素。他堪称现代中国文化界、思想界和文学界的侠者，但他总是以现代理性意识来冷静审视这一传统文化资源。作为深受侠文化影响和侠文化精神浸润的新文学作家，鲁迅的思想、行为和作品文本均有侠文化的影子。他与侠文化的精神相遇，既有以批判眼光检视侠文化消极虚伪的一面，又有以现代意识来省察和开掘侠文化中积极合理因子的一面，从而在新的文化语境下继承和发扬侠文化精神，致力于文学启蒙和思想革命的事业。在我看来，鲁迅对待侠文化的态度基本上是批判与建构，这又与他对侠文化的改造和反思相联系。他从启蒙主义文学观念出发，立足思想革命的角度，以现代意识展开对侠文化的反思和对国民性的审视，希望将侠文化精神注入国民灵魂，以改变其中庸、怯懦、虚伪、自私、贪婪、目光短浅、苟且偷安、逆来顺受、委曲求全、麻木不仁、不思进取等劣根性，从而在对侠文化的批判性改造中，致力于文化和人格的双重建构。这种立人强国的价值理想和拯世济民的救世情怀，同近代以来中国知识分子为实现建立现代民族国家的历史目

---

① 陈江华：《侠之狂者——论鲁迅的侠义精神》，硕士学位论文，东北师范大学，2006年，第16页。

第四章　批判中建构：人格建构和文化建构

标而进行的整体探索是一致的。

一　肩住了黑暗的闸门：现实中的侠义行为

在鲁迅的成长过程中，形劳天下以自苦为极而拯救苍生的大禹、卧薪尝胆以雪耻辱的勾践、侠肝柔肠的抗金义士陆游、笑傲王侯而狂放不羁的徐渭等这些故乡的历史人物，以及故乡民俗中具有复仇精神的女吊，对他个性气质的形成产生了重要影响，构成了他性格的不同侧面。[①] 其中，拯世济民、刚健进取、慷慨复仇、反抗强权、大胆叛逆和韧性战斗等精神特质一旦与现代意识相结合，便会爆发出巨大的精神能量，呈现出独特的人格魅力。鲁迅一生都在追求人格独立和精神自由，他立足被压迫民族屈辱压抑的奴隶地位和悲剧现实，将个性解放意识和民族国家独立意志紧密结合，维护人的生命尊严，提倡和重视人的主观战斗精神，在现代意识的烛照下，铸就了他独立不羁、顽强坚韧、挺拔傲岸的精神界斗士的形象。现实中的鲁迅"自己背着因袭的重担，肩住了黑暗的闸门，放他们（指孩子们——引者注）到宽阔光明的地方去；此后幸福的度日，合理的做人"[②]。这是鲁迅作为现代侠之大者牺牲一己、成就他者的义勇行为，其中渗透着同情弱小、不畏强权、大胆叛逆、勇于反抗、嫉恶如仇、爱憎分明和勇于自我牺牲等侠文化精神的质素，从而使他的一生闪耀着侠文化的光辉。

（一）路见不平，拔刀相助

鲁迅从小就有一种路见不平、拔刀相助的侠义性格，但这并不意味着他好勇斗狠、喜欢打架。实际上，鲁迅的家教很严，父亲不允许他在外惹祸，更不容许别人的家长或孩子找上门来，所以鲁迅从来不敢在外欺负别人，即使受到了别人的欺负，也只得自己承受，从不敢回家告诉父母。严格的家教使鲁迅规矩做人、很少打架，是个听话的孩子，成为弟弟的榜样，但这种道德对天性的压抑并没有泯灭他血性

[①] 高旭东、葛涛：《鲁迅传》，人民出版社2013年版，第2—6页。
[②] 鲁迅：《坟·我们现在怎样做父亲》，《鲁迅全集》第一卷，人民文学出版社2005年版，第135页。

下编　中国新文学作家与侠文化的精神相遇

中的正义感和任侠冲动。

据周作人回忆，少年鲁迅有过两次打抱不平、仗义勇为的举动。一次是他和三味书屋的同学一起惩罚外号"矮癞胡"的不良塾师。当年绍兴城的新台门和老台门之间有一家私塾，称"广思堂"，塾师"矮癞胡"在此开馆教书，他不仅不尊重学生的人格，还经常体罚学生，甚至上厕所都要领"撒尿签"，违者受罚。据说有一个孩子带着点心去上学，被查出来，算作犯规，受到了责罚，点心也被没收了。这种种侮辱学生、体罚学生的行为一经传到三味书屋，立刻激起了鲁迅及其同学们的公愤，于是鲁迅就带着几个爱打抱不平的同学前去兴师问罪。当时广思堂已经放学，"矮癞胡"和学生都不在，他们就将那些可恶的"撒尿签"全都折断，把朱墨砚台扔在地上，以示惩戒，然后尽兴而归。虽然没有痛打"矮癞胡"，但也算快意恩仇、伸张正义了一把。还有一次，大约发生在同一年，鲁迅带领同学去打贺家的武秀才。这个武秀才引起大家的恶感，特别是当鲁迅和三味书屋的同学听说贺家的武秀才恐吓、欺负过路的小学生，就决定去教训他一下。有一天傍晚放学之后，几个志同道合的同学都准备好了棍棒，鲁迅则将祖父在江西做知县时给卫队挂过的腰刀带在身上，大家像梁山好汉一样分批走到贺家门口等着，但不知何故，武秀才那天没有出来，最终，这场惩恶扬善的架没有打成。[①]

另外还有一件事，至今仍在鲁迅曾寄居过的皇甫庄流传，那就是少年鲁迅打狗的故事。当时，村里的一个恶霸养了一条狗，这条狗咬伤了十多个穷人。少年鲁迅义愤填膺、打抱不平，带领小伙伴们一起打死了这条势利狗。恶霸怒气冲冲地要求赔偿，并提出要为他的狗举行人葬。鲁迅又挺身而出，仗义执言，怒斥恶霸，断然拒绝。当地农民都支持小鲁迅，并且钦佩他的胆识与气魄。最后，恶霸理亏词穷，只好悻悻而退。

通过鲁迅少年时代的这三件轶事，足以看出他那种侠肝义胆、豪气干云的气度，潜伏于内心深处的侠气一旦遭遇外在的不平事件，立

[①] 周作人：《鲁迅的青年时代》，河北教育出版社2002年版，第24—25页。

第四章　批判中建构：人格建构和文化建构

刻焕发为路见不平、挺身而出的侠义精神和义勇行为。

（二）拯世济民，侠义爱国

少年鲁迅经历了家道衰落的残酷现实和世态炎凉的人间悲苦，不满现实、叛逆抗争和勇毅坚韧的侠义性格，促动和支撑他勇敢地迈开了不同于传统士人的生活步伐，走异路、逃异地，去寻求和开拓别样的人生，走上了拯世济民、侠义爱国的求索之路。

在南京读书期间，鲁迅曾刻了三颗印章："戎马书生""文章误我""戛剑生"。其中，"戎马书生"是鲁迅当年的自况，既是他在军事学校读书生活的真实反映，也体现了他铁血爱国的思想。"文章误我"和"戛剑生"则出于对清政府的憎恶与新的生活道路的探寻，意谓以前读书做古文，耗费耽误了自己的青春，现在已经幡然醒悟，毅然奋起，要"戛"的一声抽出宝剑来参加战斗了。[①] 从这三颗印章可以看出，青年鲁迅对传统儒家文化缺乏阳刚凌厉之气有着清醒的理性认识，对投笔从戎、建功立业充满了渴望之情。

如果说青年鲁迅于南京求学期间就已立下了铁血爱国、建功立业之志，那么东渡扶桑之后，在日本的生命体验和精神探索，使他更坚定了拯世济民和侠义爱国的信念。1902年3月24日，鲁迅怀着科学救国的梦想，乘船离开南京，前往日本留学。在弘文学院读书期间，为了抗议校方不合理的收费规定和教务主任的无礼，维护民族尊严，鲁迅和同学们一起罢课退学，坚持集体离校。经过抗争，校方撤销了教务主任的职务，承认了不善之举与不合理的规定。甫到日本，侠义的鲁迅就初试锋芒，为更好地学习争取到了应得的权利。当时正值戊戌变法失败之后，在国内从事救亡图存、推翻清廷的斗争，时刻会面临被捕杀头的危险，于是许多流亡的维新派、革命派远离国内庙堂，云集于海外日本这片江湖，继续从事反清排满的鼓动与宣传，特别是晚清尚武任侠、侠义救国的提倡者和实践者如梁启超、章太炎、秋瑾、邹容、陈天华、蔡元培、陶成章等，在留学生中间引起了强烈反响，东京

---

① 薛绥之主编：《鲁迅生平史料汇编》第一辑，天津人民出版社1981年版，第417页。

实际上已成为中国革命在海外的大本营。在这样的政治氛围中，鲁迅以拯救中华民族为己任，积极参加各种革命活动。他以叛逆精神和决绝态度毅然剪掉辫子以示与清朝彻底决裂，充分表达了"我以我血荐轩辕"的宏伟志愿。同时他加入了革命政治团体光复会，进一步倾向于革命，但这并不意味着他已从维新派改良思想走向了革命派的反清思想。据许寿裳回忆，鲁迅在东京弘文学院读书期间，经常与他讨论三个相关问题：（一）怎样才是理想的人性？（二）中国民族中最缺乏的是什么？（三）它的病根何在？在他们看来，"我们民族中最缺乏的东西是诚和爱，换句话说：便是深中了诈伪无耻和猜疑相贼的毛病，其病根主要是两次奴于异族"[1]。为了逐步解决这些实际存在的问题，鲁迅首先选择了科学救国的道路，其中不乏初步的思想革命意识和文化启蒙观念。

留日前后和留日期间，鲁迅曾深受严复、梁启超、章太炎等思想的影响，他的思想是复杂的，科学救国、侠义救国和革命救国杂糅在一起，从各个角度和方面塑造着他立体复杂的人格精神。"在弃医从文之前，鲁迅在思想的主导层面上仍然是沿着维新派的思路走下来的"[2]。鲁迅最初选择学医是为了救治被误的病人的疾苦，战争时去当军医，促进国人对于维新的信仰。但在他通过学医来实现科学救国梦想的道路上，侠义和革命思想也在同时参与着他的人格建构和道路选择。1903年6月，鲁迅在留学生刊物《浙江潮》上发表了编译历史小说《斯巴达之魂》，通过正面描写斯巴达勇士抗击波斯大军的英勇事迹，表现了斯巴达人民全民皆兵、同仇敌忾的勇烈壮举和不胜则死的尚武爱国精神，借以呼唤中国的"斯巴达之魂"。10月，鲁迅在《浙江潮》发表了论文《中国地质略论》。他在文中总结论述了中国地质概况，列举了西方列强到中国探险的险恶目的和侵略实质，表达了鲜明的立场："中国者，中国人之中国。可容外族之研究，不容外族之探险；可容外族之赞叹，不容外族之觊觎者也。"[3] 面临西方列强瓜分

---

[1] 许寿裳：《我所认识的鲁迅》，人民文学出版社1978年版，第59—60页。
[2] 高旭东、葛涛：《鲁迅传》，人民出版社2013年版，第32页。
[3] 鲁迅：《集外集拾遗补编·中国地质略论》，《鲁迅全集》第八卷，人民文学出版社2005年版，第6页。

第四章　批判中建构：人格建构和文化建构

之危机和亡国之厄运，鲁迅忧心如焚，号召人们起来反抗："乡人相见，可以理喻，非若异族，横目为仇，则民变之祸弭。……吾知豪侠之士，必有恨恨以思，奋袂而起者矣。"① 以此呼唤国民觉醒，号召豪侠之士起来反抗，捍卫矿权和国家主权。很显然，此时鲁迅科学救国的改良思想与侠义救国的思想是交织的。他在思想上彻底告别科学救国的维新改良思想，则发生于仙台医专的幻灯片事件之后。这个事件使鲁迅深受刺激，在他看来，"医学并非一件紧要事，凡是愚弱的国民，即使体格如何健全，如何茁壮，也只能做毫无意义的示众的材料和看客，病死多少是不必以为不幸的。所以我们的第一要著，是在改变他们的精神，而善于改变精神的是，我那时以为当然要推文艺，于是想提倡文艺运动了"②。正是在这种清醒的理性认知推动下，鲁迅于1906年毅然从仙台医专退学，放弃了科学救国的维新改良思想，完成了弃医从文的价值抉择和使命转换，走上了以文学方式来启蒙国民的革命救国道路，亦称启蒙救国道路，他的思想和行为也走向了革命派。

在鲁迅从科学救国到启蒙救国的转变过程中，拯世济民的侠义爱国思想和忧患意识始终灌注于他的精神人格与现实行为之中，当然，此时的侠义思想已经熔铸进他的启蒙救国革命思想的肌理之内。

（三）不畏强权，伸张正义

近代著名的资产阶级革命团体光复会于1904年在上海成立，并在东京设立了支部。据记载，鲁迅留学期间在东京支部成立时加入了光复会。③ 该组织成员是军国民教育会的浙江组，主要从事反清活动，主张铁血救国，组织暗杀团，行刺清廷大员。鲁迅同光复会的领袖人物蔡元培、章太炎、陶成章、徐锡麟、秋瑾、龚宝铨等都有密切联系，深受这些晚清游侠志士的影响，形成了不畏强权、伸张正义的精神气

---

① 鲁迅：《集外集拾遗补编·中国地质略论》，《鲁迅全集》第八卷，人民文学出版社2005年版，第20页。
② 鲁迅：《呐喊·自序》，《鲁迅全集》第一卷，人民文学出版社2005年版，第439页。
③ 沈瓞民：《记光复会二三事》，《辛亥革命回忆录》第四集，中华书局1963年版，第134页。

质和行为风范。

鲁迅曾接受过光复会下达的回国暗杀清廷要员的命令，但他没有执行，据说是因为担心死后无人照料母亲。"接受命令充当刺客的年轻人，将家里的事说出口是需要极大勇气的。但是，正是因为鲁迅居然把自己的不安如实交代，因而被从暗杀团体中分离出来"[①]。鲁迅拒绝执行暗杀任务这个事件本身，并不能简单地归因于孝道或怕死，作如是观，未免流于浅表。暗杀并不能从根本上解决社会问题，历史上无数次暗杀行动并不能真正改天换地，有些甚至做了无谓的牺牲，革命仅凭满腹激情和一番冲动是不会很快奏效的，这是鲁迅深谙历史、洞察世事之后的理性认知。他后来在致友人的信中坦言："我有时很想冒险，破坏，几乎忍不住，而我有一个母亲，还有些爱我，愿我平安，我因为感激他的爱，只能不照自己所愿意做的做，而在北京寻一点糊口的小生计，度灰色的生涯。因为感激别人，就不能不慰安别人，也往往牺牲了自己，——至少是一部分。"[②] 从这种透彻心扉的话语中可以看出，鲁迅是一个孝子，符合他"无情未必真豪杰"的价值立场。在"忠"和"孝"难以两全的情况下，他宁愿选择"孝"，而舍弃"忠"，因为他看清了"忠"里面含蕴的盲动和愚顽，这体现了鲁迅生命价值高于一切的人生观。鲁迅曾自剖道："我也常常想到自杀，也常想杀人，然而都不实行，我大约不是一个勇士。"[③] 这就是清醒的鲁迅，理性的鲁迅，不愿做无谓牺牲的鲁迅。"不是一个勇士"，并不意味着他胆小怯懦，他对生命有自己独特的理解，与其做无谓的牺牲，不如执着于此在的生存，为社会革命保存鲜活的力量。唯此，才能在现实的斗争中采取灵活的策略，以韧性战斗精神来应对庞大的无物之阵。东京是当时中国革命在海外的大熔炉，鲁迅曾以巨大的热情投入

---

① ［日］山田敬三：《鲁迅——无意识的存在主义》，秦刚译，北京大学出版社2012年版，第39页。
② 鲁迅：《书信·250411 致赵其文》，《鲁迅全集》第十一卷，人民文学出版社2005年版，第477页。
③ 鲁迅：《书信·240924 致李秉中》，《鲁迅全集》第十一卷，人民文学出版社2005年版，第453页。

第四章　批判中建构：人格建构和文化建构

反清革命活动。他在拒绝执行暗杀任务之后特意离开东京而奔赴当时还没有中国留学生的仙台，"那是鲁迅用脱离留学生群体这一巨大代价换取来的一个痛苦的抉择"①。当然，在这个痛苦抉择的过程中，虽然鲁迅认清了侠义暗杀的手段对于革命的局限，但是他在现实中的行为却始终张扬着侠文化精神。

痛击教育界封建顽固势力的"木瓜之役"是鲁迅归国后投入的第一次战斗，这也是他在杭州执教期间最有意义的一段经历。1909年8月，鲁迅结束了留日生涯，回国到浙江两级师范学堂任教。其间，沈钧儒离任学堂的监督，继任者为理学家夏震武。夏震武原任浙江教育总会会长，一贯以道学家自居，他不仅仇视反清的革命活动，而且连维护帝制的君主立宪也反对。上任伊始，他就用传统的家长制和封建礼教来压制与统领鲁迅、许寿裳这些受到新文化新思潮洗礼的、留过洋的教师，丝毫不顾及老师们的尊严和感受，激起了众怒。在许寿裳的带领下，全体教师辞职罢教，反抗和抵制这个因循守旧、愚顽不化的"夏木瓜"。进步教师的正义斗争，获得进步学生的大力支持，省内教育界和京沪报刊媒体也声援支持。结果教师们大获全胜，夏震武被迫辞职。这就是著名的"木瓜之役"。在这场反抗强权的斗争中，鲁迅一直站在斗争前列，威武不屈，勇毅坚定，被称为"拼命三郎"，彰显出一派侠士风范。

鲁迅在北洋军阀政府教育部任职期间，置身于官场江湖，"极端厌恶那些在教育部的破脚躺椅上摆出一副螃蟹姿态而又不学无术的名公巨卿，极端鄙视那些上班之后专门喝清茶、唱京戏、诵佛经，甚至无聊到用拂尘不断掸土借以消磨时光的尸位素餐的同僚们"②。他看透了官僚们的伎俩，以超拔的姿态屹立于这种腐败污浊的政治环境之中，以血性良知维护着人间的正义和公道。发生于北京的"女师大风潮"事件让鲁迅感到十分震惊，使他更加看清了反动军阀和一些文人、政客的真实面目，激起了他强烈的义愤。1924年11月，女师大校长杨

---

① ［日］山田敬三：《鲁迅——无意识的存在主义》，秦刚译，北京大学出版社2012年版，第40页。
② 陈漱渝：《鲁迅评传》，中国社会出版社2006年版，第46页。

荫榆因维护封建礼教、推行奴化教育而引起学生不满，遭到强烈抗议，进步学生在女师大掀起了一场驱逐杨荫榆的学潮。1925 年 1 月，女师大学生自治会要求杨荫榆去职，并请求教育部撤换校长。4 月，北洋军阀政府教育总长章士钊公开支持杨荫榆。随后，杨荫榆开除了六名学生领袖，章士钊要解散女师大，段祺瑞也发布了恫吓命令，8 月 22 日，北洋军阀政府采用暴力手段"武装接收女师大"。在此期间，鲁迅以实际行动介入学潮，积极声援学生的正义斗争。在北洋政府"武装接收女师大"之前，鲁迅就代学生起草了《呈教育部文》，历数杨荫榆贻害学子的行径，要求教育部撤其职务。他还联络了一些在教育界很有势力且富有正义感的教授，联名发表了针对"女师大风潮"的宣言，为受迫害的学生伸张正义。更可贵的是，身为教育部官员，鲁迅冒着丢官甚至丢命的风险，公然违抗北洋军阀政府关于解散女师大的命令，挺身而出，毅然决然地担任了女师大校务维持会委员。女师大被强行解散后，鲁迅带领进步学生租校舍，坚持给学生义务授课，使教育部的命令尴尬至极。在此情况下，章士钊气急败坏，免除了鲁迅的教育部佥事职务。鲁迅极为愤慨，上诉平政院控告章士钊。1925 年 11 月，北京的学生群众一举捣毁章士钊的住宅，他逃走天津，其教育总长职务也被免去。1925 年底，北洋军阀政府被迫决定恢复女师大，并撤销了杨荫榆的校长职务，这场正义的斗争终于取得了胜利。1926 年 1 月 16 日，新任教育总长易培基签发命令，恢复了鲁迅的职务；3 月 16 日，平政院裁决鲁迅胜诉；4 月，段祺瑞也被迫下野。鲁迅以不畏强权的气魄和伸张正义的大无畏精神，"为 1920 年代的教育界输入了一股刚正不阿的浩然正气"[1]。

继"女师大风潮"之后，在中华民国最黑暗的一天——1926 年 3 月 18 日，到段祺瑞执政府门前请愿以声援外交的爱国民众惨遭屠杀，女师大学生自治会领袖刘和珍和进步学生杨德群遇难，这就是"三·一八"惨案。鲁迅得知此事后义愤填膺，无法压抑内心的愤懑和悲痛，冒着生命危险先后写下了《无花的蔷薇之二》《记念刘和珍君》

---

[1] 杨义：《鲁迅文化血脉还原》，安徽大学出版社 2013 年版，第 70 页。

第四章 批判中建构：人格建构和文化建构

《淡淡的血痕中》等文章，猛烈抨击北洋军阀政府的惨无人道，揭示其人间地狱的罪恶本质。其中《记念刘和珍君》有两段文字最能代表他对黑暗社会和不公世道的控诉与批判，充满了对青年学生义勇爱国精神的赞颂和不幸遭遇的同情：

……我已经出离愤怒了。我将深味这非人间的浓黑的悲凉；以我的最大哀痛显示于非人间，使它们快意于我的苦痛，就将这作为后死者的菲薄的祭品，奉献于逝者的灵前。①

真的猛士，敢于直面惨淡的人生，敢于正视淋漓的鲜血。这是怎样的哀痛者和幸福者？然而造化又常常为庸人设计，以时间的流驶，来洗涤旧迹，仅使留下淡红的血色和微漠的悲哀。在这淡红的血色和微漠的悲哀中，又给人暂得偷生，维持着这似人非人的世界。我不知道这样的世界何时是一个尽头！②

这种正义的吼声发自一个伟大的人道主义者的内心世界，也只有胸怀民族大义的爱国者和为民族新生而战的斗士，才会有如此深沉的忧患意识和强烈的责任担当。

在"女师大风潮"和"三·一八"惨案中，作为官场中人的鲁迅始终站在爱国学生这个弱势群体一边，不怕丢官、不怕牺牲、不畏强权，敢于得罪顶头上司，为了伸张正义，直接同北洋军阀政府对抗，不依不饶，愈挫愈坚。这本身就属于侠者的义勇行为，彰显出一种急人之难的大无畏精神。可以说，"鲁迅是因为感同身受着中国社会的'弱者'（无地位者，不被承认者，受压迫者）的痛苦，而自觉地进行他的反抗（复仇）的"③。

---

① 鲁迅：《华盖集续编·记念刘和珍君》，《鲁迅全集》第三卷，人民文学出版社 2005 年版，第 289—290 页。
② 鲁迅：《华盖集续编·记念刘和珍君》，《鲁迅全集》第三卷，人民文学出版社 2005 年版，第 290 页。
③ 钱理群、温儒敏、吴福辉：《中国现代文学三十年》（修订本），北京大学出版社 1998 年版，第 377 页。

"九·一八"事变爆发后,日本侵占东三省,中国在世界格局中陷入极其尴尬的处境。在内忧外患的语境下,鲁迅以鲜明的民族立场和大众立场,清醒地审视和看待发生的一切。对于日本占领东三省,鲁迅认为这不仅是日本帝国主义对中国民众的侵略,同时也是进攻苏联、奴役世界劳苦群众的第一步。① 对于国民党政府支持的民族主义文学的兴起,鲁迅作如是观:"殖民政策是一定保护,养育流氓的。从帝国主义的眼睛看来,惟有他们是最要紧的奴才,有用的鹰犬,能尽殖民地人民非尽不可的任务:一面靠着帝国主义的暴力,一面利用本国的传统之力,以除去'害群之马',不安本分的'莠民'。"② 很显然,这些言论是站在世界弱小民族和国内弱势民众一面的。鲁迅一方面看穿了帝国主义和国民党反动派的真面目,一方面同他们展开实际的斗争。他这种同情弱小、不畏强权、敢于反抗、维护正义、主持公道、追求自由平等的精神,可谓豪气干云、义薄云天。

面对帝国主义的侵略和反动军阀政府的镇压、通缉、迫害,在经历了无数次流血事件和斗争磨炼之后,鲁迅更加洞明世事的真把戏和人间的真伪。他深深感到"改革最快的还是火与剑"③,这种生命感悟充满了丰富的斗争经验和深刻的思想启迪,不仅体现了鲁迅潜意识中对以暴制暴、伸张正义的侠文化精神的认同,而且宣示了他在探讨民族新生的道路上欲借侠气洗尽儒生之酸、张扬凌厉之气的渴念。

(四)以笔为剑,反抗暴政

现实中的鲁迅不是一个身怀绝技的旷世大侠,而是一位文弱先生。他仗义行侠靠的不是绝世武功,而是胸怀天下的侠肝义胆和刺向不平的凌云健笔。他以文犯禁,以笔为剑,施展杂文、小说、散文和散文诗

---

① 鲁迅:《二心集·答文艺新闻社问——日本占领东三省的意义》,《鲁迅全集》第四卷,人民文学出版社2005年版,第318页。
② 鲁迅:《二心集·"民族主义文学"的任务和运命》,《鲁迅全集》第四卷,人民文学出版社2005年版,第319页。
③ 鲁迅:《两地书·第一集 北京·一○》,《鲁迅全集》第十一卷,人民文学出版社2005年版,第40页。

第四章　批判中建构：人格建构和文化建构　◆◇◆

等独有的周氏绝技，如匕首，似投枪，无情地刺向帝国主义势力，刺向封建礼教和封建专制制度，刺向北洋军阀政府和国民党反动派，刺向一切帮凶和帮闲，书写着"以笔为剑，反抗暴政"的文坛侠义叙事。

无论是坟头的《呐喊》还是荒原中的《彷徨》，无论是地下烈火涌动的《野草》还是温情和辛讽并存的《朝花夕拾》，都熔铸了鲁迅的大爱与大恨，体现了他与旧社会、旧政权、旧制度、旧势力、旧习俗、旧思想、旧文化彻底决裂和斗争到底的义勇精神。在所有周氏绝技中，鲁迅的杂文是最有战斗性的，杀伤力最大，"对于有害的事物，立刻给以反响或抗争，是感应的神经，是攻守的手足"[1]，"能和读者一同杀出一条生存的血路"[2]，体现了他作为一个精神界斗士"路见不平，奋笔相助"的侠者风范。在鲁迅看来，"它也能给人愉快和休息，……它给人的愉快和休息是休养，是劳作和战斗之前的准备"[3]，彰显出一派从容应对的侠义精神。比如《热风》对封建旧礼教、旧制度和旧传统的批判及与复古派的论争；《坟》对中国历史文化和国民性的解剖；《华盖集》《华盖集续编》对五卅运动和"三·一八"惨案中残杀无辜中国民众与青年学生的帝国主义、封建军阀的深刻揭露和大胆抗争，以及与现代评论派的论战；《而已集》对大革命失败后国民党反动派残杀革命青年的罪恶暴行的揭露与抗击；《二心集》对国民党政府支持的民族主义文学的斗争及与新月派的论战；《花边文学》《伪自由书》《准风月谈》对以上海为中心的半殖民地商业社会的透视与批判；《且介亭杂文末编》对国民党政府法西斯专政的抗议。总起来看，鲁迅的杂文体现出一种不屈不挠的批判精神和反抗色彩，"从根本上有违于中国文化与中国士大夫知识分子的'恕道'、'中庸'传统，集中地体现了鲁迅其人其文的反叛性、异质性"[4]。

---

[1] 鲁迅：《且介亭杂文·序言》，《鲁迅全集》第六卷，人民文学出版社 2005 年版，第 3 页。
[2] 鲁迅：《南腔北调集·小品文的危机》，《鲁迅全集》第四卷，人民文学出版社 2005 年版，第 592—593 页。
[3] 鲁迅：《南腔北调集·小品文的危机》，《鲁迅全集》第四卷，人民文学出版社 2005 年版，第 593 页。
[4] 钱理群、温儒敏、吴福辉：《中国现代文学三十年》（修订本），北京大学出版社 1998 年版，第 377 页。

下编　中国新文学作家与侠文化的精神相遇

古代游侠以武犯禁，现代文人鲁迅则秉持血性良知和侠义胸怀挑战威权，反抗暴政，以文犯禁。剑是游侠扬名立万、伸张正义的武器，笔是文人申诉不平、书写诗学正义的工具。"剑"和"笔"，"古代游侠"与"现代文人"，在鲁迅身上实现了精神沟通和身份交融。鲁迅依凭凌云健笔书写诗学正义，表达复仇精神和反抗意志，以呼唤民众觉醒、奋起反抗，这体现了传统侠文化在现代中国语境下的现代性转化和承传。对侠文化精神的承传实为充满正义感的现代知识分子的主体性选择，一身的侠肝义胆，满腔的报国热血，使鲁迅在追求自由正义和民族新生的道路上义无反顾，视死如归。对于自己的价值抉择，鲁迅曾坦言："我自己也知道，在中国，我的笔要算较为尖刻的，说话有时也不留情面。但我又知道人们怎样地用了公理正义的美名，正人君子的徽号，温良敦厚的假脸，流言公论的武器，吞吐曲折的文字，行私利己，使无刀无笔的弱者不得喘息。倘使我没有这笔，也就是被欺侮到赴诉无门的一个；我觉悟了，所以要常用，尤其是用于使麒麟皮下露出马脚。"[①] 可以说，置身于现实斗争中的鲁迅之所以选择杂文作为自己行侠仗义、控诉不平的利剑，是因为他同情弱小、锄强扶弱、惩恶扬善、为国为民的侠义情怀，目的就是揭穿世人的真面目，撕掉一切不合理制度的伪善面纱，使善良正义的人们同仇敌忾、奋起抗争，争取人的尊严和权利。

鲁迅的一生是战斗的一生，追求自由、平等、民主和正义的一生，他始终以"犯禁"的反抗意志和韧性战斗精神来执着于此在的生存，寻求个性的自由和民族的解放。为了抗议国民党反动派暴虐屠杀的罪恶行径，鲁迅毅然辞去了中山大学的一切职务；为了正义和自由，他毅然加入中国民权保障同盟；为了营救爱国青年和民主进步人士，他赴汤蹈火，死不旋踵；为了不辜负同志的信任，他冒着生命危险将方志敏写于狱中的《可爱的中国》和《清贫》两篇文稿及给中共中央的报告，通过冯雪峰转交给了中共中央；为了中国革命文学和正义事业

---

① 鲁迅：《华盖集续编·我还不能"带住"》，《鲁迅全集》第三卷，人民文学出版社2005年版，第260页。

的血脉延续，他不辞辛劳，无私帮助年轻一代，培养出萧军、萧红、沙汀、艾芜、殷夫、柔石等许多杰出作家。在国民党政权的法西斯专制统治下，鲁迅没有丝毫畏惧，甘冒生命危险坚决斗争，因为他相信革命的烈火总有一天会从地下喷薄而出，摧毁那个腐朽的旧世界。

毛泽东指出："鲁迅是中国文化革命的主将，他不但是伟大的文学家，而且是伟大的思想家和伟大的革命家。鲁迅的骨头是最硬的，他没有丝毫的奴颜和媚骨，这是殖民地半殖民地人民最可贵的性格。鲁迅是在文化战线上，代表全民族的大多数，向着敌人冲锋陷阵的最正确、最勇敢、最坚决、最忠实、最热忱的空前的民族英雄。鲁迅的方向，就是中华民族新文化的方向。"① 毫无疑问，毛泽东对鲁迅的评价是中肯的、崇高的、符合历史实际的。在侠者鲁迅身上，生命激扬的现代意识和慷慨激昂的古侠气度浑然交融，使他以精神界斗士的光辉风姿屹立于现代中国历史的潮头。

二 诗学正义书写中的侠文化精神

鲁迅曾为北洋军阀政府的体制中人，但他为了维护正义，敢于以身试法，挺身而出，"公然与所服务之官署（指教育部——引者注）悍然立于反抗地位"②，以实际行动彰显了一个现代侠者的风范。然而，以文犯禁的鲁迅不同于以武犯禁的游侠，他始终保持着清醒的现代理性，深知依凭一己冲动和个人武力去盲目对抗黑暗社会与反动统治秩序徒劳无益，至多不过是在做无畏的牺牲；同时认为自己"天生的不是革命家"③，也做不了"一个振臂一呼应者云集的英雄"④。因此，深谙中国历史文化三昧的鲁迅主张韧性的战斗。他坚守文学启蒙和思想革命的阵地，以笔为剑，书写内心的侠义冲动，以正义的价值立场介入社会和政治，以诗学正义的呐喊诉诸社会正义的实现，从而扮演起一个现代社会良知的角色。在黑暗如磐且暗箭难防的社会语境下，

---

① 毛泽东：《新民主主义论》，《毛泽东选集》第二卷，人民出版社1991年版，第698页。
② 孙瑛：《鲁迅在教育部》，天津人民出版社1979年版，第85页。
③ 鲁迅：《三闲集·通信》，《鲁迅全集》第四卷，人民文学出版社2005年版，第99页。
④ 鲁迅：《呐喊·自序》，《鲁迅全集》第一卷，人民文学出版社2005年版，第439—440页。

鲁迅始终坚持"还是站在沙漠上,看看飞沙走石,乐则大笑,悲则大叫,愤则大骂,即使被沙砾打得遍身粗糙,头破血流,而时时抚摩自己的凝血,觉得若有花纹,也未必不及跟着中国的文士们去陪莎士比亚吃黄油面包之有趣"①。这种敢于直面惨淡人生和勇于正视淋漓鲜血的生命勇气熔铸成其文本世界中的诗学正义,张扬着侠文化精神。

(一)忤世之狂:反叛精神和独立人格的张扬

在侠文化的价值构成中,反叛精神和独立人格是非常重要的思想资源。在漫长的封建时代,几千年超稳定的社会结构和价值体系对人们的规训是忍耐与顺从,而真正的侠者游离于正统的统治秩序和文化规范之外,或散居民间,或啸聚山林,不与统治者合作,甚至对封建统治形成显在或潜在的威胁,他们的反叛精神和自由理念使其无法获得统治者认同。古代游侠命运多舛,但侠文化却不以统治阶级的意志为转移,也并未因侠被镇压或被招安而自行消亡。恰恰相反,史书传记和文学艺术对古代侠客的生活作了生动描写,对其侠义精神进行了深情歌颂,使侠文化作为一种民族集体无意识深深积淀于国人的文化心理中,呈现出生生不息的发展态势。时至现代中国,对于以鲁迅为代表的新文学作家而言,侠文化更多地以人格范型和精神意志的形式存在于他们的人格结构、文化心理及其作品文本的话语蕴藉中。

鲁迅在《魏晋风度及文章与药及酒之关系》中将嵇康那种嫉恶如仇的骨气和鲜明的爱憎与婊子文人媚俗谀世、混淆是非的态度直接对立起来,高度激赏和赞扬嵇康的人格。基于此,鲁迅认为,凡是有正义感的人,都应该"只是唱着所是,颂着所爱,而不管所非和所憎;他得像热烈地主张着所是一样,热烈地攻击着所非,像热烈地拥抱着所爱一样,更热烈地拥抱着所憎——恰如赫尔库来斯(Hercules)的紧抱了巨人安太乌斯(Antaeus)一样,因为要折断他的肋骨"②。爱憎分明、刚正不阿、率真任性、抗世违情,是苦难深重的历史时代赋

---

① 鲁迅:《华盖集·题记》,《鲁迅全集》第三卷,人民文学出版社2005年版,第4页。
② 鲁迅:《且介亭杂文二集·再论"文人相轻"》,《鲁迅全集》第六卷,人民文学出版社2005年版,第348页。

第四章 批判中建构：人格建构和文化建构

予一个人堪当民族大任所应有的态度，反叛精神和独立人格的张扬则是这种态度的集中体现，这就与侠文化取得了深刻的精神联系。鲁迅倾心于嵇康的忤世之狂，这种忤世之狂不仅表现为人格上的独立不倚，还有反抗、叛逆、挑战的精神含蕴其中。鲁迅对嵇康及其忤世之狂的接受和激赏，与章太炎的影响是分不开的。章太炎是鲁迅的老师，其为人嫉恶如仇，尚武任侠，为典型的狂狷之士。在鲁迅的心目中，章太炎就是一位文化英雄，他赞赏章太炎大胆破坏和敢于反抗的革命精神。鲁迅之所以拜章太炎为师，并非由于他是学者，而是因为他是有学问的革命家。就鲁迅而言，"他直接继承发展了章太炎思想的传统，更以章氏为桥梁，把诸子异端思想以至魏晋'非汤武而薄周孔'的嵇康、鲍敬言思想，融化于他的前期文学中"[1]。因此，当有人心怀叵测称章太炎为"章疯子"时，鲁迅立刻予以反击。[2]

鲁迅鄙弃中国传统文人的隐士人格，敬慕狂士人格，因此，鲁迅个性中有狂士的秉性气质，他不仅热情礼赞和倡扬中国历史上那些富有叛逆精神和反抗气质的独立不羁、率真任性的狂狷之士，称其为"先哲的精神，后生的楷范"[3]，积极从传统文化的血脉中寻求现代人格建构和文化建构的精神因子，而且在创作中塑造了性格独异、个性张扬的"狂人"形象，如《狂人日记》中的狂人、《药》中的夏瑜、《长明灯》中的疯子、《孤独者》中的魏连殳、《在酒楼上》中的吕纬甫、《铸剑》中的宴之敖者、《过客》中的过客、《野草》中具有狂态的人物等。鲁迅对狂士的激赏和对"狂人"形象的塑造，与当时思想启蒙的历史使命是分不开的。要实现人性的解放和个性的自由，必须彻底打破和颠覆几千年来超稳定的封建统治秩序与价值体系；要打破黑暗的铁屋子，要毁坏安排人肉筵宴的厨房，确实需要一种狂飙突进的非理性精神以形成摧枯拉朽之势和强大的破坏力量。但鲁迅并非一

---

[1] 侯外庐：《论鲁迅三题》，《中国近代启蒙思想史》，人民出版社1993年版，第400页。
[2] 鲁迅：《华盖集·补白》，《鲁迅全集》第三卷，人民文学出版社2005年版，第110—111页。
[3] 鲁迅：《且介亭杂文末编·关于太炎先生二三事》，《鲁迅全集》第六卷，人民文学出版社2005年版，第567页。

味疯狂地蛮干，他深谙"中国多暗箭，挺身而出的勇士容易丧命"①的道理，赞成壕堑战，主张韧性的战斗，他说："我以为绝望而反抗者难，比因希望而战斗者更勇猛，更悲壮。"② 这体现了鲁迅的现代理性精神，这种韧性战斗精神与疯狂的非理性精神在鲁迅的价值视域中形成了对立统一的张力结构，这也是侠者鲁迅发掘传统文人狂士人格的精神价值之所在。"鲁迅正是在'激活'这种传统基础上，对它们进行了富于个性的创造性的转化"③，使这种传统狂士人格因现代精神的注入而发生新变，铸成精神界战士的现代人格，成为现代知识分子的一种价值理想。

早在日本留学期间，鲁迅就热情呼唤中国思想文化界能够出现一种文化"狂人"——摩罗诗人。在鲁迅眼里，这种文化"狂人"是精神界战士，是中国思想文化界的侠者，他们"所遇常抗，所向必动，贵力而尚强，尊己而好战"，不仅"如狂涛如厉风，举一切伪饰陋习，悉与荡涤，瞻顾前后，素所不知，精神郁勃，莫可制抑，力战而毙，亦必自救其精神；不克厥敌，战则不止"④，而且"大都不为顺世和乐之音，动吭一呼，闻者兴起，争天拒俗，而精神复深感后世人心，绵延至于无已"⑤。鲁迅不仅在理论上倡导和呼唤精神界战士的出现，而且身体力行，以义勇豪气"争天拒俗"，冲破封建礼教和专制制度的网罗，以石破天惊的呐喊凝聚成革命性力量，给超稳定的社会结构和价值体系带来致命的威慑与颠覆。他奉献给新文化运动和新文学的惊世骇俗之作——《狂人日记》，就体现了其"所遇常抗""不轨于正义"的侠者风范和拯世济民的启蒙理想。小说中的狂人是一位污浊乱世的独醒者，他之所以疯狂，被视为疯子，就是因为他不符合所处时代的超稳定社会结构和现存社会秩序，其言其行均"不轨于正义"。

---

① 鲁迅：《两地书·第一集 北京·二》，《鲁迅全集》第十一卷，人民文学出版社 2005 年版，第 16 页。
② 鲁迅：《书信·250411 致赵其文》，《鲁迅全集》第十一卷，人民文学出版社 2005 年版，第 477—478 页。
③ 田刚：《鲁迅与中国士人传统》，中国社会科学出版社 2005 年版，第 122 页。
④ 鲁迅：《坟·摩罗诗力说》，《鲁迅全集》第一卷，人民文学出版社 2005 年版，第 84 页。
⑤ 鲁迅：《坟·摩罗诗力说》，《鲁迅全集》第一卷，人民文学出版社 2005 年版，第 68 页。

第四章 批判中建构：人格建构和文化建构

在这种情况下，"那些安于现存秩序所组成的超稳定结构的维护者，就无法容忍这种石破天惊的背叛行为，于是无一例外地将这种常规文化的逸出者命名为'疯子'，将他排出现存秩序之外，视为一个毋须加以理性关注的畸变或异类"①。小说中的狂人最终在人们的精心治疗下痊愈，并"赴某地候补矣"，这位曾经反叛的侠者遭遇精神的招安，重新回到了正统的社会秩序。狂人由疯狂到痊愈、从被视为疯子到赴某地候补的转变，体现了鲁迅对当时现实秩序和吃人文化清醒而理性的认知，面对这些强大的无物之阵，不仅需要反叛的勇气，更需要独立人格和自由意志的支撑。作为正统秩序的异己者，狂人是痛苦的，但也是觉醒的，他不仅揭穿了历史的吃人本质和世人的伪善面目，而且在拯救无望的文化坟头发出了反抗的呼声和救赎的呐喊，给寂寥昏暗的历史荒原带来了一丝希望与光芒。

鲁迅以诗学正义的书写诉诸社会正义实现的过程，是与其立人救国的价值理想相伴随的。在《文化偏至论》中，鲁迅发现中国的严重问题在于人，不在于物；在于精神，不在于物质；在于个人，不在于"众数"。他指出："是故将生存两间，角逐列国是务，其首在立人，人立而后凡事举；若其道术，乃必尊个性而张精神。"② 这是鲁迅"立人"思想的集中概括。就是说，要想从根本上改造中国，首先必须"立人"，这是鲁迅开出的救国良方。如何"立人"，鲁迅又找到了具体的治疗方法——"道术"，这个"道术"的具体内容就是"尊个性而张精神"，这里要立的"人"是一种个性解放、人格独立、具有反叛精神和坚强意志的现代人。要培养和造就这样的现代人，必须"掊物质而张灵明，任个人而排众数"③，并在中外文化交流的阔大背景下，积极探求民族文化建构的路径："外之既不后于世界之思潮，内之仍弗失固有之血脉，取今复古，别立新宗，人生意义，致之深邃，则国人之自觉至，个性张，沙聚之邦，由是转为人国。人国既建，乃

---

① 田刚：《鲁迅与中国士人传统》，中国社会科学出版社 2005 年版，第 112 页。
② 鲁迅：《坟·文化偏至论》，《鲁迅全集》第一卷，人民文学出版社 2005 年版，第 58 页。
③ 鲁迅：《坟·文化偏至论》，《鲁迅全集》第一卷，人民文学出版社 2005 年版，第 47 页。

始雄厉无前,屹然独见于天下。"① 由此可见,鲁迅不仅深谙"立人"之道,还认识到了文化建构之于现代人格建构的重要意义,他相信,这种"取今复古,别立新宗"的文化必定会促进国人个性觉醒和民族精神的振作,必将实现民族的团结和"人国"的建立,这样我们的国家才会强大起来,才会屹然独立于世界民族之林。

从根本上说,在鲁迅"立人"思想的形成和发展过程中,中国传统文化包括侠文化基因起到了潜在的决定性作用,但也离不开西方个性解放思潮的影响。正是在西方个性解放和启蒙思潮的刺激下,沉潜于鲁迅人格结构和文化心理深层的传统文化的遗传性基因被大大激活,在启蒙文化语境下焕发为强大的精神力量制导和支配着鲁迅的思想与行为。为了建立真正的"人国",必须唤醒铁屋子里沉睡的国人,使他们振作起来,争取到做人的权利和尊严。而要打破铁屋子,唤醒国人,解放他们到自由光明的地方去,必然需要大批人格独立、个性张扬和勇猛反叛的精神界战士。这些战士率真任性、无所顾忌、勇于反叛、独立不羁,敢于蔑视和挑战威权,既承传了传统侠文化基因,又深受西方个性主义影响。在此意义上,鲁迅非常推崇西方思想界的独行侠——尼采,他的强力意志与中国游侠的贵力尚强精神存在相通之处,犹为鲁迅所激赏。当时中国确实需要尼采的超人精神和强力意志,将其作为强大的思想武器给沉闷的社会带来颠覆性的震荡和破坏。鲁迅接受尼采的超人思想,追求个性解放,重估一切价值,反叛封建威权,以社会批判和文化批判的方式为拯救沉沦的中国而斗争,但鲁迅对尼采的思想并未全盘接受,而是进行了改造和价值超越。他早期思想以文化的偏至和思想的偏激体现出一种全面反传统的勇气,深得尼采思想三昧,但其实质内涵迥异于尼采哲学的核心思想。就"任个人"而言,鲁迅思想视域中的"个人"是屹立于时代潮头的启蒙者,是勇于挣脱奴性束缚、追求个性解放的真正的精神界战士,是敢于反抗强权暴政和同情弱势群体的英雄,不仅具有反叛精神,而且勇于担当责任;而尼采哲学中的"超人"则是以强凌弱、无视群体利益的极

---

① 鲁迅:《坟·文化偏至论》,《鲁迅全集》第一卷,人民文学出版社2005年版,第57页。

第四章　批判中建构：人格建构和文化建构

端个人主义者。正如习武者，纵使身怀绝技，天下无敌，倘若不能仗义行侠，替天行道，那就算不上真正的侠客；如果恃强凌弱，欺压良善，那就走向了侠的反面，丧失了侠的本质，沦落为恶霸豪强，甚至流氓帮凶了。一个真正的侠客不应是炫耀武力、欺凌孤弱的自私自利之辈，这里真正的侠客与鲁迅心目中真正的精神界战士存在着价值耦合，以侠文化视野来观照鲁迅的"个人"，那就是集个性自由和为国为民于一体的侠之大者。

与尼采相比，鲁迅更喜欢拜伦。尽管拜伦和尼采都是敢于抗世违世情、冲破网罗、张扬个性的精神界战士，但因拜伦对被压迫民族的悲悯与拯救情怀，及其"尊侠尚义，扶弱者而平不平，颠仆有力之蠢愚，虽获罪于全群无惧"① 的英雄气概，而使他显得独立不羁、与众不同，深得鲁迅褒奖和赞佩："故怀抱不平，突突上发，则倨傲纵逸，不恤人言，破坏复仇，无所顾忌，而义侠之性，亦即伏此烈火之中，重独立而爱自繇，苟奴隶立其前，必衷悲而疾视，衷悲所以哀其不幸，疾视所以怒其不争，此诗人所为援希腊之独立，而终死于其军中者也。"② 在这里，鲁迅将拜伦视为仗义行侠、锄强扶弱的侠士，并对其大义之举进行了高度评价。在《摩罗诗力说》中，鲁迅纵览西方文学史，发现拜伦、雪莱、普希金、莱蒙托夫、裴多菲、密茨凯维支、斯洛伐茨基等，"故其平生，亦甚神肖，大都执兵流血，如角剑之士，转辗于众之目前，使抱战栗与愉快而观其鏖扑。故无流血于众之目前者，其群祸矣；虽有而众不之视，或且进而杀之，斯其为群，乃愈益祸而不可救也"③。他们是鲁迅心目中的精神界战士，他们以摩罗诗人、报复诗人、国民诗人、爱国诗人的身份立世，秉承着摩罗精神的血脉，以民族独立、人民解放和社会改革为己任，勇于坚守自己的文化阵地，坚持自己的主张，敢于力抗时俗，挑战神明和威权。摩罗是佛家传说中的魔鬼，在基督教中，魔鬼就是撒旦，被视为罪恶的象征。而鲁迅却认为撒旦是人类精神的引导者和人类文明的推动者："世间

---

① 鲁迅：《坟·摩罗诗力说》，《鲁迅全集》第一卷，人民文学出版社2005年版，第82页。
② 鲁迅：《坟·摩罗诗力说》，《鲁迅全集》第一卷，人民文学出版社2005年版，第82页。
③ 鲁迅：《坟·摩罗诗力说》，《鲁迅全集》第一卷，人民文学出版社2005年版，第102页。

人,当蔑弗秉有魔血,惠之及人世者,撒但其首矣","无天魔之诱,人类将无由生"①。可见,鲁迅肯定了撒旦之于人类文明的价值意义。从文化人类学的角度来看,如果没有撒旦的诱惑,人类的始祖亚当和夏娃可能仍然按照上帝的意志以一种蒙昧的状态生活于伊甸园中,也就谈不上人类的繁衍和文明的发展。撒旦的意义在于他颠覆了上帝的权威统治及束缚人性自由发展的旧秩序,敢于冲破正统秩序的牢笼,勇于追求人性的解放,推动人类的发展和文明的进步。在此意义上可以说,作为上帝这种绝对权力的颠覆性异端力量,撒旦的反叛精神和破坏意志是使人类摆脱蒙昧状态而逐渐走向文明的巨大动力引擎。撒旦因对上帝意志的反叛和人格的独立而深受鲁迅喜爱,鲁迅称赞具有撒旦精神即摩罗精神的西方浪漫派诗人,并将他们称为摩罗诗人,这些诗人同情弱小、敢于抗争、坚持自我、不随时俗,大胆地追求个性解放和精神自由。与尼采式"超人"以强者立场厌弃弱者不同,拜伦式"摩罗诗人"站在弱者立场,力抗强权暴力。鲁迅呼唤中国的精神界战士,在"超人"和"摩罗诗人"之间,他更倾向于力抗强者的"摩罗诗人"。因为"鲁迅觉得,中国的兴起,中国要从精神委顿状态中振作起来,正需要一批具有这种'摩罗'性格的启蒙家,像他们那样地百折不挠,勇往直前,以打破祖国社会之沉寂和民族精神之偏枯,这样中国就有希望了"②。鲁迅极力推崇"立意在反抗,指归在动作"③的富有叛逆精神的摩罗诗派,其缘由应该在此吧。

通过以上分析可知,无论是"超人",还是"摩罗诗人",他们都是精神界战士,都追求个性解放和精神自由,挑战威权、大胆叛逆,从而使超人精神和摩罗精神这些来自西方的异质文化在五四时代与中国传统侠文化取得了精神联系,东西方两种异质文化资源在启蒙语境下发生了同构的可能,经过鲁迅这个接受主体的创造性转化而得以实现。当然,鲁迅的"任个人"的立人思想与现代民族国家的建构紧密相连,承载着人道主义思想蕴涵,这是他更倾向于摩罗精神的重要原

---

① 鲁迅:《坟·摩罗诗力说》,《鲁迅全集》第一卷,人民文学出版社2005年版,第76页。
② 林非、刘再复:《鲁迅传》,福建教育出版社2010年版,第82页。
③ 鲁迅:《坟·摩罗诗力说》,《鲁迅全集》第一卷,人民文学出版社2005年版,第68页。

因。在鲁迅眼中，摩罗诗人"无不刚健不挠，抱诚守真；不取媚于群，以随顺旧俗；发为雄声，以起其国人之新生，而大其国于天下"[①]。这才是现代民族国家建构所需要的"个人"，他从摩罗诗人及其浪漫主义诗歌中找到了精神相遇的契合点，那就是对个性主义的推崇，对反叛精神、独立人格和自由意志的张扬。鲁迅对融反叛精神和独立人格为一体的摩罗诗人及摩罗精神的推重，反映了他改造国民性的强烈愿望及其现实方向。

（二）一个都不宽恕：复仇精神的现代诠释

对于侠而言，复仇是其自掌正义、替天行道和实现价值理想的行为方式与现实手段，更是在法纪废弛、纲常失序的乱世伸张正义、抚慰心灵的一种重要途径。复仇是一种最原始的诉求正义和公平的自然生存法则，体现了生命极限情境中的抗争精神和救赎欲望。无论是在现实社会还是在文学作品中，复仇主要体现为以一种对恶进行惩戒或摧毁的暴力形式来呼唤正义和公道的回归，具有干预社会、凌驾于法律之上的特征和现实批判意义，使人在是非善恶、忠孝侠义等传统伦理价值的催促和感愤下，诉诸内在的勇武强悍和生命尊严去铤而走险，甚至以身试法。复仇属于一种自了仇怨、自掌正义的极端化形式，这与侠快意恩仇的非正统倾向、与朝廷官法对立的特质是相通的，其精神行为与侠义伦理存在价值耦合。在一个王道废弛、纲纪失序、民生凋敝的乱世，无论是个体人还是群体人，其报复天性、血缘伦理情感和渴盼正义公道的诉求，一旦同血性侠气与义勇精神甚至民族大义相结合，其对社会法制的破坏、对现实政权的颠覆甚至复仇举动带来的盲目性和滥杀无辜等负面作用，都会因其对正义的弘扬、对公道的捍卫和对受难民众生命尊严的维护，而更加增强复仇的坚定性、合理性与正义性。这就使复仇者无所顾忌，在复仇的嗜血欲望刺激下，在血泪交迸的刀光剑影和战火硝烟中抵达痛快淋漓的体验高峰，在正义的伸张中实现生命的价值，并以此构成复仇主体和社会舆论乐以为之的

[①] 鲁迅：《坟·摩罗诗力说》，《鲁迅全集》第一卷，人民文学出版社2005年版，第101页。

快事。

在古代中国，史书传记和文学作品中的复仇，就其情感倾向和价值指向而言，主要有赵氏孤儿和伍子胥等血亲伦理复仇、杜十娘和霍小玉等情爱伦理复仇、聂政和荆轲等侠义忠主复仇，其演绎的无外乎善恶因果循环论。从根本上讲，作者的思想意识都源于忠孝节义、礼义廉耻等传统伦理精神，写作意图均未超越公平正义的张扬和惩恶扬善的说教。侠者鲁迅继承了传统复仇精神的内髓，以"一个都不宽恕"的决绝姿态，将对复仇精神的现代诠释同对传统文化的整体性批判和对国民性的改造相联系，将复仇同个体生命价值的实现与社会公道的诉求紧密结合，既肯定复仇的价值，又突出了复仇的历史合理性和社会正义性。在对复仇精神的现代诠释中，他一方面冷静地审视社会人生，以清醒的现代理性意识深刻挖掘社会和人性的阴暗面，拷问人的灵魂，表现人的心灵焦虑和精神困惑；一方面激情地拥抱生活，以立人思想和韧性战斗精神于迷茫中积极探寻生存出路，在绝望中奋起抗争现存秩序。鲁迅笔下的复仇者有受难者、有战士，其复仇内涵的价值指向有向专制强权暴力复仇、向无物之阵复仇、向自我复仇。鲁迅对于复仇的描写，笔法犀利，格调冷峻，充满了生命体验和哲理思考。他对复仇精神的诠释突破了传统伦理道德的局限，演绎和彰显了复仇的多重内涵，灌注了因爱生恨起而复仇的生命意识，重在精神复仇和社会担当，追求向死而生的终极意义。鲁迅笔下的复仇形式经历了"由拒绝演出、绝望自戕式的复仇走向挺身而出、为爱牺牲的复仇"[①] 之转变，体现了鲁迅思想变化的心路历程。

1. 向专制强权暴力复仇

哪里有压迫，哪里就有反抗。半殖民地半封建社会的中国处于帝国主义和封建主义的双重压迫下，觉醒的爱国志士极易燃起复仇和反抗的火焰。他们胸怀民族大义，为了争取民族独立和民主自由而奔走呼号，甚至抛头颅、洒热血，掀起革命的浪潮。正如鲁迅在《坟·杂

---

① 李玮：《中文摘要》，《鲁迅与莫言"复仇"叙事比较研究》，硕士学位论文，广西师范大学，2012年，第1页。

第四章　批判中建构：人格建构和文化建构

忆》中所言："时当清的末年，在一部分中国青年的心中，革命思潮正盛，凡有叫喊复仇和反抗的，便容易惹起感应。"① 此时的鲁迅就属于这"一部分中国青年"中的一员，他跟所有热血爱国的志士一样，都渴望以复仇相号召，来唤起国民觉醒，同仇敌忾、御敌强国。为此，鲁迅热切呼唤大义复仇："渴血渴血，复仇复仇！仇吾屠伯！天意如是，固报矣；即不如是，亦报尔！报复诗华，盖萃于是，使神不之直，则彼且自报之耳。"② 这体现了一种决绝的反抗意志、爱国情怀和义无反顾的复仇精神。

《铸剑》就是一曲为社会公道和社会正义而向专制强权暴力勇敢复仇的壮歌。作为鲁迅小说集《故事新编》中的重要篇目，"它既是集子里技巧最高、召唤力量最强的篇章，从忠实于原来的传统材料的意义上说，也是最具艺术真实性的一篇。但是，从原来材料的古代文字脉络中，鲁迅却创造了一幅强有力的充满象征的独创视象。特别是对两个主要人物的刻划，再次表现了鲁迅衷心喜爱的那个主题——复仇"③。该小说取材于三国时期曹丕的《列异传》和东晋干宝的《搜神记》，从小说的表层结构而言，主要讲述了古代复仇英雄眉间尺诛暴君为父报仇的故事。为报父仇，眉间尺不惜献上自己的人头。为了反抗暴政，伸张正义，侠士黑色人铤而走险，慷慨相助。在压迫与反抗、施虐与复仇构成的巨大张力结构中，演绎了一场民间侠士屠戮暴君的伟大壮举。这篇小说以古代复仇文本为蓝本，具有强烈的反抗专制强权暴力的复仇色彩，体现了受压迫、受损害的底层民众不畏强权、除暴安良的复仇愿望。主人公眉间尺和黑色人是鲁迅心目中的复仇英雄。眉间尺最初优柔寡断，缺乏果敢勇毅的气度，在母亲的当头棒喝之下，他的心智逐渐成熟，那种生存困境中养成的坚韧顽强的自我意识，那种不平等社会制度下捍卫自我生存权利和生命尊严的复仇精神，获得了复苏。眉间尺终于作为一个复仇的英雄少年站立起来，毅然削下自

---

① 鲁迅：《坟·杂忆》，《鲁迅全集》第一卷，人民文学出版社2005年版，第233—234页。
② 鲁迅：《坟·摩罗诗力说》，《鲁迅全集》第一卷，人民文学出版社2005年版，第97—98页。
③ ［美］李欧梵：《铁屋中的呐喊——鲁迅研究》，尹慧珉译，岳麓书社1999年版，第37页。

己的头颅，将剑和头交给黑色人——侠士宴之敖者，由他去完成铲除暴君的使命。黑色人行踪诡秘、怪诞、突兀，最能体现鲁迅理想形态的复仇精神，是鲁迅所呼唤和要表现的那种社会文化转型期的现代新人形象。他能够冲决一切封建传统礼法习俗的羁绊，嫉恶如仇、愤世嫉俗，特立独行、敢作敢当，仗义行侠、不求回报，慷慨赴难、义无反顾，不仅参透世事，洞谙人性，而且勇于向社会庸众和自我挑战与复仇。可见鲁迅并未拘囿于传统复仇思想，而是对之进行了现代超越，体现了复仇精神在现代中国语境下的复杂情势和独特意义。

在小说中，眉间尺和黑色人最终义无反顾地走上了复仇之路，以同归于尽的结局酣畅淋漓地彻底完成了向专制强权暴力复仇的壮举。鲁迅作《铸剑》，意在赞颂眉间尺和黑色人这种决绝的复仇精神与崇高的侠义品格，这是我们民族宝贵的精神素质。通过阅读分析，我们会获得灵魂的洗礼、精神的震撼和人性的提升，更重要的是，我们对鲁迅爱极生恨、起而复仇的生命哲学有了深刻的感受和体验。鲁迅挚爱大地和大地上的人们，这是他人道主义思想中悲悯大爱的一面；但另一方面，他又嫉恶如仇，愤世嫉俗，对所有敌人绝不手软，即使濒临死亡，也要作绝望的抗战，与敌人斗争到底，直至同归于尽。这是小说文本的深层结构所寄寓的深意。鲁迅临终前慷慨陈词："我的怨敌可谓多矣，倘有新式的人问起我来，怎么回答呢？我想了一想，决定的是：让他们怨恨去，我也一个都不宽恕。"[①] 这种对敌斗争的决绝姿态和义勇精神，正是鲁迅生命哲学和复仇意识的生动写照。

2. 向无物之阵复仇

中国传统文化中的习惯势力和礼法习俗、奴性意识、看客心理、忘恩负义等思想观念经过漫长的历史积淀和承传，逐渐积聚成一个庞大而超稳定的网罗结构——无物之阵。在鲁迅看来，"社会上多数古人模模糊糊传下来的道理，实在无理可讲；能用历史和数目的力量，挤死不合意的人。这一类无主名无意识的杀人团里，古来不晓得死了

---

① 鲁迅：《且介亭杂文末编·死》，《鲁迅全集》第六卷，人民文学出版社2005年版，第635页。

第四章　批判中建构：人格建构和文化建构

多少人物"①。几千年来，中国人就生活于这种强大的无物之阵中，成为或参与着这类"无主名无意识的杀人团"，逐渐丧失了自我意识和生命价值。在古老中国遭遇西方殖民势力和西方文化强势入侵与冲击的历史语境下，中国人面临着艰难的选择。要么在无物之阵中被"杀死""吃掉"或充当"杀人者"和"吃人者"的帮凶，在传统的封建秩序网罗中浑浑噩噩度日直至亡国灭种；要么忍受心灵的巨痛，砸烂精神的枷锁，为民族新生开辟一条血与火的道路。站在中西文化对比的镜像面前，鲁迅发现了国民性弱点，清醒地认识到国民精神已陷入堕落，国民信仰出现了诸多问题，并发生了严重危机。为了揭出病苦以引起疗救的注意，鲁迅曾在传统文化的坟头执着地呐喊，但终不免陷于千里荒原"荷戟独彷徨"的尴尬境地。他非常清楚自己不是一个振臂一呼、应者云集的英雄，国民劣根性也确实根深蒂固，但他清醒地知道作为时代先觉的革命者更多的不是牺牲于敌人的屠刀下，而是死在这类"无主名无意识的杀人团"的虐杀中。侠者鲁迅明知"杀人团"无组织无纲领，是一种看不到、摸不着但又无时不有、无处不在的杀人利器和吃人巨魔，却偏要向这无物之阵举起复仇的投枪，作绝望的抗战。

如果说，面对强大的有形敌人，眉间尺和黑色人屠戮暴君的壮举是一种义勇行为的话，那么面对无物之阵，"横眉冷对千夫指"也不失为一种侠义复仇的壮举。这是无声的抗争和精神的复仇，"杀人团"主要以"毫无意义的示众的材料和看客"②的身份存在，其存在形式是潜在的、隐形的，但破坏性却极其巨大。鲁迅对无物之阵给予强烈的揭露和批判，以精神复仇的方式促进国民的觉醒，使他们能够认识到自身的弱点和局限，振作起来，勇猛起来，从而获得精神的救赎。"鲁迅之所以一再地呼吁'复仇'，鼓动憎的感情，是针对着中国国民性的弱点的"③。这种价值立场和情感态度在《铸剑》《孤独者》《复仇》《复仇（其二）》《颓败线的颤动》等作品中都有深刻的体现。

---

① 鲁迅：《坟·我之节烈观》，《鲁迅全集》第一卷，人民文学出版社2005年版，第129页。
② 鲁迅：《呐喊·自序》，《鲁迅全集》第一卷，人民文学出版社2005年版，第439页。
③ 钱理群：《心灵的探寻》，北京大学出版社1999年版，第213页。

◆◇◆ 下编　中国新文学作家与侠文化的精神相遇

小说《孤独者》中的复仇者魏连殳生活于无物之阵中，这里不仅笼罩着深重的传统习惯势力和旧的礼法习俗，还遭受着社会庸众的看客心理的纠缠。"受伤的狼"作为一个核心意象出现于小说的开头和结尾，既是魏连殳人生的形象写照，又是他悲剧命运的象征。魏连殳是一个深受西方文化思潮影响、具有现代意识的新型知识分子，他愤世嫉俗，不肯向传统习惯势力和旧的礼法习俗低头，但在强大的无物之阵面前，承受着巨大的生存压力和精神重负，不得不做出完全违背自己价值理想的现实选择。魏连殳因出外游学，被村人视为异类。在祖母的葬礼上，面对族人们商定的"穿白""跪拜""请和尚道士做法事"这"全都照旧"的"三大条件"①，面对村人们好奇的看客心理，魏连殳一句"都可以的"②，既让族人们深感意外，又让打听新闻的村人们很失望。在强大的传统习惯势力面前，魏连殳依从旧的礼法习俗为祖母入殓。当大殓在惊异和不满的氛围中结束时，始终没有落泪的魏连殳，"忽然，他流下泪来了，接着就失声，立刻又变成长嚎，像一匹受伤的狼，当深夜在旷野中嗥叫，惨伤里夹杂着愤怒和悲哀"③。这种情况老例上没有，先前也未曾预防到，"大家都手足无措了"，劝止不住，"只得无趣地散开"④。通过在祖母的葬礼上发生的一切，作者向我们揭示了魏连殳复杂矛盾的精神困境，其中有忍耐和屈从，也有挣扎与反抗。魏连殳没有满足这些"无主名无意识的杀人团"的愿望本身就是一种抗争，一种让他们心理失衡的精神复仇；他最后的流泪和"惨伤里夹杂着愤怒和悲哀"的"长嚎"，体现了他在这个复杂困顿的无物之阵中无望地挣扎，又绝望地作困兽之斗的精神风姿。

在强大的无物之阵面前，一个有良知和正义感的知识分子要想有所作为，势必会陷入两难选择的尴尬。要么违背自己的初衷和理想，遵循现存秩序的游戏规则来迎合现实、顺应现实；要么坚守自己的精神家园和价值理想，无视现存秩序的游戏规则来批判现实、反抗现实。

---

① 鲁迅：《彷徨·孤独者》，《鲁迅全集》第二卷，人民文学出版社2005年版，第89页。
② 鲁迅：《彷徨·孤独者》，《鲁迅全集》第二卷，人民文学出版社2005年版，第90页。
③ 鲁迅：《彷徨·孤独者》，《鲁迅全集》第二卷，人民文学出版社2005年版，第90—91页。
④ 鲁迅：《彷徨·孤独者》，《鲁迅全集》第二卷，人民文学出版社2005年版，第91页。

第四章 批判中建构：人格建构和文化建构

但无论如何选择，都存在失败的可能，要付出沉重或惨痛的代价。在小报攻击和学界流言的污蔑中，魏连殳腹背受敌，惨遭校长辞退，陷入生存和精神的双重困境。为了生存，魏连殳不得不向现存秩序低头，做了杜师长的顾问，月薪现洋八十元。照他自己的说法："我已经躬行我先前所憎恶，所反对的一切，拒斥我先前所崇仰，所主张的一切了。"但他同时认为自己"已经真的失败，——然而我胜利了"[1]。进入现存秩序苟活，使魏连殳感到快活、舒服；但屈从于现存秩序，他付出了代价。与最初的人生理想相比，他坦言自己是真正的失败者，又认为自己胜利了，形成了人生的悖论。在这个人生的悖论中，我们发现了魏连殳斗争哲学的奥秘。作为一个现代知识分子的魏连殳深谙无物之阵的强大，既然无法摆脱无物之阵的纠缠和桎梏，那就进入这个看似强大的无物之阵，以暂时的苟活保存生命能量，积蓄反抗的力量，伺机向无物之阵举起投枪。这种极端情境下生存策略的选择，堪称以身饲虎、浴火重生之举，体现了一种义勇决绝的复仇精神。置身于无物之阵，魏连殳无法正常地活着，甚至连愿意魏连殳活几天的人也不能活下去，这就陷入了生存的绝境。为了生存，魏连殳暂时放下投枪，进入了无物之阵。他不愿意被消灭，他要寻求生存的希望和反抗的机会，"偏要为不愿意我活下去的人们而活下去"[2]，试图在荆棘丛生的无物之阵深处探寻拯救生命尊严的路径。魏连殳的选择寄寓了鲁迅的价值理想，这种生存策略"真正属于鲁迅的生命选择：他早就宣布，他天天吃鱼肝油，努力延长自己的生命，不是为了爱人，而正是为了敌人：要以'我'的存在打破他们的世界的'圆满'；在《两地书》里，他也是这样以怀着几分恶意的快意谈到自己将如黑的恶鬼一般站在他的对手们的面前"[3]。在敌人脚下苟且偷生，或在敌人面前悲壮地惨死，都会给他们带来变态的满足；但在敌人不愿意自己活下去的情况下，偏要坚强乐观地生存下去，活得更好，拼死捍卫生存权

---

[1] 鲁迅：《彷徨·孤独者》，《鲁迅全集》第二卷，人民文学出版社2005年版，第103页。
[2] 鲁迅：《彷徨·孤独者》，《鲁迅全集》第二卷，人民文学出版社2005年版，第103页。
[3] 钱理群：《试论鲁迅小说中的"复仇"主题——从〈孤独者〉到〈铸剑〉》，《安顺师专学报》（社会科学版）1996年第1期。

下编　中国新文学作家与侠文化的精神相遇

利和生命尊严，就足以引起敌人的恐慌、不快甚至敬畏，让他们卑劣的想法彻底落空、失败，从而在敌人的失望和敬畏中实现生命价值。这种向死而生的生存策略是一种充满了韧性精神的斗争哲学，以自我毁灭的代价获取生存的勇气和生命的力量，实现对敌人的精神复仇。在这种斗争哲学的指导下，魏连殳首先向现实低头，走进无物之阵，做了军阀杜师长的顾问，成为向敌人复仇的一颗毒刺。表面上看，魏连殳的现实选择违背了自己的价值理想，但我们透过文本的深层结构不难发现，他的现实妥协是实施对敌复仇举动的策略性选择。作为孤军奋战的精神界战士，魏连殳以诈降的方式赢得了敌人的信任，获得了世俗的认可，接着利用手中的权势之力举起了"投枪"，出其不意，攻其不备，以其人之道还治其人之身，刺向曾经压迫、凌辱过自己的敌人。当魏连殳接受过去敌人的"新的磕头和打拱"，面对"新的宾客，新的馈赠，新的颂扬"[1]的时候，他看到这些自己所憎恶和仇恨的敌人穷形尽相，感到了复仇的快意，实现了对敌人的复仇。但清醒的现代理性意识又让魏连殳感到这只是一种"精神的胜利"，无法回避他为此付出的代价，也无法掩抑内心的惨伤和悲哀。这使魏连殳意识到自己"已经真的失败"，这种认识源于无论如何反抗和复仇，这个强大的无物之阵或许不会改变，也许永远存在。但他毕竟行动了，以自己的"变"来应对和报复无物之阵的"不变"。虽然魏连殳无法破毁无物之阵，也明知付出自我毁灭的代价无法使之改变多少，但他这种与敌同归于尽的胆识气魄和复仇行为是值得钦佩和景仰的。"然而我胜利了"，恰恰彰显出他的生命自信。魏连殳最终付出了生命的代价，但绝不是毫无意义的自戕，他的灵魂深处并没有停止向敌人复仇的意志。"他在不妥帖的衣冠中，安静地躺着，合了眼，闭着嘴，口角间仿佛含着冰冷的微笑，冷笑着这可笑的死尸"[2]。向强大的无物之阵复仇，魏连殳虽然付出了惨重的代价，但他至死都不愿放弃复仇。可以说，"安静地躺着，合了眼，闭着嘴"，体现了他实现精神复仇之

---

[1]　鲁迅：《彷徨·孤独者》，《鲁迅全集》第二卷，人民文学出版社 2005 年版，第 104 页。
[2]　鲁迅：《彷徨·孤独者》，《鲁迅全集》第二卷，人民文学出版社 2005 年版，第 110 页。

第四章　批判中建构：人格建构和文化建构

后的坦然和欣慰；"口角间仿佛含着冰冷的微笑"，隐含着他死后仍以冷笑嘲弄的姿态面对敌人；"冷笑着这可笑的死尸"，带有一种自我解剖的意味，既有对个人抗争的反思，也有对以有限生命无法完成向无限强大的无物之阵复仇的遗憾。这些都体现了魏连殳死了都要复仇的坚定意志。从这个意义上讲，他是一个胜利者，至少也是一个失败的英雄。

魏连殳不甘命运摆布却不得不屈从现存秩序，深陷尘网却不甘自我堕落，深入所憎恶的虎穴进行精神复仇却终以生命毁灭为代价换来无言的结局，为我们呈现出一个孤军奋战的精神界战士焦灼、矛盾、忧郁、悲观、绝望和希望交织的复杂的精神世界。在这个精神世界中，鲁迅对魏连殳寄予了理解和同情。他理解魏连殳的人生选择和复仇模式，这也是他自己反抗绝望的方式。为了敌人而坚强地"活下去"，作为一种对敌复仇和反抗绝望的途径和方式，在摆脱生存困境、实现精神突围方面确实会产生巨大的精神力量，但现实中的这种选择是以精神扭曲和生命毁灭为代价的，在向敌人复仇的同时，自己也深受伤害。鲁迅对魏连殳的复仇选择和悲剧命运没有持否定态度，也没有因他的死亡而宣告复仇的失败，而是充满了同情，并以一种新的希望昭示着并不黯淡的前景。当作者吊唁完魏连殳，走出大门的时候，感到"潮湿的路极其分明，仰看太空，浓云已经散去，挂着一轮圆月，散出冷静的光辉"①。这其实是对一种光辉前景的暗示和希望。但在他快步走着的时候，感觉"仿佛要从一种沉重的东西中冲出"，却无法冲出，继而感到"耳朵中有什么挣扎着，久之，久之，终于挣扎出来了，隐约像是长嗥，像一匹受伤的狼，当深夜在旷野中嗥叫，惨伤里夹杂着愤怒和悲哀"②。这就与开头形成了首尾照应。从祖母葬礼上的精神复仇到深入无物之阵后的精神复仇，都以"受伤的狼"之嗥叫作为象征性结局，隐喻着反抗无物之阵任务的艰巨。最后，作者写道："我的心地就轻松起来，坦然地在潮湿的石路上走，月光底下。"③ 似

---

① 鲁迅：《彷徨·孤独者》，《鲁迅全集》第二卷，人民文学出版社2005年版，第110页。
② 鲁迅：《彷徨·孤独者》，《鲁迅全集》第二卷，人民文学出版社2005年版，第110页。
③ 鲁迅：《彷徨·孤独者》，《鲁迅全集》第二卷，人民文学出版社2005年版，第110页。

乎透露出一种对抗绝望后的释然和复仇前景的欣然。从小说结尾对作者心理变化和环境氛围的生动描写，可以体悟鲁迅"反抗绝望"的哲学意蕴，感受其深刻的生命体验，其中蕴含着绝望后抗争的生命精神和向死而生的生存希望。

社会庸众的看客心理是构成无物之阵的巨大因素，更是阻碍社会前进和人性优化的、无处不在无时不有的、超稳定超顽固的负能量。鲁迅不仅清醒地认识到了看客心理的危害，而且也为这类社会庸众画了魂：

> 群众，——尤其是中国的，——永远是戏剧的看客。牺牲上场，如果显得慷慨，他们就看了悲壮剧；如果显得觳觫，他们就看了滑稽剧。北京的羊肉铺前常有几个人张着嘴看剥羊，仿佛颇愉快，人的牺牲能给与他们的益处，也不过如此。而况事后走不几步，他们并这一点愉快也就忘却了。①

> 暴君的臣民，只愿暴政暴在他人的头上，他却看着高兴，拿"残酷"做娱乐，拿"他人的苦"做赏玩，做慰安。②

这就是典型的中国特色的看客，面对社会庸众及其看客心理，鲁迅的情感是复杂的，哀其不幸，怒其不争，构成了他情感世界的巨大的张力结构。鲁迅对他们充满了悲悯和大爱，但对其意识深处的奴性和蒙昧不觉而悲愤痛恨。鲁迅认为："文艺是国民精神所发的火光，同时也是引导国民精神的前途的灯火。"③ 基于对国民的悲悯和大爱的深厚情感，鲁迅坚持以文学的"火光"烛照国民灵魂的黑洞，揭示民众的精神痼疾，暴露旧时代旧社会的病根，呼唤人们觉醒起来，反观自身，从而引导他们寻求救赎之路。这是鲁迅弃医从文之后毅然选择的人生道路和执着坚守的启蒙理想。他要以文学的火炬照亮于黑暗中

---

① 鲁迅：《坟·娜拉走后怎样》，《鲁迅全集》第一卷，人民文学出版社2005年版，第170页。
② 鲁迅：《热风·随想录六十五 暴君的臣民》，《鲁迅全集》第一卷，人民文学出版社2005年版，第384页。
③ 鲁迅：《坟·论睁了眼看》，《鲁迅全集》第一卷，人民文学出版社2005年版，第254页。

第四章 批判中建构：人格建构和文化建构

前行的人们的道路；但呐喊之后彷徨尴尬的困境结局，使他深深失望于曾寄予厚望的民众。直面如此的国民，直面国民中的庸众，直面他们的看客心理，鲁迅又能怎样呢？作为精神界斗士的鲁迅，他认识到"对于这样的群众没有法，只好使他们无戏可看倒是疗救，正无需乎震骇一时的牺牲，不如深沉的韧性的战斗"①。这体现了鲁迅向社会挑战、向社会庸众实施复仇的决心和信念，这里的复仇是指从精神上断绝庸众看热闹甚至幸灾乐祸的欲望，让他们无戏可看，陷于无聊。这其实是对他们的另一种方式的疗救，贯穿于鲁迅一直坚持的揭出病苦以引起疗救注意的价值理想中。可以说，这是一种陷入极度悲愤痛恨和极度困顿绝望之后的情感表达，是作为人道主义者的鲁迅对他的国民的另一种形式的爱。在这种爱恨交织的复杂情感中，寄寓了鲁迅对一种健全人格的新生的渴望。

在小说《铸剑》中，有两处对民众看热闹的描写，将暴君的臣民的看客心理刻画得惟妙惟肖。第一处是城里的男女围观楚王的仪仗队，"离王宫不远，人们就挤得密密层层，都伸着脖子。人丛中还有女人和孩子哭嚷的声音。……面前只看见人们的背脊和伸长的脖子"，"忽然，前面的人们都陆续跪倒了"②。当这些奴性十足、无聊至极的庸众都爬起来的时候，一个干瘪脸的少年因眉间尺在混乱中跌倒压了他，就不依不饶，扭住了眉间尺的衣领，"说被他压坏了贵重的丹田，必须保险，倘若不到八十岁便死掉了，就得抵命"③。这些闲人们又围上来看热闹，只是呆看着，并不开口，后来有人笑骂了几句，却都是附和干瘪脸少年的。没有人生经验、涉世不深的眉间尺无法理解庸众的无聊和幸灾乐祸，而黑色人的突然出现，不仅给他解了围，而且无情地摧毁了庸众们的看客心理。黑色人"并不言语，只向眉间尺冷冷地一笑，一面举手轻轻地一拨干瘪脸少年的下巴，并且看定了他的脸"④。不言语、冷笑、举手一拨、看定，这几个词语将一个饱经沧

---

① 鲁迅：《坟·娜拉走后怎样》，《鲁迅全集》第一卷，人民文学出版社2005年版，第171页。
② 鲁迅：《故事新编·铸剑》，《鲁迅全集》第二卷，人民文学出版社2005年版，第438页。
③ 鲁迅：《故事新编·铸剑》，《鲁迅全集》第二卷，人民文学出版社2005年版，第439页。
④ 鲁迅：《故事新编·铸剑》，《鲁迅全集》第二卷，人民文学出版社2005年版，第439页。

桑、世事洞明、气定神闲的黑色人形象勾勒了出来，他的神情和举动像一柄精神利剑，无情地刺向干瘪脸少年和那些庸众的猥琐虚弱的灵魂。于是，无赖至极的干瘪脸少年在黑色人的冷眼直逼下溜走了，看热闹的庸众也都无聊地走散。第二处是城里的男女瞻仰楚王的大出丧，城里的人民和远处的人民"都奔来瞻仰国王的'大出丧'。天一亮，道上已经挤满了男男女女；中间还夹着许多祭桌"①。好久以后，才看见出丧的仪仗。当楚王的灵车出现时，"百姓都跪下去，祭桌便一列一列地在人丛中出现。几个义民很忠愤，咽着泪，怕那两个大逆不道的逆贼的魂灵，此时也和王一同享受祭礼"②。在这里，作者不仅揭示了这些庸众的看客心理，而且对他们的奴性意识和顺民心态也做了客观的白描。这些顺民或义民愚忠麻木，"向来就没有争到过'人'的价格，至多不过是奴隶"③，他们不仅缺乏反抗和复仇的勇气，而且毫不珍惜替天行道的侠义英雄。这些"暴君治下的臣民"对待反抗强权、诛杀暴君的义士，"大抵比暴君更暴"④。在忠愤的义民眼里，黑色人和眉间尺这类先驱者是"大逆不道的逆贼"，所以他们才担心逆贼和国王一同享受祭礼，这与《药》中牺牲的反清志士夏瑜的血被庸众做了人血馒头的结局有异曲同工之妙。此时的鲁迅深谙先驱者命运的悲凉，也不让这些暴君的臣民遂愿，黑色人、眉间尺和楚王的人头混在一起享受祭礼本身就是对专制强权、愚忠臣民的讽刺，担心"逆贼的魂灵""与楚王一起享受祭礼"，"然而也无法可施"⑤。越想表达对暴君的忠诚，就越不让他们如愿，一个转折，区区七个字，就很辛辣形象地实现了向这些庸众的精神复仇。

在散文诗《复仇》中，裸体男女手捏利刃，在广漠的旷野上对立，将要拥抱，将要杀戮。这道神奇的风景引来四面八方的路人们前

---

① 鲁迅：《故事新编·铸剑》，《鲁迅全集》第二卷，人民文学出版社2005年版，第450页。
② 鲁迅：《故事新编·铸剑》，《鲁迅全集》第二卷，人民文学出版社2005年版，第451页。
③ 鲁迅：《坟·灯下漫笔》，《鲁迅全集》第一卷，人民文学出版社2005年版，第224页。
④ 鲁迅：《热风·随感录六十五 暴君的臣民》，《鲁迅全集》第一卷，人民文学出版社2005年版，第384页。
⑤ 鲁迅：《故事新编·铸剑》，《鲁迅全集》第二卷，人民文学出版社2005年版，第451页。

来看热闹,他们"拚命地伸长颈子,要赏鉴这拥抱或杀戮",甚至已经在想象中品尝着"汗或血的鲜味"①。但裸体男女既不拥抱,也不杀戮,甚至连拥抱或杀戮之意都没有,只是捏着利刃,对立于广漠的旷野之上。路人们感到了无聊,"觉得喉舌干燥,脖子也乏了;终至于面面相觑,慢慢走散;甚而至于居然觉得干枯到失了生趣"②。这就彻底摧毁了路人们的看客心理和无聊的窥视欲望,裸体男女实现了精神的复仇。他们"以死人似的眼光,赏鉴这路人们的干枯,无血的大戮,而永远沉浸于生命的飞扬的极致的大欢喜中"③。鲁迅在1934年5月16日写给郑振铎的信中说:"不动笔诚然最好。我在《野草》中,曾记一男一女,持刀对立旷野中,无聊人竟随而往,以为必有事件,慰其无聊,而二人从此毫无动作,以致无聊人仍然无聊,至于老死,题曰《复仇》,亦是此意。但此亦不过愤激之谈,该二人或相爱,或相杀,还是照所欲而行的为是。"④ 在这场"看"与"被看"构成的对立格局中,裸体男女在旷野上以超乎常人的方式进行了出色的表演,用沉默和静止表达了无声的抗议,通过"赏鉴"和"被赏鉴"角色的置换,使那些无聊的看客陷入更加无聊的深渊,从而在复仇的快意中获得生命的飞扬和精神的狂欢。

知恩图报是为人的基本准则,快意恩仇是侠者的处世风范,而历史上和现实中却恰恰存在着许多忘恩负义之人。长期以来,忘恩负义作为一种充满负能量的观念存在于人类社会,成为无物之阵的不可小觑的因素,在无物之阵的蔓延与肆虐中,助长着丧失人性者的嚣张气焰。侠者鲁迅置身于无物之阵,也向忘恩负义者举起了精神复仇的投枪。

在散文诗《复仇(其二)》中,鲁迅塑造了耶稣的形象,这是一个为拯救世人而不辞辛劳最终却为世人所凌辱、迫害的精神界战士形

---

① 鲁迅:《野草·复仇》,《鲁迅全集》第二卷,人民文学出版社2005年版,第176页。
② 鲁迅:《野草·复仇》,《鲁迅全集》第二卷,人民文学出版社2005年版,第177页。
③ 鲁迅:《野草·复仇》,《鲁迅全集》第二卷,人民文学出版社2005年版,第177页。
④ 鲁迅:《书信·340516致郑振铎》,《鲁迅全集》第十三卷,人民文学出版社2005年版,第105页。

象。耶稣对世人充满了悲悯与拯救的情怀,富有自我牺牲的献身精神,这都与鲁迅存在精神的相通和价值的耦合。正是这样一个具有大爱胸怀和救世精神的先觉者,却惨遭他所拯救的人的打骂、侮辱,被钉死在十字架上。鲁迅深刻地描绘了耶稣受难时的生命体验,哀痛于这个被忘恩负义的庸众所杀害的先觉者悲凉的命运,他看透了世人的真面目,极力宣扬向庸众复仇的斗争精神。鲁迅以耶稣不肯喝也没有喝"那用没药调和的酒"来表达耶稣面对庸众迫害时的韧性战斗精神,他"要分明地玩味以色列人怎样对付他们的神之子,而且较永久地悲悯他们的前途,然而仇恨他们的现在"[1]。鲁迅勇于直面耶稣惨遭侮辱和钉杀的悲剧命运,一方面愤懑于世人的愚昧;一方面悲悯他们的前途,愚昧的世人在钉杀耶稣的同时,也自毁了前途。耶稣临刑时拒绝喝"用没药调和的酒",因为他想保持清醒的头脑,以对肉体疼痛的苦难的承受和强大的精神意志来"玩味"他曾拯救过的庸众的辱骂、戏弄与讥诮。在四面都充满了可悲悯的和可咒诅的敌意时,"他在手足的痛楚中,玩味着可悯的人们的钉杀神之子的悲哀和可咒诅的人们要钉杀神之子,而神之子就要被钉杀了的欢喜。突然间,碎骨的大痛楚透到心髓了,他即沉酣于大欢喜和大悲悯中"[2]。在文本中,耶稣始终以悲悯的心态面对和承受世人所回馈给他的一切,这悲悯中寄寓着耶稣对世人的大爱情怀和拯救精神。这由"杀"与"被杀"和"看"与"被看"所构筑的悲惨而悲壮的场景,为我们展开了一个对立的张力结构。在这个张力结构中,施恩却惨遭杀害的耶稣与忘恩负义、残杀恩人的庸众成为对立的两极,耶稣承受苦难中的大悲悯和不知报恩的庸众凌辱、迫害耶稣的卑劣丑态,都在这个张力结构中得以呈现。被钉杀的耶稣,在高高的十字架上,以悲悯之心玩味着这些忘恩负义的庸众。无论是行刑的兵丁们还是围观的群众,无论是辱骂他的路人、讥诮他的强盗还是戏弄他的祭司长和文士,都被鲁迅无情地抛

---

[1] 鲁迅:《野草·复仇(其二)》,《鲁迅全集》第二卷,人民文学出版社 2005 年版,第178页。

[2] 鲁迅:《野草·复仇(其二)》,《鲁迅全集》第二卷,人民文学出版社 2005 年版,第179页。

第四章　批判中建构：人格建构和文化建构

入忘恩负义的庸众行列，无条件地接受受难者耶稣的道义审判，在耶稣的"大欢喜和大悲悯"中，实现了对那些忘恩负义的庸众的精神复仇。

在散文诗《颓败线的颤动》中，鲁迅对那些忘恩负义者进行了最直接的揭露和批判。文本以两个梦来结构篇章，叙述了一个孤苦贫穷的母亲为了养活幼小的女儿而出卖自己的肉体，来换取生存的权利，而在她年老之后却惨遭子孙唾弃。这个垂老的母亲完全没有想到，当年自己以生命尊严为代价换来的竟然是这样的结局，不仅遭到女儿和女婿的怨恨、鄙夷、冷骂和毒笑，而且连第三代的小孩子也对她大声喊"杀"。在悲痛和绝望中，这个曾付出巨大牺牲的"垂老的女人"看透了忘恩负义者的真面目，选择以沉默和深夜出走来表达无声的反抗。"她在深夜中尽走，一直走到无边的荒野；四面都是荒野，头上只有高天，并无一个虫鸟飞过。她赤身露体地，石像似的站在荒野的中央，于一刹那间照见过往的一切：饥饿，苦痛，惊异，羞辱，欢欣，于是发抖；害苦，委屈，带累，于是痉挛；杀，于是平静。……又于一刹那间将一切并合：眷念与决绝，爱抚与复仇，养育与歼除，祝福与咒诅……。她于是举两手尽量向天，口唇间露出人与兽的，非人间所有，所以无词的言语"[1]；"当她说出无词的言语时，她那伟大如石像，然而已经荒废的，颓败的身躯的全面都颤动了"[2]。这种描写采用了变形手法，呈现出来的场景是令人窒息的，已经超越了日常生活的具体状态，与垂老母亲的愤怒抗争和无言控诉相交融，深刻表达了对忘恩负义者强烈的谴责和极度的蔑视，在"无词的言语"中实现了精神复仇。

鲁迅指出："中国的人们，遇见带有会使自己不安的朕兆的人物，向来就用两样法：将他压下去，或者将他捧起来。""压下去就用旧习惯和旧道德，或者凭官力，所以孤独的精神的战士，虽然为民众战斗，

---

[1] 鲁迅：《野草·颓败线的颤动》，《鲁迅全集》第二卷，人民文学出版社 2005 年版，第 210—211 页。
[2] 鲁迅：《野草·颓败线的颤动》，《鲁迅全集》第二卷，人民文学出版社 2005 年版，第 211 页。

下编　中国新文学作家与侠文化的精神相遇

却往往反为这'所为'而灭亡"①。从耶稣和"垂老的女人"的苦难结局，我们看到的恰恰是这种"为民众战斗，却往往反为这'所为'而灭亡"的悲剧命运，其中寄寓着鲁迅深刻的生命体验和深沉的人生感喟。

3. 向自我复仇

鲁迅是一个具有高度内省意识和现代理性的知识分子，他不仅激烈地批判封建专制制度和传统思想文化桎梏下的国民劣根性、黑暗腐败的现实社会及一切忘恩负义者，而且因深陷这个积弊深重的封建大染缸、难以摆脱宿命的缠绕而自我谴责。鲁迅说："我自己总觉得我的灵魂里有毒气和鬼气，我极憎恶他，想除去他，而不能。"② 虽然鲁迅早年接受了西方现代思想文化的影响，但几千年来封建传统文化的浸润使他无法摆脱"毒气和鬼气"的牵绊，这是他作为现代知识分子欲罢而不能的尴尬。于是，鲁迅将复仇的利剑指向了自我（包括鲁迅、中国人和人类自身），将"抉心自食"③ 与"揭出病苦"④ 相联系，希望通过肉体或灵魂的毁灭来实现对自我的审判，更希望以这种向死而生的生命抉择来塑造理想的人格和健全的人性，通达一个新的、理想的人生境界。

以这种理论视域来审视小说《铸剑》，我们发现其中的复仇不再仅仅是单纯的诛杀暴君的绝唱，而是一曲多声部和鸣的壮歌，其复仇内涵是立体复杂的。第一个层面是以同归于尽的结局实现对强权暴政的挑战和对专制暴君的复仇；第二个层面是以向无物之阵的宣战实现对社会庸众的精神复仇。这两个层面都是"外向"的复仇。对于黑色人来讲，他的复仇还有"内向"于己的鲜明特征，这就构成了鲁迅复仇精神结构的第三个层面——自我复仇。

---

① 鲁迅：《华盖集·这个与那个》，《鲁迅全集》第三卷，人民文学出版社 2005 年版，第 150 页。
② 鲁迅：《书信·240924 致李秉中》，《鲁迅全集》第十一卷，人民文学出版社 2005 年版，第 453 页。
③ 鲁迅：《野草·墓碣文》，《鲁迅全集》第二卷，人民文学出版社 2005 年版，第 207 页。
④ 鲁迅：《南腔北调集·我怎么做起小说来》，《鲁迅全集》第四卷，人民文学出版社 2005 年版，第 526 页。

第四章 批判中建构:人格建构和文化建构

黑色人豪气干云,豪爽仗义,是位除暴安良的义士,他的横空出世似乎就是为了执行诛杀暴君、惩恶扬善的天道使命,他的身上寄寓了鲁迅理想的期待。鲁迅曾坦言自己不是一个勇士,但他非常推崇和仰慕黑色人意志决绝地反抗暴政强权、诛杀专制暴君的义行壮举,他说:"我的心也曾充满过血腥的歌声:血和铁,火焰和毒,恢复和报仇。"① 可以说,起而行侠是鲁迅信奉的行动准则,所以他才能在作品中对黑色人诛杀暴君的义举作出激情恣肆的描述,对所谓义民的忠愤作出辛辣的反讽。但鲁迅并未沉醉于肉体复仇和精神复仇的快意,而是将复仇的利刃伸向了"自我"。黑色人挺身而出,不求回报,主动承担起给眉间尺复仇的重任。当眉间尺称他为"义士"的时候,他认为这种称呼是在"冤枉"自己。黑色人告诫眉间尺"再不要提这些受了污辱的名称",他神情严冷地说:"仗义,同情,那些东西,先前曾经干净过,现在却都成了放鬼债的资本。我的心里全没有你所谓的那些。我只不过要给你报仇!"② 黑色人给眉间尺报仇的原因,不仅仅是因为一向认识眉间尺的父亲,如他所言:"我要报仇,却并不为此。"而是因为"你的就是我的;他也就是我。我的魂灵上是有这么多的,人我所加的伤,我已经憎恶了我自己!"③。对于一个受伤的灵魂而言,复仇的对象应该是那些施害者,但黑色人强调"我已经憎恶了我自己",这种向自我的复仇与魏连殳深入无物之阵的精神复仇有相似之处,那就是由爱生恨,起而复仇,以自我毁灭的方式宣告一种价值理想的胜利。与魏连殳屈身抑己、深入敌人内部而进行精神复仇并以自我毁灭告终不同的是,黑色人始终秉持不屈的姿态,并讲究斗争的策略,他想毁灭的是制造社会黑暗和人间罪恶的源头——强权暴政和专制暴君,为此不惜牺牲生命。他深谙世事人心,知道深爱的民众不会理解自己的行为,甚至不会以爱回馈,但他毅然决定为爱牺牲,不求回报,让自己的毁灭具有永恒的价值和实际意义。可以说,作者赋予黑色人的复仇信念是魏连殳式精神复仇的进一步深化与发展。所以,

---

① 鲁迅:《野草·希望》,《鲁迅全集》第二卷,人民文学出版社 2005 年版,第 181 页。
② 鲁迅:《故事新编·铸剑》,《鲁迅全集》第二卷,人民文学出版社 2005 年版,第 440 页。
③ 鲁迅:《故事新编·铸剑》,《鲁迅全集》第二卷,人民文学出版社 2005 年版,第 441 页。

黑色人走上了给眉间尺复仇的道路，最终选择与暴君同归于尽，实现了伟大的复仇。在黑色人身上，灌注着"能杀才能生，能憎才能爱"①的复杂情感和向死而生的价值理想。虽然小说最后"大出丧"结尾存在对黑色人和眉间尺悲壮复仇的颠覆之嫌疑，似乎消解了复仇的价值意义，但毕竟暴君已诛，忠愤的义民面对"逆贼的魂灵"同王共享祭礼却"也无法可施"，这意味着复仇者虽死犹生，即使死了也仍有闪击敌人的力量，呈现出继续战斗的姿态，使为爱牺牲的复仇精神及其价值于颠覆和消解的罅隙间获得了永生与永恒。更重要的是，复仇者已经举起了投枪，在反抗绝望的荒原上升腾起希望的曙光。选择以自我毁灭的方式与敌人同归于尽，体现了一种大义凛然、视死如归的侠者气度和坚定信念，已经超越了自我生命的有限性存在，成为追求自我主体生命价值永恒存在的别样方式。

鲁迅一直致力于从外国文化和中国传统文化资源中寻找反抗、复仇和救亡、新生的火种，也希望自己能够在置身已久的、由封建传统文化思想和专制制度所构筑的牢笼中浴火重生。鲁迅曾坦言："我正因为生在东方，而且生在中国，所以'中庸''稳妥'的余毒，还沦肌浃髓，……使我自惭究竟不及白人之毒辣勇猛。"② 同时，他一方面发现"所谓中国的文明者，其实不过是安排给阔人享用的人肉的筵宴。所谓中国者，其实不过是安排这人肉的筵宴的厨房"③；一方面发现"自己也帮助着排筵宴"④。鲁迅的诚恳坦言和自我发现体现了一种强烈而深沉的自我反思与自我内省意识，如一把利剑指向自我内心深处，这是一种深刻的自剖，更是一种对自我的清醒认识和理性表达。鲁迅早在《狂人日记》《孔乙己》《药》《祝福》等作品中就深刻揭露了中国封建专制制度、封建礼教、社会庸众的舆论和看客心理等"吃

---

① 鲁迅：《且介亭杂文二集·七论"文人相轻"——两伤》，《鲁迅全集》第六卷，人民文学出版社 2005 年版，第 419 页。

② 鲁迅：《华盖集续编·我还不能"带住"》，《鲁迅全集》第三卷，人民文学出版社 2005 年版，第 259 页。

③ 鲁迅：《坟·灯下漫笔》，《鲁迅全集》第一卷，人民文学出版社 2005 年版，第 228 页。

④ 鲁迅：《而已集·答有恒先生》，《鲁迅全集》第三卷，人民文学出版社 2005 年版，第 474 页。

人"与"杀人"的现象和本质,特别是他借狂人之口说自己混迹封建社会多年,也可能无意中吃了别人的肉,充当了吃人者或杀人者的帮凶。通过对中国历史文化的深刻考察,鲁迅发现自己也成了一个吃人者,体现了他深沉的原罪意识。正是这种原罪意识,推动着鲁迅将复仇的利剑进一步指向自我意识和人类灵魂的深处,使他在拷问灵魂、反抗绝望的激情和理性交织的生命焦灼中获得复仇的欣悦、人性的解放与灵魂的新生。可以说,鲁迅向自我复仇的精神深切地表达着自我拯救和拯救他者、自我实现和实现永恒的强烈愿望,复仇的终极目的在于对现实世界的生命价值和生存意义的探求。

复仇是鲁迅作品的一个重要主题,因为他认识到,要想对中国愚弱的国民性进行根本改造,必须灌注复仇精神和反抗意志,增强与一切反人性、反社会、反改革的势力作殊死搏斗的力量,这是保证中国社会发展和进步的必要精神条件之一。他在作品中对复仇精神的提倡和张扬,不仅是改造国民性、建构新的国民人格的需要,更是为建设新的民族文化所需。当然,鲁迅所要复的仇,是公仇而不是私仇,他着眼于人的生存、发展和民族解放,以笔为剑,向不合理的社会制度、传统习惯势力、旧的礼法习俗、社会庸众和自我复仇。这种决绝的复仇精神并非单纯的对抗性行为,而是一种不满现实、反抗绝望的抗争意志和斗争精神,昭示着一种新型人格和新型文化建构的未来前景,使鲁迅的思想带上了悲壮的侠义英雄色彩和生命哲学的内蕴。

(三)为民族新生招魂:脊梁精神的开掘

由于几千年来的封建传统习惯势力和旧的礼法习俗、国民的奴性意识根深蒂固,积弊深重,中国社会不是一下子就可以改变的。"即使搬动一张桌子,改装一个火炉,几乎也要血;而且即使有了血,也未必一定能搬动,能改装"[①]。特别是辛亥革命后的军阀混战给人民带来了深重的灾难,交战双方无论谁登台,并没有使中国社会发生实质

---

① 鲁迅:《坟·娜拉走后怎样》,《鲁迅全集》第一卷,人民文学出版社2005年版,第171页。

下编　中国新文学作家与侠文化的精神相遇

的改变，正如鲁迅所言："称为神的和称为魔的战斗了，并非争夺天国，而在要得地狱的统治权。所以无论谁胜，地狱至今也还是照样的地狱。"①面对强大的无物之阵和人间地狱，鲁迅不仅勘透了社会的本质，认识到反帝、反封建军阀的历史任务的艰巨和前进道路的艰难，而且认清了民众的真面目。但他对民众并未全盘否定甚至一棍子打死，而是因爱而恨，因爱而批判，因爱而牺牲，他对民众有一种复杂的情感。这是因为鲁迅知道天才是从可以使天才生长的民众中产生并成长起来的，没有民众就没有天才，如果说天才是好花和乔木的话，那民众就是泥土。他深知民众中有庸众，也存在值得宝贵的民魂，只有发扬民魂，中国才会有真正的进步。同时，鲁迅认识到"现在社会上的论调和趋势，一面固然要求天才，一面却要他灭亡，连预备的土也想扫尽"②。中国之所以出现那么多庸众，那么多天才人物惨遭摧折，正是因为人间地狱制造者的愚民政策和高压统治造成了民众的奴性意识，使他们成为因循守旧、愚昧麻木、自私卑劣、安于现状的顺民，这种人间地狱甚至连产生天才的土壤也要铲除，使之失去生存的条件。

为了改造国民性、唤起民众觉醒，为了营造适合天才生长的文化土壤，需要为民族的新生而招魂。因此，鲁迅热切呼唤文艺领域出现"凶猛的闯将"，号召他们撕破"瞒和骗"的假面，"大胆地看取人生"，致力于"铁和血的赞颂"③，不仅"要自己和别人，都纯洁聪明勇猛向上。要除去虚伪的脸谱。要除去世上害己害人的昏迷和强暴"，还"要除去于人生毫无意义的苦痛。要除去制造并赏玩别人苦痛的昏迷和强暴"，从而"要人类都受正当的幸福"④。鲁迅身先士卒，以笔为剑，开展着为民族新生招魂的事业。他在编译历史小说《斯巴达之魂》中，热情讴歌了斯巴达人慷慨赴难、视死如归的侠义英雄气概，提倡尚武爱国精神，以此呼唤中国的"斯巴达儿女"出现，为实现民族新生和维护国家尊严而努力；在小说集《故事新编》的《补天》

---

① 鲁迅：《集外集·杂语》，《鲁迅全集》第七卷，人民文学出版社2005年版，第77页。
② 鲁迅：《坟·未有天才之前》，《鲁迅全集》第一卷，人民文学出版社2005年版，第175页。
③ 鲁迅：《坟·论睁了眼看》，《鲁迅全集》第一卷，人民文学出版社2005年版，第255页。
④ 鲁迅：《坟·我之节烈观》，《鲁迅全集》第一卷，人民文学出版社2005年版，第130页。

第四章　批判中建构：人格建构和文化建构

《奔月》《理水》《铸剑》《非攻》等篇中，作者有意打破时空界限，采取古今杂糅的手法，通过对古代神话、传说和史实的现代演绎，歌赞了铁肩担道义的侠文化精神。二者都致力于民族精神的重铸和国民理想人格的重塑，在民族大义的层面上，不断从历史深处呼唤民族的精魂，发现中国的脊梁，开掘出为国为民的脊梁精神，为灾难深重的中华民族提供了自我拯救的强大精神动力和奋然前行的希望与路径。

《斯巴达之魂》讲述了一个侵略和反侵略的故事。波斯王泽耳士率领三百万大军大举侵犯希腊，斯巴达王黎河尼佗带领市民三百、希腊同盟军数千扼守温泉门，阻挡波斯军来犯，因叛徒告密而遭到波斯军偷袭，在腹背受敌、敌众我寡的严峻形势下，黎河尼佗慷慨陈词，号召谨遵"'一履战地，不胜则死'之国法"[1]，与敌决战。作为统帅的黎河尼佗抱定了"王不死则国亡"[2]的决心，这极大地鼓舞了全军士气。将士们无所畏惧，同仇敌忾，与波斯军决战于温泉门。斯巴达王黎河尼佗身先士卒、策马露刃，与敌军展开激烈厮杀。一时间，"呐喊格击，鲜血倒流，如鸣潮飞沫，奔腾喷薄于荒矶。不刹那顷，而敌军无数死于刃，无数落于海，无数蹂躏于后援"[3]。但终因寡不敌众，斯巴达王黎河尼佗为国捐躯，斯巴达军全军覆灭。在这场战役中，三百斯巴达武士"临敌而笑，结怒欲冲冠之长发，以示一瞑不视之决志"[4]，充分体现出其英勇无畏、慷慨赴难的精神。对于斯巴达人这种宁可战死也不偷生的壮烈精神和勇赴国难的干云豪气，鲁迅给予了高度赞誉和充分肯定："巍巍乎温泉门之峡，地球不灭，则终存此斯巴达武士之魂；而七百刹司骇人，亦掷头颅，洒热血，以分其无量名誉。"[5] 在温

---

[1] 鲁迅：《集外集·斯巴达之魂》，《鲁迅全集》第七卷，人民文学出版社 2005 年版，第 10 页。

[2] 鲁迅：《集外集·斯巴达之魂》，《鲁迅全集》第七卷，人民文学出版社 2005 年版，第 10 页。

[3] 鲁迅：《集外集·斯巴达之魂》，《鲁迅全集》第七卷，人民文学出版社 2005 年版，第 12 页。

[4] 鲁迅：《集外集·斯巴达之魂》，《鲁迅全集》第七卷，人民文学出版社 2005 年版，第 10 页。

[5] 鲁迅：《集外集·斯巴达之魂》，《鲁迅全集》第七卷，人民文学出版社 2005 年版，第 12 页。

泉门一役中，斯巴达武士亚里士多德因目疾未愈而成为唯一的幸存者。他在夜里回家，当妻子涘烈娜得知自己的丈夫生还归来时，没有庆幸，没有兴奋，只有吃惊和疑惑。三百斯巴达将士为国捐躯，而唯独丈夫生还，她深感耻辱，认为丈夫生还归来的消息玷污了自己的耳朵。在她的价值理念中，以丈夫为国战死为荣。面对归来的丈夫，她义正词严道："我夫既战死，生还者非我夫，意其鬼雄欤。"① 因为在斯巴达人的意识深处，早已植入以"为国民死"②为无上荣光的信念。本以为丈夫为国壮烈牺牲了，却生还而归，涘烈娜如怨如怒追问丈夫生还的原因，亚里士多德坦然相告，并且表示："前以目疾未愈，不甘徒死。设今夜而有战地也，即洒吾血耳。"③涘烈娜继续指责丈夫难道因目疾而忘记斯巴达"不胜则死"的国法了吗？难道目疾比斯巴达武士的荣光更重要吗？而当丈夫解释是因为爱她时，她勃然大怒，她宁愿做战死者之妻，并表示"君诚爱妾，愿君速忘，否则杀妾"④。在她看来，丈夫的儿女情长、优柔寡断是斯巴达之武德式微的表现。在她的死谏下，亚里士多德没有苟且偷生，后来战死于浦累皆之役。涘烈娜为了让丈夫不辱斯巴达之魂，毅然以死相谏，实乃女丈夫气度，堪称巾帼女侠。鲁迅赞叹道："呜呼！世有不甘自下于巾帼之男子乎？必有掷笔而起者矣。译者无文，不足模拟其万一。噫，吾辱读者，吾辱斯巴达之魂！"⑤ 表达了他呼唤有志之士奋然崛起、义不辱国的强烈愿望。

  关于斯巴达人的尚武爱国精神，早在梁启超的《斯巴达小志》中就有论述。该文作于晚清尚武任侠思潮兴起之际，作者宣扬和提倡斯

---

① 鲁迅：《集外集·斯巴达之魂》，《鲁迅全集》第七卷，人民文学出版社2005年版，第13页。
② 鲁迅：《集外集·斯巴达之魂》，《鲁迅全集》第七卷，人民文学出版社2005年版，第13页。
③ 鲁迅：《集外集·斯巴达之魂》，《鲁迅全集》第七卷，人民文学出版社2005年版，第14页。
④ 鲁迅：《集外集·斯巴达之魂》，《鲁迅全集》第七卷，人民文学出版社2005年版，第14页。
⑤ 鲁迅：《集外集·斯巴达之魂》，《鲁迅全集》第七卷，人民文学出版社2005年版，第9页。

第四章　批判中建构：人格建构和文化建构 ◆◇◆

巴达精神的目的在于新民强国，斯巴达精神恰恰是积贫积弱的近代中国所亟需的。在文中，梁启超视崇文之雅典为19世纪的模范，而视尚武之斯巴达为20世纪的模范，正因为斯巴达以尚武精神为立国的首要基础，所以它必然成为近代世界强国兴国的祖师。在救亡图存的历史语境下，梁启超强调和宣扬斯巴达精神，其实质在于将这种精神作为近代中国强国强种的救世良方来提振民气，重铸国魂。在梁启超看来，尚武精神的有无，事关一个民族国家能否立于世乃至生死存亡。因此，他指出："自今以往，二十世纪之世界更将以此义磅礴充塞之，非取军国民主义者，则其国必不足以立于天地。"[1] 对于一个民族国家而言，尚武固然重要，但倘若缺乏爱国精神做基础，那它培养出来的国民至多不过是赳赳武夫。梁启超在肯定尚武精神的前提下，更强调斯巴达人的爱国之情。他在文中写到妻送夫、母送子奔赴战场的情形，她们常常大义凛然，激励丈夫和儿子为国作战，充分体现了斯巴达妇人的拳拳爱国之心。一个普通的斯巴达母亲，她的八个儿子在蔑士尼亚之战中全部壮烈殉国，为斯巴达大获全胜作出了贡献。战争结束后，在斯巴达为牺牲的烈士奏凯招魂时，这位平凡的母亲表现出伟大的风范，没有掉一滴眼泪，而是高声祝祷："斯巴达乎，斯巴达乎，吾以爱汝之故，生彼八人也。"[2] 由此可见斯巴达妇人以爱国心激励男子的慷慨大义和斯巴达立国精神的浩然正气，这种尚武爱国精神正是立国强国的"斯巴达之魂"。

鲁迅接续了晚清尚武任侠思潮的精神血脉，作《斯巴达之魂》来呼唤国民觉醒，奋起抗争，砥砺斗志，显然是受到了梁启超提倡尚武精神以新民强国思想的深刻影响，并有所推进。《斯巴达之魂》取材于古代希腊历史，却是对20世纪初现代中国的现实隐喻，面对"老大中国"国势衰颓、民气不振的现实状况，鲁迅以斯巴达精神为中华民族招魂，呼唤中国新生的斯巴达儿女横空出世，为国而战，文本间寄寓着激情和理想，在浓郁的浪漫情调和鲜明的侠义英雄传奇色彩中，

---

[1] 梁启超：《斯巴达小志》，《梁启超全集》第二册，北京出版社1999年版，第865页。
[2] 梁启超：《斯巴达小志》，《梁启超全集》第二册，北京出版社1999年版，第870页。

民族气节和爱国热情油然而生，从而呈现出拯世济民、新民强国的政治愿望和精神内涵。

《斯巴达之魂》的叙事内容是关于斯巴达人反抗波斯人入侵的一段历史，但作者并未局限于历史叙事，他所关注的是通过对历史事件的重述所彰显出来的一种精神——"魂"。这里的"魂"实为民族之魂、民族精神，是一个国家立强于世的民族脊梁。在文本中，主要体现为斯巴达人勇赴国难、不胜则死、大义凛然、视死如归的精神，这是一种尚武爱国精神，更是一种涵养民族气节的浩然正气。鲁迅对"斯巴达之魂"的张扬和礼赞，同样体现了他对中华民族的脊梁精神的深度探索和真诚希冀，这与他立人立国的价值理想是一致的。

如果说《斯巴达之魂》体现了青年鲁迅从外国文化中寻求民族精神重铸的思想资源的努力，那么《故事新编》则表达了鲁迅人到中年之后从中国传统文化里发掘民族脊梁精神的心声。在《故事新编》中，鲁迅发现了中国的脊梁，为民族新生和国民人格的重构发掘出可资借鉴的精神资源。鲁迅关注的古人，都是中国古代的神话英雄、圣贤和传说的侠客，在对他们的"故事"进行新的阐释的过程中，抹去了几千年来笼罩在他们头上的浪漫主义和英雄主义的神圣光环，将他们拉回到日常生活场景，还原其凡人的本相，呈现其大地民间的日常人生和真实人性。于是，《补天》中的创世女神女娲也会感到懊恼和无聊，尤其是当她发现自己辛苦创造的产物竟是一群只知道互相残杀、互相倾轧的丑陋的人类时，不禁"倒抽了一口冷气"[①]；《奔月》中的羿不仅为琐碎的日常生活所纠缠，而且惨遭徒弟的背叛和亲人的离弃；《理水》中的禹也被文化山上的学者怀疑、戏谑，甚至不被妻子理解而遭到谩骂；《铸剑》中的复仇英雄黑色人也遭到所谓义民的愤恨；《非攻》中的墨子舍生赴死、止楚伐宋成功后也难免尴尬的遭遇。这里面寄寓着鲁迅对先驱者命运的思考，蕴含着他对历史和人性的深层洞见，渗入了自身刻骨铭心的生命体验。如果作者的思考仅限于对这些中国古代的神话英雄、圣贤和传说的侠客的现代性还原，那就无法

---

① 鲁迅：《故事新编·补天》，《鲁迅全集》第二卷，人民文学出版社 2005 年版，第 363 页。

第四章 批判中建构：人格建构和文化建构

揭示"新编"深厚的历史底蕴。正是在这种"故事"的现代性还原中，我们才能深感这样的生活土壤上成长起来的古代神话英雄和圣贤的创世之艰难与义勇精神之可贵。这是鲁迅为危难中的中华民族构筑于大地民间之上的新的民族精神和生命意志。

墨子被视为中国先秦侠文化精神的代表，鲁迅在小说《非攻》中成功地塑造了墨子这个"中国的脊梁"的典范。在弱肉强食的战国时代，为了消弭一场不义战争，墨子不远千里赶往楚国，先后会见了为楚国制造攻城器械云梯的公输般和力主伐宋而一意孤行的楚王。经过一番斗智斗勇，最终说服了公输般和楚王，完成了他止楚伐宋的神圣使命。墨子是鲁国人，即将罹难的宋国似乎与他无关，他却能够挺身而出、急人之难、舍生取义、拯世济民，可谓侠之大者。晚清梁启超对止楚伐宋的史事给予了高度评价："凡兼爱者必恶公敌，除害马乃所以爱马也。故墨学衍为游侠之风。楚之攻宋，墨子之徒，赶其难而死者七十二人，皆非有所为而为也，殉其主义而已。"[①] 蒋智由对墨子及其侠义精神更是推崇备至、赞誉如椽："如墨家者流，欲以任侠敢死，变厉国风，而以此为救天下之一道也。观于墨子，重茧救宋，其急国家之难若此，大抵其道在重于赴公义，而关系于一身一家私恩私怨之报复者盖鲜焉。此真侠之至大，纯而无私，公而不偏，而可为千古任侠者之模范焉。"[②] 在他们看来，侠之至大在于"公"，也就是民族国家利益，这样就把侠文化精神提升到了民族大义的高度，将墨子尊奉为"千古任侠者之模范"，此誉不虚，诚如斯言。在《非攻》中，"鲁迅推重的，乃是墨子之主持正义，不畏强敌，豪侠坚韧，勤苦实干的精神，他既是只身赴难的孤胆英雄，又是精心安排守御的具有战略思路的实干家"[③]。墨子侠肝义胆，以民间力量义无反顾地抗击强权，无私奉献，功成身退，不求回报。鲁迅从墨子这个长期以来被

---

① 梁启超：《论中国学术思想变迁之大势》，《梁启超全集》第二册，北京出版社1999年版，第572页。
② 蒋智由：《中国之武士道·蒋序》，《梁启超全集》第三册，北京出版社1999年版，第1377页。
③ 杨义：《鲁迅文化血脉还原》，安徽大学出版社2013年版，第229—230页。

传统主流文化视为异端的人物身上发掘出一个民族以抗争求生存的最珍贵的品质。由此可见，鲁迅对于传统文化并非一味地否定，他实际上以现代意识对传统文化所谓正统和异端的价值结构进行重新审视和批判性反思，在将晚清墨学复兴思潮引入小说创作领域的过程中，实现了对传统文化价值结构的颠覆与重构。鲁迅并非只是极力渲染英雄的高大，也关注其处境的尴尬。在《非攻》结尾，鲁迅如实描写了墨子的遭遇：

> 然而比来时更晦气：一进宋国界，就被搜检了两回；走进都城，又遇到募捐救国队，募去了破包袱；到得南关外，又遭着大雨，到城门下想避避雨，被两个执戈的巡兵赶开了，淋得一身湿，从此鼻子塞了十多天。①

墨子拯救了宋国，却遭到如此对待，不得不引人深思。"一个拯救国家避免危亡而不求回报的英雄，竟然被这个国家借口安全和防范，掠走可怜的财物，侮辱了狼狈的身体，令人感慨于其中包含着何等冷酷的历史悖谬感"②。在这里，鲁迅对于侠义英雄的未来并不盲目乐观，而是提出了一种警惕和预言，同时也是一种珍惜的劝诫。正如郁达夫所言："没有伟大的人物出现的民族，是世界上最可怜的生物之群；有了伟大的人物，而不知拥护，爱戴，崇仰的国家，是没有希望的奴隶之邦。"③ 这个结尾使《非攻》充满了哲学意味和历史反思意识。

《理水》中禹为了拯救天下黎民免于再遭水患，一心扑在治水大业上，新婚四天就离家，生了儿子也不顾，三过家门而不入，带领他的随员与百姓风雨同舟、患难与共，积极探索治水之道，改"湮"为"导"，最终治水成功。禹为了治水，离妻别子、历尽艰辛，衣衫褴

---

① 鲁迅：《故事新编·非攻》，《鲁迅全集》第二卷，人民文学出版社 2005 年版，第 479 页。
② 杨义：《鲁迅文化血脉还原》，安徽大学出版社 2013 年版，第 231 页。
③ 郁达夫：《怀鲁迅》，《中国现代微型散文选》，何佩刚选编，学林出版社 1989 年版，第 58 页。

第四章　批判中建构：人格建构和文化建构

楼、面貌黑瘦，"满脚底都是栗子一般的老茧"①，就连忠心追随他治水的随员们也如同"黑瘦的乞丐"，不苟言笑，"像铁铸的一样"②。但毋庸置疑，在作者的价值视野中，禹及其忠诚的随员是真正的顶天立地的创世英雄。《补天》中的创世女神女娲虽然时有懊恼和无聊，但在创造人类时却感到"未曾有的勇往和愉快"③，为了救世济人，她勇于牺牲自我。《奔月》中的羿虽被日常琐碎的灰色生活搞得焦头烂额，虽然遭到徒弟的背叛和妻子的离弃，但仍不失英雄本色。在他扢弓搭箭，拉了满弓正对着月亮时，他的"身子是岩石一般挺立着，眼光直射，闪闪如岩下电，须发开张飘动，像黑色火"，这神奇的瞬间，"使人仿佛想见他当年射日的雄姿"④。一位救世英雄豪气干云，雄姿勃发，精神永存。《铸剑》中的黑色人看透了世事人心，极为蔑视那些放鬼债的资本和把戏，他挺身而出，仗义行侠，敢于挑战专制强权，最终以生命为代价完成了诛杀暴君、除暴安良的神圣使命。

墨子、禹、女娲、羿、黑色人都是中国的脊梁，他们拯世济民、舍生取义、趋人之急、为民请命、埋头苦干、拼命硬干、克己奉公、不求名利。与慷慨激昂的民气论者曹公子和助楚伐宋的公输般相比，与文化山上的学者、考察大员和小民奴才相比，与"古衣冠的小丈夫"⑤相比，与忘恩负义的逢蒙和薄情寡义的嫦娥相比，与愚昧的干瘪脸少年和祭奠暴君的庸众相比，他们的高贵品格和自我牺牲的救世精神、实干精神、复仇精神以及沉稳、坚毅、果敢、义勇、刻苦、向上、豪迈、进取的文化性格是最宝贵的精神财富，代表着鲁迅推重的真正的脊梁精神，这正是民族新生所需要的精魂。通过与《采薇》《出关》《起死》相比较，我们发现鲁迅在对待传统文化态度上具有鲜明的立场。他主张接受的不是古代圣贤所坚守捍卫的"先王之道"，不是宣扬"无为而无不为"和"相对主义"的老庄哲学，而

---

① 鲁迅：《故事新编·理水》，《鲁迅全集》第二卷，人民文学出版社2005年版，第395页。
② 鲁迅：《故事新编·理水》，《鲁迅全集》第二卷，人民文学出版社2005年版，第398页。
③ 鲁迅：《故事新编·补天》，《鲁迅全集》第二卷，人民文学出版社2005年版，第358页。
④ 鲁迅：《故事新编·奔月》，《鲁迅全集》第二卷，人民文学出版社2005年版，第380页。
⑤ 鲁迅：《故事新编·序言》，《鲁迅全集》第二卷，人民文学出版社2005年版，第353页。

是女娲、羿和墨子的救世精神，是禹克己奉公的实干精神，是黑色人的复仇精神。

鲁迅指出："我们从古以来，就有埋头苦干的人，有拼命硬干的人，有为民请命的人，有舍身求法的人，……虽是等于为帝王将相作家谱的所谓'正史'，也往往掩不住他们的光耀，这就是中国的脊梁。"① 这是作为精神界斗士的鲁迅一生对人的生存、民族新生和国家命运不断思考与深入探索的结晶。虽然中国的脊梁在漫长的历史发展过程中，不断遭受无物之阵的围困，甚至"总在被摧残，被抹杀，消灭于黑暗中"②，陷入尴尬的悲剧命运，但他们"有确信，不自欺"，并且"在前仆后继的战斗"③，他们的义行壮举铸成了民族精神正能量的动力之源，形成了源远流长的精神血脉。在这种精神血脉里，涌动着民族的精魂。鲁迅一生都在为我们的民族招魂，致力于脊梁精神的开掘和民族精神的重铸，因为他清醒地认识到"惟有民魂是值得宝贵的，惟有他发扬起来，中国才有真进步"④，而这正体现了侠者鲁迅的睿智识见，表达了他对民族新生和国家前途的美好愿景。

三 现代性视野中的侠文化观

鲁迅对待侠文化的态度，主要是立足民间立场，将其置于现代性视野，以现代知识分子的精英意识对其进行审视、反思和批判，并从中汲取国民理想人格和现代民族文化建构所需要的精神资源。因此，他关注和研究侠文化，也主要从思想革命的角度出发，注重同国民性揭示及其病根探源相结合，带有鲜明的启蒙主义特征，从而形成自己独特的侠文化观。

---

① 鲁迅：《且介亭杂文·中国人失掉自信力了吗》，《鲁迅全集》第六卷，人民文学出版社2005年版，第122页。

② 鲁迅：《且介亭杂文·中国人失掉自信力了吗》，《鲁迅全集》第六卷，人民文学出版社2005年版，第122页。

③ 鲁迅：《且介亭杂文·中国人失掉自信力了吗》，《鲁迅全集》第六卷，人民文学出版社2005年版，第122页。

④ 鲁迅：《华盖集续编·学界的三魂》，《鲁迅全集》第三卷，人民文学出版社2005年版，第222页。

第四章 批判中建构:人格建构和文化建构

早在晚清时期,梁启超就开始注重尚武任侠思潮的提倡与国民性研究之间的关系,他推崇侠文化的目的在于新民强国,而前提就是认清当时中国的现实国情和国民性弱点。梁启超不仅发现了中国人存在着"奴性""愚昧""为我""好伪""怯懦""无动"① 这六大根深蒂固的国民性痼疾,而且认为其中的"怯懦"是造成中国人勇武侠义精神丧失的重要因素,而"怯懦"的形成源于中国民俗,即"欧、日尚武,中国右文是也"②,这种"右文"的民俗长期以来销蚀了国人勇猛刚强的个性,以致造成国民猥琐怯懦的性格。在《新民说》中,梁启超将"尚武"视为理想国民重要的精神特征,他认为:"不速拔文弱之恶根,一雪不武之积耻,二十世纪竞争之场,宁复有支那人种立足之地哉!"③ 从而将国民性改造和尚武精神的提倡提升到了国家利益的高度。同时,梁启超在《中国之武士道》中将国外的"尚武"精神与我国战国时代尚气任侠的民情风俗紧密联系,执着探求改造国民性、提振民气、复兴民族国家的积极文化因子。梁启超提倡尚武任侠精神与改造国民性的思考对鲁迅是有很大启示的,而鲁迅也接续了梁启超和章太炎等主导的晚清尚武任侠思潮的精神血脉,并进行了更深入的思考。梁启超主要立足现代民族国家的高度,从政治革命的角度来回眸和审视侠文化传统;鲁迅则主要立足民间立场,从个体生存和生命尊严出发,从思想革命的角度接受了晚清以来先驱者改造国民性、重塑国民理想人格的人学思想,尽力摆脱笼罩在"自我"或"个人"头上的专制制度和无物之阵特别是奴性意识的阴影,以现代意识对侠文化给予全新观照并汲取其积极的文化因子,将国民性改造和个性解放、人格独立、社会解放、民族解放统一起来,从而将国民性批判和改造的任务推向深化。

---

① 梁启超:《中国积弱溯源论·第二节 积弱之源于风俗者》,《梁启超全集》第一册,北京出版社1999年版,第415—419页。
② 梁启超:《中国积弱溯源论·第二节 积弱之源于风俗者》,《梁启超全集》第一册,北京出版社1999年版,第418页。
③ 梁启超:《新民说·第十七节 论尚武》,《梁启超全集》第二册,北京出版社1999年版,第712页。

下编　中国新文学作家与侠文化的精神相遇

（一）对于历史上的实存侠，鲁迅以发展的眼光，通过对侠的历史演变过程的客观呈现揭示了侠的历史命运，并剖析其本质特征

历史上的侠出现于春秋战国时代，《韩非子》一书写到了先秦游侠及其活动特征，但因侠者无书，历史上缺乏具体而明确的记载，所以司马迁才大发感慨："古布衣之侠，靡得而闻已。"① 关于先秦之侠的起源问题，鲁迅主张侠出于墨家。历史上的墨子及其门徒胸怀拯世济民的信念，有过赴汤蹈火、死不旋踵的大义之举，具有趋人之急、牺牲自我的精神。以此观照鲁迅的观点，是颇有道理的。在《流氓的变迁》中，鲁迅肯定了墨家之侠的精神行为，他认为"惟侠老实，所以墨者的末流，至于以'死'为终极的目的"②，并且在小说《非攻》中塑造了侠之大者——墨子的伟岸形象。在墨子身上，的确体现了先秦之侠的本真风貌。但同时鲁迅也发现，随着大一统的社会局面和封建专制制度的形成，实存侠也在悄然发生着变质现象，"到后来，真老实的逐渐死完，止留下取巧的侠，汉的大侠，就已和公侯权贵相馈赠，以备危急时来作护符之用了"③。为了维护大一统的政治统治，切实确立绝对权威地位的需要，秦始皇时代就开始捕杀游侠，汉代延续了秦代的高压政策，特别是汉武帝"罢黜百家，独尊儒术"政策的实施，使自掌正义、以武犯禁的游侠时刻面临着生命的威胁。现实中的游侠为了生存需要，奔走于王侯权贵之门，或交游，或依附，或被招安，竭尽所能，以求自保。与先秦之侠的特立独行相比，汉代游侠的确发生了变质。特别是有些地方豪强、流氓地痞、凶顽恶霸、贪官污吏，打着侠的旗号，做尽坏事恶事，极大地玷污了侠的名声，降低了侠在民众心中的信誉和威望，这也是造成侠变质的现实的另一面。历史上侠的蜕变是不争的事实，究其原因，关键在于"义"的削弱和

---

① 司马迁：《史记卷一百二十四·游侠列传第六十四》，《史记》，岳麓书社1988年版，第897页。
② 鲁迅：《三闲集·流氓的变迁》，《鲁迅全集》第四卷，人民文学出版社2005年版，第159页。
③ 鲁迅：《三闲集·流氓的变迁》，《鲁迅全集》第四卷，人民文学出版社2005年版，第159页。

第四章 批判中建构：人格建构和文化建构

"奴性"的加强，鲁迅指出："'侠'字渐消，强盗起了，但也是侠之流，他们的旗帜是'替天行道'。他们所反对的是奸臣，不是天子，他们所打劫的是平民，不是将相。李逵劫法场时，抡起板斧来排头砍去，而所砍的是看客。一部《水浒》，说得很分明：因为不反对天子，所以大军一到，便受招安，替国家打别的强盗——不'替天行道'的强盗去了。终于是奴才。"① 封建时代的愚民政策和怀柔手段，造成了人们的奴性意识和愚忠心理，使侠也不断发生分化。尽管有的侠仍然冠以侠名，但其作为侠之根本的"义"已经削弱甚至缺失。而"义"的削弱或缺失必然导致侠精神萎靡、斗志丧失、人格堕落，直至沦为不折不扣的奴才，这就是侠之变质的血淋淋的现实。随着中国封建专制统治日益强化，特别是明朝灭亡以后，"满洲入关，中国渐被压服了，连有'侠气'的人，也不敢再起盗心，不敢指斥奸臣，不敢直接为天子效力，于是跟一个好官员或钦差大臣，给他保镖，替他捕盗，一部《施公案》，也说得很分明，还有《彭公案》，《七侠五义》之流，至今没有穷尽。他们出身清白，连先前也并无坏处，虽在钦差之下，究居平民之上，对一方面固然必须听命，对别方面还是大可逞雄，安全之度增多了，奴性也跟着加足"②。就这样，在漫长的封建社会，随着侠的奴性的加深、加重，先秦意义上的"侠"逐渐丧失了原初本质，也失去了现实的生存土壤，而日益走向堕落和没落，甚至走向了反面，成为以武向封建专制统治效忠的走狗和鹰犬。最后，变质之侠陷入生存的艰难与尴尬，"为盗要被官兵所打，捕盗也要被强盗所打，要十分安全的侠客，是觉得都不妥当的，于是有流氓"③。在步履维艰的境遇下，变质之侠为求生存而终成为流氓，侠也就完成了蜕变的历程。整体观之，鲁迅为我们清晰地勾勒出了"侠"的演变轨迹，他们

---

① 鲁迅：《三闲集·流氓的变迁》，《鲁迅全集》第四卷，人民文学出版社 2005 年版，第 159 页。
② 鲁迅：《三闲集·流氓的变迁》，《鲁迅全集》第四卷，人民文学出版社 2005 年版，第 159—160 页。
③ 鲁迅：《三闲集·流氓的变迁》，《鲁迅全集》第四卷，人民文学出版社 2005 年版，第 160 页。

由"老实"的侠变为"取巧的侠",由反对"奸臣"的侠变为"奴才",再变为"流氓",比较全面地揭示了实存侠的本质异化和身份蜕变的过程。在鲁迅看来,侠之为侠,义字当先,他非常看重侠的武德,他认为:"东瀛的'武士道',是指武士应守的道德,与技击无关。武士单能技击,不守这道德,便是没有武士道。"[1] 这里的"武士道"就是一种武德或侠义精神,作为一个武士或侠客,如果连起码的武德都没有,那么他就丧失了"武士道"或侠义道精神,不再是一个武士或侠客了。可以看出,鲁迅激赏的是能够自掌正义、勇于反抗复仇、坚持精神自由和人格独立的原侠,他对变质的侠之末流是批判甚至否定的。当然,鲁迅清醒地认识到,侠之变质及侠之奴性的形成与加强,与几千年来的封建专制统治是密不可分的。可以说,"中国之侠的坎坷命运,是由封建专制制度所决定的"[2],这是鲁迅将侠文化的考察研究与国民性改造相联系的立论基础。

鲁迅通过对侠演变历史的考察,揭示了奴性意识形成的制度基础和文化根源。在他看来,不批判和祛除奴性,中国是没有希望的。《铸剑》中黑色人和眉间尺的伟大复仇不为庸众所理解,甚至遭到愚忠的义民的愤恨,这是对复仇行为有效性的一种质疑。复仇者和先驱者夏瑜有相似的命运,牺牲自我却无法唤醒愚昧的民众。黑色人以自我生命毁灭为代价诛杀暴君的壮举不仅没有激起反抗的波澜,反而使庸众更加缅怀欺压他们的暴君,黑色人和眉间尺的头颅与楚王一同享受祭礼,反被忠愤的义民视为大逆不道的逆贼的魂灵,这本身既鞭挞了愚弱的国民性,也消解了复仇的意义。诛杀暴君的结果是民众的不理解,并未唤起他们的反抗精神,他们仍然陷入不觉悟的愚昧状态,这是无益于整个社会变革的。如果不从思想上改造国民性,提振民气,开启民智,促其觉醒、奋起反抗,这样的个人复仇和个人英雄主义无济于世道的变化。这既体现了鲁迅对清末革命党人搞个人暗杀行为的反思,也表达了他对黑色人拯世济民的复仇不为庸众所理解甚至遭到

---

[1] 鲁迅:《集外集拾遗补编·关于〈拳术与拳匪〉》,《鲁迅全集》第八卷,人民文学出版社2005年版,第100页。

[2] 曹正文:《中国侠文化史》,上海文艺出版社1994年版,第1页。

第四章　批判中建构：人格建构和文化建构

庸众愤恨的历史悲剧的深切同情。鲁迅对侠文化精神的积极因子是充分肯定的，但他的现代性批判意识使他对侠文化并不抱过高的期望。在鲁迅的批判视野中，侠文化史就是一部侠的堕落史，而侠的堕落正是传统文化非人道本质及其遗毒长期侵蚀的结果，这就意味着侠的堕落与国民劣根性存在着必然联系。《非攻》中墨子返回宋国所遭遇的尴尬结局，体现了外部环境对真侠精神的扼杀。《理水》中禹自身的变化，反映了侠文化精神内部蜕变的严酷现实，展现了社会秩序和正统文化对侠文化的招安。禹被尊奉为墨家的源头，是侠文化精神的始祖。他在骂杀中特立独行，埋头苦干，坚守着侠者为民的精神；在捧杀中陷入了庸常，歌舞升平，滑入了统治秩序的泥淖。禹被同化的过程与侠的逐渐被奴化是相似的。鲁迅对历史上侠者的行为和蜕变有所警惕，对现实中的侠也有一种反感。在小说《明天》中，单四嫂子需要别人助她一臂之力，却不愿是阿五，"但阿五有点侠气，无论如何，总是偏要帮忙"，得到许可后，"他便伸开臂膊，从单四嫂子的乳房和孩子中间，直伸下去，抱去了孩子。单四嫂子便觉乳房上发了一条热，刹时间直热到脸上和耳根"[1]。在这里，一个"但"字就足以揭示阿五强人所难的无赖性，再加上细致的白描和辛辣的反讽手法的运用，更将阿五借侠之名占尽便宜的丑态揭露得淋漓尽致。很显然，阿五的那点"侠气"已经不是一个侠者的"侠气"了，而是一种"流氓气"。主持公道、锄强扶弱、追求正义的侠文化精神在走向反面，国民的"侠性"已经堕落成"流氓性"了。难怪鲁迅在1921年就郑重宣布有四类署名他不看，第一种就是"自称'铁血''侠魂''古狂''怪侠''亚雄'之类"[2] 署名。话语间透露出鲁迅对现实社会中侠之变质后侠的泛滥和人性堕落是根本否定的；而这种情感态度上的根本否定，恰恰彰显出他对真正的侠和侠文化精神肯定、坚守与张扬的价值立场。

---

[1] 鲁迅：《呐喊·明天》，《鲁迅全集》第一卷，人民文学出版社2005年版，第475页。
[2] 鲁迅：《集外集拾遗补编·名字》，《鲁迅全集》第八卷，人民文学出版社2005年版，第123页。

（二）对于社会上流行的江湖义气，鲁迅坚持以清醒的理性深入其内在肌理，不仅揭示其本来面目，而且对其社会危害也进行了严厉批判

在文学史著作《中国小说史略》和《中国小说的历史的变迁》中，鲁迅以史家的眼光给予中国古典名著《三国演义》和《水浒传》以高度评价，充分肯定了它们崇高的文学史地位和不朽的艺术价值，但对其思想的局限和在现实生活中的消极影响，毫不留情地提出批评。除了《流氓的变迁》中对《水浒传》奴才哲学的批判，鲁迅还对这两部名著中流露出来的"三国气"和"水浒气"进行了尖锐批评。在《叶紫作〈丰收〉序》一文中，鲁迅认为："中国确也还盛行着《三国志演义》和《水浒传》，但这是为了社会还有三国气和水浒气的缘故。"[①] 奴才哲学与侠的堕落和侠文化的衰落存在着必然联系，"三国气"和"水浒气"是否与侠文化有着必然联系呢？答案是肯定的。这里的"三国气"和"水浒气"，实质上就是流行于社会的江湖义气，这是民间社会恪守的伦理准则和道德规范，一定程度上决定着民间的人心走向。刘、关、张遵照江湖规则，桃园结义，患难与共，在群雄竞起、逐鹿中原的乱世，凭着惺惺相惜、肝胆相照的义气和出生入死、无所畏惧的勇气，创下了蜀汉的基业，千百年来成为民间尊奉的侠义楷模。恰恰又是这种江湖义气，使刘备为报关羽之仇而倾举国之力伐吴，遭惨败而终丧命，从此蜀国元气大伤，每况愈下。《水浒传》中的侠客义士由被逼上梁山反贪官到走下梁山接受招安，由自掌正义、替天行道的侠者到供朝廷驱使的走卒，一步步走向奴化，这是侠义削弱的结果。同时，水浒英雄从聚义到忠义的价值转换，从啸聚梁山行侠仗义反朝廷到葬送梁山以武效忠报宋家的行为变化，正揭示了江湖义气的双刃剑本质。梁山聚义大业的风生水起表明江湖义气的侠肝义胆、豪气干云之正面积极意义；梁山英雄的悲剧结局体现了江湖义气极度膨胀的负面消极影响。江湖义气极度膨胀的结果是倒回了忠孝节

[①] 鲁迅：《且介亭杂文二集·叶紫作〈丰收〉序》，《鲁迅全集》第六卷，人民文学出版社2005年版，第228页。

第四章　批判中建构：人格建构和文化建构

义的封建伦理樊笼，一切手足之情、兄弟之义都要高度服从于封建统治秩序和伦理道德。设若当时的宋首领稍微有些理性思维，也绝不至于造成对皇权的愚忠和对梁山聚义事业的葬送。鲁迅对这种封建愚忠的"三国气"和"水浒气"是反对的、批判的。侠文化发展到了近代，由于侠的变质和侠之末流的作祟以及历史环境的错综复杂，一些帮会组织和黑社会团体也打着行侠仗义和替天行道的旗号，却杀人越货，为非作歹。于是，江湖队伍鱼龙混杂，江湖义气泛滥成灾，出现了大量的侠之末流，按照鲁迅的说法，侠沦落为流氓。在这种复杂的情势下，甚至连地痞无赖也以侠的名义招摇撞骗，混淆视听，这极大地扭曲了侠的本质，破坏了侠的声誉。侠之末流已经不再是严格意义上的侠了，他们以江湖义气相号召，做着不义的事情。江湖义气已经褪尽了其积极本色，而不断走向反面，那些以此相号召的黑帮组织也日益堕落为流氓团体甚至犯罪团伙。对侠变质后的走向和当时中国社会出现的这种现象，鲁迅是明察秋毫的。他将侠之末流称为流氓，并对他们的流氓行为作了形象的描绘：

> 和尚喝酒他来打，男女通奸他来捉，私娼私贩他来凌辱，为的是维持风化；乡下人不懂租界章程他来欺侮，为的是看不起无知；剪发女人他来嘲骂，社会改革者他来憎恶，为的是宝爱秩序。但后面是传统的靠山，对手又都非浩荡的强敌，他就在其间横行过去。[①]

这些侠之末流丧失了侠的本质，堕落为社会渣滓，成为社会的危害因素。特别是对于那些假借侠之名而在社会上招摇撞骗、横行无忌的丑恶行径，鲁迅是深恶痛绝且严厉批判的。在鲁迅看来，西洋武士道的没落产生了堂·吉诃德那样的戆大，他是个老实的书呆子，却是真正的吉诃德；而中国侠文化的没落却产生了伪侠，这是假吉诃德。

[①] 鲁迅：《三闲集·流氓的变迁》，《鲁迅全集》第四卷，人民文学出版社 2005 年版，第 160 页。

下编　中国新文学作家与侠文化的精神相遇

鲁迅指出："中国的江湖派和流氓种子，却会愚弄吉诃德式的老实人，而自己又假装着堂·吉诃德的姿态。《儒林外史》上的几位公子，慕游侠剑仙之为人，结果是被这种假吉诃德骗去了几百两银子，换来了一颗血淋淋的猪头，——那猪算是侠客的'君父之仇'了。"[①] 因此，鲁迅对江湖义气泛滥成灾的社会现实是批判的，但同时也恰恰体现了他对原侠精神的坚守和珍视。这是一种辩证的侠文化观，在批判和否定的剑刃边缘积极寻求建构的锋芒，这种方法论促使了鲁迅文本中对侠文化精神的开掘，形成了书写诗学正义的冲动。

（三）对于侠文化的载体侠义小说和武侠小说，鲁迅以思想革命的高度来审视其思想倾向和艺术价值，并作出了客观辩证的分析和评判

鲁迅在《中国小说史略》和《中国小说的历史的变迁》这两部文学史著作中，都设专门章节论述了清代小说，着重介绍和分析了清代的侠义小说，如《儿女英雄传》《三侠五义》《七侠五义》等。在鲁迅看来，清代侠义小说的出现是文学和社会文化交互作用之下，随着读者阅读期待的变化，发展到一定历史阶段的产物：

> 明季以来，世目《三国》《水浒》《西游》《金瓶梅》为"四大奇书"，居说部上首，比清乾隆中，《红楼梦》盛行，遂夺《三国》之席，而尤见称于文人。惟细民所嗜，则仍在《三国》《水浒》。时势屡更，人情日异于昔，久亦稍厌，渐生别流，虽故发源于前数书，而精神或至正反，大旨在揄扬勇侠，赞美粗豪，然又必不背于忠义。其所以然者，即一缘文人或有憾于《红楼》，其代表为《儿女英雄传》；一缘民心已不通于《水浒》，其代表为《三侠五义》。[②]

---

① 鲁迅：《南腔北调集·真假堂吉诃德》，《鲁迅全集》第四卷，人民文学出版社2005年版，第534页。
② 鲁迅：《中国小说史略·第二十七篇 清之侠义小说及公案》，《鲁迅全集》第九卷，人民文学出版社2005年版，第278页。

第四章 批判中建构：人格建构和文化建构

时至清代，中国人的尚武精神在逐渐走向没落，义勇之气也在专制强权压制下日趋减弱。皇权统治需要的是顺民和鹰犬，反清复明的现实反抗也在高压和怀柔交织的政策下趋于湮灭，歌舞升平和社会稳定成为统治者需要的现实秩序。无论是《儿女英雄传》还是《三侠五义》《七侠五义》，最终都归结于效忠皇权的政治目的和维护纲纪的伦理需求。这一方面起到了维护统治和稳定社会、安抚人心的作用，另一方面也满足了一般民众稳坐奴隶而甘当顺民的心理。同时在阅读期待视野的拓展上，满足了人们的审美需要，使他们在侠客梦的幻想中暂时忘却现实的苦痛和不幸，丧失了叛逆和复仇的勇气，从而放弃反抗强权压迫的斗争。

对于清代侠义小说，鲁迅有清醒的独到认识。他一方面称道侠义小说中塑造的侠客英雄粗豪侠义，别开生面，很是新奇，满足了市民的阅读期待；另一方面肯定了侠义小说的"平话习气"和"'演说'流风"，这就是"侠义小说之在清，正接宋人话本正脉，固平民文学之历七百余年而再兴者也"[①]。但在鲁迅的思想视野中，"《三侠五义》为市井细民写心，乃似较有《水浒》余韵，然亦仅其外貌，而非精神。时去明亡已久远，说书之地又为北京，其先又屡平内乱，游民辄以从军得功名，归耀其乡里，亦甚动野人歆羡，故凡侠义小说中之英雄，在民间每极粗豪，大有绿林结习，而终必为一大僚隶卒，供使令奔走以为宠荣，此盖非心悦诚服，乐为臣仆之时不办也"[②]。由此可见，在适应和迎合读者的阅读期待方面，鲁迅肯定了侠义小说的文学史价值和艺术成就，但对侠义小说的思想倾向，基本上持反对态度。对于侠义小说的现代变种——武侠小说，鲁迅也显得不满意甚至不屑一顾："上边所讲的四派小说（指拟古派、讽刺派、人情派、侠义派——引者注），到现在还很通行。此外零碎小派的作品也还有，只好都略去了它们。至于民国以来所发生的新派的小说，还很年幼——正

[①] 鲁迅：《中国小说史略·第二十七篇 清之侠义小说及公案》，《鲁迅全集》第九卷，人民文学出版社2005年版，第287页。
[②] 鲁迅：《中国小说史略·第二十七篇 清之侠义小说及公案》，《鲁迅全集》第九卷，人民文学出版社2005年版，第287—288页。

在发达创造之中，没有很大的著作，所以也姑且不提起它们了。"① 在这里，"新派的小说"是指民国武侠小说。20世纪20年代，平江不肖生（向恺然）的《江湖奇侠传》和赵焕亭的《奇侠精忠传》横空出世，一度轰动大江南北，形成"南向北赵"的武侠小说格局，带来了现代中国武侠小说创作的第一波高潮，但这种武侠小说的发展势头并未引起鲁迅足够的关注。而根据《江湖奇侠传》改编的武侠电影《火烧红莲寺》上映之后，立马轰动上海滩，却遭到社会舆论的谴责和国民党政府的取缔，一些进步革命作家也撰文进行笔伐。鲁迅没有加入这类笔伐的行列，但他在一次演讲中表明了自己的态度："所谓民族主义文学，和闹得已经很久了的武侠小说之类，是也还应该详细解剖的。但现在时间已经不够，只得待将来有机会再讲了。今天就这样为止罢。"② 鲁迅把轰动已久的武侠小说和他所憎恶的"民族主义文学"相提并论，并称这种轰动效应"闹得已经很久了"，可见他对武侠小说之不满。这种不满态度在杂文《新的"女将"》中得到了进一步体现：

> 练了多年的军人，一声鼓响，突然都变了无抵抗主义者。于是远路的文人学士，便大谈什么"乞丐杀敌"，"屠夫成仁"，"奇女子救国"一流的传奇式古典，想一声锣响，出于意料之外的人物来"为国增光"。而同时，画报上也就出现了这些传奇的插画。但还没有提起剑仙的一道白光，总算还是切实的。③

对待武侠小说的不满态度，并不意味着鲁迅对之全盘否定，这需要实事求是、辩证地理解和分析。在一个广大民众遭受几千年精神奴

---

① 鲁迅：《中国小说的历史的变迁·第六讲　清小说之四派及其末流》，《鲁迅全集》第九卷，人民文学出版社2005年版，第350页。
② 鲁迅：《二心集·上海文艺之一瞥——八月十二日在社会科学研究会讲》，《鲁迅全集》第四卷，人民文学出版社2005年版，第310页。
③ 鲁迅：《二心集·新的"女将"》，《鲁迅全集》第四卷，人民文学出版社2005年版，第344页。

第四章 批判中建构：人格建构和文化建构

役创伤的国度，在国难当头、民族危亡时期，武侠小说的流行固然可以慰安受伤的心灵，但无疑也会助长人们沉溺于虚幻的侠客梦之中而无法自拔的心理，使他们在渴望拯救的幻想中丧失斗争精神和反抗意志。在思想启蒙、阶级革命和民族救亡的语境中，武侠小说的流行特别是其负面作用和消极影响往往会带来严重的危害，不利于个性解放、思想进步、社会发展和民族独立。从这种意义上讲，鲁迅对武侠小说的流行不屑一顾甚至不满，是可以理解的。

从整体上看，鲁迅的侠文化观是客观的、辩证的。一方面，他认识到，实存侠的变质带来了侠的堕落和侠文化的没落，随着侠义小说和公案小说的合流，小说中的侠客也逐渐丧失了独立人格，成为统治阶级的御用工具，"凡此流著作，虽意在叙勇侠之士，游行村市，安良除暴，为国立功，而必以一名臣大吏为中枢，以总领一切豪俊"①。这就使鲁迅在思想倾向上，对侠文化、侠义小说和武侠小说是基本否定的。另一方面，"在艺术上，鲁迅对武侠小说有进一步的肯定，他不仅肯定了它们所采用的文体，而且肯定了其艺术成就"②。当然，这种客观辩证的侠文化观与鲁迅改造国民性、重塑国民理想人格、建构新的民族文化、重铸民族精神的价值理想是一致的。

鲁迅认为："中国一向就少有失败的英雄，少有韧性的反抗，少有敢单身鏖战的武人，少有敢抚哭叛徒的吊客；见胜兆则纷纷聚集，见败兆则纷纷逃亡。"③ 他以睿智的史识发现了中国国民性中勇武、果敢、反抗、侠义等硬气品质和刚健人格的缺失，洞见了人性中卑劣自私、见利忘义的一面。面对愚弱的国民性现实，鲁迅并没有绝望，他主张："倘有敌人，我们就早该抽刃而起，要求'以血偿血'了。"④ 意在给愚弱的国民注入少年血性汤，使他们振作起来，高扬敢爱敢恨、

---

① 鲁迅：《中国小说史略·第二十七篇 清之侠义小说及公案》，《鲁迅全集》第九卷，人民文学出版社2005年版，第281页。
② 周葱秀：《瞿秋白鲁迅论侠文化》，《鲁迅研究月刊》1995年第4期。
③ 鲁迅：《华盖集·这个与那个》，《鲁迅全集》第三卷，人民文学出版社2005年版，第152—153页。
④ 鲁迅：《华盖集·忽然想到十》，《鲁迅全集》第三卷，人民文学出版社2005年版，第95页。

勇于反抗复仇的精神意志。同时，鲁迅看清了"中国现在的社会情状，止有实地的革命战争，一首诗吓不走孙传芳，一炮就把孙传芳轰走了。自然也有人以为文学于革命是有伟力的，但我个人总觉得怀疑，文学总是一种余裕的产物，可以表示一民族的文化，倒是真的"[①]。这告诉人们武力革命的重要性和文学对于一个民族文化的价值意义。所有的这些认识和主张，都灌注着鲁迅清醒的现代革命理性和自觉的启蒙意识。他对侠文化的批判性改造和对侠文化精神的发掘与张扬，无不印证着这些认识和主张的合理性与可行性。鲁迅不仅在现实中身体力行侠义主张，而且以现代性视野重新审视传统侠文化，在对侠文化的批判性改造中不断反思、探索其精神价值和现实意义，以建构起足以与西方强国竞雄于世的新人格和新文化。可以说，侠文化是鲁迅切入思想革命的一个角度，对侠文化的改造、反思和批判都不过是其思想启蒙的一种策略与手段，通过对侠文化的批判性改造和现代性反思逐渐深入对国民性的根本性改造，目的在于建构新的文化精神和理想人格，最终建立一个个性自由张扬、人性健全发展的理想人国。

第二节　老舍：激扬剑胆铸民魂的现代文侠

　　老舍出身于清末北京城一个贫苦旗人家庭，在大杂院环境中度过艰难的童年和少年时期，深受民间文化、说唱艺术特别是侠义故事的影响和熏陶，有着丰厚的底层生活经验和深刻的弱者生存体验。因此他多以城市贫民的视角和民间立场来观察社会生活、思考历史人性，成为城市文明的表现者和批判者，其作品具有鲜明的人民性和博大的人道主义情怀。老舍不仅喜好武术，常与拳师们切磋武功，练武强身，现实生活中有任侠倾向，而且他的人格结构和文化心理深层也蕴含着崇侠情结。这些侠文化的影响和侠文化精神的浸润从他创作伊始就显露出来，无论是在创作动机上还是在具体文本细节描写上，抑或人物形象塑造上，都积

　　[①] 鲁迅：《而已集·革命时代的文学》，《鲁迅全集》第三卷，人民文学出版社2005年版，第442页。

第四章　批判中建构：人格建构和文化建构

淀着侠文化的精神因子。综观老舍的一生，可谓侠肝义胆，豪气干云，俨然一副激扬剑胆铸民魂的现代文侠风范。我认为，这源于老舍的现代性体验与侠文化发生精神相遇时日益深化积淀而成的崇侠情结，这种深厚而持久的文化心理直接参与指导他的现实行为，并在其特定时代的创作文本中激发转化为积极的人格力量。

可以说，在现代中国的新文学阵营中，老舍是受侠文化影响最深刻、最明显的。多年来，侠文化已经成为学术界考察老舍其人其文的理论方法和独特视角。但正如绪论中所指出的，以往研究成果忽略了老舍的现代性体验尤其是旅英期间的人生经历形成的中国与西方、传统与现代二元并存的价值视野与他对侠文化的接受和改造之间错综复杂的联系。他对侠文化的现实改造思路如何？最初他以现代意识审视封建文化传统、批判国民劣根性，而抗战期间却极力推崇与歌颂民族精神（包括侠文化精神）和优秀传统文化（包括侠文化），其间转化的内在机制如何？这种转化有何时代意义？他的文化立场是怎样的？已有研究成果都没有对这些问题加以深入探究。

我们知道，老舍虽然没有直接参与五四新文化运动，但新文化运动赋予了他个性解放和人格独立等现代意识。老舍坦言："反封建使我体会到人的尊严，人不该作礼教的奴隶；反帝国主义使我感到中国人的尊严，中国人不该再作洋奴。"[①] 个性解放思想、反帝反封建的现代意识、捍卫生命尊严的人格精神，与侠的独立人格追求和反抗意志是相通的，只不过前者经过五四新文化运动的洗礼，在现代社会条件下呈现出鲜明而强烈的现代性特征。赴英执教期间深受欧风西雨浸染的人生经历和抗战救亡时期血与火的考验与洗礼，使老舍能够站在东西方文化的交接点上来观察社会、思考人生。一方面，老舍赞同甚至羡慕英国人的现代观念；一方面，他能够冷静地面对和审视以英国为代表的西方列强对弱国子民的傲慢与偏见，强烈抗议帝国主义的侵略。这使老舍意识到中国人必须建立现代国民人格和民族国家观念。因为特定时代的精神气候赋予老舍反帝反封建的现代意识和反抗意志，所

---

① 老舍：《"五四"给了我什么》，《解放军报》1957 年 5 月 4 日。

以作为一个接受过封建教育和纲常名教熏染的知识分子，他能够冲出封建主义的束缚，以现代意识审视、批判国民劣根性和封建文化传统；也能够坚持鲜明的民族立场，摆脱祛除帝国主义侵略的梦魇，胸怀民族大义，深入发掘民族传统文化中可资借鉴的质素，以此铸造反抗西方列强蔑视和帝国主义侵略的民族精神。具体到老舍的创作上，就是他以凌云剑笔对侠文化进行了积极借鉴、现代承传和创造性转化，将侠文化精神作为一种传统美德予以张扬和改造，使之成为现代国民人格、民族文化和国家观念能够积极建设的精神资源，为人民大众锻造不屈的灵魂，将其纳入民族文化反思和国民性改造的整体文学格局之中，最终致力于独立人格的全新建构、社会理想的积极探寻和民族国家新生的文化构想。

一 现代性体验：任侠倾向与崇侠情结

中国侠文化的历史悠久，在漫长的历史积淀和现代承传过程中，对侠的崇拜，逐渐成为中国人相当普遍和恒定持久的文化心理。特别是身陷囹圄或弱者地位，现实中却无力自救，而不得不把拯救的希望寄托于强者身上的底层民众，可以说对侠简直到了顶礼膜拜的程度。在现代中国语境下，现代知识分子或新文学作家作为弱势群体，极易与侠文化取得情感共鸣。他们的生命体验一旦与侠文化相结合，便会激发出不可遏止的正义冲动和对自由平等的渴望，侠文化精神质素逐渐变得更加知识分子化和内在性格化，成为他们景仰追慕的精神图腾和行为指南，在特定时代语境下往往会焕发为正义的人格力量和激进的反抗意志。老舍就是这样一位生活于现代中国的新文学作家，他出生于晚清民初尚武任侠思潮兴起之际，成长于这股思潮方兴未艾之时，深受侠文化影响和侠文化精神浸润。同时，他出身社会底层，极易接触到流布传播于市井间里的民间说唱艺术和民间文化。在读小学期间，他经常在下午放学后，和同学"一同到小茶馆去听评讲《小五义》或《施公案》"[1]，深受当时流

---

[1] 老舍：《悼念罗常培先生》，《老舍生活与创作自述》，人民文学出版社1982年版，第431页。

第四章　批判中建构：人格建构和文化建构 ◆◇◆

行的侠义公案小说、街头茶肆中说唱文学的影响，他对侠的见义勇为和主持公道由衷敬佩，心向往之。在老舍的人生历程中，任侠倾向和崇侠情结构成了他人格心理中永恒的价值期待和精神支柱，并在新的历史语境下得以转化和再造，形成了他独特的现代性体验。

老舍出身寒苦，对底层民众有着一种与生俱来的同情和怜悯，他的个性气质的形成和处世做人的准则深受底层人民的影响。老舍小时候家庭贫困交不起学费，在刘大叔的主动帮助下进入一家改良私塾读书，刘大叔后来出家当了和尚，就是宗月大师。刘大叔虽然是阔大爷，但他不以富傲人。在老舍由私塾转入公立学校时，又是刘大叔慷慨相助。他乐善好施，仗义勇为。尽管自己的儿女受着饥寒、自己受尽折磨，但他还是执着于创立贫儿学校、粥厂等慈善事业。他出家后，做了一座大寺的方丈，不惜变卖庙产救济穷人，因为他要做一个救苦救难的真和尚。被赶出寺庙之后，刘大叔到一座没有任何产业的寺庙做方丈。他自己没有钱，还必须为僧众们的生存奔忙，同时还举办粥厂等慈善事业，带领僧众给人家念真经却不要报酬。刘大叔坐化火葬后，人们在他身上发现了许多舍利。在老舍的回忆性描述中，从刘大叔到宗月大师的身份的转换，恰恰构成了一个市井凡人由民间大侠成为佛家之侠的演变轨迹。宗月大师在老舍的心目中是伟大的，他感慨道："没有他，我也许一辈子也不会入学读书。没有他，我也许永远想不起帮助别人有什么乐趣与意义。……我在精神上物质上都受过他的好处，现在我的确愿意他真的成了佛，并且盼望他以佛心引领我向善，正象在三十五年前，他拉着我去入私塾那样！"[①] 由此可知，宗月大师扶危济困的侠义精神和慈悲为怀的佛侠风范对老舍的人格塑型与个性养成产生了重要的积极影响。

对幼年老舍影响颇深的人中，除了宗月大师，他的母亲——这位普通的满族劳动妇女，在老舍心目中具有无可替代的作用。老舍的母亲坚强、豪爽、硬朗、乐于助人，在兵荒马乱的年代，在敌人的刺刀下，在饥荒的威胁中，她能够挺身而出，为保护自己的儿女甘愿承受

---

① 老舍：《宗月大师》，《华西日报》1940年1月23日。

一切悲苦灾难。谁家有事需要帮忙，她总是有求必应，跑在最前头。宁可有泪往肚里流，也不愿跟别人吵架。"她曾把自己的正直、善良、热心、勤劳、谦让而又刚强、软中有硬的秉性传给老舍，使他长成为一个硬汉、一个宁折勿弯的不可辱之士"①。母亲虽然没有文化，但其勤劳、善良、义气等优秀品质，早已内化为幼年老舍人格心理中的积极因子而受益终身。在老舍看来，"从私塾到小学，到中学，我经历过起码有几十位教师吧，其中有给我很大影响的，也有毫无影响的，但是我的真正的教师，把性格传给我的，是我的母亲。母亲并不识字，她给我的是生命的教育"②。正是这种"生命的教育"铸造了老舍好客、豪爽、仗义、待人真诚、有求必应等侠义品格。

童年记忆和童年经验对老舍文化人格的形成及其思想与创作影响深远、意义重大，不仅作为刻骨铭心的生命体验融进了他的文本深处，而且奠定了他一生对侠文化的情感眷恋和对侠文化精神的执着坚守。

老舍性格中的任侠倾向在成年后的现代性体验中更加鲜明突出，除了在现实生活中练拳习武、以武会友，他更是以笔为剑，书写侠义，对侠的正义、无畏、率真、无私等人格质素进行汲取借鉴和现代性转化。

作为一种民间文化形态，侠文化对老舍产生着潜移默化的影响，使他形成了崇侠好武的个性气质。侠客仗义行侠、锄强扶弱的一个重要前提就是武艺高强，有拯救他人的能力。出于对拯世济民的侠客的崇拜之情，从青年时代起，老舍就对剑术和打拳产生了浓厚的兴趣，一来强身健体，二来防身助人。他不仅会舞剑，而且对剑术颇有心得，他的第一本专著就是武术方面的《舞剑图》。③ 除了剑术，老舍与打拳也结下了不解之缘。"他学了少林拳、太极拳、五行棍、太极棍、粘平等等，并购置了刀枪剑戟。一九三四年迁居青岛，老舍在黄县路租了一套房子，房前宽敞的院子成了他的练拳场子。通客厅的小前厅里

---

① 舒乙：《老舍正传》，江苏文艺出版社2010年版，第155页。
② 老舍：《我的母亲》，曾广灿、吴怀斌编《老舍研究资料》（上），北京十月文艺出版社1985年版，第111页。
③ 舒乙：《我的父亲老舍》，辽宁人民出版社2011年版，第200页。

第四章 批判中建构:人格建构和文化建构

有一副架子,上面十八般兵器一字排开,让初次造访的人困惑不解,以为闯进了某位武士的家。"① 特别是在山东工作期间,"山东的一些拳师、艺人、人力车夫、小商小贩,也都是他当时的座上客,互相之间无所不谈。他自己也常常耍枪弄棒,练习拳术"②。据老舍夫人回忆,在齐鲁大学教书的时候,他"就跟着武术老师学过拳棒,作为锻炼身体的一种方式。到青岛后一直没有间断。黄县路的这个空旷场地为他耍枪弄棒提供了方便条件,甚至书房里也设着兵器架"③。老舍不仅打拳舞剑,还喜欢结交江湖人物和武林高手,他说:"打拳的,卖唱的,洋车夫,也是我的朋友。……在我的朋友里,有许多是职业的拳师,太极门的,形意门的,查拳门的,扑虎门的,都有。"④ 可以看出,老舍不乏武侠之风范。作为一位精通拳术的现代作家,老舍深受《学生画报》记者陈逸飞钦佩,陈逸飞要拜他为师,老舍答应给陈逸飞一本《拳谱》,让他照着去练,但条件是不得对外宣扬老舍会拳。老舍晚年访问日本的时候因其真功夫赢得日本友人的敬佩,并在日本文学界传为美谈。⑤

生活中的老舍可谓一位武学大师、现代文侠,他习武练拳固然主要是为了强身健体和防身助人,其中却真正体现了他尚武任侠的精神风范。侠作为一类卓异不群之士,"他们确有共同的特征,诸如具有正义感、忠于朋友、勇敢无畏和感情用事,因而无愧游侠这个称号"⑥。以此来衡估老舍的精神特质,当无愧于侠者之誉。他的刚正不阿、同情弱小、扶危济困、嫉恶如仇等精神特质与传统侠文化精神一脉相承,并获得了现代性转化。这些在他的文化人格和思想品质上都有着鲜明的体现。"他总拿冷眼把人们分成善恶两堆,嫉恶如仇的愤

---

① 舒乙:《老舍的关坎和爱好》,中国建设出版社1988年版,第32页。
② 王行之:《老舍夫人谈老舍》,曾广灿、吴怀斌编《老舍研究资料》(上),北京十月文艺出版社1985年版,第315—316页。
③ 胡絜青:《重访老舍在山东的旧居》,《文史哲》1981年第4期。
④ 老舍:《〈老舍选集〉自序》,曾广灿、吴怀斌编《老舍研究资料》(上),北京十月文艺出版社1985年版,第626—627页。
⑤ 舒乙:《我的父亲老舍》,辽宁人民出版社2011年版,第201、202页。
⑥ [美]刘若愚:《中国之侠》,周清霖、唐发铙译,上海三联书店1991年版,第191页。

激，正象替善人可以舍命的热情同样发达"①。小到日常生活、为人处世，大到民族前途、国家命运，老舍都能表现出爱憎分明、正义无私、为国为民的精神姿态。

　　幼年时期的老舍非常崇拜侠客，侠客义士的传奇故事激发了他对侠的悠然神往："记得小的时候，有一阵子很想当'黄天霸'。每逢四顾无人，便掏出瓦块或碎砖，回头轻喊：看镖！有一天，把醋瓶也这样出了手，几乎挨了顿打。这是听《五女七贞》的结果。"② 这说明他从小就形成了根深蒂固的崇侠情结。但成年后获得的理性认知和现代性体验，使老舍不再继续单纯地沉溺于当"黄天霸"的幻想，而是将侠义精神的灵魂内化于他的血肉之中，形成了他独特的侠骨、侠气、侠节，从而幼年时期形成的崇侠情结因获得了理性质素而呈现出鲜明的现代性特征。1917年老舍在《过居庸关》一诗中写道："拔剑意彷徨，锋锷腾青霜。啼猿促归客，驻马叹兴亡。"③ 表达了一种侠义救国之情怀。老舍热心教育事业，为了追求把所谓天国的理想在人间实现的愿望，积极参加北京缸瓦市基督教福音堂举办的社会服务工作，于1922年上半年受洗加入基督教。④ 这意味着他于现世中以实际行动践履着一个侠者扶危济困、服务社会的责任。

　　在为人处世上，老舍嫉恶如仇、爱憎分明、急公好义、慷慨勇为，体现了一种侠之气度：一方面，"朋友有难，不问情由，四处奔走，鼎力相助"⑤；一方面，"如果是出于一种卑鄙的私图或不光明的动机，纵然善于花言巧语，他也必正言厉色，给对方一个'下不去'"⑥。赵家璧是中国现代著名的编辑家，1946年，他为之工作了近二十年的良

---

　　① 罗常培：《我与老舍——为老舍创作二十周年作》，曾广灿、吴怀斌编《老舍研究资料》（上），北京十月文艺出版社1985年版，第262页。
　　② 老舍：《散文 杂文·习惯》，《老舍全集》第15卷，人民文学出版社2013年版，第246页。
　　③ 老舍：《旧体诗·过居庸关》，《老舍全集》第13卷，人民文学出版社2013年版，第549页。
　　④ 曾广灿、吴怀斌编：《老舍研究资料》（上），北京十月文艺出版社1985年版，第4页。
　　⑤ 刘红梅：《有侠气的老舍》，《做人与处世》2007年第7期。
　　⑥ 以群：《我所知道的老舍先生》，曾广灿、吴怀斌编《老舍研究资料》（上），北京十月文艺出版社1985年版，第255页。

第四章 批判中建构：人格建构和文化建构

友图书公司被迫停业。在面临生存危机和职业抉择的紧急关头，是远在美国的老舍施以援手，"幸赖老舍的慷慨资助"，才使赵家璧"这个从中学时代就爱上文艺编辑工作的人，没有在旧社会里，违背初衷，改走别的谋生之路"①。这就是侠骨铮铮、义以助人的老舍。

老舍始终胸怀民族大义，以一种忧国忧民的侠义情怀关注着民族的前途和国家的命运。在英国教书期间，老舍一直关注国内北伐战争的进程，他说："我们在伦敦的一些朋友天天用针插在地图上：革命军前进了，我们狂喜；退却了，懊丧。"②卢沟桥事变后，"老舍每天看报，打听消息，从早到晚抱着一部《剑南诗稿》反复吟哦"③。这充分体现了老舍作为一个现代文侠对祖国和人民的热爱，对民族命运和国家前途的深沉忧患。"八·一三"事变后，老舍经过激烈的思想斗争，毅然忍痛别妻抛雏投身于抗战救国的洪流中，开始了为民族解放而勇于献身的文化战士的生活。他以笔为剑，为民族救亡和国家重建的历史使命而殚精竭虑，为争取民主自由而四处奔波。"老舍的决定，使他由单枪匹马的状态中走出来，加入了全民抗战的洪流，成了一个联络全国各路文艺大军的勤务兵，组织成百上千拿笔当枪的文艺英雄，在中华抗战文艺史上写下了光辉灿烂的一页"④。他的诗句"莫任山河碎，男儿当请缨"⑤，令人想到南宋爱国诗人陆游，敬佩之情不禁油然而生。1938年3月27日中华全国文艺界抗敌协会在汉口成立，老舍被推为理事，兼总务部主任，主持文协的日常工作。抗战八年中，老舍将许多爱国文艺家团结在抗战的旗帜下，同时以笔为剑，积极从事抗战文艺作品的创作，鼓舞军民的抗战热情，抨击敌寇。1941年2月，老舍将话剧《面子问题》手稿全部拿出义卖，在文协组织的义卖活动

---

① 赵家璧：《老舍和我》，《新文学史料》1986年第2期。
② 老舍：《我怎样写〈二马〉》，曾广灿、吴怀斌编《老舍研究资料》（上），北京十月文艺出版社1985年版，第533页。
③ 王行之：《老舍夫人谈老舍》，曾广灿、吴怀斌编《老舍研究资料》（上），北京十月文艺出版社1985年版，第317页。
④ 舒乙：《老舍正传》，江苏文艺出版社2010年版，第74页。
⑤ 老舍：《旧体诗·北行小诗》，《老舍全集》第13卷，人民文学出版社2013年版，第572页。

中，老舍和郭沫若的墨迹售出最多，义卖所得全部捐赠给劳军委员会，① 以此支援抗战事业，可谓民族大义之举。在整个抗战期间，老舍号召艺术家们出来体验生活，投入到全民族抗战的洪流之中，他对艺术家们发出深情的呼唤："出来吧，艺术家们：青年们热烈的等着你们，呼唤你们呢！大时代不许你们'悠然见南山'，得杀上前去啊！"② 一个侠者铁血救国、同仇敌忾的爱国情怀和侠义气度悠然可鉴。

抗战胜利后，老舍投入反对独裁专制、争取和平民主的运动中。即使在旅美期间，他也始终关注人民解放军的胜利进程。他继续发挥笔剑之力，创作了讽刺国统区民主虚伪性的长篇小说《民主世界》。老舍在一岁半的时候，他的父亲作为皇城护军在抵抗八国联军入侵的炮火中阵亡，家仇国恨和民族耻辱在他幼小的心灵中烙下了深深的创伤。这种痛苦的童年记忆，使他倍加向往和珍惜生活的安宁与社会的稳定，他对一切非人道的侵略战争和不义战争异常反感甚至深恶痛绝。因为他的心中始终装着祖国和人民，所以才会以义无反顾的意志和精忠报国的精神投入民族救亡与祖国新生的伟大事业。

中华人民共和国成立后，他毅然回国，以拳拳爱国之心和殷殷报国之情，以生花妙笔热情地歌颂祖国、歌颂党、歌颂人民。"文革"初期，在惨遭毒打、备受屈辱的情况下，老舍最终选择了与伟大爱国诗人屈原相同的归宿，以义不受辱的高贵气节和崇高的殉道精神，表达了对祖国和人民的无限忠诚，以生命践行了士可杀而不可辱的侠之精神，捍卫了生命的尊严。

通过梳理和分析老舍的现代性体验的历史脉络，可以发现，侠文化精神特别是侠义思想在老舍的生命体验和文学创作中，已经超越了人与人之间的私义，而上升到民族大义和爱国主义的高度。在大是大非面前不苟且、不迎合；在生死存亡之际不屈服、不失节；伸张正义，侠骨丹心，不甘受辱，捍卫尊严。这是侠文化精神的生动体现，更是

---

① 曾广灿、吴怀斌编：《老舍研究资料》（上），北京十月文艺出版社1985年版，第47—48页。

② 老舍：《艺术家也要杀上前去》，曾广灿、吴怀斌编《老舍研究资料》（上），北京十月文艺出版社1985年版，第455页。

老舍一生铁骨铮铮、侠肝义胆的真实写照。一个人早期的生存经验和成年后深刻的生命体验，往往会对其一生的发展和人生选择产生极为深远的影响，尤其是对他的人格心理、思维方式和生命形态的形成与发展起着潜移默化的决定性作用。可以说，老舍的现代性体验在他与侠文化发生精神相遇的过程中，已经内化为他的人格结构和文化心理中的宝贵质素，形成了他尚武崇侠的个性气质。老舍的任侠倾向和崇侠情结在特定时代精神气候的氤氲和激励下，连同他丰富而深刻的现代性体验，一起作为珍贵的思想资源和精神动力，逐渐从潜意识层面浮出地表，对他的思想和创作产生不可替代的重要影响。

二 侠文化改造及对现代民族精神的铸造

尚武崇侠的个性气质，对老舍的文学创作产生了重要影响。20世纪30年代，在新文学阵营基于政治革命和思想革命的需要对侠文化和武侠小说普遍持轻视、批判甚至否定态度的时代氛围中，老舍曾应允上海《小说半月刊》，为其创作一部长篇武侠小说《洋泾浜奇侠传》，还曾向赵家璧透口话说自己要写一部长篇武侠小说《二拳师》。但由于各种原因，这两部武侠小说并没有完成。1935年9月，《断魂枪》在天津《大公报》发表，这是老舍从计划要写的长篇武侠小说《二拳师》中提炼出来的一个短篇。除逆时代潮流创作武侠小说，老舍的许多纯文学作品中也始终活跃着侠客的身影，渗透着侠义思想，张扬着侠文化精神。《老张的哲学》中的孙守备、王德、李应、赵四，路见不平，拔刀相助；《离婚》中的丁二爷，《八太爷》中的王二铁和《浴奴》中的胖妇人，手刃悍顽，伸张正义；《黑白李》中的黑李、白李，舍己为人，义薄云天；《二马》中的小马血气方刚，不甘受辱；《牛天赐传》中的四虎子、王宝斋，知恩图报，不负于人；《骆驼祥子》中的曹先生和《正红旗下》中的福海二哥，扶危济困，拯救他人；《杀狗》中的杜老拳师，铁骨铮铮，宁折不弯；话剧《五虎断魂枪》中的王大成、宋民良、陈向伍，仗义勇为，豪气干云；《赵子曰》中的李景纯，《猫城记》中的大鹰，《四世同堂》中的钱默吟、钱仲石、祁瑞全、尤桐芳，《正红旗下》中的王十成，《鼓书艺人》中的孟良，《火葬》中的石队长，话剧《国家至上》中的"回教三杰"——张老师、马振雄、黄子清，话剧《茶馆》中的常四爷，舍生取义，为国为民。所有这些侠客及其侠行义举，在老舍笔下构成了一个现代侠客谱系。

其实，老舍的早期作品，无论是《老张的哲学》《赵子曰》《离婚》《牛天赐传》中对现实的讽喻，还是《二马》中对中西文化背景下的民族性对比，以及《猫城记》中象征隐喻的良苦用心，其笔锋均指向"老大中国"的民族劣根性。后来的《骆驼祥子》和《四世同堂》，不仅反映生活的广度和深度非前期作品可比，而且没有放松对国民劣根性的批判和对民族文化前途的思考。一切的怯懦猥琐、自私保守、麻木健忘、逆来顺受，一切的不思进取、欺软怕硬、贪婪世故、苟且偷生，所有国民劣根性都在老舍的作品中得以现形。正是这些传统文化中的劣质基因造就了国人得过且过的苟安心态，生产出一批批民族的"出窝儿老"。这对民族国家的发展是一种极大的危害，正如老舍在《二马》中指出："民族要是老了，人人生下来就是'出窝儿老'。出窝老是生下来便眼花耳聋痰喘咳嗽的！一国里要有这么四万万出窝老，这个老国便越来越老，直到老得爬也爬不动，便一声不出的呜呼哀哉了！"① 由此可见，老舍将国民劣根性的危害提到了亡国灭族的程度，体现了他深沉的忧患意识和鲜明的文化危机。但老舍并没有一味地揭丑，他在批判国民劣根性的同时，也在积极探索国民性改造的有效途径，为民族文化的全新建构寻求精神资源。侠文化是老舍探求国民性改造和新文化建设的重要思想资源之一，他试图通过对侠文化的转化与再造，将其内化为民族文化肌体中医治病灶、焕发生机的基因，以此激活衰老民族的精神，使它亢奋起来、振作起来，以一种健康的姿态和傲视寰宇的气度屹立于20世纪国际竞争的舞台，从而达成对现代民族精神的重铸与张扬。

这一方面揭示了老舍深受侠文化影响之深，一方面彰显出老舍创作的良苦用心，那就是发掘侠文化的积极因子以激活日趋慵懒怠惰的民族精神，力图改变国人中庸、怯懦、忍辱屈从、苟且偷生等国民劣

---

① 老舍：《老舍全集》第1卷，人民文学出版社2013年版，第419—420页。

第四章　批判中建构：人格建构和文化建构

根性，再通过对侠文化的现代性改造将侠文化精神引至为国为民的思想轨道，使各种侠行义举同归于为国为民的制高点。于是，作为侠文化重要内涵的民族气节和爱国热情则彰显出来，并被赋予了现代性特征，特别强调侠文化精神中能够促进人格再造和民族国家新生的积极方面，从而将五四以来的思想启蒙主题和感时忧国情怀推向深入。同时，老舍对"武"的历史命运和"侠"的现代出路进行了积极的思考与探寻，在侠文化本体论上也走向了纵深开掘的维度。

（一）复仇精神的现代性改造和独立人格的全新建构

在侠文化的价值观念中，常常是恩怨分明，有恩必酬，有仇必报，所谓"尝有德者厚报之，有怨者必以法灭之"① 是也，充分彰显出侠者的超迈性情和卓荦人格。也就是说，在报德或报怨问题上，历代侠者可谓磊落分明，达成了一种共识。仅就复仇而言，在古人看来，复仇是一种正义的行为，是古人维护社会公道和社会正义、捍卫生命尊严的有效手段，"原本是早期游侠的人格价值最集中最有代表性的体现，这中间正义性的内核是侠义伦理的精神支柱，无疑也是复仇的动机之一"②。虽然复仇具有盲目性和残酷性，甚至带有一定程度的破坏性与颠覆性，但在客观上却伸张了正义、疏解了怨愤、维护了人的尊严、捍卫了生存权利，也有利于独立人格的锻造和自由精神的张扬。统观老舍小说，他笔下的复仇者形象与传统侠文化中的复仇者形象存在一脉相承的精神联系，更重要的是，老舍并没有把他们简单地塑造成凶悍的杀手或社会事端的制造者，而是对其进行了现代性改造，实现了一种精神超越。他以现代性理念塑造复仇者，将复仇精神的内涵置于对整个传统文化现代性批判和对国民性改造的价值场域中，同时把复仇精神的侠义指向同个体生命尊严的维护、独立人格的全新建构、个性的充分张扬以及社会正义的实现等现代价值观念相联系，凸显出复仇精神的现代性内涵。这样，在复仇与正义、个体与社会、反抗与

---

① 司马迁：《史记卷一百·季布栾布列传第四十》，《史记》，岳麓书社1988年版，第729页。
② 王立：《武侠文化通论》，人民出版社2005年版，第9—10页。

自由之间建立起了内在的、有机的精神联系，形成一种动态的、趋于平衡的认知结构，强化了人们对血腥暴力的复仇事件的肯定性评价和理性判断，从而突出了复仇的社会正义性、历史合理性与豪迈不羁的精神特征。

写于1922年底的《小铃儿》是老舍最早的短篇小说，讲述了一个复仇的故事，有着鲜明的自传性质。小铃儿是京城北郊王家镇小学校的学生，他看到李鸿章的画片极为鄙视，将其视为跟日本讲和的奸细。先生给他们讲国耻，教育他们"长大成人打日本去，别跟李鸿章一样"①，使他深受教育，他表示就是把脑袋打掉了，也不能讲和。在他幼小的心灵中，早就埋下了民族复仇意识的火种。当母亲告诉小玲儿他父亲打南京阵亡而落得尸骨无存的时候，他义愤填膺，慷慨陈词："我长大了给父亲报仇！先打日本后打南京！"② 甚至做梦都想打日本。在具体行动中，他召集四个志同道合的同学决定成立一个会，意在强身健体，苦练本领，去打日本，打完日本再打南京。每个同学都起了一个江湖名号，其中，李进才叫"一只虎"，王凤起叫"花孔雀"，张纯叫"卷毛狮子"，小铃儿叫"金钱豹"，俨然一派江湖侠义风范。后来他们打了一个小鬼子——北街洋教堂的孩子，被学校斥退。他们认为打洋人就等于爱国雪耻，实现了民族复仇，看起来有些幼稚，但他们的精神是可敬可爱的。从四个小学生由朦胧的爱国复仇动机到练武再到打小鬼子复仇的行为，可见侠文化对老舍的影响之深，这使老舍创作伊始，就对复仇精神表现出不同凡俗的理解和阐释。他突破和超越了个体复仇的拘囿，将其提升到民族复仇的高度，特别是结合自己的家仇，并与国恨相联系，使文本中小铃儿表现出的复仇冲动和行为抉择具有现实性与合理性，更体现出老舍对复仇精神的情感认同。虽然打洋人等于爱国雪耻的认知，看起来是很肤浅的，体现了传统侠义伦理原则和复仇精神对当时社会情感层面的影响；但如果从现代理性层面来审视，则彰显出老舍对传统复仇精神进行现代性改造的良苦用

---

① 老舍：《集外·小铃儿》，《老舍全集》第8卷，人民文学出版社2013年版，第93页。
② 老舍：《集外·小铃儿》，《老舍全集》第8卷，人民文学出版社2013年版，第95页。

心。尽管当时老舍对中国革命斗争形势和发展前景缺乏深入认识,并未找到实现民族解放和国家独立的道路,但初登文坛便以民族复仇的寓意相号召,这种精神是可贵的。

如果说,老舍在《小铃儿》中对复仇精神的改造和阐释,更多是从情感层面出发的话,那么直到1925年完成的第一部长篇小说《老张的哲学》才借李老人之口真正表达了老舍对复仇精神的现代理性认知。

小说人物李老人本来做过知县,因为仗义执言和上司讲理而丢了官,落得一贫如洗的下场,从此心灰意冷,无意再入政界。后来经城里的卫四介绍,向老张借了三百块钱经营买卖。但在卫四和老张的合谋暗算下,李老人又一无所有,并从此与老张构成了债务关系。老张以债务相要挟,李老人的侄儿李应虽身在学堂却被老张当奴隶使用,甚至想用李应的姐姐李静抵债。李老人虽然身陷囹圄,却不忘帮助他人,那就是为同样因债务被哥哥卖给老张的张师母赎身。在李老人眼里,张师母"是一条自由的身子,而不是老张的奴隶"[1]。在他看来,人无高低贵贱,都是平等的。正是在险恶的现实面前,历经风雨沧桑的李老人似乎看透了这个世道,他告诫王德和李应:"记住了:好人便是恶人的俘虏,假如好人不持着正义和恶人战争。好人便是自杀的砒霜,假如好心只是软弱,因循,怯懦。我自己无望了,我愿意你们将来把恶人的头切下来,不愿意你们自己把心挖出来给恶人看。……以前的我是主张'以德报怨',现在,'以直报怨'。"[2] 侠义的李老人在屡屡遭遇好心不得好报的现实厄运之后,终于不再沉默,也不再宽恕,而是毅然决然地选择了实践行为上的复仇,主张以暴易暴,以恶抗恶。李老人以其病弱之躯无法向敌人举起复仇之剑,但在他的复仇精神感召下,年轻的子辈如王德者,眼见自己心爱的人李静即将被老张霸占,无惧老张的嚣张气焰,虽然身单力薄,但仍义无反顾地走上了复仇之路,在老张迎娶李静之日前去行刺,书写了一位现代刺客之侠的传奇。

---

[1] 老舍:《老舍全集》第1卷,人民文学出版社2013年版,第33页。
[2] 老舍:《老舍全集》第1卷,人民文学出版社2013年版,第34页。

很显然，随着老舍对残酷的社会现实的深刻洞察以及对民族国家生存境况的感受和体验，他对复仇精神的理解和阐释也越来越具体，不仅与底层人物的生存相联系，而且紧跟时代步伐，赋予复仇精神以反军阀、救亡爱国、民族气节等内涵，呈现出鲜明的时代特征。在小说《赵子曰》中，李景纯认为："救国有两条道，一是救民，一是杀军阀；——是杀！我根本不承认军阀们是'人'，所以不必讲人道！现在是人民活着还是军阀们活着的问题，和平，人道，只是最好听的文学上的标题，不是真看清社会状况有志革命的实话！救民才是人道，那么杀军阀便是救民！军阀就是虎狼，是毒虫，我不能和野兽毒虫讲人道！"[1] 可谓参透了当时的社会本质，看清了社会形势。为了实现人间正义，作为文弱书生的赵子曰嫉恶如仇，积极参加学潮，即使受伤了，也"另有一番侠烈之风"[2]。最后，李景纯为了伸张正义，去刺杀军阀贺占元，以实际举动表达了对黑暗社会的强烈抗议，明知凶多吉少，但仍从容上阵，大有行刺权贵的古之游侠风范。《赵子曰》给茅盾留下了深刻的印象，受到他高度评价："在老舍先生的嘻笑唾骂的笔墨后边，我感得了他对生活态度的严肃，他的正义感和温暖的心，以及对于祖国的挚爱和热望。"[3]

鸦片战争使中华民族陷入内忧外患的屈辱历程，战争的残酷和民族国家的奇耻大辱在老舍幼小的心灵中留下了刻骨铭心的记忆，在他的生命体验中留下了深刻的创伤，这些战争的记忆和国耻的创伤性体验不断被新的战争经历（日本侵华战争）与海外生活环境（赴英执教）所激活，体现在创作上，呈现为鲜明而强烈的国家复仇意识和民族复仇精神。毋庸讳言，现代中国著名作家中"仇洋"心理最重的就是老舍。[4] 可以说，在老舍的成长历程和创作过程中，"仇洋"心理对他的文化人格塑造和创作思想提升，具有深远影响和重要意义。他将

---

[1] 老舍：《老舍全集》第1卷，人民文学出版社2013年版，第364页。
[2] 老舍：《老舍全集》第1卷，人民文学出版社2013年版，第227页。
[3] 茅盾：《光辉工作二十年的老舍先生》，曾广灿、吴怀斌编《老舍研究资料》（上），北京十月文艺出版社1985年版，第247页。
[4] 张全之：《论战争记忆与老舍创作的国家复仇意识》，《齐鲁学刊》2001年第5期。

第四章 批判中建构：人格建构和文化建构

对复仇精神的阐释提升到了民族大义和国家利益的高度，复仇的境界再次实现了精神超越。

其实早在《小铃儿》中，老舍就已经给我们传达了一个非常明确的主题，即向洋人复仇。小铃儿幼小的心灵中充满了朴素的爱国情感和朦胧的民族复仇意识。在国恨家仇面前，先打日本，后打南京，成为他内心复仇的渴望。老舍这部最早的短篇小说折射的是他对父亲惨死于八国联军入侵北京时的战争的记忆。那时老舍才一岁，对那场残酷的战争不可能有记忆，但长大后，有关那场战争的描述，特别是母亲的叙述，在老舍幼小的心灵中，形成了对那场战争的"记忆"："自从我开始记事，直到老母病逝，我听过多少多少次她的关于八国联军罪行的含泪追述。……母亲的述说，深深印在我的心中，难以磨灭。"① 这样一来，一种深刻的"仇洋"心理就在他的内心深处悄然萌蘖，并影响着他的人格和创作的发展。在《老张的哲学》中，赵四是一个急公好义、舍己为人的侠义之士，本来是帮助别人却引起别人的误解，这反映了当时社会价值观和是非观的混乱。于是，"信孔教的人们不管他，信吕祖的人们不理他，佛门弟子嘲笑他"②。后来，信耶稣的救世军和龙树古欢迎他，他加入了救世军。有学问的人嫌基督教是个好勇斗狠的宗教，而在赵四看来："学学好勇，和鬼子一般蛮横，顶着洋人的上帝打洋人，有何不可！"③ 这里面就隐隐深含着一种仇洋心理和国家复仇主义情绪。

众所周知，英国是当年侵略中国的"八国联军"之一，对其抱持警惕戒备心理乃至仇视愤懑情绪，实属本然。1924年老舍赴伦敦执教，处身于当年的侵略国度。在中西方文化碰撞和冲击之下，他一方面以自己独特的生命体验感受着这个西方现代大都市的文明气息，一方面以现代理性冷静地审视大英帝国的傲慢与偏见。站在东西方文化的交汇线上，老舍认可并接受先进的现代西方文明，但并未完全陶醉于其中。战争的记忆和国耻的创伤性体验因不断受到海外生活环境，

---

① 老舍：《神拳·后记》，《老舍全集》第11卷，人民文学出版社2013年版，第618页。
② 老舍：《老舍全集》第1卷，人民文学出版社2013年版，第131页。
③ 老舍：《老舍全集》第1卷，人民文学出版社2013年版，第131页。

特别是西方人对中国形象进行扭曲甚至丑化现实的刺激而被大大激活，使他在警惕戒备和宣泄仇视的心理情绪中，揭示西方殖民者的伪善面目、险恶用心和侵略本质。

在西方人的眼里，"中国形象"是最糟糕的，中国人是最低贱的："中国城要是住着二十个中国人，他们的记载上一定是五千；而且这五千黄脸鬼是个个抽大烟，私运军火，害死人把尸首往床底下藏，强奸妇女不问老少，和作一切至少该千刀万剐的事情的。作小说的，写戏剧的，作电影的，描写中国人全根据着这种传说和报告。然后看戏，看电影，念小说的姑娘，老太太，小孩子，和英国皇帝，把这种出乎情理的事牢牢的记在脑子里，于是中国人就变成世界上最阴险，最污浊，最讨厌，最卑鄙的一种两条腿儿的动物！"① 虽然西方人在一定程度上揭示了中国人的劣根性，但这种配合西方殖民主义势力扩张的西方文化霸权话语，与中国人本着救国救民的心态揭示国民劣根性，在目的上存在着本质不同。西方人以"他者"眼光和价值立场对中国形象的塑造隐藏着巨大的不言自明的政治目的。随着殖民主义的扩张和资本势力的渗透，他们必将充分利用这些有限的"知识"性镜像描述来大造舆论，并把这种"知识"迅速转化为一种名义上拯救中国、实质上对中国进行野蛮侵略的"权力"。正是在这种清醒的现代理性指导下，身处英伦的老舍通过小说的方式及时地揭露了西方殖民势力和话语霸权的险恶用心与不可告人的政治目的。在小说《二马》中，他以反讽的手法塑造了一个"真爱中国人"、带着腿的"中国百科全书"式的人物——伊牧师，作者写道："他真爱中国人：半夜睡不着的时候，总是祷告上帝快快的叫中国变成英国的属国；他含着热泪告诉上帝：中国人要不叫英国人管起来，这群黄脸黑头发的东西，怎么也升不了天堂！"② 这就将一个面目伪善、实质险恶的殖民者形象和盘托出，西方文化殖民的侵略本质也暴露无遗。为了让国人提高警惕，唤起民族觉醒，更好地应对西方的侵略，老舍强烈呼吁："中国人！你

---

① 老舍：《二马》，《老舍全集》第1卷，人民文学出版社2013年版，第391—392页。
② 老舍：《老舍全集》第1卷，人民文学出版社2013年版，第390页。

第四章　批判中建构：人格建构和文化建构

们该睁开眼看一看了，到了该睁眼的时候了！你们该挺挺腰板了，到了挺腰板的时候了！——除非你们愿意永远当狗！"① 不难看出，在海外生活环境的刺激和民族国家责任的推动下，老舍内心深处的仇洋心理和国家复仇意识被激发出来，且获得理性提升。

　　1929 年 6 月，老舍结束了在英国的教书生涯，回国途中，经过巴黎，在欧洲大陆游历了三个多月，10 月到达新加坡，因路费不足，滞留于此，在一个华侨中学做了国文教员。这时的老舍在东西方的对比中，看到了殖民地半殖民地人民的觉醒和革命情绪，受到很大震动，思想上发生了巨大转变。于是他决定放弃恋爱题材长篇小说《大概如此》的创作，开始写反映殖民地人民反帝斗争的中篇小说《小坡的生日》。② 老舍在新加坡住了半年，始终没有看到白人小孩与东方小孩一起玩耍的场景，这使他深受刺激，他说："所以我愿把东方小孩全拉到一处去玩，将来也许立在同一战线上去争战！"③ 于是小说描写了一个由中国小孩、马来小孩、印度小孩组成的人间乐园，他们在这里嬉戏、玩耍，自由自在，唯独没有白色民族的小孩。在这个由东方被压迫民族的小孩构成的世界背后，潜隐着一个西方白种人的世界。作者的意图很明显，就是唤醒这些被西方列强长期奴役的民族，让他们团结起来，共同对抗西方霸权世界。"因此《小坡的生日》标志着老舍民族——国家复仇主义有所转变，即由中华民族向西方复仇，转化为联合所有被压迫者，向西方世界复仇"④。从而将复仇精神再度提升到一个新的境界。

　　日本侵华战争的全面爆发，使老舍的国家复仇意识和民族抗争精神得到了前所未有的激荡与张扬。长篇巨著《四世同堂》饱含着老舍的民族仇恨、民族气节和爱国之情，他高扬国家复仇意识和民族抗争精神的旗帜，正面描写了多起刺杀事件。一向不问世事的诗人钱默吟，

---

① 老舍：《老舍全集》第 1 卷，人民文学出版社 2013 年版，第 392 页。
② 曾广灿、吴怀斌编：《老舍研究资料》（上），北京十月文艺出版社 1985 年版，第 4—5 页。
③ 老舍：《我怎样写〈小坡的生日〉》，曾广灿、吴怀斌编《老舍研究资料》（上），北京十月文艺出版社 1985 年版，第 537 页。
④ 张全之：《论战争记忆与老舍创作的国家复仇意识》，《齐鲁学刊》2001 年第 5 期。

平常深居简出，与人为善，但在国破家亡的残酷现实面前，终于觉醒了。在死里逃生之后，他毅然走上了抗日救国之路，成了一位神秘莫测的侠客。在世界反法西斯战争的背景之下，老舍通过对传统侠客形象在抗战语境中的现代复活，寄寓了一种侠义救国精神和救世理想。他笔下的钱默吟很好地体现了抗战语境中儒和侠结合的可能性与现实性，这类人物形象的抗世行为明显地表现为侠的方式，一种江湖好汉式的复仇举动，并因抗战因素而具有救亡爱国和民族大义的内涵。

老舍一方面在挖掘复仇精神的现代内涵，一方面也不忘揭示国民性弱点，以更好地实现现代国民独立人格的建构和民族精神的重铸。他对复仇精神进行现代性改造并给以肯定、认同和张扬，将其作为特定时代人格独立、个性张扬、爱国救亡的强大动力。但同时也认识到《二马》中"出窝儿老"的病态人格使国人勇武雄强的复仇血性和反抗意志丧失殆尽的后果，那就是导致西方列强不断入侵，国家逐渐陷入半殖民地化的深渊，如不觉醒，最后只能落得个亡国灭种的下场。《猫城记》中的猫人面对外敌入侵却麻木不仁、若无其事，不敢迎敌抗战，大敌当前，仍然"窝里斗"，最后造成猫国覆灭，就是典型的明证。《四世同堂》中，在日寇的刺刀下，"惶惑"的人们似乎没有丝毫亡城之痛和亡国之悲，仍然在乱世中寻求"偷生"的机会，吃喝玩乐，互相倾轧，却不敢反抗，更无视对民族国家的责任与担当，堕落到只剩下苍白的躯壳，成为物质和精神全面陷入"饥荒"的国度里漫无目的四处游荡的行尸走肉。这些叙写体现了老舍对国民劣根性的清醒认识，他更借笔下人物陈野求之口表达了对传统文化的反思和忧虑："我们的文化或者只能产生我这样因循苟且的家伙，而不能产生壮怀激烈的好汉！我自己惭愧，同时我也为我们的文化担忧！"[①] 面对国民劣根性的沉渣泛起和无法忍视的可悲结局，如何改造这种民族弱点，使其走上健康发展之路呢？老舍从侠文化中找到了良方，那就是不畏强权暴力、勇于反抗的复仇精神和独立自由的人格意志。这正是国民性改造和民族精神重铸的重要思想资源。尤其是在反帝爱国的抗战期

---

① 老舍：《四世同堂》，《老舍全集》第4卷，人民文学出版社2013年版，第173页。

间,"真敢拚命的还不是士兵与民众?假若他们素日没有那些见义勇为,侠肠义胆等旧道德思想在心中,恐怕就不会这么舍身成仁了",因此,老舍主张"利用旧思想把民心引到抗战上来"[①]。可见,老舍的目的在于通过创作来倡导复仇精神,以此作为思想资源来改造国民性,培养国民的勇气、骨气和正气,重建现代国民的独立人格,实现民族精神的现代重铸。

从整体上看,老舍在对复仇者形象的全新塑造和对复仇行为的叙写中,实现了对复仇精神的现代性改造和全面超越,对传统文化中的负面价值进行了反思与解构,揭示了国民劣根性不利于生命个体成长和民族国家发展的缺陷,肯定和张扬了复仇精神的价值意义,致力于现代国民独立人格的全新建构,进而为民族精神的重铸奠定坚实的基础。通过文本分析可以发现,在老舍的价值视域中,复仇精神的实质已经不再是单纯的对抗性个体或群体行为,而是一种精神品格的象征,一种健全独立人格的体现,一种新型社会道德构建的思想资源和强大的精神动力。

(二)侠义精神的大力张扬与社会理想的积极探寻

与复仇精神相比,侠义精神更能体现出侠文化的精髓,是侠文化精神的核心要素。"侠在'义'的伦理原则支持下,有一种实现正义的深层动机,因而他几乎是出自于角色本能地去履行一种扶危济困的职责"[②]。正是由于正义的存在,使侠的行为具有一种规范性,行侠仗义也就成了侠的基本行为准则。轻生死,重然诺,拯世济民,扶危济困,锄强扶弱,惩恶扬善,见义勇为,舍生取义,为国为民,杀身成仁,均可视为侠义精神的重要体现和积极内涵。侠义精神的存在和承传,使侠文化在漫长的历史发展中能够游走于江湖与庙堂之间,深受中国平民百姓乃至官僚阶层的认同和赞誉,获得恒久的生命力。在老舍看来,侠义精神是正义的象征,他对侠义精神深表认同和赞许。老

[①] 老舍:《文论·制作通俗文艺的苦痛》,《老舍全集》第17卷,人民文学出版社2013年版,第160页。

[②] 王立:《伟大的同情——侠文学的主题史研究》,学林出版社1999年版,第69页。

舍说:"行侠仗义,好打不平,本是一个黑暗社会中应有的好事。倘若作者专向着'侠'字这一方面去讲,他多少必能激动我们的正义感,使我们也要有除暴安良的抱负。"① 在这种侠文化观的指引下,侠义精神也被老舍纳入国民性改造、民族精神重铸和民族文化建设的总体思考与格局中,成为他的文学创作表现的一个重要主题。更重要的是,老舍将侠义精神的大力张扬与社会理想的积极探寻相结合,体现了一个现代知识分子欲以侠义精神提振民气、改造社会、伸张正义的人文情怀和理性思考。

深入老舍的作品文本,不难发现里面存在着一个侠义人物形象系列。其中,有为国为民、舍生取义的侠之大者,如《赵子曰》中的李景纯,《猫城记》中的大鹰,《四世同堂》中的钱默吟和钱仲石父子、祁瑞全,《杀狗》中的杜老拳师,话剧《国家至上》中的"回教三杰"——张老师、马振雄、黄子清,话剧《茶馆》中的常四爷;有锄强扶弱、见义勇为的侠士,如《老张的哲学》中的孙守备、王德、李应、赵四,《离婚》中的丁二爷,《黑白李》中的黑李、白李;有扶危济困、拯救他人的义士,如《骆驼祥子》中的曹先生和《正红旗下》中的福海二哥。即使在那些身处底层民间的最普通的人群中,往往也有侠义人物存在,如《月牙儿》中的暗娼"我"、《骆驼祥子》中的虎妞和刘四爷、《四世同堂》中的金三爷等,他们身上或多或少也都有点侠义之气。对于侠义人物,老舍曾写道:"在祥子眼里,刘四爷可以算作黄天霸。虽然厉害,可是讲面子,叫字号,决不一面儿黑。他心中的体面人物,除了黄天霸,就得算是那位孔圣人。"② 显而易见,在祥子这个普通底层人物的心目中,刘四爷就是古典侠义小说中金镖黄天霸的化身,都是同等重要的"体面人物",甚至盖过了被尊为"万世师表"的孔圣人的光辉。黄天霸是侠义人物,孔夫子是大成至圣的先师,通过小说人物祥子眼中的比较,可以证明侠的意识观念早就深入民间,已经内化为民族性或国民性中的宝贵质素,同时也暗示

---

① 老舍:《文论·怎样读小说》,《老舍全集》第17卷,人民文学出版社2013年版,第394页。

② 老舍:《骆驼祥子》,《老舍全集》第3卷,人民文学出版社2013年版,第55页。

第四章 批判中建构：人格建构和文化建构

着侠文化在民间的影响力甚至超过了儒家正统文化。正是基于这样的理性认识，老舍笔下的人物充满侠义之风实属必然。他对社会的黑暗腐败、道义不存、混乱失序有着深刻的感受、体验和理性思考。在卢沟桥事变以前，他一直向往一个自由和谐、没有欺压的美好世界，于是他崇尚善，推崇正义和公道，想除尽人间不平事。而现实中的境遇使他无法实现这种理想和抱负，只能借助于文学创作的方式，以一种积极探寻的精神姿态，通过书写诗学正义、塑造富有侠义精神的理想人物，来表达他的人生愿望和社会理想。

在《老张的哲学》中，孙守备面对老张蛮横无理、逼良为娼的恶行，拔刀相助。当李静跪地央求他救助的时候，他声言不要老命也要跟老张干干。① 孙守备慷慨解囊，赎回了李静，从恶霸老张手上拯救了一个无辜的弱女子。李老人死后，孙守备帮助李静料理丧事，并且安慰她说："姑娘！我就当你的叔父，你将来的事有我负责，只不要哭坏你的身体！……"② 可谓急人之难，见义勇为，一派长者兼侠士风范。李静虽身陷囹圄，仍不忘拯救他人。她的叔父李老人由于欠债，被老张逼迫，要么把侄女抵债给老张，要么死掉。而弱女子李静为了拯救病弱的叔父，甘愿牺牲自己，选择嫁给老张，这种以身饲虎、舍生取义的精神，不失为女侠风范。李应和王德也是小说中的侠义英雄，他们侠肝义胆，仗义勇为，充满了侠气。在老张踢翻妻子张师母后仍不停地往她身上踢时，围观的学生没有人敢上前阻拦。王德看不下去，想和老张宣战，却无可奈何。突然，"只听拍的一声，好似从空中落下来的一个红枫叶，在老张向来往上扬着的左脸上，印了五条半紫的花纹"③，那是李应在打抱不平。于是，王德也抡着拳头扑过去。李应和王德都是老张主管的学堂的学生，面对老张的飞扬跋扈和权势毫不畏惧，同情弱小，为着心中的正义挺身而出。更可贵的是，李应一边打一边嚷，两个打一个不公道，为了公平起见，他让王德等他倒下了，再和老张干。最后面对老张的威胁，李应放话："拆你学堂的是我，

---

① 老舍：《老舍全集》第1卷，人民文学出版社2013年版，第172—173页。
② 老舍：《老舍全集》第1卷，人民文学出版社2013年版，第190页。
③ 老舍：《老舍全集》第1卷，人民文学出版社2013年版，第25页。

要你命的也是我，咱们走着看！"王德也说："拆房不如放火热闹。"①经过这场针锋相对的斗争，连老张这个无耻邪恶之徒也不得不承认李应有胆气，而这种胆气正义正是令他有所畏惧的侠性气概。还有洋车夫赵四，虽出身卑微，却仗义行侠。在变成洋车夫之前，他是个有钱而且自由的人。少年时体面洒脱，仗义疏财，曾买活鲤鱼送给他的邻居们，还曾跳进西直门外的小河里去救一个自尽的大姑娘。总之，"常人好的事，他不好；常人不好的事，他好。常人为自己打算的事，他不打算；常人为别人不打算的事，他都张罗着"②。他为了拯救李静和龙凤姑娘，不计较个人得失，特别是为了保护李静，曾拳打流氓蓝小山，活脱脱一位急公好义的侠义之士。

《赵子曰》中的李景纯是老舍奉献给新文学的一位侠义理想人物。他正直善良，推崇正义和公道，嫉恶如仇，胸怀大义。李景纯曾奉劝武端和赵子曰打起精神干些正经的事，他说："我不反对男女交际，我不反对提倡恋爱自由，可是我看国家衰弱到这步天地，设若国已不国，就是有情人成了眷属，也不过是一对会恋爱的亡国奴；难道因为我们明白恋爱，外国人，军阀们，就高抬贵手不残害我们了吗？老赵！老武！打起精神干些正经的，先别把这些小事故放在心里！"③ 在李景纯看来，交朋友要重情义，不能虚与委蛇。面对欧阳天风这个年少无知流氓的挑衅和刁难，他仗义执言："他欺侮我，没关系，我不理他就完了；他要真是作大恶事，我也许一声不言语杀了他，不是为私仇，是为社会除个害虫！"④ 由此可见，李景纯是一个怀有远大社会理想的人物，这也充分说明他对当时的社会形势有着清醒的认识和理性思考，与其沉溺于卿卿我我，不如于乱世中奋然崛起，为国为民学得一身本领，这是李景纯的人生观和价值观。正因如此，他显出与众不同的风采，不仅善于处理同学之间的关系，以身作则向周围人传递正能量，而且积极探寻现实社会的出路和理想前景。李景纯认为："现在只有

---

① 老舍：《老舍全集》第1卷，人民文学出版社2013年版，第27页。
② 老舍：《老舍全集》第1卷，人民文学出版社2013年版，第128页。
③ 老舍：《老舍全集》第1卷，人民文学出版社2013年版，第338页。
④ 老舍：《老舍全集》第1卷，人民文学出版社2013年版，第337页。

第四章 批判中建构：人格建构和文化建构

两条道路可以走：一条是低着头去念书，念完书去到民间作一些事，慢慢的培养民气，一条是破命杀坏人。我是主张和平的，我也知道青年们轻于丧命是不经济的；可是遇到这种时代还不能不这样作！"① 这说明他已经认识到要寻求民族的解放和国家的出路，必须走革命杀人的道路。这才有了李景纯在永定门外刺杀人民的公敌——军阀贺占元的一幕，也成就了他为民除害、舍生取义的大侠形象。

在《黑白李》中，白李为王五等洋车夫打抱不平，因为电车一开通，人力车夫就要失业，他仗义勇为，率众砸电车。黑李为了保护白李挺身而出，慷慨赴死。后来活下来的白李仍在上海从事砸地狱之门的反抗斗争。《猫城记》中的大鹰为了唤醒国民奋起抗争，毅然让人割下自己的头颅悬挂起来，以告诫和警示国人要以死捍卫国家利益，可谓杀身成仁的侠之大者。在《四世同堂》中，钱默吟曾两度下狱，但始终不屈不挠，捍卫了民族的尊严，保持了士可杀而不可辱的民族气节，最终走上侠义救国之路。

《骆驼祥子》中的人和车厂老板刘四爷是土混混出身，一副虎相，自居老虎。前清时候当过库兵，设过赌场，买卖过人口，放过阎王账，打过群架，抢过良家妇女，跪过铁索，入过狱。出狱后，到了民国，巡警的势力越来越大，"刘四爷看出地面上的英雄已成了过去的事儿，即使李逵武松再世也不会有多少机会了"②。于是他改行开了个洋车厂子，当起了老板。就是这样一个老混混，也还讲究江湖规矩和道义。他为在人和车厂拉车的光棍儿免费提供住宿，但前提是必须交上车份儿，否则他就会扣下铺盖，逐出门外。但"大家若是有个急事急病，只须告诉他一声，他不含忽，水里火里他都热心的帮忙，这叫作'字号'"③。可见，刘四爷也是个地道的民间侠义草莽。《四世同堂》中钱默吟的亲家、钱孟石的岳父金三爷练过形意拳，在大是大非面前坚持正义的立场，他着实教训了汉奸冠晓荷与大赤包这对狗男女一顿，伸张正义，大快人心。刘四爷和金三爷是沉潜于民间的侠义人物，如能

---

① 老舍：《老舍全集》第1卷，人民文学出版社2013年版，第357页。
② 老舍：《骆驼祥子》，《老舍全集》第3卷，人民文学出版社2013年版，第32页。
③ 老舍：《骆驼祥子》，《老舍全集》第3卷，人民文学出版社2013年版，第32—33页。

规训得当，就可以成为改造社会的有生力量；如任其自由发展，则可能变成阻碍社会前进的破坏性势力。

老舍作品中的侠义理想人物，大都有一种悲悯与拯救情怀，他们同情弱小，除暴安良，扶危济困，打抱不平，慷慨赴难，大义凛然。这些人物满怀对自由、平等、社会正义和社会公道的朴素愿望，敢于铤而走险，急人之难，或具有传统的道义精神，或彰显一派儒侠风范，或坚守民族气节，或保持道德底线。尽管他们身上存在这样或那样的缺陷，无法真正彻底地改变周围人物的悲剧命运，更不能从根本上祛除社会弊病；但他们面对社会不公和人间苦难时，能够挺身而出，敢于担当，以有限的力量去维护社会的正义和公道，追求世间的自由与平等。在文本中，老舍不仅将侠义精神作为一种传统美德进行大力张扬，更将其作为国民性改造和社会理想建构的精神资源来发掘蕴含其中的价值意义。在这些侠义理想人物身上，寄寓了老舍真诚的社会理想，他们的侠义行为和侠义精神为老舍构筑的底层社会增添了一定的温度和亮色，体现了老舍对传统文化积极因子的认同和赞许、汲取与借鉴，意味着他对社会发展、民族前途和国家命运充满了期许与希冀。

（三）民族精神的激情高扬和民族国家新生的文化构想

侠之立身处世，有不同的价值诉求。侠之小者，为己为人；侠之大者，为国为民。这代表了侠的两大不同境界和价值立场。无论就个人来说，还是就集体而论，侠的两大境界都指向利他性。路见不平拔刀相助，视死如归捐躯赴难，可以说是这两大境界真实而生动的写照。特别是后者，更能见证侠之风骨。"当国家民族处于危难的关头，侠的忠勇人格还会对历代游侠或任侠之士产生范导作用，砥砺他们的志节，在他们心底唤出一种'捐躯赴国难，视死忽如归'的大无畏英雄气概"[1]。以此审视老舍的一生，他堪称铁骨铮铮的任侠之士。他在北伐战争、抗日战争和解放战争时期的感时忧国情怀、勇于担当精神及

---

[1] 汪涌豪、陈广宏：《侠的人格与世界》，复旦大学出版社2005年版，第106页。

侠义爱国行为，前面已经论述。在这里，我将重点探讨在国破家亡的危难关头，老舍的创作思想发生了怎样的转变，他以何种文化立场参与了现代中国拯救民族危亡、探索新民强国之路的伟大历程，以及这在他的创作文本中有何重要体现。

随着抗日战争的爆发，为了争取民族独立和建设现代民族国家，以民族救亡为价值核心的战争文化取代或压倒了五四新文化运动以来的启蒙文化。于是，高扬本土文化，重视民族意识，弘扬民族气节和爱国精神成为当时文化建设的主导价值取向。尽管五四时期开创的新文化和新文学传统及其提倡与张扬的个性启蒙精神在特定时代境遇下被民族救亡话语所压倒，老舍同大多数新文学作家一样，都由以往的文化批判转向对优秀文化传统和本土民族精神的发掘与歌颂，但他在创作思想转变中并未轻易放弃作为现代知识分子的精英立场和思想启蒙的历史使命，也没有从一般的经济角度或政治层面来探讨战争的根源、揭示战争的罪恶、谴责战争的不义、颂扬人民大众的抗战热情。老舍始终坚持清醒的文化批判立场，以现代意识审视抗战军民舍生取义、杀身成仁的壮举所折射出的文化内涵以及旧中国儿女在民族国家危难面前的种种表现，对历史文化传统进行深刻的反思，对优秀的传统文化精神进行深入发掘。在这场血泪与战火交织的洗礼中，老舍看到了民族国家的大劫难，也看到了民族国家大劫难中的大无耻。这种深刻的现代战争体验促使他以清醒的现代理性意识审视和反思了民族的传统文化及其在大劫难中的各种面相，批判了国民劣根性，热衷于唤醒潜藏于民众内心深处的侠胆、侠气、侠骨、侠节，既发掘出传统文化可以建设的积极因子，写出了民族的觉醒和抗争，也塑造了一批侠义爱国的人物形象，从而将民族气节和爱国热情作为侠文化的重要内涵加以凸显，激发人们团结御侮、救亡图存的抗争精神和国家复仇意识，致力于民族精神的激情高扬和民族国家新生的文化构想，为危机四伏的中华民族提供了巨大的精神原动力和价值磁场。在救亡语境下，老舍的创作思想和文化立场尽管有不合时宜之处，但他对整个民族传统文化的现代性审视和理性反思，使其作品具有厚重的历史感和思想的深度，呈现出强大的精神力量和独特的艺术魅力。

下编　中国新文学作家与侠文化的精神相遇

　　《猫城记》是一部具有象征和隐喻意义的佳作，猫城实为老大中国的象征，生活于猫城的猫人大多数浑浑噩噩、醉生梦死，难能可贵的是，老舍为我们塑造了大鹰这样一位有骨气的侠义猫人形象。大鹰反对吃迷叶，反对玩妓女，反对多娶老婆。他想唤醒愚弱的国民，却被视为"假冒为善"。他有头脑、有大局意识，却不为他人所理解，"他是个被万人唾骂的，这样的人不是立在肤浅的崇拜心理上的英雄，而是个替一切猫人雪耻的牺牲者，他是个教主"①，是个孤寂的侠义英雄。外国人打进来了，大鹰愿意牺牲一己性命让小蝎有调兵拥兵的机会和权力，他慷慨道："杀了我，把我的头悬在街上，给不受你调遣的兵将下个警告，怎样？"②体现出一种以个人性命唤醒国人奋起反抗的侠者风范。猫城人没有国家观念，他们不团结、好内斗，敌国的矮兵们把两个猫人放在一个大木笼里，他们继续打，直到两个相互咬死为止。猫人们自己完成了他们的灭绝，猫人的命运最后只能落得个被外国人整批活埋的悲剧结局，这实际上是中国人命运的形象写照，更是对日本侵略中国的现实隐喻。好在大鹰是这个死寂猫城的灵魂，为了激起国民同仇敌忾的抗争精神，他让人割下自己的头颅悬挂在猫城的门楼上，以警示国人，一位舍生取义、杀身成仁的侠义爱国者形象呼之欲出。但大鹰的一腔热血并未唤起国民的觉醒和反抗，恰恰相反，大鹰的头被悬挂起来后，"看头去"成为猫城中一时最流行的三个字。小说写道："在我到了悬人头之处以前，听说，已经挤死了三位老人两个女子。猫人的为满足视官而牺牲是很可佩服的。看的人们并不批评与讨论，除了拥挤与互骂似乎别无作用。没有人问：这是谁？为什么死？没有。我只听见些，脸上的毛很长。眼睛闭上了。只有头，没身子，可惜！"③现实中猫人"看客"的举动对大鹰侠义爱国之举的崇高价值意义形成了无情的解构，而在侠义爱国之举惨遭解构的背后隐含着作者对国民性的深入反思和对健康人格的建构诉求，以及对民族国家前途的忧患意识。

---

①　老舍：《老舍全集》第2卷，人民文学出版社2013年版，第261页。
②　老舍：《老舍全集》第2卷，人民文学出版社2013年版，第262页。
③　老舍：《老舍全集》第2卷，人民文学出版社2013年版，第264页。

第四章　批判中建构：人格建构和文化建构

《杀狗》中的杜老拳师面对日寇的威胁恫吓，大义凛然，视死如归。他告诉儿子杜亦甫："咱们得长志气，跟他们干，这个受不了！我不认字，不会细细的算计，我可准知道这么个理儿，只要挺起胸脯不怕死，谁也不敢斜眼看咱们！"[①] 体现了一种铁骨铮铮的侠义精神。杜老拳师慷慨陈词发生的背景是全面抗战爆发前夕，当时日本人到处挑衅，制造事端，以为全面侵华寻找借口。可以说，日本人的刺刀已经架在中国人的脖子上了，不反抗毋宁死，是一切有血性的中国人最清醒而明智的选择。杜老拳师的儿子杜亦甫作为进步学生团体的领袖，大学期间，他经常夜间十二点召集周石松、徐明侠和初济辰在宿舍里讨论不平之事，"他们以为这是把光藏在洞里，不久，他们会炸破这个洞，给东亚放起一把野火来，使这衰老的民族变成口吐火焰的怪兽"[②]。很显然，一种反抗的情绪正在这些血气方刚的爱国青年心中酝酿。作为一个具有现代意识的青年大学生，杜亦甫主张为拯救民族危亡而勇于斗争、不怕牺牲。在他看来，"丧去生命才有生命，除了流血没有第二条路"[③]。同时，他认为："多一个疮口就多使人注意点他的生命。一个疮，因为能引起对全身的注意，也许就能救——能救！不是能害——一条命！一个民族也如是！我们为救民族，得给它去造疮口！"[④] 体现了一个于黑暗中摸索救国救民之路的热血青年的侠义爱国情怀。最初，杜亦甫瞧不起作为国术馆教师的父亲杜老拳师，但小说最后通过杀狗事件中杜老拳师的义勇行为及其要与日寇血战到底的铮铮誓言，预示着一个可能的结局，那就是经过血与火的考验和现实教育，这个热血青年会改变对父亲的看法，并以此为前进的精神动力而走上热血救国道路。这其实是通过杜老拳师这位民间侠士的言行彰显了传统侠文化的精神力量，虽然这篇小说发表在全面抗战爆发前夕，但其实已经昭示出救亡语境下民族气节和反帝爱国的侠文化精神内涵。

1940年，老舍在抗战时期的陪都重庆，与宋之的合作，创作了四

---

① 老舍：《火车集·杀狗》，《老舍全集》第7卷，人民文学出版社2013年版，第483页。
② 老舍：《火车集·杀狗》，《老舍全集》第7卷，人民文学出版社2013年版，第465页。
③ 老舍：《火车集·杀狗》，《老舍全集》第7卷，人民文学出版社2013年版，第465页。
④ 老舍：《火车集·杀狗》，《老舍全集》第7卷，人民文学出版社2013年版，第466页。

幕抗战话剧《国家至上》,剧中塑造了一个主要人物——回教老拳师张老师。老舍坦言:"剧中的张老师是我在济南交往四五年的一位回教拳师的化身。"[1] 剧作的主题内涵非常明确,那就是大敌当前,全民族必须团结起来,以抗战第一、国家至上作为最高的思想指南和行为准则。剧中的回教老拳师张老师,"壮年时,曾独力灭巨盗,名驰冀鲁,识与不识咸师称之"[2]。他与马振雄、黄子清结拜为盟兄弟,人称"回教三杰"。三人曾行走江湖,仗义行侠。在抗日救亡的时代语境中,张老师勇敢自信、侠肝义胆、爱憎分明、嫉恶如仇,视名誉重于生命,面对日寇压境绝不含糊,身先士卒、英勇杀敌,识破敌人的阴谋后,手刃汉奸金四把,为民除害、慷慨殉国;马振雄勇武不屈,仗着一身武艺,带领村民和日本兵拼命,血洒疆场;黄子清古道热肠、扶危济困,办清真小学数所,收教内外失学儿童而育之,在被奸人离间与张老师关系的过程中,他能够忍辱负重、顾全大局、坚定抗日、同仇敌忾。三人可谓为国为民的侠之大者。

在《四世同堂》中,老舍从历史文化层面对抗日战争中的民族性格和社会心理进行了深刻的剖析与揭示,客观辩证地发掘出传统文化消极和积极的两个面相。一方面,他揭示了国民性中的逆来顺受、怯懦屈从、苟且偷生是亡城之根源,小羊圈胡同里人们的惶惑与偷生,正是他们深受封建传统文化的负面影响所导致的结果;一方面,他清醒地认识到,要想团结御侮、重整山河,必须使国民精神和民族性格在抗战中浴火重生,以一种新的生命形态参与民族国家的建设,民族的优秀文化传统成为不可战胜的积极力量。

为了体现这种价值观念和文化立场,老舍在作品中塑造了许多胸怀民族大义的人物形象。四世同堂、含饴弄孙的祁老人,最初只知道作揖鞠躬,与世无争,在日寇的咄咄逼人之下,毅然挺身而出,敢于对着敌人的枪口讲话,抱着饿死的重孙女向日本人抗议。作为长子长孙的瑞宣,最初拘囿于在家尽孝的封建伦理而难以作出为国尽忠的决

---

[1] 老舍:《三年写作自述》,《抗战文艺》1941年第7卷第1期。
[2] 老舍、宋之的:《国家至上》,《老舍全集》第9卷,人民文学出版社2013年版,第103页。

第四章　批判中建构：人格建构和文化建构

定，经过血淋淋的严酷现实的历练，他终于走出惶惑，在钱默吟和瑞全的影响下走上了决绝的抗敌之路。在民族危亡之际，弱女子韵梅忍受着女儿饿死的悲痛，大胆支持丈夫的爱国行为，崇高的妇德和民族气节熔铸为一体，使这个北国的雪中之梅傲然挺立，坚强不屈，彰显出现代巾帼风范。安分守己的祁天佑为了捍卫生命的尊严而自杀，体现出士可杀而不可辱的侠义精神。在小说中，最值得称道的是诗人钱默吟一家的抗争。钱家是北平城小羊圈胡同里一户普通的诗书人家，虽然穷，但穷得硬气。钱默吟向来洁身自好，深居简出，不问国家大事，在大敌当前、民族危亡之际，却能够挺身而出，勇赴国难。最初，在得知小儿子钱仲石离家抗日的志向后，他对瑞全说："我只会在文字中寻诗，我的儿子——一个开汽车的——可是会在国破家亡的时候用鲜血去作诗！我丢了一个儿子，而国家会得到一个英雄！"① 他以儿子的人生抉择为骄傲，恪守着诗书传家、精忠报国的传统文化之精义。钱仲石在南口附近，将一部卡车开到山涧里，与车上三十多名日本兵同归于尽，以鲜血和生命书写了报国之志。钱仲石的侠义爱国之举虽然让钱家遭受了劫难，但促使钱默吟这个安贫乐道的儒者作出了重要的价值抉择。他救了宁肯自杀也不投降的抗日勇士王排长，冒着杀头危险将其留在家中多日，后与瑞宣商议，并在李四爷的筹划帮助下，由瑞全护送王排长出城，为抗战保存了反抗的火种。在生死面前，这些普通人都表现出了可贵的民族大义精神。钱默吟是以"儒侠"形象出现在小说中的理想人物，他的人生哲学、价值观念、文化理想、审美情趣都是典型的中国传统文化类型。在他身上，充分体现了传统文化中"士可杀而不可辱"的精神境界。他深明大义、一身正气、不畏强权、敢于反抗。他曾两次下狱，但都经受住了生死考验和人生磨难，保持了高贵的民族气节，家庭遭难和民族危亡的残酷现实使他于悲愤之中毅然决然地走上了抗战救国之路，做出了轰轰烈烈的戏楼刺杀壮举，演出了一段郊外惩治汉奸的现代民间英雄传奇。作为中国传统知识分子的代表，钱默吟以其在民族解放战争中的浴火重生，揭示出

---

① 老舍：《四世同堂》，《老舍全集》第 4 卷，人民文学出版社 2013 年版，第 41—42 页。

"儒—侠"这两种文化传统在救亡语境下融汇沟通的可能性。

为了彰显这些侠义爱国之士的优秀品质,老舍塑造了一些汉奸形象,如为了病妻幼子沦为汉奸的陈野求,丧失民族气节、卖国求荣的冠晓荷夫妇和蓝东阳。通过鲜明的对比,钱默吟、祁老人、祁天佑、瑞宣、韵梅、瑞全、钱仲石等人身上所体现出来的不畏强权、敢于反抗、誓死捍卫生命尊严和坚守民族气节的精神,在民族危亡的关键时刻,是最宝贵的精神财富,充分显示了中华民族意志中坚贞不屈、勇武刚毅的一面和民族文化建设可资借鉴的珍贵基因。

"在老舍看来,为神圣的民族解放战争所唤起的这种坚韧不屈、勇于自我牺牲的民族精神是可以成为建设新民族、新国家的精神力量的"[①]。这体现了老舍对民族传统文化出路和国家前途命运的积极探寻,在民族国家新生的文化构想中表达了一种对拯救和重建的渴望,同时也标志着老舍的创作在抗战烽火中浴火重生,达到了一个新的生命高度。

(四)"武"的历史命运思考与"侠"的现代出路探寻

从某种意义上讲,"侠"要扬名立万、驰名江湖,必须靠"武"来成就和锻造,所谓仗剑行侠、以武行侠是也。行侠要靠剑、靠武,更要靠侠义精神。当然,这里的剑可指武器、武功,也可指某种资本或势力。要做旷世大侠,"武"和"侠"这两大元素,均不可或缺。行侠须仗剑,无剑(武器、武功、资本或势力)则无法替天行道、除暴安良。试想,一个侠客如果连自身性命都不能保全,陷入安全危机,何谈扶危济困,拯救他人?在这种情况下,任何拯世济民的抱负都将成为空谈。侠文化的价值魅力,不仅在于"侠"的精神,而且在于作为一种优雅的暴力手段和绚烂的审美形式的"武"的施展。在新的历史条件和文化语境下,"武"和"侠"都将接受严酷现实的考验,面临命运的挑战和出路的选择。

---

① 钱理群、温儒敏、吴福辉:《中国现代文学三十年》(修订本),北京大学出版社1998年版,第248—249页。

第四章　批判中建构：人格建构和文化建构

老舍爱好武术，深谙武功精髓，自己也练武，以他对武学的理解和掌握，从事武侠文学创作，展现神秘莫测、变幻无穷的武功技击，可以说是手到擒来，绝非难事。但他并未这样做，即使在他创作的武侠题材甚至类武侠题材的作品中，也没有大肆铺展武功描写，更未沉湎于"武"的自我陶醉，而是对"武"在新的历史语境下的命运进行了理性反思，对"侠"的现代出路进行了积极有效的探寻。这些反思和探寻在小说《断魂枪》、话剧《五虎断魂枪》和小说《八太爷》中，都有深刻的体现。

小说《断魂枪》脱胎于《二拳师》的构思。在谈到《断魂枪》时，老舍说："它本是我所要写的'二拳师'中的一小块。'二拳师'是个——假如能写出来——武侠小说。我久想写它，可是谁知道写出来是什么样呢？"[①]《断魂枪》写的是武侠，真实地写出了一代镖客大侠沙子龙在时代大潮冲击下价值失落的悲壮而苍凉的境遇，小说中那股刚烈而又悲凉的审美氛围和老镖师神枪沙子龙的大义凛然之气，让人十分感动，不禁肃然起敬。

在近代社会转型和经济发展的背景下，随着交通的日益发达和新式武器的发明，镖客行当和刀枪剑戟逐渐失去其存在的价值，镖师沙子龙空有一身神枪本领却无用武之地，他的存在感陷入虚无状态，他的生命价值因无所寄托而走向失落，也是时代发展的必然结局。沙子龙不同于重义轻生的先秦两汉游侠，亦非权贵豢养的"私剑"，更不同于武侠小说中除暴安良的侠客，只是一个为商贾所雇佣的镖局之镖客。他生不逢时，处在一个武侠文化衰落、刀枪剑戟无法施展威力的近代社会，无法像历史上或武侠小说中的江湖侠客和绿林好汉那样扬名立万，靠着一世英名和威望安享晚年。武侠和武侠文化是传统农业社会的产物，随着近现代工业文明的快速发展，一切封建农业文明时代的生活方式都将面临惨遭淘汰的厄运。时至近代，武侠文化已经在中国历史上存续了几千年，孕育产生过无数江湖侠客和英雄豪杰，也

[①] 老舍：《我怎样写短篇小说》，曾广灿、吴怀斌编《老舍研究资料》（上），北京十月文艺出版社1985年版，第555—556页。

助推创作出无数惊天动地且震撼人心的武侠传奇故事。但在现代工业文明的冲击下，实存侠的生存土壤和生活形态已不复存在，他们将不可避免地为历史所无情抛弃。火车、快枪、通商与恐怖等现代性元素潜滋暗长并日益盛行，使大刀、长矛、毒弩、厚盾、武功、义气等传统文化元素陷入价值失落、一无是处的尴尬、彷徨的困境。"连祖先与祖先所信的神明全不灵了啊！龙旗的中国也不再神秘，有了火车呀，穿坟过墓破坏着风水。枣红色多穗的镖旗，绿鲨皮鞘的钢刀，响着串铃的口马，江湖上的智慧与黑话，义气与声名，连沙子龙，他的武艺、事业，都梦似的变成昨夜的"①。老舍在小说一开始就把急遽变迁的社会镜像呈现于读者面前。沙子龙所处的时代，是走镖已没有饭吃，而国术和侠文化尚未被革命党和教育家提倡起来的时代。尽管近代掀起了尚武任侠思潮，但武侠文化在现实生活中的衰落、镖师走镖的行当走向衰败已是不争的事实。沙子龙的镖局也被迫改成了客栈，改行做生意讨生活，使他的安身立命之本失去了存在的根基。

　　想当年，沙子龙凭着"五虎断魂枪"——这条枪与这套枪法，二十年的工夫，在西北一带，创下了"神枪沙子龙"的名号和声誉，从未遇见过敌手。然而，时代的变迁给沙子龙带来了基于生存危机和声誉危机而生的内心悲痛，更重要的是因侠文化没落而心生的无尽的、莫名的悲哀。面对惨淡的生存现状，他留恋的昔日光景已不复存在，英雄无用武之地，犹如牢笼中的雄狮不得不作困兽之斗，从而陷入无地彷徨的尴尬处境。作为传统文明象征的神枪和枪法不会再给沙子龙增光显圣了，他只有在夜间独自拿起枪的时候，才能感到自己的真实存在，才会相信自己还是"神枪沙"。在白天的时候，沙子龙不再谈武艺和往事，因为他知道昔日的好景不会再回来了，于是他陷入了绝望。他拒不承认王三胜是他的徒弟，也不愿意再传授他武技，因为他不愿让在他心中居于崇高显赫地位的武功堕落到王三胜靠其卖艺的地步；他更不愿再与别人切磋武技、以武会友了，面对孙老者再三诚恳的讨教甚至执迷不悟，他始终坚持"不传"，因为他想让"断魂枪"

---

① 老舍：《蛤藻集·断魂枪》，《老舍全集》第 7 卷，人民文学出版社 2013 年版，第 320 页。

第四章　批判中建构：人格建构和文化建构　◆◇◆

与他"一齐下棺材"，有一个和他的内心世界相应相和的悲壮结局。当然，沙子龙的反常行为别人无法理解，纵使他的大徒弟王三胜，以及那个探究武学的孙老者，也难解其中三昧。在现代工业文明的冲击下，武侠文化已经走向没落，而镖师侠客也不配有更好的命运，尽管沙子龙陷入了最绝望的深渊，但他对现实的认识仍然是最清醒的，那就是侠文化已经无力回天，当年野店荒林的威风和昔日的辉煌光景也无法再现了。面对徒弟的请教，沙子龙有时敷衍过去，有时直接赶人；面对孙老者的讨教，他真诚坦言："孙老者，说真的吧；那条枪和那套枪都跟我入棺材，一齐入棺材！"① 可谓掷地有声，铿锵有力。在现代武器长足发展而武侠文化日趋没落的时代，一个侠客纵使武功高强，面对洋枪洋炮，即使"传"了，又能怎样呢?！在日趋功利化和商品化的时代，与其传武技神功于不肖子孙和别有用心之人，倒不如将其带入地下，拥抱那份真纯。这体现了沙子龙对"武"的尊严的捍卫和对"侠"的名誉的维护。由此可见，沙子龙对于"不传"的抉择，特别是对孙老者的坦言，引人深思，韵味无穷。在小说文本中，"老舍剥夺了对武侠题材的伪饰，却又赋予了沙子龙最为丰富的精神生活内容，让他超出了武侠的行当意义，成为人类历史上一切悲壮地离开历史舞台的英雄们的一个象征"②。"不传"，乃时代形势使然，更是沙子龙这个昔日镖师侠客独特的个体生命的生活经验和思想情感逻辑自然发展的必然结果。

我们再来解读和分析话剧《五虎断魂枪》。《五虎断魂枪》堪称小说《断魂枪》的姊妹篇，写的也是现代工业文明发展时代，手枪和火车的出现带给走镖拳师的生存挤压及其出路探寻。主人公王大成，精通武术，内心孤傲，含而不露，颇负盛名，自立镖局。清末年间，中国还没有铁路，珍贵物品均由镖局的拳师护送。但随着手枪和铁路的出现，镖局和拳师镖客便陷入生存危机。一方面，王大成在押镖途中遭持枪的小康和四狗子拦路抢劫，纵使有一身武功，也无可奈何，是

---

① 老舍：《蛤藻集·断魂枪》，《老舍全集》第 7 卷，人民文学出版社 2013 年版，第 326 页。
② 徐德明：《中国现代小说雅俗流变与整合》，社会科学文献出版社 2000 年版，第 276 页。

宋民良持枪挺身而出，为他解了围；一方面，清末铁路开通，火车出现，镖局的运输意义和拳师的生存价值遭到无情解构。此时的王大成恨手枪使他威名扫地，恨火车抢了他的生意，这意味着拳师时代业已过去，英雄无用武之地，同沙子龙一样，"神枪王"的辉煌光景也已不复存在。尽管宋民良劝慰他"王师傅，世界变啦，拳头不如手枪顶用，这并不是您的错"①，尽管他也看到了手枪的威力，但他没法相信这种既定的现实，而不得不尴尬地生存于这个使他颜面尽失的时代。失业前后的王大成非常珍视他的"五虎断魂枪"，视之为最后一招绝活，连两个徒弟都不传，要传给自己的独女王石梅。查拳门的陈向伍独行千里拜门请教枪法，王大成只是真诚待客，却坚决不传。这与沙子龙的"不传"有异曲同工之妙。但随着情节的发展，王大成的思想有了变化。而这种变化，是在同剧中人物的相互关系中展开的。失业后，大徒弟丁德胜改行在火车站做搬运工，曾建议师傅也去，但王大成出于痛恨火车抢了他的饭碗，坚决不做。二徒弟李昌元进了常王爷的巡警队，而主教官恰恰就是陈向伍，二徒弟建议师傅跟陈向伍竞争月俸六十两银子的主教官职位，王大成坚持做拳师的规矩，宁愿到场子上卖艺，也不抢人家的饭碗。当王大成从李昌元口中得知巡警的任务就是抓反叛朝廷的人，且知道了宋民良就是革命党时，他坚持改朝换代拳师一直都帮助叛军的正义立场，为了保护宋民良，多次警告利欲熏心的李昌元，甚至无情翻脸。作为一代拳师，王大成尽管家境贫苦，但仍不失侠肝义胆、铁骨铮铮、仗义执言的侠者风范。陈向伍痴迷武术，为学武而遍访名师求教取经，倾家荡产也在所不惜。王大成最终深为感动，答应教他枪法，但条件是不许伤害宋民良。陈向伍虽在清末官府的巡警队做主教官，但只管教打拳，不问别的事。在革命党人宋民良生命危急之际，他挺身而出，为保护宋民良而倒在了侦缉队员小康的枪下。王大成义愤填膺，打死小康为陈向伍报了仇，最终选择和宋民良一起走，连女儿王石梅也作出了这样的选择。按照王大成的性格发展逻辑和话剧的情节推进脉络，这预示着王大成们将走上

---

① 老舍：《五虎断魂枪》，《老舍全集》第 10 卷，人民文学出版社 2013 年版，第 291 页。

反清革命道路。宋民良认为："只有正气和荣誉感能把人变得永远有用。"① 拳师王大成就是一个具有"正气和荣誉感"的人。至此，赋闲在家的王大成终于有了用武之地，这体现了作者对"武"的理性思考和对"侠"的现代性转化。话剧《五虎断魂枪》和小说《断魂枪》可以形成互文性关系，王大成的性格逻辑可以说是沙子龙性格的向前发展和深化，从"不传"到"传"再到与革命党一起出走的情节发展来看，这体现了作者对侠文化的改造理路与对侠义拳师出路探寻的轨迹。在现代工业文明的无情冲击下，中国社会不断经历着由传统向现代转型的阵痛，固有的价值观念和生存法则都要发生转变或蜕变、创新与进步。时代向前发展了，走向没落的侠文化和侠义拳师，有必要作出转型的选择，获得与时俱进的发展。

老舍在长篇武侠小说《二拳师》的创作构思上曾这样设想过："内中的主角儿是两位镖客，行侠作义，替天行道，十八般武艺件件精通，可是到末了都死在手枪之下。我的意思是说时代变了，单刀赴会，杀人放火，手持板斧把梁山上，都已不时兴；二大刀必须让给手枪，而飞机轰炸城池，炮舰封锁海口，才够得上摩登味儿。这篇小说，假如能写成了的话，一方面是说武侠与大刀早该一齐埋在坟里，另一方面是说代替武侠与大刀的诸般玩艺不过是加大的杀人放火，所谓鸟枪换炮者是也，只显出人类的愚蠢。"② 通过对小说《断魂枪》和话剧《五虎断魂枪》的文本分析，再结合老舍的这段话，不难看出他明确的创作意图，那就是一方面展现武侠文化随着时代变迁而趋于没落的命运；一方面对现代工业文明带来的负面效应进行理性批判。

如果说，小说《断魂枪》"叙写的不只是沙子龙这一过时侠客的无奈与悲哀"，也写出了作者"本人对武侠文化没落的遗憾与无奈，对社会急速转型的某种心理落差"③，那么，话剧《五虎断魂枪》则写

---

① 老舍：《五虎断魂枪》，《老舍全集》第10卷，人民文学出版社2013年版，第313页。
② 老舍：《散文 杂文·歇夏（也可以叫作"放青"）》，《老舍全集》第15卷，人民文学出版社2013年版，第276页。
③ 何云贵：《武侠文化的挽歌——〈断魂枪〉主题新论》，《重庆师专学报》2000年第4期。

出了王大成这一过时拳师侠客无奈中的惊醒、悲哀中的奋起、绝望中的希冀，体现了作者对侠文化转型的思考和对拳师侠客出路的积极探寻精神。如果说，小说《断魂枪》是一曲唱给没落武侠文化的深情挽歌，那么，话剧《五虎断魂枪》使我们真切地感受到这曲挽歌中回荡着激进昂扬的音符。统观这两部武侠题材的作品，在它们的深层结构确实蕴藉着过时侠客——沙子龙和王大成们的无奈、悲哀与绝望，但在这种消极而不失独立思考的情绪中，我们却能隐隐感受到这些真正侠者对侠文化和侠文化精神的忠诚坚守与永恒守望。文本深层涵泳着浓浓的怀旧情绪，这源于对"不传"的枪法——侠文化的眷恋和坚守，表达了老舍对侠文化在新的历史语境下尴尬命运的反思，同时彰显了他对侠文化精神的尊崇与张扬。

  小说《八太爷》同样体现了老舍在新的历史条件下对"武"的命运和对"侠"的出路的现代性反思，不过，行侠者手中的武器由刀枪剑戟变成了手枪，活动背景由绿林江湖挪到了现代大都市北平。小说主人公王二铁是北平北边大柳庄的一个庄稼汉，读过几天私塾，认识几个字，羡慕英雄好汉，他主要从野台戏评书和乡里的小曲与传说中受到教育，可见民间侠文化对他影响至深。在他知道的英雄中，有张飞、李逵、武松、黄天霸等，但他最佩服的是康小八——这个西太后当政时令京城内外军民官吏一概闻名丧胆，使各州府县都感到兴奋与恐怖的使双枪的侠盗。在王二铁眼中，这个跟他一样又矮又黑的康小八才是真正的好汉，黄天霸和窦尔敦都不如这个惨遭凌迟仍面不改色的八太爷。他自视为康小八转世，幻想着有一天能够率众揭竿而起、替天行道、扶贫救弱、仗义行侠。但王二铁的仇人们憎恶他，加上他长得矮，送他外号——东洋鬼，他没法忍受，下定决心离开家乡到北平城里做八太爷，以实现他的英雄梦。当时卢沟桥事变爆发，他还梦想着用他的手枪去劫一辆汽车，作惊天动地之举。他的壮举没有完成，反被在城里结拜的盟兄弟出卖给侦缉队，幸免于难后找出卖者报仇，却被他们"有本事打日本人去"[①] 的话所激，于是他在城外打了日本兵

[①] 老舍：《贫血集·八太爷》，《老舍全集》第 8 卷，人民文学出版社 2013 年版，第 75 页。

第四章 批判中建构:人格建构和文化建构

的埋伏,射杀了六个日本鬼,最后稀里糊涂地被日本兵用刺刀杀死。这是小说的基本故事情节,它为我们塑造了一个武侠文化没落时代仍沉浸于侠客梦中的堂·吉诃德式的人物。虽然王二铁最终没能做成康八太爷,他杀日本人也缺乏明确的民族意识和反抗意志,但他这种做英雄好汉的执着精神及抗战背景下射杀日寇的壮举,最终成全了他做康八太爷的夙愿,圆了他的侠客英雄之梦。尽管他死得懵懵懂懂,远没有仁人志士抗日殉国悲壮,但比晚清康八太爷要死得其所,这是他超越京城侠盗康小八的价值所在。康小八之所以受到王二铁的崇拜,除了武功高强,还有手枪。手枪在清末是新奇的洋玩意,所以他能横行霸道,大闹北京城。对于手枪这种现代文明的产物,作者在小说中写道:"手枪,这是多么亲切,新颖,使人口中垂涎的东西呀!有了会打手枪的好汉在眼前,谁还去羡慕那手使板斧,或会打甩头一子的人物呢。"[①] 侠客有枪,如虎添翼。康小八时代确实如此,但到了王二铁时代,枪不再是什么稀罕物了。特别是在抗战语境下,个人行走江湖持枪做侠客已不可能,王二铁连慷慨赴死的个人英雄主义的梦想也无法实现了。王二铁这样的民间草莽于抗战时代倘若遇到共产党,接受了无产阶级革命思想教育及其改造,在革命尚武精神的鼓舞下,应该会走上抗日救国的民族革命道路。老舍在小说中没有给他指明这条道路,只是在武侠文化已然没落的境遇下宣告个人主义英雄梦想的失败。当然,这样的民族革命时代的侠义英雄在萧军、端木蕻良等抗战作家笔下和十七年革命英雄传奇小说中得以大量涌现。也就是说,散居于民间的侠义之士在革命思想的教育和改造下,有走上抗日救国道路的可能性,可以成为一种有机的革命力量。

老舍毕竟不是一个武侠小说作家,他不会津津乐道于仗义行侠的武侠叙事,他关注的是在新的历史条件和文化语境下对"武"的命运和"侠"的出路的现代性反思与探寻,蕴藉着更为深刻的内涵。晚清以降,西方列强以坚船利炮洞开了古老中国的大门,中国被迫进入世界化的语境之中,"中国中心"的思维模式和"天朝大国"的千年梦

[①] 老舍:《贫血集·八太爷》,《老舍全集》第8卷,人民文学出版社2013年版,第68页。

幻受到无情的冲击与解构，中国向何处去，中国文化如何发展，中国的国民性如何适应瞬息万变的世界局势，作为严峻的命题摆在中国人的面前。老舍的父亲牺牲在八国联军殖民侵略的炮火之下，他在情感上痛恨给中华民族带来深重灾难的西方殖民主义侵略者，但在理智上非常清楚只有现代化才是中华民族浴火重生的唯一道路。因此，老舍的现代理性认知使他能够以更加清醒的意识来对待传统文化的转型和中国的现代化进程。"《断魂枪》等文本以民族寓言的形式承载了深厚的人生底蕴与文化内涵，其表层文本叙述的是挑战—受辱—拒绝应战之类的武林故事，潜在文本则是对东方古老而神秘的生存方式消逝的哀悼，沙子龙们江湖生涯的中断，不仅是老舍对新的历史环境下'武'的命运的清醒认识，而且也隐喻了古老民族文化精神的式微和现代化的阵痛，寄寓了对现代工业文明负面效应的批判"①。同时，老舍在深刻洞悉"武"的历史命运的前提下，对"侠"的现代出路作出的理性思考和积极探寻，特别是对侠文化精神的坚守和张扬，更为他的侠文化改造思路赋予了鲜明的现代性特征。

三 提振民气与启蒙救国：侠文化改造的意义

通过对老舍其人其文的深入分析，我们发现，他对侠文化钟爱而不沉迷，既充分正视和真诚面对近代以来侠文化与侠的历史命运已发生重大转折的现实，又将侠文化的积极合理内核经过现代性改造化为新民强国和民族振兴的精神资源与思想引擎，致力于现代国民独立人格的建构、民族精神的重铸和民族文化的建设，以提振民气和启蒙救国的鲜明特征，游走于雅俗之间，并在主题内蕴和艺术精神上大大超越雅俗，充分彰显了老舍对侠文化进行改造的现代意义。这既体现了他对近代尚武任侠思潮的积极回应和对传统侠文化的现代传承，也表明了他对待侠文化的基本态度，这种态度是比较成熟的、辩证的、充满了理性反思的，这正是他超越一般武侠小说作家的地方，也是他独

---

① 王学振：《"武"的退隐和"侠"的张扬：论老舍与侠文化》，《西南大学学报》（社会科学版）2009年第6期。

第四章　批判中建构：人格建构和文化建构

异于其他新文学作家之处。

梁启超和章太炎等开启了近代尚武任侠思潮，他们纷纷撰文探求中国的病根所在，一方面激烈地批判愚弱的国民性，一方面充分肯定和大力倡导尚武任侠精神，以实现新民强国之梦。这种改造国民性和侠义救国的思想被老舍所继承，并加以深化发展。他以侠文化作为改造国民性的重要精神资源，并与启蒙主义相结合，将国民性批判和改造纳入启蒙救国的时代旋律。在时代精神的感召下，老舍"因其气质的刚强豪爽而接受侠的精神价值"，"他用侠的性格来否定世人的'没有骨气'，因此他的描写也有倡导和号召的意义，这是改造国民性格的一种努力。在一个民族需要战斗的时代，现成的侠的性格必然被正面地表现"，"老舍用侠的精神的表现去满足了时代的要求，完成了时代所赋予一个作家的使命"[①]。

当然，老舍对待侠文化的态度绝非一朝一夕形成的，这不仅与他的气质禀赋有关，而且离不开他人生历程中深刻的生命体验和理性思考。1922年10月10日，正值老舍在南开中学教书，他曾在校中国庆纪念会上发表过这样的演说："我愿将'双十'解释作两个十字架。为了民主政治，为了国民的共同福利，我们每个人须负起两个十字架——耶稣只负起一个：为破坏、铲除旧的恶习，积蔽，与象大烟瘾那样有毒的文化，我们须预备牺牲，负起一架十字架。同时，因为创造新的社会与文化，我们也须准备牺牲，再负起一架十字架。"[②] 这是老舍尚未进行文学创作之前的演讲，表明了他对民族文化心态和国民精神面貌的深切关注。由此观之，国民性批判和改造、民族文化建设的现代性构想成为日后老舍文学创作的基本主题与关注的焦点，绝非偶然。老舍一生都在为庶民写作，这里的庶民主要是指城市贫民和下层小资产阶级，也就是城市中的"被侮辱与被损害者"，比如艺人、车夫、手工业者、拳师、小商贩、暗娼等，都会进入他的价值视野。他不仅书写他们的艰难生活，正视他们的弱点，还善于发掘他们身上

[①] 汤晨光：《老舍与侠文化》，《齐鲁学刊》1996年第5期。
[②] 老舍：《双十》，曾广灿、吴怀斌编《老舍研究资料》（上），北京十月文艺出版社1985年版，第124—125页。

的侠性质素和人性光辉，以提振民气，促其觉醒。老舍能够发现并直面中国人"出窝儿老"的病态人格，通过文学创作的方式积极探究病因，并提出疗救的方案。他认为："以今日中国文艺的情形来说，我倒希望有些顶硬顶粗莽顶不易消化的作品出来，粗野是一种力量，而精巧往往是种毛病。小脚是纤巧的美，也是种文化病，有了病的文化才承认这种不自然的现象，而且称之为美。文艺或者也如此。"① 在这里，老舍以清醒的现代理性对国人的病态人格和民族的病态文化进行了反思，从文艺到文化，对愚弱的国民性作了一次深刻的省察，并认识到粗野作为一种力量的重要性。他主张："哭就大哭，笑就狂笑，不但显出一点真挚的天性，就是在文学里也是很健康的。"② 话语之间含蕴着一种爱憎分明的人生态度和敢爱敢恨的性格特征，率性自然，豪迈不羁。这意味着只有输入强健勇武的血性质素，我们的国民个性和民族文化才能得到健康发展，并充满生机与活力。抗战期间，老舍更加重视尚武任侠精神的重要性，并将侠文化与铁血救国、拯世济民的时代使命相结合，体现了一个现代知识分子的血性良知和天道责任。他在1938年5月1日发表的曾写给陶亢德的《一封信》中，希望文人们包括自己能把身体保养好，"成为铁血文人，在这到处是血腥与炮火的时候，我们才能发出怒吼"③。1938年"九•一八"前夕，他又发表短文《中华在九一八》，号召国民要用民族的血洗清国耻，"叫日本滚出去，叫世界知道中华是不可侮的"。在另一篇短文《文武双全》中则希望中国人都能文武双全，既是能上战场的"武士"，又是有学识、有头脑的"文人"④。在民族危亡的关键时刻，老舍能够身先士卒，在精神界树起铁血救国的旗帜，号召同胞奋起抗争，血洗国耻，大义凛然、无所畏惧，不仅彰显了一派文侠风范，更寄托了他的爱国救世理想。

当然，老舍对待侠文化的态度，并不是一味地肯定甚至盲目崇拜，

---

① 老舍：《我怎样写〈离婚〉》，《宇宙风》1935年第7期。
② 老舍：《我怎样写〈离婚〉》，《宇宙风》1935年第7期。
③ 曾广灿、吴怀斌编：《老舍研究资料》（上），北京十月文艺出版社1985年版，第29页。
④ 曾广灿、吴怀斌编：《老舍研究资料》（上），北京十月文艺出版社1985年版，第32页。

第四章　批判中建构：人格建构和文化建构

他既正视了侠文化的正面作用和积极意义，并深入发掘其可资借鉴的精神资源，也认识到了侠文化的负面影响和消极意义。他说："倘若作者专注意到'剑'字上去，说什么口吐白光，斗了三天三夜的法而不分胜负，便离题太远，而使我们渐渐走入魔道了。"① 在这里，老舍指出了侠文化的糟粕，这种糟粕对当时社会产生了负面影响和不良导向，使武侠小说和侠文化遭到左翼革命作家诟病，被视为精神鸦片和迷魂汤，这实际上代表了当时社会对待侠文化的一种态度：无情批判甚至全盘否定。毋庸置疑，对待任何事物，无论是持全面肯定的态度，还是持全盘否定的态度，都是不可取的，因为这两种极端的态度都缺乏客观辩证的思维。老舍对待侠文化的态度，既不同于晚清梁启超和章太炎等旗帜鲜明的充分肯定，也异于左翼革命作家态度决绝的全盘否定，而呈现出一种辩证的理性反思特征。因此，他一方面指出侠文化的糟粕对民众的负面影响；一方面对侠文化的积极意义给予肯定和赞许，将侠文化置于革命和救亡的时代语境下，考虑对其进行改造利用的可能性，把侠文化的合理积极内核注入理想人格、社会和文化模式的探寻与建构之中，勘探其作为精神资源的价值意义。

老舍在实现自己的社会、文化理想和人格精神追求的过程中，选择侠文化作为一种精神资源来参与思想和艺术的建构，并在审美创造和艺术表达中立足民间立场，以现代精英意识对侠文化进行现代性改造，游走于雅俗之间，而又超越于雅俗之上。从整体上看，老舍对待侠文化的基本态度和价值立场，与鲁迅有相似之处，但他的着眼点和底层视角以及具体结论与鲁迅存在明显不同，从而呈现出独特的意义。从文化和文学价值重建的角度来看，老舍对待侠文化的理性反思态度和建构型的侠文化改造思路，不仅丰富和深化了我们对侠文化的认识与理解，而且对于如何实现传统文化的现代转型，如何继承、发扬传统文化精髓，具有积极的借鉴意义。

---

① 老舍：《文论·怎样读小说》，《老舍全集》第 17 卷，人民文学出版社 2013 年版，第 394 页。

第三节 沈从文：湘西游侠精神的歌者与行者

在中国现代文学史上，沈从文并不是一个积极地融入主流的作家，他的文学创作的叙述方式、思想内涵、情感表达和审美追求离不开他出身的文化边地——湘西。行伍世家的出身赋予他一种与生俱来的雄健尚武的血性和从军的愿望，湘西的大山赋予他的那种"潜在的力量一旦爆发，往往有一种不可抑止的原始野性"[1]。这种原始强悍的野性来自湘西游侠精神，"湘西原本多侠气"[2]，中国传统侠文化在潇湘大地的偏远一隅——湘西衍变为游侠精神，湘西人"精神上多因游侠者的遗风，勇鸷慓悍，好客喜弄，如太史公传记中人"[3]。面对都市病态堕落的人生和孱弱萎靡的人性，沈从文自然会将审美视角投向他所钟爱的湘西世界，特别是那民风强悍、尚武勇猛、诚信守诺和仗义行侠的游侠精神。在他精心营构的城乡对峙的整体文学架构中，他有意识地将游侠精神作为湘西独有的纯朴粗犷民风的重要构成因素，与现代都市文明社会怯懦萎靡、病态孱弱的人格加以比较，使人从游侠精神的历史的宗教情绪和个人的浪漫情绪中产生积极向上的生命理念，情感获得自由健康的舒展。而当民族战争爆发后，沈从文又将游侠精神的重造与湘西地方的振兴乃至中华民族的复兴结合起来，发掘这种潜藏于普通民众身上的积极力量，运用到民族国家的建设事业上来。很显然，作为传统侠文化的地方变种——湘西游侠精神是沈从文在城乡对峙的文学格局中审视人生和人性的精神支点，成为他希望能从中汲取人格与文化改造以及实现社会与国家重造的精神资源。在从边城到世界的人生旅途上，沈从文经历了世间的生生死死，感受了命运的反复无常，在运用丰厚的生活积累书写生命旅程的创作过程中，湘西游

---

[1] 刘祖春：《忧伤的遐思——怀念沈从文》，《新文学史料》1991年第1期。

[2] 李辉：《湘西原本多侠气——沈从文的〈记胡也频〉与〈记丁玲〉》，《读书》1990年第10期。

[3] 沈从文：《湘西·凤凰》，凌宇编《沈从文散文选》，人民文学出版社1982年版，第285页。

侠精神始终是他的生存动力和精神原点。一路走来，沈从文成为湘西游侠精神的歌者和行者。他一方面将湘西游侠精神内化为灵魂的韵律和行为观念，在阅读人生这本大书的湘西体验和都市体验中涌动着义薄云天的侠骨豪情；一方面将湘西游侠精神置于现代性视野加以理性审视，发掘其血性正义和生命冲动的精神内涵，以此作为人格建构和文化建构的重要资源，在文本中尽情释放侠义人物的人性光辉。二者均源于对道义理想和生命自由的自觉追求，而这正是沈从文对侠文化进行现代性改造的价值旨归。

一 湘西——都市：人生江湖的侠骨豪情

湘西是沈从文的原乡，他从小就濡染于原始纯朴、粗犷豪放、自由不羁的民情风俗之中，特别是深受湘西游侠精神的浸润。同时他出身将门之家，深受祖父和父亲尚武精神与任侠行为的影响。在沈从文的孩童时代，湘西地区发生过一场轰轰烈烈的苗民起义。当时湘西凤凰的苗民起义实为由哥老会主持，由地方绅士领头，由广大苗民参与的秘密社会性质的暴乱。沈从文的父亲是哥老会的头目，是唐力臣领导的苗民起义的筹划者，参加密谋的还有沈从文的几位军官叔叔和苗族表兄。这次起义在偏僻闭塞的湘西掀起了一场轩然大波，但终归于失败。起义失败后，苗民惨遭杀戮，血流成河。沈从文长大后，参加地方军阀的部队，开始了军营生活，其间见过太多的流血与杀头事件，过早地经历了社会的黑暗复杂与人生江湖的险恶叵测。这些现实的残酷、人生的无常和命运的沉浮，都熔铸成沈从文早期的人生经验和生命体验。在步入现代大都市之前的这些湘西经验和刻骨铭心的生命记忆，不断丰厚和扩张着沈从文的心理储备与精神视野，影响和塑造着他的人格精神与思想观念。

湘西民情风俗的天然积淀和勇武豪侠的民风浸染，使沈从文的精神结构中满蓄着人性的清潭。特别是当他踯躅于都市街头遭受世俗冷漠之后，反观尽管蒙昧落后但古道热肠犹存的湘西原乡的人事，他的内心深处会悄然泛起温暖人性的涟漪。他以对湘西民间原始纯朴的人性美和人情美的真诚呼唤与尽情咏歌，来对抗现代都市文明脉脉温情面纱之下的虚伪和冷酷、自私与肮脏。许多研究者都喜欢言说沈从文的温和性情、忍让胸怀,歌赞他的甘于寂寞、与世无争。在他们看来,"他身上缺少剑拔弩张式的阳刚之气,更有人则将他视为生性懦弱,且带市侩气,一胆小书生也。其实这也是一种误会,一个人的勇敢或者说阳刚之气,未必一定表现为拍案而起,怒发冲冠。只要他心中有真诚的情感在,这情,或是异性之间的爱,或是同性之间的友谊。情义一日不灭,他都可能为这情义而做出与平常性格迥然不同的举止"[①]。倘若深入勘察沈从文的人生历程和文本世界,我们就会发现他是一个有情有义的侠者。在从湘西民间到现代都市的生命旅途和人生江湖上,沈从文的现实行为确实体现了一种侠义风范,温柔的性情中激扬着一股猎猎侠气和铮铮侠骨。

(一) 急公好义,舍己助人

从沈从文的人生经历来看,尚在湘西苦苦追寻发展出路的他因一次重要的转机而对社会和人生产生了新的认识,对新的生活有了朦胧的热切憧憬。这个转机就是他被调进报馆工作,认识了一个思想进步颇有见识的年轻印刷工头赵龟武。赵龟武受到五四运动的影响,成为一个进步工人,买了很多新书、新杂志,接受了很多新思想。自从结识他之后,沈从文这个"乡下人"才逐渐知道了《改造》《新潮》《创造周报》等这些进步刊物,开始阅读郭沫若、郁达夫等新文学作家的作品,终于知道了《超人》以及白话文与文言文的区别,更接受和明白了新时代的新思想。正是在赵龟武这个进步工人的影响下,沈从文的见识增长了,视野开阔了,他的世界观、人生观和价值观也都发生了巨大的变化。这是他的精神境界实现脱胎换骨的重要契机,他感慨坦言:"为了读过些新书,知识同权力相比,我愿意得到智慧,放下权力。我明白人活到社会里应当有许多事情可作,应当为现在的别人去设想,为未来的人类去设想,应当如何去思索生活,且应当如

---

① 李辉:《湘西原本多侠气——沈从文的〈记胡也频〉与〈记丁玲〉》,《读书》1990 年第 10 期。

第四章　批判中建构：人格建构和文化建构

何去为大多数人牺牲，为自己一点点理想受苦，不能随便马虎过日子，不能委屈过日子了。"① 可以说，在新文化和新思想的影响下，沈从文对社会人生有了更加深刻的感受和体悟，他彻底被这些承载着新思想的新时代进步刊物及作品所征服，更加珍惜生命存在的价值和意义，更加向往和热爱新的生活，时刻准备为自己的理想和大多数人的利益而去受苦甚至流血牺牲，绝不能再过那种庸常无聊且缺乏意义的生活了。这是一种血性良知的觉醒，更是一种现代意识主导下的精神顿悟。在这种情感动机的制导下，沈从文的内心深处涌起一股急公好义、慷慨助人的冲动，体现为现实中捐款兴学的义举。在自己没有机会读书的情况下，他仍想着帮助别人上学，于是起了捐款兴学的执念。他用十天的薪饷全部买了邮票，装进一个信封并附一张信笺说明自己捐款兴学的意思，用"隐名兵士"的署名寄到上海《民国日报·觉悟》编辑处，并请求转交给"工读团"。这次义举使沈从文感到一种已为社会尽责的愉悦和自豪，在他看来，这是"正在为国家服务，却已把服务所得，作了一次捐资兴学的伟大事业"②。这次"捐资兴学的伟大事业"体现了沈从文舍己助人、不求回报的高贵品质，这种利他性行为与侠者乐善好施、仗义疏财、扶危济困的侠义精神是相通的。可以说，沈从文慷慨助学的义举本身就是一种侠义行为。

正是这次转机及其带给沈从文的新的生命体验与侠义行为，重新燃起了他对生活的希冀，他要去追求新的别样的生活。他决心到北京读书，做一个能够改变整个社会的新知识分子，"成为一个与儒家作对的学者"③。为了追求人生梦想，沈从文毅然离开湘西，来到北京。他离开湘西这件事本身就足以说明他争取人格独立和个性解放的努力，"他巴不得今后不再接受湘西王陈渠珍的接济，也不愿依附他在北京

---

① 沈从文：《从文自传·一个转机》，凌宇编《沈从文散文选》，人民文学出版社1982年版，第112页。
② 沈从文：《从文自传·一个转机》，凌宇编《沈从文散文选》，人民文学出版社1982年版，第113页。
③ ［美］金介甫：《沈从文传》，符家钦译，时事出版社1991年版，第65页。

的亲戚黄镜铭和熊希龄"①。他来到北京这个现代都市寻求生存和发展之路。在上大学无望的情况下,他选择写作作为取得独立自主的职业。在他看来,文学是一项严肃崇高的事业,能够提高人民素质,教育人民进步。即使在20世纪30年代成为大学教授,他仍然秉承对文学的忠诚和热爱,提倡文学的独立性,主张文学要继承五四运动的首创精神,摆脱政治的控制和商业的束缚。"他的终极目标是参加文化复兴运动,在中国重新树立真善美的观念"②。同时,"沈的作品中也写了艾草、龙船、巫师、侠客,沈通过这些特点把湘西描绘成古代楚民族的后裔,他写这些风物是为了创造一种新的文学"。③ 在大都市寻找人生梦想的沈从文,终于找到了实现人生价值和社会理想的生命支点。这个来自湘西的"乡下人"秉承着为人的诚恳和仗义豪迈的游侠精神,继续做着舍己助人的义举。沈从文初涉文坛,尽管经济拮据,但仍常常慷慨解囊,帮助那些生活上处于困境的文学青年。诗人卞之琳在出版第一个诗集需要自费而囊中羞涩、一筹莫展之际,是沈从文给他提供的资助。沈从文有过漂泊北京、孤独无助的痛苦经历,作为一个文学青年,他曾于困顿中给郁达夫写信,得到过郁达夫的帮助,能够切身体会到一个穷困的文学青年在当时中国现实社会中的凄惨遭遇和痛苦煎熬。这些来到现代大都市寻梦的年轻人,不仅背负着沉重的经济压力和社会压力,而且政治的黑暗和社会的不公常常使他们陷入无望甚至绝望的深渊。对他们的不幸和苦难,沈从文感同身受,总是尽自己所能来帮助他们,扶植他们尽快在文学的道路上成长起来。沈从文在主编《大公报》文艺副刊时,将每月100元报酬的大部分用来请作者吃饭,给青年作者预支稿酬,以减轻他们的生活压力,帮助他们渡过难关。1947年9月,沈从文收到一位陌生的青年诗人的来信,信中坦陈自己家中遭遇不幸,陷入了困境。沈从文很快在报上登出"启事",表示愿以卖字所得钱款来接济那位陌生的穷作家。同时,他表示此后还想为几位已故作家的家属卖半年字,来帮助他们的生

---

① [美] 金介甫:《沈从文传》,符家钦译,时事出版社1991年版,第67页。
② [美] 金介甫:《沈从文传》,符家钦译,时事出版社1991年版,第67页。
③ [美] 金介甫:《引言》,《沈从文传》,符家钦译,时事出版社1991年版,第5页。

活。当年那位陌生的穷作家，就是诗人柯原。他与卞之琳及其他曾陷入困顿的年轻作家一样，都接受过沈从文的扶植和帮助。正是沈从文当年的义举，为陷入困境的文学青年架起了成长的绿荫，如黑暗中的火炬，照亮了那些走投无路的青年前进的道路，点燃了他们生活的信念和向上的激情。在沈从文侠义人格的滋养下，旧中国的大地上茁壮成长起来一个个著名的作家和诗人。这就是沈从文的人格魅力，一种舍己助人、义薄云天的侠者气度。当别人遇到困难的时候，沈从文总是伸出援助之手，而在他自己困居云南期间，却从来没有为自己卖过一张字幅。这或许就是一种毫不利己、专门利人的精神，一种做人的至高境界。

针对沈从文急公好义、慷慨助人的义举，凌宇分析道："为柯原卖字，只不过是许多同类事迹中的一例。这既与他的经历有关，也得之于他所具有的善良热情、慷慨好义的苗族血缘，同时又出自他对人与人之间相互理解与同情的渴求。"① 这深刻地揭示了沈从文成为一个侠者的真正原因，也从侧面反映了湘西游侠精神对他的深远影响。

（二）反抗强权，慷慨赴义

沈从文成为作家后不依附于任何作家集团，不参加任何党派的活动，这与他豪宕不拘的侠性气质和特立独行的精神个性是分不开的。沈从文虽然远离政治，但从来不主张文学要回避政治主题，他写于20世纪30年代的评论国民党政府的文章，多半持指责态度，他的一些小说对政府也不无尖锐的异议。他主张作家要牢记自己的本位，不要忽视文学本体，特别是要关注作品之所以成为好作品的理由。因此，他的精神底色和人格结构中蕴含着属于自己的人间关怀和社会责任。沈从文在社会活动中始终保持人格独立和精神自由，并不意味着他脱离社会，将自己阻隔于社会之外，他对社会政治和党派活动有自己的立场和判断。"沈从文对蒋介石反感很深。1949年沈也这样做出选择：摒弃蒋介石，赞成毛泽东，中国人独立自主，不要胡适所依附的英美

---

① 凌宇：《沈从文传》，北京十月文艺出版社1988年版，第408页。

人世界"①。生活于一个动荡的多事之秋,能保持着一种难得的清醒,作出一种理性的抉择,实属不易。在国民党的高压统治之下,面对反动政府的威逼利诱和政治局势的扑朔迷离,沈从文不为所动,始终坚守自我;面对国民党特务对他的朋友的虐杀,沈从文掩抑不住内心的愤懑,敢于以文犯禁,反抗强权,与国民党政府抗衡,为营救落难的朋友而慷慨赴义,不怕牺牲。

　　左翼革命作家胡也频和丁玲夫妇是沈从文的朋友,1931年1月17日,胡也频被国民党特务绑架,沈从文不顾个人安危,到处打听胡的下落,设法进行营救活动。他向中央研究院院长蔡元培打听消息,还向朋友们筹措赎金,并把自己的《石子船》和《旅店及其他》两本书的版税也捐了出来。为了拯救朋友,他不仅同左派商量,还亲自跑到南京同国民党高官邵力子和陈立夫打交道。但抓捕胡也频的是军统特务,而不是陈立夫的中统特务。胡也频不幸于1931年2月7日遇害。4月初,沈从文护送亡友之妻丁玲和遗孤返回湖南。途经江西,当时国民党军队正在对红军革命根据地进行军事围剿,危机四伏,险象环生。但他冒着生命的危险,以一种趋人之急、不怕牺牲的精神,护送丁玲母子安全到达了常德老家。几天后,沈从文又陪同丁玲一起回到上海。在当时国民党的白色恐怖统治下,沈从文的行为带有鲜明的"为朋友两肋插刀"的侠气,可谓义薄云天之义举。因营救朋友及帮助亡友之妻料理后事,沈从文耽误了自己的返校日期,丢掉了武汉大学的教职。他只好留在上海,继续并无充分生活保障的写作生涯。这种牺牲自己利益而成全他人的精神体现了侠者的利他性品格。八九月间,为了纪念牺牲的朋友并为其遗孀筹集钱款,沈从文怀着沉痛悲愤的情感写下了长篇回忆性散文《记胡也频》。不幸的是,1933年5月14日,丁玲在上海公共租界遭到国民党蓝衣社特务绑架。沈从文再次冒险营救丁玲,以笔为剑,向社会控诉国民党秘密逮捕、屠杀进步作家的丑行。他接连写下了《丁玲女士被捕》和《丁玲女士失踪》两篇文章,坚信丁玲已被国民党当局逮捕,向国民党政府提出强烈抗议,

---

① [美]金介甫:《沈从文传》,符家钦译,时事出版社1991年版,第196页。

并誓死捍卫丁玲的声誉。为了激起公众的义愤，阻止国民党当局对丁玲下毒手，沈从文又写下了长篇回忆性散文《记丁玲女士》，并在《国闻周报》上连载。1934年，他将《记丁玲女士》结集为《记丁玲》交给上海良友图书印刷公司出版。原稿虽然遭到检查删削，但也足以表达他对专制强权的严正抗议和对朋友的真诚大爱。沈从文在黑暗统治下为了维护正义和公道而奋不顾身的行为，正是古代游侠"不爱其躯，赴士之厄困"[①]精神的现代承传与生动体现。李辉认为：

> 读《记胡也频》和《记丁玲》，联系到它们问世的经过和当时的特殊环境，我会感受到沈从文炽烈的感情，感受到这位来自湘西、曾在士兵堆里滚过爬过的文人，身上仍然带有难得的侠气。这侠气源自友情，源自他的人生观念中对正义、对友情的态度。能这样对待友情、能这样看待正义的人，不可能是懦弱的，更不可能带有市侩气。[②]

正是这种对待正义和友情的态度成就了沈从文身上"难得的侠气"，而这种侠气成为他坦然面对人世间一切误解和纷扰的精神力量。后来"终因丁玲心存的'芥蒂'——无论起自何时，基本上埋葬了她与沈从文的友谊"[③]，沈从文也常有为往事所扰的忧郁，但侠者的气度使"他总是微笑着面对已成过去的历史，微笑着凝视这世界"[④]。可以说，笑对人生变故的态度，自然流露出沈从文作为一个侠者的精神风姿与坦荡胸怀。

（三）胸怀大义，捍卫尊严

在我看来，五四新文化运动从来就不是一场单纯的思想解放运动，

[①] 司马迁：《史记卷一百二十四·游侠列传第六十四》，《史记》，岳麓书社1988年版，第896页。
[②] 李辉：《湘西原本多侠气——沈从文的〈记胡也频〉与〈记丁玲〉》，《读书》1990年第10期。
[③] 凌宇：《沈从文传》，北京十月文艺出版社1988年版，第298页。
[④] 凌宇：《沈从文传》，北京十月文艺出版社1988年版，第6页。

而是以思想启蒙为切入点,以人性解放和社会解放为价值旨归的一场社会改造运动。而这场社会改造运动具体到文学领域,反映在文学观念上,促成了启蒙文学观的产生,五四以来的新文学也就一直沿着"启蒙"的思想道路努力前行。深入启蒙思想家和新文学作家的精神肌理,可以发现,这条道路的基本思路是以西方的现代化历程为借镜,以现代性观念和现代人的意识为理论武器与精神动力,检视和批判本土传统文化的弊病,揭示国民性弱点,以唤起民众觉醒、反抗专制强权为己任,将意识形态领域的思想启蒙直接推向更为实际的政治革命,以最终实现人性解放、社会解放和民族解放。从文学的角度而言,新文学作家在以审美的艺术的方式推动中国特色的现代化进程中,无论是思想主旨、审美精神,还是语言形态,都是围绕着这一共同的价值目标而设计发展的。从五四时期以鲁迅为旗帜的启蒙文学到二三十年代以巴金为代表的激进文学和以左联为营垒的左翼革命文学,基本上都渗透着这样的思路。20世纪20年代中期以后,特别是"九·一八"事变以后,中国社会的阶级矛盾和民族矛盾日益尖锐且不断加剧,以阶级解放和民族解放为宗旨的民主革命和民族救亡运动逐渐风起云涌,成为时代社会的主潮。许多作家在时代精神的感召下,开始接受马克思主义文艺思想和革命学说,走上了革命救亡的道路,自觉地把文学事业作为阶级解放和民族解放的重要组成部分,主流文学也逐渐发生了由启蒙到革命再到救亡的价值转换。而沈从文并没有选择与许多同时代作家一样的创作方向,他立足启蒙的人性立场,"回避讨论知识分子本身在现代中国的处境问题,把创作视野转向了普通的民众社会,揭示出被启蒙主义遮蔽的民间世界的真相,探讨民间承受苦难的能力,并且努力把社会底层的生活状态不带有意识形态偏见地展示出来"[1]。这就使沈从文的创作从题材、叙事、语言、观念、风格等方面与众不同,他笔下的启蒙不是那种高耸云端的救世主姿态,而是一种贴面大地、融入民间的人性立场。沈从文将自己置身于笔下的民间世界,与芸芸众生同呼吸、共命运,感受着他们的喜怒哀乐,体验着他们的

---

[1] 严家炎主编:《二十世纪中国文学史》中册,高等教育出版社2010年版,第17页。

第四章　批判中建构：人格建构和文化建构

悲欢离合。他从改造人、改造社会、改造民族的角度来寄托自己的文学理想，以扎实的文学创作来重造经典，为国民的人格结构注入现代理性精神，让他们以现代意识重新审视古老的民族，激励他们以巨大的热情投入到改造国民性、改造民族国家、建设民族新文化的事业中。

无论是民主革命时期还是在事关民族危亡的抗战时代，沈从文都始终坚持自己的文学主张和文学理想，保持文学精神的自由和人格的独立，不愿遵命写作，反对文学的商业化和政治化，以独异的风姿，行走于同左翼文学和抗战文学等主流文学相隔膜甚至抵牾的道路之上。因此他受到误解、非议，甚至有人将他纳入"与抗战无关"论者行列而加以批判。沈从文的文学立场和偏离主流文学的创作，并不能说明他不关心社会现实，不关心民族危亡，也不能以此作为划分阶级阵营的依据，其实，他是在以另一种更为纯粹的方式来关注社会人生和民族国家的现实处境。无论在国难当头之际，还是个人价值抉择之时，沈从文都胸怀大义、捍卫尊严，体现出一个现代知识分子独立不倚的人格精神和威武不屈的民族气节。1938年春天，正值抗战初期，沈从文胸怀民族大义，在湘西历史上扮演了一个政治角色。他在沅陵期间，召集同乡到哥哥沈云麓家中谈话，号召家乡人识大体、顾大局，团结起来、同仇敌忾，支持国家的抗战大业。沈从文曾写信号召湘西军人不要啸聚为匪，要把抗日作为一次千载难逢的报国机会。沈氏兄弟的目的在于动员湘西的各路英雄，走上抗日前线。后来，以龙云飞为代表的湘西英雄确实带领队伍参加了抗战，体现了湘西人铁血救国的侠义风骨与超迈豪情。这只是抗战期间沈从文侠义爱国的一个片段，但足以证明他绝非一个"与抗战无关"论者。到了抗战结束后的1946年，为了赈济湖南灾民，沈从文毅然献出了一百幅草书，每幅售款一万元。[①] 这些事件说明沈从文一直在关注民生疾苦和民族国家的危难。

在民族危亡的关键时刻，沈从文表现出了抗战救国的民族大义精

---

① ［美］金介甫：《沈从文传》，符家钦译，时事出版社1991年版，第256页。

神。即使在个人价值抉择的紧要关头，他也始终坚持义不容辱的底线，誓死捍卫生命的尊严。中华人民共和国成立前，沈从文曾在青岛大学任教，江青做过他的学生。"文革"时期，江青可谓权倾一时，不可一世，企图拉拢一批有名望的知识分子来为自己捧场叫好，沈从文也被列于其中。依照世俗眼光来看，这确实是人生价值抉择的一个重要时刻，是求之不得的仕进机会。但这对于沈从文而言，则有一种栗栗危惧之感。因为他深谙江青精心设计这个政治圈套的用意，他不愿摧眉折腰侍奉权贵，更不愿委屈自己的意志去当政治筹码。早在"文革"之初，沈从文就曾拒绝给江青写信以求自保，而面对江青的暗中拉拢，他更是洞彻其中的阴谋，处变不惊，处惊不乱，大智若愚，坦然面对，巧妙地化解了差点成为自己所不齿的御用文人的风险。沈从文的这种价值抉择，彰显了一个现代知识分子不惧威权的独立人格意志和捍卫生命尊严的侠义情怀。

二　现代性视野中的湘西游侠精神

作为一个长期边缘化的作家，沈从文对生长并活跃于湘西民间社会的游侠精神似乎有一种天然的亲和感。当然，这离不开中国传统侠文化对他的影响。沈从文幼年时期读过《史记》，[①] 还有通俗的武侠小说《七侠五义》《小五义》等。[②] 1922年夏沈从文初到北京的时候，"身边唯一师傅是一部《史记》"[③]。可以说，在他的一生中，《史记》是对他影响最大的书籍之一，太史公笔下的游侠尤其让他赞佩神往。他的文本中涌动的侠义精神和悲悯与拯救的情怀，与此不无关系。对于传统文学，他曾坦言："旧小说的流行，应当数《水浒》、《三国》、《西游》、《封神》、《说唐》、《小五义》、《儿女英雄传》、《镜花缘》、《绿野仙踪》、《野叟曝言》、《情史》、《红楼梦》、《聊斋志异》、《今古奇观》……书虽同时流行，实在各有读者。前一部分多普通人阅读。

---

① ［美］金介甫：《沈从文传》，符家钦译，时事出版社1991年版，第32页。
② ［美］金介甫：《沈从文传》，符家钦译，时事出版社1991年版，第59页。
③ 沈从文：《选集题记》，凌宇编《沈从文小说选》第一集，人民文学出版社1982年版，第1页。

有些人熟悉故事，还是从看戏听书间接来的。就中读《三国》、《水浒》，可满足人英雄崇拜的愉快；……"① 其中许多小说承载了丰富的侠文化内涵，塑造了不少侠客义士和民间英雄形象，充满了侠义精神。针对古典文学中的侠义精神对中国社会的影响，沈从文作了深入分析："下层社会帮会的合作，同盟时相约'祸福同当'，以及此后的分财分利，也似乎必援引《桃园结义》故事"②，话语之间流露出沈从文对侠义精神理解之深刻、钟爱之深切。不仅如此，这种侠义情怀在沈从文的身上也体现颇深，他自己也充满了重义轻财、为朋友仗义勇为、不怕牺牲的豪情。在他眼里，钱财"除了充大爷邀请朋友上街去吃面，实在就无别的用处"③。有人将沈从文不怕牺牲、以笔犯禁、挑战正统秩序和反动威权的行为与气魄称为"难得的侠气"，并指出"这侠气源自友情，源自他的人生观念中对正义、对友情的态度"④，可谓真知灼见。很显然，这种"侠气"既得之于沈从文善良热情、慷慨好义的湘西苗族血统，又来自他对人与人之间理解、同情、互助的真诚渴求和忠实实践。沈从文现实中的侠气投射在其文本世界，涌动着对湘西游侠精神的感性体验和理性认知，既有对传统侠文化的承传，也寄寓着他对湘西游侠精神的现代性反思。

（一）血性正义与生命冲动：湘西游侠精神的基本内涵

湘西属于楚地，楚地自古"其俗剽轻，易发怒"⑤，民风剽悍，雄强尚武，骨血中蕴含着一种天然的生命冲动。楚人特有的率性而激情的浪漫气质与深蕴湘西民间好鬼信巫等祭祀活动中常有的虔诚热烈的

---

① 沈从文：《小说与社会》，刘洪涛编《沈从文批评文集》，珠海出版社1998年版，第138页。
② 沈从文：《小说与社会》，刘洪涛编《沈从文批评文集》，珠海出版社1998年版，第136—137页。
③ 沈从文：《从文自传·一个大王》，凌宇编《沈从文散文选》，人民文学出版社1982年版，第93页。
④ 李辉：《湘西原本多侠气——沈从文的〈记胡也频〉与〈记丁玲〉》，《读书》1990年第10期。
⑤ 司马迁：《史记卷一百二十九·货殖列传第六十九》，《史记》，岳麓书社1988年版，第935页。

宗教情绪在湘西独有的尚武民风基础上，极易产生一种轻生死、重然诺、锄强扶弱、打抱不平的游侠精神。这就是沈从文所说的"个人的浪漫情绪与历史的宗教情绪结合为一，便成游侠者精神"①。这种游侠者精神是中国传统侠文化在湘西地方的独特体现，而湘西游侠者的行事风格与国内近代化的青红帮不一样，他们"重在为友报仇，扶弱锄强，挥金如土，有诺必践。尊重读书人，敬事同乡长老。换言之，就是还能保存一点古风"②。很显然，这种古风实为太史公笔下秦汉游侠在近代的传承。因此，即使是那些善斗的军人、哥老会老幺、闲汉，也在湘西"当地另成一帮，豁达大度，谦卑接物，为友报仇，爱义好施，且多非常孝顺"③。可以说，血性正义与生命冲动构成了湘西游侠精神的基本内涵。

沈从文对湘西游侠精神极为推崇，他敬佩那些剽悍勇武、行侠仗义甚至带有原始野性的游侠者和任侠之士。在沈从文的笔下，身居边地的底层边民，无论是军人、土匪、水手、妓女、赶尸匠、放蛊婆，还是山大王、老船夫、少男少女，大都具有乡野、质朴、粗犷、豪放的侠气。在湘西，游侠者不一定必须身怀绝技、武艺超群。在一些平庸、神秘甚至猥琐的普通人身上都可能存在游侠者精神，他们"要么表现出江湖侠客对生命价值中自由的追求，要么表现出舍生取义的道德理想"④。在《从文自传》《湘行散记》《湘西》等散文集及一些小说中，都有对湘西侠义之士的塑造以及对游侠精神的生动描述和热情歌赞。

在《从文自传·船上》中，沈从文塑造了一个浑身是胆、打抱不平的侠义形象，这人叫曾芹轩，年龄不过二十五岁，书读的不多，但

---

① 沈从文：《湘西·凤凰》，凌宇编《沈从文散文选》，人民文学出版社1982年版，第273页。
② 沈从文：《湘西·凤凰》，凌宇编《沈从文散文选》，人民文学出版社1982年版，第281页。
③ 沈从文：《从文自传·我读一本小书同时又读一本大书》，凌宇编《沈从文散文选》，人民文学出版社1982年版，第19页。
④ 何圣伦、何开丽：《苗族生命伦理观与沈从文的侠义叙事》，《西南大学学报》（社会科学版）2011年第4期。

第四章　批判中建构:人格建构和文化建构

做事干练、勇敢、爽直,如一般镇筸人的通性。某年正月一日,作者与表弟、曾芹轩三人乘船抵达辰州城,上岸后路过一个屠户的铺子,屠户如《水浒》里的镇关西一样无人敢惹。他仗势欺人,躲在暗处抛点燃的爆竹欺侮行人,曾芹轩路见不平,挺身而出,拳打镇关西,并告知如想复仇尽管找他,遂将名片扔进屠户家门里,然后哈哈大笑,扬长而去。这个曾姓朋友敢作敢为,行侠仗义,颇有当年鲁提辖之风范。这个当年不过二十五岁的侠义的曾姓朋友,在沈从文的另一篇散文中已经三十五岁了。沈从文写道:"这人就是《湘行散记》中那个戴水獭皮帽子大老板。"① 作者十年之后再次见到曾姓朋友时,他已经是一个大旅馆的老板了。在他身上,既有侠客的豪气干云,又充满了痞气和匪气;既有义薄云天的侠性品质,又有喜欢玩弄女人的放荡性;虽出言不逊,但对书画无师自通,颇有见解;在男人面前挥拳比武,在女人面前却温柔异常。对于这样一个行走江湖经历复杂的人,很难做出一般性的道德评价。"因此在一般人中他的毁誉是平分的;有人称他为豪杰,也有人叫他做坏蛋。但不妨事,把两种性格两个人格拼合拢来,这人才真是一个活鲜鲜的人"②。尽管这个曾姓朋友好色粗鲁、放荡不羁,但其率直任性、无拘无束的一面,远比《八骏图》《都市一妇女》《绅士的太太》等小说中都市文明面纱遮蔽下的丑陋灵魂真实可爱。两篇散文结合起来,为我们勾勒了一个活脱脱的行走江湖的湘西民间侠士形象。

　　刘云亭是沈从文塑造的一个侠义弁目形象,个头小、面色黑,貌不惊人,却勇敢侠义。他做土匪以前,本是一个良民,怕事怕官,被外来军人当土匪胡乱枪决过一次,他居然逃脱,后来做了大王。他曾用双枪毙过两百左右敌人,有十七位压寨夫人,锄强扶弱,仗义勇为。因其被司令官救过命,从此放弃了做大王,专门做了司令官的亲信,像奴仆一样忠诚于司令官,别人花六千块钱运动他刺杀司令官,他不

---

① 沈从文:《从文自传·船上》,凌宇编《沈从文散文选》,人民文学出版社1982年版,第84页。
② 沈从文:《湘行散记·一个戴水獭皮帽子的朋友》,凌宇编《沈从文散文选》,人民文学出版社1982年版,第124页。

为所动,断然拒绝。可见,这个曾经的土匪、大王是一个知恩图报的人,颇有侠者风范。他到监狱与女匪首王㚲妹苟合,触犯了做兵士的最大忌讳,大小军官都想得到王㚲妹,但谁也占不了便宜,而恰恰被这个小小的弁目占先得了好处。这种甘冒风险的行为体现了刘云亭对军队法纪的极大蔑视,这比较符合传统侠客自由逍遥、放荡不羁的生活理想和横行无忌、率性而为的江湖作派。刘云亭对女匪首王㚲妹的爱慕和二人的鱼水之欢,一方面显示了他对军纪军法的蔑视和对生命自由的追求,一方面体现了一种来自原始生命深处的非理性冲动。之后,他因想讨洗衣妇为姨太太而被告到司令官处,司令官告诫他此事不行,有损军誉,他不以为然,认为这是文明自由的事情,不允许讨姨太太,他就回家拉队伍继续干土匪、做大王。这种缺乏理性节制和纪律约束的行为为他埋下了祸根。后来他被以"预备把良家妇女拐走,且想回家去拖队伍""黑夜里到监牢里去奸淫女犯"① 等罪名枪决。作者描写他被杀的场景时颇带几分慷慨悲情和惋惜之意。

  在沈从文看来,湘西地方的"游侠观念纯是古典的,行为是与太史公所述相去不远的"②。凤凰人田三怒是游侠者的一个典型,少年时即行侠仗义,无所畏惧,二十年在川黔湘鄂各边区闻名遐迩。田三怒不到十岁就敢于向屯垦军子弟蛮横不端的挑衅宣战,手持短棒将蛮横之人痛打一顿,就算反被人打得头破血流,他也不以为意;十二岁就深谙江湖规则,怀揣黄鳝尾小刀,人称"小老幺";十五岁时走七百里路到常德府去杀一个木客镖手,为友报仇,因听人说该镖手在沅州有意调戏一个妇女并用手摸过其乳部,就将该镖手的双手砍下;二十岁时已成为名闻边境各地的"龙头大哥"。很显然,田三怒见义勇为,嫉恶如仇,颇有侠者风范。他在本地却谦虚纯良,见了长辈或者教书先生谦逊礼让,见了女人低头而过,见人争吵必和气劝解;周济孤寡不出名露面,驱逐不守清规、伤风败俗的和尚、尼姑。作为龙头大哥,

---

  ① 沈从文:《从文自传·一个大王》,凌宇编《沈从文散文选》,人民文学出版社1982年版,第103页。

  ② 沈从文:《湘西·凤凰》,凌宇编《沈从文散文选》,人民文学出版社1982年版,第282页。

田三怒对身边子弟管教严格,"凡有调戏良家妇女,或赌博撒赖,或倚势强夺,经人告诉的,必招来把事情问明白,照条款处办"①。可见,田三怒的行为与司马迁笔下的汉代游侠郭解极为相似,郭解年少时也做过一些复仇杀人、铸钱掘冢等违法乱纪的事情,及至年长,"折节为俭,以德报怨,厚施而薄望"②,行侠仗义,虽然其"状貌不及中人,言语不足采者。然天下无贤与不肖,知与不知,皆慕其声,言侠者皆引以为名"③。可以说,田三怒是郭解在湘西的传人,是游侠精神的体现者。田三怒四十岁后金盆洗手退隐江湖,在凤凰城外被唐姓苗乡一霸派人暗算,临死前怒斥行刺者背后放冷枪的行为"丢了镇筸人的丑"④。最后知道自己不济事了,老英雄用小勃朗宁手枪朝自己的太阳穴打了一枪,悲壮地结束了自己的生命,"也完结了当地最后一个游侠者"⑤。田三怒作为最后一个游侠者虽然远去,但湘西游侠精神却未曾断绝。他的子弟极多,有的改行做正经生意,有的带剑从军,有的因犯案离乡漂泊。其中,迫使何键去职扭转湖南政局的龙云飞就是当年田三怒的一个得力助手。他虽然白发临头,但依然豪侠好客,义以待人,被苗民奉为领袖。他年轻的时候身手矫捷、武艺高强,"在街头与人决斗,杀人后下河边去洗手时,从从容容如毫不在意"⑥。

  湘西民风强悍纯朴、尚武雄强,湘西人热情、诚实、仗义、勇敢,在沈从文看来,"这些人既重义轻利,又能守信自约,即便是娼妓,

---

① 沈从文:《湘西·凤凰》,凌宇编《沈从文散文选》,人民文学出版社 1982 年版,第 282—283 页。
② 司马迁:《史记卷一百二十四·游侠列传第六十四》,《史记》,岳麓书社 1988 年版,第 898 页。
③ 司马迁:《史记卷一百二十四·游侠列传第六十四》,《史记》,岳麓书社 1988 年版,第 899 页。
④ 沈从文:《湘西·凤凰》,凌宇编《沈从文散文选》,人民文学出版社 1982 年版,第 284 页。
⑤ 沈从文:《湘西·凤凰》,凌宇编《沈从文散文选》,人民文学出版社 1982 年版,第 284 页。
⑥ 沈从文:《湘西·凤凰》,凌宇编《沈从文散文选》,人民文学出版社 1982 年版,第 285 页。

也常常较之讲道德知羞耻的城市中绅士还更可信任"[1]。在小说《边城》中,无论是船总顺顺、老船夫、杨马兵等老一代湘西人,还是天保、傩送和翠翠等年轻一代的湘西儿女,他们大都诚信守诺、慷慨热情、见义勇为。作为掌水码头的龙头大哥,顺顺为人正直、诚实,处世公正、仗义。他喜欢结交朋友,慷慨任侠,能够济人之急,无论谁遇到了困难,只要求助于他,他总会尽力帮助。他视勇气和义气为做人原则,不仅身体力行,而且以此作为教育儿子天保和傩送的箴言。父子三人行侠仗义、与人为善,在茶峒一带闻名遐迩,深受人们的尊敬。即使后来因为两个儿子同时爱上翠翠而无法释怀、陷入痛苦,一个落水身亡,一个离家出走,但顺顺并未失去一个长者的仁慈宽厚和侠义情怀。老船夫去世后,顺顺亲自过问并帮助翠翠料理后事,还关心她的生活。杨马兵是一个仗义的热血汉子,在老船夫死后,他像父亲一样关心和照顾翠翠,尽着一个长者的道义责任。老船夫真诚善良、胸怀坦荡、助人为乐、不求回报,虽出身低微,却始终保持着高贵的生命尊严。翠翠纯洁无私、仗义痴情、坚贞不渝,不管她心爱的人是否回来,她一直默默守在渡口等待。天保、傩送善良真诚、勇敢仗义、舍己为人、成人之美,追求自由自在的生活,不为外在的荣华富贵所惑。在这些善良纯朴的湘西人身上,闪耀着湘西游侠精神的光辉。在这人类文明的边缘一隅,折射出侠文化应有的精神魅力,体现了侠义品格的深远影响。

(二) 民间立场与人性光辉:侠与匪纠结的文本释放

侠与匪构成了湘西文化颇具地域特色的两个方面,游侠精神渗入草莽文化中,匪气也带有了侠义色彩。沈从文笔下的匪,充满了豪侠勇敢之气,具有浪漫色彩。在人类历史上,侠与匪始终是个让人纠结的问题。但沈从文立足民间立场,以现代性视野重新审视这个问题,大胆突破既有的话语范式,注重发掘匪身上的人性光辉,使侠义匪气

---

[1] 沈从文:《边城》,凌宇编《沈从文小说选》第二集,人民文学出版社1982年版,第215页。

第四章 批判中建构：人格建构和文化建构

也成为他张扬的湘西游侠精神的重要组成部分。

土匪是一个亚文化群体，人们对这个社会群体的道德评价大都是负面的，总是与犯上作乱、杀人越货、残暴荒淫等联系在一起。由于对土匪的道德评价的话语权掌握在当权的统治阶级手里，其中的偏见不可避免。如果认识不到这一点，就会陷入理论的陷阱，把官方对于土匪及其行为的片面说明当成唯一真实的权威性论断。客观上讲，土匪不是单纯的犯罪分子，他们主要出现在以乡村农业经济为基础的社会中，主要由失去土地的农民和失业的手工业者组成，或因无法忍受剥削压迫铤而走险，或因抗暴杀人走投无路，最终落草为匪。沈从文在《苗民问题》中谈到了湘西土匪问题，主要立足湘西苗人的民间立场来审视这一社会群体，并为苗民辩护。他认为湘西土匪并非本质凶恶之辈，而是一些走投无路的乡下农民，他们大多数原本是"一种最勤苦、俭朴、能生产、而又奉公守法，极其可爱的善良公民"①，正是因官方的压迫和治理不当，他们才落草为匪。在沈从文看来，湘西地方以匪为职业的游民来源复杂，大多是边境上的川黔鄂等省人，只有少数湘西人，"尤其不是安土重迁的善良的苗民"②。正是这种历史认知和民族立场，使沈从文坚持认为"惟以湘西为匪区，作匪又认为苗人最多，最残忍"的说法，对于苗民而言，"这即或不是一种有意污蔑，还是一种误解"③。善良的乡下人落草为匪值得同情和理解，而遭受误解甚至污蔑的苗民犹令作者忧思。在这种认知和反思的前提下，沈从文对湘西土匪的匪气和匪性进行了理性分析与思考，除了桀骜不驯、蛮悍任性，就是秉承了楚人慷慨好义、任侠负气的游侠者精神，并非公众舆论中残忍嗜血的恶魔。

在沈从文的笔下，湘西人任侠负气的行为，一方面有传统侠文

---

① 沈从文：《湘西·苗民问题》，凌宇编《沈从文散文选》，人民文学出版社1982年版，第287页。
② 沈从文：《湘西·苗民问题》，凌宇编《沈从文散文选》，人民文学出版社1982年版，第288页。
③ 沈从文：《湘西·苗民问题》，凌宇编《沈从文散文选》，人民文学出版社1982年版，第287页。

化中舍生取义的道德理想,一方面更加重视生命本身的意义和对生命尊严的维护。对于世俗眼光中杀人越货、伤天害理的土匪,沈从文抱着一种悲悯与同情,描述话语中蕴含着对他们生命存在方式的合理性解释,湘西有匪患,大都源于官府和官吏的压迫与盘剥,本来纯朴无争的农家人,为了活命和生存下去,不得不"抛下他的耕牛,向山中走,就去当匪"①。在沈从文看来,这些落草为匪的农民值得同情,因此他笔下的土匪也就没有传说中的那般凶神恶煞,而是充满了人情味,是一类侠义土匪,匪气十足,侠义也十足。对于被绑架的"肥羊",土匪们"善意的款待,每日用白煮鸡汤泡大米饭吃,……渐吃渐胖也是平常事"②。那些家中一时筹措不出赎款的"肥羊",还可以被释放回家。③可以说,土匪对绑架的人质态度相当和气,以至于"要你一见了他就想同他拜把弟兄认亲家"④。可见,在沈从文构建的湘西江湖世界中,自由自在的生命形态是他的追求,生命价值超过一切物质功利和道德说教,生命至上和生命尊严是他奉行的人生准则。即便是仇怨,也不得睚眦必报甚至变本加厉;但一旦危及生命尊严,江湖拼杀在所难免。《湘西·凤凰》中的张姓男子因轻薄侮辱田三怒而被杀;田三怒虽然遭到王姓男子的谩骂和挑衅,但事后得到了王母的道歉,他非但没有怪罪,反而送了老妇人一笔钱,要她那个儿子开面馆。《虎雏》中的小勤务兵虎雏拿枪杀人的原因是大他三岁的一个岳云中学的学生"和他的同学,用长沙话骂我,我空手打不过他,所以我想打死了他"⑤。这种非理性的生命冲动和过激行为的发生,来自生命尊严的受辱。

---

① 沈从文:《湘西·沅陵的人》,凌宇编《沈从文散文选》,人民文学出版社1982年版,第236页。
② 沈从文:《好管闲事的人·喽啰》,《沈从文全集》第2卷,北岳文艺出版社2002年版,第190页。
③ 沈从文:《男子须知》,《沈从文全集》第4卷,北岳文艺出版社2002年版,第101页。
④ 沈从文:《好管闲事的人·喽啰》,《沈从文全集》第2卷,北岳文艺出版社2002年版,第191页。
⑤ 沈从文:《虎雏》,凌宇编《沈从文小说选》第一集,人民文学出版社1982年版,第312—313页。

第四章　批判中建构：人格建构和文化建构

在小说《虎雏》中，小勤务兵虎雏外貌清秀、行为羞怯，"乖巧得很，气派又极伟大"①，"我"决定将他留在城市，把他培养成高素质的现代人，经过几番努力塑造，他始终摆脱不了匪气，由于别人对自己说了侮辱性的丑话，竟然会拔枪拼命，差点将其打死，"勇敢如小狮子"②，简直就是"一个野蛮的灵魂，装在一个美丽盒子里"③。最终这个蛮悍而又侠义的湘西少年与现代社会格格不入，因杀人而逃离了上海。小说《虎雏》写于1931年，与之形成互文性参照的是沈从文作于1934年的散文《虎雏再遇记》。在该散文中，作者开篇就交代了他四年前在上海想把一个小豹子一般的十四岁乡下孩子造就成"知识界伟人"④ 而失败的事情。那时候虎雏因杀人而逃离了上海，不知所踪。当作者湘行到达辰州之后，第一个见到的人就是"那只小豹子"，没变的是"眉眼还是那么有精神，有野性"⑤，这时候才知道他最终畏罪潜逃回了湘西。经过深入交谈，"我"才知道虎雏曾在八岁时就用石头掷坏了一个大他五岁的敌人，如今十八岁，"就亲手放翻了六个敌人"⑥，虎雏在陪送作者乘船途中遭受一个粗蛮军人的谩骂折辱，上岸时他找到那个军人并严惩了他，不仅将其嘴巴打歪，还差点儿把他的膀子弄断。至此，"我"终于明白了"一切水得归到海里，小豹子也只宜于深山大泽方能发展他的生命"⑦ 的道理，找到了企图塑造"知识界伟人"而终归失败的原因。

---

① 沈从文：《虎雏》，凌宇编《沈从文小说选》第一集，人民文学出版社1982年版，第305页。
② 沈从文：《虎雏》，凌宇编《沈从文小说选》第一集，人民文学出版社1982年版，第314页。
③ 沈从文：《虎雏》，凌宇编《沈从文小说选》第一集，人民文学出版社1982年版，第329页。
④ 沈从文：《湘行散记·虎雏再遇记》，凌宇编《沈从文散文选》，人民文学出版社1982年版，第191页。
⑤ 沈从文：《湘行散记·虎雏再遇记》，凌宇编《沈从文散文选》，人民文学出版社1982年版，第191页。
⑥ 沈从文：《湘行散记·虎雏再遇记》，凌宇编《沈从文散文选》，人民文学出版社1982年版，第193页。
⑦ 沈从文：《湘行散记·虎雏再遇记》，凌宇编《沈从文散文选》，人民文学出版社1982年版，第191页。

小说和散文都以"虎雏"为叙述主体，一个活脱脱的湘西游侠者形象立了起来，不论是报复恶人还是战场厮杀，活跃于这颗躁动不安灵魂里的是湘西特有的慷慨任侠精神，他的生存勇气来源于"他家祖父是个为国殉职的游击"①。在他野蛮却强悍、卑微却真挚的侠义行为中，不仅有血性的冲动，更有对生命尊严的捍卫。深入文本可以发现，"我"对虎雏的改造实际上蕴含着作者对国人人格改造和文化改造的努力与思考，也就是如何将来自湘西的这种匹夫之勇加以改造，使之融入现代文明社会，运用到民族振兴的伟大事业上来。

沈从文认为："三楚子弟的游侠气概，这个地方因屯丁子弟兵制度，所以保留得特别多。"② 这个地方就是凤凰县。凤凰自古就有好鬼信巫的宗教情绪，充满了迷信思想，但这点迷信糅合在军人的情感里，增强了军人的勇敢和团结。民国时期的湖南第一流政治家熊希龄出生在凤凰，曾在中国近代史上叱咤风云；军人政治家陈渠珍，年近六旬，体气精神犹如壮年，律己驭下、处世接物、从政带兵"大有游侠者风度"；少壮军官如师长顾家齐、戴季韬等人，"精神上多因游侠者的遗风"；诗人田星六的诗"充满游侠者霸气"③。这些优秀的湘西儿女，都秉承了质朴豪放的游侠精神，爆发出巨大的生命能量。

以官方立场和世俗眼光来看，湘西人的侠气无疑充满了蒙昧野蛮甚至暴力血腥的匪气，但沈从文给予侠义土匪以理解和同情，更注重深蕴其中的游侠精神对于国民人格和民族文化重建的价值意义。沈从文毕竟是受过现代文化思潮洗礼的知识者，他虽然强调游侠勇武强悍、仗义任侠、诚信谦逊的原始本色，并尽情讴歌礼赞，但对湘西游侠精神的负面作用、湘西的落后现实及其原因，也保持着清醒的理性认识，

---

① 沈从文：《湘行散记·虎雏再遇记》，凌宇编《沈从文散文选》，人民文学出版社1982年版，第195页。
② 沈从文：《湘西·凤凰》，凌宇编《沈从文散文选》，人民文学出版社1982年版，第272页。
③ 沈从文：《湘西·凤凰》，凌宇编《沈从文散文选》，人民文学出版社1982年版，第285页。

第四章　批判中建构：人格建构和文化建构

并进行深入的现代性反思。沈从文认为："这种游侠精神若用不得其当，自然也可以见出种种短处。或一与领导者离开，即不免在许多事上精力浪费。甚焉者即糜烂地方，尚不自知。"① 这意味着，倘若湘西游侠精神仍然墨守成规、放任自流、不加节制，不进行自身的调整与现代性改造，就必然会危害地方，陷入没落的命运。同时他认为湘西的落后是"湘西人负气与自弃的结果"②，并指出："负气与自弃本来是两件事，前者出于山民的强悍本性，后者出于缺少知识养成的习惯；两种弱点合而为一，于是产生一种极顽固的拒他性。不仅仅对一切进步的理想加以拒绝，便是一切进步的事实，也不大放在眼里。"③ 正是这种拒他性，造成了湘西贫穷落后的现实处境，更带来了外地人对湘西的误解："负气与自弃使湘西地方被称为苗蛮匪区，湘西人被称为苗蛮土匪，这是湘西人全体的羞辱。"④ 在沈从文看来，每个湘西人都有义务来洗雪这种羞辱，首先要培养自尊心，"因为即以游侠者精神而论，若缺少自尊心，便不会成为一个站得住的大脚色。何况年轻人将来对地方对历史的责任远比个人得失荣辱为重要"⑤。这是沈从文以清醒的现代意识审视湘西人的现实处境而得出的结论，强调了游侠精神对于振兴湘西的价值意义。"日月交替，因之产生历史。民族兴衰，事在人为"⑥。正是在这种价值基点上，沈从文才有足够的资本相信自己的创作会对湘西的振兴和民族的进步产生积极的意义，这是他发掘、赞美和张扬湘西游侠精神的根本出发点。

---

　① 沈从文：《湘西·凤凰》，凌宇编《沈从文散文选》，人民文学出版社 1982 年版，第 273 页。
　② 沈从文：《湘西·题记》，凌宇编《沈从文散文选》，人民文学出版社 1982 年版，第 214 页。
　③ 沈从文：《湘西·题记》，凌宇编《沈从文散文选》，人民文学出版社 1982 年版，第 214 页。
　④ 沈从文：《湘西·题记》，凌宇编《沈从文散文选》，人民文学出版社 1982 年版，第 215 页。
　⑤ 沈从文：《湘西·题记》，凌宇编《沈从文散文选》，人民文学出版社 1982 年版，第 215 页。
　⑥ 沈从文：《湘西·题记》，凌宇编《沈从文散文选》，人民文学出版社 1982 年版，第 215 页。

三 道义理想与生命自由：侠文化改造的价值旨归

侠文化在与儒墨道法等传统文化的互动互渗中，不断接受以儒家为代表的主流文化的改造，成为一种以义勇和自由为核心内蕴的刚性文化。义是中国之侠行为选择至为关键的心理动因，勇则是他们在正义原则指导和推动下起而行侠的内在驱力，义主要表现为一种道德价值取向，勇激发的是维护个体生命尊严和捍卫群体利益的道德力量，从而形成了中国侠文化中重义轻利、见义勇为等基本理念。无论就现实选择还是就理想追求而言，自由都是侠为之献身的生命目的。因此，道义理想和生命自由是仗义行侠的原初动力。以此观照沈从文笔下的湘西世界及其游侠者，他们行侠的动力正是来自道义理想和对自由自在生命形态的追求，这也是湘西游侠精神的两大精神原点。正因心存道义理想，面对邪恶与不公，他们才会勇敢地秉承血性良知来维护正义；正是出于对自由的渴盼和执着，面对文明的禁忌与外在的羁绊，他们才无法控制内心的冲动，显示出放荡不羁、我行我素的生命样态。于是，道义理想和生命自由，也就成为沈从文对侠文化进行现代性改造的价值旨归。

沈从文对湘西游侠精神的张扬和对侠文化的改造，离不开他的文学创作的启蒙理念和人性立场，更离不开他以文学创作进行人性启蒙来实现国民性改造、社会改造和民族精神重铸的文学理想。沈从文认为社会必须变革和重造，而文学再造是实现社会变革和民族国家再造这项伟大事业的重要组成部分且应担当重任。于是，他主张要"重造经典"[1]。所谓"重造经典"，就是要通过文学经典的再造来实现民族精神的重铸和民族文化的重建。这种思想主张建立在沈从文对中国传统文化和民族性根本质疑的基础之上，是五四反传统思想的延续。历史上，在民族文化发展策略方面，"汉人选的是儒家道路，发展城市，这种文化发展下去，必然会使汉人支配他们的同类。然而按沈从文的边远地区观点，汉人文化后来已经逐渐衰落，到沈的青年时代（清王

---

[1] 沈从文：《谈进步》，《文艺季刊》1938年第1卷第3期。

朝最后10年）已经走到危机的爆发点。汉人由于长期奉行繁文缛节的礼教、墨守僵死的文学经典，已经一蹶不振。相形之下，部落民族由于恪守古风，却一直保持着他们的活力"[1]。长期以来，汉人独尊儒术的民族文化发展策略使民族国家逐渐陷入一蹶不振的命运结局。中华民族在古代文明繁荣发展的同时，也逐渐丧失了初民勇武强悍的生命根性，这是文明发展进程中所付出的沉重的、必然的代价。沈从文对民族文化的发展历史和现实处境有着清醒的理性认识，传统文化经典已经不再适应现代社会发展了，但部落民族尚因恪守古风而保持着强健的活力，这是沈从文"重造经典"的理论预设和立论基础。在"重造经典"的具体实施策略上，沈从文不同于五四时期的激烈反传统倾向，更有异于那些忽视传统甚至全盘西化的主张。他将审美视角和理性探针伸向湘西世界，对少数民族地区野蛮而强悍、卑微却真挚、粗朴而爽直的自由自在、优美健康的人性进行发掘和张扬，同时充分汲取传统文化中儒家的入世进取、佛家的人性向善、道家的自由和谐等积极思想因子，在与现代都市病态人生和病态人性形成鲜明对比所构筑的城乡对峙的整体文学格局中，将"过去"和"当前"进行对照，来探求"民族品德的消失与重造"[2] 的原因和路径。在"重造经典"的过程中，沈从文始终将湘西游侠精神作为文学创作的精神支点，更将其视为"重造经典"的重要精神资源。

  沈从文对侠文化的改造、承传和张扬，始终立足他所理解的湘西游侠精神。在他看来，湘西游侠精神的生成与发展来自两个方面：一是，屯丁子弟兵制度尚存不废，"三楚子弟的游侠气概，这个地方（指凤凰——引者注）因屯丁子弟兵制度，所以保留得特别多"[3]；二是，"个人的浪漫情绪与历史的宗教情绪结合为一"[4]。在这里，"个人

---

[1] ［美］金介甫：《沈从文传》，符家钦译，时事出版社1991年版，第10页。
[2] 沈从文：《〈长河〉题记》，刘洪涛编《沈从文批评文集》，珠海出版社1998年版，第250页。
[3] 沈从文：《湘西·凤凰》，凌宇编《沈从文散文选》，人民文学出版社1982年版，第272页。
[4] 沈从文：《湘西·凤凰》，凌宇编《沈从文散文选》，人民文学出版社1982年版，第273页。

下编　中国新文学作家与侠文化的精神相遇

的浪漫情绪"和"历史的宗教情绪"是原始游侠精神的两大核心质素，对应的是道义理想与生命自由。随着城市化进程的推进和现代性的滋长，都市文明日益暴露其丑陋和病态，而原始纯朴的湘西世界越来越成为沈从文寻梦的温柔之乡。在他精心构建的城乡对峙的文学格局中，湘西游侠精神作为一种生命情调甚至生命哲学，具有非凡的意义。这种生命情调和生命哲学源自沈从文对现代都市文明的厌倦和批判。他在湘西世界这个生命的镜像中洞察出都市人生和都市人性虚伪病态的本质，有意识地将游侠精神作为湘西强悍纯朴民风的锋利之剑去刺穿都市文明丑陋的面纱。湘西游侠精神主要是作为那种"无个性无特性带点世故与诈气的庸碌人生观"[1]的对立面而出现的。在沈从文的审美视野和理性思维中，都市社会出现了病态的人生和人性，原因在于都市人丧失了湘西世界人生人性中至为重要的精神品质，如纯朴善良、坦荡侠义、勤劳勇敢、不畏强权、互助合作等。他始终站在民间立场，以自由主义的创作姿态营构这个城乡对峙的文学格局。无论是在内战时期还是在抗战时期，他都以一种超然的态度来关注现实，将游侠精神的改造和湘西地方的振兴乃至中华民族的伟大复兴紧密联系在一起，思索怎样才能更好地发掘和利用这种沉潜于人民大众身上的精神力量，以及如何将游侠精神转化并运用到民族复兴大业上来。抗日战争爆发后，沈从文对湘西士兵的英勇善战表现出极大的敬意，禁不住感慨道："这才像个湖南人！才像个镇筸人！"他以家乡人的正气和悲壮为骄傲。[2] 在沈从文的价值视域中，湘西人的性情本质就是不畏强权、勇于反抗、急人之难、仗义行侠。在凤凰，游侠精神如果"领导得人，就可成为卫国守土的模范军人"[3]。沈从文赞美湘西人的侠气，激励他们同仇敌忾、英勇杀敌，实际上源于他对湘西游侠精神

---

[1] 沈从文：《湘西·沅水上游几个县分》，凌宇编《沈从文散文选》，人民文学出版社1982年版，第264页。

[2] 李辉：《湘西原本多侠气——沈从文的〈记胡也频〉与〈记丁玲〉》，《读书》1990年第10期。

[3] 沈从文：《湘西·凤凰》，凌宇编《沈从文散文选》，人民文学出版社1982年版，第273页。

第四章　批判中建构：人格建构和文化建构

这种清醒的理性认识。沈从文非常重视游侠精神的弘扬和现代承传，他认为："游侠者精神的浸润，产生过去，且将形成未来。"① 在这种意义上，可以说，沈从文对湘西游侠精神的重视和张扬体现了他的一种具有现代性的价值理想，那就是"想借文字的力量，把野蛮人的血液注射到老迈龙钟颓废腐败的中华民族身体里去使他兴奋起来；年青起来，好在廿世纪舞台上与别个民族争生存权利"②。因此，沈从文努力发掘、赞美和张扬湘西游侠精神的目的在于寻找积淀于中华民族文化心理结构中强悍血性的种族特质、刚健进取的文化品格与尚武雄强的人格精神，以此作为文化革新和社会变革的精神基础来改造人、改造社会、改造民族，从而实现国民人格和民族文化的重新建构、民族精神的重铸和现代民族国家的再造。

现代中国是传统文化发生大变革的关键时期，面对西方现代文化的强势入侵，传统文化陷入尴尬失语的危机之中。如何在世界化语境下，实现传统文化的现代性改造和创造性转化，以在世界民族之林争得一席之地，成为肩负于近现代以来知识分子身上的艰巨的历史重任。在探讨民族文化出路的各种方案中，无论是"全盘西化"还是"文化守成"，其最终目的都在于为民族文化寻求重建的出路，可谓殊途同归。其中对传统文化内部诸要素进行重新梳理和再度发掘，虽有"文化守成"之嫌，但确实是以现代意识激活民族文化因子的一种大胆尝试。对侠文化的现代性思考，就是传统文化创造性转化的重要组成部分。沈从文对湘西游侠精神的发掘和张扬接续了晚清以来传统文化的改造思路，寄寓着他对民族前途与国家命运的深沉忧患意识及对民族生存道路的积极探寻，体现了他以现代意识改造侠文化的理性精神。从文化重建的意义上讲，沈从文对待湘西游侠精神的态度及其对侠文化的改造思路，对于当前我国文化建设具有现实的借鉴意义和重要的参考价值。

---

① 沈从文：《湘西·凤凰》，凌宇编《沈从文散文选》，人民文学出版社1982年版，第285页。

② 苏雪林：《沈从文论》（节选），吴福辉编《二十世纪中国小说理论资料》第三卷（1928—1937），北京大学出版社1997年版，第263页。

第五章　认同与张扬：复仇精神和反抗意志

　　以郭沫若、蒋光慈和萧军为代表的新文学作家对侠文化的接受与改造，往往体现为有选择性地提炼出某些积极因素来加以渲染和提升，直接为特定语境下的时代任务和历史使命服务，有着很明显的现实功利目的。无论是在启蒙语境中，还是在革命语境抑或救亡语境下，他们都有着鲜明的政治倾向性，结合时代特征，非常关注侠文化中的叛逆性和反抗性，对侠文化中的复仇精神和反抗意志进行提炼、张扬和现代性提升，赋予侠文化和侠文化精神以新的社会意义，发掘其在实际的社会革命和抗日救亡斗争中的现实价值。无论是立在时代潮头的郭沫若以尚力反抗的正义之声和侠义爱国的悲壮之音奏响了侠文化精神现代神曲的侠行，还是游走于暴力和正义之间的蒋光慈以笔为剑刺向黑暗社会的壮举，抑或特立独行的萧军以民族复仇精神和反抗意志的悲壮交响唤醒广大民众奋起抗争的慷慨大义，都体现了他们对侠文化的认同与张扬。这种侠文化改造思路着眼于积极寻求与革命和救亡相通的精神要素与价值平台，侧重于对民间侠文化精神的提升与再造，充满了鲜明的革命功利性和积极的现实意义，对后来抗日民主根据地和解放区的革命英雄传奇的书写以及中华人民共和国成立后的革命历史小说的创作具有重要的启示与深远的影响。

第一节　郭沫若:鸣奏侠文化精神的现代神曲

　　早在 20 世纪初，在黑暗中国上下求索、孤独呐喊的鲁迅，就在为

第五章 认同与张扬:复仇精神和反抗意志 ◆◇◆

民族新生和国家未来热切而执着地呼唤摩罗诗人的出现。他压抑不住内心的热望和期盼:"今索诸中国,为精神界之战士者安在?有作至诚之声,致吾人于善美刚健者乎?有作温煦之声,援吾人出于荒寒者乎?"[①]鲁迅眼中的摩罗诗人就是以拜伦、雪莱为代表的具有叛逆个性和反抗精神的民族精英,他们与报复诗人密茨凯维支、国民诗人普希金、爱国诗人裴多菲同为尊侠尚义、破坏复仇之一脉,都是具有摩罗精神的精神界战士,他们"无不刚健不挠,抱诚守真;不取媚于群,以随顺旧俗;发为雄声,以起其国人之新生,而大其国于天下"[②]。1921年8月,中国现代新诗的奠基之作《女神》横空出世,使一个海棠香国的骄子得以在文坛扬名立万,正式向世人宣告现代中国摩罗诗人的诞生。这个骄子就是郭沫若——中国的拜伦、中国的密茨凯维支、中国的普希金、中国的裴多菲,一个自由任性、豪放不羁、挑战威权、勇于反抗、为国为民、侠肝义胆的诗坛侠者和文化宗师。无论怎样称誉,似乎都不为过。综观郭沫若的文学创作,无论是诗歌、小说还是戏剧、散文,都无愧于鲁迅所期盼的摩罗诗人尊侠尚义、破坏复仇的精神品格。郭沫若深受传统侠文化的影响和侠文化精神的浸润,在现实生活中,从打抱不平的少年时代到从军报国的戎马生涯,充分体现了他的叛逆性格、复仇情绪、反抗意志和爱国精神;在文本世界里,从他自称一介"学匪",立在地球边上放号要把地球推倒的豪情意气,到热情讴歌礼赞仁道爱国、舍生取义的英雄气概,无不彰显出他拯世济民、心系天下和铁血报国的民族大义情怀。作为一位新文学作家,郭沫若与时俱进,以一个政治家的敏感和思想者的睿智时刻感受着时代脉搏,同时以超越时俗的气魄对传统侠文化进行现代性改造和创造性转化,对复仇精神和反抗意志给以认同和张扬,从而使他的现实人生和艺术人生充满了鲜明的时代精神和浪漫侠义色彩。在人生体验和艺术传达交织熔铸的生命交响中,郭沫若为中国文坛鸣奏了侠文化精神的现代神曲。

[①] 鲁迅:《坟·摩罗诗力说》,《鲁迅全集》第一卷,人民文学出版社2005年版,第102页。
[②] 鲁迅:《坟·摩罗诗力说》,《鲁迅全集》第一卷,人民文学出版社2005年版,第101页。

◆◇◆　下编　中国新文学作家与侠文化的精神相遇

一　立在时代正义潮头的现代 "匪徒"

以侠文化价值观念来审视，如果一个人恪守侠义之道（亦称侠义道），在现实生活中见义勇为、扶危济困、抑强扶弱、同情弱小，不为权势所驱使，不为金钱和美色所诱，那他可被称为真正的侠者；倘若一个侠者背离了侠义道，甘当权力的鹰犬和金钱的奴隶，甚至打着替天行道的旗帜行残害生灵、祸国殃民的罪恶勾当，那他就不再是侠，而是堕落为鲁迅所说的"流氓"了。历史上的侠客堕落为政权帮凶、土匪强盗或地痞流氓者不在少数，这是造成现实中侠的群体良莠不齐甚至鱼龙混杂状况的重要原因。在侠的发展历史上，一些反叛传统、离经叛道、不满现实且遵循侠义道行事的人，往往被世俗眼光纳入匪徒行列，甚至与强盗土匪相提并论。因此，中国之侠也就有了很多的修饰成分，比如侠匪、侠盗、侠官或匪侠、盗侠、官侠等说法，以及卿相之侠、布衣之侠、闾巷之侠、乡曲之侠、暴豪之徒等称谓。不管存在什么说法或称谓，判定一个人究竟是侠还是非侠、伪侠，关键和标准就是看其能否遵循侠义道来行事做人。

郭沫若曾以饱满的激情和倾慕之心写作《匪徒颂》，他将古今中外一切为人类发展和社会进步作出了巨大贡献的英雄人物视为真正的匪徒，大胆而真诚地进行讴歌礼赞。当然，作者以现代意识赋予了这些伟大的匪徒以崭新的价值意义。诗中赞美的匪徒都是不轨于正义的侠匪，他们离经叛道，反抗现存的统治秩序，颠覆既有的思想观念和价值体系，不怕暴力压制和流血牺牲，为全世界劳苦大众积极探求幸福之路。在郭沫若的价值视野中，这些世界大侠正是在侠义道指导下做出了石破天惊、旷古烁今的卓越历史功绩。这曲不同凡俗的《匪徒颂》体现了郭沫若对侠文化精神的激情赞佩和理性诠释，这得益于他本人情感世界和精神结构中对侠的钟爱与神往之情的自然流露与理性升华。就郭沫若个人而言，他从小就生活于一个侠风浓烈的环境当中，接受着当地淳朴民风的濡染和侠文化的影响，与侠结下了不解之缘。

郭沫若的家乡乐山沙湾是土匪的巢穴，但这里的土匪有侠气，他就出生于这样一个匪气浓重且侠风烈烈的乡土环境当中。对于家乡土

第五章　认同与张扬:复仇精神和反抗意志

匪的"侠性",他描述道:"土匪的爱乡心是十分浓厚的,他们尽管怎样的'凶横',但他们的规矩是在本乡十五里之内决不生事。他们劫财神,劫童子,劫观音,乃至明火抢劫,但决不曾抢到过自己村上的人。他们所抢的人也大概是乡下的所谓'土老肥'——一钱如命的恶地主。这些是他们所标榜的义气。"① 他们的义气实为一种做事原则或行为规范,在郭沫若看来,正是这种义气的存在,才使家乡的土匪不同于一般的盗贼。但这种认识绝不是道听途说得来,而是有现实依据的。有一年,郭沫若家里采办云土的人从云南归来,在距家三十里远的千佛崖,十几担云土遭劫。但让人感到惊奇的是,第二天清早,当郭沫若家里打开大门时,被抢劫的云土原封原样地陈列在门次的柜台上,被抢劫的东西不仅被送回来了,还附上了一张字条:"得罪了。动手时疑是外来的客商,入手后查出一封信才知道此物的主人。谨将原物归还原主。惊扰了,恕罪。"② 还有一次,郭沫若随父亲去流花溪走亲戚,回来的路上遭遇盗匪,意想不到的是,匪首竟然向郭父下跪,感谢昔日救命之恩。这些都是发生在郭沫若小时候的事情,土匪的行为给他留下了深刻的印象。这些打家劫舍、快意恩仇、劫富济贫、知恩图报、蔑视王法、放荡不羁的绿林强盗和山野土匪,尽管干着越货行劫的勾当,但却被当时沙湾一带的一部分青年视为心中的理想人物,他们的勾当也被认为是豪杰行为。

郭沫若对土匪的义气和豪杰行为产生了认同感,对他们为世俗眼光所鄙夷的遭遇也深表同情:"一般成为土匪的青年也大都是中产人家的子弟,在那时候他们是被骂为不务正业的青年,但没人知道当时的社会已无青年们可务的正业,不消说更没有人知道弄成这样的是甚么原因了。"③ 很显然,在郭沫若看来,并非每个人都甘愿做土匪,他

---

① 郭沫若:《少年时代·我的童年》,《郭沫若全集》文学编第十一卷,人民文学出版社1992年版,第16页。
② 郭沫若:《少年时代·我的童年》,《郭沫若全集》文学编第十一卷,人民文学出版社1992年版,第17页。
③ 郭沫若:《少年时代·我的童年》,《郭沫若全集》文学编第十一卷,人民文学出版社1992年版,第16页。

将青年沦为土匪归咎于不合理的社会制度。这也说明他认识和理解沦为土匪的青年，熟悉他们的情况。郭沫若家乡的土匪大都是普通人家的孩子，一些土匪头领如徐大汉子、杨三和尚、徐三和尚、王二狗儿、杨三花脸，都比郭沫若大不上六七岁，有的在小时候还和他一同玩耍过。杨三和尚最有名，他在十几岁时就成了土匪。小时候，在杨三和尚遭遇官差追捕的危急时刻，郭沫若和五哥掩护了他，才使他逃过一劫，体现了郭沫若义救土匪的少侠风范。有一次，土匪头领徐大汉子被官兵逮捕，装在笼子里押往嘉定城。杨三和尚带领手下弟兄于途中将他抢劫下来，还杀死了一位陈把总。这件事把乡里闹得天翻地覆，杨三和尚也因此而出名，在江湖上扬名立万。后来，杨三和尚被官府抄了家，从此他就完全成为秘密社会的人。在郭沫若眼里，杨三和尚是他小时候的好朋友，就好像《三国志》或《水浒》里面的人物一样，不仅反抗官府，而且仗义行侠。这是郭沫若家乡的侠匪和匪事。可以说，土匪是侠在历史演变过程中出现的一类人物，与强盗一样，都是侠之末流。土匪和强盗本身就是人们对其所处时代统治秩序不满而奋起反抗的产物，不可否认，他们因自身的局限性而对社会发展产生消极影响，但其劫富济贫、重义使气等侠义精神和义勇行为，仍会给社会发展带来积极的力量，具有不可低估的影响。在此意义上讲，郭沫若对侠义土匪充满了理解和同情，后来他在创作中歌颂世界上真正的匪徒，与他幼时形成的价值观念不无关系。郭沫若肯定的是匪徒们的反抗精神及其在人类历史变革和社会发展中所产生的巨大作用，毋庸置疑，这是他对传统观念中强盗和土匪的侠义精神进行改造的结果。

郭沫若的家族也具有悠久的侠义传统，他的祖先最初背着两个麻布，背井离乡，跋山涉水，从福建移民到四川，可谓披荆斩棘，含辛茹苦。他的家族历经百年创业，终于在异乡立下了坚实的根基。郭沫若的祖父为了生存，在外闯荡江湖，和自己的兄弟即郭沫若的四叔祖曾一起执掌过沙湾的码头，任侠果敢，仗义疏财。郭沫若的父亲秉性耿直，慷慨大方。他的祖辈和父辈在乐山沙湾颇有威名，深受乡人敬重。郭沫若乳名文豹，学名开贞，号尚武，在出生的时候，他的脚先

第五章　认同与张扬：复仇精神和反抗意志 ◆◇◆

下地，迈出了"反逆者的第一步"。① 家族好义尚侠的传统基因和家乡侠匪环境的浸染使郭沫若养成了任侠尚力、重义使气、智勇双全的精神气质，这种侠义品质积聚内化为一种鲜明的个性特征和强烈的自觉意识，影响和塑造着他的人格精神与文化心理。

郭沫若自孩童时代起就深受侠文化影响和侠文化精神的浸润，他的叛逆性格、个性解放思想和反抗精神的形成与侠文化的影响是密不可分的。他从小就爱打抱不平，喜欢义结金兰，为朋友两肋插刀，思想观念上歆羡仰慕历史上的侠客英雄，一个响当当的侠义少年。从郭沫若自小就敢于反抗的叛逆个性和好打抱不平的侠义行为中可以看出，他在现实生活中就是一个与众不同的真正的"匪徒"。无论在学生时代，还是在投笔从戎期间，郭沫若都表现出鲜明的独立人格、自由精神和强烈的复仇精神与反抗意志，尤其是金戈铁马的战争岁月进一步将他人格结构和文化心理中的侠文化精神熔铸提升为为国为民的侠义爱国精神与民族大义情怀。

1906 年春，郭沫若离开家乡沙湾，进入乐山高等小学堂读书。读小学期间正值辛亥革命爆发前的黑暗混沌时期，社会动荡，新旧势力在殊死搏斗，这些社会现象在当时的新学堂里都有所反映。这个小学堂是过渡时代的产物，新旧思想混杂，学生的年龄差距很大。这就使得郭沫若从小就接触到了一些复杂的社会矛盾和不公平的社会现实。在第一学期的期终考试中，郭沫若名列第一，这给那些老学生带来了极大的刺激，损伤了他们的尊严。老学生们在学校闹起了风潮，不仅擅自撕榜，而且强烈要求复查试卷，甚至诬陷、侮辱郭沫若，还逼迫老师帅先生改榜。最后郭沫若被扣了六分降到第三名，重新发榜，这场风潮才算平息下去。在这次事件中，肇事者没有被追究责任，郭沫若却因在端午节曾请假数日回家而被扣分降低名次，满足了肇事者的要求，却使无辜少年遭受屈辱和伤害，这种向肇事者妥协的处理方式显然是不合理且非常荒唐的。这件事给郭沫若带了极大的伤害，成为

---

① 郭沫若：《少年时代·我的童年》，《郭沫若全集》文学编第十一卷，人民文学出版社 1992 年版，第 17 页。

◆◇◆ 下编 中国新文学作家与侠文化的精神相遇

他一生的"第一个转扭点",他不仅"开始接触了人性的恶浊面",更是"恨之深深",从此他"内心的叛逆性便被培植了"。[①] 这件事激发了郭沫若的反叛心理和复仇情绪,他开始以自己的方式发泄满腔的义愤和委屈,要专门和那些老学生们所惧怕的先生们对抗,以洗刷所遭受的耻辱。暑假过后,郭沫若来到学校,开始了反抗校长易曙辉——易老虎的侠义行为。有一次,他和几位小同学联合起来报复、惩治了曾闹风潮的那个贪吃霸道的徐老童生,易老虎知道后,不分是非曲直,当众打了一位小同学的耳光。郭沫若义愤填膺,当面指责易老虎野蛮。这个野蛮校长的非人道行为侮辱了学生的人格,激起了周围众多同学的愤慨。易老虎为了挽回面子,扬言要辞职。最终易老虎被挽留住了,几个学生被处分,郭沫若被记大过。经过这次反抗易老虎的斗争,郭沫若在同学中的威势完全树立了起来,成为学堂里的小领袖。为了极力摆脱小孩子气,学做大人的样子,郭沫若开始抽烟喝酒,反叛的个性朝向不良的倾向发展。尽管如此,但他这学期的期终考试还是考了个第二名。年假期间,郭沫若把《史记》读了一遍,《史记》中的《项羽本纪》《伯夷列传》《屈原列传》《廉颇蔺相如列传》《信陵君列传》《刺客列传》等都是他最喜欢读的文章,这些古人的英雄侠义生活也引起了他无上的同情。历史上的项羽、廉颇、蔺相如、信陵君都是任侠使气、尚力崇武的英雄,伯夷是古代有气节的高士,《刺客列传》和《游侠列传》中的曹沫、豫让、专诸、聂政、荆轲、朱家和郭解等都是趋人之急、拯世济难的侠客,司马迁本身也是一位义薄云天的儒侠,这些古代具有侠性、侠气、侠节的人物及其舍生取义、杀身成仁的侠文化精神为郭沫若所推重。这给他现实生活中的侠义行为增添了精神动力,作出了积极导引,同时对他的侠性心态和侠文化观念的形成以及后来的创作产生了重要影响。

1907年春天,第三学期开学不久,郭沫若又遭遇了新的打击。学生要求恢复星期六半日休假制度,但没有得到校方的批准,激起学生

---

① 郭沫若:《学生时代·我的学生时代》,《郭沫若全集》文学编第十二卷,人民文学出版社1992年版,第9页。

第五章　认同与张扬：复仇精神和反抗意志　◆◇◆

的义愤，闹起了罢课风潮。郭沫若是这次学潮的领袖人物，敢于斗争，反抗精神最强烈，遭到学校当局的斥退处分，这是郭沫若一生中第一次被学校斥退。在当时，斥退就是开除学籍，好比秀才被革成了白丁。郭沫若在转到文昌宫小学时，却受到了该校师生的特别欢迎。他们久闻郭沫若的威名，同情他被斥退的遭遇，反对易老虎们的做法，便联名写信去质问易老虎并要求其收回成命。乐山高等小学堂要求郭沫若"悔过自新"方"准其复学"，最终他得以返回学校。这件事让郭沫若再次感受和体会到了人性虚伪、卑劣和阴暗的一面。自从遭到斥退之后，他的反抗性情愈加向不良的方面发展。郭沫若心中满怀愤懑："我纵横是破了脸的，管他妈的！"①他对学校更加不满，变得更加慵懒、放任，经常与不良少年一起喝花酒，逛胭脂巷，几乎陷入堕落的深渊，但郭沫若并未堕落下去，他以第三名的优异成绩考上了中学。毕业之际，他手持鞋子，提起全身的力量将教室的两扇玻璃打破，一年来愤积的怒气终于爆发、宣泄了。"旧教育制度接二连三地往他身上泼污水，肆意摧残少年的天性，然而具有叛逆性格的郭开贞绝不认输。从高等小学堂甲班毕业照上，可以清楚地看到这个与众不同的倔强少年的身影"②。这个倔强少年留给人们的是一派昂首挺胸、气宇轩昂、大胆叛逆、勇于反抗的少侠风范。

1907年秋，郭沫若升入嘉定府中学堂继续读书。这个中学堂也是过渡时代的产物，面对学校的现状，郭沫若非常不满，学习兴趣日趋下降，心中的叛逆却与日俱增。他经常和校内校外的不良少年来往，抽烟，喝酒，闹戏场，过着一种放浪形骸的生活，成为学校有名的"八大行星"之一。郭沫若进入中学的第一学期，由于生活放荡，修身分数二十五分前面还被打了一个负号。当然，这种放荡生活是他的叛逆性格在负面上的反映。从正面意义来讲，郭沫若的叛逆性格一旦与现实的不满相结合，就会激发出一种反抗精神和打抱不平、伸张正义的勇气。郭沫若和同学刘祖尧是换帖的结义兄弟之一，刘祖尧无辜

---

① 郭沫若：《少年时代·我的童年》，《郭沫若全集》文学编第十一卷，人民文学出版社1992年版，第100页。
② 龚济民、方仁念：《郭沫若传》，北京十月文艺出版社1988年版，第11页。

遭到学校斥退，引起了郭沫若满腔的义愤，压抑很久的怒火像火山一样爆发了，他于醉酒后大骂监学丁平子，骂了足有两个钟头。丁平子恼羞成怒，以辞职来胁迫校长开除郭沫若。但这次打抱不平、伸张正义的事件使郭沫若深得部分老师和许多学生的理解和支持，丁监学斥退郭沫若的行为并未得逞。这是一次正义的胜利。

　　在1909年中秋过后不久的一个礼拜天，郭沫若和几个同学要到萧公庙看戏，途中获悉嘉定中学的学生和王爷庙的士兵在萧公庙的戏场里发生了冲突，造成了流血事件。当时郭沫若不在事发现场，他被推举为主持公道的学生代表，向学校请愿。校方在与当地驻军谈判失败后，反而责备学生多事。这种欺软怕硬的行径激起了学生们的义愤，他们相率罢课以示抗议。于是，一场校外风潮演变为校内风潮。校长回来后却不问青红皂白，斥退了八名学生，作为学生代表的郭沫若未能幸免，最残酷的是那位受伤甚重、平常十分驯良的学生也被开除了，记大过的学生有几十名。校长担心学生们要求继任者取消斥退，在斥退学生的那天下午，也就是新校长突然来接事但尚未办理交接的那天下午，他就把斥退的八个人禀报上去，通饬全省了。被斥退而又遭通饬全省，这就意味着学生从此不能再用自己的本名，甚至也不能在本省读书了。这对于学生来说是非常严重的打击，可见校长的报复手段极其毒辣，不仅断送了几位学生的前途，还葬送了那位受了重伤的同学的性命。按照惯例，每次闹事，凡是当代表的学生总是要受到斥退的处分。这次学生与士兵之间发生的流血事件，郭沫若是局外人，却能挺身而出，冒着被开除的危险，作为学生代表与校方交涉，向当地驻军讨还公道，这本身就是一种伸张正义的侠者行为。

　　这个不公平的斥退事件更加激发了郭沫若的反叛性格。被嘉定府中学堂开除后，他决定远走高飞，寻求别样的生活。1910年早春二月，郭沫若离开乐山到达成都，成为四川高等学堂分设中学堂丙班即三年级的插班生。1911年初，国会请愿风潮波及巴蜀大地，成都学界立即响应，郭沫若作为学生代表积极参加号召学生罢课的斗争。分设中学堂要求郭沫若做个榜样带头复课，参加期终考试。郭沫若断然拒绝，不愿做破坏爱国运动的罪魁。这再次体现了他的反叛精神，结果

第五章　认同与张扬:复仇精神和反抗意志

却被学校斥退。好在不久后,郭沫若的大哥回到成都,分设中学堂聘请大哥做法制经济的兼职教习,这样他又回到了分设中学。郭沫若遭斥退均源于学生闹事,而这次闹事与前两次有质的不同,"在乐山小学遭了斥退,是因为要求礼拜六放假;在嘉定中学又遭了斥退,是因为在会馆里看戏学生和营防斗殴。都是一些百无聊赖的事"[①]。如果说前两次闹事遭斥退是少年郭沫若基于维护正义、打抱不平的原始血性冲动的后果,那么这次闹事被开除则是青年郭沫若源于关心国家大事、捍卫国家利益的现代理性抉择的结局。郭沫若在革命大潮中,早已深受时代气息的濡染,主张革命,反对保皇,非常崇拜邹容、徐锡麟、秋瑾、温生材和黄花岗七十二烈士,崇拜一切活着的革命党人,深信只有他们才能拯救多灾多难的中国。此时的郭沫若已经从一个义薄云天、放荡不羁的少年成长为一位豪气干云、为国为民的青年了。

1911年6月,郭沫若参加了四川保路同志会成立大会,会后参加了示威游行。为了保护民众利益,他还加入了学生志愿军,以昂扬的斗志和积极的姿态直接参与现实的反帝反封建的斗争。随着四川保路运动的迅速发展,置身于斗争中的郭沫若越来越清醒地认识到社会的黑暗、政治的腐败和民生的疾苦,他的叛逆性格和反抗精神也越来越鲜明而强烈。10月10日,武昌起义爆发。它的成功,大力推动了全国革命形势的迅猛发展,各省纷纷起义,先后宣布独立。辛亥革命的胜利,使郭沫若欣喜若狂。在四川宣布独立前夕,他就和分设中学的同学剪掉了辫子,并带领同学们把校长都静阶那条养尊处优惯了的辫子也剪掉了。这充分体现了郭沫若的革命意志和反叛精神,使他在拯救民族危亡的革命事业中平添了豪迈不羁的侠气。

郭沫若由于亲自经历了四川的革命运动,对革命的新气象充满了无限欣喜,对光明的未来也满怀着希望和美好的憧憬。但四川的光复和全国一样,并未建立起真正的革命政权,辛亥革命后,军阀专政的混乱时局使郭沫若陷入迷惘,感受和体验到失望的痛苦。经历了辛亥

---

① 郭沫若:《少年时代·反正前后》,《郭沫若全集》文学编第十一卷,人民文学出版社1992年版,第207页。

革命运动洗礼的郭沫若,并没有因此而走向颓唐、堕落,而是对社会有了更加深刻的认识和思考,开始重新设计自己的人生道路。1913年郭沫若初出夔门,怀着实业救国、富国强兵的理想,远渡日本留学,选择学习医科,立志以医学来拯救祖国。但急剧动荡的国内时局,无时无刻不在震动着年轻人的心灵,激发他们的爱国热情和民族大义。1915年1月,日本帝国主义提出灭亡中国的"二十一条",企图把中国变成日本的殖民地,逼迫北洋政府承认,并于5月7日发出最后通牒,限四十八小时内答复。这激起了海内外华人的强烈义愤。为了抗议袁世凯对日本卑躬屈膝的倒行逆施行为,郭沫若毅然回国,愤慨地写下了一首诗,末尾两句为"男儿投笔寻常事,归作沙场一片泥"[①],充分表达了他准备投笔从戎,报效国家的决心和意志。1919年1月,作为一战战胜国的西方列强召开了分赃的巴黎和会,会议上"山东问题"闹得甚嚣尘上,这激起郭沫若极大的愤慨,他毅然写下了小说《牧羊哀话》,文中诗《怨日行》写道:"安得后羿弓,射汝落海涛?安得鲁阳戈,/挥汝下山椒?/羿弓鲁戈不可求,泪流成血洒山丘。"[②]表达了郭沫若强烈的反帝爱国情怀。巴黎和会上中国外交的失败直接导致了五四运动的爆发,这场彻底反帝反封建的革命浪潮激起了郭沫若强烈的民族义愤和爱国热情,当时他和几位留日同学联合起来组织了一个抗日团体——夏社,专门把日本各种报纸杂志上有关侵略中国的言论和资料搜集起来,译成中文后投寄给国内各学校和各报馆,从事着抗日爱国的宣传工作。

更为人称道的是,1926年7月,郭沫若投笔从戎,参加了北伐。在这场意在推翻军阀统治、拯救民族国家的北伐战争中,郭沫若出任国民革命军总政治部宣传科长兼行营秘书长,为国赴难,九死一生。郭沫若不再是一个单纯的文人,他走上了一条与当时绝大多数知识分子不同的道路。北伐期间,郭沫若曾拒绝过蒋介石的拉拢,面对高官

[①] 郭沫若:《学生时代·创造十年》,《郭沫若全集》文学编第十二卷,人民文学出版社1992年版,第41页。
[②] 郭沫若:《残春及其他·牧羊哀话》,《郭沫若全集》文学编第九卷,人民文学出版社1985年版,第11页。

第五章 认同与张扬:复仇精神和反抗意志 ◆◇◆

厚禄的允诺不为所动,彰显出一个现代知识分子的侠骨气节。其实早在蒋介石发动"四·一二"反革命政变之前,郭沫若就已经洞察了他阴贼险狠、背叛革命的罪恶本质。1927年3月31日,郭沫若义愤填膺,奋笔疾书,写下了讨蒋檄文《请看今日之蒋介石》,对蒋介石屠杀共产党员和革命群众的暴虐行径和反革命本质进行了大胆揭露与无情批判,公开反对蒋介石,以此宣告与蒋介石彻底决裂。在这篇义正词严、充满革命正气的檄文中,郭沫若旗帜鲜明地指出"蒋介石已经不是我们国民革命军的总司令,蒋介石是流氓地痞、土豪劣绅、贪官污吏、卖国军阀、所有一切反动派——反革命势力的中心力量了"①,号召革命同志和一切革命的民众迅速起来反抗蒋介石、打倒蒋介石、消灭蒋介石,宣布他的死罪。这篇讨蒋檄文公开发表后不久,蒋介石就下达了对郭沫若的通缉令。郭沫若为了革命正义事业而不畏权势,敢于反抗、重义轻生、视死如归,可谓义勇之举。在国民党右派彻底叛变革命之后,郭沫若更加坚定了革命信念和反抗精神,当他获悉南昌起义爆发后,便义无反顾地直奔南昌,走上了武装反抗国民党统治的革命道路。正是这种胸怀民族大义的侠者气度,激发了郭沫若的革命尚武精神,不仅走上了戎马救国之路,而且能够明辨忠奸、维护正义。

作为一个义薄云天的戎马文人,郭沫若非常重视现实中挺身而出、拯世济难的义勇行为。1935年10月,郭沫若应东京中国青年会邀约去作公开讲演。在讲演的那天,前两排坐满了日本的便衣警察,这就是当场使郭沫若怀着戒心的、很熟悉的"眼睛"——日本刑士。在发生骚乱的时候,最先是杨凡和朱洁夫挺身而出保护了郭沫若。杨凡和朱洁夫都于20世纪30年代初期赴日留学,当时都是中国留东同学会负责人之一。郭沫若对他们的义勇行为非常激赏,他回忆道:"他们的勇敢、敏捷、不顾危难的侠情和友谊,在我是深深地铭感着的。"②1936年郭沫若为杨凡的中文译本——高尔基《文学论》作序时回忆了

---

① 郭沫若:《革命春秋·请看今日之蒋介石》,《郭沫若全集》文学编第十三卷,人民文学出版社1992年版,第129页。
② 郭沫若:《集外·侠情和友谊的纪念——高尔基〈文学论〉序》,《郭沫若全集》文学编第十六卷,人民文学出版社1989年版,第223页。

下编　中国新文学作家与侠文化的精神相遇

这件事，并将序文的题目定为《侠情和友谊的纪念》。卢沟桥事变爆发后，中国开始全面抗战，郭沫若挺身而出，再度投笔从戎，勇赴国难，出任国民政府军事委员会政治部第三厅厅长（后改任文化工作委员会主任），领导全国的抗战宣传文化工作，以实际行动从事抗日救国大业。抗战期间，郭沫若写下了许多慷慨激昂、侠义爱国的壮丽诗篇。他在抗战诗《铭刀》中写道："刀征壮士魂，/铁见丈夫节。/蘸血叱龙蛇，/草檄何须笔？"[1]《南下书怀四首》慷慨陈词，其中第一首写道："圣凡同一死，/死有重于山。/舍生而取义，/仁者所不难。"[2]他在《前线归来》中更是表达了"江山无限好，戎马万夫雄"[3]的豪情壮志。这些诗歌无不铿锵有力、慷慨激昂，充分表达了作者为拯救民族危亡而慷慨赴难、视死如归的民族大义情怀，体现了他热血报国的义勇精神。同时，为了积极配合抗日救亡的时代使命，郭沫若选取和运用历史上的侠义题材创作了抗战史剧。难能可贵的是，他以现代意识结合时代精神并重新审视历史上的侠义人物及其行为，寻求历史故事和抗战事件的相似性，对侠文化进行了现代性改造和创造性转化，认同和张扬侠文化精神，揭露和批判国民党反动派投降卖国与破坏抗战大局的罪恶行径，极大地鼓舞了全国军民的抗战斗志和反抗精神。在国家危难之际，郭沫若立场坚定、态度鲜明、嫉恶如仇、勇赴国难、视死如归、义无反顾，充分体现了一位抗战志士的侠义爱国精神和民族大义情怀。

从少年郭沫若的挥斥书生气到青年郭沫若的革命侠义情，再到中年郭沫若的戎马逞英豪，呈现出一个现代知识分子侠义爱国、拯世济民的生命轨迹。在这个生命历程中，郭沫若所表现出来的反抗专制压迫、追求民主自由、维护正义公道和打破旧秩序、建设新世界的叛逆

---

[1] 郭沫若：《汐集·铭刀》《郭沫若全集》文学编第二卷，人民文学出版社1982年版，第399页。

[2] 郭沫若：《汐集·南下书怀四首》，《郭沫若全集》文学编第二卷，人民文学出版社1982年版，第412页。

[3] 郭沫若：《革命春秋·归去来·前线归来》，《郭沫若全集》文学编第十三卷，人民文学出版社1992年版，第446页。

精神与民族大义情怀，与古代游侠敢于自掌正义、挑战威权和捍卫社会公道、社会正义的侠义精神与道义理想，是一脉相承的。可以说，郭沫若就是一位立于时代正义潮头的"匪徒"——顶天立地的现代侠者。

二 侠文化精神的现代神曲

郭沫若从幼年开始就理解和同情土匪的遭遇，初涉社会便认识到社会的黑暗、人性的卑劣和当时现存秩序的暴虐无耻。这使他满怀义愤，充满正义感。随着社会的发展、阅历的增长和斗争经验的日益丰富，郭沫若逐渐形成了桀骜不驯、大胆叛逆的反抗精神和拯世济难、为国为民的侠义爱国情怀。在现实生活中，他更是路见不平、拔刀相助、见义勇为、勇赴国难。无论是五四时期追求人格独立和个性解放的现实斗争，还是革命救亡时代挥斥意气、尽逞侠义豪情的救世行为，郭沫若都以积极的姿态响应时代的召唤，挺立于正义潮头，直面时代的惊涛骇浪，以侠者气魄和如剑之笔直击黑暗社会，挑战不合理的统治秩序。五四时期的尚力思想和革命救亡时代的重义精神，构成了侠文化精神的现代神曲的二重变奏。这不仅呈现出郭沫若的侠性心态的演变轨迹，而且体现了他从侠文化中汲取精神资源构建独立主体人格、自由抗争精神和新型民族文化的社会理想。

（一）尚力反抗的正义之声

尚力崇武、赖力自强是侠者得以立世扬名、任侠救世的重要条件，构成了尚武精神的重要内容，是侠文化不可或缺的必要质素。侠文化的尚力蕴含内化于郭沫若的情感世界、人格精神和文化心理之中，呈现为鲜明而强烈的、熔铸着反抗意志的尚力意识。郭沫若生逢乱世，绝望于既有社会制度的黑暗腐朽和世道人心的卑劣不古。他崇尚武力、任侠救世、以力抗暴、维护正义，渴望扫除一切不合理的社会现象，重建新的社会秩序。五四时期启蒙主义思想和无政府主义西风东渐的思潮，激活了郭沫若的侠性心态，使沉潜于其文化心理结构中的侠文化质素被诱发出来，焕发为极大的精神力量。在追求个性解放和自由精神、反叛传统和激扬民气的历史文化语境下，郭沫若被激发出来的侠文化精神力量灌注于文学创作之中，发出尚力反抗的正义之声。

郭沫若的诗集《女神》，可谓"力"的时代颂歌，寄寓了大胆破坏的反抗精神和勇于创造的创世情怀。在这曲尚力的颂歌中，"郭沫若对于时代发展的信息，有着海燕般的特殊敏感，他最先感受到了在20世纪初，伟大的'五四'运动中，祖国的新生，中华民族的觉醒"①。这就意味着，尚力意识一经和民族觉醒的时代精神相结合，便会转化为挑战黑暗社会和统治威权、渴盼民族涅槃和国家新生的强大的艺术能量。

象征着祖国新生的《凤凰涅槃》，充满了对"冷酷如铁""黑暗如漆""腥秽如血"的"茫茫的宇宙"②的诅咒。这曲时代的黄钟大吕以凤凰铿锵、坚韧、奔突、跳跃的力量之美演绎了古老中国经过艰难而伟大的涅槃，复从死灰中更生的生命历程。诗中的"凤歌"和"凰歌"以悲壮慷慨的葬歌结束了中华民族历史上最黑暗的一页，"凤凰更生歌"以高昂、热烈的欢唱宣告了一个"新鲜""净朗""华美""芬芳""热诚""挚爱""欢乐""和谐""生动""自由""雄浑""悠久"③的民族诞生，寄寓着祖国新生和民族振兴的希望。在诗剧《女神之再生》中，面对黑暗的世界和人类战争的劫难，女神之一表示"要去创造些新的光明，／不能再在这壁龛之中做神"；女神之二发愿"要去创造些新的温热，／好同你新造的光明相结"；女神之三言道："新造的葡萄酒浆／不能盛在那旧了的皮囊。／为容受你们的新热、新光，／我要去创造个新鲜的太阳！"其他女神全体慷慨陈言："我们要去创造个新鲜的太阳，／不能再在这壁龛之中做甚神像！"④该诗借

---

① 钱理群、温儒敏、吴福辉：《中国现代文学三十年》（修订本），北京大学出版社1998年版，第103页。
② 郭沫若：《女神·凤凰涅槃》，《郭沫若全集》文学编第一卷，人民文学出版社1982年版，第36页。
③ 郭沫若：《女神·凤凰涅槃》，《郭沫若全集》文学编第一卷，人民文学出版社1982年版，第44—45页。
④ 郭沫若：《女神·女神之再生》，《郭沫若全集》文学编第一卷，人民文学出版社1982年版，第8页。

第五章　认同与张扬:复仇精神和反抗意志 ◆◇◆

女神之口形象地表达了对黑暗社会的憎恨和对统治阶级争权夺利、祸国殃民罪行的揭露,以女神之再生隐喻中华民族的觉醒。面对共工和颛顼争帝战争中被破坏了的天体,女神们发出了铿锵有力的正义之声:"我们尽他破坏不用再补他了!/待我们新造的太阳出来,/要照彻天内的世界,天外的世界!/……/——我们要时常创造新的光明、新的温热去供给她呀!"① 在这里,尚力意识和大胆破坏、勇于创造的精神相结合,充满了坚决彻底和百折不挠的反抗精神与无比强大的战斗力量。

在诗剧《棠棣之花》中,聂嫈送弟弟聂政远赴濮阳,临行之际,因感慨于诸侯争霸造成的生灵涂炭、民生疾苦的乱世,唱道:"不愿久偷生,/但愿轰烈死。/愿将一己命,/救彼苍生起!"② 尽管明知聂政此行凶多吉少,但为了拯救黎民百姓于水深火热之中,她勉励聂政不要辜负了天下苍生和严仲子的知遇之恩,欢送聂政慷慨赴义,并再度以歌声为弟弟壮行:"去吧,二弟呀!/我望你鲜红的血液,/迸发成自由之花,/开遍中华!/二弟呀,去吧!"③ 聂嫈虽为弱女子,但彰显了巾帼不让须眉的气度,话语间流露出深明大义、追求自由、拯世济民、勇于担当的侠义情怀,这发自弱女子口中的铿锵之音,充满了力的韵律和阳刚之美。

在诗歌《天狗》中,作者以暗喻的手法,自目为"天狗",以气吞山河的气魄和豪迈的胸襟,发出惊天动地的呐喊与呼号,要把月、日、一切的星球和全宇宙来吞了,集中了"全宇宙底 Energy 底总量","飞奔""狂叫""燃烧","如烈火一样地燃烧","如大海一样地狂叫","如电气一样地飞跑"。④ 一个昂扬超然、独立不倚、大胆破坏、勇于创造的自我形象得以凸显。这个自我形象,破坏意识和创造精神

---

① 郭沫若:《女神·女神之再生》,《郭沫若全集》文学编第一卷,人民文学出版社 1982 年版,第 12—13 页。
② 郭沫若:《女神·棠棣之花》,《郭沫若全集》文学编第一卷,人民文学出版社 1982 年版,第 28 页。
③ 郭沫若:《女神·棠棣之花》,《郭沫若全集》文学编第一卷,人民文学出版社 1982 年版,第 31 页。
④ 郭沫若:《女神·天狗》,《郭沫若全集》文学编第一卷,人民文学出版社 1982 年版,第 54—55 页。

即矛盾又统一，充满了鲜明的尚力意识。诗歌《浴海》则以第一人称"我"，作为一个敢于立在太平洋上戏弄波涛的抒情主人公形象，"我的血和海浪同潮"，"我的心和日火同烧"，在这惊心动魄的斗争中，早已将"我的有生以来的尘垢、秕糠"，"全盘洗掉"。① 在力的节奏和韵律美感中，充分表达了作者强烈的革故鼎新、解放自我的个性意识。最后号召人们起来"快也来戏弄波涛"，"快把那陈腐了的旧皮囊/全盘洗掉"！② 表达了改造自我和改造社会的决心与愿望。在诗歌《立在地球边上放号》中，作者呼吁提起全部的力量来"要把地球推倒"，主张"不断的毁坏，不断的创造，不断的努力"，神仪于"力的绘画，力的舞蹈，力的音乐，力的诗歌，力的律吕"，③ 以异乎寻常的夸张，体现了对"力"的呼唤和赞美。作者在诗歌《梅花树下醉歌》中高呼："一切的偶像都在我面前毁破！/破！破！破！"④ 尽显破坏哲学的伟岸神力。在诗歌《我是个偶像崇拜者》中，作者尽情高唱："我是个偶像崇拜者哟！/……/我崇拜创造的精神，崇拜力，崇拜血，崇拜心脏；/我崇拜炸弹，崇拜悲哀，崇拜破坏；/我崇拜偶像破坏者，崇拜我！/我又是个偶像破坏者哟！"⑤ 在由"崇拜"和"破坏"构成的张力结构中，体现了一如既往的破坏冲动和反抗意志。

在诗歌《匪徒颂》中，郭沫若认为那些"身行五抢六夺，口谈忠孝节义的匪徒是假的"，他自视一介学匪，为古今中外的真正的匪徒们大唱赞歌。在这曲石破天惊的《匪徒颂》中，郭沫若将"匪徒们"作了精致的归类。克伦威尔"敢行称乱"，是"反抗王政的罪魁"；华盛顿"抗粮拒税"，乃"私行割据的草寇"；黎塞尔"死有余辜"，是

---

① 郭沫若：《女神·浴海》，《郭沫若全集》文学编第一卷，人民文学出版社1982年版，第70页。
② 郭沫若：《女神·浴海》，《郭沫若全集》文学编第一卷，人民文学出版社1982年版，第70—71页。
③ 郭沫若：《女神·立在地球边上放号》，《郭沫若全集》文学编第一卷，人民文学出版社1982年版，第72页。
④ 郭沫若：《女神·梅花树下醉歌》，《郭沫若全集》文学编第一卷，人民文学出版社1982年版，第96页。
⑤ 郭沫若：《女神·我是个偶像崇拜者》，《郭沫若全集》文学编第一卷，人民文学出版社1982年版，第99页。

第五章 认同与张扬:复仇精神和反抗意志

"图谋恢复的顽民"。他们都是政治革命的匪徒。"饿不死"的马克思坚持"鼓动阶级斗争的谬论";恩格斯"不能克绍箕裘,甘心附逆";"实行共产主义"的列宁乃"亘古的大盗"。他们都是社会革命的匪徒。释迦牟尼反抗婆罗门教,倡导涅槃邪说;墨家巨子主张"兼爱无父",像"禽兽一样";马丁路德"反抗法王的天启",并"开创邪宗"。他们都是宗教革命的匪徒。哥白尼"离经叛道",堪称"倡导太阳系的妖魔";达尔文"毁宗谤祖",可谓"倡导人猿同祖的畜生";尼采"欺神灭像",被视为"倡导超人哲学的疯癫"。他们都是学说革命的匪徒。"丑态百出"的罗丹,大胆"反抗古典三昧的艺风";"饕餮粗笨"的惠特曼,毅然"反抗王道堂皇的诗风";"不得善终"的托尔斯泰,坚决"反抗贵族神圣的文风"。他们都是文艺革命的匪徒。卢梭这个"不安本分的野蛮人",教人重返自然;丕时大罗启这个"不修边幅的无赖汉","擅与恶疾儿童共寝";泰戈尔这个"不受约束的亡国奴",竟然"私建自然学园"。他们都是教育革命的匪徒。这些人都是人类历史上杰出的人物,他们为人类社会的发展和进步作出了巨大贡献。然而,在正统统治秩序和传统伦理道德的价值视域下,古今中外一切致力于革命事业的伟大人物,都是大逆不道、离经叛道,为世所不容的。但郭沫若将他们视为人类历史上的革命事业的杰出英雄,推动人类社会发展和历史进步的真正的匪徒,并真诚地颂祝他们"万岁!万岁!万岁!"。[①] 人类历史上的匪徒尽管是其所在社会的破坏性力量,但他们对社会的重构和历史的建构作出了巨大的贡献,这恰恰是那些违背人道和人性的统治者所无法比拟的。很显然,郭沫若超越了历史的误解和世俗的偏见,赋予匪徒以现代意识和全新的价值意义,讴歌了他们破坏旧世界的反抗精神和建设新世界的创造精神。

在诗歌《洪水时代》中,郭沫若塑造了古代治水英雄夏禹的形象。诗中写道:"夏禹手执斧斤,/立在舟之中腰。/他有时在斫伐林

[①] 郭沫若:《女神·匪徒颂》,《郭沫若全集》文学编第一卷,人民文学出版社1982年版,第113—115页。

树,/他有时在开凿山岩。/他们在奋涌着原人的力威/想把地上的狂涛驱回大海!"① 一位充满力量的救世英雄形象呼之欲出。墨家和夏禹属于精神的近亲,墨家的尚力济世思想和夏禹的救世精神是血脉相通的。侠文化精神受益于墨家思想,与夏禹的救世精神存在着精神联系。郭沫若塑造夏禹形象,描述夏禹的救世行为,突出夏禹的尚力特征,目的在于通过讴歌夏禹振奋原人力威治水救世的精神,表达对夏禹的近代传人——劳工的创造精神的礼赞。作者赞道:"他那刚毅的精神/好象是近代的劳工。/你伟大的开拓者哟,/你永远是人类的夸耀!/你未来的开拓者哟,/如今是第二次的洪水时代了!"② 由此可见,作者将自己所处的时代比喻为开天辟地的第二次洪水时代,劳工就是这个时代的开拓者和创造者,以古喻今,赋予新意,话语间充斥着乐观豪迈、昂扬进取的冲创意志和开拓精神。

　　郭沫若对尚力意识的张扬,与其对独立人格和自由精神的追求是分不开的。《我是个偶像崇拜者》中将自我视为偶像的崇拜者和破坏者,充满了对自我的崇拜;《梅花树下醉歌》中高呼:"我赞美我自己!/我赞美这自我表现的全宇宙的本体!"③《湘累》借屈原之口表达了对自由精神的诉求:"我效法造化底精神,我自由创造,自由地表现我自己。我创造尊严的山岳、宏伟的海洋,我创造日月星辰,我驰骋风云雷雨,……我有血总要流,有火总要喷,不论在任何方面,我都想驰骋!"④ 这些充满了鲜明的主观色彩和强烈的冲创意志的语言,铿锵有力、掷地有声,充分体现了郭沫若的个性解放思想和人格独立精神。

　　在反对封建礼教和专制统治的五四时代浪潮影响下,郭沫若于

---

① 郭沫若:《星空·洪水时代》,《郭沫若全集》文学编第一卷,人民文学出版社1982年版,第182页。
② 郭沫若:《星空·洪水时代》,《郭沫若全集》文学编第一卷,人民文学出版社1982年版,第183页。
③ 郭沫若:《女神·梅花树下醉歌》,《郭沫若全集》文学编第一卷,人民文学出版社1982年版,第95页。
④ 郭沫若:《女神·湘累》,《郭沫若全集》文学编第一卷,人民文学出版社1982年版,第22页。

第五章　认同与张扬：复仇精神和反抗意志

1923 年先后创作了历史剧《卓文君》和《王昭君》。"五卅惨案"发生之际，郭沫若敢于直面淋漓的鲜血，勇于正视残酷的现实，奋笔疾书，毅然写出了历史剧《聂嫈》。1926 年，郭沫若将这三部剧本结集出版，取名为《三个叛逆的女性》。这三部历史剧的主人公都是离经叛道、敢于反抗的女性，虽为柔弱女子，但充满了阳刚强力之美。卓文君私奔司马相如，王昭君出塞和番，聂嫈杀身成仁，这三个历史故事在郭沫若笔下被赋予了新的时代精神。卓文君打破了女子从一而终的封建礼教的惯例，大胆追求个人幸福，自主爱情婚姻，自愿改嫁给司马相如，可谓惊世骇俗之举。面对父亲卓王孙的指责和漫骂，卓文君义正词严："你们男子们制下的旧礼制，你们老人们维持着的旧礼制，是范围我们觉悟了的青年不得，范围我们觉悟了的女子不得！"[①]喊出了女性寻求自我解放的心声，体现了女性意识的觉醒。王昭君敢于当面指责汉元帝荒淫无道，勇于挑战和反抗封建威权，大胆追求独立人格和自由精神，宁愿出塞和番，也不待在皇宫深院。聂嫈临危不惧，慷慨赴义，最后以死来谴责使生灵惨遭涂炭的不义战争，可谓视死如归，杀身成仁。卓文君的侍婢红箫，虽为一个孤儿，但能够自主命运。卓文君平等待她，视同姐妹，她为了成全卓文君的爱情和幸福，甘愿伏剑而亡，可谓有情有义的侠女。从剧作的思想倾向来看，批判的锋芒指向的是封建制度和封建统治者，从封建礼教到封建王权，从封建王权到封建社会，无情地批判、彻底地否定，显示了毅然决绝的姿态，充满了叛逆精神和反抗意志。

整体来看，郭沫若毅然抛弃了传统文化中的怯懦、中庸、卑劣、妥协等严重阻碍民族进步和祖国新生的负面因素，承传和张扬了积极的正面因子，这就使他的诗歌和历史剧充满了不屈不挠的坚决彻底的自由意志和勇武雄强、刚健进取的大胆破坏与勇于创造的精神。在他洋溢着时代精神的文本结构深处，人的价值和意义得到了肯定，人的尊严和权利得到了维护与捍卫，人的创造力被极大地认可与赞美。这种慷慨激昂、躁动凌厉的气势和尚力崇武、无惧无畏的侠义英雄气概，

[①] 郭沫若：《卓文君》，《郭沫若全集》文学编第六卷，人民文学出版社 1986 年版，第 55 页。

以及蕴含其中的诗学正义力量，极大地彰显了郭沫若的情感世界、人格精神和文化心理的阳刚之美与独特魅力。在他的浪漫冲动和尚力意识中，无不传达出侠文化的正义之声与自由精神。

（二）侠义爱国的悲壮之音

郭沫若与侠文化之间存在着极深的渊源关系，他的现实行为和文学创作也不可避免地深受侠文化的影响，这是我们理解和阐释郭沫若其人其文的基本前提。以此观照郭沫若的创作，我们发现，他的作品不仅洋溢着力的美感和反抗的激情，而且充满了对义的改造、超拔和转化、利用的现代理性。这在郭沫若的抗战史剧中，主要体现为他运用历史上的侠义题材，极大地弘扬了侠义精神。郭沫若对侠文化的改造和融会，一方面"是他对传统文化中侠义美德的独特理解，表现了作家的人格理想"；另一方面"是他从泛神论英雄主义到侠义形态发展的心理需要，是他转变立场之后所寻觅的充分中国传统化的英雄"。[①] 郭沫若将抗战的时代背景与侠文化相结合，赋予笔下人物以英雄气度、救世情怀、责任担当和悲剧命运，发掘侠义精神的时代内涵，使剧作充满了侠义爱国的悲壮之音。具体来讲，就是作者立足抗日救亡的时代语境，紧跟当时的政治形势和社会主流话语，以政治家的敏感思维、思想者的睿智识见和现代知识分子的精英立场，深入发掘和广泛运用历史上的侠义题材，坚持古为今用的创作原则，提升和高扬了民族大义精神，直接为现实的抗日斗争和民族救亡服务，从而达到以古喻今、借古鉴今和以古讽今的政治目的。

众所周知，抗战后期是中国历史上的黑暗年代，以蒋介石为首的统治集团推行投降卖国政策，对内实行法西斯专制统治，对外勾结日本侵略者镇压中国共产党领导的抗日军民的救国爱国行动，曾接连发动三次反共高潮。在事关民族生死和国家存亡之际，中国共产党号召全党、全军和全国人民坚持团结抗战，反对分裂投降，极大地鼓舞了

[①] 韩云波：《论郭沫若抗战史剧的侠文化内涵》，《贵州大学学报》（社会科学版）1993年第2期。

第五章　认同与张扬：复仇精神和反抗意志

抗日军民和全国人民的斗志与信心，指明了中华民族前进的方向。在这样的历史语境下，郭沫若以饱满的政治激情和抗日救亡的爱国精神创作了六部抗战史剧：《棠棣之花》《屈原》《虎符》《高渐离》《孔雀胆》《南冠草》。这些振奋人心、彪炳史册的历史剧，有的取材于战国时代历史，有的取材于元朝末年历史，有的取材于明末清初历史，都同抗战后期的社会状况和斗争形势存在着历史的相似性，并且在取材上大都与侠有密切的关系。通过发掘并提升这些历史事件和历史人物的价值，彰显其在抗战语境下的积极意义。郭沫若在抗战史剧中重视义的挖掘和提炼，在歌颂历史上那些胸怀民族大义的志士仁人为正义事业而英勇献身的高贵品质的同时，深刻地揭露和批判统治阶级的昏庸暴虐、贪婪腐朽和阴险狡诈，从而唤醒广大民众奋起反抗的斗争精神，对国民党法西斯统治起到巨大而强烈的影射和讽刺作用。郭沫若在谈到《屈原》时曾说：

> 我写这个剧本是在一九四二年一月，国民党反动派的统治最黑暗的时候，而且是在反动统治的中心——最黑暗的重庆。不仅中国社会又临到阶段不同的蜕变时期，而且在我的眼前看见了不少的大大小小的时代悲剧。无数的爱国青年、革命同志失踪了，关进了集中营。代表人民力量的中国共产党在陕北遭受着封锁，而在江南抵抗日本帝国主义的侵略最有功劳的中共所领导的八路军之外的另一支兄弟部队——新四军，遭了反动派的围剿而受到很大的损失。全中国进步的人们都感受着愤怒，因而我便把这时代的愤怒复活在屈原时代里去了。换句话说，我是借了屈原的时代来象征我们当前的时代。[1]

可见，作者抓住了抗战后期和战国时代的相似性，意在借助屈原的时代及其悲剧命运来暗示和言说抗战后期爱国军民的现实遭遇。在

---

[1] 郭沫若：《文学论集·序俄文译本史剧〈屈原〉》，《郭沫若全集》文学编第十七卷，人民文学出版社1989年版，第250页。

谈到《虎符》的创作时，郭沫若说："我写《虎符》是在抗战时期，国民党反动政府第二次反共高潮——新四军事件之后，那时候蒋介石反动派已经很露骨地表现出'消极抗战，积极反共'的罪恶行为。我不否认，我写那个剧本是有些暗射的用意的。因为当时的现实与魏安釐王的'消极抗秦，积极反信陵君'，是多少有点相似。"[①] 这意味着，作者在找到了历史相似性的基础上，直接点明了鲜明的创作动机和明确的创作目的。郭沫若认为："在战国时代的七个大国里面，秦国最强，关东六国都受着它的威胁。因此当时的政治家就有两派主张。一派是主张关东六国联合起来，共同抵御秦国，就是所谓合纵派。另一派是拥护秦国的，希望关东六国都拥戴秦国，这就是所谓连衡派。"[②] 战国时期，屈原主张合纵抗秦，张仪破坏合纵政策，意在撺掇六国连横事秦。这里的合纵派与连横派同中国共产党的积极抗战与国民党的消极抗战，同样存在着历史的相似性。正是在这种创作思想的指导下，郭沫若遵循古为今用、失事求似的创作原则，对历史上的侠义题材进行了现代性改造和创造性转化。

在这六部抗战史剧中，郭沫若克服了义的狭隘性和局限性，一方面将其提升到民族大义的高度，具体体现为反对异族侵略、反对民族分裂、维护社会正义、捍卫民族独立、拥护国家统一和民族团结；一方面赋予作品人物以舍生取义、杀身成仁的侠义美德，突出其把人当成人的现代人道主义精神。剧作塑造了聂政、聂嫈、屈原、婵娟、信陵君、如姬、侯嬴、高渐离、怀贞夫人、段功、阿盖、杨渊海、夏完淳等许多充满侠义光辉的人物形象，他们大都胸怀坦荡、尚侠重义、坚韧正直、不畏强权，为了国家命运和正义事业，不顾个人安危，仗义执言、知难而进、勇于反抗、视死如归、大义凛然、九死不悔。同时，在信陵君、如姬和屈原等人身上体现出尊重人、把人当成人的人道情怀。而对侠累、楚怀王、南后、靳尚、张仪、宋玉、魏王、夏无

[①] 郭沫若：《文学论集·由〈虎符〉说到悲剧精神》，《郭沫若全集》文学编第十七卷，人民文学出版社1989年版，第252页。

[②] 郭沫若：《文学论集·人民诗人屈原》，《郭沫若全集》文学编第十七卷，人民文学出版社1989年版，第233页。

第五章　认同与张扬：复仇精神和反抗意志

且、车力特穆尔、洪承畴、王聚星等人，作者给予无情揭露和严厉批判。在对义的升华中，体现出郭沫若爱憎分明的价值立场和侠义爱国的救世情怀。

抗战史剧《棠棣之花》是在1920年诗剧《棠棣之花》和1925年两幕话剧《聂嫈》的基础上扩充、深化而成的五幕剧，作于1937年11月，直至1941年11月定稿，这三个剧本之间形成互文关系。严仲子与韩相侠累同为韩侯的家臣，严仲子因不满侠累三家分晋的主张，与其结下了冤仇。在严仲子看来，侠累勾结秦国，引狼入室，搞得中原大地连年征战，民不聊生，实为三晋甚至天下的罪人，他请求聂政助他刺杀侠累，为民除害。当时的中原分成了亲秦派和抗秦派两大势力，《棠棣之花》描写了这两大势力之间斗争的一个侧面。聂政有感于严仲子的知遇之恩，受其嘱托，毅然前往东孟之会去刺杀韩相侠累。事成之后，为了不连累孪生姐姐聂嫈，他毁容自尽。聂政的行刺不是出于个人私仇，而是出于为国除奸、为民除害的公仇。因此，他不爱其躯，赴汤蹈火，为的是拯世济民的正义事业，这就超越了狭隘的恩报复仇观念，体现了侠义爱国精神。聂政救国救民的壮举没有辜负姐姐聂嫈的希望，他为国除奸，虽死犹生，正如回旋于剧中的歌词所言："我望你鲜红的血液，/迸发成自由之花，/开遍中华，/开遍中华！"[①]从而提升了作品的主题，成就了侠者聂政的伟岸形象。《屈原》的主人公——爱国诗人屈原胸怀坦荡，刚正不阿，他深爱楚国，心忧天下，为了崇高的政治理想，上下求索，百折不挠。屈原坚信"正义的路是崎岖的路，它只欢迎勇敢的人"[②]，他一直主张联齐抗秦，坚决反对妥协投降，为楚国的安危或强盛而殚精竭虑，鞠躬尽瘁，却遭到奸邪宵小的诬陷和迫害。屈原坚持真理，维护正义，始终保持独立精神和斗争意志，宁愿杀身成仁，也不肯向亲秦派屈服。《虎符》中的信陵君和侯嬴都是侠义之士。信陵君具有舍生取义的精神、拯世济民的志向、悲天悯人的情怀、神机妙算的智谋和赴汤蹈火的勇气。他深明大义，

[①] 郭沫若：《棠棣之花》，《郭沫若全集》文学编第六卷，人民文学出版社1986年版，第196—197、197、198、254、270、271页。

[②] 郭沫若：《屈原》，《郭沫若全集》文学编第六卷，人民文学出版社1986年版，第391页。

窃符救赵，不愧为战国时代侠义公子第一人。侯嬴不过是魏国看守城门的底层寒士，但他有担当和勇气、智谋和见识、正义和良知。在赵国都城邯郸久被围困，而魏国也将面临秦军威胁之际，侯嬴挺身而出，力荐侠士朱亥，助信陵君窃符救赵。事成之后，侯嬴以死殉义，换来了赵魏两国人民的安宁。《高渐离》中的侠士高渐离为了解救天下百姓，为了给友人荆轲复仇，他隐姓埋名，在怀贞夫人的酒家做酒保，时刻寻找刺杀秦始皇的机会。在被夏无且抓住后，面对秦始皇，高渐离临危不惧、大义凛然，他的眼睛被熏瞎，又遭受腐刑，陷入绝境。但他身残志坚，仍一如既往地寻找复仇的时机。最后，高渐离用藏在乐器筑里的铅条刺杀秦始皇，功败垂成，以身殉义。《孔雀胆》中的杨渊海是段功义侠的部下，他爱憎分明、嫉恶如仇、侠肝义胆、除恶务尽。为了维护正义和公道，为国除奸、为民除害，他杀死了阴险狡诈、恶贯满盈的车力特穆尔。《南冠草》中的少年侠士、抗清英雄夏完淳才华出众、道义超群、大义凛然、视死如归。尽管反清大业任务艰巨、困难重重，但他知其不可为而为之，意志坚定、一往无前。夏完淳不相信气数，但尊重气节。他认为："读书人，气节要紧。'为天地立心，为生民立命'也就全靠这气节。这是个人的命脉所关，也是国家的命脉所关。"[①] 可见，气节是他做人立世、励志报国的坚强基石。夏完淳将"挺立两间扶正气，长垂万古作完人"[②] 作为自己的精神信念和要走的人生道路，义无反顾地投身于反清大业，最后为国捐躯，无怨无悔。

  这些都是历史上侠肝义胆、拯世济民的英雄人物，郭沫若在他们身上寄寓了自己的政治理想和人生希冀。更值得称道的是，郭沫若在抗战史剧中塑造了许多个性鲜明、侠气逼人的女性形象，她们与以上侠义英雄人物相识相知，在思想精神上彼此相通，相得益彰。这些女性人物最终都走向了"士为知己者死"的悲壮结局，她们都是深明大

[①] 郭沫若：《南冠草》，《郭沫若全集》文学编第七卷，人民文学出版社1986年版，第368页。

[②] 郭沫若：《南冠草》，《郭沫若全集》文学编第七卷，人民文学出版社1986年版，第369页。

第五章　认同与张扬：复仇精神和反抗意志

义、不畏强权、勇于牺牲、充满悲悯和爱的侠女。《棠棣之花》中的聂嫈和春姑为聂政而慷慨献身，《屈原》中的婵娟为屈原而甘愿捐躯，《虎符》中的如姬为信陵君而杀身成仁，《孔雀胆》中的阿盖公主为段功而选择服毒身亡，《高渐离》中的怀贞夫人为助高渐离刺杀秦始皇而重义轻生、共赴黄泉。这些"为知己者死"的"士"不再专指传统侠文化中的男性侠客义士，而是清一色的女性，她们的生死知己都是民族和国家的栋梁、心系天下的英雄，她们与这些具有大义精神的人物在文本中相遇相知和生死相依，极大地提升了侠女赴死的价值意义。这些侠女的赴死不是被迫的，也不是单纯出于狭隘的恩报观念，而是自觉自愿的生命抉择。

在抗战史剧《棠棣之花》中，聂嫈希望弟弟聂政和严仲子能够做出一番救国救民的事业，聂政有感于严仲子的知遇之恩，士为知己者死，为母守孝三年已满，他便毅然赶赴濮阳拜会严仲子。在剧中，聂嫈唱道："不愿久偷生，但愿轰烈死。/愿将一己命，救彼苍生起。"① 体现了一位女性的侠义报国情怀和拯世济民精神。聂嫈是一位大义凛然的刚烈女性，她不怕死，甘愿冒着生命危险，挺身前往韩市，去认明聂政的遗尸，传播他的侠义精神。最后，聂嫈在聂政尸旁拔剑自尽，杀身成仁，以死抗议暴君的统治。春姑具有自尊心和正义感，是一个侠肝义胆的女子。她是濮阳桥畔的酒家女，非常倾慕任侠尚义的聂政。在聂政离开酒家慷慨赴义之际，她折下一枝桃花，对他说："你转来的时候，怕这桃花都已经谢了，请你把这枝桃花带了去吧。"② 当聂政问春姑要他带什么喜欢的东西回来时，她毅然回答道："我只希望你平安地回到我们这儿。"③ 一个善解人意、爱慕英雄的酒家女儿形象呼之欲出。聂政死后，春姑不顾生命危险，毅然和聂嫈一起前往韩市认

---

① 郭沫若：《棠棣之花》，《郭沫若全集》文学编第六卷，人民文学出版社1986年版，第195页。
② 郭沫若：《棠棣之花》，《郭沫若全集》文学编第六卷，人民文学出版社1986年版，第217页。
③ 郭沫若：《棠棣之花》，《郭沫若全集》文学编第六卷，人民文学出版社1986年版，第217页。

明聂政的尸首。由于被聂政和聂嫈的侠义精神所感动,她发誓要为他们报仇,要去刺杀那些暴君污吏。在自割手腕、生命垂危之际,她还在宣扬聂政为国除奸、为民除害的英雄事迹,号召人们起来反抗强权暴政。最后她在聂政的尸首旁因失血过多而气绝身亡,体现了一种舍生取义的巾帼英雄气概。春姑之所以倾慕聂政,甘愿为聂政而死,是因为她有一颗纯洁善良的心,有正义感和血性良知。作者塑造春姑形象,意在衬托聂政的侠义情怀,突出侠义精神的强大感召力,使一位单纯善良的女孩子也能捐躯赴义,从而激起读者和观众对侠客聂政的仰慕之情和同情之心。

《屈原》中的婵娟是屈原的使女和弟子,纯洁善良、正直无私、英勇无畏、坚贞不屈,是屈原的精神传人。婵娟遵循并坚守屈原"我们生要生得光明,死要死得磊落"[1] 的做人原则和重视气节的荣辱观,她赞美屈原"是楚国的栋梁,是顶天立地的柱石","是我们楚国的灵魂"。[2] 当屈原深受奸小佞臣陷害时,她积极维护和拥戴他;当屈原出走失踪时,她又不畏艰险到处寻找追随他。婵娟大义凛然,不畏权势,敢于当面指责南后:"你害死了我们的先生,你可知道这对于我们楚国是多么大的一个损失,对于我们人民是多么大的一个损失呀!"[3] 她把屈原比作太阳,骂南后是吃掉太阳的天狗。她慷慨激昂地诅咒南后说:"你这比天狗还要无情的人呀,你总有一天要在黑暗里痛哭的吧!永远痛哭的吧!"[4] 婵娟景仰并爱戴屈原,为了保护屈原,捍卫屈原精神,勇敢地同邪恶势力作殊死斗争。面对公子子兰和宋玉的威逼利诱,婵娟丝毫不为所动,绝不愿苟且偷生。虽然最后她因误饮毒酒而死,但她为能保全屈原的生命而感到欣慰。婵娟是作者虚构出来的一个次要人物,写她主要是为了映衬屈原的高洁品质和伟岸人格。正是在屈原精神的感召下,婵娟甘愿为了正义和真理而出生入死。正是在屈原精神和婵娟行为的感召下,卫士甲才能铤而走险,做出了义救婵娟和

---

[1] 郭沫若:《屈原》,《郭沫若全集》文学编第六卷,人民文学出版社 1986 年版,第 299 页。
[2] 郭沫若:《屈原》,《郭沫若全集》文学编第六卷,人民文学出版社 1986 年版,第 349 页。
[3] 郭沫若:《屈原》,《郭沫若全集》文学编第六卷,人民文学出版社 1986 年版,第 367 页。
[4] 郭沫若:《屈原》,《郭沫若全集》文学编第六卷,人民文学出版社 1986 年版,第 367 页。

第五章 认同与张扬:复仇精神和反抗意志

屈原的壮举。

《虎符》中的如姬正直善良、坚强仗义,不满魏王非人道的专制统治,积极支持信陵君抗秦救赵的远见卓识。在她眼里,信陵君是一位维护正义和公道的侠义之人,对他充满了敬仰之情。信陵君帮她报了杀父之仇,她甘愿为信陵君赴死。为了争取做人的尊严,实现把人当成人的道义理想,为了帮助信陵君抗秦救赵的正义事业,她毅然置生死于度外,甘愿冒险去窃取虎符。当魏王得知虎符失窃要惩治如姬时,魏太妃劝她逃到邯郸去找信陵君。去,还是不去?如姬有自己的权衡。她想去邯郸投奔信陵君,并且相信信陵君一定能够全力保护她、体谅她,但她担心会因此引起别人和后世人的误解。如姬认为:"他是太阳,万一我要走近了他的身边,我就会焦死。我会要遮掩了他的光。我只好是一颗小小的星星,躲在阴暗的夜里,远远的把他望着。"[1] 因此,她不想因自己去了邯郸而给信陵君的声誉蒙上污秽。在她看来,"要使天下后世的人不要对于他有丝毫的误会"[2],是她对信陵君应尽的责任。这就是坦荡无私的如姬,在生死存亡之际,深明大义,善解人意,为了红颜知己的名节声誉而甘愿牺牲自我。为了报答信陵君的恩情、维护信陵君的名誉,为了追求生命的自由,如姬勇敢地选择了死亡。濒临死亡,她无惧无悔,对着匕首深情赞叹道:"啊,你灵妙的匕首!你是我的解放者。人把你制造出来,创造了死;人把你制造出来,也创造了生。你,死的创造者!太妃把你给了我,我是很感激她,也是很感激你的。此刻由你所创造出来的死,便是有意义的生。"[3] 在如姬自杀前的瞬间,匕首成为提升生存价值和生命意义的助器,自杀行为也就成了维护生命尊严的象征。如姬自杀前昂头回望大梁,指责"不肯把人当成人"的魏王:"暴戾者呀!你要知道,人是能够自行创造死的,这是人的尊严,这也是我的尊严。我此刻要把这种尊严指示给你啦!"[4] 如

---

[1] 郭沫若:《虎符》,《郭沫若全集》文学编第六卷,人民文学出版社1986年版,第534页。
[2] 郭沫若:《虎符》,《郭沫若全集》文学编第六卷,人民文学出版社1986年版,第535页。
[3] 郭沫若:《虎符》,《郭沫若全集》文学编第六卷,人民文学出版社1986年版,第539—540页。
[4] 郭沫若:《虎符》,《郭沫若全集》文学编第六卷,人民文学出版社1986年版,第540页。

姬的死，可谓士为知己者死的典范，她的自刎最终指向人的尊严和生命的价值意义，剧本最后群众的合唱更进一步深化了作品的主题内蕴，升华了作品的思想境界："铁锤一击，／匕首三寸，／舍生而取义，／杀身以成仁。／／生者不死，／死者永生，／该做就快做，／把人当成人。"① 这充分体现了人的意识的觉醒和对生命存在的精神超越与自由追求。

《高渐离》中的家大人——怀贞夫人为赵国人，丈夫在抗秦的战争中阵亡后，她带着刚满月的儿子阿季隐姓埋名，过着亡国奴的耻辱生活。怀贞夫人不畏强权暴力，勇于反抗。被捕后，秦始皇将她赏赐给夏无且，为了捍卫尊严，她毁容上吊，被救活后，满怀义愤、忍辱负重，积极协助高渐离刺杀秦始皇。行刺失败后，怀贞夫人临危不惧，敢于当面指责和诅咒秦始皇，最终与高渐离一起慷慨赴义。

《孔雀胆》中的阿盖公主善良忠贞、正直义烈，她仰慕古人的高洁品格与浩然正气，以文天祥的《正气歌》来教育夫君段功和前妻的子女。夫君段功被诬陷，使她陷入两难抉择的尴尬境地。段功被刺身亡，又使她陷入悲痛的深渊。在澄清了弟弟穆哥被毒杀和丈夫段功被杀害的真相，并揭穿了车力特穆尔和王妃的罪恶阴谋，且亲眼看到仇人车力特穆尔被杀后，她毅然自饮毒酒身亡。阿盖公主是一个忠于爱情、维护正义和捍卫生命尊严的坚强女性，更是民族团结的象征，她有情有义，俨然一派侠女风范。

这些侠女与前述"三个叛逆的女性"——卓文君、王昭君和聂嫈，再加上为成全卓文君的爱情和幸福而死的红箫，构成了一个侠女形象系列。她们都属于侠烈女子，具有叛逆个性和反抗精神，不畏权势、维护正义，大胆追求个性解放和人格独立。她们与男性侠义英雄或为姊弟，或为师生，或为夫妻，或为朋友，或为知己，深为这些阳刚侠者的民族大义精神所感动，甘愿为他们慷慨赴死，无怨无悔。在她们身上，体现了"士为知己者死"的现代性内涵。她们的死，其实

---

① 郭沫若：《虎符》，《郭沫若全集》文学编第六卷，人民文学出版社1986年版，第543—544页。

第五章 认同与张扬：复仇精神和反抗意志

是一种向死而生的壮举，是对生的捍卫，是真正的舍生取义，不仅体现了女性意识的觉醒，而且捍卫了生命的尊严，提升了女性生存的价值意义。这就使剧作超越了传统侠文化中"士为知己者死"的盲动性、世俗性和个人性，彰显出自由、平等的现代人学内涵。郭沫若笔下这些侠肝义胆的叛逆女性，既是他自己叛逆性格、复仇精神和反抗意志的艺术写照，也折射出他对自由精神和独立人格的执着追求。这得益于郭沫若对侠文化所进行的现代性改造和创造性转化，对于传统侠文化和武侠小说中侠女赴死的价值意义而言，这无疑是一种突破和超越。

统观郭沫若的抗战史剧，可以发现，他赋予剧中侠义人物的精神价值已经超越了古代历史实存侠的原生态内涵，呈现出现代性意蕴。实际上，他采取了借尸还魂的方式，以古人之言行传达和宣扬舍生取义与杀身成仁的侠义美德，体现追求个性解放和人格独立、尊重人的生命价值和权利、维护国家统一和民族团结等文化精神，从而将侠义题材的价值提升到民族大义、社会革命甚至人类解放的高度。更重要的是，作者通过侠义人物艰苦卓绝的奋斗和以身殉义的牺牲，使剧作文本骤然升腾起一种崇高精神。氤氲于侠义人物悲剧结局体验中的人们在这种崇高精神的感召下，容易获得情感共鸣、心灵净化和精神升华，自然会对这些侠义人物产生积极的情感体认和价值认同，唤醒内心的爱国热情和反抗意志，激起他们的民族气节和现实斗争精神，鼓舞他们同仇敌忾和慷慨赴难的抗战斗志。这是抗战语境下急需的时代精神，是融会了传统侠文化精神和现代反抗意志的新的民族精神。这种抗日救亡的民族精神是郭沫若以现代意识对传统侠文化进行改造和转化的结果，主要源于他对战国时代侠义题材的全新理解：

> 战国时代是以仁义的思想来打破旧束缚的时代，仁义是当时的新思想，也是当时的新名词。
> 把人当成人，这是句很平常的话，然而也就是所谓仁道。我们的先人达到了这样的一个思想，是费了很长远的苦斗的。

战国时代是人的牛马时代的结束。大家要求着人的生存权,故尔有这仁和义的新思想出现。

我在《虎符》里面是比较的把这一段时代精神把握着了。

但这根本也就是一种悲剧精神。要得真正把人当成人,历史还须得再向前进展,还须得有更多的志士仁人的血流洒出来,灌溉这株现实的蟠桃。

因此聂嫈、聂政姊弟的血向这儿洒了,屈原、女须也是这样,信陵君与如姬、高渐离与家大人,无一不是这样。

"杀身成仁,舍生取义",是千古不磨的金言。①

郭沫若不仅读懂了战国时代的侠义题材,而且发现了抗战和战国这两大历史阶段的时代精神的相似性。在这种全新理解的基础上,郭沫若对侠文化进行了适合抗战时代需要的独具民族特色和时代特征的现代阐释,从中提炼出积极的精神质素,并结合新的时代精神对其进行了创造性转化。

在民族危机、国难当头之际,郭沫若将审美眼光移向侠义题材,认同和张扬侠文化的复仇精神与反抗意志,并在抗战语境下将侠文化精神全面提升到民族大义的高度,以饱满的政治热情尽情讴歌礼赞一切坚持真理、为正义事业而慷慨赴难、视死如归的仁人志士。这种努力方向和所达到的艺术效果,是与郭沫若的侠义胸怀及其对侠文化的理性认知分不开的。在历史小说《司马迁发愤》中,作者不仅描写了司马迁将《游侠列传》视为得意之作的快慰,更借司马迁之口传达了自己的人生感喟和救世情怀:"我赞美游侠,赞美朱家郭解。天下的人假如都是游侠,都是急人危难不顾自己的身家性命的朱家郭解,世间上那儿会有不合理的权势存在?"② 赞美侠义人物,肯定和张扬侠文化精神,这是作者与太史公在价值取向和道义理想上的相

---

① 郭沫若:《沸羹集·献给现实的蟠桃——为〈虎符〉演出而写》,《郭沫若全集》文学编第十九卷,人民文学出版社1992年版,第342页。

② 郭沫若:《豕蹄·司马迁发愤》,《郭沫若全集》文学编第十卷,人民文学出版社1985年版,第217页。

通之处。在六部抗战史剧中，有四篇直接取材于《史记》，可见郭沫若对司马迁所称道的游侠和侠文化精神的激赏与钟爱。置身于抗日救亡的时代语境下，面临复杂的斗争形势，郭沫若游走于政治意识形态话语、知识分子精英话语之间，将广大民众的价值期待视野置换到诸侯争霸、战争频仍的战国时代，历史的相似性成为他创作的价值基点。在此前提下，郭沫若从抗战的现实斗争需要出发，围绕着抵抗还是投降的二元对立阵仗，以维护国家统一和捍卫民族独立为思想基础，以增强民族团结一致抗战为价值旨归，尽情书写战国时代的侠义人物慷慨赴难、以身殉义的崇高精神，意在唤起全民族的反抗精神和救亡热情，团结一致、同仇敌忾，坚决同国内外一切敌人作殊死搏斗。虽然郭沫若在发掘和提升侠义题材的价值时，有人为拔高的倾向，但这丝毫没有影响其巨大的精神力量。历史证明，郭沫若的六部抗战史剧极大地鼓舞了全国抗战军民的斗争精神和同仇敌忾的反抗意志，既有效发挥了为现实政治斗争服务的工具论功能，又充分体现了高蹈民族大义、高扬民族精神和谴责投降卖国罪行的人文内涵。

三 与时俱进、超越时俗的侠文化观

郭沫若具有政治家的敏感，紧跟形势，与时俱进；同时他又具备思想家的睿智，反叛现实，超越时俗。以上这些表现在创作思想上，就是他能够审时度势，坚持古为今用、失事求似的创作原则，根据时代需要，提出不同流俗的可贵见解。具体到对侠文化的理解和诠释以及对侠义题材的发掘与运用上，主要体现为他能够结合时代精神，配合政治形势，对传统侠文化进行现代性改造，发掘和提炼其历史精神并作以创造性转化，赋予其新的时代精神内涵，为现实服务。在郭沫若的价值视野中，形成了与时俱进、超越时俗的侠文化观。

首先，在侠的起源问题上，郭沫若以多元开放的价值视野作出了理性思考和现代阐释。近代以来，尚武任侠思潮和墨学复兴思潮，使早已衰落两千年的曾经的显学——墨家学说再度进入国人的研究视野。在侠的起源问题上，梁启超、谭嗣同、鲁迅和闻一多等人都认为侠出

于墨家。在尚武任侠思潮和墨学复兴思潮的影响下，少年郭沫若也认同"游侠者流出于墨家"①的观点，并将《墨经》中"任，士损己而益所为也"作为任侠的解释，"更引了墨子兼爱摩顶放踵，墨家弟子赴汤蹈火的典故来证明"。② 郭沫若坦言："我在小时也曾经崇拜过他（指墨子——引者注），认他为任侠的祖宗，觉得他是很平民的、很科学的。那时的见解和时贤并没有两样。"③ 少年时代和青年时代的郭沫若不仅在思想观念上崇拜墨子，而且在早期创作中也不遗余力地表达出对墨子的钟爱和颂赞。他在《匪徒颂》和《巨炮之教训》中，高度赞美了墨子的"兼爱""节用""非争""尊天"等思想。

随着知识的增长和思想的发展，当郭沫若以一个研究者的理性视野来观照侠文化的有关问题时，他得出了迥异于前贤时彦的见解和结论。他对墨子和墨家思想的态度经历了由感性崇拜、颂赞到理性审视、批判这样一个转变过程。郭沫若批判墨子源于其思想的反动性，他认为："墨子始终是一位宗教家。他的思想充分地带有反动性——不科学，不民主，反进化，反人性，名虽兼爱而实偏爱，名虽非攻而实美攻，名虽非命而实皈命。"④ 通过对《韩非子》《孟子》《史记》《吕氏春秋》《太平御览》等古书中有关墨家的思想行为、侠的论断和任侠故事进行考察分析和理性思考，郭沫若发现了墨家与侠的相通和相异之处，证明侠与墨家的确有一定的关系，墨家也确实有任侠者存在，但侠并非仅仅出于墨家，从而批驳了"墨学并没有亡，后世的任侠者流便是墨家的苗裔"⑤之谬论。在郭沫若看来，"儒墨自儒墨，任侠自任侠，古人并不曾混同，我们也不好任意混同的。大抵在儒墨之

---

① 郭沫若：《文艺论集·批评与梦》，《郭沫若全集》文学编第十五卷，人民文学出版社1990年版，第233页。
② 郭沫若：《文艺论集·批评与梦》，《郭沫若全集》文学编第十五卷，人民文学出版社1990年版，第234页。
③ 郭沫若：《十批判书·后记》，《郭沫若全集》历史编第二卷，人民出版社1982年版，第469页。
④ 郭沫若：《青铜时代·墨子的思想》，《郭沫若全集》历史编第一卷，人民出版社1982年版，第463页。
⑤ 郭沫若：《青铜时代·墨子的思想》，《郭沫若全集》历史编第一卷，人民出版社1982年版，第484页。

第五章 认同与张扬:复仇精神和反抗意志

中均曾有任侠者流参加,倒是实在的情形"①。因此,在侠的起源问题上,郭沫若认同侠与墨家有一定关系这一历史事实,但并未以此推断侠仅仅出于墨家。在他看来,"认侠为墨,也不过是在替墨子争门面,然而大背事实"②。不仅如此,他还认为任侠之士也有可能出身于商贾:

> 所谓任侠之士,大抵是出身于商贾。商贾而唯利是图的便成为市侩奸猾,商贾而富有正义感的便成为任侠。故在古时如聂政、朱亥、剧孟、郭解之流,都大大小小地经营着市井商业。直到现在的江湖人士也还保存着这个传统。这在后来虽不再以士视之,而在古时可依然是士的一部分。③

这个商贾说有力地批驳了近代学者普遍认为侠出于墨家的观点。郭沫若又指出:"尤可注意的,初期儒家里面也有这样一个近于任侠的别派而为墨家所反对。近时学者,每以为侠出于墨,或墨即是侠;有此一事也就是强有力的一个反证。"④ 同时,郭沫若还认为:"汉初甚至有道家而'尚任侠'的人,最明著的如张良,如田叔,隐僻一点的如黄石公,如乐巨公都是。"⑤ 这就意味着墨家、儒家、商贾和道家中都有侠存在,侠并非仅仅出于一家一派。在郭沫若的理论视野中,侠出于墨家的观点实乃作茧自缚、故步自封,极大地局限了侠文化内涵的扩张性与外延的伸缩性。就侠的发展历史来看,侠的确不是单纯出于某家某派,其侠义观念是在与诸子百家思想相生相克的过程中逐

---

① 郭沫若:《青铜时代·墨子的思想》,《郭沫若全集》历史编第一卷,人民出版社1982年版,第485页。
② 郭沫若:《青铜时代·墨子的思想》,《郭沫若全集》历史编第一卷,人民出版社1982年版,第486页。
③ 郭沫若:《十批判书·古代研究的自我批判》,《郭沫若全集》历史编第二卷,人民出版社1982年版,第72页。
④ 郭沫若:《十批判书·孔墨的批判》,《郭沫若全集》历史编第二卷,人民出版社1982年版,第84页。
⑤ 郭沫若:《十批判书·古代研究的自我批判》,《郭沫若全集》历史编第二卷,人民出版社1982年版,第73页。

渐形成的。在侠的起源问题上，郭沫若的观点和结论体现了一种多元开放的价值视野，打破了侠出于某家某派的时俗偏见，为进一步探讨侠的起源问题提供了方法论上的借鉴。

其次，郭沫若高度重视儒家思想对侠文化观念的影响。在侠的起源问题上，郭沫若超越了时俗偏见，突破了侠出于某家某派观点的局限，但他并没有忽视和否定某家某派对侠文化观念的影响。在五四文化先驱高喊"打孔家店"口号、激情反传统的呼声中，郭沫若却逆时代潮流而上，他认为"现在的人大抵以孔子为忠孝之宣传者，一部分人敬他，一部分人咒他。更极端的每骂孔子为盗名欺世之徒，把中华民族的堕落全归咎于孔子。唱这种暴论的新人，在我们中国实在不少"①，为孔子在现代的遭遇鸣不平。同时，出于对孔子的敬仰，他向世人宣告："我们崇拜孔子。说我们时代错误的人们，那也由他们罢，我们还是崇拜孔子——可是决不可与盲目地赏玩骨董的那种心理状态同论。我们所见的孔子，是兼有康德与歌德那样的伟大的天才，圆满的人格，永远有生命的巨人。"② 在全面反传统和"打孔家店"的启蒙语境下，郭沫若尊孔的观点及其逆时代潮流而上的勇气，无异于惊世骇俗之举，显得弥足珍贵。他不仅勇逆时代潮流，而且着重考察了为官方主流文化和正统文人学者所不齿的侠与儒家文化的联系。他认为"初期儒家里面也有这样一个近于任侠的别派而为墨家所反对"③，这个学派就是儒家八派之一的漆雕氏之儒。历史上的漆雕氏之儒"不色挠，不目逃，行曲则违于臧获，行直则怒于诸侯"④，他们任气尚勇，藐视权威，一派侠者风范。郭沫若将漆雕氏之儒视为"孔门的任侠一派"⑤，

---

① 郭沫若：《史学论集·中国文化之传统精神》，《郭沫若全集》历史编第三卷，人民出版社1984年版，第259页。
② 郭沫若：《史学论集·中国文化之传统精神》，《郭沫若全集》历史编第三卷，人民出版社1984年版，第259页。
③ 郭沫若：《十批判书·孔墨的批判》，《郭沫若全集》历史编第二卷，人民出版社1982年版，第84页。
④ 王先慎：《韩非子集解卷十九·显学第五十》，《诸子集成》第五册，中华书局2006年版，第352页。
⑤ 郭沫若：《十批判书·儒家八派的批判》，《郭沫若全集》历史编第二卷，人民出版社1982年版，第147页。

第五章　认同与张扬：复仇精神和反抗意志

这种见解与近代侠出于儒的观点是相通的。孔子的学生子路好勇任侠，儒家传人曾子具有"虽千万人吾往矣"的大勇气概。儒分为八派后，好勇任侠的风尚为漆雕氏之儒所发扬光大，这是连非儒非侠的韩非子都无法遮蔽的事实。郭沫若在前人认识的基础上，更加坚定了儒家与任侠的精神联系。他认为："《礼记》有《儒行篇》盛称儒者之刚毅特立，或许也就是这一派儒者的典籍吧。"[①] 因此，在郭沫若的理论视域中，侠与儒家思想存在着密切的精神联系。

关于儒和侠之间的关系，近代章太炎和梁启超均有论述。世人言儒阴柔懦弱，而章太炎则三作《儒侠》篇，指出儒者不懦不弱，且侠者具有杀身成仁、为国除害的宗旨和气魄，他认为："儒者之义，有过于'杀身成仁'者乎？儒者之用，有过于'除国之大害，捍国之大患'者乎？"[②] 章太炎发现侠者宗旨和儒家之义之用息息相通，找到了侠与儒之间的精神联系。梁启超作《中国之武士道》，称孔子为天下第一大勇，考察了侠出于儒的历史事实，将侠义观念上升到为国为民的高度。无论是章太炎的儒侠并举，还是梁启超的侠儒相通，他们都将漆雕氏之儒作为游侠之祖，目的在于提倡尚武任侠精神，号召人民奋起反抗满清统治，实现革命排满的救国大业。郭沫若不可避免地受到了章太炎和梁启超的影响，他汲取了其中的积极合理因素，突破了民族主义的局限性，在侠文化观念上实现了现代超越。孔子提倡仁者爱人，主张实行仁道。在郭沫若看来，"仁的含义是克己而为人的一种利他的行为"，儒家的"'人'是人民大众，'爱人'为仁"，[③] 孔子的"'仁道'实在是为大众的行为"，"他要人们除掉一切自私自利的心机，而养成为大众献身的牺牲精神"，[④] 从而赋予儒家的仁道以为民

[①]　郭沫若：《十批判书·儒家八派的批判》，《郭沫若全集》历史编第二卷，人民出版社1982年版，第149页。

[②]　章太炎：《訄书初刻本·儒侠第五》，《章太炎全集》（三），上海人民出版社1984年版，第11页。

[③]　郭沫若：《十批判书·孔墨的批判》，《郭沫若全集》历史编第二卷，人民出版社1982年版，第88页。

[④]　郭沫若：《十批判书·孔墨的批判》，《郭沫若全集》历史编第二卷，人民出版社1982年版，第89页。

下编　中国新文学作家与侠文化的精神相遇

众谋福利和愿为大众牺牲等现代精神内涵。郭沫若这样评价孔子的勇："不自欺与知耻，是勇，然是勇之初步。进而以天下为己任，为救四海的同胞而杀身成仁的那样的诚心，把自己的智能发挥到无限大，使与天地伟大的作用相比而无愧，终至于于神无多让的那种崇高的精神，便是真的'勇'之极致。"①　"勇"之极致突破了匹夫之勇的狭隘性，具有拯世济民的崇高境界。在具体创作中，郭沫若赋予侠义人物以儒家的仁道思想和义勇气概，把他们塑造提升为心系天下苍生、充满浩然正气和勇于捐躯赴难的崇高形象。如在抗战史剧《棠棣之花》中，聂政威武不屈，大义凛然，号召大家奋起抗争，鼓舞大家勇于拿起武器去杀昏庸的君王和暴虐的官吏，他为天下百姓的利益和民族的正义事业铤而走险，视死如归。整个剧作文本深层跃动着拯救天下苍生的济世情怀和"去破灭那奴隶的枷锁，/……/高举起解放的大旗"②　的反抗意志和复仇精神，从而将侠义人物的精神境界提升到社会革命家和人类解放者的高度，侠义观念也升华为民族大义和人类正义的高度，具有鲜明的社会革命和人类解放的意义。

最后，郭沫若对传统侠义观念进行了现代性改造和理性提升。郭沫若钟爱侠文化，并不意味着盲目地全盘接受，随着思想的逐渐成熟，他对传统侠文化也有自己的理性思考，体现出鲜明的现代意识。郭沫若不仅认识到历史上士为知己者死的传统侠义观念和为一己私利而争强斗狠的侠客行为的局限性，而且对自己曾崇拜和向往的仗义行侠、快意恩仇的个人英雄主义行为也给予了理性批判。具体来讲，就是剔除了传统侠文化中狭隘的报恩复仇观念、极端个人主义和被官府或贵族利益集团所豢养的依附性与奴性，赋予侠义人物以独立人格、自由精神、集体观念和民族大义情怀，主张尚力反抗、任侠救世。郭沫若历史剧中的侠义人物如聂政、信陵君、高渐离等都是春秋战国时期的游侠，他们或为卿相之侠，或为布衣之侠，重情重义、好勇斗狠、尚

---

①　郭沫若：《史学论集·中国文化之传统精神》，《郭沫若全集》历史编第三卷，人民出版社1984年版，第262页。

②　郭沫若：《棠棣之花》，《郭沫若全集》文学编第六卷，人民文学出版社1986年版，第197、271页。

第五章　认同与张扬：复仇精神和反抗意志

武行侠、恃力使气。历史上的他们大都不轨于正义，游离于统治秩序和伦理纲常之外，但他们的反叛行为本身多为个人或某利益集团的利害得失所左右，并不是为了天下黎民百姓的利益而赴火蹈刃，对封建秩序的挑战也不是有意识的反抗行为，大都流于偶然性和随意性。但这些古代游侠形象出现在郭沫若的历史剧中，经过现代性改造获得了精神的提升，发生了创造性转化，他们变成了拯救天下苍生、悲悯民生疾苦的为广大劳苦大众谋福利的英雄，不仅豪气干云、以力抗暴，而且心系社稷、侠义救世。郭沫若在创作于1936年3月4日的历史小说《齐勇士比武》中，塑造了两个齐国的勇士形象，他们好勇斗狠，但缺乏大义观念和侠节操守。"两位勇士都很奇怪，他们平时在决斗上尽管勇敢，但临到国家危殆的时候却不肯去打仗，他们都逃起了难来"[①]。他们后来逃到了青岛，在海边比起武来。他们先是比酒量，接着互相用匕首切对方的肉吃，然后倒在海岸上成了狗的腹中之物，而他们各自的狗，最后被侵略齐国的燕国兵士所屠食。就是这样的两位勇士，为了个人名誉和利益而比权量力，但在国家危难之际，却完全置国家利益和命运于不顾，最后落得个两败俱伤，同归于尽。

很显然，作者是在以古鉴今，借古讽今，"对武士们无视国家、民族的命运，只顾一己私利的狭隘价值观进行了无情的嘲讽和唾弃与批判"[②]。可见，真正的侠者不能徒有勇力，还要有义的道德观念和侠节操守，否则至多是一介武夫。这充分体现了郭沫若尚力和重义相统一的侠义观念，是对传统侠文化进行现代性改造的结果，将侠文化精神提升到了民族气节和民族大义的高度，闪耀着现代理性意识和革命英雄主义的辉光。此时的郭沫若已经接受了马克思主义影响，他对侠文化的改造及对侠文化精神的提升，与他作为一个无产阶级革命家的思想境界是分不开的。

更值得注意的是，1948年春，郭沫若在香港观看了苏联电影《江湖

[①] 郭沫若：《豕蹄·齐勇士比武》，《郭沫若全集》文学编第十卷，人民文学出版社1985年版，第209页。

[②] 廖传江：《郭沫若与中国侠文化》，《乐山师范学院学报》2000年第4期。

奇侠》。看完之后，他意味深长地说："我在这部《江湖奇侠》上不仅看见了传说上的大侠那斯列琴的形象化，我更看出了现实的革命伟人列宁和斯大林的象征。列宁和斯大林正是今天的乌兹别克人现实的那斯列琴了。"① 在这里，郭沫若将全世界无产阶级革命导师和领袖列宁、斯大林视为拯世济民的大侠，将侠文化和世界社会主义革命事业相联系，极大地提升了侠文化的精神境界。这种振聋发聩的见解，体现了郭沫若侠文化观的不同凡俗之处。由此可见，"郭沫若实际上是以儒为侠，其原因，大致一是儒不反政府而侠对抗朝廷，二是儒尚文而侠尚武，要寻求一个既有强烈叛逆性格和反权威精神，又有传统理想社会和人格特征的历史文化形态，这就是郭沫若以当代观念改造了的儒的内涵与侠的外壳的结合"②。而这种儒与侠的结合，充分体现了郭沫若与时俱进的精神特质和改造侠文化所达到的至高境界。

总之，郭沫若与时俱进、超越时俗的侠文化观，源于时代精神和社会政治斗争形势的需要。从《女神》中激情张扬大胆破坏、勇于创造的精神和追求个性解放、人格独立的思想，到抗战史剧中热情讴歌侠义爱国、维护国家统一的民族精神和把人当成人的人道情怀，侠文化精神发生了由尚力、重义到心系天下、拯世济民的演变和提升，这些都体现了作者对侠文化的改造与转化。郭沫若积极发掘、广泛运用和努力提升传统侠文化资源，以现代意识赋予侠文化新的精神内涵，同时以先进的世界观和方法论阐释侠文化的现代价值意义。在对传统侠文化进行现代性改造和创造性转化的过程中，郭沫若笔下的侠虽然取材于历史，但超越了历史实存侠既有的价值意义，以其内蕴的时代精神和现代特征，完成了为现实斗争服务的历史使命。这是郭沫若侠文化观的社会价值所在，但他的创作也因此留下了政治功利色彩浓厚而艺术魅力相对淡化的缺憾。

---

① 郭沫若：《集外·出了笼的飞鸟——看了〈江湖奇侠〉后》，《郭沫若全集》文学编第十六卷，人民文学出版社1989年版，第298—299页。
② 韩云波：《论郭沫若抗战史剧的侠文化内涵》，《贵州大学学报》（社会科学版）1993年第2期。

第二节　蒋光慈：高举复仇利刃的革命侠僧

蒋光慈来自大别山区，拥有革命家和文学家的双重身份，是现代中国历史上著名的红色革命文学作家。他从小深受尚武任侠、勇武强悍的楚地民风及其地域文化的濡染和浸润，个性中积聚着深厚的侠文化因子。他喜欢读《史记》和游侠小说，对朱家、郭解等侠客义士歆羡仰慕且由衷神往。蒋光慈说："我曾忆起幼时爱读游侠的事迹，／那时我的小心灵中早种下不平的种子；／到如今，到如今呵，我依然如昔，／我还是生活在不平的空气里！"① 蒋光慈出生于1901年，正是近代中国罹遭八国联军入侵的劫难之后，带着巨大的民族耻辱进入20世纪的第一年。新的世纪对于一个民族国家而言，理应是昂扬奋进的时代，但对于近代中国而言，却是屈辱与仇恨、血泪与战火交织的灾难日益深重的民族厄运的新起点。可以说，蒋光慈生逢乱世，自小就生活于一个专制黑暗、内忧外患的社会和不公平的世道里，幼小的心灵经受着民族的屈辱和国家的劫难，早就种下了不平的种子，满蓄着反抗和复仇的情绪。他自号侠生，意谓一生要行侠仗义，做一个天地之间的侠客，铲除人世间的不公平。因忧患于社会的黑暗和不公道，他曾想去做山大王，像梁山好汉那样去劫富济贫。后来他又改名为侠僧，表示即使出家当了和尚，也要做一个主持正义的侠客。蒋光慈接受过无政府主义思潮的影响，其中反抗强权和自由平等的思想曾激动着他的心，这股意在反叛旧制度、追求绝对自由平等和社会正义的西风强劲地激活了他人格结构和文化心理中的侠性质素，在启蒙和革命的历史语境下，焕发为强烈的复仇精神和反抗意志。1921年，蒋光慈怀着拯世济民的抱负，冒险奔赴莫斯科，开始了艰难的求学生涯，并踏上了救国救民的革命道路。他在这块社会主义革命的圣地上接受了系统的马列主义和无产阶级革命思想教育，逐渐认识到侠客复仇式的无政府主义思想的局限性和个人英雄

---

① 蒋光慈：《鸭绿江上·自序诗》，《蒋光慈文集》第一卷，上海文艺出版社1982年版，第86页。

主义的缺陷，开始向无产阶级的集体主义思想和革命道路转变。中国共产党第一批派往苏俄留学的学生中，有刘少奇、任弼时、萧劲光、罗亦农、曹靖华、韦素园和吴葆萼等，他们大都选择了职业革命道路，有的后来成为中国无产阶级革命的政治家和军事家，蒋光慈却选择了革命文学创作的道路，为中国的无产阶级革命鼓与呼。可以说，蒋光慈的文学作品尤其是小说大都带有自叙传色彩。现实中的他是一位高举复仇利刃，勇敢地向黑暗社会和不合理的社会制度复仇的革命侠僧，而他的小说中的主人公也都具有嫉恶如仇的血性和强烈的复仇精神与反抗意志，文本深层充满了鲜明的反叛精神、浓烈的革命激情和崇高的社会理想，不仅对传统侠文化的复仇精神和反抗意志表现出极大的认同，而且经过现代性改造，赋予其革命复仇意蕴和革命尚武思想，张扬着侠文化精神的现代风标，同时体现了作者思想的发展轨迹。现实世界中蒋光慈的侠义行为及其文本世界中对侠文化的认同与张扬，都与他的革命侠义情结息息相关，而这种革命侠义情结，既体现了蒋光慈对人格建构的理想期待，也表达了他对文化建构的独特追求和对民族国家前途的理性探寻。

一 追慕千古侠魂的革命侠僧

蒋光慈生活的时代，适逢中华民族外遭西方列强侵略欺凌、内受封建军阀统治压迫，可谓水深火热的黑暗时代。他从小就与多灾多难的中华民族同呼吸、共命运，形成了一种不畏权势、勇于反抗、桀骜不驯、不屈不挠的个性。从求学到革命，一路走来，蒋光慈成为现实生活中具有侠肝义胆的风云人物。他不满黑暗现实，勇于反抗黑暗社会和不合理的制度，义无反顾地投身于大革命的时代洪流。在从个人主义的侠客式反抗走向集体主义的革命道路的过程中，千古侠魂成为他行动的潜在动力。可以说，蒋光慈就是一位在无产阶级革命思想教育下不断成长，追慕千古侠魂的革命侠僧。

（一）任侠尚义，嫉恶如仇

蒋光慈诞生于大别山区的安徽省霍邱县白塔畈（现属于安徽省金寨县）一个小商人家庭，其祖父是一个轿夫，其父蒋从甫当过学徒，

第五章　认同与张扬:复仇精神和反抗意志

开过杂货店和米行,也做过教书先生,勤俭持家,自食其力。蒋从甫曾在《挑塘泥》一诗中写道:"一肩泥土一吁声,仰叹长空恨不平。终岁辛勤难半饱,老天忍负苦耕人。"① 从字里行间可见其不满社会现实、痛恨世道不公的情绪,揭示了老百姓生活的艰难。这些生活点滴潜移默化的影响,在蒋光慈幼小的心灵中播下了反抗的种子。家庭的出身、生活的艰辛和世道的不公,使他与侠文化发生了天然的精神联系,形成了一种任侠尚义、嫉恶如仇的个性精神。

　　蒋光慈十一岁到河南省固始县志成小学读书,在当时具有进步思想的国文教员詹谷堂的影响下,他阅读了大量进步书刊,接受了西方民主思想的深刻影响。他还特别喜欢读那些劫富济贫、替天行道的游侠小说,把其中的侠客义士和英雄豪杰作为精神榜样与行为楷模。蒋光慈家对面有个万春生堂药店,老板的独生子万恕存行侠好义、见多识广,一派少侠风范。他邀约少年医生王仲卿、白塔畈三大才子之一的李宗邺和蒋光慈,利用学校假期,在万春生堂药店集会,一住多日,彻夜畅谈古往今来的文人学士、英雄豪杰。四个少年都自命不凡,志同道合,在药店义结金兰。有一次,固始县的县长乘轿前往志成小学察学,蒋光慈由于品学兼优,被校长叶兰谷指定为学生代表给县长献花。蒋光慈不负众望,双手将花献上,还很规矩地给县长行了一个鞠躬礼,而该县长却怠慢无礼。这使少年蒋光慈深受刺激,他认为这是一种极大的侮辱,决心复仇雪耻。蒋光慈奔向史河边,在河滩上挖了一大团泥巴,捏了一个拖着长辫子的泥人,还准备了几块泥团,以此为武器,埋伏在草丛中,伺机复仇。当县长的轿子路过河岸时,蒋光慈手持泥块向轿子砸去。在轿子停下来之际,蒋光慈毅然从草丛中站了出来,不仅承认是自己所为,还当着县长的面把他捏的那个拖着长辫子的泥人一脚踢翻。当县长责问何故,蒋光慈毫无畏惧,义正词严道:"刚才我上台给你献花,县长为啥不还礼? 来而不往非礼也!"县长这才恍然大悟,立即返回志成小学,告知叶校长那个献花的学生前途无量,要好好栽培。在世俗眼光看来,蒋光慈砸县长的轿子,可谓

---

① 吴腾凰:《蒋光慈传》,安徽人民出版社1982年版,第1—2页。

下编　中国新文学作家与侠文化的精神相遇

胆大包天之举。但蒋光慈砸轿不是无理纠缠，而是据理力争。他不但没有受到惩罚，反而获得了县长的尊重。这种不畏权势、捍卫人格尊严的反抗精神，充分体现了蒋光慈任侠的一面。当时，离志成小学不远处有一个李家后楼，太平天国的叛徒李兆寿家就在那里。李兆寿接受了清廷的招安，有了权势，镇压人民的革命力量，还购置田产，草菅人命。他的小儿子李荫堂更是为虎作伥、仗势欺人、作恶多端，引起了极大的民愤。蒋光慈从国文老师詹谷堂那里得知李兆寿的罪恶历史和李荫堂横行乡里的罪行，心中埋下了仇恨的种子。有一天，蒋光慈发现李荫堂的轿子停在了学校门口，便纠集几位同学把这个鱼肉乡里的恶霸的轿子给砸了。李荫堂找到校长要求严惩"匪首"，开除参与砸轿子的学生，并赔偿损失。叶校长早就对李荫堂不满，很理解蒋光慈等人的行为。他与李荫堂虚与委蛇一番，使此事不了了之，保护了学生，维护了正义。惩罚恶霸之举，再次体现了少年蒋光慈不畏权势、嫉恶如仇的侠义风范。国文老师詹谷堂思想进步，倾向于革命，后成为鄂东地区党的负责人，他对蒋光慈的影响很大。詹谷堂懂武术，好打抱不平，主持正义，是一位豪爽、耿直、好学、聪敏且胸怀大义的有志之士，他向学生介绍进步思想和革命导师列宁的光辉事迹，鼓励学生追求真理。蒋光慈参加了詹谷堂组织的读书会，思想境界得到了很大的得升，由思慕才华横溢、投笔从戎的班超，转而景仰心向劳工、拯世济民的列宁，其诗句"昔日思班子，今朝慕列宁"就深刻揭示了他对人类拯救者无限崇敬和爱戴的情怀。可以说，詹谷堂是蒋光慈的革命启蒙老师，正是在他的影响下，蒋光慈接受了西方进步民主观念、自由精神和革命思想，并逐渐走上了寻求救国救民真理的革命道路。[①] 1916年夏，蒋光慈小学毕业，考入了河南省固始中学。在第一学期即将结束的时候，他对校长嫌贫爱富的做法极为不满，义愤填膺，路见不平，惩恶扬善，集合穷苦同学打了校长，导致被学校开除。蒋光慈回到家后，一有空闲就看游侠之类的小说。当父亲因蒋光慈被开除之事而对他进行指责的时候，他颇为不服，始终坚持打校长是有

[①] 吴腾凰：《蒋光慈传》，安徽人民出版社1982年版，第6—9页。

理的。①

从药店义结金兰、脚踢泥巴县长、怒砸恶霸坐轿、参加读书会和严惩校长等一系列事件来看，它们能够发生在一个少年身上，这本身就是一种传奇，一种侠风烈烈的传奇。这些任侠尚义、嫉恶如仇的事件，彰显出蒋光慈桀骜不驯、伸张正义、不畏权势、勇于反抗的精神特质，而这恰恰是传统侠文化精神在现代的演绎与张扬。

（二）热血爱国，维护正义

毋庸置疑，少年蒋光慈的人格结构和文化心理深处潜隐着侠文化精神的质素。随着年龄的增长和人生经验的丰富，这种内在的精神质素也在不断深化，一旦遭逢乱世，接受进步革命思想的影响，尤其是当这种侠义基因与启蒙或革命语境相遇，便会焕发出生命的激情和反抗的力量，使他成为一个热血爱国、维护正义的斗士。

1917年夏，赋闲在家的蒋光慈在结拜兄长李宗邺的推荐和帮助下，到安徽省立第五中学（校址在芜湖）上学。在五中师生的眼里，蒋光慈为人豪爽慷慨，富有正义感，不满社会现实，具有高度的爱国热情。在进步教师刘希平和高语罕的影响下，他的思想深处萌生了反抗强权压迫、追求自由平等的先进意识，公开自号侠生，体现了一生要仗义行侠、扶危济困的志向。他说："我所以自号侠生，将来一定做个侠客，杀尽这些贪官污吏，削尽人间不平！"后来，蒋光慈出于对北洋军阀政府统治的痛恨和对黑暗社会的极度失望，忧心忡忡、愤世嫉俗，想离开这个污浊不堪的世界，出家当和尚，跳出红尘，不问世事。于是，他把名字又改为"侠僧"，意谓即便是出家修行，也要做个侠义的和尚，像侠客一样除恶务尽、伸张正义。由于对黑暗专制的社会充满了失望，蒋光慈一度陷入思想的苦闷。此时，俄国克鲁泡特金的无政府主义思想以及波兰作家廖抗夫的剧本《夜未央》进入了他的视界。蒋光慈虽然受到了进步革命思想的影响，但他还没有找到现实斗争的出路。在这种精神焦灼和思想苦闷的情境中，无政府主义

---

① 吴腾凰：《蒋光慈传》，安徽人民出版社1982年版，第9—10页。

下编　中国新文学作家与侠文化的精神相遇

思想极易激活他精神结构中的侠性质素，特别是其中以个人力量对抗专制强权、追求绝对自由平等的要义更容易引起他的思想共鸣，增强和坚定了他的叛逆精神与反抗意志。蒋光慈的侠性心态与无政府主义思想发生了价值耦合，他广泛涉猎俄国虚无党人的英勇事迹，仰慕暗杀女侠苏维亚。为了争取自由解放和幸福，苏维亚勇于反抗专制强权，义无反顾地行刺沙皇。对于虚无党人的这种铤而走险、慷慨赴难的侠义壮举，蒋光慈由衷赞佩，心向往之。在蒋光慈的心中，苏维亚已成了他的梦中情人，他曾赋诗发愿："此生不遇苏维亚，死到黄泉也独身。"在无政府主义思想影响下，蒋光慈于1918年同李宗邺、吴葆萼等和外校的钱杏邨、李克农等成立了"安社"，"安"是"安那其"的简称，"安社"是"安那其"的秘密组织，"安那其"是无政府主义的音译。他们编辑出版油印小报《自由之花》，主编为蒋光慈和李宗邺，从事着反对强权专制、追求自由平等的斗争。五四运动前后，蒋光慈接受了十月革命思想的洗礼和国内启蒙思潮的影响，他的思想发生了质的飞跃，由仗义行侠、削尽人间不平的侠客思想发展进步为以民族大义为高蹈的救国救民的雄伟抱负。蒋光慈认识到"要救中国，必须在中国有一个十月革命"！出于对十月革命的向往，他又把名字改为光赤，与王赤华（原名王持华，后改为赤华，五四运动时任芜湖学生联合会秘书长）一起被芜湖军阀马联甲称为"安徽二赤"。[①] 这也充分说明，蒋光慈已开始由无政府主义的侠客式个人斗争走向了新的集体革命道路。

五四运动爆发后，彻底的、不妥协的反帝反封建的时代斗争进一步激活了蒋光慈人格心理中的侠文化精神质素和热血爱国的情怀。正在安徽省立五中读书的蒋光慈被推选为芜湖学生联合会副会长，他一直走在斗争的前列，积极组织、领导和参加学生运动，不畏强权、重义轻生，为了追求社会正义和公道而投身于时代斗争的洪流之中，声援北京学生的反帝爱国的侠义壮举。当时的芜湖商会会长汤善福唯利是图，无视抵制日货的正义号召，不听学联的劝告，我行我素，一意

[①] 吴腾凰：《蒋光慈传》，安徽人民出版社1982年版，第12—15页。

第五章　认同与张扬:复仇精神和反抗意志

孤行,激起了学生和民众的义愤。蒋光慈、翟宗文和王持华等带领学生大闹商会,要求商会抵制日货并签字为证。以汤善福为首的商会代表冥顽不化,断然拒绝,蒋光慈义愤填膺,怒不可遏,抄起一根木棍打向汤善福。虽没有打成,但极大地鼓舞了学生们的斗志。结果汤善福被另一个同学用茶杯砸伤,商会董事陶玉堂也遭到了殴打,商会被砸得一塌糊涂。迫于压力,商会代表终于在抵制日货的保证书上签了字。大闹商会的斗争,揭开了芜湖地区进步学生运动的序幕。作为风云人物,蒋光慈遭到芜湖商会和反动当局的忌恨。面对商会想杀害自己的传言,他大义凛然,无所畏惧,敌人不敢轻易动手,其暗杀阴谋最终未能得逞。在抵制日货的斗争中,蒋光慈不仅勇于冲锋陷阵,还讲究斗智,提议编《鸡毛报》,警告那些不法奸商。安徽军阀马联甲时任皖南镇守史兼安徽军务帮办,为了增加经济收入,中饱私囊,挖空心思将食盐加了百分之二十五的附加税,定名为"二五附加"。当时的盐为私商出售,附加税一旦执行,盐商必会提高盐价,最终吃亏受难的还是穷苦的老百姓。芜湖学联站在人民的立场,维护老百姓的利益,强烈地抗议和反对"二五附加"。有一天,蒋光慈和翟宗文带领学生闯进了马联甲小老婆的住处,正好马联甲也在里面。面对蒋光慈等人的怒斥和立即取消"二五附加"的强烈要求,马联甲吓得脸色土黄,魂不附体。惊悸之余,他问蒋光慈"贵姓",蒋光慈朗声回道:"我姓大炮!"在强大的威逼之下,马联甲被迫屈服,最终在保证书上签了字。经过英勇的斗争,反动军阀的"二五附加"没有实现,广大民众的利益得到了维护,蒋光慈的名声也在芜湖内外广为传播,他一度成为芜湖学生运动的核心人物和蔑视权势、勇于向反动当局叫板的中坚力量。[①]

通过五四前后的接受无政府主义思想、投身五四的时代洪流、大闹商会、创办《鸡毛报》和反对"二五附加"等事件的激发与历练,蒋光慈的思想获得了提升和进步,在行动上更加坚定了热血爱国、向黑暗社会复仇和向反动当局叫板的决心与信念,体现了他英勇无畏的

---

① 吴腾凰:《蒋光慈传》,安徽人民出版社1982年版,第16—23页。

叛逆精神、反抗意志和维护正义的侠义情怀。

(三) 反抗强权，拯世济民

拜伦是鲁迅笔下卓异绝俗、刚健不挠的摩罗诗人，他为希腊的民族独立和人类解放事业而奋不顾身，慷慨赴难，勇于牺牲自我却不求回报，堪称人类的大侠。蒋光慈景仰和佩服拜伦的义举，在拜伦的影响下，他胸怀拯世济民之志，勇于反抗强权，为民族国家的独立解放而孜孜以求、努力斗争。

蒋光慈在诗歌《我的心灵》中写道："我的心灵使我追慕／那百年前的拜轮：／多情的拜轮啊！／我听见你的歌声了，／自由的希腊——／永留着你千古的侠魂！"[①] 他追慕拜伦这个"千古的侠魂"，拜伦的独立精神、自由意志和为人类解放而勇于献身的崇高品格永远激励着他奋勇前进。在维护社会正义和追求民族独立的事业中，蒋光慈与拜伦取得了跨越时空的精神交流，增强了反抗和复仇的动力，以满腔的爱国热忱，义无反顾地投身于反帝反封建的革命洪流中去。从大别山到芜湖，从芜湖到莫斯科，从莫斯科到上海，一路走来，到处留下了他反抗、复仇和革命的足迹。他以自身斗争实践和革命文学创作的双重变奏回应和参与着大革命时代的主旋律。1921年，为了寻求救国救民的真理和民族解放的道路，在党组织的安排下，蒋光慈与刘少奇、任弼时、萧劲光等赴苏俄留学，在莫斯科东方大学接受了系统的马列主义革命思想教育和灵魂的洗礼。1922年7月，蒋光慈在苏俄加入了中国共产党。异国艰苦的求学生涯使他坚定了革命的信念，增强了斗争的力量，他选择革命文学创作来作为自己从事革命工作的具体实践方式，为中国革命奔走呼号。1925年1月1日，蒋光慈在《民国日报》副刊《觉悟》上发表了文章《现代中国社会与革命文学》，倡导革命文学，明确指出："谁个能够将现社会的缺点、罪恶、黑暗……痛痛快快地写将出来，谁个能够高喊着人们来向这缺点、罪恶、黑暗……

[①] 蒋光慈：《我的心灵》，《蒋光慈文集》第三卷，上海文艺出版社1985年版，第308—309页。

奋斗,则他就是革命的文学家,他的作品就是革命文学。"① 他不仅是革命文学的积极倡导者,而且是革命文学创作的忠实实践者,他以丰厚的创作实绩——诗集《新梦》《哀中国》和小说《少年飘泊者》《野祭》《短裤党》《菊芬》《咆哮了的土地》等,奉献于革命的时代。"四·一二"反革命政变以后,蒋光慈奔赴武汉,在《农工日报》副刊发表诗歌《到武汉以后》,表示要做中国的拜伦,为争取自由而战。"七·一五"事变后,他离开武汉回到上海,继续从事革命文学活动。②

蒋光慈从黑暗社会走来,他反对帝国主义的压迫凌辱,反对封建军阀的专制统治,反对一切不合理的社会制度和不公平的社会现象。他因反抗暴力强权、追求自由平等而逐渐走上革命道路,因接受了马列主义革命思想和集体斗争方式而不断克服自身侠客式的个人英雄主义与无政府主义倾向,从而体现出一种匡扶正义、拯世济民的现代侠者风范。

(四) 革命——江湖,忧思难忘

作为一个现代侠者,蒋光慈具有侠客的反抗意志和自由精神;作为一个现代革命者,他又拥有儒家积极入世的情怀。当革命——政治的要求超过了一个侠者所能承受的负荷时,特别是在这种要求甚至政治路线以革命正义的面貌出现,却极大地挫伤了革命者的入世热情的情况下,革命与侠义这二者之间必然会产生无法调和的矛盾。结果要么忍辱负重,接受错误路线统治并忍受其带来的精神痛苦甚至肉体牺牲;要么以侠者反抗的姿态远离这种貌似革命实则葬送革命的路线,追求人格的独立和精神的自由。在蒋光慈短暂的一生中,也遭逢了这种艰难的抉择,他最终选择了后者。但作为已经接受过马列主义革命思想教育的现代知识分子,蒋光慈有着强烈的现代人文情怀,他在革命——江湖构筑的现实生命图景中,心存深沉的忧患意识,虽人在江湖,但对革命工作仍然忧思难忘。

---

① 方铭编:《蒋光慈研究资料》,知识产权出版社2010年版,第12页。
② 方铭编:《蒋光慈研究资料》,知识产权出版社2010年版,第4页。

下编　中国新文学作家与侠文化的精神相遇

这就不得不提蒋光慈的退党事件了。蒋光慈是中国左翼作家联盟的发起人之一，为左联常务委员会候补委员。左联成立时正值"立三路线"统治时期，又长时间在王明"左"倾路线统治下开展工作。虽然左联是一个作家组织，但在党的领导下，却以参加政治活动、搞革命斗争为第一要务，文学创作要为革命斗争服务。在"左"倾机会主义路线领导、支配和影响下，左联的一些游行示威活动让革命者走上街头，赤手空拳地与敌人的刀枪和棍棒对峙，导致许多无辜的生命丧身虎口。在惨痛的教训面前，蒋光慈对这种冒险蛮干、不讲策略的做法极为不满，加上身体患病，他对当时左联的这类"飞行集会"活动流露出消极态度，甚至根本就不参加，这使他遭受到来自党内的严厉批评和无情打击。再想起 1929 年因小说《丽莎的哀怨》而遭受的来自进步文艺界非正常的上纲上线的指责与批评，蒋光慈的思想发生了变化。在他看来，从事革命文学创作也是一种革命工作，他不希望在具体的革命工作中一味地盲目蛮干，作无谓的牺牲；也不甘忍受"左"倾错误路线的痛苦折磨。这种观点和看法势必与当时的"左"倾路线及其领导者产生冲突。经过艰难的思想斗争和抉择，蒋光慈最终于 1930 年写了《退党书》。退党以后，蒋光慈决心安静下来做一个学者，仍然坚持革命文学创作，并时刻关心党的工作和同志的安危。1931 年春，左联的柔石、胡也频、殷夫、冯铿、李伟森这五位同志被捕后，蒋光慈出于正义感和同志情立即到左联开会，商讨营救问题。当他得知五位同志被国民党反动派残酷杀害时，非常悲痛。在生命垂危之际，蒋光慈还向楼适夷、杨邨人了解江西红军反"围剿"的战况，关心战友，但很少谈到自己。[①] 这充分体现了蒋光慈身在江湖、心向革命的侠者风范。

在蒋光慈的退党问题上，我认为，必须坚持历史的、客观的、辩证的观点。在社会矛盾日益尖锐、阶级斗争日趋激烈的时代语境下，从坚持斗争和对党忠诚的角度来讲，蒋光慈选择退党的做法是不理性的、不可取的；但必须结合当时党内"左"倾错误路线统治下造成的

---

①　吴腾凰：《蒋光慈传》，安徽人民出版社 1982 年版，第 146—147 页。

第五章 认同与张扬:复仇精神和反抗意志

不争的历史现实状况来审视该退党事件,倘如此,蒋光慈的做法能够获得一种历史的理解和同情,他的行为也可以得到一种合理的阐释。蒋光慈首先是一个深受侠文化影响和侠文化精神浸润的现代侠者,在他的人生道路上,受到过无政府主义思潮的影响,在侠文化和无政府主义这两种异质文化的价值同构中,蒋光慈的文化心理和人格结构中积蓄了反抗、自由、仗义行侠和拯世济难的精神质素,这些可贵的精神因子折射在其作品中,充盈着雄浑阳刚、自由正义的浩然正气和铮铮铁骨。在马列主义革命思想的教育和指导下,特别是经过莫斯科东方大学的灵魂洗礼和现实革命斗争的历练,蒋光慈不断克服个人主义思想和无政府主义倾向,逐渐走上了集体主义的革命道路,从一个游侠式的热血青年成长为一位由无产阶级革命理论武装头脑的现代革命者。作为党员和革命成员,必须无条件地服从革命大局,一切为革命集体利益和党的总目标服务。蒋光慈始终认为,革命文学创作也是一种革命工作,文学与革命并不矛盾,他明白,"为了阶级的理想,牺牲一些个人利益,是无可非议的,但是一些人利用这一点,对蒋光慈的排斥全无道理,因为从事革命文学创作和从事实际革命工作,这两者在根本上并不对立"[1]。蒋光慈的革命文学创作是现代无产阶级革命的有机组成部分,是党的文化战线的具体斗争方式,与实际的暴力革命斗争在革命目的上是一致的,只不过采取的方式不同。蒋光慈选择退党,但最终受到了被开除党籍的处分。当时的中共中央机关报《红旗日报》1930年10月20日第三版刊登的《没落的小资产阶级蒋光赤被共产党开除党籍》的报道称:"他虽然仍假名做'革命群众一分子',这完全是一种无耻的诡辩解嘲,他已经是成了一个没落的小资产阶级,显然已流入反革命的道路云。"[2] 从服从革命大局和维护革命集体利益的角度来审视,当时党内对蒋光慈的反革命定性和开除党籍的处理决定,似乎有些道理。但就蒋光慈退党后的实际行动和并未走向反革命道路的事实而论,这种定性和处理决定是有失公允的,被打

---

[1] 马德俊:《蒋光慈传》,安徽人民出版社2001年版,第474—475页。
[2] 方铭编:《蒋光慈研究资料》,知识产权出版社2010年版,第141页。

上了深厚的"左"倾主义烙印，其局限性和不公平是显而易见的。何况蒋光慈已经为自己当时痛苦的决定付出了沉重的代价，他也没有想到退党的抉择遭到了开除党籍的处分，"若今天蒋光慈英灵有知，定会以不能回到党内来为最大恨事。这个历史事件，给党的文艺工作留下了一个象炮弹那样粗重的惊叹号"[①]！当时中共中央对蒋光慈的反革命定性和开除党籍的处理决定本身理应引起现代人的深刻反思，在那个动荡年代的复杂斗争形势下，或许蒋光慈的遭遇不是个例，但这类悲痛的教训足以让活着的人们警醒。"蒋光慈的悲剧在于：中国革命一开始就重视实际斗争而轻视思想革命，使'五·四'未能彻底肃清的封建思想残余乘虚而入，封建的抑制个性和阶级革命中崇高的革命理论中间，正确的阶级革命理论在一定程度上受到阉割和扭曲。在无产阶级思想的幌子下，客观存在着革命者个性受到不应有的抑制，而必须完全消融于抽象的党派和集团的观念之中，带着某些封建专制色泽的'革命'观念不能不使那些已有个性意识的革命者深感迷惘"[②]。桀骜不驯、独立不倚的蒋光慈，具有强烈的个性主义思想和自由主义倾向，在由个人英雄主义走向集体主义革命道路的过程中，显然经历了艰难的精神突围和思想蜕变。作为一个现代侠者，他奉反抗和自由为要义，有着强烈的个性意识和人格尊严；作为一个现代革命者，他自觉地为民族解放和党的革命事业服务，以笔为剑，反抗专制强权，追求自由平等，将革命文学创作视为崇高的革命工作。二者在爱国革命的价值平台上存在着契合点和一致性。蒋光慈为了革命可以牺牲自己的个人利益，但他的以反抗和自由为价值核心的侠文化心理无法忍受"左"倾错误路线的规约与折磨。在蒋光慈的人格精神和心理结构中不可避免地发生了革命与侠义的冲突，他不愿看到革命者在"左"倾错误路线的领导和支配下做出无谓牺牲的惨剧。因此，他消极对待甚至拒绝参加那些冒险盲动的飞行集会和示威游行，坚持以革命文学创作从事革命工作。可以说，当时蒋光慈的这种认识和做法是有积极意义和

[①] 吴腾凰：《蒋光慈传》，安徽人民出版社1982年版，第147页。
[②] 马德俊：《蒋光慈传》，安徽人民出版社2001年版，第475页。

第五章 认同与张扬:复仇精神和反抗意志 ◆◇◆

先见之明的。但是,"当时不少革命阵营内部的领导人还不可能认识到在个人服从集体的前提下,革命队伍里的个人有分工的不同,创作被贬到一个可怜的角落。有的领导对创作的贬斥已远不是基于它和繁忙的革命工作的冲突,而是掺杂了较多的泯灭个性的封建意识,这和为革命而暂时牺牲个人的局部利益的崇高献身精神是截然不同的。借无产阶级名义,把创作定为反革命、小资产阶级的性质,归之于摒弃之列,这正是改装了的封建意识对于革命队伍中正常的个人欲望和个性的钳制"[1]。当时"左"倾错误路线领导者对待创作的态度,无疑是一种历史的误解和错解,甚至是粗暴的扼杀,这不仅仅会给作家个人带来伤害,甚至会给整个革命工作带来巨大的灾难。

可以说,退党之后徘徊于革命与江湖之间的蒋光慈,并未因对当时"左"倾错误路线统治不满而放弃革命工作,虽然退了党,但他仍心系革命和同志,从他为革命事业忧心忡忡、殚精竭虑的现实行为来看,仍不失一个真正革命者的本色和现代侠者的道义情怀。我认为,蒋光慈对党是忠诚的,他以退党的方式向当时党内"左"倾主义路线小集团示威,恰恰体现了他作为一个现代革命侠僧的反抗精神,与其说他退出了党,不如说他为了保持党的纯粹性和先进性而勇敢地向那个几乎将中国革命前途葬送的党内小集团宣战。天妒英才,义薄云天的现代无产阶级革命作家蒋光慈在病痛折磨和极度阴郁中早逝,他短暂而辉煌的一生对无产阶级革命文学有筚路蓝缕的奠基与开拓之功,也存在因退党而造成的终生遗憾。蒋光慈虽然遭受过党内的批判甚至历史的误解,但历史毕竟是人民写的,他的伟岸形象在历史的深处和现实的理解中熠熠生辉。1953年5月23日,上海市文联将蒋光慈的遗骸迁葬于虹桥公墓。夏衍同志主祭并报告了蒋光慈的生平及其斗争经历,时任上海市长陈毅同志题写了墓碑"作家蒋光慈之墓"[2]。历史总会还正义之士以公道,一生飘零、毁誉参半的革命侠僧蒋光慈终于获得了党和人民的肯定与认可。

---

[1] 马德俊:《蒋光慈传》,安徽人民出版社2001年版,第475页。
[2] 吴腾凰:《蒋光慈传》,安徽人民出版社1982年版,第156页。

二 刺向黑暗社会的复仇利刃： 血与火浇铸的革命文学创作

蒋光慈对黑暗社会有着刻骨铭心的感受与体验，他的内心深处早就埋下了不平和反抗的种子，同时也萌蘖出自由和解放的希冀。现实中的蒋光慈以其真实行动向黑暗社会和不合理的社会制度宣战，同时以血与火浇铸的革命文学创作书写着诗学正义，使他的文本世界成为刺向黑暗社会的复仇利刃，宣泄着时代的反抗意志和复仇情绪，鼓吹着暴力革命，张扬着革命尚武精神，从而使社会正义和社会公道得以伸张与维护。这充分说明特定时代的社会思潮和蒋光慈的侠文化心理取得了精神沟通与价值耦合，他的复仇精神、反抗意志和革命尚武精神在大革命的时代洪流中找到了现实释放的平台。

蒋光慈以一颗桀骜不驯、热血爱国的心灵感受着大革命时代的脉搏，以强烈的现代理性和崇高的革命理想来迎接与拥抱这个黑暗如磐却激情燃烧的时代。于是，"蒋光慈运用他从莫斯科取回来的马列主义，发自内心地提倡与黑暗社会进行斗争的文学，提倡反抗的革命文学。他毫无掩饰地公开声明，自己不做一个政治家，要做一名革命文学家，要当中国的拜伦，去为祖国为人民征战一生，洒尽最后一滴鲜血"[1]！如前所述，与同时留学苏俄的刘少奇、任弼时和萧劲光等人选择职业革命的道路不同，蒋光慈最终选择了革命文学创作作为自己从事革命工作的方式，他宁愿做中国无产阶级革命的吹鼓手，他坦诚地说："我只是一个粗暴的抱不平的歌者，/我但愿立在十字街头呼号以终生！"[2] 可以说，蒋光慈是在以文学的方式为广大底层民众打抱不平，伸张革命正义，捍卫社会公道，可谓以笔行侠或以文行侠的现代革命之侠。"在这样革命思想的启蒙时代，蒋光慈乃是把马列主义的鲜明的旗帜插到文艺园地上来的旗手"[3]。综览蒋光慈的创作，可以发现他的革命思想发展变化的轨迹。他在马列主义革命思想指导下，在创作中大力发掘侠文化精神中的

---

[1] 吴腾凰：《蒋光慈传》，安徽人民出版社1982年版，第53页。
[2] 蒋光慈：《鸭绿江上·自序诗》，《蒋光慈文集》第一卷，上海文艺出版社1982年版，第87页。
[3] 黄药眠：《〈蒋光慈选集〉序》，《蒋光慈选集》，开明出版社2015年版，第10页。

第五章　认同与张扬:复仇精神和反抗意志

复仇精神、反抗意志和革命尚武精神以及对自由平等与正义公道的追求，并赋予其革命的理想和激情，犹如一把革命的复仇利刃直刺国内外一切反动势力的心脏，鼓舞着广大革命民众的复仇情绪和反抗精神，使他们认清历史的使命和时代的任务，从个性解放、个人反抗逐渐走上集体主义的革命道路。蒋光慈坦言："我生适值革命怒潮浩荡之时，一点心灵早燃烧着无涯际的红火，我愿勉力为东亚革命的歌者!"[1] 显而易见，蒋光慈的文学创作既不同于象牙塔里的闭门造车，也有别于软香巢中的风花雪月，而是肩负着现代无产阶级革命的历史使命的革命文学，呈现出鲜明而强烈的政治倾向性、革命功利性和时代进步意义。从革命的角度来看，蒋光慈是一个自觉承担时代任务和历史责任的作家，他的创作堪称革命时代精神的传声筒。正如蒋光慈所言："朋友们，请别再称呼我为诗人，／我是助你们为光明而奋斗的鼓号，／当你们得意凯旋的时候，／我的责任也就算尽了!……"[2] 这道出了蒋光慈革命文学创作的动机和宗旨，也是革命时代文学的共有特征。具体到蒋光慈的小说创作，可以说，既有革命时代文学为政治服务的共同特征，也因作者的侠文化精神在小说文本中的艺术投射而呈现出独特的时代精神内涵和现实意义。

蒋光慈的作品中反复出现个人英雄主义和暗杀恐怖主义相胶合的复仇情节，这是侠文化精神和无政府主义思想耦合纠结形成的侠客式反抗的典型体现。他的小说中的个人复仇或恐怖暗杀成为情节发展的重要关节和推动力量，这与中国共产党提倡的集体革命斗争存在着很大距离。可以说，这与他幼年时代爱读游侠事迹和青少年时期深受无政府主义思想影响，是分不开的。蒋光慈小时候倾慕朱家、郭解等古代游侠的为人，青年时期渴慕俄国虚无党女侠苏维亚，这种幼年记忆和早期经验以及内心的反抗精神积聚在创作中，就演化为暗杀复仇的故事情节和叙事动力。

---

[1]　蒋光慈:《〈新梦〉自序》，《蒋光慈研究资料》，方铭编，知识产权出版社2010年版，第22页。

[2]　蒋光慈:《鸭绿江上·自序诗》，《蒋光慈文集》第一卷，上海文艺出版社1982年版，第87页。

下编　中国新文学作家与侠文化的精神相遇

　　蒋光慈小说处女作《少年飘泊者》在篇首《自序》前面引录了作者自己的《怀拜轮》诗句："拜轮啊！／你是黑暗的反抗者，／你是上帝的不肖子，／你是自由的歌者，／你是强暴的劲敌。／飘零啊，毁谤啊……／这是你的命运罢，／抑是社会对于天才的敬礼？"① 充满了强烈的反抗情绪和复仇精神。小说文本开篇就将主人公汪中（安徽某县一个佃农的儿子）置于极限情境之中：父母因交不起地租被地主刘老太爷活活逼死。陷入生存绝境的少年汪中成了一个无依无靠的孤儿，他怀着对地主和黑暗社会的刻骨仇恨，开始了四处漂泊的流浪生涯，走上了复仇之路。这与传统武侠小说中父母被害—家破人亡—绝处逢生—漂泊天涯—拜师学艺—回乡复仇—惩恶扬善的基本情节极为相似，只不过汪中最终参加了革命，以革命的方式向黑暗社会和不合理的社会制度复仇。汪中从父母的悲惨遭遇中获得了深刻的生命体验，在黑暗的社会中，到处都是冷酷自私，没有一点仁爱和光明，穷人只能落得个悲剧命运。在这样一个弱肉强食、惨无人道、正义公道荡然无存的社会里，法律和制度往往是苍白的，现实中大多充当了统治阶级的遮羞布和保护伞，对穷人而言，实为罪恶的枷锁。当现行法律和制度无法真正做到主持正义、为民作主的时候，现实中遭受不幸和灾难的人们就只有采取以暴抗暴的方式，铤而走险，手刃仇敌，报仇雪恨。但当时的汪中没有反抗的能力和雪恨的本领，只能在想象中实现自己的复仇计划。在父亲惨遭地主刘老太爷的家丁毒打之后，少年汪中的内心燃烧起复仇的火焰：

　　　　当时我想到这里，我的灵魂似觉已离开我原有的坐处。模模糊糊地我跑到厨房拿了一把菜刀，径自出了家门，向着刘家老楼行去。……我走向前向刘老太爷劈头一菜刀，将他头劈为两半，他的血即刻把我的两手染红了，并流了满地，满桌子，满酒杯里。他从椅子上倒下地来了，两手继续地乱抓；一班贵客都惊慌失色地跑了，有的竟骇得晕倒在地上。

---

① 蒋光慈：《蒋光慈文集》第一卷，上海文艺出版社 1982 年版，第 3 页。

第五章　认同与张扬:复仇精神和反抗意志　◆◇◆

大厅中所遗留的是死尸,血迹,狼藉的杯盘,一个染了两手鲜血的我。我对着一切狂笑,我得着了最后的胜利……①

这是汪中潜意识中对个人暗杀复仇的想象,彰显了他的复仇欲望和报复冲动,体现了一个孤苦无助的少年对地主恶霸和人间罪恶的强烈抗议,以及誓雪人间不平的愿望,在文本深层寄寓着作者对自由、平等、正义和公道的渴盼。安葬完父母之后,汪中想去投奔桃林村的土匪。他崇拜那些劫富济贫的土匪,想借助土匪的力量为父母报仇,但途中得知桃林村的土匪已被官军打散,他的复仇愿望也就无法实现,于是继续漂泊于人生的江湖。在作者的情节设置中,无论是想象中的复仇欲望,还是现实中入伙土匪而不得,都意味着侠客式或绿林好汉式的个人复仇不是穷人的最好出路,也不是通往革命的光明大道。正是出于这样一种理性的现代革命意识,作者并未让少年汪中付诸个人复仇的实践,而是让他踏上漂泊流浪之途,一步一步地走上革命道路。"他走了相当一段孤独的叛逆道路,身上流注着不惜与命运抗衡的倔强的生命力。他虽然身世卑微,与拜伦以'游记'为题的长篇叙事诗的主人公处境大异,但他也为社会所放逐,四海飘泊,足迹及于皖、鄂、沪、粤诸地。作者赋予他佃户孤儿、流浪奴仆、乞丐、店员、旧礼教迫害下的失恋者、工人、工运干部、革命士兵等多重身份,从而窥见了乡村及城市、商界及工厂的种种黑暗和罪恶"②。在四处漂泊的流浪生涯中,汪中这个生性爱反抗和爱打抱不平的青年终于走上了革命道路。他考入了黄埔军校,积极从事革命活动,以革命的方式抑强扶弱,仗义行侠,向黑暗社会和不合理的制度复仇。最后,他在攻打惠州城的战斗中英勇牺牲,成就了一个侠义革命英雄的光辉形象。汪中身上有太多蒋光慈的影子,可谓蒋光慈的人格精神和人生经验在文本中的艺术折射。"蒋光慈虽然追慕拜伦的'千古的侠魂',他笔下的汪中甚至心神向往于《史记》记载的朱家、郭解等豪侠之士,带点

---

① 蒋光慈:《蒋光慈文集》第一卷,上海文艺出版社1982年版,第16页。
② 杨义:《中国现代小说史》第二卷,人民文学出版社1986年版,第63页。

下编　中国新文学作家与侠文化的精神相遇

朱、郭的打抱不平、扶助弱者的侠骨；但汪中毕竟把个人的反抗发展为阶级的反抗，并最终为人民的反帝、反军阀的事业捐躯，他已经跨越了'拜伦式英雄'的孤独和秦汉时代侠客的偏执，而具有高尔基早期小说中'流浪汉'人物的平民反抗性"①。小说主人公汪中经历了由个人复仇欲望和反抗意志走向阶级对抗的革命道路这样一个鲜明的生命轨迹，完成了他由侠客式个人英雄主义向革命者集体主义的思想转变，带有鲜明的现代革命正义色彩。

　　小说《鸭绿江上》讲述了莫斯科留学生宿舍内的一席围炉夜话。在高丽留学生李孟汉叙述的他与金云姑的历史中，蕴含着一个国恨家仇和侠骨柔情的故事。李孟汉和金云姑都是高丽贵族后裔，日本占领高丽后，两家老人深愤于亡国羞辱和同胞受难，出于民族大义和爱国热情，辞官避世，隐居林泉。从此，李孟汉和金云姑在鸭绿江畔的海滨玩耍嬉戏，两小无猜，感情日笃。李孟汉的父亲被日本当局杀害，母亲投海自尽，他成了一个孤儿，被金家收容，得到金云姑的关心和安慰。但日本当局要斩草除根，李孟汉面临生命危险，不得不与金云姑痛别，连夜逃离祖国，开始漂泊异邦的流亡生涯。后来，金云姑参加了革命，担任高丽社会主义青年同盟妇女部书记。在一次参加工人集会时，日本警察将她逮捕，以煽动罢工的罪名将她投入监狱，最后她屈死于狱中。祖国沦亡，同胞受难，家人被害，自己流亡异国，爱人屈死，这一系列不幸、灾难和屈辱降临到高丽青年李孟汉身上。父亲的民族大义，母亲的义不受辱，爱人金云姑的侠义爱国，金家的义薄云天，都在这个弱国子民的内心深处留下了刻骨铭心的记忆，同时也埋下了反抗侵略和民族复仇的种子。在莫斯科这块革命圣地探求救国救民道路的高丽青年，"兼具留苏的革命党人和弱小民族的亡命客双重身份，家室破毁之哀陪伴着民族沦亡之痛，为爱人复仇和为祖国献身表现为高度的一致，于沉哀至痛之中透露出执著的理想追求"②。这预示着身怀家仇国恨的李孟汉，必将走上为祖国而英勇奋斗，实

---

① 杨义：《中国现代小说史》第二卷，人民文学出版社1986年版，第63页。
② 杨义：《中国现代小说史》第二卷，人民文学出版社1986年版，第64页。

第五章 认同与张扬:复仇精神和反抗意志

现民族复仇和解放大业的道路。小说文本中的复仇精神和反抗意志被提升到了民族大义的高度,寄寓着作者对民族前途和国家命运的深沉思考。

如果说在小说《少年飘泊者》和《鸭绿江上》中,作者对复仇的描写和表现有所保留的话,那么到了后来的许多小说中,则表现出对复仇意识和暗杀恐怖行为的激赏,甚至走向极端的迷狂。

小说《短裤党》"是一首粗糙而响亮的革命暴动者之歌"[1],在高度的革命激情下充斥着强烈的复仇情绪和反抗意志。该小说叙述了大革命后期上海工人第二次武装起义的失败情况,而以第三次武装起义的胜利作为故事的结局。1927年春,为了迎接北伐军的到来,党的领导者史兆炎等人在上海组织发动了总同盟大罢工。随着革命形势的发展,大罢工迅速升级为武装起义。纱厂党支部书记李金贵在率领工人纠察队攻打警察署的战斗中不幸壮烈牺牲,其妻邢翠英得知丈夫的死讯后,满怀义愤和复仇的怒火,腰间别好菜刀,冒雨独闯警察署,一举砍死了两个警察,她自己也牺牲在警察的弹雨之下。邢翠英的刺杀行为带有盲动性和冒险性,犹如复仇女侠,又像苏维亚一样的虚无党人,她的行刺举动既带有为夫报仇的个人英雄主义特征,又充满了以暴抗暴、血债血还的革命色彩。另一位女性形象华月娟,是党的妇女部书记,倾慕俄国虚无党人的作为,甚至自比为中国的女虚无党人。无论是邢翠英复仇的盲动冒险,还是华月娟以虚无党人自况,都体现了作者强烈的反抗意志和复仇意识,折射出蒋光慈早年深受侠文化和无政府主义思想的深刻影响。

在小说《野祭》中,章淑君是一位具有侠魂的现代女性,胸怀大义,乐于助人。在革命文学家陈季侠赁居于她家期间,章淑君给予他无微不至的关心、照顾和体贴,并对陈季侠产生了好感,心生爱慕之情。但注重相貌的陈季侠反应淡漠,章淑君求爱未果。她压抑着内心的痛苦,发愤阅读革命书籍,积极投身于工人运动,逐渐成长为革命女战士。陈季侠一见钟情的郑玉弦,不仅不理解他的革命文学事业,

---

[1] 杨义:《中国现代小说史》第二卷,人民文学出版社1986年版,第66页。

而且当反革命政变一来，就对陈季侠避之千里。陈季侠终于鄙视这个内心浅薄渺小的女子，逐渐感到章淑君的可爱与可敬。在章淑君被反动当局秘密处决之后，陈季侠买了鲜花和玫瑰酒，来到吴淞口，面对大海，为这颗革命的侠魂举行了深情的野祭，表达了他对章淑君的忏悔和怀恋："归来罢，你的侠魂！归来罢，你的精灵！这里是你所爱的人儿在祭你，请你宽恕我往日对你的薄情。唉！我的姑娘！拿去罢，我的这一颗心！"①作者不仅以陈季侠凭吊女战士章淑君的"侠魂"的形式，表现出对国民党当局的大屠杀暴行的愤怒抗议，展现了革命语境下犹豫彷徨的进步知识分子在爱情选择中所彰显出来的人格提升，而且借助小说人物陈季侠之口表达了对国民党统治的深入思考和强烈不满：

  我是一个流浪的文人，平素从未曾做过实际的革命的运动。照理讲，我没有畏避的必要。我不过是说几句闲话，做几篇小说和诗歌，难道这也犯法吗？但是中国没有法律，大人先生们的意志就是法律，当你被捕或被枪毙时，你还不知道你犯的是哪一条法律，但是你已经是犯法了。做中国人真是困难得很，即如我们这样的文人，本来在各国是受特别待遇的，但在中国，也许因为说一句闲话，就会招致死刑的。唉！无法的中国！残酷的中国人！……但既然是这样，那我就不得不小心一点，不得不防备一下。我是一个主张公道的文人，然而我不能存在无公道的中国。偶一念及我的残酷的祖国来，我不禁为之痛哭。中国人真是爱和平的吗？喂！杀人如割草一般，还说什么仁慈，博爱，王道，和平！如果我不是中国人，如果我不同情于被压迫的中国群众，那我将……唉！我将永远不踏中国的土地。②

陈季侠的思考和不满具有典型的时代特征，大革命失败后，中国

---

① 蒋光慈：《蒋光慈文集》第一卷，上海文艺出版社1982年版，第378页。
② 蒋光慈：《蒋光慈文集》第一卷，上海文艺出版社1982年版，第364—365页。

第五章　认同与张扬:复仇精神和反抗意志

革命遭受挫折，跌入低谷。许多革命者和进步知识分子经受着革命幻灭后的痛苦，陷入了迷惘、动摇、彷徨，甚至随时丧失生命的绝境。在法律被糟践、世道不公、人道不存、兽道横行的黑暗社会，一切被压迫者只有反抗，才会有更好的命运和光明的前景。章淑君为革命献身的精神、为实现社会正义而斗争的侠魂，使陈季侠接受了一场灵魂的洗礼，坚定了革命的信念，增强了斗争的力量，他在这次野祭表达了自己的决心和希望："这一瓶酒当作我的血泪；这一束花当作我的誓语：你是为探求光明而被牺牲了，我将永远与黑暗为仇敌。唉！我的姑娘！我望你的魂灵儿与我以助力……"① 这预示着陈季侠这个革命文人要以章淑君的"侠魂"为激励，奋起反抗。作者的这种探索和昭示，会给在苦闷中彷徨、恐惧中动摇的革命者和进步知识分子带来希望的曙光与前进的动力。

小说《菊芬》的主人公菊芬是一个出身于富庶人家的天真、活泼、美丽、纯洁的少女，在男友薛映冰提供的革命书籍影响下，深受革命正义观念的鼓舞，"为着被压迫的人们，为着全人类"②，逐渐走上革命道路。菊芬经历了重庆"三·三一"大屠杀和武汉"七·一五"事变，目睹了血腥恐怖的局面。在严峻而艰难的革命形势下，反动势力日益猖獗，这个满腔革命热情的青年女性于极度的苦闷和绝望中奋起反抗，产生了杀人的念头，她说：

> 人生总不过一死，死去倒干净些，你说可不是吗？我想我不病死，也将要被他们杀死，不过宁愿被他们杀死倒好些。我现在也不知因为什么缘故，总是想杀人，总是想拿起一把尖利的刀来，将世界上一切混账的东西杀个精光……江霞同志，你想想，为什么敌人能够拼命地杀我们，而我们不能够拼命地杀敌人呢？呵，杀，杀，杀尽世界上一切坏东西！……③

---

① 蒋光慈：《蒋光慈文集》第一卷，上海文艺出版社1982年版，第378页。
② 蒋光慈：《蒋光慈文集》第一卷，上海文艺出版社1982年版，第419页。
③ 蒋光慈：《蒋光慈文集》第一卷，上海文艺出版社1982年版，第415页。

◆◇◆　下编　中国新文学作家与侠文化的精神相遇

　　这种充满恐怖气息的暴力话语出自一个美丽可爱的革命女性之口，似乎不可思议，但如果将此暴力话语置于当时的历史语境之中，就可以得到一种理解和阐释。在血腥恐怖的年代，面对敌人的屠刀，革命复仇观念会大大激发一个革命者的反抗意志，使一个温柔的女性变得坚强镇定或冷酷无情，义无反顾地走上抗争之路。陷入绝境之中的菊芬毅然决定搞暗杀，试图以这种极端的手段，达到革命复仇的目的。尽管她也意识到了暗杀不是唯一的正当手段，但当时的她作为一个弱女子，实在忍无可忍，除了暗杀，别无选择。最后，菊芬铤而走险，刺杀政府 W 委员，但没有成功，当场被捕。小说文本中的叙述者江霞在读完了菊芬的信后，深受鼓舞，将菊芬作为效法和崇拜的对象：

　　　　我的心火烧起来了，我的血液沸腾起来了……我不为菊芬害怕，也不为菊芬可惜，我只感觉到菊芬的伟大，菊芬是人类的光荣。我立在她的面前是这样地卑怯，这样地渺小，这样地羞辱……我应当效法菊芬，崇拜菊芬！我应当永远地歌咏她是人类史上无上的光荣，光荣，光荣……倘若人类历史是污辱的，那么菊芬可以说是最光荣的现象了。①

　　毫无疑问，菊芬的个人暗杀行为颇有古代刺客之侠的特点，彰显出一派女侠风范。但这种盲动冒险的行为因作者设置的历史语境和赋予的革命激情，而具有了革命的正义性和历史的合理性，从而使菊芬的暴力话语和暗杀复仇行为获得了一种历史的理解与同情。
　　复仇女侠菊芬的暗杀行为，意在以革命的红色恐怖对抗反革命的白色恐怖，反映了蒋光慈在没有找到正确的斗争出路的情况下对革命的情绪化理解，折射出大革命失败后党内流行的"左"倾盲动主义的幼稚病。到了小说《最后的微笑》中，这种盲动冒险和恐怖暗杀情绪更加强烈，甚至主人公在复仇的意念中进入一种迷狂状态。性格懦弱的青年工人王阿贵在工会做事，被工头张金魁开除，一度陷入生存危

---

① 蒋光慈：《蒋光慈文集》第一卷，上海文艺出版社 1982 年版，第 419 页。

第五章　认同与张扬：复仇精神和反抗意志

机和精神痛苦的绝境。他的胸中燃烧着复仇的怒火，因暴晒得病，在热昏中，为了让妹妹日后免受侮辱，差点把妹妹投进池塘溺死；又想去撞汽车，以死来换取抚恤金让父母好好生活。工会领袖张应生劝他不要想着消灭自己，要想怎样消灭敌人。在张应生的劝慰和指引下，朴素的求生意志和强烈的生命尊严时时冲击着王阿贵的内心世界，经过艰难的精神炼狱，他的反抗意识觉醒了。于是，王阿贵盗走张应生的手枪，踏上了暗杀之路。复仇的火焰在王阿贵心中激情地燃烧，他义愤填膺，断然杀死了工会特务刘福奎和工头张金魁等这些为非作歹、为虎作伥的敌人。王阿贵曾为自己的暗杀复仇行为而困惑，是革命党人沈玉芳的正义伦理原则使他内心坦然，并感到自己"不但是一个胜利者，而且成了一个伟大的哲学家"[1]。这坚定了他暗杀复仇的信念，增强了他反抗的动力。王阿贵在枪杀工贼李盛才之后遭到了巡捕们的包围，但他临危不惧，从容自杀。王阿贵虽然死了，"但是在明亮的电光下，在巡捕们的环视中，他的面孔依旧充满着胜利的微笑"[2]。诚然，王阿贵的暗杀行为不能从根本上改变自己的命运，但在一个黑暗的社会里，他敢于向不合理的社会制度和邪恶势力宣战开火的复仇精神和义勇行为，的确能给黑暗中痛苦呻吟却又无法找到现实出路的底层民众带来抗争的勇气和生存的希望。

　　复仇情绪在小说《冲出云围的月亮》中更是得到了酣畅淋漓的宣泄。如果说菊芬是一位复仇女侠的话，那么该小说中的主人公王曼英则成了一个疯狂的复仇女魔。于大革命后期走上革命道路的王曼英，当过女兵，上过战场，也曾手刃过敌人。在革命进入低潮的时候，她陷入了彷徨、苦闷和迷惘，产生了严重的精神危机。在看不到革命出路和光明前景的绝境中，她信奉了虚无主义的人生哲学，与其拯救这个世界，不如毁灭这个世界，这种人生信条促使她以扭曲的方式向黑暗社会复仇。"她现在是出卖着自己的身体，然而这是因为她想报复，因为她想借此来发泄自己的愤恨。当她觉悟到其他的革命的方法失去

---

[1] 蒋光慈：《蒋光慈文集》第一卷，上海文艺出版社 1982 年版，第 521 页。
[2] 蒋光慈：《蒋光慈文集》第一卷，上海文艺出版社 1982 年版，第 540 页。

改造社会的希望的时候,她便利用着自己的女人的肉体来作弄这社会……"①。于是,王曼英凭着姿色,以自己的身体为武器,在现实中疯狂地捉弄资本家的公子、买办少爷、傲慢的政客、蹩脚的诗人,以此实现复仇的快慰。这种疯狂的非理性行为充分表明了"曼英是在向社会报复,曼英是在利用着自己的肉体所给与的权威,向敌人发泄自己的仇恨……"②。很显然,传统的礼法和伦理道德在她心里荡然无存,她是在利用身体资本力量向整个社会宣战。甚至在她怀疑自己染上了梅毒之后,竟然想用梅毒来毁灭这个让她深恶痛绝的世界。王曼英在向社会疯狂报复的过程中,曾收容过险些沦落风尘的小姑娘吴阿莲,是小阿莲对卖淫行为的痛恨使她动摇了病态的复仇观念。在与革命者李尚志的交往中,她又增强了生活的信心。于是,王曼英这个掉队的革命孤鸿,在疯狂的复仇中逐渐拥有了清醒的理性,她的病态的复仇心理开始有了矫正和医治的可能。在王曼英深陷绝望想到吴淞口投海自杀之际,新鲜的田野风光使她感到不可名状的愉悦,求生的意志被重新唤起,她终于获得了人性的复苏。王曼英开始到纱厂做女工,以满腔热情积极投身于工人运动,重新回到了革命队伍。特别是当她得知自己并未患梅毒时,更燃起了生命的激情。她最终以健康的身体和健全的灵魂与革命者李尚志重新相爱。王曼英——曾一度被阴云遮掩的年轻的月亮终于冲出重围,获得了革命的新生。

  小说《野祭》《菊芬》《最后的微笑》《冲出云围的月亮》等革命文学作品构成了作者创作的"光慈时代",这些作品均创作和发表于"四·一二"事变爆发后。当时的中国正笼罩在国民党的白色恐怖之下,反革命力量不断向革命力量举起罪恶的屠刀,中国共产党人和革命民众惨遭杀戮。如何反抗?以何种方式反抗?中国革命道路该向何处去?这一系列严峻的现实问题摆在每一个有良知的革命者面前。在大革命失败后,中国社会一度沉浸于哀伤、幻灭、动摇和焦灼渴盼、激情奋起这两种情绪思潮相纠结胶合的氛围中。在这样的历史语境下,

---

① 蒋光慈:《蒋光慈文集》第二卷,上海文艺出版社 1983 年版,第 14 页。
② 蒋光慈:《蒋光慈文集》第二卷,上海文艺出版社 1983 年版,第 65 页。

第五章 认同与张扬：复仇精神和反抗意志

蒋光慈以革命文学创作的方式表达了他对时代问题的思考和对革命出路的探索。在具体创作中，他创造性地采用了"革命+恋爱"的主题模式，革命题材和恋爱题材相结合，刚柔相济，侠骨柔情，可以说是传统武侠小说中侠男侠女模式的现代翻版和创造性转化，"二者的结合表明作家力求克服早期作品的粗而不精，以刚柔相济的手腕探索在历史转折关头，革命青年苦闷和悲愤、迷惘和奋起的精神世界"①。尽管这类作品在艺术情调上带有虚无倾向的偏激和浪漫主义色彩的憧憬，但毕竟体现了作者可贵的时代思考和艺术探索。作为中国现代"革命+恋爱"小说的首创者，蒋光慈曾引领了一个时代的创作潮流，这是他的文学史贡献。更可贵的是，他在"革命+恋爱"小说逐渐走向公式化、模式化的境遇下，不仅认识到该主题模式的流弊，而且以创作本身来参与这种流弊的纠正。这就是他最后一部长篇小说《咆哮了的土地》。

作为中国现代文学史上第一部正面描写土地革命的长篇小说，《咆哮了的土地》将农民运动题材拓展为农民武装斗争题材，不仅扩大和丰富了作品的社会内容与思想内涵，而且成功地塑造了工农革命领导者和革命知识分子的光辉形象，在中国现代小说史上具有开创意义。张进德是作者塑造的工农革命领导者形象，他出身于农村，对黑暗的社会充满了叛逆情绪和反抗精神，仗义行侠，敢作敢为。成为矿工后，他接受了无产阶级革命思想的教育和洗礼，积极从事工人运动，成为工运领袖。为了逃避资本家的迫害，他返回故里，仍然保持革命者的本色，继续战斗。他联系和发动贫苦农民组建农会，被推举为农会主席，宣传革命思想，打倒土豪劣绅，掀起了暴风骤雨般的农民运动。随着时局逆转，新军阀公然背叛革命，支持地主民团下乡取缔农会。在生死攸关之际，张进德沉着冷静，坚强而勇敢，率领民众奋起反抗，解除旧军队的武装，毅然组织了农民自卫队，撤退到三仙山上与敌人周旋。在严酷而艰难的斗争形势和革命考验面前，张进德表现出坚定勇敢、大义凛然和镇定自若的革命侠义风范。在农民自卫队队

---

① 杨义：《中国现代小说史》第二卷，人民文学出版社1986年版，第69页。

长李杰壮烈牺牲的情况下,他带领这支农民革命队伍突出重围,向金刚山进发,继续从事武装斗争。革命知识分子李杰,出身于大地主家庭,因与农民姑娘自由恋爱遭到父辈的破坏而背叛了地主阶级家庭,考进黄埔军校,投身于革命的洪流之中。他长期在外求学,逐步接受了无产阶级革命思想,成为学生运动的领袖。大革命时期,他回到家乡组织农民运动,与自己出身的阶级作殊死搏斗。面对地主集团的阴谋暗杀和反动军阀的镇压,他临危不惧,勇敢地反抗,和张进德一起组建农民自卫队,坚决地进行斗争。经过一番家庭感情和革命义务的搏斗,他终于赞同革命农民的义举,忍受内心的巨痛和精神的折磨,下令火烧李家老楼。最后,李杰在三仙山率部突围时英勇牺牲。临终前,他向张进德嘱托道:"你是很能做事的,同志们都很信任你,我希望你此后领导同志们好好地,好好地进行下去……"① 从李杰的遗言中,可以看出他对革命充满了希望。在走向革命的过程中,李杰背叛了自己的阶级和家庭,理性地克制对毛姑与何月素的爱恋,拒绝了父亲的招降书,忍受着大义灭亲的悲痛,赢得了农民的信任,完成了由一个地主阶级知识分子逐渐成长为一位无产阶级革命者的心路历程,体现了坚定的革命精神和反抗意志。张进德和李杰是蒋光慈塑造的无产阶级革命思想教育下不断成长的革命侠义英雄形象,作者在他们身上寄寓了自己的社会理想和革命愿景。与前此"革命+恋爱"小说主题模式相比较,《咆哮了的土地》作出了纠正的努力,主要人物比菊芬、邢翠英和王阿贵等盲动主义复仇者也多了些革命的理性。

毋庸置疑,张进德和李杰领导的农会与自卫队在斗争方式和斗争策略上,仍然存在着盲动主义倾向。这一方面或许是土地革命时期斗争局势的现实侧影,一方面是流氓无产者思想和小资产阶级思想综合影响下的结果。对于蒋光慈而言,流氓无产者思想是"他自幼迷恋的游侠传统",小资产阶级思想就是"他青年时期接受的无政府主义"。② 正是这两方面的结合,使他的作品中经常出现暗杀复仇情节和盲动主

---

① 蒋光慈:《蒋光慈文集》第二卷,上海文艺出版社1983年版,第413页。
② 张全之:《论蒋光慈革命文学创作中的无政府主义思想遗留》,《文学评论》2010年第6期。

第五章 认同与张扬:复仇精神和反抗意志

义情绪。

从整体上看,蒋光慈的小说具有鲜明的自传色彩和强烈的复仇精神与反抗意志。尤其是《野祭》中的陈季侠、《菊芬》和《弟兄夜话》中的江霞,甚至是《少年飘泊者》中的汪中,都有作者自己的影子,可以说是蒋光慈的化身。陈季侠以"侠"命名;江霞也有江湖侠客的寓意;汪中生性爱反抗,爱打抱不平,慨然仰慕抑强扶弱的朱家和郭解。这些都与蒋光慈的精神气质和行为特征极为相似。蒋光慈不仅将自己的生命体验和人格精神熔铸于小说文本肌理,更可贵的是,他能够在生命激扬的浪漫情绪中积极地发掘和张扬复仇精神与反抗意志,并赋予小说文本革命的激情,这对在黑暗中摸索出路的革命民众是一种莫大的鼓舞,有利于激发他们的革命尚武精神。作者以革命文学创作参与现实的革命斗争实践,虽不满当时的"左"倾机会主义和盲动主义路线,但在没有找到正确的革命斗争方式时,他的作品也不可避免地存在着"左"倾错误路线的影响,个人暗杀复仇行为就是带有盲动主义倾向的重要体现,这是时代的局限和作者思想的局限。具体到作品中,这种以暴制暴、以恶抗恶的红色恐怖行为体现了革命尚武精神,既表现了革命者对黑暗社会和反动当局的刻骨仇恨,也再现了当时革命局势的一种特点,并因革命因素的加入而呈现出社会正义性与革命合理性。随着现实革命斗争形势的变化和作者革命思想的发展,小说主人公的斗争方式也逐渐摆脱了个人暗杀复仇行为的非理性冲动甚至盲动,而不断走向集体主义的斗争道路。可以说,蒋光慈的小说"融合了古代侠客、拜伦式英雄、高尔基早期作品中'流浪汉'的多种素质","增添了叛逆者的豪侠气"。[1] 这是蒋光慈在马列主义暴力革命思想指导下对传统侠文化进行现代性改造的结果。他把古代游侠、拜伦式个人主义英雄和中国革命时代特色以及革命尚武精神有机结合起来,赋予小说文本中的复仇情节和反抗情绪以革命激情与正义观念,从而使传统侠文化在阶级革命语境中凸显出鲜明的现代革命内涵。

---

[1] 杨义:《中国现代小说史》第二卷,人民文学出版社1986年版,第65页。

三 游走于暴力和正义之间：蒋光慈的革命侠义情结

蒋光慈出身于底层社会，生逢黑暗的乱世，从小深受侠文化影响，仰慕那些伸张正义、抑强扶弱的侠客义士，在他的人格结构和文化心理深处积淀和跃动着侠文化精神质素。这种反抗专制强权、追求自由平等、渴盼社会正义和公道的侠文化精神使青年蒋光慈与无政府主义思想获得了精神沟通和价值耦合，对无政府主义者的暗杀行为给予理解、同情和神往。在革命语境下寻求个性解放和阶级解放的现实斗争中，西风东渐的无政府主义思想激活了蒋光慈内心深处的侠文化精神质素，焕发为鲜明的革命正义冲动和强烈的复仇精神与反抗意志，成为支撑他走上革命道路的强大的精神力量和行为动力。在现实的革命斗争中，蒋光慈逐渐接受了马列主义的无产阶级革命思想。无产阶级革命关注广大劳动人民和弱势群体的现实利益与未来命运，反抗专制强权与不合理的社会制度，以推翻反动统治阶级的暴力统治、建立为最广大人民谋福利的无产阶级专政的政权为目标，最终实现社会的自由、平等、公道和正义。而侠文化精神中反抗强权、追求自由平等和公道正义等质素与无产阶级革命的理想和诉求存在精神契合点与一致性，这是蒋光慈能够接受无产阶级革命思想并逐渐走上革命道路的一个内在的心理因素。无产阶级革命要求以革命的暴力对抗反革命的暴力统治，以现实斗争甚至流血牺牲来争取自身的权利，实现社会的自由、平等、公道和正义。蒋光慈在无产阶级革命的斗争理论中找到了实现自己社会理想的有效方式和行为动力，他选择以革命文学创作的方式积极参与革命斗争，以作品中人物的暴力反抗来不断书写诗学正义。对于从小就想做侠客并在现实中嫉恶如仇、仗义行侠的蒋光慈而言，他接受无产阶级革命思想，走上革命道路，实乃时代精神和个人思想发展的必然结果。在无产阶级革命思想指导下，蒋光慈以革命文学创作的方式参与着现实的革命斗争，以此行侠，为底层民众和弱势群体打抱不平，伸张正义，为革命事业不辞辛劳，奔走呼号。侠文化的影响和侠文化精神的浸润，加上无产阶级革命思想的灵魂洗礼，在蒋光慈的人格心理和精神结构中逐渐积淀、酝酿，最终形成一种复杂

第五章　认同与张扬：复仇精神和反抗意志

的现代性情结——革命侠义情结。

从某种意义上讲，革命原则和侠义观念之间存在着不可避免甚至无法调和的矛盾。无产阶级革命要求它的每个成员必须遵守个人服从集体、少数服从多数的组织原则，为了集体利益必须无条件地牺牲个人利益，它以暴力革命的斗争方式对抗反动统治阶级的暴力统治，为被压迫、被剥削阶级的解放而奋斗，最终实现社会的正义公道和人类的真正解放。而侠文化则存在着个人英雄主义思想的局限和无政府主义倾向，在现实的具体实践中，有时甚至会陷入极端个人主义、绝对自由主义和恐怖主义的泥沼。这些都是它们之间客观存在的差异性冲突。这种冲突反映在蒋光慈的革命文学创作中，主要体现为他在借助文学人物伸张阶级正义的同时，其内心世界也在承受着暴力反抗与正义、人性、合法性之间的冲撞。蒋光慈的人格结构和文化心理中有反抗与复仇的精神因子和为正义而战的积极质素，这符合革命原则的基本要求，但同时也存在精神自由和人格独立的强烈愿望，这就不可避免地与无产阶级革命的集体主义原则发生抵牾。退党事件，是这种冲突的重要体现。蒋光慈不满当时的"左倾"错误路线，他以退党的方式向统治左联的"左"倾机会主义路线小集团宣战，虽然彰显了他人格独立和精神自由的诉求，但也确实体现了他的革命侠义情结的局限。对于党员来讲，有退党的自由，蒋光慈的退党也的确是出于对党内当权者错误路线不满而发生的抗议行为，是在捍卫自己的独立人格和自由精神，但在当时复杂而严峻的革命斗争形势下，退党必然会带来亲痛仇快的严重后果。如果我们在深刻把握了蒋光慈的革命侠义情结的内在冲突这个前提下，将他的革命文学创作和退党事件纳入侠文化视野来重新审视与再度观照，就会得到更加合理中肯的理解和阐释。蒋光慈一生都在追求自由、平等、正义和公道，认可并欢呼为正义而战的暴力斗争。在革命者看来，无产阶级的暴力反抗甚至暗杀行为符合革命的道义原则，也属于革命者的合法权利；杀人的目的是为了阶级的解放和未来社会自由、平等、正义与公道的真正实现。这种认识和价值视域使蒋光慈一方面以革命高歌者的姿态直面底层民众的苦难生活并给予深情关切，一方面以反抗者的立场对那些制造苦难的阶级敌人实施恣肆的暴力暗杀并赋予文本复仇的狂欢。于是，蒋光慈的革命正义想象使革命浸染着嗜血的暴力和毁灭的惨伤，但因正义的渗入而使暴力和惨伤获得历史的合理性与社会的理解。

蒋光慈游走于暴力和正义之间，追求着自己的社会理想和人生愿望，他以笔为剑，向一切不合理的社会制度和反动势力宣战，为中国的革命事业欢呼鼓舞，呐喊助威。可以说，蒋光慈的革命侠义情结流贯于他的生命历程和小说创作之中，这不仅体现了他对人格建构的理想期待，而且表达了他对无产阶级革命文化建构的强烈追求。

蒋光慈的革命文学创作最突出的思想就是爱国主义，"他的爱国主义是根据他对于祖国的人民和土地的爱，他对于人民生活的关心和敏感，对于自由和正义的热烈的要求和对于帝国主义的憎恨"[1]。从少年汪中到革命者邢翠英，从革命文学家陈季侠到暗杀女侠菊芬，从复仇女魔王曼英到刺客之侠王阿贵，一直到革命侠者张进德和李杰，在这些人物形象身上，既有革命者的特征，也有侠客的影子。他们在革命思想的教育和指引下，个性意识和阶级意识都获得了充分的觉醒，对社会有一定的认识，对反动当局充满了强烈的复仇精神和反抗意志，具有鲜明的以暴抗恶的革命倾向。同时，在看不到革命出路或找不到正确的斗争方式的情况下，他们往往会采取暴力暗杀的复仇行为走上反抗之路，这种个人暗杀的恐怖行为与中国古代游侠的行刺和西方无政府主义者的暗杀极为相似，带有盲动主义特点和恐怖主义的暴力倾向。当然，小说人物的行为选择与作家本身内心深处的侠文化精神和无政府主义思想的双重影响，是密不可分的。即使在蒋光慈的长篇革命文学绝唱《咆哮了的土地》中，作为深受党的革命思想教育的革命侠义英雄张进德和李杰等人，虽然没有个人暗杀的复仇行为，但他们的行动也多少有些盲动主义倾向。只不过他们在革命斗争的道路上，逐渐克服了个人英雄主义甚至极端个人主义的缺陷和弱点而不断成长、成熟，最终以集体复仇的武装暴动的斗争形式同敌人作战。无论是个人复仇还是集体复仇，都是以暴力方式向敌人作决绝的对抗。在革命

---

[1] 黄药眠：《〈蒋光慈选集〉序》，《蒋光慈选集》，开明出版社2015年版，第11页。

第五章　认同与张扬:复仇精神和反抗意志

激情的感召下和革命正义原则的规约下,血腥的复仇行为和暗杀举动被赋予了历史合理性与社会正义性,在暴力和正义构筑的巨大张力结构中,革命和侠义这两大元素由抵牾状态抵达相对谐和之境。

　　蒋光慈小说的主人公大都属于社会的弱势群体,少年汪中父母双亡,被迫浪迹天涯、四处漂泊;青年李孟汉背负家仇国恨,流亡他乡异国;青年工人王阿贵深受压迫和剥削,被开除出厂,断了生路;邢翠英、章淑君、菊芬和王曼英等都是弱女子;矿工张进德也受尽资本家的剥削和欺压;李杰作为地主的儿子,背叛了自己出身的家庭,成为地主阶级的逆子。在这些黑暗社会的觉醒者和叛逆者身上,蒋光慈不仅赋予了革命的激情,还赋予了侠客式的复仇精神和反抗意志以及追求自由平等、维护正义公道的现代理念。很显然,在蒋光慈的精心营构下,这些侠客式的革命者既充满了复仇情绪和革命激情,也具有鲜明的时代精神,体现了作者的人格建构的价值理想。蒋光慈愤慨道:"我忍不住怒斥那些不觉悟的奴隶,真想乘空摸一摸那些人的心上是否还有热气,或者他们还是卑劣的,卑劣的如同猪狗一般地昏睡,我下决心要与民众共悲欢,要勇敢的歌吟,为中国革命贡献一切,我将与敌对阶级不共戴天,不是他们把我们杀死,就是他们死在我的面前。"[1] 在几千年封建专制主义统治之下,广大劳动人民在黑暗中生存、挣扎却找不到出路,长期的愚民政策和思想禁锢给他们带来精神奴役的创伤,国民劣根性由来已久且根深蒂固,在想做奴隶而不得和暂时做稳了奴隶的时代相互交替与回环往复之中,他们安于现状,怯于反抗,纵使铤而走险,奋起抗争,取得了暂时的胜利,最终也不过是做了权贵们或野心家改朝换代的工具。在这样的历史文化背景下审视蒋光慈的话语,不难看出,他对国民的奴性和不觉悟非常痛恨,哀其不幸,怒其不争,可贵的是,他下决心要与民众同悲欢,共患难,唤醒他们起来抗争,与敌人作殊死搏斗。在无产阶级革命的初期,唤醒民众起来反抗现实中的敌人,是一项长期的、艰巨而复杂的任务。蒋光慈选择以革命文学创作的方式致力于革命事业,甘做中国革命的

---

[1] 马德俊:《蒋光慈传》,安徽人民出版社2001年版,第85页。

吹鼓手,可以说,是他在革命年代的自主选择。在革命语境下,他的小说创作也必然服从和服务于无产阶级革命的需要,担负起时代精神传声筒的历史使命。在反动当局的暴力统治和残酷镇压之下,要想求得生存权利,争取革命成功,实现自由、平等、正义和公道的社会理想,革命者必须不怕牺牲,勇于抗争,具有坚定的革命信念和大无畏的革命精神。这种时代精神和历史责任投射于蒋光慈的小说中,具体体现为他赋予小说主人公以英勇无畏的反抗意志和复仇精神以及追求自由平等、维护正义公道的价值理念,在革命激情的浸润和革命正义的规约下,呈现出现代革命者的某些精神特征。虽然暴力暗杀和个体复仇不符合革命原则,有悖于革命的组织纪律,也不是一个真正革命者的正确斗争方式,但通过这类人物的塑造,确实体现了作者对革命者的人格建构的积极探索和真诚实践。我认为,蒋光慈的小说中对暴力复仇情绪渲染和对个体复仇者塑造的根本目的在于唤醒那些在现实中痛苦挣扎而无力反抗的人们,让他们彻底放弃对敌人的所有幻想,真正看清敌人的反动本质和暴虐面目,让他们认识到除了反抗别无出路,鼓舞他们奋起抗争,以英勇无畏的革命精神和视死如归的侠者气魄向敌人复仇,去追求社会的正义和公道,建立一个自由、平等、快乐、幸福的新世界。

在短暂的生命历程中,蒋光慈主要致力于文学创作。为了配合中国革命事业的发展,振兴中国无产阶级革命文学,他积极提倡革命文学,不断探求无产阶级革命文化的建构之路。在中国现代文学史上,陈独秀发表过《文学革命论》,李大钊针对"什么是新文学"提出过自己的观点和看法,鲁迅对于"听将令"的"遵命文学"发表过自己的深刻的见解,邓中夏、恽代英和沈泽民等人积极宣传初步的革命文学主张,他们在革命文学建设的道路上作出了有益的探索。但对革命文学真正从理论上系统阐发、积极倡导,并且在创作上努力实践、率先垂范者,当属蒋光慈。1924年8月1日,蒋光慈的论文《无产阶级革命与文化》在《新青年》季刊第三期上发表,标志着他致力于革命文学理论建设的开端。他首先阐述了无产阶级文学产生的必然性,强调无产阶级一定能够建设崭新的文化:"无产阶级革命,不但是解决

第五章　认同与张扬：复仇精神和反抗意志

面包问题，而且是为人类文化开一条新途径……无产阶级既成为政治上的一大势力，在文化上不得不趋向于创造自己特殊的文化，而且与资产阶级的相对抗……在共产主义未实现之前，当然能够创造出自己特殊的文化——无产阶级文化……无产阶级的文化不但是可能的，而且是必然的。"[1] 众所周知，当时中国最主要的社会思潮就是革命，革命文学是无产阶级文化建设乃至革命事业的重要组成部分，它不是某个人的事情，而是整个时代的使命。在这篇论文中，蒋光慈就中国革命文学发表了充满崇高革命理想和浪漫青春活力的见解，堪称中国现代文学史上对于革命文学观点阐发最早、论述最清晰的理论文章，是无产阶级革命文学的重要文献。1925年元旦，在革命文学起步之际，蒋光慈在上海《民国日报》副刊《觉悟》上发表了《现代中国社会与革命文学》，以对五四文学前辈颇有不逊的语气，旗帜鲜明地倡导革命文学，呼唤革命文学家的出现。他认为中国现代社会是再黑暗没有了，一般民众深受军阀和帝国主义的双重压迫，在这种黑暗状态下，代表社会情绪的文学家的革命之歌是非常宝贵的，只要有文学家的高呼狂喊，就可以证明社会的情绪不是死的，有奋兴的希望。[2] 为了实现革命文学理论主张，蒋光慈和沈泽民等人于1924年11月组织了春雷文学社；他参加过创造社；他与钱杏邨、孟超、杨邨人等人于1928年组织太阳社，创办和编辑《太阳月刊》。蒋光慈积极利用和充分发挥这些文学社团的作用，团结同志，以文学创作的实绩来忠实地践履革命文学的主张。可以说，蒋光慈不仅以理论主张，而且以实际行动和具体创作为无产阶级革命文学运动的崛起奠定了基础，并作出了独特贡献。随着时机成熟，蒋光慈领导的太阳社和后期创造社根据当时革命形势的发展和政治局势的变化，于1928年在上海共同揭开了倡导无产阶级革命文学运动的大幕，大张旗鼓地发展无产阶级革命文学。在无产阶级革命文学运动中，"蒋光慈要求作家在讴歌爱与美的创作基调时，不要忽略了潜在的与黑暗抗争的力、生命的力。他强

---

[1] 马德俊：《蒋光慈传》，安徽人民出版社2001年版，第94页。
[2] 杨义：《中国现代小说史》第二卷，人民文学出版社1986年版，第60页。

调文学作品要体现出力，力的技巧，力的表现，力的文学，再明确一点，就是要表现争斗、元气、力、高扬的现象，从潜在的美丽的人生的力，到无产阶级革命的活力。要使人们认清自己所面临的新社会斗争任务，由个性解放、个人反抗前进到集体主义的战斗行列中去"①，堪称振聋发聩之声。这是蒋光慈关于革命文学创作的重要理论主张，体现了他在无产阶级革命思想指导下对无产阶级革命文化积极建构的理性追求。

　　在建设无产阶级革命文化的道路上，蒋光慈不仅有杰出的理论建树，而且具有扎实的创作实绩，他以革命文学创作践行着自己的理论主张。蒋光慈是一个现代革命者，同时也是一位深受侠文化影响的新文学作家，他的革命侠义情结必然会伴随着他的无产阶级革命文学理论主张凝聚和投射于他的创作文本之中。汪中、李孟汉、金云姑、邢翠英、李金贵、华月娟、章淑君、陈季侠、菊芬、王阿贵、王曼英、李尚志、张进德、李杰等这些具有复仇精神和反抗意志的人物形象，都充满了一种力的美感，他们身上都蕴蓄着一种"与黑暗抗争的力、生命的力"。他们中有的人以个人暗杀的恐怖手段向黑暗社会复仇，有的人以身体资本作为反抗的力量，这种带有盲动主义倾向的个人反抗行为既体现了时代的局限，也凸显出作者思想的局限。但随着作者对革命形势认识的深化和革命思想的发展，其笔下人物的反抗行为逐渐打破了个体暗杀复仇的局限，开始走上集体主义斗争道路。王曼英在革命者李尚志的帮助下，从个体复仇的女魔蜕变为重回集体主义革命斗争轨道的女战士；李杰在无产阶级革命思想教育下，不断接受现实斗争的考验，逐渐克服自身弱点，一切服从革命大局和集体利益，走上集体斗争的革命道路。蒋光慈小说中主人公的斗争方式由个人复仇行为到集体主义斗争道路的转变，是他以马列主义革命思想对侠文化进行现代性改造和革命性转化的结果，不仅有效地克服了革命者侠客式的无政府主义倾向和个人英雄主义思想的局限，而且革命者复仇行为因革命正义原则的渗入而被赋予了历史合理性与社会正义性。诚

---

① 马德俊：《蒋光慈传》，安徽人民出版社2001年版，第101页。

如蒋光慈所言，在你死我活的严峻革命形势下，"我将与敌对阶级不共戴天，不是他们把我们杀死，就是他们死在我的面前"①。在无产阶级革命时代，面对敌人的屠刀和血腥恐怖镇压，革命者只有以暴抗恶，奋起抗争，才能寻求自身的解放，找到革命的出路。

在蒋光慈的小说创作中，无论是个人暗杀的复仇行为还是集体反抗的武装斗争，都充分彰显了一种革命尚武精神，这是传统侠文化精神和现代革命语境下的时代特征相结合的必然结果，其中凝聚着蒋光慈的革命侠义情结的积极内核，张扬着激情的反叛精神和决绝的复仇意志。在这种革命尚武精神中，革命与侠义耦合，人性与侠性交融，使暴力和正义原本相互冲突的两大元素，在革命话语浇铸与时代精神渲染之下获得有机统一。这种矛盾中的调谐使蒋光慈的诗学正义书写在革命斗争实践中，起到了呼唤广大民众觉醒、砥砺人民斗志的积极作用。

第三节　萧军：擎起民族复仇精神和反抗意志的火炬

在深受侠义之风濡染和侠文化精神浸润的新文学作家中，萧军不得不说是一个另类。他出生于辽西山区一个叫下碾盘沟的偏僻、落后、贫困、荒凉的山村里，父亲粗暴专横，不近人情，母亲在家暴之下吞食鸦片自杀，而此时萧军不足七个月大。在这样一个极度缺乏家庭温暖的生活环境下，他在害怕与仇恨父亲的复杂情绪中长大，很早就表现出对一切压迫、暴力、束缚的反抗和对自由正义、真诚善良的向往与追求。但在丑恶、粗鄙、庸俗、残酷的现实中，他耳闻目睹和切身感受到的却是欺诈、争夺、血腥仇杀。再加上二叔被逼为匪和家庭破产等变故，使萧军过早地体会到了世态炎凉和人情冷暖，看清了虚伪欺诈、自私冷酷的人际关系。辽西山区民风剽悍，盗匪横行。多数盗匪是为生活所迫而奋起抗争的贫苦农民和破产的手工业者，他们被称为"红胡子""马鞑子"，其中不乏劫富济贫、任侠好义者。萧军从小

---

① 马德俊：《蒋光慈传》，安徽人民出版社2001年版，第85页。

◆◇◆　下编　中国新文学作家与侠文化的精神相遇

就置身于这样一个粗犷蛮悍、雄强勇武、自由任性、放荡不羁的社会环境中，对于那些不畏权势、敢于反抗、勇于复仇的人物，以及绿林豪侠、草莽英雄、江湖侠客、盗匪响马等寄予无限的尊敬、同情和向往，渴望自己也能成为那样的人物。在这样的生活环境和社会环境影响与形塑之下，萧军逐渐形成了耿直率真、坚忍顽强、打抱不平的个性和反抗复仇、尚武任侠的精神，坦荡豪放，特立独行。萧军还有一点独异于其他新文学作家，那就是他从小练武，专门拜师学艺，他学武的目的和理想，就是凭着一身武功，像侠客一样闯荡江湖，诛贪官杀污吏，路见不平拔刀相助。故乡民情风俗的蛮悍豪侠气质，家人亲戚的侠义行为，幼年时代接受侠义英雄故事的熏陶，再加上长期军旅生涯的磨练，这些因素使萧军对侠文化产生了天然的亲和感，这对他的侠义人格的形成和发展具有重要影响。东北沦陷后，一批胸怀民族悲愤的青年作家被迫离开饱受苦难的黑土地，开始了流亡生活。他们陆续来到上海，"把北国的血与泪、剑与火和胸间的民族情、乡土情凝聚于作品，成为方兴未艾的抗日反帝文学的劲旅，以一个地区作家的群体意识给全国文学主潮的发展打下了深刻的血的烙印"[①]。曾立志做安重根式大丈夫的萧军，正是这个东北作家群中的重要成员。在组织抗日义勇军失败后，他毅然擎起民族复仇精神和反抗意志的火炬，以笔为剑，无情揭露和激情控诉日本侵略者的罪恶暴行，猛烈鞭挞封建主义的残酷剥削和压榨。在抗日救亡的时代语境下，萧军秉持自由平等的启蒙观念和独立解放的现代革命意识，将个性解放与民族解放相结合，对传统侠文化进行了现代性改造和创造性转化，大力发掘和激情张扬足以唤醒广大民众奋起抗争的复仇精神与反抗意志。现实中萧军的侠肝义胆和反抗精神以艺术的方式渗透、熔铸于其创作之中，最为鲜明的特征就是塑造了胡子英雄的侠义形象，赋予他们民族大义情怀和抗争复仇精神，从而使侠文化呈现出新的话语蕴藉和时代内涵，体现了作者的个人英雄主义人格追求和自由主义文化理想。

---

① 杨义：《中国现代小说史》第二卷，人民文学出版社1986年版，第508页。

第五章　认同与张扬：复仇精神和反抗意志

一　从黑土地走来漂泊于乱世的独行侠

诚然，萧军性格耿直、嫉恶如仇、爱憎分明、敢作敢当、自由不羁、我行我素。但如果仅仅从精神层面来探讨侠文化对萧军的影响，那是远远不够的。因为萧军本人就是一个从黑土地走来的拼命三郎，更是一位漂泊于乱世的独行侠。

在武侠的文学世界中，侠客的重要特征之一就是崇力尚武，凭借自己的武艺或功夫安身立命，扬名立万。也就是说，在武侠文学中，侠与武之间存在着必然联系，一个侠客如果手无缚鸡之力，没有武功，何谈拯救他人，行侠仗义？这就意味着以武行侠是一个侠客体现其生命价值和人生意义的重要方式，也是其见义勇为的必要条件。无论在现实生活中，还是在艺术世界里，对于侠客而言，理想的状态就是既有尚武精神和侠义情怀，也有惩恶扬善的技击本领。在新文学作家中，萧军和老舍一样，不仅有侠义热肠，而且习武练功，可谓文武双全。但相比较而论，老舍是现代文侠，他习武更多出于强身健体；萧军则堪称现代文坛的拼命三郎，习武是他个性的张扬和展现，他热血冲动，爱决斗，遇到事情倾向于以武力解决。萧军从小就嫉恶如仇，好打抱不平，向往"胡子"的生活，一心想当"胡子"，做一个仗义行侠的英雄。在少年萧军眼中，东北的"胡子"们"堂堂正正地去抢夺，大大方方来吃喝，痛痛快快地打死自己所不喜欢的人，这是多么豪侠的生活啊"[①]。由此可见，萧军的崇侠情结相当强烈。青年萧军曾自号辽西醉侠，在现实生活中，他艺高胆大，敢于拼命冒险，奋力抗争。他经常趋人之急，见义勇为；不畏权势，勇于反抗；挺身而出，仗义执言。在维护正义和追求自由的人生旅途中，萧军表现出一种酣畅淋漓、豪气干云的独行侠风范。

1917年冬，小萧军来到了长春，跟着父亲一起生活。他结识了一个叫仲儿的小伙伴，在仲儿的带领下，自由自在、无拘无束，整天游逛，看到了这个大都市丑恶的面目。特别是日本人的横行霸道，在萧

[①] 萧军：《我的童年》，黑龙江人民出版社1982年版，第78页。

军的幼小心灵中埋下了民族仇恨的种子和朦胧的反抗意识。最初,仲儿看不起萧军,嘲讽他是乡下土包子。后来的一场风波,使他彻底改变了这种轻视的态度。有一次,仲儿被同学嘲骂羞辱,又遭到老师申斥,满腹委屈,回家痛哭不止,他要祖父出面去讨公道,但祖父胆小怕事,又无能为力。这件事激起了小萧军的同情和义愤,他要为仲儿两肋插刀,打抱不平。在学校里,面对蛮横无理的学生,萧军毫不示弱、义愤填膺,大胆挑战那个欺负仲儿的骄横同学。在混战中,尽管势单力薄,寡不敌众,但萧军毫不畏惧,越战越勇。仲儿为萧军的豪侠气概和义勇精神所震慑与折服,从此将他作为英雄来尊敬和崇拜。为了主持公道,维护正义,小萧军付出了惨重的代价。他不仅伤痕累累,而且在学校留下了一个"野蛮"的坏名声。待萧军进入该校学习时,有的老师对他抱有先入的成见,耿耿于怀,事事刁难,直到把他开除。这样的对待,只能使小萧军感到现实的不公,激起了他对现实社会强烈的反抗精神。

  这个开除萧军的学校就是吉长道立商埠国民高等小学校,入学前,他就在这里为小伙伴打抱不平,初显其少侠风范;当然,这里也给他造成了严重的心灵创伤。当时日本侵略势力在东北横行霸道,为非作歹,许多有志之士以朝鲜民族英雄安重根为榜样,学文习武、反日爱国,对小萧军产生了深刻影响。特别是学校实行的"军国民教育",使他萌生了朴素的爱国情感和反日情绪,也是他最难忘记的珍贵往事。每当放学后,萧军就常常独自躲进无人的破房子中练习武术,甚至向一个叫段金贵的山西人拜师学艺。"萧军练武的目的,是想当一名闯荡江湖的大侠客,身背单刀一把,杀贪官,打土豪,除汉奸,灭鬼子,除尽天下不公不平之事。这当然带有少年的幼稚和可笑,但那爱国的感情是炽热的。他很希望长大了去当朝鲜爱国志士安重根式的大丈夫"[①]。于是,"由崇拜行侠好义的江湖好汉,到民族英雄的安重根,再到荆轲、聂政、石达开,小萧军的思想沿着这个方向发展着"[②]。

[①] 张毓茂:《萧军传》,重庆出版社1992年版,第42页。
[②] 张毓茂:《萧军传》,重庆出版社1992年版,第43页。

第五章　认同与张扬：复仇精神和反抗意志

1919年的五四风暴波及东北大地，长春城也开始动荡起来，少年萧军积极参加罢课学生的讲演游行队伍，体现出不同凡俗的胆识和气魄。在商埠小学读书期间认识的崔树屏和李景唐两位老师，让萧军终生怀念。他们才华横溢，赏识和器重萧军，极大地鼓舞了萧军向上的勇气和信心。这两位老师后来相继离开了商埠小学，使萧军陷入孤独和寂寞。这两位老师在学校时曾遭到两个不学无术的巴姓和叶姓老师的忌妒，他们走后，巴姓和叶姓老师便肆无忌惮地迁怒于萧军。在他们的无端挑衅侮辱甚至以开除相威胁面前，小萧军毫不畏惧，勇于反抗。由于校长软弱怕事，而萧军又不肯屈服，最终他被开除。学校不公平的处理结果激起许多学生的不满和义愤，甚至王世忱和陈玉庭、朱君玉自动提出退学，以此表达他们最强烈的抗议。被开除后，萧军没有让家里人知道，他每天仍装作去上学，按时离家。在同学王世忱的安排下，他整天在一个山东会馆里度过。在此期间，萧军阅读了《聊斋志异》《西游记》《济公传》《七侠五义》等小说，过着自由自在、无拘无束的生活。萧军的同学——山东人王世忱，也是一个侠义之人。他品学兼优，外柔内刚，关键时刻挺身而出，以退学向学校当局抗议示威。尽管学校百般挽留，他也毫不动摇，誓与萧军共患难、同进退，并在萧军被开除的日子里，帮他排忧解难，以渡难关。王世忱急人之难的侠义精神和患难与共的兄弟情义，使萧军由衷赞佩，没齿难忘。萧军"假上学"的事情被父亲知道后，父亲对他彻底绝望了，就让萧军去自谋生路。从此，萧军踏上了军旅生涯。

1930年春，萧军在东北陆军讲武堂炮兵科即将毕业之际，在一次野外作业实习中，他为了维护正义，挺身而出，为受辱的同学打抱不平。在理论的过程中，那个打学生的队长蛮横无理，要打萧军，于是发生了争执。萧军怒不可遏，火冒三丈，抡起铁锹劈向队长的头顶。虽没有死人，但萧军因此惹祸，被讲武堂开除。锹劈队长事件显露了萧军冲动、鲁莽的一面，但他不畏权势、勇于反抗的精神是值得肯定的。这个事件是"僵化陈腐的旧生活旧规范同无拘无束的自由和正义之间矛盾激化、相互剧撞的必然结果，萧军命定般地不属于这样的生活，命定般地要被这样的生活轨道所抛弃和开除。自由、漂泊与对真

下编　中国新文学作家与侠文化的精神相遇

理正义的追求，才是属于他的人生"①。被开除后，萧军进入东北军二十四旅任准尉见习官，又在东北宪兵教练处任少尉武术教官。"九·一八"事变后，萧军义愤填膺，曾想把东北宪兵教练处的二百余名官兵拉出去打游击，却遭到拒绝。他不肯随所在部队入关，更不愿做亡国奴，他独自来到吉林省舒兰县，同一个军界友人商讨组织抗日义勇军，不幸失败。萧军到哈尔滨后，彻底抛弃了军旅生涯，以"三郎"为笔名从事文学创作，将文学作为抗日爱国的武器。1932年，哈尔滨发生了洪水灾害。当时怀有身孕的弱女子张迺莹正作为人质滞留于旅馆，即将被旅馆老板卖入妓院抵账。在危难之际，萧军挺身而出，拯救了这颗美丽的灵魂，这个弱女子就是萧红。走投无路、贫病交加的萧红于绝望中有了可以停靠的温馨的港湾。义救萧红的壮举，彰显出萧军扶危济困、救人于厄的侠者风范。这两颗勇敢的、叛逆的灵魂经过各自艰难的跋涉，终于走到了一起。

　　萧军是鲁迅忠诚的学生，在做人和作文上均受到鲁迅的恩泽与教诲，豪气干云的鲁迅非常欣赏萧军身上的野气和土匪气，他们之间颇具侠者之间的惺惺相惜。鲁迅于1934年10月9日夜在回复萧军的信中说："不必问现在要什么，只要问自己能做什么。现在需要的是斗争的文学，如果作者是一个斗争者，那么，无论他写什么，写出来的东西一定是斗争的。"② 在鲁迅的关怀和帮助下，萧军开始崛起于左翼文坛，并在全国范围内产生了影响。鲁迅是严师，更像慈父，在生活和创作上给予萧军和萧红无微不至的体贴、关照、提携和引导。萧军铭记师恩并知恩图报。1936年10月19日，鲁迅因病与世长辞，萧军悲痛欲绝，他"扑到床前，跪倒在地，像一头狮子一样，石破天惊的号咷大哭"③。下葬时，萧军担任鲁迅葬礼的总指挥，并且是十六位抬棺者之一。鲁迅安葬后，萧军经常到坟前探访，缅怀恩师。有一次，萧军为鲁迅扫墓，在墓前焚烧了新出版的《作家》《中流》《译文》等

---

① 逄增玉：《黑土地文化与东北作家群》，湖南教育出版社1995年版，第58页。
② 鲁迅：《书信·341009 致萧军》，《鲁迅全集》第十三卷，人民文学出版社2005年版，第224页。
③ 周海婴：《重回上海忆童年》，《新文学史料》1981年第3期。

第五章 认同与张扬:复仇精神和反抗意志

恩师生前最喜爱的刊物,以示敬意,寄托哀思。狄克(即张春桥——引者注)及其同伙马吉蜂知道此事后,在小报上撰写文章肆意辱骂萧军是鲁迅的孝子贤孙,甚至侮辱鲁迅。为了捍卫人格尊严,维护恩师的声誉,萧军直接找到他们,当面宣战,相约在上海徐家汇南草坪决斗。结果马吉蜂被打得连连讨饶,和狄克一起狼狈逃走。惩戒无耻文人的决斗,是侠者萧军维护正义、捍卫尊严的有效方式,体现了他对鲁迅的崇敬和对鲁迅精神的坚守。可以说,萧军为鲁迅所赏识的重要原因在于他的侠者气质和义勇精神深深地吸引了鲁迅,他们之间存在着内在的精神沟通,他们都嫉恶如仇、豪放不羁、侠肝义胆、特立独行、率性坦诚、耿介狂狷。鲁迅去世后,他的硬骨头精神、韧性战斗精神、复仇精神和反抗意志在萧军身上得到了很好的承传,萧军也始终忠实地践行着鲁迅光明磊落、不向任何邪恶势力低头、没有丝毫奴颜媚骨的精神品格,从而以侠者风范独步于现代文坛。

1938年3月,萧军孤身一人跋涉在前往五台山抗日前线的路上,于21日路过延安城,住进了陕甘宁边区政府招待所,因战事阻隔、道路不通而滞留延安。毛泽东前往招待所亲自看望的行为和礼贤下士、平易近人的态度,感动了萧军。尤其是听说毛泽东在陕北公学召开的鲁迅逝世一周年纪念大会上所作《论鲁迅》讲话中对鲁迅给予了最高评价,他对毛泽东更加崇敬。在应邀参加了陕北公学第二届开学典礼之后,萧军与毛泽东、陈云、李富春和成仿吾等共产党人在操场上会餐的激情飞扬、豪迈不拘场面,犹如梁山好汉的聚义盛会,使他无法掩抑内心的激动,他由衷地感到自己找到了精神家园,不再是一个流亡漂泊、无家可归的浪子。原本打算去五台山打游击的萧军留在延安,参加了西北战地服务团,为民族抗战大业从事宣传文化工作。萧军这个跋涉于民族救亡道路上的独行侠在延安找到了归宿,他与以毛泽东为代表的中国共产党人——这些旧中国、旧时代的革命者和反叛者有着相近的气质和相同的追求。中国共产党人胸怀民族大义,慷慨赴难,视死如归,他们致力于阶级解放和民族解放的事业,为建设现代民族国家和实现人人自由幸福的共产主义社会而抛头颅、洒热血。这种民族侠义英雄的气度和拯世济民的宏伟抱负,使萧军产生了亲和感,他以这些共产党人为同道，视之为精神兄弟，可谓侠者之间的惺惺相惜。

在延安时期，特别是从1940年到1942年春，兴起了一股批判现实和干预生活的新启蒙思潮，这股传承五四精神的新思潮的代表人物为丁玲、王实味、萧军、艾青和罗烽等。在还需不需要杂文和杂文时代是否已经过时等问题上，萧军认为："我底回答，对于前者是肯定的；后者是否定的。我们不独需要杂文，而且很迫切。那可羞的'时代'不独没过去，而且还在猖狂。"① 很显然，萧军秉承了恩师鲁迅之风，与胡风的主观战斗精神有异曲同工之妙。他在延安时期创作了不少杂文，如《艺术家的勇气》《论"终身大事"》《续论"终身大事"》《论同志之"爱"与"耐"》《杂文还废不得说》《大勇者的精神——要做到伟大而不装作伟大》《对于当前文艺诸问题之我见》等，在这些文章中，没有那种歌咏的腔调和抒情的诗意，更多的是关注现实、批判现实的人文情怀和尖锐之声，萧军延续和坚守的仍然是五四时代的启蒙话语。在当时个体思想情感受到压抑甚至会遭受批判的体制环境之下，萧军的观点和杂文创作显得不合时宜，但从另一个方面也充分体现了他作为文坛独行侠的特立独行、自由不羁之风范。因此，在延安文艺座谈会之后，萧军虽然也明白和强调阶级立场的重要性，但他对于作家自身的立场始终保持自己的理解。在萧军看来，文艺要拥有自身的相对独立性和内在品格，不能在一党一派的领导下成为党派斗争的工具，如果不能保持这种独立性和内在品格，就会丧失真与美，有可能沦为政治的宣传品。在创作立场上，萧军认为："我们——现代的中国人——需要站在一个什么样立场来创作呢？这是明显的，第一个是求得民族的解放；第二个是求得人类的解放。一切是为这'解放'而服务。"② 可以看出，萧军在民族抗战语境下，仍然坚持启蒙语境下人的解放的时代精神。也就是说，要想保持文艺自身的独立性和内在品格，文学家和艺术家必须要有强烈的自我意识。这意味着作为生命个体的作家，对于任何思想观念的接受都要坚持自己独立的思考，

---

① 萧军：《杂文还废不得说》，《萧军全集》第十一卷，华夏出版社2008年版，第551页。
② 萧军：《对于当前文艺诸问题之我见》，《解放日报》1942年5月14日。

第五章 认同与张扬:复仇精神和反抗意志

绝不能随波逐流,更不能在集体话语中消泯个人的声音。在当时文艺界开始无条件地普遍接受阶级论,奉党的领袖的权威论断为绝对真理的年代,萧军的立场和观点不仅不合时宜,而且冒着风险。而这恰恰又为萧军这位特立独行的文坛侠者作了一次生动的注脚。

在延安整风期间,发生了"王实味事件"。在这个事件中,萧军因仗义执言而被牵连进去,此后他一直背着"同情托派分子王实味"的罪名。萧军和王实味之间原本素不相识,在批判王实味的斗争不断升级的时候,有人知道萧军与毛泽东交情深厚,于是找到萧军,希望他挺身而出,向毛泽东求情,救救王实味。萧军慷慨而率性地应允,仗义执言,找到毛泽东为王实味说情,结果碰了软钉子。萧军曾参加中央研究院召开的一次批判王实味的大会,对会场上的混乱现象不以为然,在回家的路上发泄了自己的不满情绪,认为这种批判缺乏实事求是的态度,是"往脑袋上扣屎盆子"的做法。不料,被一位女同志听到后汇报给了"文抗"党组。于是,形势严峻起来。不久,中央研究院派了四名代表来找萧军,不仅向他提出了抗议,还要他承认错误,赔礼道歉。萧军勃然大怒,断然拒绝。为此萧军专门写了一份书面材料上呈党中央和毛泽东,说明了事实真相和事情经过,并提出了自己的意见,他给这份材料取名为《备忘录》。毛泽东没有回信,也根本不予理睬,而萧军依然锋芒不减,顶风而上,竟然与王实味来往,还帮他向毛泽东转信。萧军甚至在1942年10月19日召开的"鲁迅逝世六周年纪念大会"上出人意料地宣读了这份《备忘录》,因此招致五名党内作家丁玲、周扬、柯仲平、李伯钊、刘白羽和两位党外作家陈学昭、艾青的批驳。萧军临危不惧,以一当七,舌战群儒,与他们展开了激烈的辩论。最后他满怀怒气,拂袖而去,大会不欢而散。从此,萧军被扣上了"同情托派分子王实味"的罪名,和某些同志之间也产生了隔阂。"应当说,萧军在王实味问题上惹起的风波,并非是一个成熟革命者清醒的理智判断,而是一种感情用事所造成的纠纷,这给萧军后来的政治和文学生涯,蒙上了一层浓重的阴影"①。历史事实证

---

① 张毓茂:《萧军传》,重庆出版社1992年版,第240页。

明,"王实味事件"是一大冤案,并已经被平反。在这个事件上,萧军的确存在感情用事的一面,但这种感情绝对不是私人感情,而是坚持真理、维护正义的同志之情,实乃义之所趋。在大家都事不关己高高挂起、明哲保身但求无过的情况下,萧军却能为这个素昧平生的人挺身而出、仗义执言,在世俗眼光看来,确实不合时宜,但以侠文化视野来审视,恰恰是这种不合时宜才真正彰显出萧军不畏权势、正直无私的侠义品格。

在延安,萧军给人的印象就是粗犷豪放、率真仗义、勇武任侠、敢爱敢恨,浑身透着东北胡子的蛮悍豪侠气息。据雪苇回忆,1940年的一天,他从张闻天那里出来,看到警卫团的战士们在山口上与萧军争吵,只见萧军正在甩大衣,要打架了。问起原因,萧军说他路过的时候有战士在山上讽刺他,而且不止一次了,这回他专门来找那个战士"决斗"。在雪苇看来,萧军丝毫没有"我是作家,不屑与大老粗计较"之类的高级知识分子的优越感,他的这种气质是"好汉"型的,充满了"血气之勇"。① 据吴伯箫回忆,在一次俱乐部的晚会上,萧军为一件生活小事向大家搞突然袭击,只见他拔出匕首插到桌子上,嘴里嘟囔着"别怪我不客气"!刹那间,空气紧张,全场默然。② 这就是真实的萧军,一言不合,或拳脚相加,或拔刀相向,这两件事充分体现了萧军尚武率真、好勇斗狠的侠者本色。然而,正是由于萧军"自身性格的慷慨任侠,思想追求的自由不拘,以及文艺界的宗派旧习,使他一直未能在思想与行动上融入延安"③。当然,这与萧军特立独行的个人英雄主义和自由主义思想密切相关。

"文革"期间,萧军在惨遭红卫兵批斗时,与他们"约法三章":"你们可以批斗我,叫我怎么都照办。但不能侮辱我的人格,如果这样,我就和你们同归于尽。"④ 这掷地有声的话语让那些色厉内荏的造

---

① 雪苇:《记萧军》,《新文学史料》1989年第2期。
② 吴伯箫:《我所知道的老艾同志》,《一个哲学家的道路——回忆艾思奇同志》,云南人民出版社1985年版,第128页。
③ 刘忠:《精神界的流浪汉——延安时期的萧军》,《中国现代文学研究丛刊》2007年第6期。
④ 雪苇:《记萧军》,《新文学史料》1989年第2期。

第五章 认同与张扬:复仇精神和反抗意志

反派不得不对萧军另眼相看,他们面对桀骜不驯的萧军——或许也知道他会武功的事实——只好遵照他的约法三章办。对于那些侮辱到其人格的刁难者,萧军怒不可遏,操起扁担,誓死抗争,让他们真正领教自己说到做到的拼命精神,刁难者只能抱头逃命。同样是遭受批斗,老舍以士可杀而不可辱的儒侠风范,选择杀身卫"道";而萧军则坚持韧性战斗精神,其勇者不惧和宁折不弯的硬气给红卫兵以威慑,选择拼命卫"道"。这里的"道"是一种做人之道、侠义之道,更是一种道义理想,寄寓着他们对生命尊严的维护和对人格气节的捍卫。

萧军的侠义精神和义勇行为给他带来声誉的同时,也使他陷入各种挫折和磨难。但他抑强扶弱、打抱不平的侠义心肠仍然不改初衷,诚如他在创作谈中所言:"我爱好武术,十岁就开始练武。准备要处置贪官污吏、土豪恶霸,路见不平,拔刀相助。一直到现在老了,有涵养一些了,表面上很温和,实际上秉性难移,没碰到不平事,要碰上了还可能动武,不计后果。不久以前有个流氓欺侮我的老朋友骆宾基,我还是堵门骂了他三通,那小子才老实了。"[①] 这就是萧军,一个胸怀坦荡的永恒的侠者。

通过萧军人生历程中几个光辉璀璨的生活片段可以看出,爱好自由正义的天性和追求人格独立的理想使他不断地同旧世界、旧秩序、旧生活、旧规则发生本能的、必然的冲突与对抗,而对新世界、新秩序、新生活和新规则充满了无限的憧憬与向往。萧军从小就有的自由人格和叛逆精神,使他在追求新世界、新秩序、新生活和新规则的过程中更加英勇无畏,义无反顾。"应当说,在与旧世界旧生活的对抗中,萧军强烈的个性主义自由主义使他全不将旧世界放在眼里,显示出英雄般的壮烈和精神人格美。可是,当他以这样的精神态度和人格准则投入新的世界和环境时,则既会使他与新的环境产生历史性的误会和矛盾,又会使其精神人格显示出复杂的、正负俱备的效应,有时负效应可能大于正效应"[②]。由此可见,侠文化对萧军的影响及萧军对

---

① 萧军:《萧军同志谈创作(录音整理稿)》,《萧军创作研究论文集》,《吉林大学社会科学丛刊》1983 年第 2 期。
② 逄增玉:《黑土地文化与东北作家群》,湖南教育出版社 1995 年版,第 63 页。

侠文化的承传，表现在其人格精神和实践行为上既有积极的正面价值，也有消极的负面作用。这不仅体现了萧军作为独行侠所具有的人性的复杂性和精神世界的真实面影，而且也表现出他踯躅于现实生活与理想追求之间的矛盾心态。

二 民族复仇精神和反抗意志的悲壮交响

崇武尚力是萧军极为重要的精神气质，更是他任侠好义的生动表现和必然结果。侠文化滋养和形塑了萧军尚武任侠、好勇尚力的精神，对他小说的审美风格也产生了深刻影响。他的小说主题蕴藉着民族复仇精神和反抗意志的悲壮交响，他惯于使用粗犷豪放、刚健勇武的笔调来描绘充满抗争和呐喊的艰难时世与现实生活，尽情抒发反抗的心声和充满生命力量的野性呐喊，表现顽强不屈的斗争精神和坚忍不拔的生命意识，从而使他的作品文本具有一种撼人心魄的坚韧的力，洋溢着一种粗砺阳刚、素朴豪放的美。也就是说，侠文化不但影响和形塑了萧军的人格精神和行为方式，而且熔铸内化于他的作品构成和审美追求，通过萧军的创作可以透视他的铮铮侠骨和浩然侠气。

在萧军的小说创作中，《八月的乡村》《第三代》《吴越春秋史话》最能体现萧军的侠文化精神。在这些作品中，萧军塑造了一系列血气方刚、任侠使气的侠义英雄：铁鹰队长、陈柱司令、李七嫂、唐老疙疸、崔长胜、李三弟（《八月的乡村》）；刘元、海交、井泉龙、林青、半截塔、翠屏（《第三代》）；专诸、要离、伍子胥、孙武、范蠡、渔丈人、浣纱女、西施（《吴越春秋史话》）。他们分别从不同侧面体现了萧军的侠义观念和侠文化精神，他们身上所表现出来的坚韧顽强的生命力、重义轻生的豪气侠节、特立独行的行事风格和刺杀强敌的慷慨侠气，与游侠和刺客尤为相似。在这些人物形象中，既有侠风烈烈、正气凛然的胡子英雄，也有不让须眉、义薄云天的民间女侠。

（一）挣扎于乱世中的抗争之声

萧军的早期作品大都取材于身边的人和事，具有鲜明的自叙传性质和浪漫气息，书写生存的悲愁和对社会的忧愤，人物形象身上辉映

第五章　认同与张扬：复仇精神和反抗意志

着萧军或亲人朋友的影子。与五四时期以郁达夫为代表的自叙传小说所塑造的孤苦无依、彷徨无助和沉沦失落的"零余者"形象不同，萧军笔下具有自传性的知识分子形象于危难中不乏生存的信心和反抗的勇气。他们卑微却不怯懦，贫穷但志坚，虽挣扎于乱世之中，但能勇敢地发出抗争之声。

萧军1929年发表的处女作《懦……》取材于他在东北陆军讲武堂学习的一段生活经历，描写了一群学员在操场上将一颗人头当足球踢的故事，揭露了军阀草菅人命、虐杀士兵的暴行，揭示了统治者的非人道本质，表达了愤懑和反抗的呼声。《孤雏》中塑造的穷苦青年作家和顾大喟都是侠义之人。顾大喟血气方刚，见义勇为，因在军校为同学打抱不平，殴打了队长，而遭到开除，他作了一番慷慨激昂的告别辞之后，便下落不明。青年作家为了救济顾大喟沿街乞讨的妻子和幼小的孩子，想卖稿取酬，体现了一种扶危济困的侠义心肠。

小说《涓涓》的主人公涓涓出身于银行经理兼工厂主家庭，她追求自由平等，但父母的兽性行为和底层人物的苦难现实，催生了她反叛家庭的倾向。小说中最为引人注目的形象当属章莹妮，无论是家庭身世、生活经历，还是行事风格、思想情趣，都闪耀着萧红早年的影子。孤傲不逊、坚韧顽强的萧红本身具有侠义性格，这篇小说取材于萧红的口述，经过萧军的点染、发挥，在凄婉的故事中灌注了萧军雄强耿直的血性。因此，涓涓和章莹妮的身上都被投入了叛逆和不屈的精魂。尤其是章莹妮作为萧红在小说中的投影，融会了萧军和萧红的精神气质，堪称一位不折不扣的侠女形象。她性格豪爽、爱憎分明、特立独行、勇于抗争，具有不甘命运摆布的反叛精神。作为一个弱女子，章莹妮不愿过一种被人控制和奴役的生活；作为一位女侠，她具有侠者抗争的勇气。作为萧军的侠文化精神的形象体现，女侠章莹妮的塑造反映了女性意识的觉醒和奋起抗争。

在小说《同行者》中，作者采取第一人称的叙述方式，以潇洒从容、含蓄蕴藉的笔调和通过两天两夜的行程为我们塑造了一个侠义人物，暗示乌云涌动的东北大地上坚实存在着的觉醒、反抗和希望。"我"离开军队，走在由乌拉街到舒兰城的路上，偶遇了一个中年汉子。一路上,他教给"我"许多蹚河攀山的知识,"我"对他也了解颇多。他当过农民,在林中砍过木头,有一个曾主动委身于他的情人,但他觉得自己年岁大,于是就成全她与一个年岁小的伐木人结婚。他认为旧军队就是虱子、臭虫,并对地主怀有刻骨的仇恨,"他的身上留有弹伤,暗示着他是《八月的乡村》中东北人民革命军的前驱"①。虽然这个同行者于次晨不辞而别,但他礼让情人、成全他者的高尚品格和蔑视强权暴力的反抗精神,给"我"留下了深刻的印象,也成就了这个中年汉子有情有义的侠者形象。

(二) 抗战语境下胡子——抗日英雄复仇与反抗的壮歌

在日本侵略者的铁蹄下,东北人民过着国破家亡、饥寒交迫的悲惨生活;封建主义的剥削和压迫、封建军阀的暴虐无道,更使这些在苦难中挣扎、摸索的人们失去了生命的保障,丧失了自由和尊严。在民族罹难、国家危亡的历史语境下,酷爱自由正义、勇于反叛冒险的萧军内心充满了强烈的阶级仇恨和不可遏止的民族义愤。民族战争的爆发,对沦陷之故土的思恋,对日寇的刻骨仇恨,对国内统治者的愤懑,再加上漂泊异乡的流亡生涯带来的屈辱、焦虑、哀伤、悲愤等复杂的情感心理,这些因素纠缠集结于萧军的内心世界,使他于困惑中逐渐获得清醒的理性和奋然前行的动力,不断实现精神突围和自我超越。具体表现为他熔启蒙话语和革命话语于一炉,深入侠文化的精神隧道和抗战时代的内在肌理,通过创作积极发掘由国恨家仇铸就的民族复仇精神和反抗意志,以此激发广大民众反帝反封建的民族意识和爱国热情,呼唤他们迅速觉醒,以同仇敌忾,奋起反抗。尤其是活跃于萧军笔下的作为黑土地雄强人格典型代表的胡子英雄形象,他们"身上的侠义精神(包括劫富济贫、反抗、复仇等)一经民族主义情感的激扬和提炼便可以构成一种抗日英雄的基本素质"②,这就使这些乱世中的枭雄具有了正义的品质和民族大义的情怀,既张扬了侠文

---

① 杨义:《中国现代小说史》第二卷,人民文学出版社1986年版,第528页。
② 杨经建:《侠文化与20世纪中国小说》,《文史哲》2003年第4期。

第五章 认同与张扬:复仇精神和反抗意志

化精神,又体现了抗日救亡的时代内涵。"刚正不阿的个人气质和对社会人生的侠义态度,使他的作品金刚怒目,如鼓如鼙,仿佛是以他一身发达的筋肉,一股倔强的意气写成的"①,从而给现代中国文坛带来了黑土地独有的粗犷豪放、刚健勇武、雄强蛮悍的山野风味和草莽气息。

当萧军的作品逐渐离开身边题材,把审美触角伸向民族国家层面,深入思考民族命运和国家前途的时候,他的笔端因侠肝义胆的灌注而顿生波澜,澎湃着刚健凌厉、激情飞扬的英雄气息。《八月的乡村》就是萧军在抗战语境下书写的一曲胡子——抗日英雄复仇与反抗的壮歌。这部抗战小说"描写东北人民革命军在磐石一带和日本侵略军进行浴血苦战,是关外大地的血泪交迸的怒吼,民族良心的充满英雄气概的呐喊"②,不屈的人们为了争取民族的独立、自由和解放,不怕牺牲,英勇抗争,文本深处跃动着复仇精神和反抗意志的强劲音符。鲁迅给《八月的乡村》以高度评价:"不知道是人民进步了,还是时代太近,还未湮没的缘故,我却见过几种说述关于东三省被占的事情的小说。这《八月的乡村》,即是很好的一部,虽然有些近乎短篇的连续,结构和描写人物的手段,也不能比法捷耶夫的《毁灭》,然而严肃,紧张,作者的心血和失去的天空,土地,受难的人民,以至失去的茂草,高粱,蝈蝈,蚊子,搅成一团,鲜红的在读者眼前展开,显示着中国的一份和全部,现在和未来,死路与活路。凡有人心的读者,是看得完的,而且有所得的。"③

在小说中,萧军用饱含着战斗激情和抗争精神的雄健之笔,营造了一个慷慨赴难、英勇救世的抗战江湖,塑造了许多具有复仇精神和反抗意志的胡子——抗日英雄的侠义形象。他们或出身于农民、苦工,或出身于胡子、旧军人,或出身于知识分子,在抗日烽火中结下了兄弟般的情谊,面对共同的民族敌人,毫不畏惧、同仇敌忾、

---

① 杨义:《中国现代小说史》第二卷,人民文学出版社1986年版,第517页。
② 杨义:《中国现代小说史》第二卷,人民文学出版社1986年版,第521页。
③ 鲁迅:《且介亭杂文二集·田军作〈八月的乡村〉序》,《鲁迅全集》第六卷,人民文学出版社2005年版,第296页。

英勇顽强、奋起抵抗，毅然举起复仇的刀枪。这些侠义英雄"谁也不肯显示自己不聪明；全要显示自己是英勇的，没有一点胆怯或怜悯来杀一个日本兵，更是杀日本军官"①。正是这种英勇杀敌的精神，不断激励他们义无反顾，一往无前。在执行战斗任务的时候，"充满每个队长和队员当前的希望就是战斗。谁也不会想到这次斗争会使自己死掉，更不会想到死掉以后的事情。群众的力量鼓励着，好象只有在斗争的里面才有生活"②。在国破家亡、民族危难之际，这些勇敢的战士充满了铁骨铮铮、视死如归的侠义英雄气魄。

铁鹰队长出身复杂，曾是奉天戚家店的一个农民，当过兵也当过胡子，干过劫富济贫、杀人越货的行当，因无法忍受日本侵略者的暴行，参加了人民革命军，带领着弟兄们义无反顾地举起了抗日大旗，同日本侵略者，同一切阻碍他们前进的敌人展开艰苦卓绝的斗争。"他高高的身材，挺立在那里，手枪挂在腕子上，俨然似一只没有翅膀的鹰。……他杀起人来向是没有温情的。他严厉得如官长一样对待他的部属，人们绰号全叫他'铁鹰'，这是象征他的猛鸷和敏捷"③。他对待士兵如同兄弟，严格管理，恩爱有加，冲锋陷阵时，总是身先士卒，英勇杀敌；对待投降者，他宽大为怀，缴械放人；他为李七嫂的勇敢和坚强而流泪；他对于知识分子萧明的处境予以理解并悉心安慰。这些行为和细节，使一个通情达理、勇武刚毅、顾全大局、自我牺牲的侠义胡子的英雄形象得以凸显。

土生土长的庄稼人陈柱，也当过兵，老婆孩子都被日军杀害，国恨家仇激起他的反抗情绪和复仇精神，使他毅然决然地投身于抗战的洪流。在陈柱看来，为了将来的新世界，为了向敌人复仇，做出革命的牺牲是不可避免的。他清醒地认识到，并向战士们指出面前的敌人就是日本帝国主义的军阀、政客、资本家，以及日本帝国主义的走狗——满洲军阀、官吏、地主、土豪、劣绅，号召战士们英勇杀敌，斗争到底，鼓励他们做中国人民的"为劳苦大众，为全世界弱小民族

---

① 萧军：《八月的乡村》，人民文学出版社 1954 年版，第 23 页。
② 萧军：《八月的乡村》，人民文学出版社 1954 年版，第 53 页。
③ 萧军：《八月的乡村》，人民文学出版社 1954 年版，第 26 页。

第五章　认同与张扬:复仇精神和反抗意志

争自由、争平等的好汉"①。在一次演说中,陈柱司令慷慨陈词:"……我们就到全死灭的一天,也不能软弱,也不能曲屈着脑袋,再叫那王八羔子们来统治了!同志们,你们是不是抱了这样决心,才来参加革命的?……我不必征求谁的意见,那是一定的。"②可谓胸怀坦荡、义正词严、威武不屈、视死如归。陈柱司令高瞻远瞩、顾全大局、英勇无畏、沉着刚毅。他为民族的未来和国家的命运而浴血奋战,指挥人民革命军与日军、伪军进行生死搏斗。在陈柱司令身上,充分彰显了一个陷入生存绝境的被压迫民族的优秀儿女至死不屈的反抗意志和一个胸怀民族大义的革命者决绝的复仇精神。

　　崔长胜是一个信念坚定的纯朴老人,他对新世界充满了梦想。在部队遇到敌情准备撤离时,他因生病体弱被要求躲在老乡家,不要参加战斗,但他不愿服从命令。在他看来,大敌当前,躲避是一种耻辱,是苟且偷生。针对不让他参战的命令,这位病弱的老人慷慨陈词:"为什么呢?老的东西不应该死掉吗?这是很合理的——这是为革命死的哪!"③ 这是一个抗战老人慷慨赴死的宣言,反映了他杀敌报国的心声和英勇无畏的精神。他坚持要拿起枪,参加对日军的战斗。最后,崔长胜为革命自杀身亡,可谓杀身成仁的侠义之士。

　　作为革命者的萧明,有勇有谋、刚毅果敢。他在敌人的势力范围内不畏艰险,机智周旋,毅然组织了一支抗日队伍。在对敌斗争中,他把刘大个子、崔长胜、小红脸、李三弟等农民和小手工业者教育改造成坚强的抗日战士。可以说,萧明是一位抗日的英雄。但作为一个知识分子,萧明存在着个人主义的思想弱点和性格上的优柔寡断。在革命与恋爱发生矛盾时,他无法忍受失恋的打击,曾用枪反复顶着自己的头颅,虽没有公开对抗革命的要求,但意志消沉、精神涣散,陷入爱情的苦恼之中,难以自拔,差点儿耽误了保护伤员的革命任务。一个抗日英雄在敌人面前威武不屈,勇毅果敢,却无法战胜自己。作者通过对萧明这个革命知识分子形象的塑造,揭示了其笔下侠义人物

---

① 萧军:《八月的乡村》,人民文学出版社1954年版,第119页。
② 萧军:《八月的乡村》,人民文学出版社1954年版,第120页。
③ 萧军:《八月的乡村》,人民文学出版社1954年版,第39页。

性格的真实性和复杂性。

在敌人即将前来围剿的危急关头，陈柱司令决定撤退，留下萧明负责保护伤员。但此时的萧明因恋爱事件的影响而变得消极颓废，无法正常履行领导职责。在这生死攸关的时刻，鞋匠出身的李三弟临危不惧，挺身而出，主动担负起领导责任，带领留守的部队掩护伤员安全转移。此时的萧明还没有从苦闷中振作起来，但他表示服从同志们的决定，尊重李三弟的领导，与大家一起掩护伤员撤离。这说明深陷苦恼的队长萧明仍有顾全大局的品格，同时也映衬出李三弟应对突发事件的领导才能和令人信服的人格魅力。作为一个抗日战士，李三弟大义凛然、勇敢果断、顾全大局、从容镇定。李三弟从一个小鞋匠到一个具有领导才能的革命战士的成长历程，表现了他在抗日洪流中已经觉醒并逐渐成熟，标志着革命力量的不断发展和日益壮大，有力地预示着革命胜利的光辉前景。

在这支抗日队伍中，战士们大都经历了无法忍受剥削压迫，铤而走险，进入高山密林、野地丛莽，拿起武器奋然抗争的心路历程。这与江湖侠客、土匪响马、东北胡子投身绿林，占据山野，与官府对抗的行为极为相似，有些人本身就当过胡子。难能可贵的是，作者将这些参加革命队伍的战士——侠义胡子置于抗战的时代语境下，赋予其抗日救亡、侠义爱国的精神内涵，从而使作品"洋溢着土地沦丧而民族魂不灭的浩然充塞于天地间的正气，血染的山河和铁铸的人物相映衬，使它在民族反抗情绪高涨的上海文坛上一鸣惊人"[1]，给正在崛起的中华民族的抗战文学带来了悲愤雄强的气息、粗犷豪放的张力和威武不屈的时代精神，鼓舞了广大民众的抗日斗争，对后来全民族抗战的逐渐兴起和波澜壮阔地展开发挥了一定的积极作用。

（三）艰难时世中胡子——侠义硬汉的反叛乐章

在历史上，胡子大多出身于社会底层的普通平民百姓，是黑暗社会中不合理制度和畸形秩序的产物，这些游离于正统社会、脱离了正

---

[1] 杨义：《中国现代小说史》第二卷，人民文学出版社1986年版，第521—522页。

第五章 认同与张扬：复仇精神和反抗意志

常人生轨道的人群，处于历史和人生的夹缝之中，在刀尖上讨生活，呈现出一种特殊的人生形态。萧军笔下的胡子，大多因无法忍受残酷的剥削和压榨而被迫离开赖以生存的土地，铤而走险，以身试法，走上一条不归之路。胡子虽然为了生存需要和反抗暴力而打家劫舍、烧杀抢掠，但他们向善的本性并未泯灭，他们具有正义、善良、锄强扶弱、劫富济贫等优美健康的人性。萧军出生于胡子盛行的山村，熟悉胡子的生活，他在儿时就对绿林好汉、胡子英雄、江湖侠客等社会边缘人物充满了憧憬和向往，也非常同情他们的悲剧命运。这些情感心理一旦折射在创作中，萧军就无法掩抑他对胡子的特殊眷顾和真诚敬仰，更无法压抑他对胡子的诗意想象和激情书写。《第三代》就是萧军继《八月的乡村》之后，为胡子树碑立传的力作。在这部创作于20世纪三四十年代的史诗性巨著中，萧军为艰难时世中的胡子——侠义硬汉鸣奏了一曲充满复仇情绪和反叛精神的雄浑强劲的乐章。

《第三代》选取奉天省凌河村和吉林省长春市为叙事的中心地点，真实再现了自辛亥革命到五四运动前夕旧军阀统治下东北的社会现实，既描写了贫苦农民在地主压迫、欺诈之下的痛苦生活及彼此之间展开的殊死搏斗，又叙写了绝境下的农民被逼上山当胡子及这支胡子队伍劫富济贫、对抗官府的斗争历程，还再现了农民背井离乡漂泊于都市的悲惨世界及他们在学生运动面前的意识觉醒和欢快情绪。在小说中，萧军精心塑造了刘元、井泉龙、林青、海交、半截塔等侠义硬汉形象，他们有的出身于胡子，有的参加过义和团，有的是民间艺人，这就使小说在城乡构筑的现实世界之外，又形成了另一个异样的空间——江湖世界。在这个江湖世界中，胡子不再是打家劫舍的强盗，而成为劫富济贫、仗义行侠的好汉。侠文化精神在这些硬汉形象身上得以淋漓尽致地展现，体现为同情弱小、扶危济困、对抗官府、雪耻复仇、维护正义、捍卫尊严等内涵。

在黑暗如磐的社会中，面对由地主、官僚、军阀、资本家、帝国主义分子及其形形色色的帮凶和爪牙互相勾结、狼狈为奸所构筑的强大的铁屋子，只有奋起反抗，摧毁这个看似坚固的牢笼，才能获得自由和解放。凌河村是东北黑土地上一个闭塞贫穷、偏僻落后的山村，

下编　中国新文学作家与侠文化的精神相遇

这里的人们勤劳、善良、纯朴、热情、粗犷、奔放。长期以来，在大地主杨洛中的控制和压迫下，村民们艰难度日，过着穷困的生活。杨洛中甚至与官军勾结，把善良无辜者或打抱不平者投入监狱。因此，凌河村简直成了一个乡村形态的铁屋子。在这个牢笼的禁锢和暴力统治下，村民们走投无路，他们被迫离开家乡进山当胡子，走上了一条反抗和复仇之路。

在胡子的江湖世界中，刘元是一个典型的侠义硬汉。在他还是个孩子的时候，就因不满父亲刘三瞂子的暴虐专制而离开凌河村，上山加入了海交领导的胡子队伍。他不满现实、勇于反抗、正直无私、英武机智。在久旱无雨，又要闹灾荒的情况下，刘元对上天充满了诅咒和仇恨，他对着天空举起了步枪。当杨三问他要干什么的时候，他义正词严地说：

不干什么……我要看一看老天爷究竟在那里？……若是我看见他……拚上一颗子弹给他尝尝……揍下个王八蛋……倒看看老天爷是长着几个脑袋……人们全要供奉他……①

在传统观念和世俗眼光中，老天爷是至高无上、不可侵犯的权威的象征。但在刘元眼里，老天爷就是个该死的"王八蛋"。虽然只是一个具体的生活细节，却彰显出刘元这个年轻胡子不畏强暴，蔑视和敢于挑战威权的侠者风范。正是这种决绝的反抗意志和从容的义勇精神，使他在与大地主杨洛中、军阀围剿部队和叛徒杨三之间展开的斗争中，无论条件如何艰苦、环境如何恶劣、形势怎样变化，他都没有退缩和动摇，而是不屈不挠，顽强搏斗。特别是在首领海交牺牲、杨三叛变投敌、队伍面临溃散的紧要关头，刘元的复仇信念和斗争精神仍未丧失，并义无反顾地投入决绝的战斗。后来，他投奔了井泉龙。老英雄敬佩这个年轻后生的人品和反叛精神，将他招为女婿。刘元虽然开始怀疑过去的斗争方式，但他的反抗意志并没有消沉，而是以别

---

① 萧军：《第三代》上册，黑龙江人民出版社1982年版，第125页。

第五章　认同与张扬：复仇精神和反抗意志

样的方式继续抗争，努力探寻新的斗争道路。可以说，刘元的内心深处跃动着桀骜不驯、雄强剽悍的野性气息和生命强力。他奋然反抗的目的不仅仅是为了谋求自身的现实生存，更是为了追求人格的独立、精神的自由和生命的尊严，实现社会的正义和公道。

井泉龙嫉恶如仇、不畏权势、义勇英武、硬气敢为、洒脱睿智、慷慨豪迈，代表着凌河村的凛然正气。他年轻时参加过义和团，同国内外压迫者搏战一生，加上那飘洒胸前的雪白长须和充满自信与豪气的爽朗笑声，使他俨然成为农民的精神领袖和斗争旗帜。井泉龙是凌河村唯一敢同杨洛中叫板并进行正面交锋的人。为了保释无辜被捕的林青和汪大辫子并讨回公道，他挺身而出，毅然带领村民直接找杨洛中交涉。杨洛中由于害怕遭胡子抢劫，竟然强迫村民在村头路口设置防御岗卡，并要求村民无偿做炮手。面对这种强迫和无理要求，井泉龙带头抗议。他曾孤身一人赴仇人杨洛中家祝寿，与胡子里应外合直捣杨府，给这个横行霸道、恶贯满盈的大地主以致命打击。他不怕被牵连，勇敢地收留因与官军作战而负伤的胡子刘元，并将女儿大环子许配给他为妻。井泉龙曾趁着夜色翻山越河，去拜会沿途"吃大户"的饥民群首领蒙古老人乌兰德。当井泉龙自报家门之后，乌兰德竟站起来走近他，表达出内心的仰慕之情："我知道你呀！我知道你！人们和我说过你的名字……乌兰德尊敬你、佩服你啊！"① 至此，一个言谈举止间带有民间英雄传奇色彩的侠义老人形象呼之欲出。

与英勇豪放、叱咤风云的老英雄井泉龙有所不同，林青是一个从容镇静、乐观风趣的老人，但在对抗旧势力和维护社会正义上，他们是一致的。林青拉得一手优美的胡琴，年轻时浪迹天涯，淘金挖参，阅历丰富，机智老练。他到长春后，宁可卖艺街头，也不愿卖假酒骗钱。他在长期的历练中形成了不畏权势、坚韧顽强的个性，关键时刻，他能挺身而出，甘冒生命危险为民请命，虽三度入狱，双目失明，却泰然处之，无怨无悔。林青和井泉龙这两位侠义老人的性格相互映衬，

---

① 萧军：《第三代》下册，黑龙江人民出版社1983年版，第923页。

◆◇◆ 下编 中国新文学作家与侠文化的精神相遇

相得益彰，他们的朗朗笑声、优美琴声和义勇之举，温暖了凌河村穷苦人民的凄苦灵魂，给挣扎于困顿中的人们带来了生存的希冀和斗争的勇气。

海交出身于胡子世家，属于老一辈的胡子。与井泉龙式的个人搏斗和林青式的韧性反抗不同，海交和年轻的胡子刘元等一起以集团性武装复仇的方式对抗官府，维护正义，与敌人作殊死搏斗。海交在少年时期就当了胡子，曾经拥有很多人马和大堆银元，更有金盆洗手升官发财的机遇，但他始终不为世俗名利所动。他无视功名富贵，不爱金钱美女，只想在自由冒险、动荡漂泊的绿林生涯中度过此生。作为胡子首领，海交与部下情同手足，替天行道、劫富济贫，不伤害无辜百姓，这些都是侠义胡子的宝贵品质。更重要的是，他不与官府勾结，不向官军投降，保持着一个侠者的做人尊严。在正义缺失、公道无存的乱世，沦落为胡子、盗贼、响马而后接受官府招安飞黄腾达、显亲扬名者，历史上比比皆是。就胡子而言，"东北王"张作霖就是一个典型。但在海交的价值观念中，做胡子是自豪的，胡子在精神和行为上无拘无束、自由自在，远比那些残酷无道的官军活得有尊严，有意义。因此，他在生命垂危之际，对自己的部下说：

> 弟兄们……不要再牵留着我……你们多牵留我一刻……就是多增加我一刻的痛苦啊！……我还有什么依恋呢？扔下我吧！我对于人世没有什么依恋了……人世上也没有依恋我的人……我没有娶过老婆也没有孩子……也杀过了我所不爱的一些敌人……也没有违背了我老子的遗言：我没有投降了官军……回来擒拿我旧日的伙伴……我一直是和他们拼着的……①

从这些朴素真挚的话语中，可以发现海交义薄云天的高贵品格、坚贞不屈的生命尊严以及同敌人战斗到底的韧性战斗精神。临终前，他还说："我把我老子的一句话送给你们：'不要投降'……只要你们

---

① 萧军：《第三代》上册，黑龙江人民出版社1982年版，第172页。

第五章 认同与张扬:复仇精神和反抗意志

还在干!"[①] 海交虽然已经气息奄奄,但他的遗言却掷地有声、气贯长虹,充分体现了一个胡子英雄铁骨铮铮的侠义气概和一如既往的反抗精神。

一个胡子如果能坚持侠义道,他就有足够的勇气和智慧践履维护正义、劫富济贫、扶危济困等天道责任;而如果经不起生死考验,禁不住世俗名利和金钱美女的诱惑,他就会偏离侠义道,走向正义的反面,沦为败类。萧军对胡子并没有一味地歌赞,他也塑造了一个偏离侠义道的胡子形象,那就是叛徒杨三。杨三原本是凌河村的一个好汉,不仅相貌出众、多才多艺,而且枪法高超、有胆有识,深受人们喜爱,更是姑娘们的梦中情人。他失手打死春二奶奶犯了罪以后,受到杨洛中的迫害,被逼上山入伙,投奔了胡子头海交。海交死后,杨三贪恋安乐,对艰难、漂泊的江湖亡命生涯产生了厌倦情绪,并出现了抗拒和叛离等行为,最终违背了海交的遗嘱,背叛了兄弟,向官府投降,投靠了以前迫害过他的杨洛中,做了凌河村的巡长。他不仅勾搭了杨洛中的女儿珍珠和儿媳金英,还勾结官军围剿往昔的胡子弟兄,彻底堕落为胡子中的败类,变成官僚地主的帮凶。杨三在如愿以偿地得到了权力、金钱和女人时,也就泯灭了当初入伙做胡子时的侠义、耿直、纯朴等美好品质,虽然得到并享尽荣华富贵,但完全丧失了一个侠义胡子应有的尊严。杨三最后死于刘元的枪口之下,这是他罪有应得。从侠义英雄到无耻叛徒的转变,展现了胡子的另一重面影。作者在对胡子英雄充满诗意想象和尽情书写的同时,也遵循生活的辩证法,勇于正视残酷的现实和淋漓的鲜血,将胡子真实而复杂的整体面貌展现在读者面前,使读者获得一种真实的感受和体验。

侠义胡子形象是正义的象征,他们身上具有感人至深的侠义精神和反抗压迫的英雄气质,如半截塔义气冲天,跳崖身亡;海交以决死的勇气与敌人进行殊死搏斗,至死不屈,虽败犹荣。尽管他们的人生轨迹和人生形态是逆向的甚至是扭曲的,但他们身上异于常人的土匪气和江湖气体现了东北黑土地勃郁强旺的原始野性和生命强力,充分

---

① 萧军:《第三代》上册,黑龙江人民出版社1982年版,第172页。

表达了这些冒险漂泊的好汉对自身生命价值的肯定和对生命尊严的捍卫。萧军试图"在东北原始、野蛮的人们中间挖掘这理想的人性和顽强的生命力"①，在对胡子特殊人生形态的诗意想象和对胡子侠义精神的激情书写中，酣畅淋漓地展现出东北黑土地粗犷蛮悍、淳朴自然之野气，深情寄托了作者美好的人性追求和社会理想。

（四）历史情境中的慷慨悲歌

萧军总是带着对美好人性的追求和对理想社会的憧憬进入创作，不论社会如何动荡，局势如何变化，他都不曾放弃自己的信念。为了民族解放、国家独立、人民翻身幸福，建设一个没有剥削压迫、人人自由平等的社会制度，他甘愿赴汤蹈火，倾尽毕生心血，以手中之笔书写人民的心声、民族的气节，渴盼国家的新生。萧军写完了《过去的年代》（《第三代》又名），原本按照计划写作《战斗的年代》，但出于对当时创作禁忌的考虑，他放弃了这个计划，决定创作历史题材的作品。于是，《吴越春秋史话》应运而生。萧军拨开远去的时间的迷雾，拂落历史的尘埃，以《吴越春秋》为蓝本，采用章回体形式，由伍子胥的命运扩展开来，讲述了春秋时期吴楚争战、吴越争霸的历史故事，揭露了吴国统治集团内部不同势力之间的血腥争斗，表达了作者的社会理想。

《吴越春秋史话》堪称一曲还原历史情境的慷慨悲歌，作者通过精心的形象塑造和历史叙事，热情讴歌了古代劳动人民宽厚仁爱的侠义情怀、崇高无私的道德品质和舍生取义的伟大牺牲精神。渔丈人、浣纱女、专诸、要离、范蠡、孙武、西施、郑旦、田和、田平等，都是小说中的侠义英雄形象。渔丈人和浣纱女对统治者均表现出一种本能的反感和憎恶，他们与伍子胥素昧平生，但因仇视暴政、同情无辜、维护正义，才甘愿冒死救助伍子胥，不图回报，纵然身死，也无怨无悔，实乃侠义道使然。专诸为吴公子光刺杀了吴王僚，要离为吴王阖闾刺杀了吴公子庆忌，他们同样也是在遵循侠义道行事。专诸为了拯

---

① 沈卫威：《东北流亡文学史论》，河南人民出版社1992年版，第84页。

第五章 认同与张扬:复仇精神和反抗意志

世济难的天下道义,肯于拼死效忠,甘愿冒险刺杀残酷暴虐的吴王僚,寄希望于吴公子光,以生命为代价,义助吴公子光登位成为吴王阖闾。为了刺杀庆忌,要离甚至使用了苦肉计,不仅自己遭受断臂之苦,而且牺牲了妻子的性命,以此取信于庆忌,终于行刺成功。但最后,要离放弃了吴王阖闾的赏赐,选择了自刎,可谓功成不求报,杀身以成仁。在萧军笔下,专诸和要离都超越了亡命徒、死士、统治者争权斗争的工具等传统价值定位,他们看透了天下诸侯和贵族的本质,甘愿牺牲自己不是为了获取功名富贵,博得封妻荫子,而是希望自己帮助的人能够成为关心民生疾苦的贤君明主。因此,当要离担心吴公子光登位后也将变坏时,专诸表示如果将来变坏,那只有杀了他。与专诸、要离相比,西施、郑旦、田和、田平等人虽然没有流血牺牲的壮举,但他们的献身精神也显得悲壮慷慨。勾践以兴越灭吴名义所下达的命令,无情地打破了这些热恋中的男女的幸福美梦。他们被征召到不同意义的战场,田和、田平同无数男青年执戈厮杀,西施、郑旦和许多亡国少女被送往吴国,供吴王享用蹂躏。作者对这些无辜黎民的悲剧命运充满了悲悯和同情,对他们的献身行为和牺牲精神给以讴歌礼赞。范蠡和孙武都是来自民间的具有仁爱情怀的豪侠,他们以杰出的政治和军事才能分别帮助越王勾践与吴王阖闾渡过难关,成就霸业。他们的目的不是博取个人的名利地位,而是希望自己辅佐和支持的人成为一个为民做主的明君。他们深谙统治者只可共患难不可同安乐的本质,一旦发现统治者残暴狡诈、忘恩负义、反复无常的本性因霸业成功而暴露无遗时,他们毫不留恋权力和富贵,毅然摆脱世俗功利的樊笼,远离庙堂,回到民间。与文种、伍子胥"兔死狗烹,鸟尽弓藏"的悲惨结局相比,范蠡和孙武"功成身退,侠隐江湖"的选择,无疑是明智之举。

在塑造的所有人物形象中,刺客之侠专诸最具有代表性和典型性。专诸既有先秦刺客之侠慷慨赴难、好勇斗狠的风范,也因作者侠文化精神的注入而呈现出新的特征。伍子胥在求乞于吴市的时候,与专诸第一次相遇。为了帮助一个老人,专诸仗义斗凶屠,在剑拔弩张的关键时刻,专诸的妻子告知他母亲不许他打架。出于孝道,专诸放弃了决斗，甘受别人嘲笑也要回家侍奉老母。伍子胥认为专诸是位英雄好汉，前去投奔，希望得到他的帮助。专诸不仅没有计较伍子胥流亡要犯的身份，还真诚慷慨地接待并收留了他，将他视为知己。如果没有专诸的帮助，伍子胥就不可能在吴国由一个亡命之徒荣登当朝太师高位，进而完成复仇大业。至此，作者写出了专诸的至孝和大义。为了凸显专诸的侠者本色，萧军还描写了专诸刺僚的壮烈一幕，体现了他的大义大勇之举。如果对于专诸形象的塑造仅止于此，那不过是先秦刺客之侠的现代翻版，并无新意。可贵的是，萧军在继承了古代刺客之侠精神的同时，对之进行了拓展和提升。伍子胥刚到吴国时，因初来乍到，对吴国缺乏一个整体的认识，是专诸不厌其烦地给他分析了当时吴国的形势。在专诸看来，吴王僚是一个目光短浅、心胸狭隘、有勇无谋、妄自尊大的庸人，他只关心自己的王位，无视民生疾苦和国家前途，长此以往，吴国不是被楚国消灭，就是被越国侵伐，将来遭殃的是吴国的黎民百姓。他建议伍子胥去拜见和投奔有作为的公子光，不要去拜见吴王僚，即使得以接见也不会受到重用。他不仅能给身陷囹圄的伍子胥指明道路，更重要的是，他无视功名富贵，追求自由逍遥的生活。此时的专诸已经超越了历史上刺客之侠的拘囿，成为一位具有远见卓识和战略眼光的政治家，也是一个高瞻远瞩、深谋远虑的智者。正是这样一位具有政治头脑和悲悯情怀的侠义智者，在决定帮助公子光去刺杀吴王僚的时候，对公子光晓以大义，希望他如果做了吴国君主，务必以吴王僚为前车之鉴，以各诸侯国的贤君明主为榜样，关心民生疾苦，不可贵而忘义。由此可见，专诸刺僚的动机和目的不是谋求富贵，不是报恩，也不是帮公子光夺取王位，而是为了吴国黎民百姓的幸福安康和天下的太平，体现出一种慷慨悲壮的救世情怀。这些都基于他对昏聩君主的憎恶，对专制暴政的反抗，以及对理想社会的希冀。与历史上作为争权夺利工具和政治斗争牺牲品的刺客相比，同要离的断臂毁家、慷慨赴死之举相较，专诸的思想境界和大义精神是最可贵的。可以说，侠者专诸以其清醒的理性和崇高的境界独步于中国文学作品之林，成为刺客形象谱系的异类。

在这部于1956年创作完成的长篇历史小说中，萧军以深邃的历史眼光和精湛的艺术修养,"清晰地再现出古代历史生活绚丽的画面,呼唤出一系列栩栩如生的古人的血肉形象,重演那两千年前一幕幕威武雄壮而又凄婉欲绝的悲剧,从而形象地揭示出当时社会生活本质和历史发展的必然规律。那就是:人民,只有人民才是创造社会生活和推动历史发展的动力"[1]。由此可见,萧军是一位敢于为人民谱写壮烈春秋的勇敢的作家,更是一位有社会担当意识和历史使命感的作家。他在对历史情境的还原和对历史重大事件的书写中,深刻挖掘古代劳动人民舍生取义、慷慨赴难、仁爱救世的优秀品质,以一种雄浑强健的神韵彰显出人民宽厚仁爱、苍壮博大的灵魂,为古代劳动人民树立了一座永远的丰碑。

(五)极限情境下的女侠绝唱

在萧军的小说创作中,除了胡子——抗日英雄、胡子——侠义硬汉和刺客之侠专诸这类勇武豪侠的男性形象,还有不少极具特色的女性形象也充满了侠气。也就是说,萧军的侠文化精神并非仅仅通过勇武豪侠的男性英雄来体现,同时他也赋予女性形象以鲜明的侠性气质。这些女性形象身上具有特殊的侠气,堪称女性侠者,她们对我们了解和把握萧军的侠文化精神来说,是不可或缺的构成要素。萧军塑造的女侠形象,代表性的有《八月的乡村》中的李七嫂、《第三代》中的翠屏、《吴越春秋史话》中的浣纱女,还有前面已论述的章莹妮和西施、郑旦。在萧军构筑的侠义江湖世界中,这些女侠大都处于极限情境之下,或面临生死考验,或陷入两难抉择,但她们英勇无畏,以决绝的复仇精神和强烈的反抗意志,引吭一曲不让须眉的绝唱。

李七嫂本是一个年轻美丽、纯朴善良、热情爽朗的农村妇女,在丈夫去世后,她大胆热烈地爱恋着唐老疙疸这个活泼、勇敢的青年农民。日军的铁蹄残酷无情地践踏了李七嫂的生活和爱情。日本兵杀害了她的孩子,打死了她的情人,奸污了她的身体。李七嫂的肉体和精神都遭受到严重的摧残与伤害,痛苦和仇恨把她逼进疯狂与绝望的深

---

[1] 张毓茂:《跋涉者——萧军》,辽宁人民出版社 2000 年版,第 375 页。

渊。"她所想的只有复仇和忍耐，孩子和情人；怎样踱尽这所有的山岗，田野，和森林……早一步跨到了龙爪岗"①。这个坚强的女性终于挣扎着挺立起来了，她安葬了死去的亲人，穿起情人的军装，拿起情人留下的步枪，勇敢地走上了抗日复仇的斗争道路。小说深入细致地描写了李七嫂对孩子的慈爱和对情人的挚爱以及她在孩子被杀后的疯狂与情人死后的悲伤，母性的慈爱悲悯和情人的似水柔情都得以真实地表现。在国破家亡、民族危机日益深重的时代境遇下，伟大的母性和无私的真情惨遭侵略者肆意挑衅与蹂躏，原本善良的李七嫂被逼成了一个复仇女侠，成长为一个英勇杀敌的革命战士。

翠屏是《第三代》中一个闪耀着侠性光辉的底层女性，她大胆泼辣、倔强勇敢、顽强不屈、敢于反抗。苦难的生活、坎坷的命运、人格的屈辱和精神的苦闷，都没有让她屈服。在与命运的顽强抗争中，她渴望挣脱重重羁绊和无穷压迫，以顽强的生命力执着地生存下去，体现了一个勇敢强悍女侠的生命精神。在丈夫汪大辫子被大地主杨洛中勾结官军逮捕之后，翠屏表现出异常的勇敢和不屈不挠的反抗意志：

> 翠屏在临走出门的时候，出乎人们意外地竟指着杨洛中，刀似的动着她的薄嘴唇：
> "……不要紧啊！就是把我的大辫子的命要了……我是个女人……不能怎的你……大辫子也是有儿孙的！……你将来就是死了……你也是有儿孙的！……他们只要一天天地大起来……就总要算这笔血泪账！……你杨洛中……"②

话语之间蕴蓄着乌云汹涌的反抗力量，张扬了一个弱女子的复仇精神，凸显了一个乡野村妇朴实坚毅、有仇必报的侠者风范。

丈夫被抓走后，翠屏陷入孤苦无依的困境，村里新来的段巡长趁人之危，对她进行骚扰和威胁。这激起了翠屏强烈的复仇意识和反抗

---

① 萧军：《八月的乡村》，人民文学出版社1954年版，第81—82页。
② 萧军：《第三代》上册，黑龙江人民出版社1982年版，第109页。

第五章　认同与张扬:复仇精神和反抗意志 ◆◇◆

情绪，她想杀了段巡长这个恶棍。当宋七月劝阻她时，她慷慨陈词：

> 我以为你是个男人……向你说一说！……一个女人受了这样的欺侮……你还教导她忍耐……他是官员，……他有枪……他有男人们那样加倍的力气……我怎么和他抗拒？……我不杀了他，向那些人们去讨公道么？他们会讲公道么？他们会把讲公道的人关进监牢里面去！……他们会把讲公道的人逼成疯狂了！……他们能替我这样没有希望得到报偿的人讲公道么？……我不管什么官员，什么人命……就是当今的皇帝……他如果侵害到我……只要我能够……我也要杀了他。①

这是捍卫人格尊严的愤怒呼声，更是向黑暗社会复仇的铿锵宣言，这是人性的呐喊，更是反叛的绝叫，这发自一个弱女子口中掷地有声的话语，足以让七尺男儿汗颜，给为非作歹者以震慑，一个不畏强暴、勇于反抗的女侠形象跃然纸上。身处极限情境中的翠屏，不堪受辱，终于铤而走险，离开凌河村，带着一柄尖刀踏上羊角山当了胡子。从凌河村受辱到羊角山落草，再到长春这个现代大都市寻求生活，一路走来，虽深陷绝境，但这个坚强的女性始终没有低头，试图在挣扎和反抗中寻求自由解放之路。然而，翠屏的婚姻和家庭是不幸的，她始终没有摆脱妻性枷锁的束缚。面对软弱无能、自私怯懦、愚昧麻木的丈夫，她也未能完全走出传统女性的宿命，最后不得不痛苦地跟着王大辫子又回到了凌河村。在我看来，翠屏犹如暴风骤雨中一枝傲然挺立于悬崖峭壁间的野性之花，要想自由怒放于艳阳高照的晴空之下，还需要一番艰苦卓绝的磨砺和生生不息的淬炼，但不管世事如何变幻，都无法掩盖这个女中豪杰所放射出来的侠义光辉。

在《吴越春秋史话》中，浣纱女正直善良、爱憎分明，她与伍子胥只是萍水相逢，但出于对统治者及其暴政的不满与憎恨，以及对无辜受难者的悲悯与同情，她铤而走险，慷慨救助惨遭楚王迫害、流亡

---

① 萧军：《第三代》上册，黑龙江人民出版社1982年版，第199页。

异国他乡的伍子胥。浣纱女无视金钱和名利，拒绝了伍子胥共享富贵的美意，一心在家奉养老母，最后为楚兵所杀。她以义勇精神和坦荡胸怀成就了侠名与侠节，显得圣洁英武、正气凛然。

通过分析可知，萧军笔下的女侠，不像古代侠义小说中的女侠那样身怀绝技、独来独往、行踪不定，具有不食人间烟火的神秘气息；也不同于现代武侠小说中的一些女侠，看似个性张扬、人格独立，实则难以摆脱男权束缚，从而陷入女性宿命的窠臼。李七嫂、翠屏和浣纱女，这些女性侠者扎根于大地，立足生活的土壤，在血与火的生死考验和残酷激烈的斗争面前，体现出临危不惧、正气凛然的侠者风范，充满了义薄云天的侠气，也丝毫不失女性的自然本色，这是一种充满了人性化的女侠形象。萧军塑造的女侠形象，与胡子——抗日英雄、胡子——侠义硬汉和刺客之侠等男侠形象，在小说文本中互为补充，相得益彰，共同建构了侠义之"人"的完整形象。萧军对女侠形象的塑造和对女侠精神的探索，可以说是对侠文化的丰富与深化，也是对现代中国文学人物画廊的重要贡献。

三 理想与现实夹缝中的艰难跋涉

在萧军的骨子里，蕴蓄和踊跃着尚武任侠、重义轻生的胡子性格和侠客气质。可以说，"从东北到上海，从上海到武汉，从武汉到山西，从山西到延安，从延安到成都，又从成都到延安……漫漫跋涉路上，敢爱敢恨、恨极而又爱极的'侠义'精神一直伴随着他"[①]。作为从黑土地走出来的新文学作家，萧军始终秉持着反抗压迫、追求正义的血性良知。他的生命历程中充满了对自由平等和公道正义的憧憬与向往，自由自在、我行我素、仗剑天涯、特立独行，是他最理想的人生形态和生活状态，就连他的作品也充满了鲜明而强烈的个人英雄主义精神和自由主义理想。在现实中，他的理想无法真正地实现，每当理想与现实发生冲突的时候，他往往也会陷入困惑与不幸。在闪耀着

---

① 刘忠：《精神界的流浪汉——延安时期的萧军》，《中国现代文学研究丛刊》2007 年第 6 期。

第五章　认同与张扬:复仇精神和反抗意志

侠义光辉的生命旅途中,萧军这位桀骜不驯的独行侠一直在理想和现实的夹缝中艰难跋涉。

父亲的粗暴,母亲的自杀,使萧军过早地陷入家庭的不幸,遭受生活的痛苦,这些不幸和苦难在他的幼小心灵中埋下了仇恨的种子,蓄积了反抗的情绪。自懂事起,萧军就对父亲充满了仇恨,立志给母亲报仇,初步表现出他对家庭威权的蔑视和反抗。入学前因维护正义、打抱不平而初显少侠风范,入学后因不畏强暴、勇于反抗而遭到开除,使他对黑暗社会和不公世道有了深刻的认识,更引发了他对旧世界、旧秩序的不满与反抗。日军入侵的民族屈辱和国破家亡的流亡生活,激起了萧军的民族义愤和复仇精神。家庭的不幸和民族的灾难,并没有压倒这颗逆境中茁壮成长的倔强不屈的灵魂,反而激发了他对自由平等、正义公道的执着追求,磨砺并铸成了他顽强的生存意志和勇敢的叛逆精神。可以说,"在中国现代文学史上,像萧军这样如此不倦执着地热爱自由、冒险、侠义、追求无拘束无媚俗的自由人格、骨子里具有天不怕地不怕的'流浪汉'性格和硬汉性格的作家,还是不多见的"[①]。在漫长的漂泊流亡生涯中,萧军逐渐形成了不畏强暴、自掌正义、独立不羁、仗义执言的个人英雄主义的人格追求和自由平等、正义公道的自由主义文化理想,而这种追求和理想一直灌注于他的人生历程与文学创作中。

东北沦陷后,萧军满怀着民族义愤和国恨家仇,曾联合军界友人组织抗日义勇军,希望在与日寇的生死搏斗中实现侠义报国的宏愿。失败后,他便以笔为剑,控诉日军暴行,鼓舞人民斗志。日本全面侵华战争爆发后,他又积极投身于全民族抗战的洪流,自觉承担起引领民族精神、唤醒国人奋起抗争的历史使命。在具体的创作中,萧军深入挖掘和极力张扬传统侠文化中的反抗意志与复仇精神,并加以现代性提升,赋予作品抗日救亡和反帝爱国的时代精神内涵与现代革命意识。萧军的人格精神和文化心理中的自掌正义、不怕牺牲、独立不羁等质素内化在小说人物身上,体现为一种个人英雄主义精神。这种个

[①] 逄增玉:《黑土地文化与东北作家群》,湖南教育出版社1995年版,第54页。

人英雄主义精神同革命集体主义要求会不可避免地发生冲突，但在革命熔炉的冶炼下会得到改造，关键时刻能焕发出临危不惧、顾全大局、大义凛然、慷慨赴难的侠义英雄气概。《八月的乡村》中李三弟在危急关头挺身而出，带领留守的战士掩护伤员安全转移，就意味着个人英雄主义经过革命的改造已经升华为顾全大局的革命壮举。萧明因个人恋爱事件陷入困惑、苦恼而不能自拔，甚至无法履行领导职责，差点造成危险后果，则体现了个人主义人格追求与革命集体纪律之间的冲突；而他最后的服从集体决定，尊重李三弟的领导，与大家一起撤退，则说明他已经在个人自由与革命要求之间获得了一种清醒的认识。从李三弟和萧明身上，可以看出萧军本人的思想情感和人格精神在文本中的折射，体现了他在侠义与革命之间选择、思考、改造与转化的努力。当然，在萧军的小说文本中，独立不羁的个人侠义行为经过现代性改造和创造性转化，逐渐走向或已经走上革命一途，这充分体现了萧军对侠文化在实际斗争中应有价值的高度重视，以及对侠文化精神的激情张扬。

传统儒家和墨家思想都强调积极入世，尽力而为，追求世道的公平合理，甚至为了道义理想可以杀身成仁、舍生取义。与儒家和墨家思想存在基因承传关系的侠文化与武侠文学的基本传统也注重表达这种哲学思想，并通过侠义人物或江湖侠客、武林豪杰等形象来进行艺术体现。因此，武侠文学特别是武侠小说塑造为国为民的侠之大者，似乎也成为应有之义。诚如前述，在现实生活中，萧军本人就是一位侠之大者。他说："我从事文学写作的动机和主要目的很简单，就是为了：祖国的真正独立，民族彻底解放，人民确实翻身以至于能出现一个无人剥削人、人压迫人的社会……"[①] 可以说，这是萧军崇高的社会理想。为了民族的独立和解放，萧军曾秘密组织抗日义勇军，但没有成功；全面抗战爆发后，他不顾萧红反对毅然决然地要到五台山参加抗日游击队。为了人民的翻身和自由，萧军又积极投身于民主斗争的洪流之中，同国民党反动派和一切黑暗势力作坚决斗争。在民族

[①] 萧军：《萧军近作》，四川人民出版社1981年版，第310页。

第五章　认同与张扬:复仇精神和反抗意志

民主斗争中,萧军体现出慷慨赴难的义勇精神和强烈的民族大义情怀,虽历尽艰难坎坷,但无怨无悔,彰显出侠义英雄本色。

自由和正义是侠文化的重要特质,自由精神、正义观念、独立人格和豪放不羁的生命形态是衡量大侠的重要标尺,他们在自由精神和正义观念指导下,勇武豪爽、率性而为、至情至性、特立独行。作为文坛独行侠的萧军,与这种侠文化精神血脉相连。他尚武任侠、不循礼法、敢爱敢恨、自由洒脱。"他可以扑倒在鲁迅的灵前失声痛哭,也可以在大上海的草坪上挥拳动武;他可以在革命圣地傲然拒绝毛泽东的挽留和礼遇,也可以率性上书、甘冒众怒地为王实味辩解;他可以在陕北尘土飞扬的大风中和共产党的领袖们饮酒高歌,也可以辞官不做,倾慕白云"[①]。萧军曾担任东北大学鲁迅艺术文学院院长一职,仅仅几个月就辞职,这体现了他不愿受约束的自由主义个性。在体制下生存的萧军,执着地追求自由。更可贵的是,他能够始终坚持独立思考,敢于讲真话。他慷慨直言:"只要你不让我认识我自己是错了,我就坚持。但我一旦坚持到我认为错误,是我错了,我会毫不吝惜地放弃。否则我还是坚持,多少人反对也没关系。我宁可坚持到死。"[②] 这就是萧军,坦坦荡荡的萧军,毫无心机的萧军,甚至不识时务、不知变通的萧军,恰恰是这种坚持,这种不羁于俗的豪放天性,使萧军在同时代作家中显得独立卓异。这是萧军留给我们的珍贵的人格精神遗产,但他的这种独立不羁的个性"也造成了他与周围环境发生冲突时的孤立无援,造成了他命运的多舛与浮沉"[③]。

萧军意识到自己的个人主义、自由主义思想倾向及其启蒙话语与延安时期的社会体制、革命话语和集体主义要求格格不入,但与生俱来的侠肝义胆和自由不羁的个性让他无法屈服于现存体制,也不能轻易屈从于集体主义革命法则,这就使原本欣赏他的毛泽东在对待他的态度上发生了些许微妙的变化。出于维护延安刚刚建立的新社会、新秩序和集体主义革命法则的需要,毛泽东对于萧军这样具有反叛个性

[①] 海涛:《远去的飘泊——关于萧军的读与思》,《当代作家评论》2001 年第 5 期。
[②] 萧军:《萧军近作》,四川人民出版社 1981 年版,第 44 页。
[③] 于宁志:《侠文化与萧军》,《太原师范学院学报》(社会科学版) 2007 年第 6 期。

的独行侠采取若即若离的策略，似乎成为必然的结局。对自身存在的个人英雄主义和自由主义，萧军有清醒的理性认识和价值判断。在延安时期，他和毛泽东经常推心置腹，坦诚相见，甚至无所不谈。据胡乔木回忆，"毛主席当时比较赏识萧军"①，他们之间私交甚笃，毛泽东了解和欣赏萧军率性耿直、豪放不羁、敢于反叛的个性。有一次，毛泽东诚恳地提出要萧军改行——入党当官，萧军竟然婉言相拒："哦，不行，不行！斯大林说过：'党员是特殊材料制成的'，入党，我不是那材料，当官，我不是那坯子，我这个人自由主义、个人英雄主义太重，就像一头野马，受不了缰绳的约束，到时候连我自己也管不住自己，我还是在党外跑跑吧！谢谢你这么看得起我！"②后来，经过在延安中央党校学习，萧军进一步加深了对党的认识，思想上要求进步。于是，他向时任中央党校副校长的彭真表示想加入中国共产党。彭真对萧军的进步由衷高兴，表示热烈欢迎。但当彭真问萧军能否服从党的组织原则时，萧军很坦诚地表示不能，他认为不对就要反对，更不会服从和执行他认为不对的决定，他说："谁要是命令我、支使我，我立刻就会产生一种生理上的反感，这是我的弱点！难以克服的弱点！看来我还是留在党外吧！省得给党找麻烦！"③就这样，连最起码的组织原则都不能遵守的萧军，非常有自知之明，他自己又撤销了入党的要求。对于每一位从国统区和沦陷区经过艰难跋涉来到革命圣地延安的追求进步的知识分子而言，加入中国共产党本应是必然的人生选择。尤其是萧军这样一位深受毛泽东尊敬和器重的早已蜚声文坛的作家，入党当官具有先天的优势。用世俗的眼光来看，当时来到延安的知识分子以获得领袖信任和尊重为荣，把入党作为自己的梦想，如果萧军答应毛泽东入党当官的要求，那么他飞黄腾达指日可待。但他却以"受不了缰绳的约束"的"难以克服的弱点"而轻易放弃了这千载难逢的机遇。在我看来，这固然是世俗人生的重大损失，但对于侠者萧军来说，却真正凸显了他坦荡无私、无意功名、自由独立的高贵品质。

---

① 胡乔木：《胡乔木回忆毛泽东》（增订本），人民出版社2014年版，第54页。
② 王德芬：《萧军在延安》，《新文学史料》1987年第4期。
③ 王德芬：《萧军在延安》，《新文学史料》1987年第4期。

第五章 认同与张扬:复仇精神和反抗意志

面对世俗功利的诱惑,萧军没有掩饰自身的缺点和毛病,也没有作出违心的抉择。他的真诚自剖,既表明了一种清醒的理性认知,又体现了他近乎执拗的价值坚守和自我肯定。因此,萧军的个人英雄主义和自由主义不是自私、盲动、轻率、放纵,也不是对现实政治的盲目对抗,而是一种血性、良知,一种追求真理、敢讲真话、维护正义、捍卫尊严的精神和勇气。这种人格追求和文化理想,在展现和张扬萧军的侠者风范的同时,也使他同现实境遇发生了不可调和的冲突,给自己带来不幸甚至灾难。"王实味事件"中的挺身而出、仗义执言,使萧军蒙冤受辱;在东北解放区,萧军因"文化报事件"被莫须有地冠以"反苏、反共、反人民"三宗大罪而遭到批判;甚至在中华人民共和国成立后,萧军也屡遭批判和批斗,无不与这种理想和现实的冲突有关。可贵的是,萧军始终没有在不幸和灾难面前低头屈服,而是以坚韧顽强的生命意志和不屈不挠的抗争精神生存下来,勇敢地书写着慷慨悲壮的侠义人生。

总之,萧军的一生勇武强悍、豪放不羁、特立独行、自由洒脱,他的作品在对复仇精神和反抗意志的认同与张扬中洋溢着悲壮雄浑、粗犷奔放的野气和强力,充分体现了个人英雄主义的人格追求和自由主义的文化理想。这种独特的人格追求和文化理想,只有结合萧军的人生经历、精神个性和生命体验,并纳入侠文化的审美视野来加以整体观照,才能得到客观、全面、合理、公正的理解与阐释,从而使萧军这个曾纵横驰骋于现代中国文坛的独行侠,以更加完整的形象笑傲于天地之间,呈现在世人面前。

第六章　反思中否定：精神鸦片和迷魂汤

　　在与侠文化发生精神相遇的新文学作家中，有三位显得与众不同。他们始终立足于思想启蒙、阶级革命和民族革命的价值立场，基于同以武侠小说为代表的通俗文学争夺读者市场的需要和建设无产阶级革命文学以鼓舞民众斗志的目的，着眼于武侠小说和侠文化的负面作用与消极影响，以现代革命理性对武侠小说和侠文化进行了深入反思，且极尽批判之能事，甚至对其思想内涵给予全盘否定，体现出一种反思中否定的文化改造思路。他们对待武侠小说这类通俗文学作品"大都不屑一顾，对其广泛流行持非常严厉的批评态度，以为其'关系我们民族的运命'，甚至为嘲弄中国人的侠客崇拜而呼唤'中国的西万谛斯'"[1]。在他们看来，武侠小说是麻醉人心的精神鸦片，是毒害小市民的"迷魂汤"，使其"从书页上和银幕上得到了'过屠门而大嚼'的满足"[2]；那些崇拜侠客和渴望拯救的小市民"悬盼着有一类'超人'的侠客出来"，在不可能实现的幻想中，"来宽慰了自己无希望的反抗的心理"[3]；这种充满不切实际的幻想和等待救世主出现的武侠作品所带来的社会效果必然是"济贫自有飞仙剑，尔且安心做奴才"[4]。

---

[1] 陈平原：《千古文人侠客梦——武侠小说类型研究》，人民文学出版社1992年版，第65页。
[2] 茅盾：《中国文论二集·封建的小市民文艺》，《茅盾全集》第十九卷，人民文学出版社1991年版，第368—369页。
[3] 郑振铎：《论武侠小说》，《中国文学研究》（下），人民文学出版社2000年版，第334页。
[4] 瞿秋白：《乱弹·吉诃德的时代》，《瞿秋白文集》文学编第一卷，人民文学出版社1985年版，第377页。

第六章　反思中否定:精神鸦片和迷魂汤　◆◇◆

毋庸置疑,在对待武侠小说和侠文化的态度上,他们可谓勠力同心的批判者和否定者。"过分强调小说的教诲功能而完全否认其娱乐色彩,并进而从思想倾向上全盘否定武侠小说"①,是他们的侠文化批评话语的显著特色。这三位作家是茅盾、郑振铎和瞿秋白。他们不仅是新文学作家,而且还是左翼文学理论家,瞿秋白还曾是无产阶级政党的领袖人物。在与侠文化发生精神相遇的过程中,他们因过分强调小说的教诲功能和社会作用,而与侠文化产生了严重的价值冲突。具体体现为:他们主要从思想革命、政治革命和民族救亡的现实利益出发,秉持着现代知识分子的精英意识,对武侠小说和侠文化以及人们迷恋其中所折射出来的国民性与民族性展开理性反思,出于现实斗争和鼓舞民众斗志的需要,从思想倾向和主题内涵方面对侠文化与武侠小说进行彻底批判和全盘否定,呈现出鲜明而强烈的政治功利色彩,同时也必然打上了时代和阶级的烙印。茅盾、郑振铎和瞿秋白这三位新文学作家对待侠文化的态度具有时代合理性和历史进步意义,但其局限性也是显而易见的,对此必须保持清醒而理性的认识。

第一节　茅盾:武侠小说是小市民的"迷魂汤"

茅盾是五四新文化运动的先驱者和中国革命文艺的奠基人之一。他较早地接受了马克思主义,早年投身革命,亲历了创立中国共产党、促进国共合作和大革命等政治实践活动。作为新文学作家,他有着鲜明而强烈的政治倾向性;作为文艺理论家,他自觉地运用唯物史观来观察和反映社会生活,以科学的方法来剖析现代中国社会的性质,表现人的现实生存和精神困境。作为一个具有社会科学家气质的小说家,茅盾"兼具文艺家写作品与科学家写论文的精神"②,具体到创作中则表现为他把小说艺术和社会科学紧密结合起来,从各个角度表现社会人生,力图对社会生活作出总体的全景式的再现,并揭示社会现象背

---

① 陈平原:《千古文人侠客梦——武侠小说类型研究》,人民文学出版社1992年版,第66页。
② 叶圣陶:《略谈雁冰兄的文学工作》,《新文学史料》1982年第1期。

后的经济、文化、历史等深层动因。尤其是"他将'五四'时期文学研究会'人生派'的现实主义精神接过来，加以发展，建立起在当时来说属于全新的革命现实主义文学模式"①。在长期的创作过程中，形成了社会剖析派小说的独特风格，茅盾也成为社会剖析派小说的代表作家。因此，就茅盾的创作而言，他在观察和思考现实、处理和分析艺术问题的时候，总是能够立足革命者的立场，结合当时的社会历史和现实人生，深刻洞见社会的本质，高度重视文学的社会功利目的，坚持艺术为人生且要反映这人生的主张，为现实人生和政治革命服务。以此来观照茅盾对待侠文化及其艺术载体——武侠小说的态度，无论是彻底批判还是全盘否定，都离不开他的为人生的出发点和革命者的价值立场。

20 世纪二三十年代，平江不肖生和还珠楼主相继掀起了两次武侠热潮。一时间，现代武侠小说风起云涌，盛行天下，为社会大众尤其是小市民阶层所广泛瞩目和深情阅读，甚至顶礼膜拜。一些人更是借助电影、连环图画等现代传媒手段，乘势对这些武侠小说进行改编，方兴未艾的武侠热起到了推波助澜的作用，从而使这些武侠小说继续在广大民众中不断产生轰动效应。这种波澜起伏的武侠热潮引起了新文学作家的广泛关注，一时间，各种批评的声音此起彼伏，并在 20 世纪 30 年代掀起了武侠小说批评的热潮。其中，鲁迅的《流氓的变迁》《上海文艺之一瞥》《中华民国的新"堂·吉诃德"们》，瞿秋白的《吉诃德的时代》《普洛大众文艺的现实问题》《谈谈〈三人行〉》，郑振铎的《论武侠小说》《我们所需要的文学》，都是这个时期出现的批评佳作。这些文章将批评的锋芒直接指向当时的武侠热和风靡一时的武侠小说。在这场武侠热和武侠小说的批判浪潮中，茅盾身先士卒，自觉地担当起社会责任和历史使命。他不仅著文直接参与批驳，而且创作了带有"反武侠"性质的小说进行含蓄的指责，以此宣告侠文化的虚妄和侠义主义的破产。

---

① 钱理群、温儒敏、吴福辉：《中国现代文学三十年》（修订本），北京大学出版社 1998 年版，第 222 页。

第六章 反思中否定:精神鸦片和迷魂汤

在《封建的小市民文艺》中,茅盾在简要描述武侠热盛况的基础上,对武侠热的成因、社会危害、大众接受心理进行了深入分析,揭示了武侠小说的封建思想本质,继而提出怎样稳定和夺取小市民阶层这一严峻的现实问题,具有鲜明的思想启蒙色彩和重要的现实针对性。在文章中,茅盾主要运用阶级分析的方法,将盛极一时的武侠小说和武侠影片定性为"封建的小市民文艺",称之为小市民的"迷魂汤",把批判的矛头直指当时的武侠热。对于当时风行全国的武侠热,茅盾是这样描述的:

> 一九三〇年,中国的"武侠小说"盛极一时。自《江湖奇侠传》以下,摹仿因袭的武侠小说,少说也有百来种罢。同时国产影片方面,也是"武侠片"的全盛时代;《火烧红莲寺》出足了风头以后,一时以"火烧……"号召的影片,恐怕也有十来种。①

这里的《江湖奇侠传》是民国武侠小说的开山鼻祖平江不肖生(向恺然)的代表作,电影《火烧红莲寺》就是根据他的这部代表作改编拍摄的。平江不肖生于20世纪20年代就揭开了现代武侠小说大繁荣的序幕,掀起了民国武侠热的第一波浪潮,根据其小说改编的电影对于武侠热的高涨具有助推之力。在第一波浪潮方兴未艾之际,1932年还珠楼主《蜀山剑侠传》的问世,再度掀起了武侠热的第二波浪潮,可谓一波未平,一波又起。茅盾将当时势不可当的武侠热称为"武侠狂"的现象。他指出武侠小说的读者和武侠影片的看客大部分是小市民,也就是小资产阶级,并认为武侠热的出现绝不是偶然的。在茅盾看来,"一方面,这是封建的小市民要求'出路'的反映,而另一方面,这又是封建势力对于动摇中的小市民给的一碗迷魂汤"②。这可谓切中肯綮的洞见。在社会底层挣扎和苦斗的小市民阶层,本能

---

① 茅盾:《中国文论二集·封建的小市民文艺》,《茅盾全集》第十九卷,人民文学出版社1991年版,第368页。
② 茅盾:《中国文论二集·封建的小市民文艺》,《茅盾全集》第十九卷,人民文学出版社1991年版,第368页。

地对贪官污吏和土豪劣绅充满了痛恨与愤懑,在现实统治体制之下,他们又无法惩恶扬善,而武侠小说和武侠影片则恰恰符合并满足了小市民的这种现实的心理需要,它们攻击和鞭挞为小市民所痛恨的贪官污吏与土豪劣绅,并抬出清廉的官吏来为民申冤,伸张正义,从而模糊底层民众对统治阶级本质的认识,助长他们反贪官而不反皇帝的奴性心理,替统治阶级辩护。在小市民渴望寻求出路,但现实中却暂时找不到出路而又无所适从之际,武侠小说和武侠影片对他们来讲,无异于救世良方。武侠小说和武侠影片中塑造的为民除害的侠客,使那些陷入生存困境而无可奈何的小市民似乎看到了被拯救的曙光。但这些侠客一定又依靠圣明长官和公正士绅,并且做侠客的唯一资格是忠孝节义,而侠客所保护的对象只是那些忠孝节义的老百姓。在这种情况下,所谓的侠客不过是为统治阶级所驱使的工具,小市民似乎看到的被拯救的曙光也不过是基于现存统治秩序之内的自我调节和自我粉饰。无论是清廉的官吏,还是为民除害的不世出的英雄,都不能给陷入困顿的人们带来被拯救的希望。而武侠小说和武侠影片中之所以会出现这类形象,无外乎出于瓦解广大底层民众斗志并使之安于现状而甘愿接受奴役的统治目的。正是在这个意义上,茅盾指出"武侠狂"的现象既是小市民要求出路的反映,又是封建势力送给他们的迷魂汤,其有非常重要的警醒作用和现实意义。

在茅盾看来,渴望侠客拯救只能助长小市民的消极等待心理,丧失行动的自觉和力量,"侠客是英雄,这就暗示着小市民要解除痛苦还须仰仗不世出的英雄,而不是他们自己的力量",并且这些小说和影片"在稳定了小市民动摇的消极作用外加添了积极作用:培厚那封建思想的基础"。① 由此可见,在封建思想的长期统治之下,饱受几千年精神奴役创伤的小市民很容易陷入统治阶级"迷魂汤"的诱惑和麻痹之下。这不仅压抑和解构了他们的觉醒意识与反抗意志,而且更加重了他们的精神负累,使他们始终处于封建思想的掌控之中而难以自

---

① 茅盾:《中国文论二集·封建的小市民文艺》,《茅盾全集》第十九卷,人民文学出版社1991年版,第369页。

第六章　反思中否定:精神鸦片和迷魂汤

拔,从而带来极大的社会危害。茅盾指出,小市民"中间血性差些的,就从书页上和银幕上得到了'过屠门而大嚼'的满足;他们中间血性刚强的人就要离乡背井,入深山访求异人学道"①。无论是自欺欺人的自我满足还是虚妄的入山学道,都无益于社会的发展和进步,只能消弭人们的斗志,为统治秩序增添虚假的颇具欺骗性的太平景象。在这里,茅盾仍然高擎五四以来思想启蒙的火炬,对武侠小说和武侠影片中的封建意识与鬼神迷信思想及"非科学的神怪的武技和'善有善报,恶有恶报'的定命论"②给予猛烈的批判和彻底的否定。茅盾对武侠小说和武侠影片猛烈开火,主要侧重于寄寓其中的这些思想观念的巨大的社会危害性。这些思想观念通过武侠小说和武侠影片的传播而注入广大民众的意识深处,会产生不可估量的负面作用和消极影响,麻痹人们的斗志,对统治阶级抱有不切实际的幻想,如此等等,不一而足。因此,茅盾的侠文化批判有利于广大民众个体意识的不断觉醒和社会思想的进一步解放,有利于人们认清统治阶级的本质和统治逻辑,自主命运,放弃幻想,自觉担当自我解放、阶级解放和民族解放的重任,奋起反抗一切剥削和压迫。《封建的小市民文艺》一文写于1932年12月,发表于1933年2月,时值"九·一八"事变和"一·二八"事变相继爆发之后,整个中国正处于抗日救亡的语境之下,救亡图存成为重大而统一的时代主题。此时武侠小说和武侠影片盛行,对于现实中的人们而言,无论是"从书页上和银幕上得到了'过屠门而大嚼'的满足",还是"离乡背井,入深山访求异人学道",都是民族危亡紧要关头的消极和逃避行为,不利于抗日救亡大业,大大消解了民众的反帝爱国热情。

为了使人们进一步认识到武侠影片的危害性,茅盾于1933年4月又发表了《玉腿酥胸以外》一文。他讽刺和批判了"救国不忘娱乐"或"娱乐不忘救国"的论调,不仅指出专以"玉腿酥胸"为号召的影

---

①　茅盾:《中国文论二集·封建的小市民文艺》,《茅盾全集》第十九卷,人民文学出版社1991年版,第369页。
②　茅盾:《中国文论二集·封建的小市民文艺》,《茅盾全集》第十九卷,人民文学出版社1991年版,第369页。

片颇受人抨击的原因在于这些荒淫肉感的片子会消磨抗日救国的壮志,而且指出武侠迷信的影片受到人们抨击的原因在于这些封建思想的片子能麻醉人心。① 基于此,茅盾郑重申明,在抗战的时代浪潮中,人们需要的不是那些宣扬荒淫思想和封建意识的色情影片与武侠影片,需要的是能够鼓舞广大民众反帝斗志和抗争精神的真正的抗战影片。在救亡图存的时代语境下,武侠迷信影片和荒淫肉感影片的流行都不利于抗战大局,因此,茅盾的讽刺和批判具有唤醒民众觉醒和鼓舞民众斗志的积极意义。

我们知道,茅盾批判和否定的内容,恰恰是五四新文化运动的革命对象。时至20世纪30年代,这些思想意识和宿命观念仍然甚嚣尘上,与民主、科学的现代精神背道而驰,严重地阻碍着革命发展和社会进步。再加上此时的中国尚处于抗日救亡的语境,这些思想观念更加不利于抗战大业的发展。因此,茅盾对于武侠小说和侠文化的批判甚至否定颇为当时的人们所接受。

在20世纪30年代武侠小说批评的热潮中,除了理论上的批判之外,茅盾还通过创作实践来形象而具体地阐明他的立场和态度。他在小说《三人行》中塑造了一个出身于破落的书香人家的贵族子弟许。他奉行侠义主义,像吉诃德一样去行侠,要为正义而斗争,他企图以个人力量去拯救苦命之人,还想暗杀摆烟灯放印子钱的恶霸陆麻子。最后,许姓青年锄强扶弱、伸张正义的侠义理想没有实现,自己反而被黑暗势力所吞噬。在小说中,茅盾不仅描写了这个贵族子弟的颓伤精神和无聊可笑,更深刻地揭示和讽刺了他的侠客梦的虚幻与荒诞。许姓青年这种英雄好汉式的侠义主义,在当时"的确有些妨碍着群众的阶级的动员和斗争,在群众之中散布一些等待主义——等待英雄好汉。这是应当暴露的"②。很显然,茅盾通过许姓青年人生道路选择和实践的失败,揭示了侠义主义在现实斗争中是行不通的,从而宣告了

---

① 茅盾:《中国文论二集·玉腿酥胸以外》,《茅盾全集》第十九卷,人民文学出版社1991年版,第403页。
② 瞿秋白:《谈谈〈三人行〉》,《瞿秋白文集》文学编第一卷,人民文学出版社1985年版,第449页。

第六章 反思中否定:精神鸦片和迷魂汤

侠义主义的穷途末路。瞿秋白在1931年10月20日《北斗》月刊第一卷第二期上发表的《吉诃德的时代》中呼唤"中国的西万谛斯",希望他以反武侠创作为中国的武侠小说和侠文化唱挽歌,打破统治着中国人脑筋的侠客梦和渴望剑仙拯救的"青天白日主义"。

茅盾的这部中篇小说《三人行》由上海开明书店于1931年12月出版,按照瞿秋白读后最初的感觉而言,"这篇东西不是一口气写的,而是断断续续的凑合起来的",同时又指出这篇小说的开始也许离满洲事变很远,而最后才偶然用满洲事变来点缀一下,"照出版的年月推算起来,写这几段'点缀'的时候,最近也总在一九三一年的十月间"。[①] 可以推算,《三人行》早在"九·一八"事变爆发之前就已经开始创作了。实际上,茅盾的这部小说写于1931年6—11月。而《吉诃德的时代》写于1931年9月8日,发表于10月20日。通过比较,可以说,早在瞿秋白呼唤"中国的西万谛斯"而《吉诃德的时代》尚未发表之前,茅盾就已经在构思和创作《三人行》了。他们都是武侠小说和侠文化的批判者,可谓心有灵犀。虽然《三人行》的主旨不是反武侠,目的也不在于为侠文化唱挽歌,但却具有反武侠小说的特征,它以艺术的方式宣告了侠义主义的破产,与反西洋武士道的小说《堂·吉诃德》有异曲同工之妙。

在这场武侠小说批评的热潮中,武侠小说的盛行之所以引起新文学作家的不安与义愤,其背后的动因在于新文学和通俗文学对于读者市场的激烈争夺。在与新文学争夺读者市场的过程中,武侠小说借鉴新文学的精神内蕴和艺术手法求新求变,不断丰富自己的表现力,增强现代性特征,借助现代社会的大众传媒手段,在小市民大众群体中引起了强烈的反响,形成了空前鼎盛的局面。在雅俗对峙的文化语境下,"中国下层社会,对于章回小说,能感到兴趣的,第一是武侠小说"[②]。更有甚者,在新文学和通俗文学相互较量和对立发展中,武侠小说空前繁荣并趋于成熟。20世纪20年代平江不肖生的《江湖奇侠

[①] 瞿秋白:《谈谈〈三人行〉》,《瞿秋白文集》文学编第一卷,人民文学出版社1985年版,第448页。

[②] 张恨水:《武侠小说在下层社会》,《前线周刊》1945年第4期。

传》和赵焕亭的《奇侠精忠传》揭开了20世纪中国武侠小说大繁荣的序幕，掀起了民国武侠第一次浪潮；30年代还珠楼主的《蜀山剑侠传》横空出世，掀起了民国武侠热的第二次波澜，一直持续到1940年代，这是民国武侠小说发展的成熟阶段。在民国武侠小说尽领风骚的年代，"最著名的《江湖奇侠传》（即《火烧红莲寺》）几乎是妇孺皆知的，这广大的势力和影响可以叫努力了二十余年的新文艺气沮"①。如前所述，这里的《火烧红莲寺》是根据武侠小说《江湖奇侠传》改编的武侠电影。该电影由当时的著名演员胡蝶主演，一经上映，立刻引起了轰动。随着大量的武侠小说被陆续改编拍摄成电影，使得武侠小说的流行更加势不可当，迅速风靡全国。对于这种现象，纵使对武侠小说一贯持批判乃至否定态度的茅盾，在其批判性叙述中也无法掩抑当时武侠热的现实盛况：

　　　　《火烧红莲寺》对于小市民层的魔力之大，只要你一到那开映这影片的影戏院内就可以看到。叫好，拍掌，在那些影戏院里是不禁的；从头到尾，你是在狂热的包围中，而每逢影片中剑侠放飞剑互相斗争的时候，看客们的狂呼就同作战一般。他们对红姑的飞降而喝采，并不是因为那红姑是女明星胡蝶所扮演，而是因为那红姑是一个女剑侠，是《火烧红莲寺》的中心人物；他们对于影片的批评从来不会是某某明星扮演某某角色的表情哪样好哪样坏，他们是批评昆仑派如何，崆峒派如何的！在他们，影戏不复是"戏"，而是真实！如果说国产影片而有对于广大的群众感情起作用的，那就得首推《火烧红莲寺》了。

　　从银幕上的《火烧红莲寺》又成为"连环图画小说"的《火烧红莲寺》实在是简陋得多了，可是那风魔人心的效力依然不减。看过《火烧红莲寺》影片的小市民青年依然喜欢从那简陋的"连环图画小说"上温习他们梦想中的英雄好汉。他们这时的心情完全不是艺术的欣赏而是英雄的崇拜，是对于超人的生活和行

---

① 徐文滢：《民国以来的章回小说》，《万象》1941年第6期。

第六章 反思中否定：精神鸦片和迷魂汤

为的迷醉向往了。在没有影戏院的内地乡镇，此种"连环图画小说"的《火烧红莲寺》就代替了影片。①

很显然，不管茅盾怎样批判和否定武侠小说与武侠电影，它们的娱乐价值和社会影响都是无法遮蔽的，就连茅盾自己也承认"他们这时的心情完全不是艺术的欣赏而是英雄的崇拜，是对于超人的生活和行为的迷醉向往了"，这就无形中揭示了底层民众的侠客崇拜意识及其接受心理对武侠小说热潮的兴起所具有的推动作用。

当然，茅盾的现代革命理性使他更加关注这类武侠作品蕴含的思想倾向和主题内涵对于社会与革命的危害。尤其是以武侠小说为代表的通俗文学占据着巨大的读者市场，而新文学的受众又局限于知识群体。这种尴尬的现实，使新文学作家对于新文学的发展前景和社会功能感到危机。在革命和救亡的语境下，如何呼唤民众觉醒、鼓舞民众斗志已作为重要的时代命题被提上日程，而武侠小说的盛行却使得广大民众沉浸于自我麻醉和自我欺骗之中难以自拔。这必然引起新文学作家重新思考新文学的发展思路和创作策略，于是，从思想倾向批判和否定武侠小说，而从艺术形式上借鉴和吸收通俗文学的经验，成为新文学与通俗文学在争夺读者市场过程中实施文艺大众化策略的双重逻辑，这样做既可以使广大民众逐渐摆脱封建思想意识和迷信观念的消极影响，又能够以大众的语言形式向其灌输先进的革命思想。就茅盾而言，他对武侠小说的批判和否定具有鲜明的五四思想启蒙色彩和强烈的阶级革命与民族革命特征，但他以阶级分析的方法为武侠小说及其读者定位，却限制了他对侠文化及其艺术载体——武侠小说的积极意义和艺术形式的探讨。作为著名的左翼作家和权威的左翼理论家，茅盾的观点及其批判方式对当时和后世的影响极大。特别是他的侠文化批评话语蕴含的思想启蒙色彩、阶级革命倾向和抗日救亡的爱国意识，在解放思想、鼓舞民众斗志、实现民族独立等现实斗争中，的确

---

① 茅盾：《中国文论二集·封建的小市民文艺》，《茅盾全集》第十九卷，人民文学出版社1991年版，第369—370页。

起到了重要的积极作用。

第二节 郑振铎：武侠小说的流行"关系我们民族的运命"

郑振铎是中国现代著名作家，也是杰出的社会活动家、文学评论家。由他和茅盾等人发起，经过精心筹备，于1921年1月正式成立的中国现代文学史上的著名社团——文学研究会，为中国新文学的发生和发展作出了重大贡献。他密切关注社会现实和人生问题，注重文学的社会功利性，坚持为人生而艺术的主张，提倡敢于直面现实人生的血和泪的文学，反对游戏人生的创作态度和消遣娱乐的文学观。在对待武侠小说和侠文化的态度上，郑振铎一直抱持革命者的价值立场，认为武侠小说的流行"关系我们民族的运命"，他深入挖掘武侠思想和国民劣根性之间的必然联系，分析了武侠小说发达的原因，指出了武侠思想的社会危害。为了拯救国民灵魂、呼唤民众觉醒和鼓舞民众斗志，他从思想革命、阶级革命和民族救亡的高度，对武侠小说进行了不遗余力的批判和彻底的否定。

在"南向北赵"于20世纪20年代掀起的武侠热余温未消之际，1932年《蜀山剑侠传》再掀波澜，形成了武侠热的第二次高潮。很显然，以武侠小说为代表的通俗文学的流行，仍然是当时文学发展不可忽视的重要现实。经过五四新文化运动先驱者的努力，新文学的发生和发展已成为现代中国文学发展的必然趋势，但与言情、武侠、黑幕等以旧的文学体式和语言创作的通俗文学相比较，后者仍占据着广大的市场，特别是拥有数量相当庞大的小市民读者群，盛行于世，社会影响巨大；而新文学的受众则局限于知识者群体，虽曾以狂飙突进之势产生过巨大的社会反响，但由于各种原因包括自身因素，随着五四的落潮而往往陷入曲高和寡的尴尬境地。因此，读者市场成为新文学和包括武侠小说在内的旧文学之间争夺的焦点与关键。作为具有高度自觉的社会责任感和历史使命感的新文学作家，郑振铎不仅充分认识到武侠小说流行并占据着广大读者市场的严峻现实，而且积极加入了

第六章 反思中否定:精神鸦片和迷魂汤

20世纪30年代对武侠小说和侠文化批判的热潮。他对武侠小说和侠文化的批判,主要着眼于它们对广大读者特别是青年们的毒害,其目的昭然可见,那就是警惕和告诫广大读者大众要注意并认识到武侠小说的危害性,拒绝它们,远离它们。在《论武侠小说》中,郑振铎把武侠小说的流行视为关系民族命运和国家前途的大事。在文章开篇,他就郑重地旗帜鲜明地指出:

> 当今之事,足为"人心世道之隐忧"者至多,最使我们几位朋友谈起来便痛心的,乃是,黑幕派的小说的流行,及武侠小说的层出不穷。这两件事,向来是被视为无关紧要,不足轻重的小事,决没有劳动"忧天下"的君子们的注意的价值。但我们却承认这种现象实在不是小事件。大一点说,关系我们民族的运命;近一点说,关系无量数第二代青年们的思想的轨辙。因为这两种东西的流行,乃充分的表现出我们民族的劣根性;更充分的足以麻醉了无数的最可爱的青年们的头脑。①

在五四文学革命时期,武侠小说和黑幕小说都属于新文学坚决反对和试图荡尽的旧的通俗文学品类。后来新文学阵营发生了分化,五四文学革命也随之落入低潮,但这些旧文学品类仍生机盎然,占据着巨大的市场,甚至盛行于世。这是新文学作家必须坦然面对的文学发展的现实。在这里,郑振铎一方面正视了黑幕小说流行和武侠小说层出不穷的非新文学可比肩的优势;但另一方面找到了它们的劣势,即思想的危害及其与民族劣根性的关系。这种辩证的理性思维足以支撑他的逻辑力量,他不仅严肃指出黑幕小说的流行和武侠小说的层出不穷绝不是无关紧要的小事,它们"关系我们民族的运命",关系无数"青年们的思想的轨辙",其流行不仅表现出民族的劣根性,更足以麻醉青年们的头脑。正是在这种清醒的辩证思维指导下,郑振铎才充分感受到武侠小说的危害性,自觉承担起一份神圣的天道责任。

---

① 郑振铎:《论武侠小说》,《中国文学研究》(下),人民文学出版社2000年版,第333页。

在他看来,"为了挽救在堕落中的民族性计,为了'救救我们的孩子'计",非常有必要"大声疾呼的唤起大众的注意"①。这充分表明了他创作《论武侠小说》的真正意图,体现了他的社会担当和历史使命感。

为了达到创作的目的,郑振铎追根溯源,既简要寻绎了武侠小说发生、发展的轨迹,找到了武侠小说盛行的原因,又指出了它的社会危害,表明现实的应对策略。

与茅盾不同的是,郑振铎首先在追溯武侠小说发展历史的时候,将批判的矛头指向更远的由侠义小说和侠义公案小说掀起的晚清武侠热:

> 像《施公案》、《彭公案》、《三侠五义》(即《七侠五义》之原名)以及《七剑十三侠》、《九剑十八侠》之类。他们曾在三十年前,掀动过一次轩然的大波,虽然这大波很快的便被近代的文明压平了下去——那便是义和团的事件。但直到最近,他们却仍在我们的北方几省,中原几省的民众中,兴妖作怪。红枪会等等的无数的奇怪的组织,便是他们的影响的具体的表现。②

武侠小说的发生与社会历史发展存在着密切的关系,而武侠小说的发展又示范着人们的行为,影响着社会历史的进程。清代的侠义小说和侠义公案小说曾在历史上掀起过热潮,这类小说所描绘的内容往往成为近代人们的生活教科书和现实的精神支撑,影响和指导着人们的现实生存和斗争实践。郑振铎指出义和团运动中所表现出来的愚昧迷信和破坏性是晚清武侠热造成的,红枪会等民间组织也是作为武侠小说的"影响的具体的表现",这在一定程度上揭示了武侠小说和侠文化的负面作用与消极影响。在从"义和拳"到"义和团"的发生与发展过程中,武侠小说所宣扬的侠客剑仙们的超人武功、神奇法力和刀枪不入的特异功能等愚昧迷信内容以及封建思想意识,经过造反首

---

① 郑振铎:《论武侠小说》,《中国文学研究》(下),人民文学出版社2000年版,第333页。
② 郑振铎:《论武侠小说》,《中国文学研究》(下),人民文学出版社2000年版,第334页。

第六章 反思中否定:精神鸦片和迷魂汤

领和带头大哥的加工改造,注入玄妙神秘成分,对底层民众形成极大的诱惑性和强大的吸引力。在此情况下,这些底层民众凭着一时的血性冲动、懵懂的反抗意志和不切实际的幸福梦幻,铤而走险,加入义和团,在扶清灭洋旗号的召唤下,以迷信的短见和匹夫之勇来应对现实,以血肉之躯去抗衡西方列强的坚船利炮。结果不仅没有实现驱洋灭洋的任务,反而成了晚清政权垂死挣扎之际被其利用遭其剿灭的牺牲品,也给自己和家庭带来了灾难,给社会造成了一定程度的破坏。我们要肯定义和团的革命精神和历史贡献,但也必须正视其因愚昧和盲动所造成的社会危害。正如郑振铎所指出的,在诸如义和团之类事件中,"不知有多少热血的青年,有为的壮士,在不知不识之中,断送于这样方式的'暴动'与'自卫'之中"[1]。这正是他所关注的武侠小说对现实社会造成负面影响的重要体现。

如此看来,武侠小说的流行对于一个民族的危害特别是青年们的毒害是非同小可且不容忽视的。但武侠小说为什么这样流行呢?除了茅盾指出的特定历史时代和具体社会环境下封建小市民要求出路的渴盼与封建势力给他们提供迷魂汤满足其需要之间互动的结果之外,郑振铎又主要从接受心理和生产传播策略两个方面发现了武侠小说流行背后的深层动因。

从接受心理上看,郑振铎认为,武侠小说的发达和流行与普通民众的接受心理密切相关。在他看来,"便是一般民众,在受了极端的暴政的压迫之时,满肚子的填塞着不平与愤怒,却又因力量不足,不能反抗,于是在他们的幼稚心理上,乃悬盼着有一类'超人'的侠客出来,来无踪,去无迹的,为他们雪不平,除强暴。这完全是一种根性鄙劣的幻想;欲以这种不可能的幻想,来宽慰了自己无希望的反抗的心理的"[2]。饱受剥削和压迫的底层民众对统治者充满了不平和愤怒,但在现实中想要反抗却又无能为力。在这种情况下,他们希望侠客横空出世,打抱不平,为他们伸张正义。这种渴望拯救和等待侠客

---

[1] 郑振铎:《论武侠小说》,《中国文学研究》(下),人民文学出版社2000年版,第334页。
[2] 郑振铎:《论武侠小说》,《中国文学研究》(下),人民文学出版社2000年版,第334页。

出现的心理为武侠小说的发展和繁荣准备了现实的精神土壤,这是造成"唐代藩镇跋扈之时"与"西洋的武力侵入中国之时"① 武侠小说盛行的最重要的原因之一。郑振铎通过分析读者的接受心理,既找到了武侠小说发达和流行的原因,也指出了武侠思想和国民劣根性之间的深刻联系。那就是处于弱势地位的无辜的民众找不到现实的斗争出路,而武侠小说中的侠客满足他们虚妄的幻想之余,又助长了他们渴望拯救的依赖心理,在孤独无助和无可奈何的心境中寄希望于不切实际的梦幻,虽然这种心造的幻影能够宽慰他们的心理,但容易使他们丧失自我和自主命运的斗争精神。我认为,郑振铎对读者接受心理进行深层分析的目的不仅仅在于揭示武侠小说流行的原因,更重要的是,他希望深受武侠思想影响的广大民众能够充分认识到这种危害,使他们在现实斗争中放弃一切幻想,真正地自主命运,奋起反抗阶级压迫,从而他的侠文化批评话语也彰显出思想启蒙和阶级革命的鲜明特征。

从生产传播策略上看,郑振铎认为,武侠小说的作者们和出版家们以及武侠电影的编者、演者们等生产传播主体的商业策略对于武侠小说的流行,也是极为关键的因素。当社会现实环境需要侠客出现,而"超人"的侠客"竟久盼而未至"之时,"民众中的强者们便天天在扼腕于自己的不能立地一变而成为一个侠客,为自己,为他人,一雪其不平"②。在这种情况下,武侠小说的作者、出版家和武侠电影的编者、演者等这些"黠者们便利用了这一股愤气与希望,造作了'降神''授术''祖师神祐''枪炮不入'等等的邪说以引诱着他们",使那些不世出的侠客及其仗义行侠的壮举"徒然的见之于书册",③ 并借助电影等现代传播手段再现于观众面前。武侠小说就是这样通过书册和电影等方式在社会大众之间渗透传播,逐渐扩大影响,形成风靡全国之势的。

在武侠小说盛行的过程中,灌注其中的武侠思想也随之弥漫于广

---

① 郑振铎:《论武侠小说》,《中国文学研究》(下),人民文学出版社2000年版,第334页。
② 郑振铎:《论武侠小说》,《中国文学研究》(下),人民文学出版社2000年版,第334页。
③ 郑振铎:《论武侠小说》,《中国文学研究》(下),人民文学出版社2000年版,第334页。

第六章 反思中否定：精神鸦片和迷魂汤

大民众的精神世界和心理空间，对他们产生了重要的影响。在郑振铎的批判视野中，武侠思想是谬误的、有毒的，对广大民众的危害是不可低估的。它往往"使强者盲动以自戕，弱者不动以待变的。他们使本来落伍退化的民族，更退化了，更无知了，更晏安于意外的收获了。他们滋养着我们自五四时代以来便努力在打倒的一切鄙劣的民族性"[①]！在这里，郑振铎指出了武侠思想带给人们的盲动主义和等待主义对民族发展的巨大危害。在他看来，武侠思想既助长了民众轻举妄动或放弃斗争的心理，又深入国民灵魂形成了自我麻醉、安于现状的劣根性。而这种谬误的、有毒的武侠思想，恰恰是五四新文化运动初期斗争的对象。这充分表明五四新文化运动对武侠思想的批判是不彻底的。对此，郑振铎进行了深入的反思：

> 当时，虽然收了一些效果，但可惜这些效果只在浮面上的，——所谓新文化运动至今似乎还只在浮面上的——并未深入民众的核心。所以一部分的青年学子，虽然受了新的影响，大部分的民众却仍然不曾受到。他们仍然是无知而幼稚的，仍然在做着神仙剑客的迷梦等等。[②]

以价值重估和破旧立新为鲜明特征的五四新文化运动对包括武侠思想在内的传统文化进行了深入的反思与激烈的批判，尽管将古老的中国带入了一个思想解放的崭新时代，但实际效果并没有达到理想的诉求，时至今日，五四以来反对封建思想革命的历史任务还没有真正完成。郑振铎反思了五四新文化运动的不彻底性，严肃指出这场运动并未真正地"深入民众的核心"，大多数民众"仍然在做着神仙剑客的迷梦"。他还结合民国武侠热，列举了当时《时报》的本埠新闻所刊载的少男少女们弃家访道、入山学道的故事，同时又指出当时的小学教科书也充满了武侠思想。以此证明，当时武侠小说和武侠思想的

[①] 郑振铎：《论武侠小说》，《中国文学研究》（下），人民文学出版社2000年版，第336页。
[②] 郑振铎：《论武侠小说》，《中国文学研究》（下），人民文学出版社2000年版，第334—335页。

传播和影响是相当普遍与深远的,从而表明反封建包括反武侠思想革命的任务仍很艰巨,任重而道远。

面对民国武侠热的现实境况,面对严峻的反武侠思想革命的任务,郑振铎郑重提出了现实的对策。他不仅质问和告诫那些武侠小说的生产者与传播者务必注意武侠思想的负面作用和社会危害,而且为了涤荡武侠思想的消极影响,他号召进行思想界的"二次革命"。郑振铎认为,五四时代并未完全过去,他主张进行"一次真实的彻底的启蒙运动",以此来"扫荡了一切倒流的谬误的武侠思想",而这正是"新的启蒙运动所要第一件努力的事"①。这是郑振铎正视民国武侠热的现实,探究了武侠小说发达和流行的原因,指出其危害,并在反思五四新文化运动对武侠思想批判不彻底的基础上得出的结论。在思想文化领域开展新的启蒙运动来扫荡武侠思想,充分彰显了郑振铎对武侠小说和侠文化所持的革命立场以及猛烈批判和彻底否定的文化态度。

作为时刻关注社会现实的左翼作家和理论家,郑振铎善于结合时代特征来思考文艺问题并提出现实对策。他曾在阶级革命的年代注意到思想启蒙的重要性,于是他号召开展新的启蒙运动来荡涤武侠思想的消极影响,唤醒人们的自主意识和反抗意志。在民族危机日渐深重的紧要关头,他以满腔的激情和深沉的理性来思考抗战语境下文学的发展问题。在《我们所需要的文学》中,郑振铎结合抗战语境,对已经开始的民族抗战的大时代应该需要什么样的文学这一严峻而现实的问题作出了自己的思考。他将武侠小说、神魔小说和"个人中心"主义的作品统统纳入不良文学的行列,认为这些小说对社会人心和现实斗争具有不可低估的毒害作用与消极影响,主张坚决地予以排除、放弃、打倒,对之进行无条件地斥责和扫荡。在谈到武侠小说的危害时,郑振铎直接陈述并点明了它的社会危害:

  武侠小说的发展与流行,害苦了一般无充分识别力的儿童们;

---

① 郑振铎:《论武侠小说》,《中国文学研究》(下),人民文学出版社2000年版,第337页。

第六章 反思中否定:精神鸦片和迷魂汤

那一批躺在上海的鸦片烟榻上的不良作家们,在他们的随了一圈圈的烟圈而纠绕着的幻想里,不知传染了多少的清白无辜的富于幻想的小儿女们。报纸上所记载的许多弃家求道的男女儿童们的可笑的故事,便是他们的最好的成绩![1]

从郑振铎的叙述语调中,足以看出他对武侠小说的反感和对其危害的警惕。在他的价值视域中,武侠小说的发展和流行犹如精神鸦片,毒害着少年儿童的纯真的心灵,对他们的健康成长存在严重的误导作用。在抗日救亡语境下,这样的不良文学误导着青年们跟着它们走,不利于伟大时代的斗争。他认为,"五四"是一个普遍的思想界的反抗时代,"五卅"是一个更伟大的一部分青年以实际行动反抗的时代;等革命高潮到来时,革命作家放下笔杆子,拿起了枪杆子;等革命高潮过去后,他们又拿起了笔杆子;"九·一八"和"一·二八"事变后的时代与以前不同,真实的经验,真实的行动,真实的反抗,真实的斗争,使他们更深刻了,更热情了,更伟大了。[2] 针对当时文坛里大多数作家萎靡退化的现状,郑振铎呼唤他们醒来,积极投身于伟大的时代,创作出"力的文学""争斗的文学""为群众而写的文学""刺激的,呼号的,热烈的文学"[3],这才是伟大的抗战时代所需要的伟大的文学。在抗日救亡的伟大时代,文学应该有一个更伟大的前途:

在这热烘烘的,火辣辣的伟大时代里,正是伟大文学的诞生的最适宜的时期。

在真实的生或死的争斗的火光里,照见一个伟大的文学的诞生,而呐喊、冲锋、炮弹的炸裂便是诞生的贺歌。

---

[1] 郑振铎:《我们所需要的文学》,《中国文学研究》(下),人民文学出版社2000年版,第321页。
[2] 郑振铎:《我们所需要的文学》,《中国文学研究》(下),人民文学出版社2000年版,第319页。
[3] 郑振铎:《我们所需要的文学》,《中国文学研究》(下),人民文学出版社2000年版,第323页。

而广大的群众也正在等候着。

是起来的时候了，亲爱的作家们！

抬起头来；无垠的地平线上广大的群众在当前。①

"九·一八"和"一·二八"事变的相继爆发，改变了中国历史的重大进程，抗日救亡以压倒一切之势开始成为重大而统一的时代主题。一切文艺活动都应无条件地服从和服务于抗战大局，这是时代赋予作家的使命，更是革命作家的一贯立场。在抗战语境下，郑振铎以革命者的价值立场来审视武侠小说，并呼唤与伟大时代合奏的伟大文学的诞生，具有鲜明而强烈的现实功利目的。那就是通过斥责武侠小说的弊害，呼唤伟大文学的诞生，来唤醒沉溺于武侠思想等待侠客拯救的民众的民族意识和反抗意志，鼓舞现实中的作家和广大民众积极投身于抗战的时代洪流。

作为侠文化批评话语的理论华章，《论武侠小说》和《我们所需要的文学》这两篇文章均创作发表于20世纪30年代初期，时值民国武侠小说盛行，抗日救亡已经开始，文中不可避免地蕴含着作者的多维度思考和时代特征。从整体上看，郑振铎的侠文化批判侧重于思想启蒙，服从于阶级革命和民族救亡复杂交织的现实需要，具有反封建的思想革命色彩、政治革命倾向和抗日救亡意识。他的侠文化批评话语适应了时代的要求，充满了历史的反思、文化的自觉和感时忧国的情怀。

第三节　瞿秋白：呼唤"中国的西万谛斯"

瞿秋白是中国共产党早期主要领导人之一，中国革命文学事业的重要奠基者之一。同时，他还是现代著名新文学作家。作为具有这样多重身份的已经走上革命道路的新文学作家，瞿秋白观察问题、思考问题、分析问题和解决问题的出发点、纽结点与最终归宿点，当然离

---

① 郑振铎：《我们所需要的文学》，《中国文学研究》（下），人民文学出版社2000年版，第323—324页。

不开服从和服务于革命大局这个重要前提，也就不可避免地带有鲜明的政治倾向性和强烈的革命色彩，特别注重文学的政治功利性和革命现实需要。具体到对待侠文化的态度上，作为革命作家的瞿秋白主要着眼于特定时代需要和当时革命形势的发展境况，对侠文化作出阶级的分析，强调指出侠文化及其艺术载体——武侠小说对底层民众的消极影响和社会危害，对其思想倾向进行无情批判和彻底否定，为了嘲弄中国的侠客崇拜而呼唤"中国的西万谛斯"。瞿秋白勇于正视武侠小说盛行于世的社会现实，充分认识到与旧文学争夺读者市场问题的严峻性及其任务的艰巨性，为此他不遗余力地斥责与批判武侠小说的负面作用。作为一位马克思主义理论家，瞿秋白坚持以现代辩证思维对武侠小说加以理性审视，既从思想倾向上批判否定之，又对其艺术形式给予了肯定。在积极提倡和大力推动文艺大众化运动、与旧文学争夺读者市场的斗争过程中，为了达到批判和否定的目的，瞿秋白秉持"不入虎穴，焉得虎子"的方针深入研究武侠小说，深谙武侠小说拥有巨大读者市场背后的玄机，针对大众文艺存在的现实问题，以扬长避短的策略，充分利用和借鉴武侠小说艺术形式的优长，来指导大众文艺的现实创作，希望能以此拓展新文学的读者市场，扩大新文学的影响。可以说，这真正体现了一个马克思主义者所应有的价值立场与文化态度。

一 "吉诃德的时代"的青天白日梦

作为一个左翼革命作家，瞿秋白主要立足革命立场，为了革命而研究侠文化。他根据时代的特征、革命的需要和当时革命形势发展的具体实际，来分析与评价盛行于世的武侠小说，并结合革命实践的具体要求来反思与检验侠文化，这是他的基本出发点。

在《吉诃德的时代》一文中，瞿秋白首先非常严肃地指出："新文学——以及'五四式'的一切种种新体白话书，至多的充其量的销路只有两万。例外是很少的。"[1] 这说明五四以来的新文学的读者市

---

[1] 瞿秋白：《乱弹·吉诃德的时代》，《瞿秋白文集》文学编第一卷，人民文学出版社1985年版，第376页。

场非常狭小而有限，在四万万人海的中国面临尴尬的处境；同时这也意味着一个新的时代命题摆在世人面前，那就是新文学如何摆脱困境，怎样拓宽读者市场。而当时适逢武侠小说风行于世，占据着巨大的读者市场。一开篇，瞿秋白就明示了这种强烈的反差，寓意可谓深远。

自五四以来，武侠小说和武侠思想等旧文学旧文化一直是五四新文化运动所批判与斗争的对象，但十多年来，不仅没有被打压下去，反而呈现出强旺的生命力，显得势不可当。在读者市场的占有份额和社会影响力上，新文学无法与武侠小说等旧文学比权量力。因此，如何与武侠小说等旧文学争夺读者市场，成为新文学摆脱尴尬困境、谋求自身发展出路的关键环节。正是在此基础上，瞿秋白毫不犹豫地将批判的矛头刺向武侠小说及其思想倾向。在他看来，"中国还在吉诃德的时代"，"中国人的脑筋里是剑仙在统治着"[1]，他们身处这样的时代，在武侠小说的麻醉下，做着青天白日梦，等待侠客和剑仙的拯救。瞿秋白认为这是"武侠小说连环图画满天飞"[2]所带来的恶果。这深刻揭示了武侠小说和武侠思想对于广大民众的毒害作用。当然，瞿秋白的这种论断是有其社会现实基础和革命利益考虑的。从北伐战争到土地革命，中国共产党历尽艰难曲折和悲壮苦难，仍义无反顾地领导着人民大众在黑暗中摸索前进。而大革命失败，日寇入侵，又使国内外局势日益错综复杂，中国开始进入革命和救亡相交织的历史语境。在这样严峻的革命形势下，党必然要求广大民众充分认清革命道路，彻底放弃对反动统治阶级的一切幻想，不要相信虚幻的救世主，要自己主宰自己的命运，真正觉醒起来，反抗阶级剥削和压迫，以实际行动投身于时代革命的洪流。然而，20世纪30年代的文化市场却是武侠小说满天飞，武侠热一波未平一波又起，吸引着广大的小市民阶层，与新文学争夺读者市场，严重地威胁着新文学的生存与发展。"武侠小说

---

[1] 瞿秋白：《乱弹·吉诃德的时代》，《瞿秋白文集》文学编第一卷，人民文学出版社1985年版，第376页。

[2] 瞿秋白：《乱弹·吉诃德的时代》，《瞿秋白文集》文学编第一卷，人民文学出版社1985年版，第377页。

第六章 反思中否定:精神鸦片和迷魂汤

作为一种通俗艺术,主要是满足城市公众消遣和娱乐的需要,……对于没有受过良好教育因而缺乏欣赏高雅艺术能力的城市大众来说,武侠小说正合他们的胃口"[1]。而对于新文学来讲,其受众却局限于知识者阶层。在这种情况下,特别是当时读者大众的文化素质和知识水平都普遍偏低的语境下,武侠小说的读者群体比较庞大,侠文化对底层民众的思想意识产生了巨大的影响,不断冲击着新文学的市场和发展前景;同时,武侠小说的内容及其宣扬的武侠思想会严重阻碍时代发展和社会进步。

因此,在瞿秋白看来,武侠小说的强势发展,既不利于新文学进一步拓宽读者市场,也不符合当时革命形势发展的具体要求。具体而言,武侠小说的甚嚣尘上和深入人心,不仅使"那极大的大多数人的中国,与欧化的'文学青年'无关"[2],而且很容易让广大民众脱离现实,将未来寄托于虚幻的侠客和剑仙身上,俨然成为"梦想着青天大老爷的青天白日主义者",甚至于把侠客和剑仙"当做青天大老爷,当做救苦救难观世音菩萨"。[3] 这就意味着武侠小说塑造的人物和所宣扬的武侠思想对现实中的民众具有麻醉作用,使他们在虚妄的幻想中产生严重的依附心理,逐渐丧失直面现实的勇气和反抗精神。不仅如此,还会于无形中助长广大民众消极等待的心理,结果是"相信武侠的他们是各不相问的,各不相顾的。虽然他们是很多,可是多得象沙尘一样,每一粒都是分离的,这不仅是一盘的散沙,而且是一片戈壁沙漠似的散沙"[4]。为什么会出现这种人心涣散、分崩离析的局面呢?很显然,这与武侠小说和武侠思想的消极影响密不可分。脑筋长期受剑仙统治的中国人,不仅"各自等待着英雄",而且"各自坐着,垂

---

[1] 陈平原:《千古文人侠客梦——武侠小说类型研究》,人民文学出版社1992年版,第65页。
[2] 瞿秋白:《乱弹·吉诃德的时代》,《瞿秋白文集》文学编第一卷,人民文学出版社1985年版,第376页。
[3] 瞿秋白:《乱弹·吉诃德的时代》,《瞿秋白文集》文学编第一卷,人民文学出版社1985年版,第376页。
[4] 瞿秋白:《乱弹·吉诃德的时代》,《瞿秋白文集》文学编第一卷,人民文学出版社1985年版,第377页。

下了一双手",因为他们相信"济贫自有飞仙剑,尔且安心做奴才"。①这样一来,瞿秋白不仅从读者接受心理上找到了武侠小说热的成因,而且从现实层面上发现了底层民众愿做青天白日梦的心理依据。

武侠小说的现实影响可谓广泛,在揭示了武侠热的心理动因之后,瞿秋白还指出了武侠小说给青少年带来的负面作用。那就是它们误导一些十五六岁的少年沉溺于侠客和剑仙的梦幻,偷偷地跑到峨嵋山、五台山去学道修仙炼剑。虽然说"这已经算是有志气的好汉,总算不再等待英雄,而是自己想做英雄了"②,但这不利于青少年的健康成长和进一步发展。因为当时的社会并不存在什么飞檐走壁、武功高强的剑仙和侠客,更没有点豆成兵、降妖伏魔的世外高人,所以,如果长期被剑仙、侠客统治头脑,沉溺于侠客的梦幻,混淆艺术与现实的界限,那最后只能在现实中到处碰壁,丧失现实的存在感,从而使这些懵懂的少年对社会充满憎恶、恐惧和极度的不信任,对生活失去信心和希望。也就是说,当时的社会还缺乏成就一个人做侠客去行侠仗义的现实土壤,革命形势的发展也不允许这种个人英雄主义梦幻的长久存在。

在瞿秋白的侠文化批评话语中,相信武侠的人们将武侠小说塑造的侠客和剑仙奉若神明,更将武侠小说所宣扬的个人英雄主义思想奉为行动指南,这种盲目的缺乏自主意识的信仰会导致现实中的人们陷入个人主义的幻想而难以自拔,使他们各自为战,不能团结一致共同奋斗;更有甚者,他们会丧失自掌命运的自我意识,消极等待侠客和剑仙的拯救。这是瞿秋白深入武侠小说肌理得出的真知灼见。既然沉溺于个人英雄主义的民众想做侠客英雄,而丧失自主意识的民众又痴痴地等待侠客英雄,那么,他们想做的和等待的侠客英雄究竟如何呢?瞿秋白指出:"这些英雄所侍候的主人,例如包公,彭公,施公之类,是些什么样的人物,——那么,英雄的本身也就可想而知的了。英雄所侍候的主人,充其量只是一个青天大老爷,英

---

① 瞿秋白:《乱弹·吉诃德的时代》,《瞿秋白文集》文学编第一卷,人民文学出版社1985年版,第377页。

② 瞿秋白:《乱弹·吉诃德的时代》,《瞿秋白文集》文学编第一卷,人民文学出版社1985年版,第377页。

第六章 反思中否定:精神鸦片和迷魂汤

雄的本身又会高明到什么地方去呢?"① 正是在这样的诘问中,瞿秋白进一步揭示了侠客梦和侠客崇拜的虚妄。也正是在这样的质疑和批判中,为了新文学的发展和革命的需要,瞿秋白呼唤"中国的西万谛斯"尽快出现。

虽然茅盾的中篇小说《三人行》无法与塞万提斯嘲弄西洋武士道的长篇巨著《堂·吉诃德》相比肩;虽然《三人行》也不是严格意义上的反武侠小说,但宣告侠义主义在现代中国革命年代破产的蕴含使它具有反武侠的特质,而茅盾也无愧于"中国的西万谛斯"之美誉。

《三人行》描写了"九·一八"事变前后许、惠、云三个对社会不满的青年不同的人生道路,瞿秋白读后将这三种不同的人生选择归纳为"贵族子弟的中世纪式的侠义主义(姓许的)""没落的中国式的资产阶级的虚无主义(叫惠的青年和馨女士)""农民小资产阶级的市侩主义(叫云的青年)"②,并对这三种人生态度和人生道路作出了理性的分析与评价。当然,《三人行》不是武侠小说,但却涉及了侠的问题。许姓青年为出身于破落书香人家的贵族子弟,他坚信并奉行侠义主义,走上了堂·吉诃德式的行侠之路。他想凭借一己之力去扶危济困、伸张正义,但最终在暗杀恶霸的过程中失败丧命。茅盾对许姓青年的侠义主义道路选择是持批判态度的,意在说明青年只有走集体主义的革命道路,积极参加人民群众的斗争,投身于革命的洪流,在革命实践中不断地磨炼自己,砥砺斗志,才能找到更好的出路。瞿秋白对茅盾的创作目的和小说的思想内容充满了肯定和认可:

> 作者把他的无聊,可笑,讨厌,他那种崩溃的书香人家的颓伤精神,都还写得露骨,相当的透澈。这种英雄好汉的侠义主义,在现在的中国的确有些妨碍着群众的阶级的动员和斗争,在群众

---

① 瞿秋白:《乱弹·吉诃德的时代》,《瞿秋白文集》文学编第一卷,人民文学出版社1985年版,第377页。
② 瞿秋白:《乱弹·谈谈〈三人行〉》,《瞿秋白文集》文学编第一卷,人民文学出版社1985年版,第449页。

— 493 —

之中散布一些等待主义——等待英雄好汉。这是应当暴露的。①

诚然,"英雄好汉的侠义主义"不仅妨碍革命斗争的发展,而且容易在群众中散布"等待主义"的消极情绪,这都是应该揭露和批判的。在这一点上,茅盾做到了,许姓青年的失败丧命本身就宣告了侠义主义的破产。但对于他赋予许姓青年"贵族子弟"身份这个问题,瞿秋白并不赞同,且持不同意见。在侠的阶级基础问题上,瞿秋白认为:"这种侠义主义,并没有发生在现实的崩溃的中国贵族子弟之中,而在于平民小资产阶级的浪漫青年,尤其是在失业破产的流氓无产阶级,各种各式的秘密结社,——畸形的侠义主义表现在现实的所谓下流人的帮口里面。"② 在瞿秋白看来,中国的贵族并没有忏悔,也没有干什么侠义的行动,"中国的书香贵族子弟本来就只会颓伤,不会侠义。勉强要他侠义,他也就决不会去暗杀皇帝和总长(象民意党那样),而只会想去暗杀什么燕子窠的老板"③。因此他认为,茅盾在许姓青年身份问题的处理上是失败的。从实质上讲,侠是个人英雄主义者,有替天行道、除恶务尽、伸张正义的思想意识,但在行动上却容易走向极端的盲动主义,这是其遭受诟病的原因之一。就社会基础而言,侠义主义极易出现在破产的农民和失业的手工业者当中。他们憎恨旧社会旧制度,不满残酷的统治,想杀尽贪官污吏和土豪劣绅,极具反抗精神。但在没有接受正确的革命思想指导和先进政党领导之前,这些人很有可能会蜕变为流氓无产者,走向仗义行侠的反面。在这种情况下,他们的反抗斗争往往是盲目的,甚至具有很大的破坏性,他们最终会被统治阶级分化、收买和利用,要么沦落为官方的走狗和爪牙,要么摇身一变成为新的恶霸豪强。正是在这种意义上,瞿秋白认为,"中国的贵族

---

① 瞿秋白:《乱弹·谈谈〈三人行〉》,《瞿秋白文集》文学编第一卷,人民文学出版社1985年版,第449页。
② 瞿秋白:《乱弹·谈谈〈三人行〉》,《瞿秋白文集》文学编第一卷,人民文学出版社1985年版,第450页。
③ 瞿秋白:《乱弹·谈谈〈三人行〉》,《瞿秋白文集》文学编第一卷,人民文学出版社1985年版,第450页。

子弟至多只会梦想要做诸葛亮和岳飞,想把骚动起来的民众重新用什么精忠贤能的名义压下去"①,而绝不会出现侠义主义者。瞿秋白对侠的阶级基础的分析特别是侠的出身问题的观点虽然有所偏颇,但在救亡语境下以此为理论根基指责和批评茅盾在这方面处理的失败,也不无道理。

通过深入分析《吉诃德的时代》和《谈谈〈三人行〉》,可以发现,无论是等待侠客拯救的青天白日梦,还是个人英雄主义的幻想,抑或是侠义主义的冒险与盲动,都是对于革命发展极为不利的因素,特别是在民族救亡的时代语境下,这些武侠小说所宣扬并植入人心的武侠思想,更不利于抗战军民同仇敌忾的斗争精神的鼓舞和反抗意志的砥砺。这是瞿秋白以批判的锋芒直击武侠小说的负面作用和消极影响所得出的结论。很显然,他的目的在于彻底打破生活于"吉诃德的时代"的人们的青天白日梦,使他们惊醒起来,远离武侠小说,行动起来,走上自主命运的斗争道路。

二 毒菌和迷魂汤: 中国的 "马路文学" 的危害

瞿秋白深谙武侠小说大行其道、盛行于世的社会现实背后的深层动因,也深知中国民众正遭受着"古文言和新文言的压迫"及武侠小说的毒害,他将大众喜爱并深受其害的武侠小说视为中国的"马路文学"②。同时,瞿秋白非常赞同德国文学家皮哈的观点:"那些无名的反动意识的代表所出版的几百万本的群众读物,实际上却是最危险的毒菌,散布着毒害和蒙蔽群众意识的传染病。"③ 在他看来,作为中国的"马路文学"的武侠小说就是这种堪称"最危险的毒菌"的群众读物,"它们利用这种几百万人习惯的惰性,能够广泛的散布财神菩萨

---

① 瞿秋白:《乱弹·谈谈〈三人行〉》,《瞿秋白文集》文学编第一卷,人民文学出版社1985年版,第450页。
② 瞿秋白:《乱弹·财神还是反财神?·小白龙》,《瞿秋白文集》文学编第一卷,人民文学出版社1985年版,第416页。
③ 瞿秋白:《乱弹·财神还是反财神?·小白龙》,《瞿秋白文集》文学编第一卷,人民文学出版社1985年版,第416页。

的迷魂汤"①。可以说，以"毒菌和迷魂汤"来隐喻武侠小说，深刻揭示了中国的这种"马路文学"的严重危害。

在《小白龙》一文中，瞿秋白立足政治的革命立场和民族利益，以是否有利于当时群众革命运动和民族救亡为价值判断标准来衡估和评价侠文化与武侠小说。当时，上海震华书局出版了一部武侠小说《关东豪侠传》，在社会上广为流传。这部小说塑造的主人公小白龙是东三省著名的侠客（实际上是胡匪头子），深受大众读者的崇拜。在抗日救亡的语境下，对于前来剿灭他们的官兵，作为胡匪头领的小白龙竟然采取了这样的态度：

> 我们是安分良民，不知道的总说我们是强盗土匪。我们给官军打败了还好，万一官军给我们打败，被那些鬼子听了去，说中国的土匪如此厉害，中国的官兵如此没用，——岂不成了笑话！所以我不愿意打败仗，也不愿意打胜仗，只好马上就走。……②

按照常理，当土匪与官兵兵戎相见之时，必然剑拔弩张，生死相搏。但小白龙对官兵的态度却是采取了不抵抗主义，既不打胜仗，也不打败仗，只好一走了之。在抗战救亡的时代，小白龙的自我辩解似乎有些道理。瞿秋白对小白龙不抵抗主义的剖析和评价采取了欲抑先扬的态度，他的对内不抵抗主义在礼拜六派的武侠小说大家描写之下显得"如此之'深明大义'"，既顾全了抗日大局，又表现得"如此之民族主义"，"如此之爱国主义"，"如此之国家主义"。③ 继而态度一转，郑重指出，小白龙这样的土匪及其不抵抗主义却又是如此之愚蠢。在瞿秋白看来，"对内不抵抗始终要变成对外不抵抗的。这并不是小

---

① 瞿秋白：《乱弹·财神还是反财神？·小白龙》，《瞿秋白文集》文学编第一卷，人民文学出版社1985年版，第416页。

② 瞿秋白：《乱弹·财神还是反财神？·小白龙》，《瞿秋白文集》文学编第一卷，人民文学出版社1985年版，第414页。

③ 瞿秋白：《乱弹·财神还是反财神？·小白龙》，《瞿秋白文集》文学编第一卷，人民文学出版社1985年版，第414—415页。

第六章 反思中否定:精神鸦片和迷魂汤

说家的罪恶。这是小白龙等类,根本就不反对财神主义和财神制度。因此,财神和土匪之间,虽然有许多表面上的抢夺,骨子里是有一个共同之点的:就是保护财神主义的基础。所以武侠小说家能够这样描写,而且描写得这样巧妙"[1]。这样一来,瞿秋白彻底揭开了小白龙这类土匪的不抵抗主义的画皮与阶级本质,在他眼里,小白龙根本不去触动财神主义和财神制度的基础,这样的强盗土匪和中国的财神即统治阶级实为一丘之貉,在"保护财神主义的基础"这一点上,他们是相同的。在这个前提下,小白龙的对内不抵抗主义同"中国的财神借着强盗土匪的声名"而"更加巧妙的宣传"的"不抵抗主义",[2] 看似不同,实有异曲同工之妙,只不过后者是对外不抵抗主义罢了。在抗日救亡的特定时代,抗战并不意味着要取消国内的阶级斗争,如果无视国内的阶级斗争,不反对财神主义和财神制度,一味消极地对内采取不抵抗主义,那么抗战的大局也无法真正地维持,因为对内不抵抗主义最终要变成对外不抵抗主义的。很显然,关东大侠小白龙的对内不抵抗主义不利于当时国内的阶级革命,更不利于已经提上日程的抗战局势的发展。

瞿秋白不仅讽刺和批判了武侠小说描写的不抵抗主义的危害,还揭示了民众的侠客崇拜与当时流行的武侠小说之间的关系:

> 这些小说和连环图画,很广泛的传播到大街小巷轮船火车上。那些没有"高贵的"智识而稍微认识一些字的"普通人",只有这种小说可以看,只有这种戏可以听,这就是他们的"文艺生活"。平常这一类的小说的题材虽然单调,可是种类和份数都很多的,什么武侠什么神怪,什么侦探什么言情,什么历史什么家庭。……这些东西在各方面去"形成"普通人的宇宙观和人生观。[3]

---

[1] 瞿秋白:《乱弹·财神还是反财神?·小白龙》,《瞿秋白文集》文学编第一卷,人民文学出版社1985年版,第415页。

[2] 瞿秋白:《乱弹·财神还是反财神?·小白龙》,《瞿秋白文集》文学编第一卷,人民文学出版社1985年版,第414页。

[3] 瞿秋白:《乱弹·财神还是反财神?·小白龙》,《瞿秋白文集》文学编第一卷,人民文学出版社1985年版,第415页。

下编　中国新文学作家与侠文化的精神相遇

在这里，瞿秋白不仅指出了武侠小说的传播之广泛、读者市场之巨大，而且强调了包括武侠小说在内的所有旧的通俗文学对读者影响之深远，以致它们在潜移默化中从各方面形成了普通民众的宇宙观和人生观。东北沦陷后，"所谓'抗日文艺'，也还是这一类的小说家做得又多又快"①。瞿秋白也把武侠小说作家视为"财神菩萨的走狗"②，这类作家和这类小说的存在，当然是不利于阶级革命发展和抗日救亡大局的。在瞿秋白看来，这类作家不仅"很忠心的保护着财神菩萨"，而且善于"运用下等人容易懂得的话"，"来勾引下等人"，③ 从而写出使底层民众迷狂的武侠作品。瞿秋白将武侠小说这类群众读物视为中国的"马路文学"，"它们利用这种几百万人习惯的惰性，能够广泛的散布财神菩萨的迷魂汤"④。可以说，瞿秋白对侠的本质作出了阶级的分析，对武侠小说的危害和武侠小说作家的阶级本质给予了深入解剖与严厉批判。

在对待侠文化的态度上，瞿秋白与鲁迅有相似之处，基本上是批判的。但不同的是，鲁迅不仅反思侠文化的缺点，批判侠堕落为流氓的可能性与必然性，还注重开掘侠文化中可资借鉴的精神资源，以用于新的文化建构和人格建构；瞿秋白则注重批判武侠小说和侠文化的思想倾向，甚至给予全盘否定。在他和鲁迅合写的有关侠文化的文章《真假堂吉诃德》⑤ 中，充分表达了他们对侠文化的相同观点和态度。该文对中国侠客的虚伪性和欺骗性进行了无情的揭露与批判。侠有真侠和假侠（或伪侠），西洋中古时期的武士道没落产生了吉诃德这样尚有心去行侠仗义的"傻相可掬"且"可怜可笑"的真侠，可即使

---

① 瞿秋白：《乱弹·财神还是反财神？·小白龙》，《瞿秋白文集》文学编第一卷，人民文学出版社1985年版，第415页。
② 瞿秋白：《乱弹·财神还是反财神？·小白龙》，《瞿秋白文集》文学编第一卷，人民文学出版社1985年版，第415页。
③ 瞿秋白：《乱弹·财神还是反财神？·小白龙》，《瞿秋白文集》文学编第一卷，人民文学出版社1985年版，第415页。
④ 瞿秋白：《乱弹·财神还是反财神？·小白龙》，《瞿秋白文集》文学编第一卷，人民文学出版社1985年版，第416页。
⑤ 该文在2005年版《鲁迅全集》第四卷中的篇名为《真假堂吉诃德》，在1986年版《瞿秋白文集》文学编第二卷中的篇名为《真假董吉诃德》，特此说明。

第六章 反思中否定:精神鸦片和迷魂汤

是真侠,也不过是因自己愚蠢而做尽傻相的"戆大";而中国古代侠文化没落,则产生了"江湖派和流氓种子"这样的假侠,他们"假装着吉诃德的姿态",去"愚弄吉诃德式的老实人"。为了说明侠文化没落时代的假侠或假吉诃德的社会危害,瞿秋白引证了《儒林外史》中所写的"慕游侠剑仙之为人"的几位公子被假吉诃德骗去几百两银子却"换来了一颗血淋的猪头"的故事,"那猪算是侠客的'君父之仇'了"。本来是寄希望于侠客为己复仇,结果换来的却是一个"血淋的猪头",这本身就是一种讽刺,直击假侠承诺报"君父之仇"的虚伪性和欺骗性。更可贵的是,作者结合抗战语境下假吉诃德们的极尽"傻相"的现实表演,深刻地揭示了假吉诃德们"故意做些傻相给别人看,想要剥削别人的愚蠢"的丑恶本质。[①] 在瞿秋白看来,"武侠小说上的飞剑和拳术,始终只能够在梦里安慰安慰穷人"[②],使他们耽溺于剑仙和侠客的迷梦中,失去自主命运的勇气和辨别真假是非的判断力,或走上坑蒙拐骗的邪路,或进入甘愿被骗的怪圈,或陷入自欺欺人的泥淖,并不能给现实中穷苦的底层民众指示前进的方向和发展的道路。恰恰相反,那些豪绅资产阶级的"大众文艺"提供给底层民众却是"各种各式的毒药迷魂汤"[③]。这些旧式大众文艺"充分的表现着封建意识的统治","青天大老爷的崇拜,武侠和剑仙的梦想"仍然笼罩着一切,"无形之中对于革命的阶级意识的生长,发生极顽固的抵抗力"。[④] 特别是在"九·一八"和"一·二八"事变相继爆发之后,反革命的资产阶级不断利用这些工具来阻碍广大民众的革命化和抗战行动。因此,武侠小说的盛行和武侠思想的堕落,对于当时广大民众革命阶级意识的觉醒和日益高涨的民族救亡情绪是

---

① 瞿秋白:《文艺杂著(续辑)·真假董吉诃德》,《瞿秋白文集》文学编第二卷,人民文学出版社1986年版,第81—83页。

② 瞿秋白:《乱弹·财神还是反财神?·财神的神通》,《瞿秋白文集》文学编第一卷,人民文学出版社1985年版,第400页。

③ 瞿秋白:《乱弹·普洛大众文艺的现实问题》,《瞿秋白文集》文学编第一卷,人民文学出版社1985年版,第474页。

④ 瞿秋白:《文艺论辑·大众文艺的问题》,《瞿秋白文集》文学编第三卷,人民文学出版社1989年版,第12页。

非常有害的。

"九·一八"事变后,日本占领东北,激起了全国民众的民族义愤和报国热情。这种日渐沸腾的情绪需要文艺来组织,借助文艺的力量来砥砺斗志,鼓舞抗战精神,但当时流行的武侠小说和武侠思想会诱惑人们"幻想着一把飞剑把日本十万大军一扫而光","砍尽了贪官污吏国贼民蠹的头颅",或者"只割掉他们的头发和胡须,把他们吓一吓,吓成精忠报国的岳飞"。[①] 他们企图以侠客剑仙式的一己之力逞英雄救世之能,然而,这样的匹夫之勇的想法和行动都是解决不了根本问题的。很显然,在阶级革命和抗日救亡错综复杂相互交织的时代,这种不切实际的幻想既容易麻痹民众的斗志,也不利于抗战的大局,而滋生这种幻想的武侠小说更不能成为组织这种沸腾的抗日报国情绪的有效方式。瞿秋白认识到了这一点,但他也深知当时的新文学和民众向来是绝缘的,而武侠小说却有深厚的大众读者基础,甚至社会上的"大众仍旧迷恋着《火烧红莲寺》等等,大众或者还爱听听自命为岳飞的一班无耻国贼,来劝他们去做岳飞的鬼话"[②]。可见,武侠小说的消极影响之深和社会危害之大是不争的事实。为了有效组织已经沸腾的抗战情绪,鼓舞广大抗日军民的斗争精神和反抗意志,必须批判武侠小说,反对武侠主义,创造面向大众的革命文艺。这是瞿秋白在深刻分析和揭露了武侠小说这种中国的"马路文学"的性质与危害之后,出于阶级革命和民族救亡的考虑,针对新文学的短板,而得出的发展新文学以与武侠小说争夺读者市场的重要结论。

三 文艺大众化：反对武侠主义的良方

面对20世纪30年代武侠小说盛行的热潮,甚至泛滥成灾的现实,不少批评者不仅给予了不同程度的批判,同时也给出了解决的对策。鲁迅将"闹得已经很久了的武侠小说"和当时甚嚣尘上的国

---

① 瞿秋白:《文艺论辑·大众文艺和反对帝国主义的斗争》,《瞿秋白文集》文学编第三卷,人民文学出版社1989年版,第4页。
② 瞿秋白:《文艺论辑·大众文艺和反对帝国主义的斗争》,《瞿秋白文集》文学编第三卷,人民文学出版社1989年版,第5页。

民党的民族主义文学相提并论,强调这类文学"应该详细解剖";①茅盾通过创作类"反武侠"小说《三人行》宣告侠义主义的破产,为武侠小说唱了一曲挽歌;郑振铎主张继承和发扬五四精神,进行一场新的启蒙运动,以此扫荡一切倒流的谬误的武侠思想。可以说,在如何反对武侠小说和武侠思想的具体对策上,这些新文学作家都作出了可贵的探索与有益的实践。相较而言,瞿秋白的理论探索和具体论述更全面,更有代表性。他不仅强调也要有一个"无产阶级的'五四'"②,积极开展文艺大众化运动,反对"武侠和剑仙"式青天大老爷的"青天白日主义",③而且从文学目标任务、现实应对策略和具体创作方法等方面作出了比较全面而详尽的设计,为反对武侠主义找到了一剂良方。

在瞿秋白看来,五四文学革命运动虽然取得了一些成绩,建立了新式白话的新文学,但是,"国语的文学至今还没有建立"。因此,他希望进行第三次文学革命。"第三次文学革命的对象是现在的旧文学——旧式白话的文艺,以及高级的和低级的新式礼拜六派,当然,这个革命运动同时能够开展'新文学界'内部的一种极重要的斗争;第三次文学革命的目的,必须包含继续第二次文学革命的任务——建立真正现代普通话的新中国文(所谓'文学的国语')"。④ 这种"真正现代普通话的新中国文",其实就是现代白话文。瞿秋白认为五四文学革命推行白话文的任务并没有完成,反而"产生了一个非驴非马的新式白话",为了推动文艺大众化的进程,他主张"中国还是需要再来一次文字革命",这个新的文字革命就是"俗话文学革命运动"。⑤ 这里的俗话文学

---

① 鲁迅:《二心集·上海文艺之一瞥——八月十二日在社会科学研究会讲》,《鲁迅全集》第四卷,人民文学出版社2005年版,第310页。
② 瞿秋白:《乱弹·普洛大众文艺的现实问题》,《瞿秋白文集》文学编第一卷,人民文学出版社1985年版,第475页。
③ 瞿秋白:《乱弹·普洛大众文艺的现实问题》,《瞿秋白文集》文学编第一卷,人民文学出版社1985年版,第475页。
④ 瞿秋白:《论文学革命及语言文字问题·鬼门关以外的战争》,《瞿秋白文集》文学编第三卷,人民文学出版社1989年版,第152页。
⑤ 瞿秋白:《乱弹·普洛大众文艺的现实问题》,《瞿秋白文集》文学编第一卷,人民文学出版社1985年版,第465—466页。

革命运动，就是瞿秋白所希望的第三次文学革命，也就是无产阶级的"五四"。他的目的在于实现文艺的大众化，以真正的现代白话文书写来推动新文学走向社会大众，与旧文学争夺读者市场，为当时的革命服务。这是针对新文学欧化倾向和读者面受限的弊端而发的宏论，真正体现了一个新文学作家和马克思主义理论家的远见卓识。

在文学目标任务上，瞿秋白主张开展"一个广大的反帝国主义的国际主义，反封建宗法的劳动民众的民权主义和社会主义的文艺运动——苏维埃的革命文艺运动"①，建设普洛的革命的大众文艺；为了实现文艺大众化的目标，他指出当时的任务是"反对武侠主义，反对民族主义"②。在瞿秋白看来，当时"豪绅资产阶级的'大众文艺'之中，闹得乌烟瘴气的正是武侠剑仙的迷梦，岳飞复活的幻想"③。而社会大众耽于享受的这类作品所传播的"意识形态是充满着乌烟瘴气的封建妖魔和'小菜场上的道德'——资产阶级的'有钱买货无钱挨饿'的意思"④。在这种严峻形势下，反对武侠主义势在必行，建设革命的大众文艺的目标迫在眉睫，这就必然要求开展一场文艺大众化运动，要在"思想上武装群众，意识上无产阶级化"，开始一个"反对青天白日主义"的斗争，这场运动的实质就是"无产阶级的革命主义社会主义的文艺运动"。⑤ 这里所反对的"青天白日主义"就是所谓"青天大老爷的主义"，"武侠和剑仙是一个青天大老爷，所谓祖国民族也是一个青天大老爷"。⑥ 这就意味着，反对青天白日主义就是反对

---

① 瞿秋白：《乱弹·普洛大众文艺的现实问题》，《瞿秋白文集》文学编第一卷，人民文学出版社1985年版，第476页。
② 瞿秋白：《乱弹·普洛大众文艺的现实问题》，《瞿秋白文集》文学编第一卷，人民文学出版社1985年版，第473页。
③ 瞿秋白：《乱弹·普洛大众文艺的现实问题》，《瞿秋白文集》文学编第一卷，人民文学出版社1985年版，第473页。
④ 瞿秋白：《乱弹·普洛大众文艺的现实问题》，《瞿秋白文集》文学编第一卷，人民文学出版社1985年版，第463页。
⑤ 瞿秋白：《乱弹·普洛大众文艺的现实问题》，《瞿秋白文集》文学编第一卷，人民文学出版社1985年版，第475页。
⑥ 瞿秋白：《乱弹·普洛大众文艺的现实问题》，《瞿秋白文集》文学编第一卷，人民文学出版社1985年版，第475页。

第六章 反思中否定:精神鸦片和迷魂汤

"武侠和剑仙",就是反对狭隘的民族主义。由此可见,瞿秋白把对侠文化的批判提升到了思想革命甚至民族革命的高度,将反对武侠主义、建设大众文艺的策略抉择与民族国家利益紧密相连。

在现实应对策略上,瞿秋白提出了"不入虎穴,焉得虎子"的方针。① 如前所述,瞿秋白非常认同德国文学家皮哈关于"无名的反动意识的代表"出版的"群众读物"是"最危险的毒菌"的观点,将武侠小说视为散布"财神菩萨的迷魂汤"、毒害民众的中国的"马路文学"。同时,他非常清楚当时的民众也在遭受着"古文言和新文言的压迫"。作为一个革命家,瞿秋白清醒地认识到武侠小说所宣扬的"武侠剑仙的迷梦"和"岳飞复活的幻想"容易使广大民众陷入不切实际的幻想,忘却现实的斗争,消解和磨蚀他们直面现实的勇气与反抗强暴的精神,这对民众思想解放、阶级革命和抗日救国是极为有害的。作为一位新文学作家,他更加理性地深知五四以来的新文学存在严重的欧化倾向,这种"五四式的新文言(所谓白话)的文学"② 并未真正地走向大众;而武侠小说则善于运用底层民众容易懂得的话,特别"会用草台班上说白的腔调,来勾引下等人"③,以此优势笼络着底层大众,占据着巨大的读者市场。在这种情况下,为了清除武侠小说特别是武侠思想的不良影响,为了让广大民众摆脱文言特别是"新文言"的压迫,瞿秋白提出了这个针对武侠小说的"不入虎穴,焉得虎子"的重要方针,从而揭示了其关注和研究武侠小说的深层动机。正所谓知己知彼,百战不殆,只有充分了解和深入研究武侠小说与侠文化,才能更好地有力地批判它们,揭示它们的本质和危害,以此警醒和告诫广大民众,引起他们的注意,使他们放弃一切天真的幻想和消极的等待,真正觉醒起来,解放自己,行动起来,同阶级敌人和民族敌人

---

① 瞿秋白:《乱弹・财神还是反财神?・小白龙》,《瞿秋白文集》文学编第一卷,人民文学出版社1985年版,第416页。
② 瞿秋白:《文艺论辑・大众文艺的问题》,《瞿秋白文集》文学编第三卷,人民文学出版社1989年版,第13页。
③ 瞿秋白:《乱弹・财神还是反财神?・小白龙》,《瞿秋白文集》文学编第一卷,人民文学出版社1985年版,第415页。

展开生死搏斗。

在具体创作方法上，瞿秋白坚持"普洛的唯物辩证法的宇宙观和创作方法"①，主张"必须用普洛现实主义的方法来写"②。反对武侠主义，开展文艺大众化运动，其中一个最基本、最重要的环节就是创作大众化的文艺作品。于是，怎样创作大众文艺，必然成为迫切需要解决的问题。在瞿秋白看来，"怎么样去写普洛大众文艺"是"普洛文艺的一般创作方法的问题"。③ 在这个问题上，瞿秋白首先分析和批判了感情主义、个人主义、团圆主义和脸谱主义等创作倾向，并指出它们虚伪的、理想化的与自欺欺人的幻想本质。特别是在对待"个人主义"创作倾向问题上，瞿秋白强烈要求"无产阶级的集体主义必须完全克服这种倾向"，因为在他看来，"这种个人主义，'个人的英雄决定一切'的公式，根本就是诸葛亮式的革命。这样，甚至于党都可以变做诸葛亮，剑仙，青天大老爷"。④ 同时，瞿秋白深知推动中国社会现实发展的动力"不是英雄的个性，而是广大的群众"⑤，在革命时代，"无产阶级需要认识现实，为着要去改变现实"⑥。这是瞿秋白从中国社会的现实出发，并结合特定时代精神而获得的理性认知。可以想象，在革命的大众文艺创作中，如果不彻底克服这种个人主义倾向，那将会对无产阶级革命事业产生怎样的破坏作用和消极影响。可以说，瞿秋白是从无产阶级革命的集体利益出发来看待个人主义创作倾向的。因此，他坚决主张"把一切种种的变

---

① 瞿秋白：《乱弹·谈谈〈三人行〉》，《瞿秋白文集》文学编第一卷，人民文学出版社 1985 年版，第 455 页。

② 瞿秋白：《乱弹·普洛大众文艺的现实问题》，《瞿秋白文集》文学编第一卷，人民文学出版社 1985 年版，第 480 页。

③ 瞿秋白：《乱弹·普洛大众文艺的现实问题》，《瞿秋白文集》文学编第一卷，人民文学出版社 1985 年版，第 476 页。

④ 瞿秋白：《乱弹·普洛大众文艺的现实问题》，《瞿秋白文集》文学编第一卷，人民文学出版社 1985 年版，第 478 页。

⑤ 瞿秋白：《乱弹·革命的浪漫谛克——评华汉的三部曲》，《瞿秋白文集》文学编第一卷，人民文学出版社 1985 年版，第 457 页。

⑥ 瞿秋白：《乱弹·普洛大众文艺的现实问题》，《瞿秋白文集》文学编第一卷，人民文学出版社 1985 年版，第 479 页。

第六章　反思中否定:精神鸦片和迷魂汤

相剑仙和变相武侠肃清，而正确的显露无产阶级政党的集体的领导作用"①，具体的大众文艺创作必须用现实主义的方法来写。这是瞿秋白在理论探讨方面的真知灼见和重要结论。不仅如此，他更是结合当时的创作实际及其暴露出来的缺点，以自己的批评实践来进一步具体分析和论证了现实主义创作方法的重要性与必要性。通过分析和评价茅盾的中篇小说《三人行》和华汉的长篇小说《地泉》三部曲，瞿秋白不仅指出"侠义主义的贵族子弟差不多是中国现实生活里找不出的人物"②，而且批判了"英雄主义的革命的浪漫谛克"③的创作方法，要求"深刻的认识客观的现实"，"抛弃一切自欺欺人的浪漫谛克"，真正地"走上唯物辩证法的现实主义的路线"。④至此，瞿秋白批判武侠小说和反对武侠主义在大众文艺创作中终于有了最终的价值归宿，那就是以来自人民群众中的"革命英雄"来取代"侠客和剑仙"，以"集体主义的革命斗争"来消解"个人主义的快意恩仇"，以"自觉的革命行动"来置换"虚幻的逃避主义""消极的等待主义""冒险的盲动主义"，从而创作出能够正确反映伟大时代斗争的大众化革命文艺作品。

在瞿秋白的批判视野中，反对武侠主义是文艺大众化运动的斗争任务之一，而文艺大众化则是他审视和反思武侠小说的重要基点。瞿秋白一方面主张坚决肃清武侠小说对国人的毒害作用和不良影响，一方面对武侠小说的艺术形式给予了肯定，他可以把"现时大众小说（《火烧红莲寺》等）"进行"改作"，⑤为现实的革命斗争服务。这充分说明瞿秋白对武侠小说这种通俗文学类型并未给予全方位的否定，

---

① 瞿秋白：《乱弹·普洛大众文艺的现实问题》，《瞿秋白文集》文学编第一卷，人民文学出版社1985年版，第478页。

② 瞿秋白：《乱弹·谈谈〈三人行〉》，《瞿秋白文集》文学编第一卷，人民文学出版社1985年版，第454页。

③ 瞿秋白：《乱弹·革命的浪漫谛克——评华汉的三部曲》，《瞿秋白文集》文学编第一卷，人民文学出版社1985年版，第457页。

④ 瞿秋白：《乱弹·革命的浪漫谛克——评华汉的三部曲》，《瞿秋白文集》文学编第一卷，人民文学出版社1985年版，第460页。

⑤ 瞿秋白：《乱弹·普洛大众文艺的现实问题》，《瞿秋白文集》文学编第一卷，人民文学出版社1985年版，第474页。

他批判和否定的是其思想倾向，而对其艺术形式是持保留态度的。当然，这与他的文艺大众化思想有关。

在瞿秋白看来，大众文艺的内容要革命化，形式要大众化。要实现文艺形式的大众化，首先，必须使用真正的现代中国白话文，这是"一切问题的先决问题"①。瞿秋白认为，武侠小说"在文字技术上，它们往往比较的高明，它们会运用下等人容易懂得的话"②，而这种"下等人容易懂得的话"，其实就是旧式白话。这种旧式白话"和五四式的新文言比较起来，却有许多优点"，很明显的就是通俗易懂，原因在于这种白话是由民众的口头文学发展而来的，"比较的接近群众，而且是群众读惯的"。③ 这就不仅发现了武侠小说在语言运用上的优势，也找到了五四以来新文学为何没有真正走进底层大众语言的重要原因，这种语言运用问题是文艺大众化必须首先解决的问题，而这方面武侠小说恰恰有值得肯定和借鉴的地方。其次，应当运用大众读者容易接受的体裁，比如说书、滩簧之类。在瞿秋白看来，武侠小说等说书式的小说对于不识字的群众具有广泛而强大的普及作用，其"有头有脑的叙述"是当时的"群众最容易了解的"④。武侠小说这种为普通民众所容易看懂且乐于接受的本土文学体裁样式，对于文艺大众化无疑是可资借鉴的重要方面。最后，瞿秋白不仅肯定了武侠小说等旧文学的艺术形式，而且高度重视侠义英雄等旧题材的改造。他主张可以使用多种不同题材，反映现实的革命斗争和政治事变，表现革命的英雄尤其是群众的英雄，其中包括侠义英雄等"旧的题材的改作，例如'新岳传'，'新水浒'等等"⑤。这就涉及了武侠小说题材方面的

---

① 瞿秋白：《文艺论辑·大众文艺的问题》，《瞿秋白文集》文学编第三卷，人民文学出版社 1989 年版，第 15 页。
② 瞿秋白：《乱弹·财神还是反财神？·小白龙》，《瞿秋白文集》文学编第一卷，人民文学出版社 1985 年版，第 415 页。
③ 瞿秋白：《文艺论辑·大众文艺的问题》，《瞿秋白文集》文学编第三卷，人民文学出版社 1989 年版，第 16 页。
④ 瞿秋白：《文艺论辑·大众文艺的问题》，《瞿秋白文集》文学编第三卷，人民文学出版社 1989 年版，第 18 页。
⑤ 瞿秋白：《文艺论辑·大众文艺的问题》，《瞿秋白文集》文学编第三卷，人民文学出版社 1989 年版，第 19 页。

第六章 反思中否定:精神鸦片和迷魂汤

改造和利用问题。武侠小说蕴含着扶危济困、除暴安良、伸张正义和尽忠报国等进步的题材内容,在某种程度上也真实地反映了普通劳动大众的善良愿望与社会理想。只要采用先进的思想观点对其进行现代性改造和创造性提升,就完全能够很好地为现实革命斗争服务。

在当时包括武侠小说在内的旧式大众文艺盛行于世,而新文学读者市场相对狭小的情况下,瞿秋白认识到了这种形势的严峻:"革命文艺如果没有战胜它这种优点的工具,那就是奉送群众给它。"[1] 由此可见,瞿秋白对武侠小说艺术形式的肯定和对侠义等旧题材改造的重视,是服务于革命文艺同旧文学争夺市场这个大前提的。其出于革命的需要,目的在于利用旧的大众文艺形式上的优点,借助于新的革命和救亡语境下对旧的题材改造后获得的优势,不断加入新的成分和时代内涵,逐渐养成社会大众新的阅读习惯,使革命的大众文艺在群众中得以普及,在作家和大众读者一起提高艺术程度的双向互动中,达成同旧式大众文艺争夺读者市场的价值目标,最终实现呼唤民众觉醒,为现实的革命斗争服务的政治使命。

瞿秋白倡导和强调文艺形式的大众化,是和他提倡文艺形式的民族化、反对欧化相联系的。他非常清楚五四文学革命催生的及其后不断出现的欧化"新式小说"的缺点,他认为,这些"新式小说"的读者面很窄,"实在亦只有新式智识阶级才来读他","比较旧式白话小说的读者起来,那就差得多了。一般社会不能够容纳这种新式小说,并不一定是因为他的内容——他们连读都没有读过,根本就不知道内容是什么,他们实在认为他是外国文的书籍。我们只要想:旧式白话的武侠,爱情,侦探,黑幕,历史,宫闱小说,是怎样广泛的成为中国一般社会——还算是上等社会的读物。……有极大多数的人是不知道有新式小说的存在的。为什么?因为小说的内容么?不一定"。[2] 在瞿秋白看来,新旧文学读者市场之所以存在巨大差异,大众读者之所以不知道有新式小说存

---

[1] 瞿秋白:《文艺论辑·大众文艺的问题》,《瞿秋白文集》文学编第三卷,人民文学出版社1989年版,第16页。
[2] 瞿秋白:《论文学革命及语言文字问题·鬼门关以外的战争》,《瞿秋白文集》文学编第三卷,人民文学出版社1989年版,第149—150页。

在，原因在于语言形式问题。他在比较中表现出对旧式大众文艺的艺术形式的肯定，这种旧式大众文艺当然包括武侠小说。瞿秋白认为："旧式的大众文艺，在形式上有两个优点：一是它和口头文学的联系，二是它是用的浅近的叙述方法。这两点都是革命的大众文艺应当注意的。"①毋庸置疑，武侠小说也具备这两个形式上的优点，同时作为本土文学类型，它也具有民族化的形式特征。如此看来，瞿秋白肯定武侠小说的艺术形式，强调文艺形式的大众化，是满足于革命的大众文艺建设需要的。

综合观之，作为无产阶级革命家和党的主要领导人之一，瞿秋白考察、分析和评价侠文化的价值立场是服从与服务于现实革命斗争的，他总是从革命的角度出发，结合特定时代语境，以革命者的眼光来审视、反思、批判和否定武侠小说的思想倾向，这使他的侠文化批评话语具有思想革命色彩、阶级革命特征和反帝爱国意识。他不仅着眼于武侠思想的负面作用和消极影响，注重民众的思想启蒙，唤醒他们起来抗争，甚至还为了嘲弄中国民众的侠客崇拜，彻底颠覆和打破他们虚幻的侠客梦，而热切地呼唤中国的"西万谛斯"横空出世。茅盾的小说《三人行》以类"反武侠"的特质，宣告了侠义主义在现代中国的破产。张天翼的小说《洋泾浜奇侠》无论是创作目的、思想内涵，还是艺术手法，都与《堂·吉诃德》非常相似，具有典型的"反武侠"特征，不仅深刻揭示了主人公史兆昌的侠客梦和武侠小说情节模式的荒诞可笑，而且暴露和批判了根深蒂固的封建思想意识。可以说，这是20世纪30年代中国文坛心有灵犀的佳话和异声同求的合奏。同时，作为一个新文学作家，他从文学本体论的角度发现了武侠小说艺术形式上的长处，用于指导大众文艺的创作，为建设无产阶级革命的大众文艺，积极投身于文艺大众化运动。这是作为马克思主义者的瞿秋白对待武侠小说和侠文化所抱持的辩证的唯物的态度。瞿秋白的侠文化批评话语和文艺大众化思想中对待武侠小说的态度与做法，对后世的文学思想和文学创作具有重要的借鉴意义，产生了深远的影响。

---

① 瞿秋白：《文艺论辑·大众文艺的问题》，《瞿秋白文集》文学编第三卷，人民文学出版社1989年版，第18页。

第六章　反思中否定：精神鸦片和迷魂汤 ◆◇◆

第四节　革命者立场上的"否定"之反思

客观地讲，以茅盾、郑振铎、瞿秋白为代表的新文学作家，无论是指责武侠小说和侠文化在思想倾向上会无形中助长人们的虚妄心理与消极情绪，还是批判其所蕴含的个人盲动主义、等待主义和逃避主义，都是有道理的。因为他们已经认识到这些消极情绪和虚妄心理在现实生活中会极大地麻痹广大民众的斗志，对思想解放、阶级革命和民族救亡等大业是非常有害的。在他们激烈批判和彻底否定的侠文化批评话语中，彰显出一种决绝的革命态度和坚定的革命者的价值立场。以是否有利于革命利益和社会发展为标准来衡量与评判武侠小说和侠文化的价值意义，成为他们的立论基点。我们也应清醒地认识到，他们的着眼点是武侠小说和侠文化的负面作用与消极影响。尽管瞿秋白肯定了武侠小说艺术形式的可取之处，但他们基本上无视侠文化的积极作用，从而在对待武侠小说和侠文化的态度上是批判与否定的。诚然，这三位左翼革命作家对武侠小说和侠文化的负面作用与消极影响的批判甚至否定，的确有他们的道理。但倘若以此抹杀甚至无视武侠小说和侠文化的正面作用与积极意义，那就有失偏颇了。"就多数而言，武侠小说最影响人的是正义感。它给人灌输一腔热血，让人憎恨残暴的压迫者，同情无辜受虐的百姓，而不是教人等待侠客拯救。这种精神就和革命有了相通之处"①。由此可见，侠文化和侠义精神是否有利于革命与救亡大业，关键在于如何引导和利用它们的积极因素，避免和剔除其消极因素，绝不能只顾一点而不及其余。可以说，伴随20世纪30年代"左"倾幼稚病的发展而产生的"那种把武侠小说和新文学乃至和革命截然对立起来的看法，是缺少根据的"②。在当前文化语境下，这种革命者立场上的彻底"否定"，是值得深入反思的。

---

① 严家炎：《金庸小说论稿》，北京大学出版社1999年版，第24页。
② 严家炎：《金庸小说论稿》，北京大学出版社1999年版，第26页。

针对这股出现于20世纪30年代的武侠小说批评热潮，特别是对于茅盾、郑振铎和瞿秋白的侠文化批评话语，当代学者中有持不同意见者，也有延续这种批评思维的苟同者。持不同意见者有汤哲声和韩云波。在汤哲声看来，这些批评"从阶级论的观点出发"，"缺少客观分析的态度，其根本所在是对中国的传统文化精神缺少科学的认识"；① 韩云波认为，不能"简单地以'封建小市民'来否认其价值"，以免"陷入另一种偏激"。② 苟同者以袁良骏为代表，他认为，民国武侠小说是"一股文学逆流"，并且"绝大多数都是粗制滥造的文字垃圾"，"不仅品位不高，而且都有这样那样的消极、麻痹甚至是毒害作用"；"让五四新文学与'鸳鸯蝴蝶派的旧武侠、旧言情小说'比翼双飞"，是对五四新文学的亵渎。③ 可以说，汤哲声和韩云波对待侠文化的态度及其对20世纪30年代侠文化的否定性思维的分析是比较客观的、辩证的；而袁良骏对待武侠小说和侠文化的态度因袭了20世纪30年代的否定性思维，存在着主观武断性，显然是失之偏颇的。这足以说明，时至当代，在对待武侠小说和侠文化的态度上，仍然存在着不同的观点和思维。

在我看来，无论是"褒武侠"，还是"贬武侠"甚至"反武侠"，都是武侠小说和侠文化发展过程中所出现的正常现象与应有之义。"这场批评热潮关涉革命、政治、社会、思想、文化等多维存在，其实质是新文学对通俗文学阵营展开的'政治压倒审美'式批判，真正动因是新文学与通俗文学争夺读者群，引出了新文学必须善用现代传媒、实现文学大众化的重要课题"。④ 在雅俗对峙与对话的整体文学格局中，正是这种肯定和否定相胶着的矛盾斗争特别是"反武侠"动力

---

① 汤哲声：《新文学对市民小说的三次批判及其反思》，《中国现代文学研究丛刊》2004年第4期。
② 韩云波：《改良主题·浪漫情怀·人性关切——中国现代通俗小说主潮演进论》，《江汉论坛》2002年第10期。
③ 袁良骏：《民国武侠小说的泛滥与〈武侠党会编〉的误评误导》，《齐鲁学刊》2003年第6期。
④ 刘中望：《政治化与大众化的双重逻辑——论针对1930年代中国武侠小说的批评热潮》，《西南大学学报》（社会科学版）2010年第1期。

第六章　反思中否定:精神鸦片和迷魂汤

机制的作用,推动着中国武侠小说和侠文化积极调整自己,完善自己,获得不断前进和永葆青春的激情与活力。

从表面上看,20世纪30年代武侠小说批评热潮的起因是《火烧红莲寺》所产生的社会影响。但深入探究我们会发现当时存在着这样一个严峻的现实,那就是新文学特别是新小说虽然自五四以后取得了正宗地位,但尚未拥有广大的读者市场,而饱受批判并已失去正宗地位的通俗文学特别是通俗小说仍有着广大的读者群体。在这种情况下,新文学作家认识到读者市场对于新文学发展的重要性,因此,他们深感压力巨大,责任重大。可见,这股批评热潮真正的深层动因是新文学与以武侠小说为代表的通俗文学之间对读者市场的激烈争夺。这场争夺读者市场的斗争的效果究竟如何呢?针对武侠小说的读者群被新文学作家指斥为"小资产阶级""封建意识的小市民"的声讨,汤哲声认为:"新文学作家对市民小说的读者群、市民小说的文化观缺乏科学的分析",他们的批判"虽然炮火十分猛烈,但是收效甚微,并没有改变新小说阅读面狭小的局面,更没有瓦解市民小说的读者群"。[①] 恰恰相反,武侠小说的创作和传播"涛声依旧",仍然如火如荼。这种收效甚微的结果充分说明,理论上的声讨和现实中的压制并不能阻碍一个文学品类的进一步发展。

新文学作家清醒地认识到"'新文学'尽管发展,旧式白话的小说,张恨水,张春帆,何海鸣……以及'连环图画'小说的作家,还能够完全笼罩住一般社会和下等人的读者。这几乎是表现'新文学'发展的前途已经接近绝境了"[②]。这充分表明,与以如火如荼之势迅猛发展且占据着巨大读者市场的"旧式白话的小说"相比,五四以来的新文学发展则陷入了一种曲高和寡的尴尬境地。五四以来,新文学虽然发展着并取得了显著的创作实绩,但是其读者群体仅仅局限于知识阶层,而当时的社会现实却是"一般社会和下等人的读者"完全笼罩

---

① 汤哲声:《新文学对市民小说的三次批判及其反思》,《中国现代文学研究丛刊》2004年第4期。
② 瞿秋白:《论文学革命及语言文字问题·鬼门关以外的战争》,《瞿秋白文集》文学编第三卷,人民文学出版社1989年版,第150页。

在"旧式的白话小说"之中,甚至连鲁迅的母亲都让鲁迅去买张恨水的小说给她看。文学作品缺乏受众不利于传播流行及其影响力的扩大,这样下去,新文学势必将会"接近绝境"。时至20世纪30年代,"新文学的市场,几乎完全只限于新式智识阶级——欧化的智识阶级。这种情形,对于高等人的新文学,还有可说,而对于下等人的新文学,那真是不可思议的现象"[①]。这意味着新文学的读者市场很狭小,如何争夺读者市场,成为新文学同包括武侠小说在内的旧文学之间较量的关键;如何在与旧文学争夺读者市场的过程中扩大影响,加强普及力度,实现大众化,成为新文学的重要使命。为了达到争夺读者群体以扩大影响、建设革命的大众文艺的目的,茅盾、郑振铎和瞿秋白仍然秉持五四时期对待旧文学的态度,对武侠小说及其他通俗文学坚决批判甚至彻底否定,也就成了必然趋势。

我们知道,武侠小说在求新求变的现代化进程中作出了应有的努力,但在发展过程中也不时暴露出致命的缺陷和弱点。尤其是在内在的精神实质上,难以真正突破"天命观""宿命论""因果报应"等传统文化观念的拘囿,往往回落到旧文学的传统的窠臼。还有消费文化语境下一味迎合小市民低级趣味的消遣娱乐性和满足报刊连载与图书出版卖点的商业气息,以及小说本身营造的剑仙怪侠的神秘荒诞氛围,使其滞后于新文学的创新发展,而难脱旧文学的范畴。再加上许多作者"大多数都是为了挣稿费而写,在写的时候,很少想到这篇东西有没有价值。它的内容多是虚构的言情传奇或武侠侦探,前面已写出来了,后面的情节还不知道怎么样"[②]。诸如此类,势必导致民国旧派武侠小说最终难以真正登上文学的神圣殿堂。甚至早在民国武侠小说繁盛时期,就有人鲜明地指出了其弊害:"潮流所到,武侠小说,就一变而为《封神榜》《西游记》一类的神怪小说,作者只顾情节离奇,

---

① 瞿秋白:《论文学革命及语言文字问题·鬼门关以外的战争》,《瞿秋白文集》文学编第三卷,人民文学出版社1989年版,第147页。
② 杨犁整理:《争取小市民层的读者——记旧的连载、章回小说作者座谈会》,《二十世纪中国小说理论资料》第五卷(1949—1976),洪子诚编,北京大学出版社1997年版,第11页。

第六章 反思中否定：精神鸦片和迷魂汤

不问情理如何，思想的退化，是无可讳言的。"① 正是民国武侠小说存在的这些不足，成为其遭受新文学作家严厉诟病、猛烈挞伐甚至彻底否定的焦点。

　　从茅盾、郑振铎和瞿秋白的侠文化批评话语来看，的确深刻地揭示了武侠小说和武侠思想的弊害。在阶级矛盾和民族矛盾日益激化的时代语境下，这有利于唤起广大民众的觉醒意识，激发他们奋然抗争、自主命运的斗争精神，促使他们彻底放弃对国内外敌人的所有幻想，以实际行动反抗一切阶级敌人和民族敌人的剥削与压迫，寻求个性张扬、阶级解放和民族独立的革命道路。因此，他们的侠文化批评话语具有反封建思想革命的色彩、阶级革命的政治倾向和反帝救亡的爱国意识，呈现出革命者立场上的批判与否定的鲜明特色，侠文化批判的锋芒最终指向帝国主义、封建主义和新旧军阀官僚资本主义这三座压在国人头上的大山。可以说，武侠小说的缺陷和弱点特别是思想上的糟粕无形中会给人们带来可怕的误导与危害，这是茅盾、郑振铎和瞿秋白基于革命利益需要而对之进行口诛笔伐的客观存在的口实，更是他们对侠文化进行批判与否定的依据。同时，他们的批评话语，也会给处于革命和救亡错综交织语境中的人们以警醒与鼓舞。从这个意义上讲，他们的侠文化批评话语具有历史合理性和时代进步性，但其局限性也是显而易见的。他们的"这种价值取向及审美态度一直延续至今。尽管八十年代金庸等人的作品风行大陆，引起部分学者的关注，但正统文化人心目中的武侠小说仍是毒害青少年的'文化垃圾'"②。在一个思想解放的时代，倘若正统文化人和专家学者仍然继续沿用茅盾、郑振铎和瞿秋白的这种侠文化批评话语的批判思维和否定态度，那显然是偏颇的，是有失公允的。我认为，根本原因在于20世纪80年代以来那些正统文化人和专家学者对这种批判思维和否定态度之局限性认识不足，缺乏历史的、时代的具体分析，甚至以精英文学的评判标准施之大众通俗文学的评价机制，出现异元批评的错位现象。

---

　　① 说话人：《说话（九）》，《珊瑚》1933年第21期。
　　② 陈平原：《千古文人侠客梦——武侠小说类型研究》，人民文学出版社1992年版，第65页。

毋庸置疑，茅盾、郑振铎和瞿秋白的侠文化批评话语大体上是中肯的，置于特定时代语境下是值得肯定的，但在对武侠小说和武侠思想的批评上，过分强调小说的教诲功能而完全否定其娱乐价值，并从思想倾向方面对武侠小说给予全盘否定，这显然是不恰当的，也是不公正的。"武侠小说其实只是小说的一个品种，而不是一种固定的思想倾向。虽然一般武侠小说都肯定行侠仗义，急人所难，但就具体作品而言，内容比较复杂，有的突出除暴安良，有的渲染血腥复仇，可以说全由作者思想高下而定"[1]。这意味着对武侠小说的评价绝不能一概而论，必须根据每部武侠小说的具体内容来区别对待，绝不能因某些武侠小说的思想倾向存在这样或那样的封建糟粕，而对作为一种文学类型的武侠小说从整体上予以全盘否定。也就是说，对待侠文化的负面作用和消极影响，必须坚持实事求是和具体分析的原则。历代文人知识分子在武侠类作品的创作中，不仅描写了侠客义士除暴安良、行侠仗义、扶危济困、拯世济民的义勇壮举，张扬了侠文化精神，而且其文本之中也会不同程度地流露出忠孝节义观念、迷信果报思想、盲目复仇意识、滥杀无辜的嗜血欲望等封建思想意识。这是历代武侠作品呈现出来的客观事实，必须坦诚直面和从容应对，绝不能只顾一点而不及其余，否则，就会进入思维的怪圈而难以得出客观公允的结论。正如陈平原所言："武侠小说作为一种通俗艺术，首先考虑的是如何才能被广大读者接受并转化为商品，而不是传播哪一种思想意识。指责作家有意毒害青少年，或者赞扬其弘扬爱国精神，其实都不得要领。"[2] 这对于我们分析和评价作为大众通俗文学的武侠小说，对于审视和反思茅盾、郑振铎、瞿秋白的侠文化批评话语，无疑具有方法论意义上的重要启示。

必须承认，武侠小说的思想倾向是复杂的，侠客的类型、侠客活动的社会历史背景是不同的，侠客的行动也会带来不同的结果，这些都是需要作出实事求是的历史的具体分析和评价的。

---

[1] 严家炎：《金庸小说论稿》，北京大学出版社1999年版，第23页。
[2] 陈平原：《千古文人侠客梦——武侠小说类型研究》，人民文学出版社1992年版，第66页。

第六章 反思中否定:精神鸦片和迷魂汤

在阶级社会里,侠客义士劫富济贫、仗义行侠的行为,虽然无法从根本上解决底层民众受剥削被压迫的现实问题,也不能推翻不公平的社会制度,但他们铤而走险、奋起反抗的斗争精神无异于黑暗中的一线光明,使困厄中的人们或多或少能够看到一些生存的希望,获得抗争的力量,在社会改良的意义上,也能解决一些现实的具体问题。有论者指出:"武侠小说产生之初,还反映着被压迫群众要求改变现存不合理制度,但又不相信自己的力量,幻想有少数劫富济贫的英雄豪杰出来拯救自己的一种意识。但到后来就完全变质,成为替封建统治阶级服务的东西。"① 这种观点是有道理的,揭示了武侠小说发生发展过程中的基本走向,既肯定了武侠小说思想内容的积极意义,也指出了其消极影响。其中提到的"替封建统治阶级服务的东西",就是清代的侠义公案小说。合流后的侠义公案小说往往在不触动封建根本制度的前提下,以反贪官不反皇帝的价值立场,描写一些侠客辅佐并依附于某位官僚,实施皇权内的拯救行为。这是值得关注和思考的文化现象,对此要作具体的辩证的分析与评价。如果侠客辅佐和依附的是一个贪官污吏,特别是被招安的侠客进入统治秩序后违背了侠义道,那他就丧失了侠的本质,误入了歧途;倘若继续执迷不悟、一意孤行,那他最终只能堕落为官府的走狗和鹰犬,或飞黄腾达,或死于非命。如果侠客辅佐和依附的是一位清正廉洁、为民请命的清官,在清官的带领下为国分忧解难,为民伸张正义,虽说这是在维护统治阶级利益,为巩固封建统治服务,但社会的稳定也会给普通平民带来现实的利益和好处,起码使他们能拥有一定的安全感,获得做人的权利和尊严,不再继续无端地忍受坏人的欺压,那这样的侠客就无愧于侠义道,是顶天立地的好汉。对于武侠小说中所宣扬和流露出来的忠孝节义观念、迷信果报思想、盲目复仇意识、滥杀无辜的嗜血欲望等封建思想意识,也必须结合武侠小说赖以生成的具体社会历史语境来阐释。在现实生活中,这些封建糟粕会束缚人们的思想,麻痹人们的斗志,无论是对思想解放还是社会发展,都

---

① 张侠生:《〈水浒传〉、〈西游记〉和武侠神怪小说有什么区别》,《二十世纪中国小说理论资料》第五卷(1949—1976),洪子诚编,北京大学出版社1997年版,第122页。

是不利的、有害的。但在特定的时代，这些思想观念或许曲折地真实地表达了底层民众某些正当的情感要求与合理的理想愿景，使看不到前进道路的人们获得生存的希望。可以说，"当社会并不具备革命条件、不可能发生革命的时候，侠客们仗义行侠，或辅佐清官办事，是应该给以某种肯定的。并不是只有革命才能促进社会的发展，有时候，社会秩序的稳定和社会安宁也能促进社会的发展。当社会并不具备革命条件、需要社会秩序的稳定和安宁的时候，清官和侠客就是维持秩序稳定与安宁的因素，他们就成为了社会所需要的人物，他们的存在，对人民也是有利的，因此，对于他们应该给以某种肯定，对武侠小说的思想内容也应该给以某种肯定"[1]。但是，当社会已经具备了革命的条件，或处于革命来临前夕，或处于革命高潮阶段，而宣扬青天白日主义的武侠小说却大行其道，泛滥成灾，这必然会给革命形势的发展带来不利影响甚至严重危害。特别是那些沉浸于"武侠热"的旋涡中的人们极易在革命的年代漠视现实的斗争，滋长个人主义、等待主义、逃避主义甚至盲动主义的心理，最终丧失掉自我拯救和自主命运的斗争精神与反抗意志。这些具体表现正是武侠小说给社会带来的负面作用和消极影响，在革命形势下，无疑是一种不利的有害的因素。茅盾、郑振铎和瞿秋白就是因为看到了武侠小说与武侠思想对于革命的危害，所以他们对之进行激烈批判和彻底否定。

可以说，他们着眼于武侠小说和侠文化在思想内容上的负面作用和消极影响，而忽视其正面作用与积极意义，与他们所处的革命时代是紧密相关的，他们的侠文化批评话语是服从和服务于革命时代要求的。从这个意义上讲，他们的侠文化批评话语是可以理解的。但在具体的社会生活和批评实践中，他们这种革命性见解所蕴含的批判性思维和否定性态度却会误导人们对武侠小说和侠文化的理解与阐释，甚至到了"1949年后，这种'革命的见解'更借全国政权力量付诸实行，武侠小说便难免遭禁或变相遭禁的命运"[2]。1955年7月27日发

---

[1] 周葱秀：《瞿秋白鲁迅论侠文化》，《鲁迅研究月刊》1995年第4期。
[2] 严家炎：《金庸小说论稿》，北京大学出版社1999年版，第19页。

第六章 反思中否定：精神鸦片和迷魂汤

布的《人民日报》社论《坚决地处理反动、淫秽、荒诞的图书》就延续了这种思维和态度，郑重地将武侠小说纳入处理的范围，严肃地指出了荒诞的武侠小说同政治上反动的小说和淫秽的言情小说的社会危害："许多人读了这些图书后，身体败坏，精神颓丧，胡思乱想，神志昏迷，有的企图上山学剑，有的整日出入下流娱乐场所，以致学业旷废，生产消极。其中还有一些人甚至组织流氓集团，拜把子，称兄弟，行凶殴斗，称霸街道，戏弄异性，奸淫幼女，盗窃公共财产。"[1]这就意味着，包括武侠小说在内的这些反动、淫秽和荒诞的图书会毒害人民特别是青少年的心灵，使他们走上堕落腐化的道路，甚至败坏社会风气，阻碍社会进步和建设事业的发展。正是基于此，社论严厉要求"凡渲染荒淫生活的色情图书和宣扬寻仙修道、飞剑吐气、采阴补阳、宗派仇杀的荒诞武侠图书，应予收换，即以新书与之调换"[2]。在当时的历史语境下，"这类反动的、淫秽的、荒诞的图书，事实上已经起了并正在起着帝国主义和蒋介石匪帮的'第五纵队'的作用。在我们全国人民正在从事紧张而严肃的社会主义建设事业的时候，是绝对不能允许它们继续散布毒素的"[3]。应该承认，中华人民共和国成立之初，国内阶级斗争错综复杂，国际形势严峻，面临着国内外敌人的颠覆与破坏，为了巩固新生政权，为了维护社会稳定和人民团结，对那些"宣扬寻仙修道、飞剑吐气、采阴补阳、宗派仇杀的荒诞武侠图书"作出这样的处理决定，是可以理解的。但将武侠图书的危害提高到"事实上已经起了并正在起着帝国主义和蒋介石匪帮的'第五纵队'的作用"，却未免对武侠小说和侠文化的社会功能估之过高。不管如何，这都体现了对20世纪30年代侠文化批评话语之批判性思维和否定性态度的传承与延续。

---

[1] 洪子诚编：《二十世纪中国小说理论资料》第五卷（1949—1976），北京大学出版社1997年版，第125页。

[2] 洪子诚编：《二十世纪中国小说理论资料》第五卷（1949—1976），北京大学出版社1997年版，第125—126页。

[3] 洪子诚编：《二十世纪中国小说理论资料》第五卷（1949—1976），北京大学出版社1997年版，第125页。

下编　中国新文学作家与侠文化的精神相遇

值得注意的是，在茅盾、郑振铎和瞿秋白的批判性视野中，尽管对武侠小说和侠文化极尽批判与否定之能事，但他们并未忽视武侠小说流播甚广、读者市场巨大的客观现实，更未小觑武侠小说深入人心的作用。在瞿秋白看来，"中国的大众是有文艺生活的。当然，工人和贫民并不念徐志摩等类的新诗，他们也不看新式白话的小说，以及俏皮的幽雅的新式独幕剧……城市的贫民工人看的是《火烧红莲寺》等类的'大戏'和影戏，如此之类的连环图画，《七侠五义》，《说岳》，《征东》，《征西》"①。郑振铎也指出："自《江湖奇侠传》以次，几乎每一部都有很普遍的影响。"② 尽管茅盾彻底否定了《火烧红莲寺》的封建思想主题，批评其局部内容"材料也太历史的，很觉沉闷，看客显然不欢迎，不感动"③，但他不得不承认看客们对影片中的剑侠狂呼喝彩及视"影戏不复是'戏'，而是真实"④ 这样的现实。这种批判性思维和否定性态度中认可与肯定的一面，还有瞿秋白对于武侠小说艺术形式的肯定和借鉴，都足以说明武侠小说所应有的优势及其巨大的社会影响力。当然，我们绝不能因此而对之全盘肯定和盲目认同，必须抱持客观的辩证的思维与态度。

在漫长的封建社会，侠和侠文化一向受到封建统治者的武力围剿及正统文人的口诛笔伐。在他们的思想观念中，侠和宣扬侠义精神的侠文化通常被视为封建统治的直接威胁，"以武犯禁"一直成为他们对主持正义且无视权威者痛恨并残酷镇压的理论前提。以此历史文化视野来审视20世纪30年代新文学作家和中华人民共和国成立初期官方对待侠文化与武侠小说的态度，可以发现，"侠以武犯禁"的传统思维及其破坏社会秩序的预设警惕仍然在影响着人们的价值取向和现实对策。如果说那种认为武侠小说鼓吹暴力、"以武犯禁"的看法是

---

① 瞿秋白：《文艺论辑·大众文艺和反对帝国主义的斗争》，《瞿秋白文集》文学编第三卷，人民文学出版社1989年版，第3页。
② 郑振铎：《论武侠小说》，《中国文学研究》（下），人民文学出版社2000年版，第335页。
③ 茅盾：《中国文论二集·封建的小市民文艺》，《茅盾全集》第十九卷，人民文学出版社1991年版，第369页。
④ 茅盾：《中国文论二集·封建的小市民文艺》，《茅盾全集》第十九卷，人民文学出版社1991年版，第370页。

第六章　反思中否定:精神鸦片和迷魂汤

站在封建统治者立场上从右的方面来否定的话,那么,这种认为武侠小说"制造幻想"、乃"精神鸦片"的看法却是站在革命者立场上从左的方面来否定的。[1] 正是在这种革命者立场上的否定性认识的影响和指导下,1949年以后,曾活跃于民国文坛的武侠小说从此而归于沉寂,侠文化也被压制于更加边缘的地位,甚至销声匿迹。只不过随着20世纪80年代思想解放运动的风起云涌,港台地区新武侠小说才逐渐进入大陆人民的阅读视野,大陆的武侠小说创作开始破土而出,逐渐浮出历史的地表,一股久违的武侠小说热也在悄然兴起。在这样的时代语境下,武侠小说和侠文化逐渐摆脱了被压抑的历史状态而呈现出欣欣向荣的景象,以一种卓异的姿态开始进入专家学者们的研究视野,并在20世纪90年代掀起了侠文化研究的热潮。特别是进入21世纪以来,武侠小说在"反武侠"动力机制的推动下,在积极调整和自我完善中不断求新求变,逐渐形成了大陆新武侠创作的"盛世武侠"[2]局面。在这个过程中,武侠小说和侠文化始终处于肯定与否定相胶着的矛盾斗争中。从某种意义上讲,特定时代对武侠小说和侠文化的批判与否定未必是坏事,或许这正是武侠小说寻求新的突破、永葆青春活力的重要契机和动力之源。在对待武侠小说和侠文化的态度上,我们的学术思维不可避免地存在着被影响的焦虑。但只要我们本着实事求是的态度,勇于冲破历史见解的牢笼和过度阐释的束缚,密切结合当前时代特征和社会文化语境,就能对武侠小说和侠文化作出尽可能客观公正、科学合理的理解与阐释。

---

[1] 严家炎:《金庸小说论稿》,北京大学出版社1999年版,第18页。
[2] 韩云波:《盛世武侠:大陆新武侠发展转型的第二阶段》,《西南大学学报》(社会科学版)2009年第4期。

第七章　自由与逍遥：原始正义和生命激情

新时期以来，特别是在改革开放的时代语境下，以刘绍棠、莫言和贾平凹为代表的新文学作家以现代意识对侠文化进行审美观照，发掘和利用其中的积极因子，继承和弘扬侠文化精神，以此激活当代人的原始正义感和内在的生命激情，书写精神的强力和生命的璀璨，表达一种人格追求和社会理想，力抵自由和逍遥之境。刘绍棠、莫言、贾平凹等在他们的小说作品（如《蒲柳人家》《红高粱家族》《白朗》等）中，以纵横江湖的民间草莽英雄和侠义儿女为侠文化的载体，对侠文化精神进行了现代体认和多方面思考。尽管侠文化以潜文本的形式存在于这些新文学作家的创作之中，但足以说明侠文化和侠文化精神对他们的深刻影响。可以说，自由与逍遥既是他们的生命态度和文化理想，也是他们接受、改造与利用侠文化的基本思路及其所要达到的至高境界。

第一节　刘绍棠：构建慷慨悲歌、侠骨柔肠的江湖世界

刘绍棠早在20世纪50年代就蜚声文坛，他以田园牧歌式风土民情的描绘和诗情画意的风格被视为荷花淀派的掌门弟子。在改革开放的新时期重返文坛的刘绍棠，并没有紧跟时代风潮卷入"伤痕""反思""改革""寻根"等文学思潮之中，而是以来自民间大地的原始正义和重新点燃的生命激情致力于乡土题材的文学创作，建构起独特的"大运河乡土文学体系"。他的充满乡情民风和世态人情的小说以其雅

俗共赏的特质和刚柔相济的侠义叙事，彰显出鲜明卓异的新文学精神，达至精神自由和生命逍遥之境。他的文学体系着眼于书写北运河两岸粗犷豪放、刚健勇武的男子和多情重义、明辨是非的女子，努力发掘勇武任侠、慷慨悲歌的燕赵文化精神，形成了汪洋恣肆、健劲峭拔的艺术风格。刘绍棠的大运河乡土小说以京东首邑——通州为主体叙事空间，以北运河儿女这些土生土长的农家人为主人公，将具有江湖本色的"落难与拯救"母题加以翻新运用和创新发展，在对北运河两岸风土人情和民俗乡情的倾情描绘以及对通俗文学、民间评书艺术与方言俗语的汲取中，塑造了一系列人格独立、敢作敢为、舍己为人、多情重义、扶危济困、维护正义和公道的侠者形象，讲述了一个个古道热肠、一诺千金、重义轻生、慷慨赴难的故事，构建了一个以通州北运河两岸为活动空间的、以农民为主人公的、充盈着慷慨悲歌豪气和侠骨柔肠义举的江湖世界。

一 通州——北运河两岸：快意恩仇、自由自在的化外之境

"江湖"是一个普通的地理名词，狭义上的"江湖"是指长江和洞庭湖，广义上的"江湖"则泛指三江五湖。它原本属于地理学的范畴，并没有什么深刻的内涵。经过漫长的历史演变，"江湖"一词的内涵和外延逐渐丰富与扩展，既可称自由自在、逍遥快活之地，也可指远离"庙堂"（朝廷）的民间社会，更特指侠客们的活动范围，甚至可以作为秘密社会（黑社会）的代称。"江湖"在中国传统文化中可谓源远流长，蕴涵丰富。从庄子"相濡以沫，不如相忘于江湖"[1]的寓言感喟到司马迁叙述范蠡"乃乘扁舟浮于江湖"[2]，从唐代豪侠小说把"江湖"作为侠客活动的背景到北宋范仲淹"居庙堂之高，则忧其民；处江湖之远，则忧其君"[3]的忧思，大致可以勾勒出"江湖"

---

[1] 王先谦：《庄子集解卷二·大宗师第六》，《诸子集成》第三册，中华书局2006年版，第39页。

[2] 司马迁：《史记卷一百二十九·货殖列传第六十九》，《史记》，岳麓书社1988年版，第933页。

[3] 范仲淹：《岳阳楼记》，《范仲淹全集》上册，四川大学出版社2002年版，第195页。

一词的演变轨迹。如果说唐代豪侠小说中出现的"江湖"一词还仅仅指远离朝廷皇权或官场的民间闾巷的话，那么到了宋元话本，其中的"江湖"就"已跟抢劫、黑话、蒙汗药和人肉馒头联系在一起"①了，颇具血腥味。明清两代的侠义小说，已经普遍具有"江湖"字眼，甚至到了民国武侠小说，就连书名也要带上"江湖"二字，如平江不肖生的《江湖奇侠传》、姚民哀的《江湖豪侠传》、赵苕狂的《江湖怪侠》等。在港台新武侠小说和大陆新武侠小说中，更进一步把"江湖"作为侠客们的活动空间，并与现世人生密切联系，具有更深刻的象征意蕴、文化隐喻和精神内涵。这充分说明，"江湖"一词由地理名词逐渐引申、拓展和转化为特定的文化符号，与"侠"产生了必然的联系，成为侠文化的独特范畴，甚至可以说，"'江湖'与'侠客'的这种必然联系，蕴含着游侠精神作为中国文化特产以及武侠小说作为中国小说类型的某些基本特征"②。对于武侠小说而言，最能体现其主观虚拟色彩的，"莫过于作为小说整体构思的'江湖世界'。在至高无上的'王法'之外，另建作为准法律的'江湖义气'、'绿林规矩'；在贪官当道贫富悬殊的'朝廷'之外，另建损有余以奉不足的合乎天道的'江湖'，这无疑寄托了芸芸众生对公道和正义的希望"③。这里的"绿林"，还有"山林"或"草莽"，与"江湖"一样，都被赋予了文化意蕴，成为独特的文化符号。在某种特殊的情境下，"绿林""山林""草莽"也可能成为武侠小说中侠客们的活动背景。对于深受侠文化影响的刘绍棠而言，他在书写北运河侠义儿女英雄传奇的时候，也把他（她）们置于特定的空间环境。但与武侠小说中虚拟的江湖世界不同，刘绍棠所精心营构的江湖世界则是屹立于大地民间的非虚构具象性存在，具有浓厚的烟火气和厚重的历史感，他笔下的人物或纵

---

① 陈平原：《千古文人侠客梦——武侠小说类型研究》，人民文学出版社1992年版，第133页。
② 陈平原：《千古文人侠客梦——武侠小说类型研究》，人民文学出版社1992年版，第130页。
③ 陈平原：《千古文人侠客梦——武侠小说类型研究》，人民文学出版社1992年版，第72页。

第七章　自由与逍遥:原始正义和生命激情

横于水上芦苇荡,或驰骋于山林草莽,或活动于运河滩,从而形成独特的通州——北运河两岸这样一个快意恩仇、自由自在的化外之境。可以说,化外之境是刘绍棠的侠义乡土文学奉献给当代文学的一个重要贡献。

刘绍棠小说中的人物就土生土长和活动于通州北运河两岸这样一个化外之境。他(她)们的身份非常复杂,有抗日志士、青年学生、船民、渔民、瓜农、晚清秀才、义和团的大师兄和大师姐、水贼、响马、人贩子、土匪、钉马掌人、摆船人、老木匠、窑花子、煤窑工头、童养媳、牛倌、卖艺人、花船老板、老鸨、妓女、落魄的将军、地痞、恶霸、汉奸、日本人、国民党官兵、解放军、河防局的巡长、税警、小商贩、大地主、大财主等等。正是这些人,构成了北运河两岸的世态人生和民间历史,编织着丰富、复杂、曲折、离奇的人生故事与民间传奇。这些故事的发生地点或者小说人物的栖身空间非常具有优美的诗意,如复兴庄、点将台、莲房村(又叫烟村和山楂村)、鱼菱村(又叫花街、鹊桥、燕窝、连环套、罾罟台、星眨眼)、柳伞村(又叫细柳营、柳巷子)、绿杨堤(又叫柳湾、小龙门)、鸡笼店、里二泗村,其中的鱼菱村(儒林村)是刘绍棠的精神原乡,也是他遭难时曾被放逐的乐园。正是这些具有诗意的村庄,烘托出优美或凄美的江湖世界的本相。生活于这样的江湖世界的北运河的侠义农家儿女,与浪迹天涯自掌正义的侠客一样,快意恩仇,急公好义,他们秉持着原始纯朴的正义感和正直善良、扶危济困的优秀品质,书写着传奇的人生,追求不受王法束缚和官方压制的法外世界、化外之境。这一方面充分说明刘绍棠笔下的化外之境仍保留着武侠小说中江湖世界的快意恩仇、自由自在的特质,一方面体现了作者潜在而强烈的自由、平等、正义和公道的诉求以及寻求精神超越的理想。

通过深入阅读发现,刘绍棠小说的叙事空间是以通州为核心主体的。通州位于北运河畔,坐落在纵贯南北的三千里京杭大运河的起点,是北京的东大门,一条来自北京城内太液池横贯东西的四十里通惠河由通州注入大运河。"北运河贯穿通州全境,此外东有潮白河,西有

— 523 —

下编　中国新文学作家与侠文化的精神相遇

凉水河，城东北还有温榆河和箭杆河，都是从北向南，注入运河"①。于是，在通州这个区域就形成了一个纵横交织的水路网络。明清两代的漕运总督驻地就设在通州，民国以后，通州仍为京东首邑，地理位置和战略地位相当重要。纵贯通州的北运河沿岸有许多著名的码头渡口和集镇，形成了一个广阔而巨大的活动空间，流动着不少南来北往闯荡江湖的谋生者。所谓在家靠父母，出外靠朋友，为了生存和发展，他们必然会采取各种方式集结在一起，体现出一种小集团或团体的力量。他们中间有杀人越货者，也有仗义疏财者；有坑蒙拐骗者，也有诚信守诺者；有丧尽天良者，也有仁至义尽者。但不管怎样，他们必然要遵循一定的生存法则和江湖规则。况且，一般而言，"沿海地区、内地水路、湖泊和港湾，任何河流汇聚或分叉的区域所形成的沼泽都为土匪提供了传统意义上的巢穴，统治当局将这些土匪划入'水寇'、'海盗'之列"②。这就是说，北运河两岸这种特殊的地理位置和独特的自然环境极易产生土匪、帮派等秘密社会组织和各种社会力量。这就给刘绍棠的小说增添了许多神秘性和传奇性。中华人民共和国成立前，汉奸殷汝耕在日本主子的扶植下，在通州成立了伪冀东防共自治政府，助纣为虐，为虎作伥。北运河东岸曾为抗日根据地和解放区，活跃着八路军游击队和解放军；西岸则先后为日寇、伪军和国民党军所占领。这些都在刘绍棠的小说中有所折射，不仅为小说人物提供了纵横于民间江湖、从事抗日救亡大业的特定的活动空间，而且赋予其侠义爱国精神和民间英雄传奇色彩，从而使作品在诗意叙述中增添了几许豪侠之气和人在江湖的悲壮况味。

　　从对江湖世界的具体描绘来看，刘绍棠小说中的"江湖"根植于大地民间，不仅有具体的活动空间，而且有真实的历史背景，将侠义质素与抗日救亡、社会正义等元素紧密结合，彰显出鲜明的侠义精神和浓厚的民间英雄传奇色彩。诚然，"江湖"作为侠客的具体活动空间，已不单纯指谓地理位置，而是"一种由地理与社会空间高度组

---

①　刘绍棠：《渔火》，《刘绍棠文集》第7卷，北京十月文艺出版社2000年版，第79页。
②　[英]贝思飞：《民国时期的土匪》（修订版），徐有威等译，上海人民出版社2010年版，第31页。

第七章 自由与逍遥:原始正义和生命激情

合、经时间洗礼而形成的文化概念"[1]和文化符号。更重要的是,在漫长的历史演变中,"江湖"最终成为一种具有象征意蕴的独特的文化场域,而这种文化场域不同于一般的日常认知空间,它是一种独特的审美心理时空。与代表正统观念和主流意识形态的庙堂文化不同,由这种审美心理时空所营造的江湖文化则代表一种来自边缘社会的民间意识和草根精神,体现出精英意识观照下的民间世俗情怀。这正是刘绍棠精心营构的江湖世界所应有的价值意义。不仅寄托了人们在乱世不公的社会背景下对于正义和公道的希冀与期盼,而且侠义人物不畏强暴、反抗世俗偏见和社会压制的精神以及不甘受礼法束缚、独立不羁的行为方式,则暗合了人们挣脱一切外在羁绊、追求内在生命自由和精神逍遥的强烈愿望。而这恰恰又是刘绍棠笔下"江湖"的魅力之所在。当然,刘绍棠小说中"江湖"的价值意义和魅力所在,离不开他对北运河的大地民间场景的精心雕琢和情感投入。在他的笔下,通州——北运河两岸的风景和情境如诗如画,彰显出化外之境的独特魅力:

> 我出生在京东北运河边的鱼菱村,衣胞子埋在村外的柳棵子地里。
> 二百八十里的北运河上,有一片方圆左右十几里的扇子面河滩。……
> 一出北京城圈儿,直到四十里外的北运河边,都叫京门脸子。我们鱼菱村虽然坐落在这张好大脸面上,却因地处连环套的河湾子里,也就不显鼻子不显眼。柳篱柴门,泥棚茅舍,村风民俗野腔无调,古道热肠。[2]
> 十八里运河滩,像一张碧水荷叶;荷叶上闪烁一颗晶莹的露珠,那便是名叫柳巷的小小村落。
> 村外,河边,一片瓜园。这片瓜园东西八篱宽,南北十篱长;

---

[1] 万方:《"江湖"漫议》,《寻根》2004年第4期。
[2] 刘绍棠:《京门脸子》,《刘绍棠文集》第3卷,北京十月文艺出版社1996年版,第3页。

下编　中国新文学作家与侠文化的精神相遇

柴门半掩，水柳篱墙。篱墙外，又沿着河边的一溜老龙腰河柳，打起一道半人高的小堤。棵棵河柳绿藤缠腰，扯着朵朵野花上树；枝枝桠桠，上上下下，大大小小的鸟窝倒挂金钟。小堤下，水涨船高，叶叶扁舟，从柳荫下过来过去。①

二水（指凉水河与北运河——引者注）交流，浪花飞沫，河口像一张扇面；沙洲浅滩上芦苇丛生，像郁郁蓊蓊的绿林，又像从水中拔地而起的青山。芦荡里的苇喳子，伴着喧哗的水声，叽喳喳叫成一片。

今日天气晴朗，蔚蓝的天空只有几抹淡薄的云烟，大河上洒满金色的阳光，几只银白的水鸟翻飞剪水。从水连着天的远处，一只客货两用的大木船，高扬着南风吹满的白帆，被匍匐跪行在岸上的纤夫牵引着逆水而来。②

北运河是上京下卫的水路，南来北往的客运和货运大船，多得像过江之鲫，而穿梭打鱼的叶叶扁舟，游览河上风光的画舫，更像满天繁星；于是，便有花船应运而生。③

毋庸置疑，仅仅凭这四处来自刘绍棠不同小说的环境描写，就足以涵纳北运河两岸独特的生态魅力和古道热肠的人文民风。可以说，这是属于北运河儿女独有的自然景观和生活环境。这种自然景观和生活环境是他们筚路蓝缕、历尽苦难换来的安身立命之地，饱含着他们的血泪和汗水、欢乐与悲伤、屈从和抗争、希望与绝望。千百年来，这片热土氤氲和熔铸着燕赵文化的精神血脉，张扬着勇武任侠和慷慨悲歌的侠义精神与壮烈情怀，滋养着一辈辈土生土长的北运河儿女坚强地生存，茁壮地成长。刘绍棠将江湖世界从武侠小说中虚拟的抽象状态还原为现实的具象存在，动用如诗如画的语言尽情地描摹家乡通州北运河两岸的自然风光和家乡人的生活环境，以此作为他们身在江

---

① 刘绍棠：《瓜棚柳巷》，《刘绍棠文集》第7卷，北京十月文艺出版社2000年版，第153页。
② 刘绍棠：《渔火》，《刘绍棠文集》第7卷，北京十月文艺出版社2000年版，第97页。
③ 刘绍棠：《草莽》，《刘绍棠文集》第7卷，北京十月文艺出版社2000年版，第253页。

第七章 自由与逍遥:原始正义和生命激情

湖或浪迹天涯的活动空间,即使将故事发生的时间设置为中华人民共和国成立前的抗战时期或中华人民共和国成立后的动乱年代,也没有那种枪林弹雨、血雨腥风的渲染,更没有那种人性泯灭后丧心病狂的肆意夸张。可以说,刘绍棠笔下的江湖世界尽管有假、恶、丑的存在,但他的着眼点不在于人性之恶的暴露和展现,他的审美眼光聚焦于人性中真、善、美的优秀品质和侠义精神的深刻发掘。正是在此基础上,刘绍棠通过对江湖世界的精心营构开拓出一个独立自足于一般武侠小说之外的审美心理时空。在这种审美心理时空的烛照下,刘绍棠立足大地民间的价值立场,以精英意识观照底层民众的生存状态和精神境况,努力开掘和张扬来自边缘社会的民间草莽的侠义精神与北运河儿女的侠骨柔肠,从而使他的小说具有一种浓浓的侠义乡土气息和鲜明的民间英雄传奇色彩。

从侠者形象的塑造来看,刘绍棠倾注了大量的心血和情感,他笔下的北运河侠义儿女本着朴素的正义感和正直的秉性去追求社会的公道,捍卫生命的尊严,为了自由和幸福而义无反顾地走上抗争之路。可以说,刘绍棠精心营构的江湖世界为侠肝义胆的北运河儿女提供了快意恩仇、自由自在的化外之境,而侠者形象的存在又为这种化外之境增添了生机与活力。二者互为前提,相得益彰。在刘绍棠笔下,北运河两岸的"这一方人,都会几套拳脚,连花枝似的小媳妇儿,也会两下子旱地拔葱,枯树盘根,白鹤亮翅,喜鹊登枝"[1]。特别是许多在水上讨生活的北运河儿女,"他们三船一帮,五船一伙,一帮一伙都有个领船的;领船的一要有唇枪舌剑,二要敢两肋插刀,动口动手全不怯阵,一个个都像是梁山泊的阮氏三雄"[2]。刘绍棠小说中这些武艺高强的侠义人物的原型都是他家乡的父老乡亲,甚至有的就是以他的曾祖父、曾祖母、祖父等为原型。当然,这些生活原型都是脚踏乡土的地地道道的农民。对于北运河儿女的现世生活,刘绍棠写道:"北运河上胆大包天的穷家强悍子弟,有的到察哈尔贩牲口,有的到热河

---

[1] 刘绍棠:《草莽》,《刘绍棠文集》第7卷,北京十月文艺出版社2000年版,第252页。
[2] 刘绍棠:《渔火》,《刘绍棠文集》第7卷,北京十月文艺出版社2000年版,第80页。

省种鸦片烟，比在本乡本土扛长工当佃户，收入多十倍。只是脑袋拴在裤腰带上，一个粗心大意，小河沟子里也能翻船，就得扔了命。"①由此可知，北运河儿女的生存之路异常艰辛，同时他们也具有强大的生存意志和勇武冒险的生命精神。而正是这样的生存困境与精神意志，磨炼和熔铸着他们的叛逆个性与侠义人格。在刘绍棠的小说中，柳罐斗、解连环、柳梢青、桑铁瓮、金大戟、龙抬头、谷老茬子大伯、王大把式、老虎跳等都是武功高强的侠义硬汉，柳叶眉、陶红杏、金裹银儿更是巾帼不让须眉的武艺超群的女侠。北运河的侠义硬汉有三气，"一是胆大包天的勇气，二是两肋插刀的义气，三是宁折不弯的骨气"②；这里的民间女侠一个个大胆泼辣，侠肝义胆。他所塑造的这些侠者形象嫉恶如仇、敢作敢当、勇武任侠、多情重义、自掌命运、不屈不挠，甚至以血汗和生命去寻求精神的超越和解放。从某种意义上讲，这些硬汉和女侠可谓虚构的武侠小说中的侠客在通州——北运河两岸的现实复活。作者讴歌了他（她）们纯朴善良、勇武豪爽、急公好义、舍己助人、扶危济困、除暴安良的传统美德和优秀品质，他（她）们或活跃于抗日救亡的背景之下，或生活于新中国的语境之中，在他（她）们身上，寄托了作者对自由、平等的向往和对社会正义、社会公道的追求。毫无疑问，刘绍棠小说创作的思想题旨主要是通过这些侠者形象表现出来的。

在我看来，通州——北运河两岸的化外之境是属于刘绍棠的独创，更是他将传统武侠小说中不食人间烟火的"江湖"拉回到大地民间的一种成功的尝试。尽管他的小说不是严格意义上的武侠小说，但他的小说却含蕴着侠文化的多种元素，可谓侠义乡土文学的上乘之作。在刘绍棠的大运河乡土小说所建构的化外之境中，既具有快意恩仇、自由自在的江湖世界的特质，更活跃着一群勇武任侠、多情重义的侠义硬汉和民间女侠。由这个"江湖"和这群"人"所构筑的化外之境，不仅折射出特定时代的真实面影，而且反映了特定地域的民情风俗和

---

① 刘绍棠：《京门脸子》，《刘绍棠文集》第3卷，北京十月文艺出版社1996年版，第50页。
② 刘绍棠：《荇水荷风》，《刘绍棠文集》第7卷，北京十月文艺出版社2000年版，第327页。

世态人生，凸显出鲜明的中国气派和强烈的民族精神。

二 勇武任侠、多情重义的侠者形象

刘绍棠小说中的人物形象性格各异，刚柔相济。无论男女，大都体现出勇武任侠、慷慨悲歌的燕赵侠士风范，彰显出仗义行侠、扶危济困的美好品德。他笔下的男性形象，粗犷豪放，勇武任侠，敢作敢为，顶天立地，不失侠义硬汉的凛然风骨。与传统文学作品中塑造的柔弱顺从的女性形象不同，刘绍棠小说中的女性更多地表现为豪爽英勇、多情重义、不向命运屈服的侠义气度。她们热情乐观、坚忍不拔、豁达仗义，巾帼不让须眉，堪称当代文学人物画廊中不可多得的女侠形象。

（一）勇武任侠的硬汉

刘绍棠自幼心里就耸立起武松、林冲、赵云式的出身农民的侠义英雄形象，他的内心深处存在着一种深厚的崇侠情结，形成了鲜明的侠义个性和豪放气质，折射在创作中，就是他在小说中塑造了许多勇武任侠、豪爽仗义、铁骨铮铮的硬汉形象。《蒲柳人家》中的何大学问、柳罐斗，《渔火》中的解连环和姚六合，《瓜棚柳巷》中的柳梢青，《花街》中的叶三车，《草莽》中的桑铁瓮，他们生活于北运河两岸，是刘绍棠小说中硬汉形象的典型代表。在这些侠义英雄中，有的身怀绝技，武艺高强，后来投身于抗日救亡的洪流之中；有的并没有玩枪使棒，也没有驰骋疆场。但在通州北运河两岸构筑的江湖世界中，他们"却是顶天立地的好汉。他们顽强骁勇，不畏强暴；他们侠肝义胆，为朋友两肋插刀，任何时候，都是一身英气"[1]。

《渔火》中的解连环是北运河上的水贼，驰骋于水上的绿林好汉。他和他的四名弟兄每人一口刀，一支枪，一叶轻舟，在三百里北运河上横行无阻，专吃四大船行，过着自由自在的逍遥生活。"他们神出鬼没，

---

[1] 郑恩波：《刘绍棠全传》，文化艺术出版社2006年版，第21页。

下编　中国新文学作家与侠文化的精神相遇

行踪不定,河汊里的水柳丛中,浅滩上的芦苇深处,都是他们临时的立足之地,栖身之所"①。当北运河风声紧的时候,他们就四散在潮白河、凉水河、温榆河和箭杆河上,四兄弟各吃一条河,各吃一个船行。作为带头大哥,解连环讲究江湖道义,他不在这四条河上与四位弟兄争生意,而是各处打秋风。在刘绍棠笔下,解连环虽出身草莽,但绝不是一个普通的打家劫舍的水贼、土匪,而是一个具有正义感的江湖侠客。解连环本是一艘洋人海轮上的船员,因不满该轮船助纣为虐,为各路军阀包办运送军火,更痛恨封建军阀的穷兵黩武,他胸怀民族大义和社会正义,毅然炸掉了这艘海轮,逃到北运河,"本想隐姓埋名,只是无处藏身,才过起了水上的绿林生涯"②。为了生存,他拉帮结伙,当上了带头大哥。解连环背负水贼罪名,并受到官府缉拿。但他行侠仗义,"替天行道,劫富济贫,路遇以强压弱,仗势欺人的不平之事,不但拔刀相助,而且以死相拼,身上留下了斑斑枪疤刀痕";他慷慨大方,虽"日进斗钱,却又身无分文,把劫夺而来的不义之财,分发给沿河的老、弱、病、残、鳏、寡、孤、独,而自己却常常要跟他的四名弟兄借债度日"③。因此,这个纵横于北运河水上绿林的江湖好汉在贫苦渔家和船家中有口皆碑,颇有声望。解连环为人善良,且善解人意,他深知刀尖上行走的生活随时都会出现不可想象的结局,虽已过而立之年,也不愿找女人组建家庭,纵使四个弟兄为他操心,他也不肯答应,就因为怕连累人家姑娘一辈子。他爱上了水中豪杰春柳嫂子,但知道她是有夫之妇,对她爱慕而又敬重。解连环虽是一个武艺高强、顶天立地、血气方刚、不怕天地官兵的江湖侠客,但也不乏似水柔情:

不敢对春柳嫂子存有半点歹心恶意。他有一身高强超人的水下功夫,春柳嫂子行船,他便悄悄从水下相随,偶尔从青萍绿藻中露一露头,偷看春柳嫂子一眼,便又沉下水去。他的身子在水中比鱼儿还要轻巧,入水出水只有几缕淡淡的涟漪,所以春柳嫂子从没有

---

① 刘绍棠:《刘绍棠文集》第 7 卷,北京十月文艺出版社 2000 年版,第 92 页。
② 刘绍棠:《刘绍棠文集》第 7 卷,北京十月文艺出版社 2000 年版,第 93 页。
③ 刘绍棠:《刘绍棠文集》第 7 卷,北京十月文艺出版社 2000 年版,第 93 页。

第七章　自由与逍遥:原始正义和生命激情

察觉。有时，水浅船难行，春柳嫂子打桨非常费劲，他就从水下暗助双臂之力。于是，小船轻飘飘的像流水落花，风吹柳絮一般飞驶起来，春柳嫂子十分纳闷，却又不知是何缘故。①

在行云流水的笔调与轻松和谐的韵律中，烘托出一个侠义硬汉温和善良的心地及其对所爱女人的矜持态度和纯真情谊。当四个弟兄为了成全其美意，背着他私自做主，以绑票的方式将春柳嫂子挟持到浅滩上大苇塘深处他的一处营寨时，他被蒙在鼓里，很是迷惘。知道真相后，他亲自给春柳嫂子松绑赔礼，并亲自护卫，连夜把春柳嫂子送回点将台。

解连环不仅爱憎分明，嫉恶如仇，而且深明大义，知恩必报。他第一次与阮碧村相遇，就是在拦劫日本特务的货船这件事上。阮碧村钦佩这帮绿林好汉的作为，解连环也深为阮碧村的凛然正气和察绥抗日同盟军吉鸿昌将军部下的身份所折服，可谓英雄相见，惺惺相惜。在促膝长谈中，当得知阮碧村代表京东抗日救国会前来通州联合各路英雄好汉反对汉奸卖国、抵抗日寇侵略的目的时，解连环毫不犹豫地表达抗日救国之志，并以江湖结拜的方式与阮碧村和春柳嫂子歃血为盟，同仇敌忾。在共同的民族敌人面前，他以抗战大局为重，与马名骓尽释前嫌，一笑泯恩仇。解连环曾带着弟兄们劫夺了一只运货大船，受到官兵追击，负伤后得到姚六合的女儿姚荔的救助，出于感恩，他把船上姚六合的贵重家具悄然归还。

这位侠肝义胆的北运河水贼带领弟兄们，与阮碧村和春柳嫂子一起惩处了百顺堂恶势力九花娘和汉奸韩小蜇子后，更加坚定了反抗精神和斗争意志。最后，阮碧村以京东抗日救国会特派员的身份，宣布成立了水路抗日游击队，解连环和春柳嫂子分别任正、副队长。作者写道："解连环跪下来接令，他的弟兄们赶忙跪在他的身后；春柳嫂子也不由得跪下来，和合大伯带着高鲫和高鳅儿刚进门，众星捧月跪在她身边。"② 这群民间草莽的阵仗大类水浒英雄的气势，好一副江湖豪侠作

---

① 刘绍棠:《刘绍棠文集》第7卷，北京十月文艺出版社2000年版，第94页。
② 刘绍棠:《刘绍棠文集》第7卷，北京十月文艺出版社2000年版，第149页。

派。这预示着京东民众将纷纷揭竿而起，走上抗日前线。这些于江湖上谋生的侠义之士，在党的革命思想教育和改造下，逐渐摆脱个人奋斗的生存方式，而走向集体斗争和民族革命的道路。

《蒲柳人家》中的何大学问慷慨豪爽，仗义疏财，在北运河两岸、古北口内外，在卖力气走江湖的人们中间闻名遐迩。他长得"人高马大，膀阔腰圆，面如重枣，浓眉朗目，一副关公相貌"[1]。他年轻时当过义和团，舞枪弄棒，有些拳脚。后来给地主家当赶车把式，打得一手好鞭花，"自吹站在通州东门外的北运河头，抽一个响脆的鞭花，借着水音，天津海河边上都震耳朵"[2]。他不仅脾气大好喝酒，更爱打抱不平，敢为朋友两肋插刀。在花鞋杜四持刀与一丈青大娘打得难解难分之际，恰巧何大学问回来了，只见他抡起大鞭抽过去，把花鞋杜四抽了个皮开肉绽。花鞋杜四勾结官府，要抓何大学问去坐牢。后经说和，方才罢休。何大学问敢作敢当，答应给花鞋杜四和豆叶黄治疗养伤。为了拯救困厄中的望日莲，他和一丈青大娘认下这个可怜儿当干闺女，慷慨地拿出自家的二亩地来为望日莲赎身，再拿出二亩地为她作陪嫁。可以说，何大学问不愧为一个响当当的民间侠客。

柳罐斗是《蒲柳人家》中的头一条好汉，他三十八九岁，正值壮年，高大魁梧，顶天立地，庄严英武，气势夺人。连很少看得起人的何大学问都夸赞他是活赵云，赛平贵。他年轻时曾在大地主董太师家扛长工，与董太师的女儿相爱，这个可怜的女子有了身孕后，被董太师勒死，柳罐斗的处境也很危险。柳罐斗投奔了北伐军，练得一手好枪法，曾在北伐名将蒋先云手下当兵，蒋先云阵亡后，因不满新换的国民党团长的清党行为，愤然解甲归田。柳罐斗回到家乡后，京东农民大暴动已被镇压，领袖人物周方舟被杀害，其姐姐和外甥周檎成了孤儿寡母。他以摆渡为生，养活周檎母子、老娘和自己一家四口，甚至宁愿牺牲个人的幸福，也要成全他人。柳罐斗嫉恶如仇，有勇有谋，曾施计水下杀死麻雷子，除掉了地方一霸。他有情有义，豪气干云，站在船头上，就

---

[1] 刘绍棠：《刘绍棠文集》第7卷，北京十月文艺出版社2000年版，第8页。
[2] 刘绍棠：《刘绍棠文集》第7卷，北京十月文艺出版社2000年版，第8页。

第七章　自由与逍遥:原始正义和生命激情

"像一座古代勇士的石像"①,堪称侠肝义胆的硬汉。

十八里运河滩长期处于干云侠气的氤氲下,即使像何满子这样出身蒲柳人家的小孩子,也彰显出一副少侠风范。在小说中,何满子亲眼看到一个刚从花船上下来的十五六岁的女孩子被独眼龙用皮鞭抽打的惨状。他可怜那个有病的女孩子,非常痛恨那个残暴的独眼龙。于是,他找了两块碎瓦片,钻进柳棵子,隔着土墙,打向那个独眼龙的后脑勺,把独眼龙打得后脑开瓢流血,疼痛难忍。何满子偶然听到河防局巡长麻雷子和花鞋杜四密谋从周檎下手,捉拿京东共产党人周文斌,趁机抓柳罐斗,还想卖掉望日莲,抓何大学问。他及时将这个阴谋告诉了周檎。这才有了周檎召集何大学问、柳罐斗、吉老秤和郑端午商议对付麻雷子与花鞋杜四阴谋的一场好戏。从这些细节中,不难发现何满子嫉恶如仇、见义勇为、抱打不平的侠者气度。

《瓜棚柳巷》中的柳梢青不仅是种瓜的好把式,而且武艺高强。十岁那年在瓜棚义救投河的义和团逃犯武大师姐,可谓侠肝义胆的小儿郎。武大师姐人高马大,身怀绝技,带走柳梢青学艺。三十年后柳梢青带着十三四岁的女儿柳叶眉从关外重返运河滩。他的这段经历颇具武侠小说的传奇色彩。柳梢青为人正直,不畏强暴,急人之难,行侠仗义。在花三金生命垂危之际,他挺身而出,一声怒喝,"竟像一个沉雷炸响",只见龙头少爷"汤三圆子的手儿一颤,双刃尖刀落了地"②。为了救吴钩的老母和几个幼小的孩子,他深入虎穴,手刃两个乡警。在抗日救亡的时代语境下,他勇敢地打破固守的家规和门规,决定将种瓜的诀窍和武大师姐教给他的全套武艺多传授几个外姓人。至此,一个扶危济困、胸怀大义的民间侠客形象呼之欲出。

在《渔火》中,姚六合是一个落魄的将军,他出身于败落的书香名门,曾混迹于军界,做过三年通州镇守使,但怀才不遇,愤世嫉俗,具有异端思想,广为结交对当局不满分子,包括上了黑名单的红色人物。更可贵的是,姚六合有侠义心肠和民族气节。虽被削职为民,但不减当

---

① 刘绍棠:《刘绍棠文集》第7卷,北京十月文艺出版社2000年版,第60页。
② 刘绍棠:《刘绍棠文集》第7卷,北京十月文艺出版社2000年版,第177页。

年的将军风度,足以威慑那些为非作歹之人。在春柳嫂子身陷百顺堂的危急时刻,他挺身而出,出手相救,充分体现了一个民间侠者扶危济困的优秀品格。在国难当头之际,他断然拒绝盟兄弟殷汝耕和内兄土肥原贤二的威逼利诱与无理要求,坚决不做伪冀东防共自治政府保安总队指挥,慷慨悲歌,义正词严,彰显了一个爱国军人的凛然正气和士可杀而不可辱的民族气节。在事关民族国家命运的重大抉择面前,阮碧村对他晓以大义,劝他先打入汉奸内部,抓住保安总队的指挥权,伺机倒戈抗日,他能够欣然接受,为了民族大义而忍辱负重。

《花街》中的叶三车是个长工,他血气方刚,正直善良,舍己助人,不求回报。他救了落水的蓑嫂母女俩,与蓑嫂相亲相爱,情投意合,做了半路好夫妻。两年后,蓑嫂的前夫杨小蓑子找上门来,叶三车宁愿让出自己的一座院子两间屋,成全他们一家人团圆。杨小蓑子人面兽心,假装与叶三车结拜为兄弟,又以典妻的名义,赖上他替自己还赌债。叶三车帮他还清赌债后,又恪守兄弟妻不可欺的人伦礼节,与蓑嫂保持一定的距离。后来,他救了落水的金二榜眼和玉姑父女俩。玉姑下嫁叶三车,生了个儿子叫伏天儿。为了给玉姑治病,叶三车以身价作抵押向狗尾巴花借了印子钱。面对狗尾巴花的诱惑,丝毫不为所动,为了还债,叶三车自卖自身,到京西门头沟煤窑下井。后来他参加了共产党领导的工人运动,砸了矿山警察分驻所,夺枪回到京东打游击,与殷汝耕的伪冀东防共自治政府对抗。小说结尾写道:"迷茫的月色中有几个高大的身影,身背着长枪短刀,在沿河的水柳丛中和野麻地里奔走急行。领头的人,大步流星,一马当先,比谁都急如星火";"窑花子叶三车,已经踏上花街地界";"花街从此时来运转"①。很显然,这个"领头的人"就是已经走上抗日救亡道路的叶三车。结尾告诉我们,这个侠义的硬汉在得知蓑嫂为了他而深入虎穴之后,毅然带领"身背着长枪短刀"的同道返回故乡。这预示着一场惩恶扬善、除暴安良的义举即将发生,为这部充满乡情的小说增添了许多侠义色彩。

---

① 刘绍棠:《刘绍棠文集》第7卷,北京十月文艺出版社2000年版,第247页。

第七章 自由与逍遥：原始正义和生命激情

《草莽》中的桑铁瓮是一位闯荡江湖的卖艺人，"最讲究江湖义气"①。他力大过牛，武艺高强，有恩必酬，有仇必报，爱憎分明，嫉恶如仇。他和儿子桑木扁担跑码头时，曾受过一对要饭母女的一饭之恩。在得知老妇病死，女儿月圆被卖到花船的凄惨身世后，桑铁瓮和儿子打定主意报答当年一饭之恩，要把月圆姑娘救出火坑。当被卖到花船上的少女陶红杏跪求桑铁瓮拯救，桑铁瓮因身无分文、力不从心而陷入进退维谷、难舍难离之际，一个过路的侠义少年书生，仗义疏财，慷慨解囊，把十八块大洋的奖学金奉送给桑铁瓮，让他为陶红杏赎身。桑铁瓮感动得热泪盈眶，表示要把陶红杏当亲生女儿对待，还要把全身的武艺传授给她。陶红杏叩头谢恩，少年书生连姓名都不留，便飞身跨上石青走骡，飘然而去。桑铁瓮和桑木扁担爷儿俩一起到花船为陶红杏赎身，面对花船老板马三眼和领家妈马小脚儿的漫天要价与无理取闹，桑铁瓮仗义执言，据理力争，要手刃这两个无耻恶人。相继救出陶红杏和月圆姑娘之后，桑铁瓮带着他们继续走江湖卖艺。后来，他和陶红杏一起救下当年那个不留姓名的慷慨解囊者叶雨，杀死了地方恶霸，拉起人马投奔在京东山林坚持抗日的叶雨，投身于抗战的时代洪流之中。

在刘绍棠的小说中，这类侠义硬汉还有：《蒲柳人家》中的周檎、吉老秤和郑端午，《渔火》中的阮碧村，《瓜棚柳巷》中的吴钩，《草莽》中的叶雨，《荇水荷风》中的金大戟和龙抬头，《蒲剑》中的蒲天明和桑榆，《京门脸子》中的谷老茬子大伯和谷大顺子，《野婚》中的王大把式，《豆棚瓜架雨如丝》中的老虎跳，等等。这些侠义硬汉大都生长于大地民间，傲然挺立于宇宙苍穹，他们个个义薄云天、铁骨铮铮。虽身居乡野，却深明大义；虽身份卑微，却灵魂高蹈。他们不畏强暴，扶危济困，重义轻生，舍己助人，除暴安良，惩恶扬善，以自己的鲜血与生命去追求社会正义和公道，书写了通州北运河两岸江湖世界壮烈的侠义英雄传奇。

---

① 刘绍棠：《刘绍棠文集》第7卷，北京十月文艺出版社2000年版，第255页。

（二）多情重义的女侠

新时期以来，刘绍棠在他的小说文本中精心塑造了一系列个性鲜明、栩栩如生的人物形象，其中最光彩照人、最打动人心的莫过于那些生活在通州北运河两岸的女性形象，特别是年轻的女性形象。她们善良淳朴，急公好义，忍辱负重，勇于反抗。在她们身上，显示出原始纯朴的人性美和人情美，闪耀着人性的光辉，颇有巾帼不让须眉的侠气，堪称北运河两岸土生土长的充满野性和原始正义感的女侠。在刘绍棠的侠义乡土文学中，硬汉形象的勇武任侠、慷慨悲歌彰显出燕赵文化阳刚的一面，而女侠形象的多情重义、侠肝义胆则体现了燕赵文化的侠骨柔情。这些北运河的女儿具有独立的人格，勇敢地追求社会正义，维护社会公道，捍卫生命尊严，充满了道义理想和凛然正气。她们或为了人间真情而不畏强暴，无视社会舆论和政治压力，义无反顾，矢志不渝，历尽磨难而无怨无悔，甘愿为所爱的人和纯真的爱情牺牲一切，进行不屈不挠的抗争；或为了维护社会正义和公道、捍卫生命尊严而挺身而出，拔刀相助，除暴安良，扶危济困，宁愿为所坚持的正义和道义理想而赴汤蹈火，死不旋踵。多情重义是她们的核心特质，更是支撑她们傲然屹立于人间江湖的强大的精神力量。她们都有一颗正直善良、高洁坚强的灵魂和宁折不弯、永不妥协的抗争精神，看似柔弱，但在关键时刻和危急时分却表现出足以让堂堂七尺男儿自愧弗如的义勇精神与英雄气概。

《蒲柳人家》中的一丈青大娘是刘绍棠构建的女侠世界中最强悍、最刚毅、最泼辣的一个。她"大高个儿，一双大脚，青铜肤色，嗓门也亮堂，骂起人来，方圆二三十里，敢说找不出能够招架几个回合的敌手。一丈青大娘骂人，就像雨打芭蕉，长短句，四六体，鼓点似的骂一天，一气呵成，也不倒嗓子。她也能打架，动起手来，别看五六十岁了，三五个大小伙子不够她打一锅的"[①]。她家住在北运河岸上，门口外就是大河。有一次，一只外江大帆船从门口路过，她看到几个

[①] 刘绍棠：《刘绍棠文集》第7卷，北京十月文艺出版社2000年版，第4页。

第七章　自由与逍遥:原始正义和生命激情

纤夫赤身露体,只系着一条围腰,裤子卷起来盘在头上,就让他们站住,把裤子穿上。而纤夫们却置若罔闻,更有甚者,一个年轻的纤夫不知好歹,出言不逊,激怒了一丈青大娘。只见她挽起袖口,冲下河坡,阻挡在纤夫们面前,怒斥道:"不能叫你们腌臢了我们大姑娘小媳妇的眼睛!"[①]那个年轻纤夫再次对一丈青大娘无礼,这使一丈青大娘勃然大怒,一个大耳刮子抡圆了扇过去,"那个年轻的纤夫就像风吹乍蓬,转了三转,拧了三圈儿,满脸开花,口鼻出血,一头栽倒在滚烫的沙滩上,紧一口慢一口捯气,高一声低一声呻吟"[②]。一个纤夫见状,一拥而上,但一丈青大娘临危不惧,折断一棵茶碗口粗细的河柳,挥舞起来,把他们打得纷纷落水,并且还不依不饶,骂不绝口,不允许落河的纤夫上岸,大帆船失去了控制,在河上转开了磨。最后还是船老板请出摆渡的柳罐斗、钉掌铺的吉老秤、老木匠郑端午、开小店的花鞋杜四等这几个当地的头面人物说和了两三个时辰,一丈青大娘才开恩放行。就这样,小说一开头就将一个言语犀利、嫉恶如仇、敢作敢为、豪气逼人的女侠形象凸显出来。运河滩上怒打纤夫的故事还不足以体现一丈青大娘的豪侠之气,作者还写了她义救苦命孩子望日莲的英勇事迹。张作霖的队伍和吴佩孚的队伍在北运河开仗,一丈青大娘冒着炮火硝烟救出了被埋在弹坑里的邻居家的童养媳望日莲。在豆叶黄虐待望日莲的时候,一丈青大娘忍无可忍,怒不可遏,跳过篱笆,救出了望日莲,把豆叶黄打得七窍出血。当花鞋杜四手持杀猪刀前来报复,一丈青大娘毫不畏惧,拿起一把鱼叉还击,与花鞋杜四打得你死我活,难解难分。为了使望日莲彻底脱离苦海,她和丈夫何大学问宁愿倾家荡产也要成全望日莲与周檎的天赐良缘。这些事情并不是每个男人都能做到甚至愿意做的,但一丈青大娘却毫不犹豫地做了,而且做得相当成功。由此可见,一丈青大娘简直就是一个高大威猛、粗犷豪爽的女侠形象。从她身上,我们可以发现一个民间女侠舍己为人、急人之难、扶危济困、成人之美的侠义风范和正气凛然、善

[①] 刘绍棠:《刘绍棠文集》第 7 卷,北京十月文艺出版社 2000 年版,第 5 页。
[②] 刘绍棠:《刘绍棠文集》第 7 卷,北京十月文艺出版社 2000 年版,第 5 页。

— 537 —

良乐观、助人为乐的优秀品质。

　　外柔内刚的望日莲是花鞋杜四家的童养媳，她在饥饿、受虐待和苦难中长大，她常常为自己的悲惨遭遇而偷偷流泪，但她并不甘愿接受命运的摆弄，而是勇敢地与恶势力抗争。当望日莲的公爹花鞋杜四和婆母豆叶黄的野汉子一齐来对她图谋不轨时，她奋起反抗，掏出早就准备好的镰刀和剪子，分别刺中了这两个恶贼，然后破窗而逃，躲过一劫。望日莲不甘屈辱，奋起一搏，体现了不畏强暴的反抗精神。当她得知那两个恶贼企图把她卖给董太师做小时，尽管形势对她不利，但她仍准备以死相拼。她是一个没有人身自由的童养媳，但偏去追求自由恋爱和个人幸福，她深爱着周槠，但又不想拖累他，甚至愿为周槠牺牲一切。爱得越深越执着，反抗也就越强烈，望日莲就是一个敢爱敢恨的人。当周槠说要让她参加救国会抗日锄奸时，她毫不含糊，毅然说道："真要拿刀动枪，我比你胆子大，手也狠。"① 这体现了一个逐渐觉醒的北运河女儿决绝的反抗意志和英勇无畏的斗争精神，同时也预示着善良而蒙昧的农家女即将找到与恶势力斗争的方法和革命力量，她胸中积蓄着自发反抗的火种，在周槠这样的抗日志士的引导下，必将走上抗日救国的道路。

　　在《渔火》中，春柳嫂子的老爹有一身江湖习气，仗义疏财，她的老公公在通惠河上领船，跟她老爹是磕头的兄弟，也是个仗义之人。这些正直正义的家风奠定了她的性格基础，使她敢爱敢恨，敢做敢当，大胆泼辣，英勇无畏。她在少女时代就与潞河中学的穷学生阮碧村情投意合，私订终身。阮碧村参加革命后不辞而别，杳无音讯，她担心情人的安危，为此大病一场。在家里的催逼下，她嫁给了小混混儿韩小蜇子，但拼死不许他沾身。在婆婆、父亲和公公相继去世后，春柳嫂子就接替公公领船，在通惠河和北运河上经常抛头露面。在行船的男人世界中，她磨炼出了嫉恶如仇、勇武刚毅的心性，"不但神态冷若冰霜，而且骂阵嘴像刀子，打架手黑心狠"，领船不到半年光景，

---

① 刘绍棠：《刘绍棠文集》第7卷，北京十月文艺出版社2000年版，第34页。

第七章　自由与逍遥:原始正义和生命激情

"竟在通惠河上闯出一个女中豪杰的名声"①。春柳嫂子古道热肠,多情重义,扶危济困,乐于助人。她自己的亲人中只有老母亲还健在,但却不在身边。她尽心帮助关照孤老头和合大伯和父母双亡的苦孩子高鲫与高鳅儿,四个人同命相连,患难与共。她带领由四个人组成的小小船帮,在水上谋求营生,濡染和养成了不少江湖豪气。面对官军抓官差的无理要求,她不畏强权,临危不惧,据理怒斥,断然拒绝。她曾被解连环的弟兄们绑架,逼她给解连环做压寨夫人,在解连环的营寨里,她英勇无惧,宁死不屈,怒斥水贼,誓死捍卫自身的清白。好在解连环正直仗义,亲自护送她回家。两年后,阮碧村归来,她果敢地向韩小蜇子讨要休书,想结束这段不该发生的婚姻,结果误入九花娘和韩小蜇子设置的陷阱,被打得遍体鳞伤,但无怨无悔。被救出后,她拿到了休书,想一把火烧掉韩家的房子,然后入解连环的伙,"颇有林冲夜奔的气势"②。作为一个弱女子,春柳嫂子不畏强暴,无视世俗偏见,大胆地做出主动讨要休书的离经叛道之举,执着地追求以美好爱情为基础的自由婚姻,这本身就是对传统伦理道德和封建礼教的蔑视与挑战。特别是在抗日救亡的形势下,春柳嫂子加入阮碧村和解连环的结拜,三人义结金兰,同仇敌忾。不仅体现了她为情而生、为爱而战的不屈不挠的抗争精神,而且彰显出一派为国而战的胸怀民族大义的女侠风范。

柳叶眉是《瓜棚柳巷》中慷慨英武的女侠,她是运河滩上瓜园主人柳梢青的女儿,自幼深得姥姥武大师姐恩宠,武大师姐一心想让她顶天立地,从小当男孩子对待,教她打拳踢脚,飞刀舞枪。就这样,她在自由自在、豪放不羁的环境中充满野性地成长,出落得俊俏而剽悍,侠义而热心,血气方刚,英武刚强,彰显出一副巾帼不让须眉的女侠风范。当同村的书生吴钩想拜柳梢青为师学武,却因武林门规而碰壁之际,柳叶眉主动表示愿意传授,并和吴钩结拜为兄弟,虽喜欢吴钩,但却成全了放鹰人花子金的女儿花三春与吴钩的姻缘。在花三

---

① 刘绍棠:《刘绍棠文集》第7卷,北京十月文艺出版社2000年版,第84页。
② 刘绍棠:《刘绍棠文集》第7卷,北京十月文艺出版社2000年版,第146页。

春身陷囹圄、险遭毒手之时,她总是挺身而出,施手相救。而当花三春无理取闹、误解羞辱她时,她虽气得血脉偾张,大打出手,甚至与吴钩割袍断义,但内心仍挂牵着这同命相怜的一家老小。当得知吴钩参加了抗日救国会时,她希望吴钩带兵杀回运河滩,准备入伙杀敌。在花三春已经遇害,而父亲柳梢青深入虎穴、生死未卜之际,她毅然杀死了恶霸汤三圆子。柳叶眉不仅侠肝义胆,而且善良多情。她打破行拜师礼的陈规,主动与吴钩结拜为兄弟,更是大胆地向吴钩表白以身相许的意愿。因与吴钩结为兄弟,她在内心雪藏了这份情感。就是这样一个多情重义的女侠,在与父亲和吴钩一家老小大团圆的时候,她内心最大的愿望就是等打跑了鬼子,赶走了汉奸殷汝耕,天下太平了还要回家种瓜。可以说,这是一个典型的充满纯朴的乡土气息的瓜棚女杰。她没有辜负姥姥武大师姐的厚望,在她身上,充分体现了一个顶天立地的侠客所应有的优秀品质。

《花街》中的蓑嫂,在丈夫杨小蓑子因抽大烟赌博负债累累而逃奔关外后,她带着三岁的女儿金瓜逃出了债主的虎口,走投无路在花街落了脚。细腻温婉,嫉恶如仇,不畏强暴,知恩图报,是她鲜明而强烈的个性。叶三车在她危难之际救了她,她和叶三车做了两年的半路夫妻,体贴照顾这个正直善良的男人。即使叶三车后来和玉姑结了婚,她仍然一如既往地关心和帮助他及其家人。她在叶三车去京西下井三年中,帮他照顾儿子伏天儿,视为己出。在叶三车参加了共产党领导的暴动,遭到自治政府的通缉后,为了替他赎身还债和拯救险遭毒手的伏天儿,蓑嫂毅然选择了深入虎穴,"她无所畏惧地向熊腰(指税警连阴天的住宅——引者注)走去,腰间暗藏一把刮鱼刀子"[①]。这个不畏强暴、不为连阴天的威逼利诱所动的女侠,终于铤而走险,踏上了复仇和反抗之路。

在《草莽》中,陶红杏多情重义,知恩必报。本来她有一个完整的家,她的父母都有一身好武艺,她也会些"燕子剪水"和"弹打飞鸟"的功夫。但在她十三岁那年,父母因为民请命而遇难,她被卖到

---

① 刘绍棠:《刘绍棠文集》第7卷,北京十月文艺出版社2000年版,第247页。

第七章　自由与逍遥:原始正义和生命激情

花船上，遭受着人生的不幸。在陶红杏苦苦跪求桑铁瓮拯救，而桑铁瓮因身无分文一筹莫展之际，是素昧平生的侠义书生叶雨慷慨解囊，委托桑铁瓮亲自出面，为她赎了身。她不仅学得桑铁瓮的软硬两功，而且拾起了家传的高招儿，还拜武旦为师，从而练得一身好武艺，在北运河的江湖艺人中颇负盛名。在叶雨参加抗日斗争遭通缉搜捕的危难之际，她和桑铁瓮舍身相救；得知叶雨的妻子云锦去世后，她怒惩恶贼，主动为她抚养遗孤。面临官军搜捕，陶红杏指挥桑家班的大船趁月黑风高之夜，返回运河滩，袭击了警察分驻所和白家大院，杀死了恶霸马三眼和白苍狗子，火烧北运河沿岸各个渡口的花船。然后，前往京东山林投奔叶雨。不久，陶红杏拉起了一哨人马，参加抗日救亡斗争。可以说，陶红杏就是一位顶天立地、侠肝义胆的女中豪杰。

小说《碧桃》讲述了普通的农村未婚姑娘碧桃帮助"文革"中因里通外国的罪名而落难的戈弋抚养幼子沉香的故事。碧桃与戈弋非亲非故，萍水相逢，她同情戈弋的遭遇，她不顾世俗偏见，出于道义，毅然承担起帮他抚养孩子的责任。为了这个无辜的孩子，即使遭受流言蜚语的污蔑和父亲对她有辱家风的误解，她也无怨无悔，坚强地活着。这个"清白无辜的处女，没有出嫁的姑娘，身背不白之冤，头顶重重压力，被迫离开了自己的家，甘愿为他人而受难，义无反顾"[①]。碧桃默默地承受着来自亲情和社会的巨大压力，在耻辱、痛苦、忧伤和悲愁中煎熬度日，抚养小沉香长大，供养他上学。碧桃十分珍惜戈弋和谷铁铮留给她作为孩子抚养费的瑞士金表与六百块钱，她执意为沉香留着，宁愿受苦受累，也不愿拿出来改善生活。戈弋被平反后来接沉香，她甘愿忍受母子离别的痛苦，也要成全人家亲父子团圆。碧桃是位善良热心、大胆泼辣、急人之难、舍己助人的农村姑娘，她有着一颗圣洁的灵魂。在当时的中国农村，未婚姑娘的名声重于生命，而碧桃却能忍受着巨大的精神痛苦和社会压力来抚养既无血缘关系又无姻亲关系的落难者的孩子，这本身就是一种惊世骇俗之举，更是无私而伟大的侠义行为，折射出一个乡村女侠博大的胸怀和赤子之心。

---

① 刘绍棠：《刘绍棠文集》第7卷，北京十月文艺出版社2000年版，第480页。

《二度梅》中的女主人公温青凤野性、泼辣、温情、仗义。烈士之子洛文因伸张正义而被错划为右派，学籍和党籍也被开除，并被遣返回乡接受劳动改造。四清运动期间，洛文的亲哥嫂迫于政治压力将他清扫出门，与他划清了界限。但正直善良、仁爱真诚的青凤却不顾世俗偏见和社会压力，大胆地接近、帮助和关照身陷困境的洛文。在当时复杂的政治形势下，她经受住了工作队的威逼利诱，不仅不肯揭发出卖洛文，而且在洛文最艰难的时候，丝毫不顾及个人得失，毅然决然地嫁给了他。经过十几年的风雨同舟，这对患难夫妻结下了深厚的情感，成为生死之交，并且儿女双全。在洛文被平反后，当她得知黄梅雨（洛文大学时的未婚妻）是在反右扩大化斗争中与洛文被迫分开，并且遭受了身心伤害的时候，她准备把丈夫洛文还给这个正直善良的无辜的梅雨。温青凤这个农家女子，最可贵之处就是心好，这个决定虽然难免凄怆，但却是真诚的表白。最后，温青凤和黄梅雨成为好姐妹，满怀信心，准备迎接新的生活。温青凤宁愿牺牲自己的幸福也要成全他人的精神和义勇行为，真正体现了一个民间女侠的风范。

大红锦是小说《花天锦地》中顶天立地的北运河的女儿。她长得人高马大，丰满茁壮，虽然年近五旬，但"还能肩扛二百斤的麻包，走三丈高的跳板上囤，往返几十个来回，面不更色，心不发慌，腰杆不弯，腿不发软"[①]。好一个巾帼英雄的力道。大红锦不仅正直善良，古道热肠，而且"多情重义，侠肝义胆"[②]，是一个外刚内柔的女侠。十八岁那年，姐姐死了，她帮助姐姐照顾两个孤儿；二十岁那年，姐夫从朝鲜战场上双目失明归来，她自作主张嫁给了这个大她十多岁的残废军人。姐姐的两个儿女长大后，她又为他们风风光光地嫁娶。改革开放后，大红锦老当益壮，做了连环套大队的保管员，带领一帮年轻人承包土地，担任田长，和大家一起勤劳致富，并且还热心助人，成全年轻人的美好姻缘。在大红锦的侠光普照下，运河滩上必将晴空朗朗，出现一片花天锦地。

[①] 刘绍棠：《刘绍棠文集》第8卷，北京十月文艺出版社2000年版，第209页。
[②] 刘绍棠：《刘绍棠文集》第8卷，北京十月文艺出版社2000年版，第209页。

在刘绍棠的笔下，这类正直善良、多情重义的女侠还有《蛾眉》中的蛾眉、《绿杨堤》中的水芹、《京门脸子》中的谷玉桃、《野婚》中的金裹银儿等。她们能够冲破世俗偏见和习惯势力的羁绊，承受各种来自传统封建道德和男性社会的压力，义无反顾地走上抗争之路，大胆追求自己的幸福，寻求社会的正义和公道。这些侠义巾帼英雄与侠义硬汉形象相得益彰，相映生辉。正因为她们的存在，才使得通州北运河两岸的江湖世界呈现出勃勃生机，焕发出生命的激情。

三　大地民间的侠义情怀

刘绍棠的家乡河北省通县（今北京市通州区）儒林村位于京东北运河畔。通州在古代属于燕赵地区，位于胡汉杂居交融之地。自古以来，燕赵地区多勇武任侠、慷慨悲歌之士。其作为京杭大运河的北部起点，在中国南北文化交流和经济往来中起着重要的沟通作用。独特的地理位置和文化环境造就了北运河人好侠重义、正直勇武、敢作敢为、聪敏机智等独特的文化个性和纯朴善良、豪侠多情的民风。燕赵文化刚柔相济，燕赵儿女更是坚忍不拔、不屈不挠，充满着刚健进取、勇武豪侠之气，在国家危亡之际，能够慷慨赴难、视死如归。在慷慨悲歌、勇武任侠的燕赵文化的长期浸润和深刻影响下，北运河两岸的人民直爽仗义，温柔多情，侠肝义胆，豪气干云。尤其是位于北运河东岸一个偏僻河湾死角处的儒林村，更是积淀和承传着这种独特的侠骨柔肠。几百年来，"儒林村人这种豪侠仗义、助人为乐的好传统、好家风，哺育着他们一代又一代的儿孙们。正因为有史以来，他们就以团结心齐出名，所以整个抗日战争期间，日寇到运河西岸烧杀劫掠数十次，竟没敢往儒林村派过一兵一卒。'文革'期间，上上下下一团乱，每个工厂，每所学校，每个生产队，都分成了势不两立的两大派、三大派，而儒林村却如同磐石一般稳固，始终是一个岿然不动的整体。儒林村人这种坚韧顽强、宁折不弯的秉性，也传给了他们的子孙后代。在他们当中，涌现出多少宁为玉碎、不为瓦全的钢铁硬汉"[①]。在刘绍

[①] 郑恩波：《刘绍棠全传》，文化艺术出版社2006年版，第5页。

下编　中国新文学作家与侠文化的精神相遇

棠的小说中，儒林村具象化为鱼菱村，这是他的精神原乡和灵魂栖息之地。在以鱼菱村为核心的北运河两岸这片热土上，涌动着来自大地民间的侠义情怀。正是这种侠义情怀，支撑着当代乡土文学大师刘绍棠踏上以丹心书写民间江湖豪侠之气的精神之路。

刘绍棠从小就深受这片侠义热土的滋养和慷慨仗义、刚柔相济的民风家风的浸润。刘绍棠的曾祖父"最具有汉胡混血特色"[①]，外号鞑子，有一身好武艺，为了生存而闯荡江湖，一生中当过车把式、贩过马、扛过长工、背过纤、种过河滩地，是一个地地道道的农民，不到四十岁便被乡亲们尊称为鞑爷；曾祖母乐善好施，勇于担当，帮助别人而不求回报；他的祖父仗义疏财，为朋友两肋插刀，《蒲柳人家》中的何大学问就是祖父的化身；他的祖母吃苦耐劳，忍辱负重；他的父亲刘桐九诚信守诺，光明磊落；母亲柏丽贞，既明晓事理，孝敬长辈，又有一定的反抗精神，对婆婆的一些不合理要求从不逆来顺受，而是坚持自我。可见，刘绍棠家中长者的品格，都具有侠文化精神的质素。尤其是母亲，不仅以自己的言行教育和影响着刘绍棠，还给幼年时期的刘绍棠讲过许多民间传说和侠义故事。正是这种潜移默化的影响，使刘绍棠从小就生成了一种崇侠情结，折射在作品中，则大显英武豪侠之气，就连小说人物都有仗义行侠的志向和冲动："我曾想当杀富济贫的绿林好汉，或者飞檐走壁的游侠刺客。八路军到了鱼菱村，我又想当个出没大河上下，埋伏青纱帐中，闭着眼睛也能百发百中的神枪手。"[②] 可以说，刘绍棠热情豪爽、侠肝义胆的鲜明性格和刚正不阿、耿直豪放的侠义人格的形成与这种家风的影响是分不开的。

同时，北运河儿女的这种勇武任侠、豪爽仗义的性格和优秀品质通过评书、戏曲、民间故事和文学作品等方式对刘绍棠侠义人格的养成产生了潜移默化的影响。刘绍棠从小就喜欢听《彭公案》《七侠五义》《薛礼征东》等评书，尤其喜读武侠小说。在小学三年级时，他就能把《七侠五义》的故事，给同学们讲得有声有色；上小学五年级

[①] 刘绍棠：《说古·戏言·北国风光》，《刘绍棠文集》第10卷，北京十月文艺出版社2003年版，第142页。

[②] 刘绍棠：《野婚》，《刘绍棠文集》第3卷，北京十月文艺出版社1996年版，第299页。

第七章　自由与逍遥:原始正义和生命激情

时,他曾经写过武侠小说给同学看。他的家乡儒林村的种瓜能手季聋爷会讲评书《三国演义》和《杨家将》,对小绍棠产生了极大的吸引力。青灯照的大师姐赵大奶奶给小绍棠讲义和团抗击八国联军的英雄传奇故事,使他悠然神往。特别是《唐传奇》《聊斋志异》《水浒传》等作品以及一些侠义小说,使刘绍棠对侠义精神有了自己的理性认识。他在小说中塑造的许多多情重义的女子和豪爽粗犷的男子,大都充满正义感和凛然侠气,与这些潜移默化的影响存在着必然联系。

刘绍棠侠义人格的形塑及其作品侠义色彩的形成更离不开北运河两岸乡亲们现实行为的帮助和古道热肠的温润。他真诚坦言:"我们的民族脊梁是农民,我们的传统美德鲜明地保存在农民身上。我的家乡本是燕赵故地,燕赵自古多慷慨悲歌之士,我的家乡农民非常豪爽重义;我的家乡又是位于京津之间的古运河航道上,因而,我的家乡农民又具有机智、风趣、狡黠的特性。"① 这是刘绍棠对家乡农民发自内心的礼赞。他的人生道路坎坷曲折,从童年到成年,经历过三灾八难,遭遇过坎坷曲折,都得到过父老乡亲们的爱护和救助,他对这些扶危济困、多情重义的家乡人心存感恩戴德之情。

刘绍棠在幼年时期历经劫难而不死,都有赖于乡亲们的救助。在四岁那年三伏天的一个中午,小绍棠逮鸟抓鱼,不慎跌入池塘,是本家的一位老叔把他救上岸的。六岁那年,他和小伙伴们在田野里追兔子,被一根枯藤绊倒,锋利的高粱茬子刺伤了他的喉咙,幸亏村子里的一位赵大爷及时相救,才使他转危为安。尤其是五岁那年闹土匪,更是惊心动魄。那年春季的一个夜晚,全家老小尚在梦中,他们家的房子就被一伙穷凶极恶的土匪给包围了。全家人仓皇跳窗逃走,后来才发现小绍棠还在屋里。在这千钧一发之际,刘家的长工李二大伯冒险返回,机智地救下了正在酣睡的小绍棠。这个义救小绍棠、使之虎口脱险的李二大伯,绰号"大脚李二",长得虎背熊腰,力大无穷,心地善良温慈,是刘绍棠"一生中崇拜的第一个人物"②。大脚李二是

---

① 刘绍棠:《乡土文学·我为乡土文学抛砖引玉——答谢河南农村读者》,《刘绍棠文集》第10卷,北京十月文艺出版社2003年版,第38页。
② 郑恩波:《刘绍棠全传》,文化艺术出版社2006年版,第21页。

下编 中国新文学作家与侠文化的精神相遇

幼年刘绍棠的保护神,他对小绍棠呵护备至,宠爱有加。甚至"文革"期间,已经鬓发斑白的李二大伯曾在一年春节赶着一只羊,过河到儒林村去看望落难于故乡的刘绍棠。李二大伯后来成为刘绍棠的长篇小说《京门脸子》中谷老茌子大伯的原型,从这个侠义的长工身上,刘绍棠"深刻而具体地领悟了中国农民勤劳、重义、善良的美德;而这种美德又潜移默化地影响了他的性格、气质和心灵"[①]。季三哥,也是刘绍棠心目中的好汉。他身材高大,体壮如牛。季三哥祖上有尚武传统,他深得家传,加上名师指点,成为一个武艺高强、闻名遐迩的好汉。他言必信,行必果,已诺必诚,具有侠义风范和大丈夫气概。虽然没有上过学,但喜欢看戏和听评书,能将《彭公案》和《七侠五义》讲得头头是道,不仅如此,季三哥还是种地干活的好把式,会做多种活计,干净利落,令人称道。就是这样一位比刘绍棠大22岁的侠义之士,对童年时代的刘绍棠视若兄弟,十分高看,同李二大伯一样,经常让小绍棠骑在脖子上,带着他去看戏,呵护他,帮助他。刘绍棠的小说《京门脸子》中的谷老茌子大伯、《豆棚瓜架雨如丝》中的老虎跳、《荇水荷风》中的龙抬头、《蒲柳人家》中的柳罐斗,都有季三哥的影子。在刘绍棠的心目中,侠风烈烈的季三哥就是"运河滩的武松、赵云"[②]。可以说,像李二大伯和季三哥这样侠义的乡亲,在刘绍棠的气质和个性形成与发展过程中起到了重要的作用。

毋庸置疑,刘绍棠自幼就命运多舛,好在生活于这片文化热土上的乡亲们大都多情重义、扶危济困,关心他,帮助他,每每使他逢凶化吉,遇难呈祥。正当刘绍棠意气风发地准备在当代文坛大展身手之际,"反右"斗争的霹雳击碎了他的文学人生之梦;接踵而至的"文革"——这场政治风暴又进一步浇灭了他的文学激情与理想。在刘绍棠身陷囹圄之际,多情重义的乡亲们并没有迫于政治压力而遗弃他、冷落他,而是义无反顾地出手相救、鼎力相助。1957年反右斗争扩大

---

① 郑恩波:《刘绍棠全传》,文化艺术出版社2006年版,第22页。
② 郑恩波:《刘绍棠全传》,文化艺术出版社2006年版,第23页。

第七章 自由与逍遥：原始正义和生命激情

化，刘绍棠被错划为右派；1958年2月27日，他被开除出党。刘绍棠遭受了严重的心灵创伤和精神苦难，但他坚挺着走过来了，体现了一个宁折不弯、英勇不屈的大丈夫气概。3月他怀着"莫因逆境生悲感，且把从前当死看"的壮志，① 回到了故乡通县儒林村。在刘绍棠被发配到故乡接受劳动改造期间，故乡的父老乡亲是他的保护神。他在生病的时候，受到乡亲们的照顾；在被坏人欺负的时候，又是黑脸大汉这样的乡亲挺身而出，拔刀相助。"文革"爆发后，刘绍棠返回家乡避乱，"从1966年6月开始，到1979年1月最后得到彻底平反，真正获得解放，在和煦的故乡乐园，在多情重义、勤劳纯朴的父老乡亲中间，刘绍棠变成了一个诚朴、厚道的农民，度过了他今生最有价值、最有意义、最不能忘怀的13个春夏秋冬"②。

刘绍棠落难期间，得到了乡亲们的保护和厚爱，而乡亲中的女性对他更富有同情和怜爱之心。在他遭受毁灭性打击的艰苦岁月中，这些善良侠义的女性尽心尽力地给予他爱护和帮助。唐静如大姐勤劳善良，多情重义，"她是绍棠在故乡乐园里的第一个保护神"③。丫姑深明大义，明辨是非，对刘绍棠的衣食住行关怀备至，彰显出侠义情怀。尤其值得一提的是刘绍棠的妻子曾彩美，在那个是非颠倒的时代，这个曾生活于富裕家庭的归国华侨，为了丈夫，为了正义，没有向恶势力屈服，也没有和刘绍棠划清界限，而是冒着被开除党籍的风险，勇敢地承受着巨大的政治压力和沉重的精神与生活负担，以顽强的韧性和惊人的毅力支撑起整个家庭。在那段梦魇一般的岁月里，身陷困境的刘绍棠更能感到侠义精神的可贵和侠骨柔肠的温暖。

正是这些侠义多情、扶危济困的女性和乡亲们，为危难中的刘绍棠撑起了固若金汤的保护伞，使他在激情消退和理想破灭的时代荒漠上看到了希望的绿洲。"文革"结束后的刘绍棠在思想解放的潮流中重新燃起了生命的激情，焕发了创作的活力。他以一种感恩的心理和充满侠义的激情，在小说中塑造侠义人物形象，讴歌和赞美他们的侠

---

① 郑恩波：《刘绍棠全传》，文化艺术出版社2006年版，第174页。
② 郑恩波：《刘绍棠全传》，文化艺术出版社2006年版，第208—209页。
③ 郑恩波：《刘绍棠全传》，文化艺术出版社2006年版，第211页。

义精神和高贵品德，这应该与他落难期间的生活经历和生命体验存在着密切关系。经过"反右"和"文革"动乱中的体悟与反思，刘绍棠的侠义人格有了更厚实的现实根基，他对父老乡亲的侠义精神充满了钦佩、景仰和赞美，他们就是他心中扶危济困、救人于难的现实中的侠客，从而使他的文化人格和作品底色也打上了深深的燕赵文化的烙印，充盈着侠文化精神的风骨。

刘绍棠的童年是在烽火连天、兵荒马乱的抗日战争中度过的，他对那些毫无人性、残酷暴虐的侵略者充满了深仇大恨，更无比痛恨那些奴颜婢膝、为虎作伥的汉奸卖国贼。因此，当他看到改革开放以来出现的各种各样崇洋媚外的人和事时，不仅反感，而且充满了忧患意识。在他看来，如果不及早针砭救治，"1840年（鸦片战争）后遗症的软骨病，又要传染流行"。为了救治病态的国民灵魂，刘绍棠主张"应该大声疾呼宣扬没有丝毫奴颜与媚骨的鲁迅精神，振作鲁迅先生的民族魂"[①]。鲁迅精神和民族魂中非常重要的质素就是不畏强暴、侠肝义胆、豪气干云、多情重义、强健刚硬、宁折不弯，这是中华民族和中国人民最可宝贵的优秀品质与精神品格。而这种最可宝贵的优秀品质和精神品格，在成年刘绍棠屡次身陷绝境后，支撑着他走出那段人生阴霾，在放逐乐园的生涯中感受到更多的人性温情和人间正义。在改革开放的时代语境下，当刘绍棠反观童年特别是深情回眸那段故乡放逐生活的时候，快意恩仇、感恩戴德之心油然而生，使他在小说文本中尽情地描绘京东北运河儿女如诗如画、慷慨悲歌的生活图景，引吭讴歌大地硬汉和民间女侠粗犷豪爽、急公好义、扶危济困、多情重义的侠义精神与世俗情怀。尤其是在那些点染抗日因子的小说中，刘绍棠并没有正面描写抗日战争的刀光剑影和弥漫硝烟，而是将抗战的面影和即将拉开的如火如荼的抗日烽火蕴藉于对故乡风土人情的诗意描摹和对侠者形象的激情书写之中，在他精心营构的通州北运河两岸的民间江湖世界中，洋溢着冲天豪情和凛然正气。不难发现，在刘

[①] 刘绍棠：《如是我说·勿忘通州城》，《刘绍棠文集》第10卷，北京十月文艺出版社2003年版，第238页。

绍棠的侠义乡土文学书写中,寄寓着对黑暗势力的憎恨与抗争,对苦难弟兄和邻里乡亲的慷慨救助,对勇武任侠、慷慨悲歌的燕赵文化精神的坚守,对社会正义和自由逍遥之境的执着追求,从而使人们在诗意的阅读快感中尽情地感受和寻觅来自大地民间的凛然正气与侠骨柔情。

第二节　莫言:重铸自由正义、雄强任侠的生存空间

新时期以来,特别是在 20 世纪 80 年代中期的文化寻根热潮中,随着思想的进一步解放,土匪抗战题材逐渐进入作家的创作视野。可以说,最早在这方面作出有益探索的,当属莫言。1986 年,莫言在《人民文学》第 3 期发表了中篇小说《红高粱》,率先打破土匪形象的现实面目,以大胆的想象和虚构塑造心目中理想的土匪,使其在特定语境下呈现出匪侠的伟岸形象。这部中篇小说以独立超拔的崭新姿态和雄强任侠的草莽气息,给当代文坛带来了新的审美感受,堪称 20 世纪 80 年代中期以来土匪抗战题材小说的扛鼎之作。《红高粱》与莫言后来创作的《高粱酒》《狗道》《高粱殡》《奇死》等系列中篇小说一起组合成了一部长篇小说《红高粱家族》。这部长篇小说的家族叙事以高密东北乡为主体空间,讲述了先辈们在过去时代的故事,歌赞了他们血气方刚、粗犷豪放的精神品质和见义勇为、侠义报国的英雄壮举,塑造了以"我爷爷"和"我奶奶"为代表的一系列出身草莽的匪侠形象。他们活跃于高密东北乡,成为侠义英雄的精魂,不畏强暴,蔑视威权,在这片侠义热土上充满野性地、自由自在地生长。在抗日救亡的时代,没有任何政治意识形态的宣教和鼓动,他们凭着浑身血性和原始正义感,为了高密东北乡的安全和尊严而自发拉起一支队伍,投入抗战的洪流,赴汤蹈火,浴血奋战,抗击日本侵略者。他们是高密东北乡的儿女,头顶着高粱花子,在坚实的大地上寻求生活,为了自己的幸福和爱情,为了追求自由和逍遥的生命境界,而执着前行、义无反顾,尽情地燃烧着生命的激情。正如福克纳笔下的"约克纳帕塔法县"、马尔克斯作品中的"马孔多"小镇和刘绍棠的精神原乡

"鱼菱村"一样,莫言在他的"红高粱"系列小说中为读者设置了一个独特的文学空间——"高密东北乡"。莫言笔下的匪侠就如同一棵棵野性生长的"红高粱"一样,以一种原始生命强力和自由精神姿态,昂然挺立于高密东北乡的大地上,为这个文学空间增添了激情似火、阳刚勇武、正气盎然的侠义色调,使人们在对过去时代的祭奠中增强毅然前行的勇气和担当精神。这里的"红高粱",被赋予了历史祭坛上的精神丰碑的象征意蕴。可以说,"高密东北乡"是莫言的精神原乡,这种独特的文学空间及其精神内蕴对于礼俗社会规约下的人格萎缩、生命力弱化和现代化进程中业已出现的精神委顿、人性堕落来说,无异于精神的昭示和现实的警醒。莫言的目的在于为当代社会重铸一个自由正义、雄强任侠的生存空间,通过召唤那些游荡在故乡高粱地里的英魂和冤魂,给当代人提供现实省思和理想探寻的精神家园。

一 高密东北乡: 慷慨激昂的民间江湖

高密地处胶莱平原,地势南高北低,横亘在胶东半岛和内陆之间。高密境内有许多河流穿过,最大的河流是胶河,为高密东北乡的母亲河,这些河流构成南北胶莱河水系,向北流的注入莱州湾,向南流的汇入胶州湾。而高密东北乡则坐落于平度、胶县和高密三县交界地带,是一个三不管的地方。民国建立后,土匪横行,"在1911年和1949年中国的两次大革命之间,报刊杂志充斥着内地农村土匪骚动和行凶的耸人听闻的报道"[①],甚至连土匪出身的军阀张作霖和张宗昌,都毫不避讳地承认他们毕业于"绿林大学"的事实。在这样的特定历史时期,高密东北乡河流纵横、草莽丛生的独特地理环境也为土匪的滋生提供了温床。特别是在风云际会的历史情境下,不出草莽英雄、侠义好汉,不出土匪强盗、绿林响马,那是不可能的。

当时,"高密东北乡土匪如毛,他们在高粱地里鱼儿般出没无常,

---

① [英]贝思飞:《民国时期的土匪》(修订版),徐有威等译,上海人民出版社2010年版,第10页。

第七章 自由与逍遥:原始正义和生命激情

结帮拉伙,拉骡绑票,坏事干尽,好事做绝。如果肚子饿了,就抓两个人,扣一个,放一个,让被放的人回村报信,送来多少张卷着鸡蛋大葱一把粗细的两拃多长的大饼。吃大饼时要用双手抆住往嘴里塞,故曰'抆饼'"①。这就是说,民国时期的高密东北乡土匪盛行是不争的事实,并且这里的土匪还有一个独特的称谓——"吃抆饼的人"。一到夜间,高密东北乡的高粱地就成了绿林响马的世界。当然,这些纵横于青纱帐的土匪大都是离开土地的农民,他们或不堪忍受剥削和迫害,铤而走险,杀人越货;或耽于享乐,误入歧途,打家劫舍,满足私欲。土匪群体可谓错综复杂,有祸害老百姓的境界不高的土匪,有劫富济贫的侠义土匪,有救国救民的大义土匪。虽然同为土匪,但也有质的区别,那就要看他们是否坚持了侠义道。坚持侠义道的土匪,在革命或抗战语境下,可以自发成为或被改造为革命或抗战的有生力量,属于胸怀民间侠义精神和民族大义气节的革命匪侠与抗日匪侠。而背弃侠义道的土匪,在革命或抗战语境下,极有可能成为革命或抗战的阻碍力量,堕落为泯灭良知和丧失民族气节的无耻败类与民族罪人。可以说,高密东北乡为草莽英雄和土匪强盗提供了纵横驰骋的自然环境,也为莫言的文学创作准备了天马行空、无拘无束的想象空间。在莫言笔下,高密东北乡俨然"一个绿林好汉呼啸出没打劫行盗的山寨,就像位于高密东北乡西边不远处那个经典意义上的老资格山寨水浒梁山"②。那些如"红高粱"一样野性生长的顽强的先辈们,那些野蛮剽悍、率真粗犷、勇武豪放的民间草莽和英雄好汉们,身上都隐约带有水浒英雄的侠肝义胆和冲天豪气。《红高粱家族》中的余占鳌、花脖子,《丰乳肥臀》中的上官斗、司马库,《檀香刑》中的孙丙、眉娘,他们在无边无际的高粱地里自由驰骋,或杀人越货,或仗义行侠,以一身的豪气书写着高密东北乡的民间传奇。

在中外文学史上,福克纳在他的文学作品中创造了一个叫"约克纳帕塔法县"的地方,马尔克斯创造了"马孔多"小镇,鲁迅创造了

---

① 莫言:《红高粱家族》,作家出版社2012年版,第41—42页。
② 叶开:《野性的红高粱——莫言传》,二十一世纪出版社2013年版,第230页。

"鲁镇",沈从文创造了湘西"边城",而莫言则在自己的小说中独创了神奇的"高密东北乡"。高密在古代属于齐国的疆土,为春秋时期齐国宰相晏婴和东汉大儒郑玄的故乡,是齐文化的发源地之一。齐地自古以来民风剽悍、尚武任侠,从姜太公封齐到秦王嬴政灭齐,长达八百年的历史过程孕育和奠定了齐文化的深厚基因,"齐文化发展成为以务实精神、变革精神和开放精神为特征的区域文化"[1],它对"齐鲁文化"的有机构成和中国文化的发展都产生了至关重要的深远影响。千百年来,生活于高密东北乡的人们深深地扎根于齐文化的土壤,他们的生活方式和行为准则顺乎自然本性:一方面原始纯朴、自由自在、率性而为、豪放不羁,不受任何封建礼法习俗和清规戒律的束缚;一方面急公好义、重义轻生、慷慨激昂、扶危济困,秉持天地之间的豪气立足于世。人们在义气风发和任侠使气的生存法则中组成了敢爱敢恨、敢生敢死的生存空间,这是一个寄寓着自由正义和雄强任侠的理想愿望的、充满了慷慨激昂之侠气的民间江湖。

　　作为土生土长的高密人,莫言深受齐文化的影响和齐地尚武任侠民风的浸润,在他的精神结构和文化心理深层不可避免地潜隐着这种文化的精神因子。二十年的乡村生活经验,特别是在饥饿、孤独和恐惧中长大的独特的刻骨铭心的生命体验,在莫言独创的神奇的"高密东北乡"文学王国中,已经内化为驳杂丰厚、深刻隽永的精神血肉,在大爱大恨和大悲大喜构成的多重张力结构中,一个个侠肝义胆的人物脱颖而出,他们身上蕴蓄着强烈的原始正义感,燃烧着充沛盎然的干云豪气与生命激情。这无疑是齐地剽悍民风、任侠使气的文化精神和莫言二十多年刻骨铭心的乡村生活经验在小说文本中错综交织、酝酿发酵的艺术升华。可以说,莫言的创作是接地气的。立足于齐鲁大地的山东,历来是一个既出圣人也产土匪的地方,特别是作为山东境内一隅之地的高密东北乡,它的每一寸土壤都浸润着齐鲁大地温柔敦厚、任侠使气的深沉健劲的文化气息。历史发展过程中出现的两极文化现象和刚柔相济的文化气息,在莫言的生长期早已融入他的血液和

---

[1] 魏建、贾振勇:《齐鲁文化与山东新文学》,湖南教育出版社1995年版,第11页。

第七章　自由与逍遥：原始正义和生命激情

生命意识之中，成为他认识人生和感知世界的原初方式。在他看来，"高密东北乡无疑是地球上最美丽最丑陋、最超脱最世俗、最圣洁最龌龊、最英雄好汉最王八蛋、最能喝酒最能爱的地方。生存在这块土地上的我的父老乡亲们，喜食高粱，每年都大量种植。八月深秋，无边无际的高粱红成洸洋的血海，高粱高密辉煌，高粱凄婉可人，高粱爱情激荡。秋风苍凉，阳光很旺，瓦蓝的天上游荡着一朵朵丰满的白云，高粱上滑动着一朵朵丰满白云的紫红色影子。一队队暗红色的人在高粱棵子里穿梭拉网，几十年如一日。他们杀人越货，精忠报国，他们演出过一幕幕英勇悲壮的舞剧"①。在莫言构建的以高密东北乡为主体叙事空间的文学王国中，始终回荡着大自然的声响，绽放着大地民间最自由舒展、最放荡不羁的生命。他的整个身心都沉浸、徜徉于这片神奇的土地，他的所有感官都向着大自然敞开，一切的植物、动物、河流、大地、天空都成为他尽情释放生命激情和文学能量的窗口。在这个慷慨激昂的民间江湖上，在高密东北乡火红热烈的高粱地里，跃动着剽悍勇武的生命音符，蓬勃着盎然无尽的生命的风景。雄强任侠的先辈们在这里激情四溢地耕云播雨，坦坦荡荡地生老病死。他们机智勇敢、见义勇为、敢作敢当、视死如归，像古代游侠一样蔑视礼法禁忌，率性而为，甚至恣意妄为；又如同草莽英雄一般不畏强暴，敢同恶势力抗争。他们为了生存和尊严，以血性和良知谱写了一曲曲生命和力的赞歌。

　　从文化精神的层面上来讲，莫言的"红高粱"系列小说充满了一种阳刚健劲的风骨，张扬着不屈不挠的侠义精神。与此同时，"莫言的小说还时常会流露出一种前乌托邦主义的心态，通过对已经消失的美好世界的描写来否定现存的丑恶世界；用原生态的社会模式来反讽秩序化的呆板现实逻辑"②。这种社会文化思考充分体现了莫言深沉的人文忧思和慷慨的济世情怀，这本身就是一种激浊扬清、爱憎分明的侠义态度。可以说，莫言给当代中国文坛带来了民间的淳朴粗犷、狂

---

① 莫言：《红高粱家族》，作家出版社2012年版，第3—4页。
② 叶开：《野性的红高粱——莫言传》，二十一世纪出版社2013年版，第6页。

放不羁，带来了民间的精魂和风流。他那意在召唤那些游荡在高密东北乡的"无边无际的通红的高粱地里的英魂和冤魂"①的《红高粱家族》，堪称一部自《水浒传》以来罕见的侠义题材的民间英雄传奇。"很少能见到如此满溢着民间气息的作品，自《游侠列传》、宋元侠题材话本、《水浒》之后，它真正接过了中国民间文化的世俗的墨侠精神表现传统"②。莫言在小说中精心塑造的那些农民出身的匪侠，承传着世俗的墨侠精神的血脉，他试图凭借余占鳌们的江湖精神和草莽正义去振奋与激发当代人的生命力，促进他们对不堪的社会现实的反思，引导他们探寻未来理想的世界。在这样的创作构思下，高密东北乡被设置成弥漫着自然野性、充盈着草莽气息和江湖精神的法外世界。这里是一个开放、包容、慷慨激昂的民间江湖，任何政治风云和社会变迁都会被消弭得悄无声息，一切邻里纠纷与乡野事件都可能被演绎得轰轰烈烈。千人坟里人的头骨跟狗的头骨几乎没有什么区别，"他们谁是共产党、谁是国民党、谁是日本兵、谁是伪军、谁是百姓，只怕省委书记也辨别不清了。各种头盖骨都是一个形状，密密地挤在一个坑里，完全平等地被同样的雨水浇灌着"③。在这片广袤的土地上，一切都会受到大自然的眷顾。在岁月的舒缓流逝和无情涤荡下，所有的历史恩怨、爱恨情仇都将归于寂灭，化为乌有。只有深深地扎根于黑土地，栉风沐雨而茁壮成长的"红高粱"才能成为高密东北乡永恒的存在。

从表层结构来看，《红高粱家族》讲述的是一个与抗日有关的故事，但文本深层结构中却凸显了民间江湖血腥暴力和自由性爱相得益彰的核心内容。尤其是作者在主人公——集土匪头子和抗日英雄于一身的匪侠余占鳌身上发掘出一种侠义品格，极力渲染和张扬他的性格中惩恶扬善的原始正义感与粗犷豪放的生命激情，以这个土匪的真实性格和侠义行为还原出侠客的本真与江湖的本色。通过发现和发掘这样一种处于民间自在状态的鲜活生命力与强悍的生命意志，莫言在纪

---

① 莫言：《红高粱家族·卷首语》，《红高粱家族》，作家出版社2012年版。
② 张未民：《侠与中国文化的民间精神》，《文艺争鸣》1988年第4期。
③ 莫言：《红高粱家族》，作家出版社2012年版，第186页。

实和虚构之间获得了一个有力的叙事支撑。因此，他能够以艺术的方式打开这种生命力和生命意志的玄妙之门，使其在文本中逐渐向自为状态转化，从而呈现为一种生命的图腾。而这，正体现了莫言所精心营构的高密东北乡这个民间江湖慷慨激昂的独特魅力。

二 "我爷爷""我奶奶"：侠义英雄的大地精魂

莫言在小说《红高粱家族》中构筑了一个慷慨激昂、自由自在的江湖世界，在这个水泊梁山式的民间社会，活跃着余占鳌、戴凤莲、二奶奶、罗汉大爷、豆官、任副官、哑巴、方六、方七、刘大号、痨痨四、五乱子等一系列嫉恶如仇、有情有义、不畏强暴、勇于抗争的民间义士和抗日英雄，演绎着一个土匪抗日的民间英雄传奇故事。就出身而言，这些人大都为农民，这支抗日队伍也是由半农半匪的人员组成。在小说中，余占鳌是"我爷爷"，戴凤莲是"我奶奶"。他们是"红高粱"儿女的杰出代表，是大胆释放生命激情和自由伸张原始正义的先辈们英雄群体的象征符号，是特定时代情境下毅然崛起于高密东北乡的侠义英雄的大地精魂。他们在高密东北乡的高粱地里胆大包天地上演了一场惊世骇俗的情事，在齐鲁大地的民间历史时空书写了一部农民出身的土匪自发抗日的轰轰烈烈的慷慨悲壮的史诗。"我爷爷"和"我奶奶"们这些民间草莽的抗战，没有接受过任何政治宣传和意识形态的说教，他们是农民自发武装斗争的典范。他们原本是安分守己的农民，社会的动荡和不公把他们逼上为匪之路，日本人的入侵打破了高密东北乡平静的生活，残酷的战争夺去了无辜亲人的生命，无情地剥夺了他们正常的生存权利，践踏了他们做人的尊严。他们被迫走上了抗争之路，尽管武器装备极差，甚至有人害怕流血死亡，但大敌当前，他们毫不退缩、奋起还击、慷慨赴难、视死如归，以血肉之躯和顽强意志对抗暴戾的日寇，捍卫生命的尊严。在打出了高密东北乡"红高粱"儿女的威名和尊严之后，他们拒绝接受国民党部队的改编，也没有投入八路军队伍的怀抱，独立自主地坚持自己的抗战，书写着农民本色的匪侠传奇。可以说，在题材处理上，《红高粱家族》突破了当代文学特别是十七年文学一以贯之的固定模式："表现农民武装斗争如何由自发走向自觉的过程,最后以被纳入革命战争的洪流为其归宿。"① 在当代文学史上,不仅《桥隆飙》《大刀记》《铁道游击队》《苦菜花》《敌后武工队》《红旗谱》等现代农民武装斗争题材的作品具有这种模式特征,就连描写古代农民战争的《李自成》也被有意无意地涂上了革命战争的油彩。通过对比,足以彰显出莫言这部土匪抗战小说的独特价值。他以亦农亦匪的民间侠文化价值观和战争观来审视与观照现代农民的抗战,表现出地地道道、本色自然的源于大地民间的农民气质和匪侠精神。

在小说中,莫言不仅尽情地表现了大地民间的原始生命强力,激荡着自由自在的生命精神,更张扬了先辈们强悍勇武的个体生命力与对自由正义的执着追求和抵御外侮、捍卫生命尊严的侠义英雄气概。"我爷爷"和"我奶奶"是敢爱敢恨、重义轻生的一代,像"红高粱"一样扎根于这片广袤肥沃的黑土地上,在天地之间引吭高歌抗争的强音,高密东北乡上空回旋激荡着他们不屈的灵魂。他们秉持着不畏强暴、坚定冒险的生命信念,以惊世骇俗的异常之举在高粱地里尽情地享受生命的欢愉,挥洒着原始生命的强力和狂放不羁、自由任性的生命精神。正是在这种生命意识的指导下,"我爷爷"余占鳌这个浑身是胆的土匪才敢于杀人放火,追求个人幸福和生命自由,甚至因爱人戴凤莲受辱而走上雪耻复仇之路,苦练枪法,孤身闯入匪巢,以七点梅花枪的绝技一举除掉了悍匪花脖子及其同伙;正是在这种生命意志和自由精神的支撑下,他们才能在高密东北乡受到日寇入侵的情境下义无反顾地奋起反抗,在抗日战争中慷慨赴难,英勇杀敌。更可贵的是,这些自掌正义、自主命运的匪侠有着强烈的独立意志。他们既不投奔国民党的冷支队,也不参加八路军的胶高大队,而是本着内心的血性良知和原始正义观念,为了维护生存权利和捍卫生命尊严,毅然决然地杀敌报国,保卫家园。"我爷爷"和"我奶奶"身上充盈着高密东北乡那片神奇雄武的土地上特有的一种生生不息的原始生命冲动,洋溢着蓬勃强旺、狂放不羁的生命力,犹如荒原上的"红高粱"一样

---

① 陈颖:《中国英雄侠义小说通史》,江苏教育出版社1998年版,第410页。

第七章 自由与逍遥:原始正义和生命激情

野性地生长着。他们那敢作敢当的个性、不屈不挠的抗争、敢爱敢恨的情感、勇武任侠的气度、重义轻死的生命意识,浑然熔铸成激荡于天地之间的浩然正气和自由正义的生命精神。而这,正是大地民间源远流长的生命之源和气贯长虹的侠义光辉。

余占鳌是高密东北乡一个威名赫赫、声名远扬的土匪首领,但他并非天生的土匪,而是出身于农民的脱离了正统社会秩序的游侠儿,堪称中国当代文学史上独一无二的"最英雄好汉最王八蛋"的侠义农民英雄形象。余占鳌"心如鲠骨,体如健猿"①,从他身上,我们多少可以看到《水浒传》中梁山好汉们的某些面影,他那桀骜不驯的反叛性格、勇于抗争的复仇精神、狂放不羁的自决意识、不屈不挠的生命意志与武松、鲁智深、李逵等草莽英雄的精神气质相当一致,但他又比这些不近女色的硬汉具有更丰厚而深邃的人性内涵。余占鳌身上的草莽气质和侠义气概,如同火红的高粱一样在高密东北乡的黑土地上自由茁壮地生长,充满了纯朴自然的原始正义感和粗犷狂放的生命激情。可以说,他更是一位顶天立地、敢爱敢恨、快意恩仇、义薄云天的匪侠。

如上所述,余占鳌不是天生的土匪胚子。他最初还是一个出身贫寒农家的单纯少年,早年丧父,和守寡的母亲相依为命,含辛茹苦地艰难度日。羞愤于母亲与天齐庙和尚私通,为了维护已故父亲和家庭的尊严,为了洗雪这种道德耻辱,十八岁的余占鳌把那个和尚刺死在梨花溪畔。他不得不逃离家乡,外出谋生。在四海为家的漂泊生涯中,余占鳌饱尝了人间疾苦,受尽了侮辱。他本不想做土匪,因为他虽然具备了一个土匪所应有的基本素质,但离真正的土匪尚有相当的距离。作者将杀人出逃的余占鳌迟迟未入绿林的原因归纳为三个方面:"一,他受文化道德的制约,认为为匪为寇,是违反天理。他对官府还有相当程度的迷信,对通过'正当'途径争取财富和女人还没有完全丧失信心。二,他暂时还没遇到逼上梁山的压力,还可以挣扎着活,活得并不窝囊。三,他的人生观还处在青嫩的成长阶段,他对人生和社会

---

① 莫言:《红高粱家族》,作家出版社2012年版,第237页。

的理解还没达到大土匪那样超脱放达的程度。"① 三年后，他返回高密东北乡做轿夫，凭着自己的力气立足于世。出于正义感和怜悯心，他挺身而出，制伏了一个拦路抢劫戴凤莲花轿的土匪。在那场打死该劫路人的激烈战斗中，他表现出相当的胆略和勇气。这是因为一路上戴凤莲在轿中不甘受命运摆布的哭声唤起了余占鳌心里蕴藏着的怜爱之情，特别是握了一下戴凤莲的脚唤醒了他心中伟大的创造新生活的灵感，激起了他洋溢着生命活力的强烈的爱欲。于是，蛰伏于余占鳌内心深处饱含着正义感和怜悯心的生命意识开始勃发。他把回门路上的戴凤莲"劫持"到高粱地的深处，这"两颗蔑视人间法规的不羁心灵"，肆无忌惮地"在生机勃勃的高粱地里相亲相爱"，"他们在高粱地里耕云播雨"，为"高密东北乡丰富多彩的历史上，抹了一道酥红"。② 这种离经叛道的行为从此彻底改变了他和戴凤莲的一生。为了得到他深爱的女人，为了取代麻风病人成为"我奶奶"这个绝世美人的丈夫，为了给这个年轻貌美而无辜的女子开创一个新世界，余占鳌以野蛮但符合生命本能的放火杀人的古老方式刺杀了单家父子。为了报土匪头领花脖子绑架并侮辱戴凤莲之仇，余占鳌买了两把手枪，苦练枪法，在练成了"七点梅花枪"绝技之后，他匹骡双枪，孤身深入虎穴，将武艺高强的花脖子及其部下全部打死在墨水河中，从此在江湖上扬名立万，小土匪们前来投奔，俨然一位威名远播、一呼百应的土匪首领。余占鳌开创了高密东北乡土匪史上的黄金时代，并引起官府震动。从余占鳌由一个单纯少年到走上土匪之路的历程可以看出，他做土匪并非想要钱财，而是为了活命，"复仇、反复仇、反反复仇，这条无穷循环的残酷规律，把一个个善良懦弱的百姓变成了心黑手毒、艺高胆大的土匪"③。这种出于生命本能和现实生存需要的选择，使他投身绿林，开始了土匪生涯。

在历史上，土匪为历代官方和正统文人所痛恨，并遭到他们的镇压与口诛笔伐，即便是普通百姓，也对土匪充满了恐惧或鄙夷，闻风

---

① 莫言：《红高粱家族》，作家出版社2012年版，第93页。
② 莫言：《红高粱家族》，作家出版社2012年版，第63页。
③ 莫言：《红高粱家族》，作家出版社2012年版，第263页。

第七章 自由与逍遥：原始正义和生命激情

丧胆，唯恐避之而不及。尽管余占鳌纵横高密东北乡，过上了啸聚江湖的亡命生活，但他和他的同伙们有自己认可与遵守的民间社会的生存法则和价值准则，他们绝不是一般打家劫舍、谋财害命的宵小土匪。在特定的历史情境下，他们对生存权利的维护、对生命尊严的捍卫、对故国家园的守护，再加上粗犷豪放、独立不羁的性格，使这些庄稼人出身的土匪具有了豪气干云的侠义情怀和宁折不弯的英雄气概。

就余占鳌而言，在与官方和民间各色人等打交道的过程中，他看到了人世间林林总总的不平和不义、暴虐与残酷、自私和欺诈的本相，既擦亮了他的眼睛，也坚定了他的反抗意志。为了复仇，余占鳌公然与以剿匪著称的高密县长曹梦九叫板，绑架了他年幼的独生子，走上对抗官府的道路，这为后来以他为首的高密东北乡土匪惨遭曹梦九一网打尽的悲剧结局埋下了隐患。在日寇侵犯的危急关头，为了捍卫生存权利和生命尊严，为了给遭残杀的刘罗汉和被侮辱的"二奶奶"恋儿报仇，余占鳌挑起了抗日大旗，聚成了一支五十多人的队伍，亲自任司令，率领队伍去胶平公路伏击日本人的汽车队，在墨水河桥头与日军展开了血战。为了捍卫一个丈夫的尊严，余占鳌与高密东北乡大名鼎鼎的铁板会头子黑眼在盐水河畔进行了生死决斗。为了给被日军杀害的妻子报仇，为了实现民族复仇的意愿，他带着儿子豆官加入了铁板会。纵横高密东北乡的辉煌和墨水河伏击日军的英勇事迹使余占鳌在铁板会中享有崇高的威望，被铁板会会员们推举为副会长。在颇有头脑的五乱子和许多热血会员的鼓动下，这些民间义士以自己的方式向日寇和伪军宣战。铁板会与日伪军的第一次遭遇战，余占鳌以机智和英勇奠定了他在铁板会中的领袖地位。特别是余占鳌和豆官施展计谋先后绑架了八路军胶高大队江小脚大队长和国民党冷支队长，换来了大量的枪弹和战马，余占鳌在威名大震的铁板会中说一不二的地位由此巩固，铁板会成为高密东北乡最强的势力。在墨水河桥头伏击战中，国民党冷支队隔岸观火、坐收渔翁之利的做法让他深恶痛绝、愤恨不已；在随后日本鬼子洗劫村庄的血腥大屠杀中，八路军胶高大队保存实力的做法和事后出来要分享战利品的言行甚至后来盗枪的举动，使余占鳌深感他们的自私与虚伪。这些矛盾冲突为日后余占鳌同国民

— 559 —

党冷支队和八路军胶高大队之间的互相残杀埋下了深重的祸根。

余占鳌敢爱敢恨、嫉恶如仇、伸张正义、侠气偾张。怒杀和尚，除掉单家父子，巧杀土匪头子花脖子及其同伙，绑架县长幼子、江小脚和冷麻子，拉起民间武装抗击日本侵略者，这一系列行为成就了余占鳌杀人如麻的土匪头子、复仇之神和抗日英雄三位一体的匪侠威名，演绎了一场永远激荡于高密东北乡历史时空的爱情和抗日双重变奏的空前悲壮的民间神剧。这场民间神剧的男主角余占鳌不畏权势，对抗官府，谨遵血性良知和自由正义的召唤，既不接受国民党冷支队的改编，又对共产党八路军的胶高大队保持着警惕。在冷支队长同他于酒桌上谈判改编事宜的时候，他勃然怒骂："舅子，你打出王旅长的旗号也吓不住我。老子就是这地盘上的王，吃了十年抖饼，还在乎王大爪子那个驴日的！"① 当冷支队长许以"营长"官位和"枪饷"，并指出接受改编强似当土匪时，余占鳌更是义正词严："谁是土匪？谁不是土匪？能打日本就是中国的大英雄。老子去年摸了三个日本岗哨，得了三支大盖子枪。你冷支队不是土匪，杀了几个鬼子？鬼子毛也没揪下一根。"② 余占鳌无视冷支队的拉拢和利诱，即使在打伏击战的前线，他也毫不服输地对着一起作战的兄弟们慷慨陈词："咱要打出个样子来给冷支队看看，那些王八蛋，仗着旗号吓唬人。老子不吃他的，他想改编我？我还想改编他呢！"③ 面对八路军胶高大队江小脚大队长的参军期许和"副大队长"职位的承诺，余占鳌明确表示："老子谁的领导也不受！"④ 这些看似粗野却慷慨激昂的话语，充分彰显了一个民间匪侠纯朴坦荡的胸怀和独立不羁的精神。当然，由于出身、环境和土匪行当的局限，加上封建传统思想的影响，英雄匪侠余占鳌身上不可避免地残存着民间社会的某些陈腐观念和思想意识。他既恨共产党又恨国民党更恨日本人。铁板会会员五乱子关于"中国还是要有皇帝"的高论特别是对未来"铁板国"的展望，使余占鳌高度兴奋和异

---

① 莫言：《红高粱家族》，作家出版社2012年版，第24页。
② 莫言：《红高粱家族》，作家出版社2012年版，第24—25页。
③ 莫言：《红高粱家族》，作家出版社2012年版，第22—23页。
④ 莫言：《红高粱家族》，作家出版社2012年版，第181页。

第七章 自由与逍遥:原始正义和生命激情

常激动,顿生"相见恨晚"之情。五乱子的话"像抹布一样擦亮了他的心,擦得他心如明镜,一种终于认清了奋斗的目标、预见到远大前程的幸福感一浪接一浪在心头奔涌"①。在朦胧的憧憬中,余占鳌坠入了一种图谋霸业、一统江山的帝王梦幻。关于对他有恩的亲叔余大牙糟蹋民女曹玲子一事,他认为:"睡个女人,也算不了大事。"② 当任副官坚持枪毙余大牙时,他坚决不同意。虽然经戴凤莲晓之以理、晓以大义后,余占鳌终于决定大义灭亲以整肃队伍,但也暴露出他独断专行的匪性。余占鳌杀死单家父子,解救了在封建婚姻枷锁下痛苦挣扎的戴凤莲,如果说这一侠义壮举凸显了他追求人的解放和人性自由的叛逆精神的话,那么以前他因母亲与和尚私通有悖封建伦常道德而杀死和尚的举动,则表明他无形中充当了封建纲常名教卫道者的角色。后来他背叛戴凤莲、爱上"二奶奶"恋儿的行为,更揭示了他难以超脱大男子主义笼罩下一夫多妻意识的影响。这些方面反映了余占鳌作为一个匪侠的复杂性,但并不能遮蔽他作为一个民间英雄的璀璨辉光。

余占鳌这个亦正亦邪、亦匪亦侠的民间草莽身上,既具有胸怀民族大义的"最英雄好汉"的优秀品质,又兼备为旧思想旧意识所深深毒害的"最王八蛋"的病弱基因。正如"二奶奶"的亡灵所言:"你崇尚英雄,但仇恨王八蛋,但谁又不是'最英雄好汉最王八蛋'呢?"③ 可以说,余占鳌这个曾开创了高密东北乡土匪黄金时代的匪侠,就是"最英雄好汉最王八蛋"的人性的缩影,这是一个真实的、活生生的游荡于高密东北乡无边无际的高粱地里的精魂。

与"我爷爷"余占鳌相比,戴凤莲是一位更具人性光芒的女中魁首,她心比天高,命如纸薄,敢于反抗,勇于斗争。她的乳名叫九儿,高密东北乡纯净空气的滋润和红如血海的高粱米饭的养育,使九儿的身体和灵魂都显得无比净洁与刚健,绝少封建纲常名教的毒化和污浊尘世的侵染。她身上具有中国传统妇女所应有的勤劳能干、温柔贤淑的美德,更拥有传统女性所不具备的追求个性解放、爱情自由和实现

---

① 莫言:《红高粱家族》,作家出版社2012年版,第273—275页。
② 莫言:《红高粱家族》,作家出版社2012年版,第49页。
③ 莫言:《红高粱家族》,作家出版社2012年版,第350页。

人的权利与人性健康发展的反叛精神与抗争意志。可以说，九儿是一个集传统女性美德和现代女性意识于一体的展翅翱翔于生机勃勃的高粱地中的自由精灵。她不畏强暴，刚烈英勇，无视世俗偏见和陈规陋习，敢爱敢恨，敢作敢当，一派女中豪杰风范，具有不让须眉的干云豪气。当劫路人拦截花轿，轿夫和吹鼓手们惊慌失措、乱了阵脚的时候，她却镇定自若，在整个过程中，她的脸上始终保持着"那种粲然的、黄金一般高贵辉煌的笑容"[1]。九儿的这份从容源于她的生命哲学，在她看来，"人生一世，不过草木一秋，豁出去一条命，还怕什么"[2]！当余占鳌把她"劫持"到高粱地里的时候，她无力挣扎，也不愿挣扎，"甚至抬起一只胳膊，揽住了那人的脖子，以便他抱得更轻松一些"[3]。这种不合常规的举动的发生，是因为她在"如同一场大梦惊破"的三天新生活中"参透了人生禅机"[4]。九儿有正常人的欲望和生命冲动，渴望拥有自由的爱情和自主的婚姻，希望未来的丈夫是一个眉清目秀、识文解字、知冷知热的好儿郎。但现实往往事与愿违，她刚满十六岁就由贪图小利的父亲做主，嫁给了高密东北乡开烧酒锅的富甲一方的财主单廷秀的独生子单扁郎，而这个新婚的丈夫却是麻风病患者。她埋怨命运的不公、人世的冷酷和父亲的见利忘义，所有的不幸和悲哀唤起了她内心潜隐的反叛情绪与生命激情。于是，温柔贤淑的九儿走上了不循常规的反叛之路。新婚刚刚三天，她就和余占鳌在高粱地里尽享爱的欢快与幸福。当毛驴高亢地嗥叫着钻进高粱地里的时候，她才从迷荡销魂的天国回到了残酷悲戚的人世间。嫁给麻风病人是她所不情愿的，父亲以一头骡子的价格把她卖给单家，彻底毁了她的幸福。而余占鳌的出现，则重新点燃了她对自由和幸福充满渴盼的希望之火。单家父子死后，九儿掌管了单家的家业。在消毒驱秽、辞旧迎新之际，她精神焕发，如释重负，剪起了"蝈蝈出笼"和"梅花小鹿"的剪纸。在她的构思中和剪刀下，"一个跳出美丽牢笼的

---

[1] 莫言：《红高粱家族》，作家出版社2012年版，第43页。
[2] 莫言：《红高粱家族》，作家出版社2012年版，第80页。
[3] 莫言：《红高粱家族》，作家出版社2012年版，第62页。
[4] 莫言：《红高粱家族》，作家出版社2012年版，第62页。

第七章　自由与逍遥:原始正义和生命激情

蝈蝈,站在笼盖上,振动翅膀歌唱";那只梅花小鹿"背上生出一支红梅花,昂首挺胸,在自由的天地里,正在寻找着自己无忧无虑、无拘无束的美满生活"①。可以说,"奶奶剪纸时的奇思妙想,充分说明了她原本就是一个女中豪杰"②。作者通过九儿在高粱地里与余占鳌的野合之举和如释重负后奇妙的剪纸细节,体现了她追求个人幸福和人性解放的叛逆精神与自由意识。

九儿身上潜在的女侠气质和英雄气概,不仅使她在大胆反抗封建纲常名教、执着追求性爱自由的道路上表现出英勇无畏的叛逆精神和不循常规的冲天豪气,而且支撑她在那个污浊的乱世中体现出临危不惧、处乱不惊的生存智慧和大义之举。她对自私自利、毁了她一生幸福的父亲的怨恨和指责;她出嫁时胸口揣着一把锋利剪刀的行为;她在得知单家父子被害的瞬间搂住县长曹梦九的腿连呼"亲爹"并被县长认作"干女儿"的出色表演;单家父子死后她接管家业后的从容与干练;她在处理与踏进烧酒作坊的余占鳌之间关系上的睿智;她在余占鳌与恋儿相好后放浪形骸地同黑眼姘居的报复行为;当两个淫邪凶残的日本兵逼近她的时候,她"在罗汉大爷的血头上按了两巴掌,随即往脸上两抹,又一把撕散头发,张大嘴巴,疯疯癫癫地跳起来"③,竟让这两个图谋不轨的日本鬼子愕然止步;她支持余占鳌的抗日事业,激励余占鳌奋勇杀敌,保家卫国,在墨水河桥头的伏击战中,她勇敢地走上战场,迎着日寇的枪弹毅然前行,以身殉国,这一切,无不彰显出九儿"最圣洁最龌龊""最超脱最世俗"的平凡而壮丽的生命图景。九儿牺牲在日本侵略者的枪口之下,她"被子弹洞穿过的乳房挺拔傲岸、蔑视着人间的道德和堂皇的说教,表现着人的力量和人的自由、生的伟大爱的光荣"④。农家女九儿,土匪头子余占鳌的情人戴凤莲,这两个温柔而刚健的名字集合成一种有力的称谓——"我奶奶"。在这种称谓的悄然嬗变中,饱含着无数出身于农家的要强的"红高

---

① 莫言:《红高粱家族》,作家出版社2012年版,第118页。
② 莫言:《红高粱家族》,作家出版社2012年版,第119页。
③ 莫言:《红高粱家族》,作家出版社2012年版,第14页。
④ 莫言:《红高粱家族》,作家出版社2012年版,第122页。

梁"女儿不甘受命运摆布的斗争精神和渴望自由幸福的生命意识。"我奶奶"临终前对生的留恋的无声呐喊，寄寓了她三十年人生历程的生命哲学：

> 豆官！豆官！我的儿，你来帮娘一把，你拉住娘，娘不想死，天哪！天……天赐我情人，天赐我儿子，天赐我财富，天赐我三十年红高粱般充实的生活。天，你既然给了我，就不要再收回，你宽恕了我吧，你放了我吧！天，你认为我有罪吗？你认为我跟一个麻风病人同枕交颈，生出一窝癞皮烂肉的魔鬼，使这个美丽的世界污秽不堪是对还是错？天，什么叫贞节？什么叫正道？什么是善良？什么是邪恶？你一直没有告诉过我，我只有按着我自己的想法去办，我爱幸福，我爱力量，我爱美，我的身体是我的，我为自己做主，我不怕罪，不怕罚，我不怕进你的十八层地狱。我该做的都做了，该干的都干了，我什么都不怕。但我不想死，我要活，我要多看几眼这个世界，我的天哪……①

在这种天问式的自我灵魂考问和珍视现世生存的自我意识中，揭示了一个追求自由幸福、探寻自我解放道路的传统农村妇女向具有现代意识的现代女性骤然升华的生命历程。"我奶奶"在短暂而辉煌、叛逆而真诚的一生中，爱得轰轰烈烈、生死相许，恨得飞沙走石、不共戴天，面对外族入侵、家园破毁，她像"我爷爷"那样的好汉一样，为了生存和尊严，胸怀民族大义，慷慨赴难，杀身成仁，走完了她三十年红高粱般充实的人生，"她老人家不仅仅是抗日的英雄，也是个性解放的先驱，妇女自立的典范"②。在莫言笔下，以余占鳌和戴凤莲为代表的侠义农民英雄完全颠覆了以往革命战争题材的英雄传奇小说中所常见的那些义勇双全、高大完美、具有高度政治觉悟和强烈阶级意识的农民英雄形象的公式化、概念化、脸谱化的模式。"作者

---

① 莫言：《红高粱家族》，作家出版社2012年版，第64—65页。
② 莫言：《红高粱家族》，作家出版社2012年版，第12页。

以超常规的反叛笔墨赋予主人公以超常规的反叛现时社会理性的英雄气质,这种极具叛逆精神的英雄气质就是自古以来中国农民所生生不息的、统治阶级思想的毒氛很难毒化的、有如荆棘般赤烈燃烧的生命伟力"[1]。虽然"我爷爷"和"我奶奶"们都不属于主流意识形态范畴与传统伦理道德意义上的英雄,但他们的确是高密东北乡土生土长的充满了野性生机和血性正义的民间侠义英雄。

在高密东北乡这片英雄好汉和王八蛋共存、圣洁和龌龊同在的土地上,到处弥漫着高粱的红色粉末,漫山遍野挺立着野性生长的血一样的"红高粱"。在《红高粱家族》中反复出现和被热情讴歌的"红高粱"见证了以"我爷爷"和"我奶奶"为杰出代表的先辈们的爱恨情仇与悲欢离合,他们旺盛蛮悍的生命力和宁折不弯的灵魂已经同"红高粱"融为一体,"红高粱"鲜红的色彩和强旺的长势早已经浸染与滋润了高密东北乡每一个人的肉体和灵魂。莫言将"红高粱"热烈火辣、慷慨悲壮的红色同闯荡江湖的侠义英雄情结和民族复仇的抗战情绪相对应、相结合,使文本深层充满了强大的审美张力,激荡着阳刚勇武、雄强任侠的浩然正气。他在这个充塞于天地之间的生命力的当代寓言之中,从容地纳入了复仇主题,通过对父子两代人快意恩仇和民族复仇的行为与结局的审美观照,歌赞了血性正义精神,张扬了原始生命强力和慷慨激昂的生命激情,批判了社会对人的生存和生命尊严的压制与践踏,从而呼唤强力意志,唤醒当代知识分子的责任意识和担当精神,具有积极的现实意义和可贵的生命价值。

三 "红高粱":历史祭坛上的精神丰碑

通过审视文本的深层结构,我们不难发现,在《红高粱家族》中蕴含着浓厚而深沉的精神回乡意志和灵魂救赎的冲动。在这里,精神回乡是对过去的祭奠,对历史的巡礼。在义无反顾、百折不回的回乡意志中,寄寓着"人对于'忘却'的原始性恐惧,对于忘却本原、忘

---

[1] 陈颖:《中国英雄侠义小说通史》,江苏教育出版社1998年版,第411页。

却故土、迷失本性、丧失我之为我的恐惧"①。这种原始性恐惧源于远离故乡大地的游子对故土的敬畏和眷恋。过去毕竟终将过去，而且一去不复返。但故乡的过去是一个人终生魂牵梦萦的永不消逝的独特存在。当面对现实的种种不幸和不适时，故乡的过去总会成为作家寄托理想和希望的强大时空与精神家园，"有力地展示出'过去'对于精神、情感活动，对于审美过程的覆盖，证明着'过去'的现存性，'过去'之为一种极现实的文化力量"②。莫言敢于直面当代社会语境下人种退化和人性异化的严酷现实，将文学作为"过去"的祭坛，突破政治意识形态的规约和世俗偏见的束缚，大胆地发掘土匪的侠性，热情讴歌高密东北乡"最英雄好汉最王八蛋""最圣洁最龌龊""最美丽最丑陋""最超脱最世俗""最能喝酒最能爱"的本真人性和本色生命，在对"过去"的现存性和具体可感性尽情呈现的过程中，实现对故乡的象征性回归。正是由于对失去乡土记忆和背叛故土的原始性恐惧，才使精神回乡意志对莫言构成了极大的心理诱惑和深厚的情感魅力，高密东北乡和"红高粱"于是成为他理想中的存在。饱受城市生活煎熬和边缘生存考验的莫言，在对故乡的象征性回归中获得了自我精神抚慰和现实灵魂救赎。

在《红高粱家族》的激情叙事中，莫言缅怀故乡过去艰苦而辉煌的岁月，追忆家族的侠义雄风，通过召唤那些已经逝去的游荡在故乡"红高粱"地里的英魂和冤魂，唤起"高密东北乡人心灵深处某种昏睡着的神秘感情"，而这种神秘的感情只有在精神回乡的追忆中才能逐渐萌芽、生长和壮大，"成为一种把握未知世界的强大思想武器"，以至于他每次回到故乡，"都能从故乡人古老的醉眼里，受到这种神秘力量的启示"③。正是在这种神秘力量的启示下，在家族亡灵的告诫中，"我"得以深入反思逃离故乡十年后为何濡染了"聪明伶俐的家兔气"④，而丧失掉先辈们嫉恶如仇、敢作敢为的匪气和侠气。从某种

---

① 赵园：《地之子——乡村小说与农民文化》，北京十月文艺出版社1993年版，第18—19页。
② 赵园：《地之子——乡村小说与农民文化》，北京十月文艺出版社1993年版，第19页。
③ 莫言：《红高粱家族》，作家出版社2012年版，第349页。
④ 莫言：《红高粱家族》，作家出版社2012年版，第350页。

第七章 自由与逍遥：原始正义和生命激情

意义上讲，《红高粱家族》是通过对一个土匪家族的激情叙事来实现对生命强力的张扬和对高密东北乡英魂与冤魂的召唤的。这里的土匪绝不是一般打家劫舍、欺压百姓的蟊贼，他们是一群个性张扬、血性正义、杀敌报国的匪侠。作为人类社会历史进程中的客观存在，土匪是对于社会各方面有着广大影响力的一个特殊的社会群体，它具有特殊的社会结构、组织形态、活动方式和生活方式，更有独特的思想观念和语言行为。由于土匪对现存社会秩序具有一定的破坏性，故其向来为历代统治阶级所不容，为正统话语所否定。但土匪并非总是正统社会的绝对性和否定性的破坏性力量，"广阔的江湖乡野为武侠、隐者、骗子、匪盗提供了共处和互相转化的场所"①，这意味着在特定的历史情境下，土匪也可被改造转化为推动历史进程、促进社会发展的有生的革命性和肯定性力量，或成为匪侠，或成为革命英雄。正如小说《红高粱家族》的主人公余占鳌所言："谁是土匪？谁不是土匪？能打日本就是中国的大英雄。"② 在小说中，余占鳌既是一个有情有义的匪侠，也是一位精忠报国的抗日英雄。这充分揭示了土匪的生存哲学和生活辩证法，能否坚持侠义道是判断一个土匪或土匪群体正义与否的基本价值标准。当然，在既出圣人也产土匪的齐鲁大地，无论是历史上还是艺术上，对于土匪这一特殊社会群体的认识和表现都有其独特的文化传统。

在古代山东地区，绿林响马和民间英雄辈出。即使到了现代社会，崇德尚礼的齐鲁大地也是强盗出没、土匪横行，正如《红高粱家族》所述："高密东北乡的土匪种子绵绵不绝，官府制造土匪，贫困制造土匪，通奸情杀制造土匪，土匪制造土匪。"③ 在源远流长的土匪历史上，这些铤而走险离开土地的社会流浪儿，或走进茂密的青纱帐，或踏入山林草莽，四海为家，浪迹天涯，过起打家劫舍、仗义行侠的冒险而浪漫的生活。一般意义上讲，崛起于民间的绿林草莽的最终结局，要么被残酷镇压剿灭；要么接受招安投入统治阶级怀抱，赚得个封妻

---

① 张未民：《侠与中国文化的民间精神》，《文艺争鸣》1988年第4期。
② 莫言：《红高粱家族》，作家出版社2012年版，第24页。
③ 莫言：《红高粱家族》，作家出版社2012年版，第263页。

荫子，光宗耀祖；要么即使接受了招安也会因不满官方的生存法则而再次走上造反之路；要么被收编后沦为统治阶级的牺牲品，为官方立下汗马功劳后落得个兔死狗烹、鸟尽弓藏的悲惨命运。在这种种结局中，"杀人放火——受招安"，可以说是中国历史上许多铤而走险的草莽英雄和绿林豪杰显亲扬名的相近或趋同的道路。当然，山东的民间反抗者也不例外，大致走的是从江湖到朝廷的路子，很少有人被招安后身在朝廷而心在江湖，更不要说再次造反了。这是历史的现实中，山东民间反抗者的主要命运结局。在艺术上，以歌颂山东江湖好汉和绿林英雄为题材的戏曲和说唱文艺在山东民间也广为流传。古代长篇英雄传奇小说《说唐》描写了隋唐之交山东豪杰的英雄故事，《水浒传》歌颂了活跃于水泊梁山的绿林豪杰替天行道、仗义行侠的好汉精神。古代山东地方戏曲如柳子戏、八仙戏和后来发展起来的山东梆子、吕剧、柳琴戏以及山东快书等，大都以演义和演唱古代山东的英雄好汉故事为主。

  对于山东文人而言，由于其深受源远流长的儒家入世济人思想的影响，纵使家破人亡、落魄江湖，也不舍治国平天下的天道责任。当他们于现实中无法通过正统的仕宦途径实现跻身庙堂精忠报国的愿望时，只好委曲求全，借助于江湖英雄或绿林好汉替天行道和仗义行侠的艺术呈现来寄托兼济天下、抚慰苍生的道义理想。特别是当他们认识到正统的官方力量和皇权的威严无法主持正义、维护公道甚至鲜廉寡耻、草菅人命时，就只好寻求皇权外的拯救，寄希望于匡扶正义、除暴安良、拯世济难的江湖侠客、绿林响马和民间英雄等力量来扭转乾坤。但他们的理论前提是这些民间力量必须既忠且义，因为在他们的价值视野中，不忠不义之人不会代表底层弱势群体的利益，既不可能仗义行侠，更不可能替天行道。

  当然，这与齐鲁地区的文化传统有关。"深入人心的正统观念，使得山东的民间武装先天地存在着与朝廷合作的可能性"，虽然民间文化具有非正统性质，"但它难以排斥正统性质的齐鲁文人文化对它的影响，这就使民间文化带上了一定程度的正统色彩"。[①] 这种根深蒂

[①] 魏建、贾振勇：《齐鲁文化与山东新文学》，湖南教育出版社1995年版，第58页。

第七章　自由与逍遥:原始正义和生命激情

固的正统观念,对山东人具有深远的影响,对他们的价值观念和行为选择具有强大的制导作用。山东古代的农民起义和杀人越货的江湖盗匪,只要纳入古代山东文人或外省文人的话语系统,就必然会受到不同程度的道德理想的改造。因此,在古代山东通俗文艺中,虽然有杀人放火、打家劫舍的草寇或土匪,但似乎没有那么凶神恶煞、血腥暴力,多是一些忠孝节义的英雄好汉。特别是古代山东文人,他们对那些已经逸出正统社会秩序的盗匪,突出表现其忠义思想和劫富济贫、替天行道的行为品格,并且冠以侠的辉光。同时,在山东历史上,无论是只反贪官不反皇帝的梁山泊农民起义,还是扶清灭洋的义和团运动,肯定皇帝的正统地位和皇权的合法性、清除皇帝周围的奸臣贪官,是他们造反的现实根据和行动前提。很显然,这与齐鲁文化的特质息息相关,可以说是齐鲁文化非官方正统性质影响和作用于现实与艺术的结果。本来,侠与江湖属于自由自在的民间文化形态的范畴,蕴含着一种强劲的反抗意志和自由的生命精神。但由于古代山东文人着眼于盗侠或匪侠的道德理想改造和忠义思想提升,并未重视甚至忽略了这些民间侠义英雄身上的原始生命强力和自由的生存方式。这种将民间文化纳入官方文化话语系统的文学创作思维一直影响着后来的山东作家。尤其在中华人民共和国成立后,官方文化形态和民间文化形态在山东文学中达致自然融合的状态,知识分子的精英意识被有意地遮蔽。著名的革命英雄传奇小说《桥隆飙》《大刀记》《铁道游击队》《苦菜花》等,都演绎了农民出身的民间草莽在共产党、八路军的教育、引导和影响下走上革命道路的故事,这些杀富济贫、打抱不平的底层农民的身份由逍遥自在的江湖豪杰转换为英勇杀敌、抗日救国的革命战士,他们从啸聚山林到驰骋战场的过程,特别是由浪迹江湖的乌合之众向回归社会的正义之师的价值提升,实际上象征了民间草莽英雄接受意识形态规训而被正统化的过程。同时期其他省份作家的作品,如冯志的《敌后武工队》、高云览的《小城春秋》、梁斌的《红旗谱》等,也都不同程度地体现了这种思维特征和思想倾向。

将《红高粱家族》置于这样宏阔的历史文化视野中来审视,我们发现其价值在于作者莫言不仅发现了民间土匪可供提升的精神空间,更重要的是，他立足民间文化立场，不再拘泥于迎合官方文化，而是对政治意识形态化的历史观念进行机智地拆解和颠覆，力图还原出一个民间化的历史场景。不仅从民间生存法则和大地精神血脉中发掘出侠义草莽英雄身上弥足珍贵的粗犷豪放的性格、洒脱豁达的人生态度、勇武任侠的生命强力、重义轻利的精神品德，而且深刻揭示了在逃离正统生存秩序的非意识形态化的江湖世界中自由逍遥、狂放不羁的生存状态，并对之尽情渲染，恣意张扬，天马行空、无拘无碍、酣畅淋漓地挥写这种激荡于高密东北乡历史天空的英魂。这意味着莫言不仅超越了齐鲁文化非官方正统性质规约下古代山东作家对盗侠或匪侠道德理想改造和忠义思想提升的拘囿，而且突破了十七年时期山东作家作品《桥隆飙》《大刀记》等民间江湖英雄正统化出路的倾向。作者只有在这种自由自在甚至恣意而为的精神空间里，才能比较充分、全面、深刻地发掘本真人性的复杂内涵和本色生命的多重图景。这种民间文化视角突破了外在的官方文化或政治意识形态的规约和束缚，凝眸大地民间的知识分子的精英意识氤氲于文本的深层结构，使小说的审美观念获得极大的更新。生活于这种民间话语构筑的历史场景中的"人"，不再是一种游离于人的正常的自然欲望和伦理情感之外的孤立的存在，更不是表达时代精神、阶级观念或政治理念的机械的单纯符号，而是一个个像"红高粱"一样充满盎然生机、跃动着生命活力和本色率真气息的既仰望天空放声长啸、又脚踏大地奋然前行的真正的人。这就使作者笔下的主人公余占鳌既不投奔国民党军队，也不参加八路军，而是秉持着源于大地民间的原始正义感和捍卫生命尊严的强力意志，为了维护生存的权利、保卫祖祖辈辈生活的家园，义无反顾地走上以暴制暴的抗争之路，以血性良知和自掌命运的精神去实现自由、平等、正义与公道的价值理想。于是，"原有的审美界域和价值规约被突破，凸现出的是传统伦理文化秩序和宗法制度的被拆解、被抵拒以及对民族旺盛生命力的向往和礼赞"[①]。这正是高密东北乡和"红高粱"赋予这些侠义儿女的巨大力量与永恒魅力。

[①] 房福贤等:《齐鲁文化形象与百年山东叙事》,山东画报出版社2009年版,第71页。

第七章　自由与逍遥:原始正义和生命激情

在高密东北乡广袤而肥沃的黑土地上,那一望无际遮天蔽日、生机勃勃洸洋血海般的高粱地,是余占鳌们自由驰骋、尽显英雄本色的民间大舞台。在这里,生命强力的蓬勃张扬远胜于正统道德力量的规约和训诫,自然人性的豁达率真非传统礼乐教化和现代文明异化的状态下自私虚伪的人性所能比,野蛮却强悍,卑微而真挚,暴力却悲悯,一切文化的、人性的两极支点在"红高粱"的激情荡漾和侠义儿女的血脉偾张中奔突涌动,获得自由舒展,形成一个强大的生命力的张力结构。在这个强大的张力结构中,生机盎然的"红高粱"和血性正义的高密东北乡人、激活生命强力的高粱酒和优化人性的自由精神达到了神奇的有机的契合,构成了一个人与自然、生命精神和地域存在、过去辉煌与未来永恒浑然一体、和谐统一的魂归大地苍穹的精神原乡和生命境界,使离乡的游子在饱受现代城市煎熬和精神压抑的困境下,在回眸故乡的瞬间,深情体验那流动于天地之间生生不息的生命律动,获得精神的涤荡和灵魂的洗礼。

在《红高粱家族》的最后,当"我"逃离家乡十年带着身心的疲惫回乡祭奠先辈们的时候,冥冥中"二奶奶"发出的"孙子,回来吧!再不回来你就没救了"[1] 的宽容大度的告诫之声,使"我"这个身上充满了"从城里带来的家兔子气"[2] 的吃红高粱米长大的高密东北乡的游子得到了一种生命的警醒。在"我"处于覆盖着高密东北乡黑色土地的杂种高粱的包围之中充满了痛恨、失望、悲哀而陷入迷惘之际,是"我"的整个家族的亡灵,给"我"指点了迷津,使"我"获得了醍醐灌顶的生命启示和豁然开朗的灵魂洗礼:

> 可怜的、孱弱的、猜忌的、偏执的、被毒酒迷幻了灵魂的孩子,你到墨水河里去浸泡三天三夜——记住,一天也不能多,一天也不能少,洗净了你的肉体和灵魂,你就回到你的世界里去。在白马山之阳,墨水河之阴,还有一种纯种的红高粱,你要不惜

---

[1] 莫言:《红高粱家族》,作家出版社2012年版,第350页。
[2] 莫言:《红高粱家族》,作家出版社2012年版,第350页。

一切努力找到它。你高举着它去闯荡你的荆棘丛生、虎狼横行的世界,它是你的护身符,也是我们家族的光荣的图腾和我们高密东北乡传统精神的象征![1]

这是来自莽莽大地深处的充满了生命智慧和精神力量的冥冥之音,更是医治现代文明病的救世良方,这种智慧和力量源于人类生存的大地与劳动者生活的民间。这段描述既体现了莫言对故乡先辈们雄强任侠、血性正义的生命强力的缅怀,也表达了对当代社会生命萎顿、精神颓靡的现象的悲愤与绝望。在整个小说中,莫言的关注点不再是单纯的历史本身的叙述,他将审美眼光聚焦于特定历史语境下高密东北乡的人和人性,出身于底层草根阶级的人特别是侠义土匪及其人性自然而然地进入了他的审美视野。莫言一方面充满豪情壮志地描写"他们杀人越货,精忠报国"而演出过的"一幕幕英勇悲壮的舞剧",一方面满怀真情地表白先辈们的雄强任侠"使我们这些活着的不肖子孙相形见绌,在进步的同时,我真切地感到种的退化",[2]从而使《红高粱家族》这部小说充满历史激情和现实忧思的叙事节奏构成了复调的乐章。在这曲由莫言激情独奏的金声玉振的人性壮歌余韵处,跃动着反思当代社会语境下"种的退化"和人性异化的强劲弦音。

过去的高密东北乡,脚踏黑土地、头顶高粱花子、吃高粱米长大的"红高粱"儿女,嫉恶如仇,敢作敢当,为了维护生存权利和捍卫生命尊严,不畏强暴,敢于斗争,与入侵的外敌血战到底,毫不屈服,充满了坚强的生命意志、反抗精神和原始正义感,可谓豪气冲天。以"我爷爷"和"我奶奶"为代表的优秀的民间匪侠书写了威武雄壮、光照日月的英雄传奇。但随着时间的流逝,这种坚韧的生命力出现了严重的退化。纵横高密东北乡多年的凶悍匪侠"我爷爷"余占鳌,连雄才大略的县令曹梦九都奈何不了他,他勇于抗击日寇,敢同冷支队和胶高大队叫板,彰显出民族大义与凛然正气;"我父亲"豆官是

---

[1] 莫言:《红高粱家族》,作家出版社2012年版,第351页。
[2] 莫言:《红高粱家族》,作家出版社2012年版,第4页。

第七章 自由与逍遥:原始正义和生命激情

"我爷爷"的跟班,他跟着"我爷爷"共同打过日本,一起参加铁板会,一起绑架过冷支队长和江小脚,相比之下,力量、豪气和胆识远远不及"我爷爷",他唯一的壮举是独立带着"我母亲"一干人等同三支狗队作战,但如果没有"我爷爷"的及时出手,他必定丧命于红狗之口,但也被红狗咬掉了一个卵子;"我"在现代城市里煎熬,"机智的上流社会传染给我虚情假意","我"的肉体"被肮脏的都市生活臭水浸泡得每个毛孔都散发着扑鼻恶臭",① 整个身心濡染了城市文明的"家兔气"。毋庸置疑,这鲜明地呈现出一种生命力退化的轨迹。在战争年代,日本鬼子为了修胶平公路,毁掉稼禾无数。即便如此,那象征着生命力无限强旺和不屈不挠斗争精神的"红高粱"也没有绝种,依然顽强地生长在高密东北乡的黑土地上。然而,在和平年代,"我反复讴歌赞美的、红得像血海一样的红高粱已被革命的洪水冲激得荡然无存,替代它们的是这种秸矮、茎粗、叶子密集、通体沾满白色粉霜、穗子像狗尾巴一样长的杂种高粱了"②。这充分说明,不仅"我们家族"的生命力发生了退化,而且作为"我们家族"生命图腾和高密东北乡精神与灵魂象征的"红高粱"绝种了,高粱也发生了"种的退化"。摆在人们面前的残酷现实是这些丑陋的运用现代科技手段从海南岛交配回来的杂种高粱已经占据了"红高粱"的地盘,"它们空有高粱的名称,但没有高粱挺拔的高秆;它们空有高粱的名称,但没有高粱辉煌的颜色。它们真正缺少的,是高粱的灵魂和风度"。更可恨的是,"它们用它们晦暗不清、模棱两可的狭长脸庞污染着高密东北乡纯净的空气"。③ 由此可知,随着历史发展,在原本民风剽悍、雄强任侠的高密东北乡,无论是人种,还是物种,都出现了生命力不断退化甚至绝种的现象,这是人们必须勇敢直面和深刻反思的严酷现实。这里的"种的退化"是一种隐喻,人和植物的退化实际上也就意味着环境的退化、社会的退化、文明的退化,这是社会发展和文明进步所必然付出的代价。莫言立足民间文化立场,用老百姓的思维

---

① 莫言:《红高粱家族》,作家出版社2012年版,第349页。
② 莫言:《红高粱家族》,作家出版社2012年版,第350页。
③ 莫言:《红高粱家族》,作家出版社2012年版,第351页。

去审视历史、反思现实，这就使他能够超越阶级和政治意识形态的局限，努力把高密东北乡变成中国甚至世界的缩影，以同情和哀怜、悲悯和拯救的眼光密切关注社会发展与文明进程中人的生存境遇、生命状态以及人性的扭曲和异化，自觉地呼应民族历史和人类社会发展中出现的共同问题与面临的生存困境，并积极为之探寻出路。莫言对"种的退化"充满了焦虑、无奈、悲痛甚至绝望，但可贵的是，他通过对历史的缅怀和追忆、对过去生存环境的重铸、对先辈们生命强力的张扬，表达了一种理想倾向，那就是呼唤宁折不弯、豪放豁达的生命意识的觉醒，激活勇往直前、独立不羁的生命精神，重塑侠义英雄型理想人格，追求血性正义的生命力的激情绽放，抵达自由与逍遥的生命境界。莫言在对故乡的深情回眸和对父老乡亲的真切回忆中，在对高密东北乡的历史和现实的比较中，寄寓了悲壮的激昂与感慨，蕴含了深沉的理想与忧思。在"我"被各种思想情绪纠缠而陷入困惑之际，那幅不复存在的瑰丽的情景总是浮现于思念的场域："八月深秋，天高气爽，遍野高粱红成汪洋的血海。如果秋水泛滥，高粱地成了一片汪洋，暗红色的高粱头颅擎在浑浊的黄水里，顽强地向苍天呼吁。如果太阳出来，照耀浩淼大水，天地间便充斥着异常丰富、异常壮丽的色彩。"① 这幅璀璨辉煌的情景体现了一种生命意志和自由精神，既是值得人们向往和永远追求的"人的极境和美的极境"②，更是人性健康发展和社会自由进步的生命极境。在这种审美视域中，充满活力和激情的极境，不再仅仅局限于高密东北乡和"红高粱"儿女，其终极价值最终指向整个人类社会，从而在传说与现实、历史与当下相交织的价值坐标中获得世界性的审美意义。至此，作为真假同在、美丑并存、善恶杂陈的生存空间的高密东北乡成为一种独特的生命存在，而昂然挺立于这片黑土地上的"红高粱"就成了具有顽强生命力和自由精神的生命图腾。莫言说："《红高粱》是我修建的另一座坟墓的第一块基石。在这座坟墓里，将埋葬1921年至1958年间，我的故乡一部分乡亲的灵魂。我希望这座坟墓是恢弘的、辉煌

---

① 莫言：《红高粱家族》，作家出版社2012年版，第351页。
② 莫言：《红高粱家族》，作家出版社2012年版，第351页。

第七章 自由与逍遥:原始正义和生命激情

的,在墓前的大理石墓碑上,我希望能镌刻上一株红高粱,我希望这株红高粱能成为我的父老乡亲们伟大灵魂的象征。"① 由此可见,生机勃勃、玲珑剔透的"红高粱"是一个充满诗意的整体象征,内蕴着热烈、茁壮、勇武、强悍的原始生命力,象征着不屈不挠、刚毅顽强、坚忍不拔、勇于牺牲的复仇精神和反抗意志,更是重义轻死、百折不挠的生命意识和剽悍任侠、勃郁强旺的民族精神的象征。

毫无疑问,莫言以非凡的想象力为当代文坛创造了一个独特的生存空间——"高密东北乡",颇具匠心地塑造了以"我爷爷"和"我奶奶"为代表的来自这个生存空间的侠义英雄的大地精魂,特别是以汪洋恣肆的生命激情在这片沃土上发现了野性生长的"红高粱",寄寓着丰富深刻的象征意蕴和鲜明突出的价值指向。针对当代社会语境下人性异化扭曲和国人人格萎缩、精神衰颓的现实,莫言开出了拯救的药方,那就是还原历史、回归民间,从广袤深厚的大地和充满无限生机的大自然中寻求生命力的源泉与精神的支撑。当代人漂泊无根的灵魂困惑和自我放逐的精神危机,只有在大地民间、淳朴自然的环境中,才有可能得到净化、改善和有效解决;人性的异化扭曲和普遍沉沦,只有在原始纯朴的人性美氤氲和雄强血性的侠义人格烛照下,才有可能获得真正的救赎和升华。无论是过去种遍高密东北乡的洸洋血海般的"红高粱",还是小说结尾处要努力寻找的当代仅存的那株"纯种的红高粱",都是高密东北乡这个弥漫着自然野性和江湖气息的法外世界的精神血脉与灵魂旗帜的象征,都是提振民气、激发当代人生命力的良方。只有它们,才能使当代人衰颓的精神和沉沦的人性获得整体性拯救。作者真诚坦言:"我是你们的不肖子孙。我愿扒出我的被酱油腌透了的心,切碎,放在三个碗里,摆在高粱地里。伏惟尚飨!尚飨!"② 可以说,莫言在以艺术的方式对故乡和父老乡亲的真诚祭奠中,在历史的祭坛上,为当代人类社会的复乐园树起了一座正义张扬和人性救赎的精神丰碑。

---

① 莫言:《十年一觉高粱梦》,《中篇小说选刊》1986 年第 3 期。
② 莫言:《红高粱家族·卷首语》,《红高粱家族》,作家出版社 2012 年版。

下编　中国新文学作家与侠文化的精神相遇

第三节　贾平凹：再造侠匪乌托邦的想象

毋庸置疑，1986年莫言发表的中篇小说《红高粱》不仅大胆地解构了阶级斗争观念规约下十七年革命历史小说中塑造的土匪形象，以民间文化视角对土匪的行为和心理进行了还原，而且激情张扬了土匪身上的侠义精神，深刻揭示了土匪善恶同体的人性真实，恢复了土匪的本真面目，从而开启了新时期土匪文学创作热潮的大幕。如果说在这种解构中莫言感慨于"种的退化"的严酷现实，通过发掘和张扬民间草莽英雄的侠义精神与民族大义致力于民族精神价值重构的话，那么到了20世纪90年代初，贾平凹发表的《烟》《美穴地》《白朗》《五魁》《晚雨》等"土匪"系列小说，则不仅从土匪身上发掘出人格建构和文化重建可资借鉴的精神资源，更对匪性和侠性的深层关系进行了理性反思。具体到创作中，体现为贾平凹进一步以民间立场来审视土匪这种历史文化现象，着重从道德、伦理、人性等层面对民间土匪进行了更加深入的理性思考，通过对侠匪乌托邦的再造想象，既肯定和张扬了侠义土匪身上的原始正义与生命激情，又揭示了匪性和侠性在善恶两极之间对立与转化的可能和现实，以直面现实和历史的态度探寻了土匪的人性嬗变。贾平凹笔下的土匪形象有侠匪，也有恶匪。侠匪具有理想化色彩，恶匪有着现实隐喻意义。贾平凹将这两类不同的土匪置于善恶同在的张力结构中给予审视和省思，不仅表现了他自由正义的社会理想和逍遥自在的生命精神，同时也揭示了他开放的文化观念和清醒的人性立场。贾平凹对土匪题材的深度开掘和人性探索，大大推进了土匪文学创作的深入发展，许多作家也纷纷涉足这一题材领域，致使20世纪90年代蔚为大观的土匪文学成为当代小说创作的一个不容忽视的热点。

一　乌托邦视域下的匪与侠

乌托邦（utopia）是一个外来词，最早出自英国的托马斯·莫尔于1516年发表的名著《乌托邦》，意谓并不存在于客观世界的虚构之所、乌有之乡。作为一个空间化的概念，无论是在托马斯·莫尔的

第七章　自由与逍遥:原始正义和生命激情

《乌托邦》中,还是康帕内拉的《太阳城》(1623 年)里,乌托邦都是指从空间意义上建构的理想国家形态。在西方哲学、文学和政治理论中,从《圣经》中的伊甸园到柏拉图的《理想国》,再到一系列文学形式的乌托邦,一直存在着一个构想最美好的理想社会的悠久历史和丰富传统。同样在东方的中国,从儒家拟想的大同社会及其文学经典《诗经·魏风·硕鼠》中的"乐土"到庄子《逍遥游》中的"无何有之乡",从陶渊明有意识建构的"桃花源"到刘鹗《老残游记》中的"桃花山",也始终不乏乌托邦式理想社会的文学叙述、政治探讨和哲学阐发。可以说,在理想社会的探寻和构想方面,中国和西方这两种异质文化存在一种价值同构特性,只不过西方叫"乌托邦",中国称"桃花源"。这种理想的社会和乐土超越于世界和历史(时间)之外,只是作为一种理想化空间存在于人们的激情想象和热烈憧憬之中,从而定格为令人向往的"世外桃源"和理想之境。因此,从表层意义上讲,乌托邦是指人们执着追求和渴望得到的一种与现实社会相对立的理想社会制度和未来社会美好的生存图景。当然,这种完美的理想社会只存在于虚无缥缈的"世外桃源"和乌有之乡的理想国度。从深层意义上讲,乌托邦是一种理想的象征,现实中的人们通过充满激情的想象,将自己的理想投射到一个虚拟的对象物之中,这个并不在场的对象物以巨大的精神魅惑形成强烈的价值召唤,使人们始终在浪漫的构想中保持一种理想亟待实现的希冀和意愿。可以说,乌托邦就是存在于人们意愿中的尚待实现的可能性理想观念。这种理想观念意味着对现实社会及其生存状况的不满与批判,对乌托邦的想象和憧憬寄寓着对理想社会的探讨与追求,表达了社会变革的意愿。

在漫长的历史发展中,"乌托邦的话语与历史实践构成了人类文化史的一个重要线索,'乌托邦'也由此成为世界文学中一个重要的母题,中国作家也不可避免地以各种各样或隐或显的方式对这个话题予以言说"[1]。这种乌托邦的想象及其话语实践具体到中国文学中,往

---

[1] 吴晓东:《中国文学中的乡土乌托邦及其幻灭》,《北京大学学报》(哲学社会科学版) 2006 年第 1 期。

往表现为乡村社会理想化的生存图景，这与漫长的农耕文明的制约和长期的封建专制统治的影响是分不开的。春秋时期，《诗经·魏风·硕鼠》中的"乐土"是基于对严重的剥削和压迫强烈不满而虚构的一个迥异于当时社会现实境况的理想家园。东晋时期，陶渊明的《桃花源诗》和《桃花源记》以一种自觉的乌托邦意义上的文学建构，开创了中国文学史乃至文化史上的一个经典原型意象——"桃花源"和永恒的"世外桃源"情结。从此，"桃花源"或"世外桃源"作为一种自由、快乐、和谐、美好的理想社会的象征和价值理念，对后世的文学创作和文化发展产生了广泛而深远的影响。晚清刘鹗在他的小说《老残游记》中精心营构出一个独特的理想之境——"桃花山"。小说中的老残既是行走江湖的郎中，也是不带刀剑的见义勇为、急人之难的侠士，这个"逸出老残视角的极其和谐的桃花山世界，实际上是作者放弃叙述视角的一致性而刻意经营的结果"①。老残本身仗义行侠的壮举与其视线之外桃花山上发生的故事在文本中相得益彰，通过对行走江湖的侠医的乌托邦想象和对"桃花山"的描摹，体现了作者自由和谐的社会理想和拯世济民的侠义情怀。

作为理想化的空间性存在，"乐土""无何有之乡""桃花源""桃花山"等都是作者们基于对当时社会强烈不满和重构的意愿而创造想象的产物。这种乌托邦的想象和创构"除了带来逃避和虚假的满足以外，也包含着对当下社会秩序进行质疑和挑战的因素"②。因此，从积极意义上讲，乌托邦的想象和建构"对现存社会的缺陷和不公提出了有力的'挑战'与'讽刺'。它通过打开可能性的领域，曲笔书写了作者、读者内心深处的怀疑和叛逆，从而为现存的模式和体制提供了'对抗性'或'替代性'的维度"③。在德国哲学家保罗·蒂里

---

① 叶君：《乡土乌托邦的建构与消解——解读文本中的湘西和商州》，《江淮论坛》2007年第6期。

② 叶君：《乡土乌托邦的建构与消解——解读文本中的湘西和商州》，《江淮论坛》2007年第6期。

③ 宋伟杰：《从娱乐行为到乌托邦冲动——金庸小说再解读》，江苏人民出版社1999年版，第6页。

第七章 自由与逍遥:原始正义和生命激情

希看来,乌托邦存在向前看和向后看两种模式,作为对未来理想社会的意愿和期许,"乐土""无何有之乡""桃花山"等属于"向前看"的乌托邦,其意义在于"如果没有预示未来的乌托邦展现的可能性,我们就会看到一个颓废的现在,就会发现不仅在个人那里而且在整个文化中,人类可能性的自我实现都受到了窒息"①。正是在"颓废的现在"同想象中的"乐土""无何有之乡""桃花山"等鲜明对比中,不仅可使人们长期郁积的悲愤情绪和深沉的现实忧思得以宣泄、纾解,更能使现实中被压抑的人们增强自我实现的信心、动力和希望。当我们审视和细读贾平凹的"土匪"系列小说的时候,就会非常明显地感受到他关于侠匪的文学想象在乌托邦的另一个维度上呈现和敞开。这就跟《桃花源记》一样,为我们建构了一个"向后看"的乌托邦。在这个再造侠匪世界的文学建构中,"被想象为未来的事物同时也被投射为过去的'往昔时光'——或者被当成人们从中而来并企图复归到其中去的事物"②。正是在这种"向后看"的乌托邦视域下,贾平凹将故事时间推向过去的年代,将故事发生的地点设置在他的家乡陕南山地,立足民间文化的价值立场,以反思历史文化、省察社会现实和探寻人性道德的人文情怀,书写着他理想中的侠匪,讲述着他们的绿林匪事和侠义行为,寄寓着自己的人格追求和社会理想。

贾平凹"土匪"系列小说中的匪和侠都不是孤立的抽象物,离开哪一方都不能成为独立的生命个体。无论是《烟》中的新大王、《白朗》中的白朗,还是《五魁》中的唐景和五魁、《晚雨》中的天鉴,如果单纯以匪或侠来为他们定格,似乎都不得要领,更不符合作者的理想人格期盼。在人们的世俗正统观念里,土匪是杀人放火、祸国殃民的社会恶棍和奸邪之徒,但在贾平凹的笔下,这些土匪却心存良善、重情重义、英武强悍、仗义勇为,都是豪气干云的侠匪。作者把他们写得很有人情味和正义感,充满了理解和同情,甚至有限度的赞美。匪和侠都是封闭的农业社会的历史产物,一般来讲,匪大多为失去了

---

① [德]保罗·蒂里希:《政治期望》,徐钧尧译,四川人民出版社1989年版,第215页。
② [德]保罗·蒂里希:《政治期望》,徐钧尧译,四川人民出版社1989年版,第172页。

土地的农民,侠则是中国历史上的文化离轨者,他们都游离于正统社会秩序和传统儒家文化之外,历来为统治者和正统文人所不容甚至镇压剿灭、口诛笔伐。作为农业文明时代的民间力量,匪和侠的产生与发展不仅是一种重要的社会现象,更是一种不同凡响的文化现象,以匪和匪文化、侠和侠文化以及二者合璧的侠匪或侠匪文化等各种样态伴随着中国历史与主流文化同时存在并左右着中国历史和社会的发展。不管是匪还是侠,抑或侠匪,都只不过是乱世时代农民的另一种身份和别名,要么是陷入绝望铤而走险的农民躲进山林草莽延续生存和寻求自救的一种策略与手段,要么是不堪忍受欺压奋起反抗的平民百姓出没于市井民间寻求正义、自主命运的斗争方式和生存形态。贾平凹笔下的土匪大都为仗义行侠、扶危济困的侠匪,充满了三秦大地侠义硬汉的血性正义、阳刚勇武和人格魅力。关于侠匪,绝不是贾平凹的独创。盗亦有道的柳下跖,替天行道的梁山好汉,清末民初纵横华北的白朗、义和团,制造民国大劫案的孙美瑶,《铁道游击队》中的刘洪、王强、鲁汉、林忠、彭亮、小坡,《桥隆飙》中的桥隆飙,《苦菜花》中的柳八爷,《红高粱家族》中的余占鳌,无论是作为历史人物还是作为文学形象,他们的最初身份就是土匪,但最终都变得侠气十足、大义凛然,甚至有的在特定时代情境下走向革命之路。原因在于侠文化的价值理念和侠义精神融进了土匪的价值体系和土匪文学的话语系统,从而实现了身份的转换和价值的提升。贾平凹正是在这种历史的承传和现实的反思中接续了土匪题材的侠义传统,熔铸成为一种侠匪精神。可以说,匪和侠存在着基本的共性,都属于民间话语系统,都具有民间思维特征,都有着各自独立却彼此相通的价值体系和行为规范,都体现了底层民众的理想和愿望,寄寓着作者和作品人物的理想主义倾向。相对而言,侠代表着进步、正义、美好意愿和社会理想,是对社会正义、公道和美好人性的激情而正面的表达,是现实中的人们渴望拥有却又无法实现的生命样态和精神风度;而匪则意味着掠夺、暴虐、反叛和血腥,甚至丑陋、罪恶,但匪也有诚信守诺、仗义勇为的一面和公道之心,只不过匪是对现实的一种间接反抗,是逃避社会的一种自救方式,是对社会理想的一种曲折隐晦的表达。匪和侠不是

第七章 自由与逍遥:原始正义和生命激情

绝对对立的关系,他们之间有相互转化的可能,关键在于是否坚持侠义道。贾平凹赋予他笔下的土匪更多的侠性,通过写匪来表达对于生命、人性、历史、文化、生存和未来社会的思考与探寻,力图将传统的土匪题材写出哲理意味和现代精神。匪和侠的生存方式都具有原始质朴的粗犷色彩,他们的价值理念都包含着原始正义感和强悍血性,他们的人性深处都有良善、义勇的积极因子。因此,土匪题材的文学和侠文化拥有了相通的渠道和耦合的特质。尽管贾平凹写匪人匪事,尽管他的笔下也有《美穴地》中的苟百都和《白朗》中的黑老七等恶匪形象,但他心仪并倾注心血的土匪都是侠肝义胆之士。新大王、白朗、唐景、天鉴均风度翩翩、知书识礼、劫富济贫、义勇双全。新大王有勇有谋,造福一方山民;白朗与结拜兄弟肝胆相照,对普通百姓恩惠有加;唐景言行一致,义释柳家新娘,让驮夫五魁深受感动,并心悦诚服,摒弃了对土匪的偏见;天鉴进入官场后更是谨小慎微,不断学习,勤政为民,政绩卓著,尤其是对王娘的一片痴情,令人惊羡。即使后来做了匪首的五魁,之前也是侠肝义胆,急人之难。还有《美穴地》中因无力抗衡邪恶来拯救自己深爱之人而痛恨自己不是土匪的柳子言,也是侠义之士,倘若他做了土匪,也必是一个义薄云天的侠匪。在贾平凹的理想化叙事中,土匪的侠义精神得到了有力的张扬和放大,同时他们作为正常人的人性和人情也被写得感人至深。在这些土匪身上,折射出作者乌托邦想象中侠匪人格和侠匪精神的力量光芒。这得益于贾平凹的民间文化立场和现代人性观念,他在对土匪历史改写和对侠匪再造想象的心灵之旅中,获得了现实中难以实现的欲望和意愿的满足。

可以说,贾平凹写土匪,是他直面现实的一种策略选择。富有象征意味的土匪及其栖身的民间江湖是作家远离政治意识形态和主流话语体系进行精神探险和人性探寻的客观对应物,匪人匪行和既定社会行为规范之间存在着巨大的张力空间,在这个张力空间中,既可以深入勘探遭受压抑的自然人性,也能够找到激活人性的积极因子,使被压抑的人性得以释放。这意味着书写历史上存在过的土匪,并施以艺术的再造想象,可以建构一个侠匪乌托邦世界。在这种乌托邦世界的再造性建构中，可以对土匪进行改写和深度虚构。辩证地看，"从绿林剪径到占山为王，啸聚成群揭竿而起的农民，在古代就都是'封建社会发展的动力'，或登诸史书，或写进说部，众口一词誉为英雄好汉。迟至民国年间津浦路劫车的孙美瑶，在今人笔底也还网开一面"①。这充分说明无论在历史上还是在当下社会，土匪都有可供正名的可能性和被改写的空间。贾平凹正是秉持着这样的历史观和文学观，关注土匪这个边缘群体和土匪文化这种民间文化，并为土匪和土匪文化注入侠义因子，塑造了一个个个性鲜明的侠匪形象，极力张扬他们的生命样态、侠义精神和自由意志。从严格意义上讲，就文学创作方面来看，"中国也许不能说有一个丰富的乌托邦文学传统，然而如果乌托邦的要义并不在文学的想象，而在理想社会的观念，其核心并不是个人理想的追求，而是整个社会的幸福，是财富的平均分配和集体的和谐与平衡，那么中国文化传统正是在政治理论和社会生活实践中，有许多因素毫无疑问具有乌托邦思想的特点"②。从贾平凹的土匪题材小说的创作来看，他以反思历史的精神和直面现实的勇气，通过对土匪的理想化塑造和对侠匪乌托邦的再造想象，构建了一个远离政治意识形态的民间话语秩序，营造了一个迥异于主流社会的具有乌托邦色彩的民间江湖世界，匪和匪文化、侠和侠文化在这里融会相通，实现了两位一体的辩证统一。呈现于文本中的侠匪文化和侠匪精神，通过侠匪形象言说着中国人的心理诉求和正义渴盼，表达了作者的历史认知、社会理想和人文关怀。这对于现世焦虑、正义缺失和精神沉沦的转型期社会而言，不啻救世的良方。

二 民间江湖的侠匪想象

贾平凹来自三秦大地，他的故乡商洛就位于陕南山地的腹地。传统意义上的三秦大地包括陕南山地、陕北高原和关中平原，这些区域"尚农耕，有先王遗风；尚气力，有射猎之勇；尚纯朴，有忠厚之德"③。可

---

① 邵燕祥:《书呆子见识》,《读书》1996 年第 3 期。
② 张隆溪:《乌托邦：世俗理念与中国传统》,《山东社会科学》2008 年第 9 期。
③ 李继凯:《秦地小说与"三秦文化"》,商务印书馆 2013 年版,第 266 页。

第七章 自由与逍遥:原始正义和生命激情

以说,几千年来秦地民风剽悍、尚力使气、强毅果敢、重义轻死,在多民族融合的过程中,秦地人"既有东夷族的粗犷、豁达,戎、狄族的彪悍、英勇,又具有华夏族的勤劳、顽强品质"[1],形成了粗犷豪放、质朴刚直的性情和宁折不弯的硬骨头精神,铸就了侠骨铮铮的先秦雄风和汉唐气魄。贾平凹笔下的商州同莫言笔下的高密东北乡一样,都是中国当代文学史上著名的文学地标,更是他们各自生命的起点和灵魂的栖居地。贾平凹作品中的商州泛指商洛地域,属于陕南山地,位于秦岭东段南麓,东南鄂乡大地,西北关中平原,地跨长江和黄河两大流域,有秦之雄强,楚之秀挺,境内群山起伏,山林密布,沟壑纵横,草莽丛生,历史上明末李自成在此地屯兵养马,中华人民共和国成立前红军来此养精蓄锐。这里民风剽悍,勇武任侠,由于山高皇帝远,曾经土匪横行。作为陕西作家,贾平凹深受秦地这种深厚的阳刚任侠文化传统精神的濡染和浸润,人格结构和文化心理深处不可避免地积淀着侠文化的积极因子,这对他的题材选择、人物塑造、环境设置和主题提炼具有重要的影响。贾平凹偏爱土匪题材,关注和认同边缘的民间匪文化与侠文化。他的"土匪"系列小说不刻意去写匪性的狡诈凶残和好勇斗狠,而是在匪性中融入扶危济困、仗义勇为和舍己助人的侠性质素,着重描写土匪的情感世界和侠义精神以及他们的生命体验与生存状态。作者在对地域民情民性、文化风俗真实描摹和对土匪于特定历史条件下行侠仗义、刚毅善良品质进行充分肯定的基础上,融入了对正统观念的反叛和对主流意识形态话语的质疑与反思,从而大大提升了小说的主题内蕴。而这些效果的获得,离不开贾平凹独特的环境设置,他笔下土匪的活动环境就是以他的家乡陕南山地为地域背景的。这些土匪活跃在草莽丛生、山林密布的山区,具体而言,在《烟》中有赛鹤岭、五凤峰;在《美穴地》中是北山白石寨;在《白朗》中有赛虎岭、狼牙山寨、地坑堡;在《五魁》中有白风寨、山神庙;在《晚雨》中是西流河畔的山林。土匪们在这些地方及其周边区域活动,趁风高月黑打家劫舍,杀富济贫,仗义行侠,遵循自己

---

[1] 杨东晨、杨建国:《秦人秘史》,陕西人民出版社1991年版,第224页。

的行为准则和处世原则，过着自由自在、快活逍遥的生活。这种假定性的虚拟环境呈现在贾平凹的小说中就是民间江湖，他在这个远离正统社会秩序和主流话语体系的自由空间，将故事时间推到过去的年代，尽情地发挥侠匪想象，把这些土匪塑造成行侠仗义的侠义之士，揭示他们为匪的社会合理性，描写他们的反抗、复仇、愤怒和无奈，同情他们的不幸遭遇和悲剧结局，以此表达自己的历史文化思考和人性道德认知以及社会理想。

闻一多曾引用英国人韦尔斯《人类的命运》中的一个观点："在大部分中国人的灵魂里，斗争着一个儒家、一个道家、一个土匪。"根据闻一多的理解和阐释，可以将"儒家，道家，土匪"改为"儒家，道家，墨家"或"偷儿，骗子，土匪"。[1] 他认为所谓侠者就是堕落了的墨家，[2] "墨家失败了，一气愤，自由行动起来，产生所谓游侠了，于是秩序便愈加解体了"[3]。在闻一多看来，"墨家本意是要实现一个以平均为原则的秩序，结果走向自由行动的路，是破坏秩序。只看见破坏旧秩序，而没有看见建设新秩序的具体办法，这是人们所痛恶的"[4]。在发展演变过程中，"墨家不能存在于士大夫中，便一变为游侠，再变为土匪，愈沉愈下了"[5]。针对国内外对待土匪的态度及做法，闻一多是不满的，在他看来，"土匪的前身墨家，动机也最光明。如今不但在国内，偷儿骗子在儒道的旗帜下，天天剿匪，连国外的人士也随声附和的口诛笔伐，这实在欠公允"[6]。不难发现，闻一多不仅

---

[1] 闻一多：《关于儒·道·土匪》，《闻一多全集》第三册，生活·读书·新知三联书店1982年版，第469页。
[2] 闻一多：《关于儒·道·土匪》，《闻一多全集》第三册，生活·读书·新知三联书店1982年版，第470页。
[3] 闻一多：《关于儒·道·土匪》，《闻一多全集》第三册，生活·读书·新知三联书店1982年版，第471页。
[4] 闻一多：《关于儒·道·土匪》，《闻一多全集》第三册，生活·读书·新知三联书店1982年版，第472页。
[5] 闻一多：《关于儒·道·土匪》，《闻一多全集》第三册，生活·读书·新知三联书店1982年版，第472页。
[6] 闻一多：《关于儒·道·土匪》，《闻一多全集》第三册，生活·读书·新知三联书店1982年版，第473页。

第七章　自由与逍遥:原始正义和生命激情

找到了墨家—侠—土匪的精神发展路线,而且肯定了中国文化精神中存在着源远流长的侠义传统。因此,在闻一多的价值视域中,韦尔斯所说的"土匪",具体到中国特定的历史文化语境中,则与侠有着血脉相通的特征,实际上蕴含着侠文化的精神传统。统观贾平凹的"土匪"系列小说,他真正眷恋和心仪的土匪跟闻一多价值视域中的土匪一样,在特定情境下是一种具有侠义精神的侠匪。也就是说,贾平凹笔下的理想化土匪绝不是简单的杀人越货、为非作歹的悍匪、恶匪,而是侠匪或义匪。他注重描写土匪的侠肝义胆、多情重义,意在肯定、重振和张扬积淀于三秦人灵魂深处的原始强悍的生命意识和抗争精神,这是一种地道的侠匪精神,即侠文化精神在特殊地域的地方变体。这种侠匪精神非一般的官逼民反或杀人越货所能涵括,而是在漫长的历史发展和文化积淀过程中保存下来的具有强大的社会影响力与精神渗透力的一种文化现象和精神症候,其本质是一种不畏强暴,勇于反抗一切压迫,力求自主命运、自掌正义,捍卫生命尊严、维护生存权利的独立不倚的精神品格。这种精神品格具体体现为英勇无畏的侠义气概、刚毅顽强的硬汉性格、不畏强暴的反抗意志、坚忍不拔的生命强力、隐忍刚烈的生存欲望、不怕牺牲的冒险活动,这些精神品格渗透于三秦人的人格结构和文化心理之中,而成为一种精神的召唤和行为的高标,折射于作品中,使以贾平凹为代表的三秦文学呈现出博大雄浑、刚健峭拔的美学特征。

千百年来,游侠或武侠的故事传说早已在大地民间普通百姓之中广为流传。游侠是一些英武勇敢的人,他们闯荡江湖,锄强扶弱,仗义行侠,劫富济贫,"他们以为正义和个人自由献身、以无私无畏和蔑视金钱而名扬四海"[①]。《水浒传》就继承了这种游侠精神,以艺术的方式赋予历史上真实存在的那些为正统社会秩序和主流话语体系所不容的土匪流寇替天行道、杀富济贫的游侠精神,并注入血性地道的强悍匪性,形成了特立独行的侠匪精神,使这些水浒英雄的理想化行

---

① [英]贝思飞:《民国时期的土匪》(修订版),徐有威等译,上海人民出版社2010年版,第13页。

为充满了浪漫的乌托邦色彩。在贾平凹的人格心理和创作视野中，对于这种侠匪精神及其创作传统也是情有独钟。他笔下的理想化土匪虽然没有水浒英雄那般豪气冲天、颠覆政权的壮举，但也不乏杀富济贫、义薄云天的干云侠气。他以深厚的传统文化为底蕴，融合民间侠匪文化和侠匪精神的辉光，以丰富的想象力和精湛的艺术构思，创作了《烟》《美穴地》《白朗》《五魁》《晚雨》等有关匪人匪事的小说，塑造了一批活跃在陕南山地上的侠义土匪。贾平凹颠覆了正统观念中粗犷野蛮、满脸横肉、杀人越货的无赖般的土匪形象，他笔下的土匪既不同于水浒英雄粗犷豪放、不近女色的形象，也不同于《林海雪原》中悍匪、顽匪的面容，更不同于莫言笔下杀人越货而又精忠报国的余占鳌们，而是以土匪雅化的标准把他们塑造成有人性、有血性、重情重义的形象。这些侠匪虽然混迹草莽，却有着和梁山好汉、绿林英雄一样的善良与义气；虽有匪性，但侠性十足；社会夹缝中求生的欲望也使他们有着自己的是非判断标准和做人立世原则。可以说，这是贾平凹奉献给中国当代文学人物画廊的独特贡献。

在贾平凹塑造的众多土匪形象中，小说《白朗》的主人公白朗是侠义精神最完美的体现者。作为狼牙山寨的寨主，他带领弟兄们第一个在赛虎岭树起王旗，被拥戴为王中之王。赛虎岭的各个山头以狼牙山寨为旗帜，白朗领袖群伦，各个山寨在自己的势力范围内经营各自营生，方圆数百里地犹如一个独立王国。他不畏强权、敢于反抗，专门与官府和财东对抗，而对百姓却秋毫无犯。他杀富济贫、行侠仗义、锄强扶弱、惩恶扬善，有着一身超群的武功和一副绝伦的容貌，风流倜傥、气宇轩昂，纵使身陷囹圄，也仍然高傲不逊，豪气十足，一派大英雄、人之杰的风范，堪称匪中之儒侠。在他身上，融合了侠义英雄和儒雅文士的一切优点，魅力四射，为众人所敬仰，以至于结义兄弟甚至受惠百姓为之慷慨赴死，对手的压寨夫人和丫鬟也甘愿为之香消玉殒。作为一代枭雄的巨匪白朗原本不是土匪，他出身于和尚。这个七岁的孤儿寄身于安福寺，经历了十年青灯黄卷的寂静，一心想修成正果，但住持行淫年轻女子的丑恶行径以及自己险遭其猥亵的可怕现实，使少年白朗陷入绝望和愤懑。他勇敢地跑出寺院告发了住持的

第七章 自由与逍遥:原始正义和生命激情

罪恶,在怒不可遏的村民捣毁寺院之时,他扼死了那些已不能露面的女子,砸碎了那个淫荡住持的脑袋。当地知县与住持有私交,为了给住持报仇,便以不能扼死那些无辜女子为罪名,捕杀白朗。他看透了世道的把戏和人心的险恶,一气之下上山落草当了土匪。白朗虽然做了土匪,却处处为百姓着想。为了把官兵赶出赛虎岭,为了打破盐监官对盐池的垄断而让所有的贫民都能吃上盐并做盐的生意,他义勇当先,独自一家攻克了官府管辖的盐池,普通平民百姓受到了惠泽,白朗被他们奉为菩萨大王,受到他们的磕头跪谢,以至于许多青壮年要投奔他吃粮上山,狼牙山寨一时间声威大震。白朗杀富济贫,惩恶扬善,路见不平,拔刀相助。魏家坪的姚大掌柜腰缠万贯却为富不仁,枯老丑陋却纳娇艳少女为妾。白朗带领人马踏进姚家大院,杀了姚家全家,开仓放粮,救出少女并保护她,绝不容许自己的弟兄占有或杀害她。面对结义兄弟的不解和不满,他义正词严道:"咱虽是土匪,杀人也不能乱杀,她是姚家抢来的妾,可现在还不算姚家的人!"[①] 可谓有情有义。但争胜好强的白朗也因直爽耿介、意气用事的性格,而险遭不测。攻克盐池后,他邀集群雄在狼牙山寨大摆庆功宴,却偏要在酒宴上戏弄他最瞧不起的地坑堡寨主黑老七。他让黑老七独坐木墩,而让其他十个大王坐熊皮圈椅;他将缴获的盐监官的香烟散发给其他十个大王,唯独不给黑老七。作为赛虎岭十二个大王之一的黑老七深受其辱,记恨在心。而白朗恰恰又为着意气再次到盐池去观看盐工们在三神殿为他新塑的又一尊神像,不幸遭到黑老七的偷袭,折戟沉沙,成为地坑堡的阶下囚。可以说,这完全是白朗被胜利冲昏了头脑而失去理性的结果。但可贵的是,在被黑老七囚禁的日子里,白朗仍然保持着文人式高傲的心性和一代侠义英雄的气概,这种积极入世的豁达心态和能屈能伸的大丈夫气度支撑他度过了那段艰难的时光。他在被救出重返狼牙山寨,恢复了赛虎岭王中之王的至尊地位后,真诚地追念和祭祀那些为他牺牲的亡灵,并获得了生命的顿悟和觉醒,放弃了世俗权力,弃绝了冒险的嗜血生活,归隐山林,潜心修道。可以说,

---

[①] 贾平凹:《白朗》,《五魁》,译林出版社2012年版,第217页。

白朗身上寄托了贾平凹的人格理想和文化理想，张扬了一种自由无拘的美学精神。

在贾平凹的土匪雅化的艺术建构中，还有《五魁》中的唐景、《烟》里的新大王和《晚雨》中的天鉴。贾平凹在对他们侠义传奇故事的浪漫想象中，进一步勘探土匪的生存状态和精神世界，表达一个知识分子的人格理想、历史反思和人文情怀。

唐景是白风寨的寨主，他打败了官家，在此安营扎寨，不允许任何官家和任何别的匪家前来骚扰，受到白风寨一带山民的拥戴。这位年轻的枭雄有自己的价值理念，他从不忌讳自己是杀人抢劫的土匪，"当他把大批的粮食衣物分给寨中山民时告诉说这是我们应该有的，甚至会从褡裢中掏出一颗血淋淋的人头讲明这是官府XXX和豪富XXX"①，足见其蔑视威权、对抗官府、杀富济贫、行侠仗义的侠者风范。作为土匪首领，他也有暴虐的匪性一面，他虽然游离于正统社会秩序之外，但无形中却往往充当了封建礼法和伦理道德的卫道者，他"不能允许在他的辖地有什么违了人伦的事体"②。在唐景生日那天，众人聚集在大场上赛秋千。他美貌的压寨夫人荡秋千时裤子掉了，在场的人都看见了不该看到的部位，他认为这是有辱人伦的事情，开枪打死了自己的夫人。从人性的角度来看，这种行为未免残忍。但以江湖的丛林法则来衡量，这无疑是一种大义灭亲、威服众庶的手段。在唐景的治理下，白风寨虽为匪窝，但寨子里的人并非人们想象的那样蓬头垢面、目露凶光，其实就是普通的山民，他们跟正常人一样循规蹈矩地生活，井然有序，一派祥和。寨主唐景虽为匪首，但不是一个十恶不赦的魔头。当五魁独闯白风寨站在唐景面前时，不由得惊叹："外边的世间纷纷扬扬地传说着有三头六臂的土匪头子，竟是这么一个朗目白面的英俊少年吗？且这般随和和客气！"③ 一代枭雄的儒雅风度和人格魅力由此可窥一斑。就连被劫持上山的柳家新娘也认为唐景虽是土匪，但不是坏人。当五魁冒险进寨去救柳家新娘时，唐景为他

---

① 贾平凹：《五魁》，《五魁》，译林出版社2012年版，第263页。
② 贾平凹：《五魁》，《五魁》，译林出版社2012年版，第263页。
③ 贾平凹：《五魁》，《五魁》，译林出版社2012年版，第271—272页。

第七章 自由与逍遥：原始正义和生命激情

的勇气、仗义和真诚所感动，也不希望自己落个抢人家女人的名声，毅然决定让五魁带着女人回去，并表示白风寨的门随时为他敞开，从而体现了一个侠匪不乘人之危的光明磊落的一面。

新大王是赛鹤岭上横空崛起的一位匪首，他占据着五凤峰，安营扎寨，经营着一片新的天地。这位器宇轩昂、武艺高强的新大王来历不明，引起赛鹤岭上所有土著大王的忧惧、愤恨，甚至无法容忍。于是，胡姓大王派自己的亲信头目去五凤峰打探和挑衅。该头目虽有汹汹豪气，但在新大王面前却慌乱地跪下，头也不敢抬。被允许抬头后，没有想到新大王这个吃粮的逛山竟然有一副俊秀的面孔，"眉细眼长，鼻准圆润，腮帮有红施白地细嫩"①，完全一副儒雅书生的模样。该头目虽有杀掉新大王回去立功的欲念，但经过一番斗智斗勇，他惊恐万分，"便真如绳捆索绑之后的身骨散架似的倒在地上"②；而新大王却泰然自若，无动于衷。新大王为了让该头目不虚此行，把自己左手上的那枚六指割断交给他带回去作为立功的凭据。此后，新大王的统治地位逐渐稳固，成为赛鹤岭的王中之王。这样一位英俊勇武、豪气干云的土匪，自然会获得山民们的拥戴。为了生存的安定，远远近近的山民纷纷涌向五凤峰的辖地。新大王选择了峰下的一块平坝，让山民们规划住宅，很快形成了赛鹤岭最大的镇落。为了镇落的安全，同时为了炫耀年少英雄的武威，他每月的清晨和夜晚要骑马在镇街上巡逻，并成为一种规矩和习惯。这个俊美侠义的年轻大王令许多青春少妇和妙龄女子心仪，镇落里最漂亮的一位姑娘为他精心锻造了一个倾注了全部感情的烟斗。当她得知新大王攻克县城，杀退了官兵，收伏了县太爷的太太做压寨夫人的消息时，精神完全崩溃，绝望而死，临死时还在呼唤着新大王的名字。他对于这位姑娘的一片痴情全然不知，当他得知后，便立即骑马赶来。一向坚强的很少动感情的新大王为姑娘的痴情而后悔、痛哭。为了避免这样的悲剧再次发生，为了祭奠这份真情，此后他在镇落石街上巡逻的时候，戴了一副凶恶的面具，嘴

---

① 贾平凹：《烟》，《五魁》，译林出版社2012年版，第165页。
② 贾平凹：《烟》，《五魁》，译林出版社2012年版，第165页。

上噙着那个痴情的烟斗。即使被胡大王枪杀后倒在血泊中，他的嘴里还噙着那柄烟斗。可以说，新大王是一位胸怀民众、多情重义的侠匪。

　　天鉴原本是一个浪迹于西流河畔山林中的土匪，一次偶然的机会，杀了即将到竺阳县赴任的县令及其仆人，走上了由匪到官的道路。在落草为寇的岁月里，天鉴仍心存良善。在劫掠一个粉黛女子时，面对两只杏眼的盯视，天鉴不知所措，受不了那眼光，便舍弃了到手的财物，抽身跑掉。这说明为匪的天鉴并没有泯灭人性和良知，而这正是他作为一个侠匪的心理基质。在土匪们的价值观念中，为匪为盗是快活，但没有人的光明正大，"尘世上唯有当官才能活出你想活的人来"①。正是在这种生存哲学指导下，天鉴开始了新的生命之旅。在和他一起吃粮逛山、患难与共的生死兄弟小匪的劝谏下，天鉴告别了打家劫舍的生活，走马上任，踏入官场。竺阳县虽为新设的边缘小县，偏僻落后，但各种关系错综复杂，各种力量暗流涌动。首任知县不到期限就被排挤走了，可见官场之险恶。虽然天鉴不谙官场潜规则，并厌烦官场的繁文缛节和蝇营狗苟，但他知书达理，颇有远见。他凭着朴素的原始正义感和侠义血性，励精图治，处处为百姓着想。作为竺阳县的第二任知县，上任伊始，他就了解到首任知县为了维护土著人的利益而严禁下河人在平川、城镇落籍居住的事实，深感社会不公。自从下河人这些从湖南方向逃难来的客户被赶到深山老林之后，土著人和下河人之间的矛盾冲突更加尖锐，械斗伤亡事件时有发生。认识到了这一点之后，天鉴果断地废除了禁令，因此深得民心。在他看来，"能成大事业难道就只有科举出身的进士吗？落草为寇而弃邪归正了的人一样会建立功业"②！这种侠性十足的书生意气激励和支撑着他为了造福百姓而修渠。第一个渠督忠心却无能，通水的渠堤有一半塌陷；第二个渠督是姚巡检的心腹，贪污公款，营私舞弊，没有修通。在王娘的推荐下，他启用了下河人严疙瘩做渠督，终于大功告成。无论是

---

① 贾平凹：《晚雨》，《五魁》，译林出版社2012年版，第303页。
② 贾平凹：《晚雨》，《五魁》，译林出版社2012年版，第312页。

第七章　自由与逍遥:原始正义和生命激情

废禁令,还是修水渠,都是为民造福、利在千秋的功业。但做成这些大事的不是皇权体制下的官吏,而是一个冒名顶替的土匪。这本身就是一种历史的反讽,却彰显了侠匪精神的可贵。在自断尘根前的天鉴身上,既体现了他由野蛮强悍的山林草莽到侠性十足的开明知县的身份转换,也完成了一个原本打家劫舍的土匪成为一位侠义英雄的价值置换。在为官期间,天鉴逐渐收敛了民间草莽的匪性,涵养起冒替的进士出身的盐姓知县所应有的儒雅之风,以适应官场秩序。当然,在为官之道上,与官场老手巡检、县丞相比,天鉴更多的是书生意气,也就是所谓世俗化视域中的政治上不成熟。然而,恰恰是这种侠性十足的书生意气成就了一个土匪为政一地、造福一方的辉煌。也正是这种书生意气,使天鉴这个官场经验不足的土匪屡屡遭受后台背景深厚的姚巡检的挑衅和算计,以至于深爱的女人香消玉殒而难成眷属,他自己也被官场潜规则异化而沦为俗类。在小说的结尾,作者对天鉴自断尘根所作的艺术处理是颇有意味的。自断尘根,从表面上看,是为了灭人欲而解脱人生痛苦的方式;但实质上这种对于原始本能欲望的人为断绝象征着人的生命强力的弱化和人性的异化,这就为天鉴最终屈从于官场秩序做好了有力的铺垫。可以说,小说《晚雨》堪称一个侠匪在官场挣扎、苦斗却被权力异化而最终沉沦、覆灭的寓言。天鉴的悲剧结局,带给人的是一种无奈的悲壮和辉煌的苍凉以及深沉的历史反思与生命觉醒。

　　贾平凹的"土匪"系列小说中的侠匪形象经过艺术的加工处理和浪漫的理想化建构,被赋予了人文底蕴,摆脱了土匪凶残暴力的匪性,成为通情达理、有情有义的侠义英雄。当然,作为社会历史上真实存在的土匪和这种水浒英雄式的理想化侠义行为相去甚远,他们自有其生存法则和行为规范,也有其血腥暴虐的残忍性,本质上并没有那么崇高,但土匪这类边缘群体逃避社会、远离正统统治秩序的生存方式和自救行为以及诉诸正义、追求自由的朴素理想,为有着深厚的崇侠情结与侠义情怀的人文知识分子提供了反思社会历史的重要资源,给作家提供了巨大的创作自由。因此,侠匪形象的塑造及其侠义故事的叙述与作家的想象和社会理想有关。20世纪80年代中期以后直到20

世纪 90 年代，在文化寻根热潮中，以莫言和贾平凹为代表的新时期作家借助土匪这个文化载体把中国传统文化中侠义的维度发掘和张扬到极致，随后呼啸而来的市场经济大潮使现实中生存的作家获得了一种清醒的理性与警觉，他们的这种英雄主义精神逐渐式微，但又不甘于对现实的妥协，反而积极致力于社会理想和人性本质的探寻。对于贾平凹而言，那个以陕南山地为活动背景的侠匪乌托邦世界是他丰富想象力的再造产物，承载着一个人文知识分子的侠义情怀，跃动着一个良知作家的救世冲动和直面现实而又无奈的悲壮。

三 匪性与侠性：善恶两极中的人性探寻

在政治意识形态的阶级斗争观念指导和规训下，十七年时期出现了一批革命历史小说。这些小说在土匪形象的想象和塑造方面，要么是丑化、剿灭，如《林海雪原》中对于坐山雕、许大马棒和蝴蝶迷等的刻画及其结局处理；要么在党的教育和引导下，经过艰难的思想蜕变，最终走上革命抗战一途，如《桥隆飙》中的桥隆飙和《苦菜花》中的柳八爷接受革命的"招安"。文学作品中土匪的出路，除此之外，似乎别无选择。在阶级斗争语境下，这些红色经典占据着主流话语地位，影响和制约着作家的思想突围与价值选择。改革开放后，思想解放的时代潮流为作家提供了思想突围和精神超越的契机。新时期作家开始渴望急切地摆脱僵化的政治意识形态的禁锢与束缚，他们立足民间文化的价值立场，对于过去占据主流话语地位的红色经典及其历史叙事表现出鲜明的质疑精神和强烈的反思意识。莫言"红高粱"系列小说的横空出世和贾平凹"土匪"系列小说的异军突起，先后打破了革命历史小说中基于政治意识形态特别是阶级斗争观念需要而人为设置的敌我二元对立的叙事模式，把不为主流话语所接纳的土匪形象或匪性人物作为小说的主人公，以个性化的民间叙述表现出对主流意识形态话语的质疑与反思。他们以民间视野审视和观照边缘人物与边缘文化的存在，企图在生长和弥漫于民间江湖的侠匪文化中发掘表现价值理想的精神资源，以寻找推动民族文化发展和人性优化的内在力量。这种价值取向恰恰与 20 世纪 80 年代中期开始的文化寻根热和寻根文

第七章　自由与逍遥:原始正义和生命激情

学思潮存在精神的耦合。"寻根文学将目光集中到远古蛮荒的时代和乡村野地之中,寻找民族传统文化之根,寻找中华民族文化再生的力量。这种对于边缘文化的探索发掘,自然会找到最具有边缘特点的匪文化"①。匪文化具有原始强悍的野性,其鲜明的地域色彩、反抗意志和宁折不弯的侠义品质都与文化寻根热潮中所要探寻的民族文化之根具有相通相合之处。以莫言和贾平凹为代表的瞩目于土匪题材的新时期作家,大都来自乡村,特别是贾平凹来自多匪的陕南山区。他们对于土匪或匪性人物有着天然的亲近,择取土匪身上与世俗道德伦理相对立的生存状态、行为准则和人格心理以及率性而为、自由不羁的精神,来对抗压抑个体生命和自由意志的奴性,唤醒人们的质疑意识和反叛精神,激活民族发展和人性优化的内在生命潜力与精神活力,谨防种的退化,实现人性的回归和健康发展。一直以来,居于边缘地位的民间侠匪文化难以登上民族文化体系的大雅之堂,但它和主流文化互补共生、互动共存的格局与发展态势,却是文化史上不容否决的事实。这种格局和发展态势的客观存在,注定了侠匪文化在中华民族文化体系发展过程中具有不可替代的价值增长点。如果说十七年革命历史小说对于匪的规训体现了主流意识形态的国家意志的话,那么20世纪80年代同文化寻根运动相伴而生的土匪文学中对于侠匪的再造想象则彰显了边缘文化的民间立场。由于"'寻根'运动对边缘性文化的关注,使得'江湖'在这种审美的观照中再度复活。生命意志、个性自由与解放这类现代价值观念在那'绿林好汉'粗狂奔放敢爱敢恨豪侠不羁的生命形态中找到了自己最好的美学载体;而'精忠报国'则使此一个体化的价值观念相应获得了道德伦理的支持。传统与现代在此融汇贯通,共同对'土匪'进行了美学'修订'"②。正是这种对于土匪的美学修订,改写了过去文学作品中的土匪形象,还原了土匪的本真面目和人性本质,在人学的意义上认可与肯定了土匪的侠性品质,针砭和批判了匪性中的罪恶与不义。因此,新时期作家选择土匪或

---

① 罗维:《百年文学之"匪"色想象》,博士学位论文,湖南师范大学,2009年。
② 蔡翔:《当代小说中土匪形象的修辞变化》,《当代作家评论》1997年第2期。

匪性人物作为创作对象，不仅基于质疑和反思主流意识形态话语的客观需要，更是以此表达对社会人生、历史文化、生存境遇、伦理道德和人性发展多重思考的主体诉求，从而带来土匪文学蓬勃发展的势头。

新时期以来土匪文学的发展及其对于土匪的想象，离不开特定时代的文化语境。"文革"结束后，中国进入了改革开放的新时期，真正社会学意义上的土匪已经成为一个历史名词，原生态的土匪在中国的历史舞台上已经销声匿迹了。但具有侠义特质的匪性却能够穿越历史的时空隧道，作为一种集体无意识持久而永恒地积淀于人们的人格结构和文化心理之中。贾平凹的"土匪"系列小说有意忽略对于土匪生活场景和活动过程的现实描摹，也不再关注其杀人放火、绑票抢劫等细节，土匪本身并不是作者所要表现的对象本体和终极目标，而是用来审视和观照社会现实与人性本质的一种客观媒介和文化符号，借助土匪这种虚拟的文学客体来折射风云变幻的时代思潮和复杂的社会心态，为揭示特定时代的文化心理和人性嬗变提供了重要的价值维度。作为活动于民间社会的个人或群体，土匪早已成为历史的产物，但通过对侠匪的再造想象特别是对其匪性的深入发掘可以考察当下的世态人情和社会心理，以匪性和侠性为价值基点来探寻民族文化心理与人格结构的内在渊源，剖析匪性的内在构成因素对于当下社会心态和人性发展的制约与影响，寻找可供当前人格建构和文化建设借鉴的积极侠性因子。贾平凹的"土匪"系列小说就是本着这样的思路和目的，在匪性和侠性构筑的善恶两极的张力结构中对社会现实与人性精神进行考察和探秘的。从人格类型学的意义上讲，匪性和侠性存在着一种对立统一的关系。无论是一个正常的社会人还是一个脱离了正统社会秩序的土匪，他们身上或多或少都有一点匪性或侠性。判定一个人究竟属于匪性人格还是侠性人格，关键在于他的自然人性中是否具有侠义特质，也就是说，他的为人处世能否坚持侠义道。侠性人格之大者，胸怀大义，为国为民；匪性人格之大者，杀人越货，祸国殃民。正常的自然人性总是在这大善和大恶两个极点所构成的巨大张力结构中生成与发展。当然，匪性和侠性也存在互相沟通的价值平台与互相转化

第七章 自由与逍遥：原始正义和生命激情

的可能性。作为土匪，如果坚持侠义道，具有侠义精神，那他就能成为侠匪或匪侠；作为侠客，如果不能坚持侠义道，丧失了侠义精神，那他就有可能堕落为恶匪甚至流氓。这并不意味着匪性和侠性孰是孰非，而是表明侠义道是衡估匪与侠的基本判断标准。匪中有匪性英雄，侠中有侠义英雄，之所以存在这种辩证关系，是因为匪性人格和侠性人格之间存在可以沟通与交融的价值平台。这个价值平台主要体现为以下几种人格内涵：传统的侠义精神；顽强的生命力和强大的生存意志；无拘无碍、自由不羁的个性；英勇无畏、坚持正义的血性气质；复仇杀戮、嗜血残忍的暴力倾向。可以说，匪性气质和侠性气质并没有因为土匪与侠客的销声匿迹而消失。对于一个英雄来讲，他的身上同样存在着匪性人格和侠性人格，呈现出人性的复杂性，也只有这种匪性人格和侠性人格兼具的英雄才能受到民众的欢迎，为他们所喜爱。在贾平凹的"土匪"系列小说中，他紧紧抓住人性中善恶两极的对立与转化，在匪性和侠性的对立统一中揭示人性的复杂性。

贾平凹笔下的土匪，有侠匪，也有恶匪。他极力发掘和赞美侠匪人性的良善和侠义精神，以此讴歌和张扬我们民族文化中勇武刚毅、血性正义的优秀品质；无情地揭示和鞭挞恶匪人性的丑陋和行为的罪恶，借此批判民族文化中沉积的血腥暴力、野蛮冷酷和互相残杀的劣根性。作者把他们置于虚拟的特定历史时空中，深入地探讨了灵与肉、人性与兽性、善与恶、匪与侠等相互对立且互为依存的复杂纠葛关系及其嬗变轨迹，深刻地揭示了人性的复杂性和民间文化鱼龙混杂的斑驳面影。

《白朗》中的白朗、《五魁》中的五魁、《晚雨》中的天鉴，他们都是侠匪，都有过行侠仗义、扶危济困的侠义作为，但他们在各自的人生轨迹中发生着嬗变，他们的人性在欲望之海中不断沉浮、蜕变。有的在权力角逐的互相残杀中放弃了侠匪的争霸欲望，走向了生命的觉醒而退隐山林；有的在极端的爱欲中失去了生命本色，丢掉了侠义和血性，沦落为匪；有的在侠性、匪性与权力场的较量中人性发生异化而惨遭扼杀。《白朗》描写了赛虎岭的土匪之王为争夺最高权力做"王中之王"而展开的互相残杀，经过血腥杀戮和残酷争斗而重新坐上"王中之王"宝座的侠义巨匪白朗走向了生命的顿悟和觉醒，获得了人性的复苏。当意识到自己的成功是以牺牲无数兄弟和无辜百姓的生命为代价时，他感到残杀的无意义和荣辱胜败的虚幻，不禁发出了天问般的自我质疑："我胜利了吗？我是王中之王的英雄吗？"[①] 这意味着血腥杀戮的极端事件使白朗的内心产生了强烈的负罪感，他的脸色不再那么神采奕奕，瞬间变得衰老丑陋，倒在了地上，一代巨匪枭雄的霸气也随之消解。他最终放弃了世俗权力而归隐山林，潜心修道。然而，当这位曾经叱咤风云、仗义行侠的土匪之"王中之王"放下屠刀变成参悟大道的隐士时，昔日敬慕崇拜"大王白朗"的平民百姓顿时对"本色白朗"产生了厌恶、愤怒和轻蔑。在这些人的心目中，高高在上的威权的光环似乎比纯粹本色的人本身更重要。小说结尾女人们无法遏制内心的愤怒，向石洞中静修的白朗扔土块，并且不准他是白朗的细节，与鲁迅笔下暴君的臣民担心黑色人、眉间尺和楚王一同享受祭礼有异曲同工之妙，深刻地揭示了人性中对威权盲目顺从的劣根性。在人类历史上，正是由于愚民对于威权的顶礼膜拜和坚执不变的迷信，才会造成无休止的血腥暴力争斗，导致人类的悲剧不断产生。可以说，小说的结尾处理是非常有意味的。

如果说白朗的生命轨迹体现了一个人从侠匪到隐士的转变，那么五魁的人生嬗变则反映了一个人由农民到土匪的发展历程。小说《五魁》描写了爱欲与道德伦理的冲突。五魁深爱着驼背的新娘，为了拯救所爱的女人，他敢于独闯匪巢白风寨，同匪首斗智斗勇。不料，女人获救后又深陷被柳家虐待的另一个牢笼，五魁为女人的再次受苦而懊悔。他后悔没有带着少奶奶远走高飞，仇恨起自己的孱弱和丑恶。为了拯救苦命的女人，五魁放火烧了柳家的三座高大饲料谷草堆，趁机溜进柳家大院，背起女人逃到山林，把一座破败的山神庙改造成草房，过起了隐居生活。可以说，在爱欲的驱力下，五魁甘愿为女人赴汤蹈火、慷慨赴死，颇有侠客风范。在具体的生活中，他考虑到出身贫贱、自身条件、女人的少奶奶身份等诸多因素，始终与

[①] 贾平凹：《白朗》，《五魁》，译林出版社2012年版，第255页。

第七章 自由与逍遥：原始正义和生命激情

女人保持着若即若离的状态。他想和女人好，甚至想强迫女人如愿以偿，但在他的道德观念中，这是"打着救人家的名分，做乘人危难的流氓无赖"[①]的行为。五魁为了维护和完善自己救助他人不求回报的道德追求，始终压抑着自己的爱欲本能而不敢越雷池半步。在爱欲与道德的冲突中，他过分地强调了道德自律，而忽略了同样深爱着自己的女人的本能欲望。当他发现女人与狗交媾时，他的爱、美、善的精神之塔轰然崩溃，在痛苦和悲愤中彻底告别了原来的道德理想，否定了过去的价值观念。在这种极端事件的刺激下，五魁丧失了侠义本色，由善走向了恶。这个原本勤劳纯朴、憨厚老实、勇敢侠义且充满责任感和血性良知的农民，最终变成了匪性暴戾的土匪头子。至此，人性之善终于在极端的爱欲与狭隘的道德理想冲突中转化为恶，既揭示了善恶对立共存的关系，也充分说明了侠性在极限情境中会沦落为匪性，侠的血性正义和匪的血腥残忍实际上相离不远。

与白朗和五魁在极端事件刺激下发生人性嬗变不同，天鉴的人性之变是在作为土匪的他弃邪归正成为官场县令的身份置换过程中完成的。从为匪为盗的快活活法到做官为宦的秩序化生存，不仅仅表明天鉴由匪到官的生存空间位移和身份转变，更意味着他要在由匪性、侠性和权力欲望所构筑的现实的角逐场中接受人性的洗礼。他的变不仅体现了匪性和侠性在角逐过程中的挣扎与蜕变，更揭示了人性在世俗权力欲望中被异化甚至惨遭扼杀的本相。虽为冒名知县，但天鉴还是想有所作为，做一个爱民如子、政绩显赫的好官，这说明作为侠匪的他仍胸怀拯世济民的朴素抱负。然而，初涉官场的天鉴上任后方知做官不如逛山当土匪来得快活自在，逐渐晓得官场潜规则，一度陷入进退两难的困境。匪性十足的他留恋和向往吃粮逛山、笑傲江湖的自在快意；胸怀侠义的他渴望通过世俗权力做出一番事业，活出人的尊严；然而，身处官场旋涡的他，面对现实往往无能为力，甚至还有些眷恋做官受人敬仰的虚荣。在进退维谷的尴尬困境中，天鉴陷入了灵魂分裂和精神危机的深渊。为了摆脱

[①] 贾平凹：《五魁》，《五魁》，译林出版社2012年版，第292页。

痛苦和危机，他以自残的方式来根除本能欲望和狂野匪性，屈从了世俗权力法则和自私虚伪、贪婪奸诈的官场。天鉴的挥刀自宫，不仅斩断了他的尘世姻缘和狂野匪性，也断裂了他的侠性于现实中伸张正义的通道，更象征着人性在权力欲望的倾轧下发生异化惨遭阉割的悲剧结局。最后，天鉴在等候升官的消息期间，不幸因下体旧伤复发而身亡。天鉴的悲剧在于，他想以官的身份凭借世俗权力来实现侠匪的社会正义理想与这种理想在现实中无法实现之间的激烈冲突。他的生命飞扬的匪性、豪气干云的侠性和正常的人性，都在巨大的官场压力下泯灭。贾平凹笔下的侠匪乌托邦的再造想象在现实的映照中受到了挑战，但这并不意味着侠匪乌托邦的骤然崩塌。天鉴游走于侠匪和官场之间的灵魂之旅，不仅仅演绎了人性的异化，更重要的是对人性异化之前那份行侠执念的坚守。自断尘根前后的天鉴，都有做一番事业的抱负和实现社会正义与公道的理想，只不过这种行侠的执念最终敌不过世俗权力的威压，所以作者给了天鉴一个苍凉的悲剧结局。可贵的是，小说中的小匪、严疙瘩和王娘这几个小人物成全了天鉴的行侠执念。小匪为了兄弟之义，劝慰天鉴顶替被杀的竺阳县令，弃邪归正走马上任，去过光明正大的人的生活。渠督严疙瘩修渠成功反遭姚巡检陷害，他为了成全天鉴的一世英名，更为了报答天鉴的知遇之恩，自杀身亡，舍生取义。为了情人的事业，王娘举荐了严疙瘩担当修渠大任，面对外界的谣言和风言风语，王娘自动割舍了天鉴娶她的奢望，独自承受精神的痛苦，以香消玉殒的结局成全了情人的名声。他们的行为真正体现了舍己助人的侠义品质，作品的侠义内涵也由此而凸显。

贾平凹的笔下不仅有侠匪形象，也有恶匪形象，《美穴地》中的苟百都和《白朗》中的黑老七就是恶匪的典型代表。作为北宽坪姚家的跑腿下人，苟百都粗俗丑恶，卑鄙下流，垂涎姚掌柜四姨太的美色，是一个人性卑劣之人。出于嫉妒和不满，他的心理出现了严重的失衡与变态。他不愿再给姚家做奴，于是破坏了姚家的吉穴风水后，投奔了北山白石寨大土匪唐井，做起了打家劫舍的土匪。此后，生意兴隆的姚家开始衰败，"先是东乡的染坊被土匪抢劫，再是西沟挂面店的

第七章　自由与逍遥:原始正义和生命激情 ◆◇◆

账房被绑票,接着洛河上的商船竟停泊在回水湾不明不白起了火,一船的丝帛、大麻、土漆焚为灰烬"①。当然,这些都与土匪苟百都有关。为了满足虚荣心和物欲,他破坏了姚家的风水,逛山做土匪抢劫姚家的财富。为了满足性欲,他凭借土匪的身份和手中的枪,抢了姚掌柜的四姨太,并在马背上强暴了这个无辜的女人。为了满足权力欲望,他背叛了曾经收留过他的匪首唐井,逃离了白石寨,拉起了杆子自立为土匪司令。为了独占先机,他将罪恶的子弹射向为他踏出吉穴的柳子言。为了尽快占据那块美穴地,他竟然将自己的亲娘掀进沟里跌死,对外却说是失了足。这种种丧尽天良的行为,足以证明苟百都这个土匪阴险狡诈、巧取豪夺和人性泯灭的罪恶本质。最终,作恶多端的苟百都落得个被龙抓雷劈而死的可耻下场。黑老七心狠手辣,品行不端,盘踞着地坑堡,是赛虎岭十二个山大王之一,却为白朗所轻贱。他为了报木墩纸烟之仇,不顾情义,偷袭了在盐池三神殿醉酒的白朗及其弟兄。他当着白朗的面,把狼牙山寨的一个小兄弟开膛破肚,取出艳红的人心,用刀划了往酒葫芦里滴,表现出极端的暴虐残忍。为了称霸赛虎岭,做王中之王,黑老七费尽心机,把被捕后的白朗囚禁于他的匪巢地坑堡的诵经楼上,百般折磨与刁难。但黑老七称霸的野心并未得逞,他最终在失道寡助和众叛亲离的尴尬境遇中落得个寨毁人亡的可耻结局。苟百都和黑老七都是作者所极力否定与无情批判的人物,他们自然不配有更好的命运。

在贾平凹的侠匪乌托邦的再造想象和土匪形象的塑造中,总有一个侠性和匪性鲜明对照的架构。在这个架构中,善与恶、美与丑、真与伪都得到了淋漓尽致的显现。特别是他笔下的白朗,集侠义绿林好汉的豪放旷达和儒雅世间名士的风流倜傥于一体,从他的浪漫传奇的冒险经历和超凡脱俗的民间美德中书写与铸就了文人雅士的一种价值理想和人文情怀。可以说,贾平凹对于侠匪的想象、塑造和人性探寻,寄托了深沉的哲理思考和现实隐喻。他每写一个侠匪,每虚构一个侠匪故事,都不啻为一次精神的历险和自我心路历程的检视。从某种意

---

① 贾平凹:《美穴地》,《五魁》,译林出版社2012年版,第189页。

义上讲，贾平凹的"土匪"系列小说既是他的主体精神和现实反思的折射，更是他的价值理想与主体人格的映现。

当历史的车轮驶至20世纪八九十年代之交的社会转型期，在市场经济大潮的猛烈冲击下，金钱观念和唯利是图的意识逐渐甚嚣尘上，影响着人们的价值观念和现实选择，商业性和市场交换原则使人性变得更加复杂叵测，人性之恶急剧膨胀，各种世俗欲望的泛滥不断冲击和考验着人性的底线。知识分子在政治信仰崩溃后又受到消费文化的压抑，其精英意识和英雄主义救世情怀在政治权力话语与消费意识形态的合谋挤压下，遭受无情的解构，开始陷入精神危机、道德惶惑和价值失范的尴尬处境。于是，对于日趋市场化的语境中的人性与生存、道德之间关系的探讨逐渐提上日程。如何在纷繁复杂的时代语境下重振救世情怀并获得自我拯救的力量，如何在市场经济条件下重建理想的人格和文化，如何实现人性的优化和社会的安宁，成为摆在人们面前严峻的时代命题。贾平凹创作于20世纪90年代初的"土匪"系列小说，以鲜明的民间文化立场和独特的民间话语言说，在转型期的时代社会树起了一面反叛时俗、重唤雄风的精神旗帜。"在一个英雄只能'伤逝'的时代从事写作，中国当代小说家似乎只有返回过去的年代才能讲述他们的侠义故事"[①]。对于贾平凹而言，将故事时间推向过去的年代，讲述精心虚拟的侠义故事，借不为主流话语所认可的侠匪来建构理想的人格模式，从居于边缘地位的民间侠匪文化中汲取文化重建的精神资源，可以说是一种独辟蹊径的创新之举。从贾平凹的侠匪塑造和侠匪乌托邦的再造想象中，我们不难发现，他在世俗欲望泛滥的市场化语境下执着前行的人性探寻和精神坚守可谓用心良苦。他这种具有清醒的理性和充满理想化色彩的创作，也因此呈现出鲜明的现实指涉意义和强烈的批判意识。

---

① ［美］王德威：《被压抑的现代性——晚清小说新论》，宋伟杰译，北京大学出版社2005年版，第376页。

结语　侠文化：灵魂召唤与价值期待

一

在中国历史上，侠文化作为一种观念形态和价值理念，从未被统治集团及其御用文人认可过，也从未受到他们任何方式的道德鼓励和精神提倡。正是在政治权力和主流意识形态话语的挤压与制约下，再加上侠文化本身固有的缺陷与负面影响，千百年来，它一直以亚文化的形态在传统文化结构体系中居于若有若无、时隐时现的边缘地位。长期以来，侠文化受到主流文化及其话语体系的挞伐和压制。虽然处于被压抑的状态，但它以民间话语方式始终参与着中国文化的建构和国民人格的塑型，以原始正义观念和血性强悍的生命激情冲击着主流文化的价值体系，烛照着政治权力话语和主流文化价值观中的不堪与虚弱。一旦遇到适宜的时代精神气候，沉潜于有识之士人格心理深层的侠文化精神质素便会受到极大的激发，浮出意识的地表，焕发为反思历史、勘探人性、改造社会和重整山河的巨大精神力量。王富仁指出："传统之所以成为传统，其根本原因在于它已经取得超越时空限制的力量，它的存在价值已经无法被后人的选择所抹杀。"[①] 对于侠文化而言，不管是褒奖还是贬斥，它一直存在着，并未因侠的销声匿迹和自身饱受挞伐贬损而被抹杀甚至彻底消失。相反，作为传统文化的一脉，尽管属于被压抑的支流亚文化，但侠文化也同样具有超越时空限制的力量，它已成为传统的事实和存在价值的确立使任何来自官方

---

① 王富仁：《中国现代文化指掌图》，人民文学出版社2004年版，第117页。

结语　侠文化:灵魂召唤与价值期待

的压制和正统文人的口诛笔伐都只能最终宣告无效，从而在历史积淀和现代传承中始终闪耀着文化的光辉。在社会历史发展和时代变迁中，侠文化以其独特的精神魅力和永恒的存在价值给一切血性正义、热爱生命、伸张正义的国人一种强烈的心灵导引与灵魂召唤，成为他们构建精神家园、实现自我生命价值的重要思想资源。同时，他们也会根据时代要求和现实需要对侠文化进行现代性改造，以饱满的文化热情、责任担当意识和独特的人文情怀，投身于特定时代的历史使命，铁肩担道义，妙手著文章，为孤苦无助的良善人们，甚至为民族、国家，不惜奉献自己的才华与生命。

在汪涌豪看来，"历代士人推崇游侠，无非是因其振穷济困，除暴安良，居乱世而执正义，有慷慨热切的情怀；贬抑游侠者，则主要针对其违反传统礼俗和道德，自立权衡，干犯法禁。应该承认，正如推崇者持之有故，反对者的批评也非尽出诬妄"[①]。同样，历代士人对待侠文化的态度也无外乎推崇和贬抑而已，至多再加上辩证的折衷。具体到中国新文学作家而言，他们对待侠文化的态度及其与侠文化精神相遇过程中所发生的价值耦合和价值冲突这两种不同形态，恰好体现了这种论断的客观性与合理性。一般来讲，无论是古代文人还是现代知识分子，他们都是作为思想者而存在的，同时也在一定程度上丧失了行动的勇气和能力。就侠而言，既可以武行侠，也可以文行侠，并不在于有多么高超的武功技艺，更重要的是其临危不惧的胆识义气和舍己助人的牺牲精神。在文人和侠之间或者儒与侠之间存在一种价值遇合的可能性，从坐而论道到起而行侠，就体现了文人知识分子渴望行动起来的冲动和达致儒侠互补的精神境界。他们崇尚侠，借以洗刷儒生之酸，在对侠的形象和行动的浪漫想象与激情描述中，实现自身的行动渴求和英雄梦幻。文人发现了侠的价值和意义，正因为他们首先发现了自己的缺失和匮乏，这种缺失和匮乏"激起了他们的创造欲望，而他们与侠之间的文化血缘关系，就很自然地把侠改造成艺

[①] 汪涌豪:《中国游侠史论》，上海人民出版社2016年版，第315—316页。

结语 侠文化:灵魂召唤与价值期待

中的另一个'自己'"①。当然,在新文学作家与侠文化之间,并非仅仅局限于这种关系。他们一方面在侠身上发现了一种正义的力量和美的生命存在方式,一方面在对侠和侠文化进行价值重估与理性反思的基础上汲取积极因素致力于特定时代语境下的人格建构、文化建构、社会改造和民族革命。可以说,处于不同价值立场上的新文学作家不仅发现了侠和侠文化之于现代的价值意义,而且结合时代特征对侠和侠文化进行了理性反思与现代性改造。无论是鲁迅、老舍、沈从文的批判中建构还是郭沫若、蒋光慈、萧军的认同与张扬,不论是茅盾、郑振铎、瞿秋白的反思中否定,还是刘绍棠、莫言、贾平凹的自由与逍遥,都大体呈现出这些新文学作家对待侠文化的态度以及他们的人格建构和文化建构的基本思路。在现代中国历经启蒙语境—革命语境—救亡语境—翻身解放语境—阶级斗争语境—改革开放语境的价值转换过程中,也经历了启蒙话语—革命话语—救亡话语—翻身解放话语—阶级斗争话语—改革开放话语的复杂嬗变,每一次时代语境的价值转换和时代话语的嬗变,都为侠文化提供了现实的生存土壤,也为新文学作家人格结构和文化心理深层的侠性质素被激活提供了契机与火种。在鲁迅、郭沫若、老舍、沈从文、蒋光慈、萧军、刘绍棠、莫言、贾平凹等与侠文化发生价值耦合的新文学作家的价值视野中,侠文化是作为社会变革、民族革命、人格建构和文化建构的重要思想资源而被他们接受与深入发掘的。他们突出侠文化的正面价值和积极意义,并对其缺陷和负面作用也有理性认知。在侠文化影响和侠文化精神浸润下,新文学作家的文学创作、理论文本和实践行为大都充斥着凛然正气与公道正义,特别是文学作品的反抗主题、叛逆形象、阳刚风格和侠义情怀,丰富了现代中国文学的民族性图景,为现代中国文学增添了雄浑刚健之美和正义铿锵之音。在茅盾、郑振铎和瞿秋白等与侠文化发生价值冲突的新文学作家的批判眼光下,侠文化的负面作用和消极影响被大大凸显,他们的价值立场和理论观点不免过于主观与偏激,但却为我们更加客观、全面、辩证地认识侠和侠文

---

① 蔡翔:《侠与义——武侠小说与中国文化》,北京十月文艺出版社1993年版,第308页。

— 603 —

化提供了另一种视角。不论是辩证地推崇还是全盘否定，也不论是热情地倡导还是极力地批判和打压，侠文化的确都始终存在于历史的时空，或隐或显地影响着人们的精神和生活，尤其对中国新文学的发展和文学精神的丰盈作出了独特的贡献。

二

以茅盾、郑振铎和瞿秋白为代表的新文学作家的侠文化批评话语，奠定了中华人民共和国成立后主流意识形态话语对侠和侠文化的态度与评价的基调。有一个非常明显的现象是，十七年甚至"文革"时期，有许多革命历史小说尤其是革命英雄传奇还有某些革命样板戏，无论是人物设置、故事情节方面还是美学意蕴方面，都或多或少潜藏着侠文化的元素。只不过其中的侠文化元素经过了革命性的改造、转化，以一种变体形式或潜文本方式沉潜于当时的文本之中。这种现象的出现，与中华人民共和国成立后主流意识形态话语对侠和侠文化的态度与评价，存在着密切关系。

中华人民共和国成立后，最初对待侠的态度和评价还是比较中肯的。一般认为侠是受压迫和剥削的贫穷的底层人物，他们反封建，追求正义、公道、自由和平等，为被压迫者伸张正义，打抱不平，他们的行为体现了劳动人民的优秀品质和当家作主的愿望，应给予积极肯定。这种态度和评价同执政党带领劳苦大众刚刚从三座大山的压迫下解放出来并已经当家作主的翻天覆地慨而慷的自豪有关系，这是对自己所出身阶级和阶层的奋斗历程与成果的历史认同和现实肯定。但不久，随着阶级斗争被提上日程，1955年7月27日，执政党发布了《人民日报》社论《坚决地处理反动、淫秽、荒诞的图书》，将武侠小说也纳入处理的范围，并指出了武侠小说的社会危害，甚至认为武侠图书具有帝国主义和蒋匪帮的"第五纵队"的作用，实际上，这过分夸大了武侠图书的社会危害。在20世纪60年代，史学界在侠的评价问题上有所分歧，并展开过激烈的争论。否定派认为"游侠不是穷困的，受压迫的下层人物，而是属于统治阶级的上层人物"，"不是代表人民的利益来反对封建势力，而是为封建统治阶级

结语　侠文化:灵魂召唤与价值期待

服务的"。① 肯定派认为"游侠属于下层人物",虽然并非全都出身于下层劳动人民,但"他们在民间流亡避难,跟人民有着比较接近的命运,因此他们的操守和行为基本上能符合人民的道德标准"。② 在当时语境下,支持否定派观点的人占多数。时至 1970 年代,在"左"倾思潮影响下,关于侠的评价问题仍延续着阶级分析的方法,有过之而无不及。有人指斥侠为儒家的帮凶,认为侠"重义气是最大最具欺骗性的光环"③。有人则明确指出:"侠从来不是人民的朋友,而是反动派的奴才,作风很坏,需要狠狠批判。"④ 很显然,这些关于侠的评价的观点和结论,不论是肯定的还是否定的,都是在阶级斗争观念指导下以阶级分析的方法所得出来的,具有鲜明的"左"倾色彩和严重的时代局限。在国家政治权力的严禁和主流意识形态话语的制约下,武侠小说没有栖身之所,势在必然;十七年和"文革"时期文学作品中侠文化内容以潜文本形式存在于文本深处,实为委曲求全的策略之举。我们从《红旗谱》《林海雪原》《桥隆飙》《铁道游击队》《敌后武工队》《野火春风斗古城》《小城春秋》《苦菜花》《万山红遍》《大刀记》等革命历史小说和《智取威虎山》《奇袭白虎团》《红色娘子军》等革命样板戏中,很容易发现革命外衣包裹下的侠文化因素和武侠的影子。这与 20 世纪 40 年代解放区出现的《吕梁英雄传》《洋铁桶的故事》《新儿女英雄传》《风云初记》《雨来没有死》《鸡毛信》等革命英雄传奇小说是一脉相承的。"它们都能恰到好处地将传统侠文化主题的一般性与当时意识形态的特殊性有机地整合起来:在'革命化'或泛政治化叙事中隐涵着大众化审美情趣和民间性艺术思维的底蕴,理想主义创作倾向简缩为革命乐观主义情调,以暴抗暴、因强进取的尚武精神变换为以暴除恶、因时进取的战斗激情,而传奇性本色则'涛声依旧'"⑤。传统武侠小说是民间英雄传奇最主要的艺术载体,

---

① 冉昭德:《关于史记游侠列传人物的评价问题》,《光明日报》1964 年 6 月 3 日。
② 吴汝煜:《关于游侠的评价问题》,《光明日报》1964 年 9 月 9 日。
③ 洪广思:《侠是儒的帮凶》,《北京日报》1975 年 2 月 17 日。
④ 李思延:《游侠批判》,《历史研究》1975 年第 4 期。
⑤ 杨经建:《侠文化与 20 世纪中国小说》,《文史哲》2003 年第 4 期。

结语　侠文化：灵魂召唤与价值期待

侠客是民间英雄传奇的主要人物形象和民间社会大众心目中的传奇英雄。革命话语在向民间侠文化和武侠小说借鉴资源时，对"武"和"侠"的内涵都进行了有意识的改造、转化与利用。从解放区的革命英雄传奇到新中国的革命历史小说，传统武侠小说中侠客的扶危济困、除暴安良的任侠自在行为被赋予了无产阶级的阶级斗争观念和集体主义政治理念，"侠"的身份由江湖侠客置换为革命战士，"武"由勇武强悍、武艺超群转换为英勇无畏、意志坚强。"这样一来，民间英雄传奇中的'武'与'侠'两种精神人格，便在现代革命英雄传奇故事中得到了完美和谐的统一"[①]。这种效果的取得在于侠文化价值体系本身的开放性和精神内涵的包容性。虽然侠文化属于民间文化的基本范畴，一直处于主流文化价值体系的边缘一隅，但由于其结构体系的开放性和精神内涵的包容性，在几千年文化发展演进中并未真正缺席。相反，侠文化或隐或显地渗透、弥漫于传统文化的整体架构及其各个角落里。可以说，在中国文化史上，侠文化是无法拒绝也不可否认的一种客观存在，它与主流文化之间相互影响、彼此借重。任何时代的主流文化及其意识形态话语都要按照自己的价值观念对侠文化进行改造、转化和利用，将其纳入主流文化及其意识形态话语体系，达到为我所用的目的。侠文化在接受主流文化及其意识形态话语改造和转化的同时，也在影响着主流文化及其意识形态，并借重主流文化及其意识形态的思想启蒙、舆论导向和精神引领等作用来传播自己的价值理念。对于革命英雄传奇来讲，"革命时代不可能再照搬原来的武侠小说，但传统的文学因子一定会融入新的时代话语精神，改变其表达的内容，作家们可以把这种因素转换到游击队员、民间英雄的故事中去。武侠的传统还是被保留，只不过在不同时代出现了不同的形态"[②]。正是在此意义上，民间英雄传奇这种古老的艺术形式成为革命英雄传奇重要的借鉴资源，在从民间话语到革命话语的价值转换中，不仅给予农民（民间）形象英雄本色，而且赋予文本以革命激情和革命思想，

[①] 宋剑华：《百年文学与主流意识形态》，湖南教育出版社2002年版，第334页。
[②] 陈思和：《先锋与常态——现代文学史的两种基本形态》，《文艺争鸣》（理论综合版）2007年第3期。

更弘扬了无产阶级的革命理想、集体主义政治理念和英雄主义革命精神。在阶级斗争观念的规约下,武侠小说必然会以民间英雄传奇艺术载体的有效方式进入革命性改造和利用的通道,接受主流话语及其意识形态的"收编"和"招安",武侠小说的艺术要素和侠文化的精神因子与价值理念在被"收编"和"招安"过程中有所保留与张扬,从而民间英雄传奇最终转变为革命英雄传奇,自主命运、独掌正义的民间侠客也最终成为驰骋疆场而出生入死的富有冒险精神和传奇色彩的革命英雄。

直到"文革"结束后的改革开放新时期,主流意识形态话语对侠和侠文化的态度与评价才开始有了转机。随着政治环境的宽松、思想解放运动的蓬勃开展,侠和侠文化及其艺术载体武侠小说经过数十年的压抑,逐渐浮出历史地表,开始受到学术界和文学界的关注,并获得了比较客观公允的评价与积极的倡导。且不说港台新武侠小说陆续进入大陆,就连纯文学作家冯骥才和柳溪也在思想解放的潮流中创作了他们的武侠小说《神鞭》与《大盗"燕子"李三传奇》,并带动了20世纪80年代中期大陆武侠小说创作的热潮。当然,刘绍棠、莫言和贾平凹更是以各自独特的民间江湖建构和侠义英雄叙事来缅怀行将逝去的英雄主义,不断丰富着新文学中的侠意象,张扬着新时期中国特色的侠文化精神。由此可见,侠、侠文化和侠文化精神具有穿越时空的非凡魅力和巨大诱惑,吸引着人们继续精神操练和现实实践。作为一种人格范型和价值理念,侠始终会对一切追求自由、平等、正义、公道,维护生存权利,捍卫生命尊严,寻求个性解放的人们,构成永恒的价值期待和自我救赎的乌托邦想象。

三

近代以来,古老的中国遭逢空前劫难。在西方强势文化的猛烈冲击下,中国曾陷入精神惶恐和哑然失语的尴尬境地,中国的传统文化也一度危机重重。如何摆脱危机,实现传统文化的创造性转化,作为一项严峻而艰巨的历史任务摆在每一个近现代知识分子面前。以梁启超、谭嗣同和章太炎为代表的晚清志士提倡尚武任侠精神企图挽救民

◆◇◆ 结语 侠文化:灵魂召唤与价值期待

族危亡与文化危机,更有"一批游侠和任侠的烈士,在激进的改革派人士带领下,追效历史上游侠的豪举,奋起投身反对列强和满清的斗争,在特殊的历史时期扮演了十分重要的角色"[1]。他们分别从精神和行动两个方面为国人奋力自强、砥砺斗志作出了表率,从而使游侠的存在意义和侠文化的时代价值受到高度重视。在西风东渐的时代背景下,对传统文化内部诸要素进行重新梳理和再度发掘成为当时各种文化转化模式中非常重要的一极,这对中国新文学作家具有重要启示和深远影响,其中以鲁迅为代表的新文学作家对侠文化的现代性反思就是颇有特色的一个维度。在侠文化的理论视域下,通过考察新文学作家与侠文化的关系,揭示新文学作家侠性心态的生成、嬗变及其时代特征,探讨新文学作家在与侠文化发生精神相遇时的表现形态和价值理路,可以勘测他们对传统文化的改造思路以及人格建构和文化建构的理念思路。在厘清新文学作家对侠文化的态度和评价相反相成的价值建构中,加强对侠文化的理性认知和全面认识,可以使我们不致于陷入誉之过高或贬之甚低的极端学术思维。其中最重要的一点是,通过考察新文学作家对待侠文化的态度和评价,旨在揭示中国现代知识分子对传统文化的现实改造思路,分析和评价他们对待传统文化中边缘文化资源的态度。

应该说,20世纪中国文学与文化一直存在着雅/俗、主流/非主流的对峙之争。"事实上,高雅文学和通俗文学,只能是一种长期共存的关系,永远不可能谁吃掉谁而形成一统天下"[2]。这就意味着雅/俗、主流/非主流之间也存在对话的可能。在文化多元并存的21世纪,我认为要加强和实现由对峙到对话的转化,文学和文化尤其是小说类型不应再有高下之分、尊卑之别。如何实现这种转化和消泯这种区别,关键在于我们要善于引导文学与文化向着丰富人性、健全人格、优化文化生态环境的方向发展。在判定文化思想优劣的标准中,最根本的一条是:"视其是否有利于人的存在与发展,更要视其是否有益于人

---

[1] 汪涌豪:《中国游侠史论》,上海人民出版社2016年版,第322页。
[2] 严家炎:《文学的雅俗对峙与金庸的历史地位》,《西南师范大学学报》(人文社会科学版) 2004年第5期。

结语 侠文化:灵魂召唤与价值期待

的个性健全与优化、自由与张扬,因为人的全部尊严与价值在于思想文化;当然不仅仅如此,扩而大之,这种思想文化也有利于人的个性所置身的人类群体乃至社会集团、国家民族的正常运行与健康发展,为个体或群体人的生存超越、自主自足、自尊自强、独立解放、自由追求、理想实现等创造一个良好的生态环境即社会的人文的自然的环境,特别是有利于人的文化人格塑造、民族灵魂的铸造以及全人类文化人格的优化,这样的文化思想应该是优质文化,是真正的人的文化。反之,那些不利于或有害于人的生存与发展的文化意识,不是腐朽没落的文化思想就是非人的文化意识。"[1] 以此为价值判断标准,从文化生态平衡的角度来审视和省察,暴力和正义兼具、侠性和人性交融的侠文化应属于真正的人的文化范畴。当然,侠文化也有干犯法禁、血腥暴虐、报私仇、行私义、博私名等负面作用,但这折射出人性的阴冷一面,属于人性的消极因素。因此,居于非主流边缘地位的侠文化和武侠小说直到现在仍遭受统治集团与某些专家、学者的否认和讨伐。虽然如此,但侠文化和武侠小说并没有走向低潮甚至消失。"精英文化(elite culture)与通俗文化(popular culture)之间的对话与转化,是 20 世纪中国文化发展的一个重要侧面"[2]。特别是 21 世纪大陆新武侠小说的兴起宣告了一个新的武侠时代的来临。因此,20 世纪精英文化、文学和通俗文化、文学之间的互动互渗与转化,形成了中国文化复杂纠结和不断走向和谐发展的重要一环;21 世纪初期中国侠文化研究和大陆新武侠小说的勃兴势头也预示着一个雅俗互动共荣的文化格局即将形成。我们要以兼容并蓄的学术胸怀和与时俱进的文化品格来应对各种文化与文学,使它们真正走向对话与交流之途,最终实现精英文化、文学和通俗文化、文学之间的并存共荣、和谐发展。只有如此,侠文化的价值期待才有坚实的根基和实现的可能。

在漫长的历史发展和文化传承过程中,作为中国传统文化结构体系中不可或缺的一个组成部分,侠文化一直以反传统和反正统的面目

---

[1] 朱德发:《世界化视野中的现代中国文学》,山东教育出版社 2003 年版,第 8—9 页。
[2] 陈平原:《当代中国人文观察》,人民文学出版社 2004 年版,第 1 页。

结语　侠文化:灵魂召唤与价值期待

而存在。对于国人来讲，侠不再仅仅是一些离经叛道和武功超群的英雄形象，抑或舍己救人、视死如归的慷慨悲歌义士，而早已成为涵纳二者的一种唯中华民族而独有的文化人格和民族精神的图腾，成为中华民族几千年来的历史记载和文学想象、深情梦幻与真诚期待相结合的一个重要的精神象征。无论是游侠历史还是武侠小说，它们所反映的追求自由平等和正义公道、弘扬扶危济困和见义勇为等精神理想与思想内涵，在当今时代仍然有着积极的现实意义。尤其是融贯其中的侠义精神，在世风日下、正义迷失、道德堕落、精神滑坡的时代乱象中显得弥足珍贵。"侠义精神是一种以正义感为基础的社会粘结剂。一旦这种精神失落，人们将真正成为一盘散沙，社会的抗恶机制将陷于瘫痪，连法制本身也难于贯彻"[①]。因此，我们所处的时代仍然需要侠文化及侠义精神，需要对这份珍贵的文化遗产继承与弘扬，只不过需要在批判中继承，在传承中建构和弘扬，特别要正确认识和理性分析时代所赋予它的精神内涵。在构建社会主义核心价值观和实现中华民族伟大复兴的中国梦的时代使命中，侠文化的当代价值也由此彰显。在我看来，侠文化的当代价值在于：一方面，充分借鉴和汲取我们的民族性中积淀日久的侠性心理、血性正义、刚健进取的侠义品格和绝弃庸常的侠义情怀，将侠义人格与传统人格进行优化整合，并与新的时代精神相结合，铸造一种更加健康完善的理想人格，实现对中国传统人格的建设性重构；一方面，努力传承和张扬侠文化精神的积极因子，将侠文化中所蕴含的崇尚正义公道、自由进步、反叛正统、打破常规的思想价值，诚信守诺、见义勇为、慷慨赴难、舍己助人的伦理道德精神，以及仗剑行侠、浪迹天涯、快意恩仇、笑傲江湖的行为美学的审美意蕴，真正地融注于以儒、释、道为主体的传统文化的整体架构之中，而成为传统文化体系的一个重要维度，不断丰富和提升中华优秀传统文化的内涵与品格，并遵循时代要求和社会发展需要，建构一种既具有优秀传统品质又具有鲜明时代特色的新文化。在人格建构和文化重建的基础上，使侠文化成为推动中华民族生生不息、永续

[①] 严家炎：《金庸小说论稿》，北京大学出版社1999年版，第23页。

发展的重要思想资源和强大精神支撑，为社会改造、人的发展和中华民族共有精神家园的构建提供独特而不竭的精神动力。侠文化的当代价值的两个面向体现了对传统文化的现代性改造、创造性转化和创新性发展，正是在这种改造、转化和发展中，侠文化日益彰显出独特的魅力与影响深远的价值意义。

在21世纪初期文化多元并存与融合发展的世界化语境下，要想在中外文化特别是中西文化的交流、碰撞中取得发展优势和竞争强力，我们必须首先努力发掘民族传统文化尤其是民间文化中鲜活的、富有生命力的积极因素，立足文化全球化的宏大视野，探求其现代性改造、创造性转化和创新性发展的精神支点与价值平台，以此作为人格更新、文化革新、社会改造和民族精神重铸的思想资源，为提升国家软实力和增强我国文化的国际竞争力提供强大的精神动力与智力支持。毕竟，一个国家文化发展的决定性因素在于其内部，一个国家的国民理想人格塑造和民族文化全新建构也取决于其内部。这是我们通过对中国新文学作家与侠文化研究这一课题进行深入探讨所获得的重要启示。从这个意义上讲，研究新文学作家对待侠文化的态度，考察侠文化如何参与了新文学的建构，并深入勘探侠文化精神对于国民理想人格和现代文化建构的积极作用，对于21世纪以来中国社会的国民人格建构和文化价值重建与和谐发展，具有重要的理论价值和积极的现实借鉴意义。

主要参考文献

一　著作类
（一）古代典籍

班固：《汉书》，中华书局 2007 年版。

董仲舒：《春秋繁露》，中华书局 1975 年版。

范仲淹：《范仲淹全集》上册，四川大学出版社 2002 年版。

龚自珍：《龚自珍全集》上册，中华书局 1959 年版。

国学整理社编：《诸子集成》（全八册），中华书局 2006 年版。

李德裕著，傅璇琮、周建国校笺：《李德裕文集校笺》，河北教育出版社 2000 年版。

孟子等：《四书五经》，中华书局 2009 年版。

阮元校刻：《十三经注疏：附校勘记》，中华书局 1980 年版。

司马迁：《史记》，岳麓书社 1988 年版。

许慎撰，段玉裁注，许惟贤整理：《说文解字注》上册，凤凰出版社 2015 年版。

荀悦：《前汉纪》，景印文渊阁《四库全书》第三〇三册，台北商务印书馆 1986 年版。

（二）作家著作

陈独秀：《陈独秀文章选编》（上），生活·读书·新知三联书店 1984 年版。

陈独秀：《独秀文存》，安徽人民出版社1987年版。
郭沫若：《郭沫若全集》历史编第一卷，人民出版社1982年版。
郭沫若：《郭沫若全集》历史编第二卷，人民出版社1982年版。
郭沫若：《郭沫若全集》历史编第三卷，人民出版社1984年版。
郭沫若：《郭沫若全集》文学编第一卷，人民文学出版社1982年版。
郭沫若：《郭沫若全集》文学编第二卷，人民文学出版社1982年版。
郭沫若：《郭沫若全集》文学编第六卷，人民文学出版社1986年版。
郭沫若：《郭沫若全集》文学编第七卷，人民文学出版社1986年版。
郭沫若：《郭沫若全集》文学编第九卷，人民文学出版社1985年版。
郭沫若：《郭沫若全集》文学编第十卷，人民文学出版社1985年版。
郭沫若：《郭沫若全集》文学编第十一卷，人民文学出版社1992年版。
郭沫若：《郭沫若全集》文学编第十二卷，人民文学出版社1992年版。
郭沫若：《郭沫若全集》文学编第十三卷，人民文学出版社1992年版。
郭沫若：《郭沫若全集》文学编第十五卷，人民文学出版社1990年版。
郭沫若：《郭沫若全集》文学编第十六卷，人民文学出版社1989年版。
郭沫若：《郭沫若全集》文学编第十七卷，人民文学出版社1989年版。
郭沫若：《郭沫若全集》文学编第十九卷，人民文学出版社1992年版。
贾平凹：《五魁》，译林出版社2012年版。
蒋光慈：《蒋光慈文集》第一卷，上海文艺出版社1982年版。
蒋光慈：《蒋光慈文集》第二卷，上海文艺出版社1983年版。
蒋光慈：《蒋光慈选集》，开明出版社2015年版。
老舍：《老舍全集》（全十九卷），人民文学出版社2013年版。
老舍：《老舍生活与创作自述》，人民文学出版社1982年版。
李大钊：《李大钊选集》，人民出版社1959年版。
梁斌：《红旗谱》，中国青年出版社1958年版。
梁启超：《〈饮冰室合集〉集外文》上册，北京大学出版社2005年版。
梁启超：《梁启超全集》第一册、第二册、第三册、第六册，北京出版社1999年版。
刘绍棠：《刘绍棠文集》第3卷，北京十月文艺出版社1996年版。
刘绍棠：《刘绍棠文集》第7卷，北京十月文艺出版社2000年版。

主要参考文献

刘绍棠：《刘绍棠文集》第8卷，北京十月文艺出版社2000年版。
刘绍棠：《刘绍棠文集》第10卷，北京十月文艺出版社2003年版。
鲁迅：《鲁迅书信集》上卷，人民文学出版社1976年版。
鲁迅：《鲁迅佚文全集》（下），刘运峰编，群言出版社2001年版。
鲁迅：《鲁迅全集》（全十八卷），人民文学出版社2005年版。
茅盾：《茅盾论创作》，上海文艺出版社1980年版。
茅盾：《茅盾全集》第十九卷，人民文学出版社1991年版。
毛泽东：《毛泽东选集》第一卷、第二卷，人民出版社1991年版。
莫言：《红高粱家族》，作家出版社2012年版。
瞿秋白：《瞿秋白文集》文学编第一卷，人民文学出版社1985年版。
瞿秋白：《瞿秋白文集》文学编第二卷，人民文学出版社1986年版。
瞿秋白：《瞿秋白文集》文学编第三卷，人民文学出版社1989年版。
沈从文：《沈从文散文选》，凌宇编，人民文学出版社1982年版。
沈从文：《沈从文小说选》第一集，凌宇编，人民文学出版社1982年版。
沈从文：《沈从文小说选》第二集，凌宇编，人民文学出版社1982年版。
沈从文：《沈从文批评文集》，刘洪涛编，珠海出版社1998年版。
沈从文：《沈从文全集》第2卷、第4卷，北岳文艺出版社2002年版。
苏青：《结婚十年》，江苏文艺出版社2009年版。
谭嗣同：《谭嗣同全集》（增订本）下册，中华书局1981年版。
闻一多：《闻一多全集》第三册，生活·读书·新知三联书店1982年版。
萧军：《八月的乡村》，人民文学出版社1954年版。
萧军：《萧军近作》，四川人民出版社1981年版。
萧军：《萧军全集》第十一卷，华夏出版社2008年版。
萧军：《我的童年》，黑龙江人民出版社1982年版。
萧军：《第三代》上册，黑龙江人民出版社1982年版。
萧军：《第三代》下册，黑龙江人民出版社1983年版。
许广平：《许广平文集》第二卷，江苏文艺出版社1998年版。

许寿裳：《我所认识的鲁迅》，人民文学出版社 1978 年版。
许寿裳：《亡友鲁迅印象记》，人民文学出版社 1953 年版。
郁达夫：《郁达夫小说集》上册，浙江人民出版社 1982 年版。
吴福辉编选：《京派小说选》，人民文学出版社 1990 年版。
章太炎：《章太炎全集》（三），上海人民出版社 1984 年版。
郑振铎：《中国文学研究》（下），人民文学出版社 2000 年版。
周作人：《知堂回想录》，香港：三育图书有限公司 1980 年版。
周作人：《周作人散文》第一集，张明高、范桥编，中国广播电视出版社 1992 年版。
周作人：《鲁迅的青年时代》，河北教育出版社 2002 年版。

（三）研究著作

蔡翔：《侠与义——武侠小说与中国文化》，北京十月文艺出版社 1993 年版。
曹正文：《中国侠文化史》，上海文艺出版社 1994 年版。
陈宝良：《中国流氓史》，中国社会科学出版社 1993 年版。
陈平原：《千古文人侠客梦——武侠小说类型研究》，人民文学出版社 1992 年版。
陈平原：《中国现代学术之建立——以章太炎、胡适之为中心》，北京大学出版社 1998 年版。
陈平原：《当代中国人文观察》，人民文学出版社 2004 年版。
陈平原：《中国现代小说的起点——清末民初小说研究》，北京大学出版社 2005 年版。
陈山：《中国武侠史》，上海三联书店 1992 年版。
陈漱渝：《鲁迅评传》，中国社会出版社 2006 年版。
陈颖：《中国英雄侠义小说通史》，江苏教育出版社 1998 年版。
陈子善、王自立编：《回忆郁达夫》，湖南文艺出版社 1986 年版。
崔奉源：《中国古典短篇侠义小说研究》，联经出版事业公司 1986 年版。
淡江大学中文系主编：《侠与中国文化》，台北：台湾学生书局 1993 年版。

主要参考文献

端木蕻良：《端木蕻良文集》第一卷，北京出版社1998年版。
范伯群、汤哲声、孔庆东：《20世纪中国通俗文学史》，高等教育出版社2006年版。
房福贤等：《齐鲁文化形象与百年山东叙事》，山东画报出版社2009年版。
方铭编：《蒋光慈研究资料》，知识产权出版社2010年版。
冯自由：《革命逸史》初集，中华书局1981年版。
高旭东、葛涛：《鲁迅传》，人民出版社2013年版。
耿云志：《胡适年谱》，四川人民出版社1989年版。
龚济民、方仁念：《郭沫若传》，北京十月文艺出版社1988年版。
龚鹏程：《大侠》，锦冠出版社1987年版。
龚鹏程：《侠的精神文化史论》，山东画报出版社2008年版。
韩云波：《中国侠文化：积淀与承传》，重庆出版社2004年版。
洪子诚编：《二十世纪中国小说理论资料》第五卷（1949—1976），北京大学出版社1997年版。
侯外庐、赵纪彬、杜国庠：《中国思想通史》，人民出版社1957年版。
侯外庐：《中国近代启蒙思想史》，人民出版社1993年版。
胡德培编：《艾芜》，人民文学出版社1986年版。
胡乔木：《胡乔木回忆毛泽东》（增订本），人民出版社2014年版。
胡絜青、舒乙：《散记老舍》，北京十月文艺出版社1986年版。
姜泣群：《重订虞初广志》，上海书店1986年版。
冷风编：《武侠丛谈》，上海书店1989年版。
李继凯：《秦地小说与"三秦文化"》，商务印书馆2013年版。
李劼人研究学会编：《李劼人研究》，四川大学出版社1996年版。
李欧：《中国侠文艺史》，人民出版社2012年版。
林非、刘再复：《鲁迅传》，福建教育出版社2010年版。
林毓生：《中国传统的创造性转化》，生活·读书·新知三联书店1988年版。
凌宇：《沈从文传》，北京十月文艺出版社1988年版。
刘增杰编：《师陀研究资料》，北京出版社1984年版。
柳无忌编：《柳亚子年谱》，中国社会科学出版社1983年版。

罗成琰：《百年文学与传统文化》，湖南教育出版社2002年版。
罗立群：《中国武侠小说史》，辽宁人民出版社1990年版。
吕思勉：《吕思勉读书札记》，上海古籍出版社1982年版。
马德俊：《蒋光慈传》，安徽人民出版社2001年版。
孟繁华：《1978：激情岁月》，山东教育出版社1998年版。
倪婷婷：《"五四"作家的文化心理》，南京大学出版社2005年版。
逄增玉：《黑土地文化与东北作家群》，湖南教育出版社1995年版。
钱理群、温儒敏、吴福辉：《中国现代文学三十年》（修订本），北京大学出版社1998年版。
钱理群：《心灵的探寻》，北京大学出版社1999年版。
钱穆：《中国学术思想史论丛》（二），东大图书公司1980年版。
邵雍：《秘密社会与中国革命》，商务印书馆2010年版。
沈卫威：《东北流亡文学史论》，河南人民出版社1992年版。
舒乙：《老舍的关坎和爱好》，中国建设出版社1988年版。
舒乙：《老舍正传》，江苏文艺出版社2010年版。
舒乙：《我的父亲老舍》，辽宁人民出版社2011年版。
宋剑华：《百年文学与主流意识形态》，湖南教育出版社2002年版。
宋伟杰：《从娱乐行为到乌托邦冲动——金庸小说再解读》，江苏人民出版社1999年版。
孙瑛：《鲁迅在教育部》，天津人民出版社1979年版。
孙郁：《鲁迅与周作人》，辽宁人民出版社2007年版。
谭桂林：《20世纪中国文学与佛学》，安徽教育出版社1999年版。
唐宝林、林茂生：《陈独秀年谱》，上海人民出版社1988年版。
汤晨光：《老舍与现代中国》，湖南师范大学出版社2002年版。
陶希圣编：《辩士与游侠》，商务印书馆1931年版。
田刚：《鲁迅与中国士人传统》，中国社会科学出版社2005年版。
田蕙兰、马光裕、陈珂玉选编：《钱钟书杨绛研究资料集》，华中师范大学出版社1997年版。
王本朝：《20世纪中国文学与基督教文化》，安徽教育出版社2000年版。
王富仁：《中国现代文化指掌图》，人民文学出版社2004年版。

王夫之：《读通鉴论》第一册，中华书局1975年版。
王海林：《中国武侠小说史略》，北岳文艺出版社1988年版。
王惠云、苏庆昌：《老舍评传》，花山文艺出版社1985年版。
王立：《伟大的同情——侠文学的主题史研究》，学林出版社1999年版。
王立：《武侠文化通论》，人民出版社2005年版。
王晓明：《无法直面的人生——鲁迅传》，上海文艺出版社2001年版。
王学泰：《游民文化与中国社会》，学苑出版社1999年版。
王一川：《中国现代性体验的发生——清末民初文化转型与文学》，北京师范大学出版社2001年版。
汪涌豪、陈广宏：《侠的人格与世界》，复旦大学出版社2005年版。
汪涌豪：《中国游侠史论》，上海人民出版社2016年版。
魏建、贾振勇：《齐鲁文化与山东新文学》，湖南教育出版社1995年版。
韦清编：《梁羽生及其武侠小说》（增订本），香港：伟青书店1980年版。
吴福辉编：《二十世纪中国小说理论资料》第三卷（1928—1937），北京大学出版社1997年版。
吴其昌：《梁启超传》，百花文艺出版社2004年版。
吴腾凰：《蒋光慈传》，安徽人民出版社1982年版。
吴小如：《古典小说漫稿》，上海古籍出版社1985年版。
徐德明：《中国现代小说雅俗流变与整合》，社会科学文献出版社2000年版。
徐斯年：《侠的踪迹——中国武侠小说史论》，人民文学出版社1995年版。
薛绥之主编：《鲁迅生平史料汇编》第一辑，天津人民出版社1981年版。
阎焕东：《凤凰、女神及其他——郭沫若论》，中国人民大学出版社1990年版。
严家炎：《金庸小说论稿》，北京大学出版社1999年版。
杨东晨、杨建国：《秦人秘史》，陕西人民出版社1991年版。
杨守森主编：《二十世纪中国作家心态史》，中央编译出版社1998年版。
杨义：《中国现代小说史》第二卷，人民文学出版社1986年版。

杨义：《鲁迅文化血脉还原》，安徽大学出版社 2013 年版。
叶开：《野性的红高粱——莫言传》，二十一世纪出版社 2013 年版。
叶舒宪选编：《神话——原型批评》，陕西师范大学出版社 1987 年版。
余英时：《士与中国文化》，上海人民出版社 2013 年版。
袁良骏编：《丁玲研究资料》，天津人民出版社 1982 年版。
曾广灿、吴怀斌编：《老舍研究资料》（上），北京十月文艺出版社 1985 年版。
张鸣：《乡土心路八十年——中国近代化过程中农民意识的变迁》，陕西人民出版社 2008 年版。
张毓茂：《萧军传》，重庆出版社 1992 年版。
张毓茂：《跋涉者——萧军》，辽宁人民出版社 2000 年版。
赵园：《地之子——乡村小说与农民文化》，北京十月文艺出版社 1993 年版。
郑春元：《侠客史》，上海文艺出版社 1999 年版。
郑恩波：《刘绍棠全传》，文化艺术出版社 2006 年版。
郑逸梅：《艺林散叶》，中华书局 2005 年版。
朱德发：《世界化视野中的现代中国文学》，山东教育出版社 2003 年版。
朱德发等：《现代中国文学英雄叙事论稿》，山东教育出版社 2006 年版。
［德］保罗·蒂里希：《政治期望》，徐钧尧译，四川人民出版社 1989 年版。
［美］费正清：《费正清对华回忆录》，陆惠勤、陈祖怀、陈维益、宋瑜译，知识出版社 1991 年版。
［美］金介甫：《沈从文传》，符家钦译，时事出版社 1991 年版。
［美］李欧梵：《铁屋中的呐喊——鲁迅研究》，尹慧珉译，岳麓书社 1999 年版。
［美］刘若愚：《中国之侠》，周清霖、唐发铙译，上海三联书店 1991 年版。
［美］露丝·本尼迪克特：《文化模式》，王炜等译，社会科学文献出版社 2009 年版。
［美］王德威：《被压抑的现代性——晚清小说新论》，宋伟杰译，北

京大学出版社 2005 年版。

［美］约翰·罗尔斯：《正义论》（修订版），何怀宏、何包钢、廖申白译，中国社会科学出版社 2009 年版。

［日］山田敬三：《鲁迅——无意识的存在主义》，秦刚译，北京大学出版社 2012 年版。

［英］贝思飞：《民国时期的土匪》（修订版），徐有威等译，上海人民出版社 2010 年版。

二 论文类

（一）期刊论文

包子衍、许豪炯、袁绍发整理：《浮生自述——唐弢谈他的生平经历和文学生涯》，《新文学史料》1986 年第 4 期。

蔡翔：《当代小说中土匪形象的修辞变化》，《当代作家评论》1997 年第 2 期。

陈独秀：《今日之教育方针》，《青年杂志》1915 年 10 月 15 日第 1 卷第 2 号。

陈夫龙：《批判中建构：论鲁迅与侠文化精神》，《西南师范大学学报》（人文社会科学版）2006 年第 4 期。

陈夫龙：《转化与再造：老舍对侠文化的改造思路》，《宁夏社会科学》2007 年第 4 期。

陈夫龙：《新文学作家侠性心态的基本特征》，《内蒙古社会科学》（汉文版）2009 年第 3 期。

陈夫龙：《革命者立场上的反思与批判——茅盾、郑振铎和瞿秋白的侠文化批评话语再审视》，《山东师范大学学报》（人文社会科学版）2009 年第 5 期。

陈夫龙：《游走于暴力和正义之间——论蒋光慈的革命侠义情结》，《重庆文理学院学报》（社会科学版）2010 年第 3 期。

陈夫龙：《郭沫若的创作与侠文化精神》，《山东师范大学学报》（人文社会科学版）2010 年第 4 期。

陈夫龙：《民族复仇精神和反抗意志的抒写者——萧军与侠文化精神》，

《山东师范大学学报》（人文社会科学版）2011年第1期。

陈恭怀：《陈企霞传略》，《新文学史料》1989年第3期。

陈海云、司徒伟智：《廖沫沙的风雨岁月》（一），《新文学史料》1985年第1期。

陈虹、陈晶：《陈白尘年谱》，《新文学史料》1989年第1期。

陈娟：《萧军的小说与侠文化精神》，《北京大学学报》（哲学社会科学版）2005年第4期。

陈双阳：《中国侠文化流变试探》，《中山大学学报》（社会科学版）1996年第4期。

陈思和：《先锋与常态——现代文学史的两种基本形态》，《文艺争鸣》（理论综合版）2007年第3期。

成仿吾：《新文学之使命》，《创造周报》1923年第2期。

崔志远：《燕赵的豪侠——刘绍棠"运河文学"形象与京剧行当》，《文艺理论与批评》2012年第5期。

邓寒梅、罗燕敏：《论刘绍棠新时期小说中女性人物的侠义精神》，《中国文学研究》2007年第1期。

二十八画生（毛泽东）：《体育之研究》，《新青年》1917年4月1日第3卷第2号。

冯友兰：《原儒墨》，《清华学报》1935年第2期。

冯友兰：《原儒墨补》，《清华学报》1935年第4期。

顾颉刚：《武士与文士之转换》，《责善半月刊》1940年第1卷第7期。

郭沫若：《我怎样开始了文艺生活》，《文艺生活》（海外版）1948年第6期。

海涛：《远去的飘泊——关于萧军的读与思》，《当代作家评论》2001年第5期。

韩成武、赵林涛、韩梦泽：《燕赵文化精神与唐代燕赵诗人、唐诗风骨》，《河北师范大学学报》（哲学社会科学版）2006年第6期。

韩云波：《论鲁迅与中国侠文化的改造——兼谈〈故事新编〉中的三篇小说》，《鲁迅研究月刊》1992年第1期。

韩云波：《郭沫若历史文学与士文化传统——初论郭沫若的儒侠统一

观》,《郭沫若学刊》1992 年第 4 期。

韩云波:《论郭沫若抗战史剧的侠文化内涵》,《贵州大学学报》(社会科学版) 1993 年第 2 期。

韩云波:《郭沫若与中国侠文化》,《郭沫若学刊》1993 年第 3 期。

韩云波:《论侠的流氓特征与侠文化的虚伪——中国侠文化形态论之四》,《社会科学辑刊》1994 年第 1 期。

韩云波:《改良主题·浪漫情怀·人性关切——中国现代通俗小说主潮演进论》,《江汉论坛》2002 年第 10 期。

韩云波:《大陆新武侠与武侠小说的文体创新》,《西南师范大学学报》(人文社会科学版) 2004 年第 6 期。

韩云波:《盛世武侠:大陆新武侠发展转型的第二阶段》,《西南大学学报》(社会科学版) 2009 年第 4 期。

何满子:《破"新武侠小说"之新》,《中华读书报》1999 年 12 月 1 日。

何圣伦、何开丽:《苗族生命伦理观与沈从文的侠义叙事》,《西南大学学报》(社会科学版) 2011 年第 4 期。

何新:《侠与武侠文学源流研究(上篇)——论中国古典武侠文学》,《文艺争鸣》1988 年第 1 期。

何云贵:《武侠文化的挽歌——〈断魂枪〉主题新论》,《重庆师专学报》2000 年第 4 期。

何云贵:《老舍与中国武侠文化》,《江西社会科学》2003 年第 9 期。

洪广思:《侠是儒的帮凶》,《北京日报》1975 年 2 月 17 日。

胡絜青:《重访老舍在山东的旧居》,《文史哲》1981 年第 4 期。

揆郑(汤增璧):《崇侠篇》,《民报》1908 年 8 月第 23 号。

老舍:《我怎样写〈离婚〉》,《宇宙风》1935 年 12 月 16 日第 7 期。

李大钊:《东西文明之根本异点》,《言治》1918 年第 3 期。

李辉:《湘西原本多侠气——沈从文的〈记胡也频〉与〈记丁玲〉》,《读书》1990 年第 10 期。

李欧:《论原型意象——"侠"的三层面》,《四川师范学院学报》(哲学社会科学版) 1994 年第 4 期。

李思延:《游侠批判》,《历史研究》1975 年第 4 期。

李怡：《"渴血渴血，复仇复仇!"——〈铸剑〉与鲁迅的复仇精神》，《名作欣赏》1991 年第 6 期。
李怡：《盆地文明·天府文明·内陆腹地文明——论现代四川文学的文化背景》，《社会科学研究》1996 年第 2 期。
李兆虹：《侠匪文化与当代陕西创作》，《唐都学刊》2004 年第 4 期。
廖传江：《郭沫若与中国侠文化》，《乐山师范学院学报》2000 年第 4 期。
林语堂：《狂论》，《论语》1934 年第 50 期。
凌宇：《从苗汉文化和中西文化的撞击看沈从文》，《文艺研究》1988 年第 2 期。
凌云岚：《现代文学中的侠文化——现代文人的文化改造思路》，《中国文学研究》2002 年第 4 期。
刘永济：《论古代任侠之风》，《思想与时代》1942 年第 12 期。
刘忠：《精神界的流浪汉——延安时期的萧军》，《中国现代文学研究丛刊》2007 年第 6 期。
刘中望：《政治化与大众化的双重逻辑——论针对 1930 年代中国武侠小说的批评热潮》，《西南大学学报》（社会科学版）2010 年第 1 期。
刘祖春：《忧伤的遐思——怀念沈从文》，《新文学史料》1991 年第 1 期。
马叙伦：《原侠》，《新世界学报》1902 年第 6 期。
茅盾：《我阅读的中外文学作品》，《中国现代文学研究丛刊》1982 年第 1 期。
莫言：《十年一觉高粱梦》，《中篇小说选刊》1986 年第 3 期。
钱理群：《试论鲁迅小说中的"复仇"主题——从〈孤独者〉到〈铸剑〉》，《安顺师专学报》（社会科学版）1996 年第 1 期。
钱穆：《释侠》，《学思》1942 年第 1 卷第 3 期。
丘立才、陈杰君：《矛盾而复杂的五四诗人康白情》，《新文学史料》1990 年第 2 期。
冉昭德：《关于史记游侠列传人物的评价问题》，《光明日报》1964 年 6 月 3 日。

主要参考文献

石志敏：《20世纪80年代"匪性文学"与侠文化》，《中国文学研究》2011年第2期。

宋剑华：《变体与整合：论民间英雄传奇的现代文学演绎形式》，《文学评论》2002年第6期。

孙铁刚：《秦汉时代士和侠的式微》，《国立台湾大学历史学系学报》1975年第2期。

汤晨光：《老舍与侠文化》，《齐鲁学刊》1996年第5期。

汤晨光：《鲁迅与墨侠精神》，《鲁迅研究月刊》1997年第1期。

汤哲声：《新文学对市民小说的三次批判及其反思》，《中国现代文学研究丛刊》2004年第4期。

万方：《"江湖"漫议》，《寻根》2004年第4期。

王本朝：《郭沫若与侠义精神》，《文史杂志》1992年第6期。

王本朝：《郭沫若与侠文化》，《贵州社会科学》1993年第3期。

王本朝：《论郭沫若历史剧与侠文化的现代改造》，《求索》1995年第5期。

王德芬：《萧军在延安》，《新文学史料》1987年第4期。

王骏骥：《鲁迅郭沫若侠义观比较论》，《鲁迅研究月刊》1993年第9期。

王立、贺雪飞：《论现代作家笔下的复仇主题——兼与传统复仇文学主题比较》，《学习与探索》1994年第5期。

王立：《敢说杀手有侠心——刺客与古代侠文学主题》，《通俗文学评论》1995年第4期。

王学振：《"武"的退隐和"侠"的张扬：论老舍与侠文化》，《西南大学学报》（社会科学版）2009年第6期。

王玉宝：《想象父亲的方式——老舍小说的侠崇拜心态》，《湖南科技学院学报》2008年第5期。

汪聚应：《中国侠起源问题的再考索》，《兰州大学学报》（社会科学版）2009年第2期。

吴汝煜：《关于游侠的评价问题》，《光明日报》1964年9月9日。

吴晓东：《中国文学中的乡土乌托邦及其幻灭》，《北京大学学报》（哲学社会科学版）2006 年第 1 期。

吴小美、古世仓：《老舍个性气质论——纪念老舍诞辰百周年》，《文学评论》1999 年第 1 期。

晓风辑注：《胡风、阿垅来往书信选》，《新文学史料》1991 年第 1 期。

熊宪光：《"纵横"流为侠士说》，《西南师范大学学报》（哲学社会科学版）1997 年第 4 期。

雪苇：《记萧军》，《新文学史料》1989 年第 2 期。

叶圣陶：《略谈雁冰兄的文学工作》，《新文学史料》1982 年第 1 期。

严家炎：《文学的雅俗对峙与金庸的历史地位》，《西南师范大学学报》（人文社会科学版）2004 年第 5 期。

杨经建：《崇侠意识：20 世纪小说的一种文化心理取向——侠文化价值观与 20 世纪中国文学》，《学海》2003 年第 1 期。

杨经建：《侠文化与 20 世纪中国小说》，《文史哲》2003 年第 4 期。

杨经建：《侠义精神与 20 世纪小说创作》，《云南社会科学》2004 年第 1 期。

杨经建：《"江湖文化"与 20 世纪中国小说创作——侠文化价值观与 20 世纪中国文学论之三》，《天津社会科学》2003 年第 4 期。

叶君：《乡土乌托邦的建构与消解——解读文本中的湘西和商州》，《江淮论坛》2007 年第 6 期。

于逢：《我的生活创作道路》，《新文学史料》1989 年第 2 期。

袁良骏：《鲁迅与"侠"文化》，《中国社会科学院研究生院学报》2002 年第 3 期。

袁良骏：《民国武侠小说的泛滥与〈武侠党会编〉的误评误导》，《齐鲁学刊》2003 年第 6 期。

运甓（黄侃）：《释侠》，《民报》1907 年 12 月第 18 号。

张隆溪：《乌托邦：世俗理念与中国传统》，《山东社会科学》2008 年第 9 期。

张恨水：《武侠小说在下层社会》，《前线周刊》1945 年第 4 期。

张全之：《论战争记忆与老舍创作的国家复仇意识》，《齐鲁学刊》2001 年第 5 期。

张全之：《论蒋光慈革命文学创作中的无政府主义思想遗留》，《文学评论》2010年第6期。
张未民：《侠与中国文化的民间精神》，《文艺争鸣》1988年第4期。
张晓萃：《瞿秋白少年时代生活侧记》，《新文学史料》1985年第2期。
赵家璧：《老舍和我》，《新文学史料》1986年第2期。
赵景深：《朱湘传略》，《新文学史料》1982年第3期。
郑英杰：《沈从文与湘西游侠精神》，《船山学刊》2000年第4期。
周葱秀：《瞿秋白鲁迅论侠文化》，《鲁迅研究月刊》1995年第4期。
壮游（金松岑）：《国民新灵魂》，《江苏》1903年第5期。

（二）学位论文

陈江华：《侠之狂者——论鲁迅的侠义精神》，硕士学位论文，东北师范大学，2006年。
富治平：《侠文化与萧军小说研究》，硕士学位论文，西南师范大学，2005年。
李玮：《鲁迅与莫言"复仇"叙事比较研究》，硕士学位论文，广西师范大学，2012年。
罗维：《百年文学之"匪"色想象》，博士学位论文，湖南师范大学，2009年。
汪聚应：《唐代侠风与文学》，博士学位论文，陕西师范大学，2002年。

后　　记

　　这篇后记，本来在七年前就应该完成的。如果不是打算要出版这部结项成果，或许这篇后记也就永远没有了着落。

　　从 2016 年 8 月暑期的那个深夜敲下最后一个字，到 2017 年 3 月结项正式完成，我多次想写个后记，总结一下结题过程中的苦乐辛酸，却迟迟没有写作的冲动，总是一直安慰自己等到快出版时再写吧。或许集中精力写作时的那种以苦为乐、酣畅淋漓的感受和体验被长期高负荷运转的脑力劳作所钝化，不好再提起一鼓作气、一气呵成的心劲儿了，只好故作深沉般地休整一番，以致出版事宜一拖再拖，后记写作也就拖延至今了。

　　在这期间，无论就国家还是就个人来讲，均经历了许多事情。2018 年 9 月，我的儿子出生，给我带来快乐的同时，更赋予了我身为人父的责任。2019 年 11 月和 12 月，我组织了两次全国性学术会议，即"高等师范院校中文专业教材《中国现当代通俗小说与网络小说》编写会"和"郭澄清与中国现当代文学"学术研讨会，到了年底，我被评定为教授。正想乘势筹划 2020 年"武侠文学与武侠文化"国际学术研讨会事宜，但此时新冠疫情开始在祖国大地蔓延肆虐，一度引起了社会恐慌，也就只好作罢。新冠疫情的突如其来，在我国全面建成小康社会的关键时刻，的确是一场最严峻的考验。好在我们的国家和人民，在灾难面前永不低头，勇赴国难，众志成城，抗击疫情，涌现出许许多多逆流而上的人与事。他们铤而走险、急人之难、扶危济困、视死如归，在艰苦卓绝的抗疫斗争中书写了一曲悲壮的新时代正

— 627 —

后　记

气歌，铸就了一座昂然屹立于天地之间的新时代精神丰碑。从侠文化视角来看，他们就是新时代的抗疫之侠、国家之侠，他们以热血和生命熔铸而成的"中国精神"的底色里积淀着侠文化精神的基因。我的儿子在疫情期间逐渐长大，我也在陪伴孩子的过程中不断思考着时代、国家、民族、人民、侠义、疫情、生存等问题，似乎它们之间存在着有机联系，时时牵引着我的思绪，隐隐酝酿着不知所之的未来的课题方向，准备在后疫情时代逐渐理清思路，拓展研究范围，以实现新的突破。自2022年年底疫情结束至今，仍没有很好地理出个清晰的眉目来，俨然成了一个心结，犹疑与焦虑之中，甚至曾想过要放弃多年来的研究方向，另辟一块崭新的学术领地。但长期以来的思维定势和生存体验，无法轻易撼动我的学术执念，不论思考什么问题，抑或做什么事情，总会不经意间与侠文化相勾连。比如我关注抗战文学，总是想以侠文化为视角来审视作品中的人物、事件、意蕴和精神，力图发掘出蕴含其中的侠文化因子。即使涉猎了其他学术领域，我的理论思维和话语言说方式也离不开侠文化的影响。

福哉？祸哉？我也无法说清楚，只是秉持着内心的召唤去行文做事。

记得二十年前，时值读研，李欧先生就告诫我们做学问绝不能东一榔头西一棒槌，必须在选择好研究方向的前提下，围绕一个核心命题深挖细掘，不断在广度和深度上下真功夫，只有这样，才有可能做出一定成绩；否则，就可能成绩平平，甚至一事无成。读博期间，李怡先生曾引导我们从自己的生存体验出发，关切和提炼中国问题，发掘自己独立的文学感受，建构中国文学研究的主体性。一想起老师的话，我的心里就非常踏实，并充满了自信和力量。

其实多年来，我一直谨遵老师教诲，从武侠小说的阅读和研究开始，结合自己的生存体验和真切感受，逐渐扩展到现代中国文学与侠文化研究领域，不断提升侠文化作为一种研究视角或方法的意义，在具体研究中有意识地开展侠文化理论体系的积极建构，试图为现代中国文学研究提供一种新的理论范式和阐释方式。其间，我陆陆续续发表了一系列有关论文，出版了几部有关著作，获得学界同行的肯定与

后　记

认可。2021年5月14日晚，受山东大学讲席教授龚鹏程先生邀请，赴胶东人家济南奥体中心店一聚，席间先生畅谈武侠文化当代传承和武侠文学研究等问题。他指出武侠文化和武侠文学研究在大陆尚未形成波澜壮阔之势，迫切需要壮大研究阵容，强调不要局限于学院派视野，应拓展思维，可以联系文化创意和文化产业，并行不悖，深度融合，脚踏实地，积极发展。先生对我的研究方向和研究成果多有赞誉，并对我筹办"武侠文化与武侠文学"国际学术研讨会寄予厚望，提出了一些合理建议和中肯意见。承蒙中国武侠文学学会会长刘国辉先生厚爱、邀约，我赴京参加了2021年6月20日召开的中国武侠文学学会第五届第一次全国会员代表大会，并被推选为学会理事。我受邀参加山东省文化和旅游厅主办的"共和国的红色丰碑——红色经典公开课"活动，于2021年6月27日在大明湖畔的山东省图书馆尼山书院主讲了第四讲"《铁道游击队》：侠义爱国的英雄传奇"，作为建党百年向红色经典致敬的一份献礼，受到社会各界欢迎，也算是我的研究成果的一次在地性实践。学界同行及社会各界的肯定与认可，对我来说，是一种莫大的鼓舞，不仅赋予了我在学术道路上踔厉奋发、毅然前行的勇气，而且更加坚定了我在现代中国文学与侠文化研究领域继续深耕细耘的信念和决心。

本书是在我的博士学位论文基础上进一步拓展、丰富、深化和提升的结果。书中内容既保留了博士学位论文的主要研究对象鲁迅、郭沫若、老舍、沈从文、蒋光慈、萧军、茅盾、郑振铎、瞿秋白等现代新文学作家的有关论述，又增加了当代新文学作家刘绍棠、莫言、贾平凹，对他们设专门章节进行研究，还涉及杨振声、巴金、丁玲、唐弢、陈企霞、红柯等现当代新文学作家，增强了研究的整体性和系统性。本书对原有的主要章节都进行了重写、改写或增写，注重发掘新文学作家的诗学正义、书写与社会正义诉求之间的有机联系，更加重视和强调特定语境下侠文化对于新文学作家人格精神和文化心理的影响，以及深受侠文化影响的新文学作家对于社会改造、文化改造的价值意义，不仅继续深入探讨启蒙语境、革命语境、救亡语境和翻身解放语境下的现代新文学作家与侠文化的关系，而且增加了对阶级斗争

后　记

语境和改革开放语境下当代新文学作家与侠文化关系的探究，在研究内容和研究层级上均有拓展和深化。同时，在侠文化理论体系的建构中进一步丰富了侠文化精神的内涵，更加注重理论方法的有机整合，凸显了侠文化作为一种研究视角的重要性与必要性，提升了侠文化的方法论意义，增强了以中国本土理论方法来阐释中国文学的自觉性。

本书系国家社会科学基金项目"中国新文学作家与侠文化研究"（批准号：10CZW051）的最终结项成果；本书出版荣获山东师范大学文学院中国语言文学"山东省高水平学科·优势特色学科"建设经费资助。感谢当年素不相识的评审专家青睐，使我申报的课题能够获得立项资格；感谢当年全国哲学社会科学规划办公室批准立项资助，使我申报的课题能够获得国家层面的认可与扶持；感谢文学院学术委员会诸同仁鼎力支持，使我的国家项目最终结项成果能够获得出版资助。

感谢中国武侠文学学会副会长、中国现当代通俗文学研究大家、苏州大学文学院教授、博士生导师汤哲声先生拨冗赐序；感谢朱德发先生、魏建先生、吴义勤先生、李宗刚先生等中国现当代文学国家重点学科前辈们的关心和厚爱；感谢中国社会科学出版社编审郭晓鸿女士的辛勤付出，使得本书能与读者见面；感谢所有给予我支持和帮助的老师、亲人与朋友们。

因本人学力有限，本书难免存在缺点和不足之处，恳请学界前辈和各位方家批评指正。

2023 年 5 月 2 日于泉城